GUANLILEILUOJITUILI

管理类逻辑推理

基本原理与解题技巧

娄树旺　编著

山东人民出版社

图书在版编目(CIP)数据

管理类逻辑推理/娄树旺编著. —济南：山东人民出版社，2011.1（2018. 1 重印）
ISBN 978 -7 -209 -05628 -1

Ⅰ.①管… Ⅱ.①娄… Ⅲ.①逻辑—应用—管理学
Ⅳ.①C93 -05

中国版本图书馆 CIP 数据核字(2011)第 001776 号

责任编辑:崔 萌
装帧设计:张 晋

管理类逻辑推理
娄树旺 编著

山东出版传媒股份有限公司
山东人民出版社出版发行
社 址:济南市英雄山路 165 号 邮 编:250002
网 址:http://www.sd-book.com.cn
发行部:(0531)82098027 82098028
新华书店经销
山东华立印务有限公司印装
规 格 16 开(185mm×260mm)
印 张 31.5
字 数 720 千字
版 次 2011 年 1 月第 1 版
印 次 2018 年 1 月第 2 次
ISBN 978 -7 -209 -05628 -1
定 价 52.60 元

如有质量问题,请与印刷厂调换。 电话:(0634)6216033

内容简介 | CONTENT PROFILE

为帮助管理者和有志于从事管理工作的读者迅速提高逻辑推理能力，本书依据全国硕士研究生入学统一考试管理类专业学位联考综合能力考试大纲，适应“2011 年起扩大综合能力试题使用范围”在工商管理、公共管理、会计硕士、旅游管理、工程管理、图书情报等专业学位类别硕士研究生招生初试中使用管理类专业学位联考综合能力试题的要求，根据考试命题的思路、方法和原则，努力把握命题动向，围绕提高逻辑推理能力，从讲述基本原理入手，帮助读者将逻辑知识运用于案例求解之中，语言力求通俗易懂。既讲述逻辑基本知识，也讲述解答逻辑题的基本思路、方法、技巧，是作者多年逻辑教学和逻辑应考辅导经验的总结。全书精选了现有逻辑题库中的近 1000 个案例，详细进行解析，以帮助读者理清逻辑解题思路、提高解题速度，快速提高逻辑推理能力，顺利通过国家硕士研究生入学考试。

本书既可作为研究生入学考试的备考逻辑辅导教材，也可作为参加国家公务员考试的逻辑辅导用书，还可作为帮助读者提高逻辑推理能力的读本。

编　者

目录 | CONTENTS

第一章 | CHAPTER 1

逻辑思维的形式结构

逻辑

思维形式结构

思维形式结构的规律性

第一章 逻辑思维的形式结构

一、逻辑

逻辑一词译自英文 Logic,源自古希腊语 λὸγος (logos),即"逻各斯",在古希腊就是一个多义词,有时指事物的规律、秩序,有时指理性、言辞等。从中引申出的意思是"思维"或"推理"。1902 年,近代启蒙思想家严复译《穆勒名学》,将 Logic 意译为"名学",音译为"逻辑",这是我国首次使用"逻辑"一词。国父孙中山曾将其译为"理则学",日本学者把逻辑学译为"论理学"。作为一门专门研究推理论证的学问,中国先秦称其为"名辩"、印度称其为"因明",它们与古希腊亚里士多德的"逻辑学"并称为世界三大逻辑发源。

逻辑学是一门研究思维的科学。钱学森认为,人类的思维活动有三种形式,即形象(直感)思维、抽象(逻辑)思维、灵感(顿悟)思维。这里的抽象思维就是逻辑思维,逻辑思维是人脑对客观世界的间接的、概括的反映,需要借助语言来实现,具有强大的创造性力量。逻辑思维不同于形象思维和灵感思维,形象思维一般只能反映客观对象的一个点或一个断面,灵感思维只是在遇到思维起点时起到一种辅助性的推动、突破作用;抽象思维是人们最常用、最有效也是最为人熟知并得到深入研究的思维活动形式。科学的抽象就是抽去某类现象具体的、非本质的、次要的方面,引出其固有的本质特征,在科学认识上达到升华。

三种形式的思维中,抽象思维的适应性最为广泛,任何对象的最后理解,必须通过抽象思维。如,古埃及人只是懂得测量个别物体的运动问题,测量圆周和体积,从而解决一个个具体问题;而希腊人测潜心研究,抽象地提出了点、线、面、角等概念,形成了能计算一系列具体问题的运算公式,并推导出比较系统、完整的几何学体系,使之成为西方自然科学传统的真正开端。

二、思维形式结构

思维具有内容和形式两个方面。思维的内容是指所反映的特定对象及其属性或关系。思维的形式有两层含义:一方面是指思维对特定对象及其属性或关系的反映方式,主要是指概念(词项)、判断(命题)和推理等;另一方面是指思维的形式结构,具体指每种不同类型的判断和推理本身所共同具有的思维要素之间的联系方式。这里,我们主要是在后一种意义上使用这一术语。

概念是反映事物本质属性的思维形式,它由词或词组表达。

判断由概念组成,是对事物情况给予肯定或否定的思维形式,它由句子表达。

推理则是根据一个或一些命题得出另一个命题的思维形式,它由复合句、句群表达。

逻辑学不研究思维的具体内容,思维具体内容和真假属于具体科学研究的范围。

思维的形式结构指的是思维内容的存在方式、联系方式,由逻辑常项和逻辑变项构成。例如:

(1)所有教授都是知识分子。

(2)所有商品都是劳动产品。

(3)所有金属都是导电体。

(4)所有事物都是运动着的。

以上四个判断,撇开每一命题中所涉及的特定对象,也即思维内容,其共同的形式结构是:所有S是P。

其中"所有…是…"是逻辑常项,"S"、"P"是逻辑变项,这里叫词项(名词)变项,可以用不同的词项代入,表达不同的思维内容。

再比如:

(1)如果天下雨,那么地湿。

(2)如果导致汽车突然加速的油门踏板故障不排除,那么就为汽车行驶埋下了安全隐患。

(3)如果任由房价畸高不下,那么会带来地产泡沫。

(4)如果安全管理有漏洞,那么安全工作就会出问题。

以上各句共同的形式结构是:如果p,那么q。

其中"如果…那么…"是逻辑常项,"p"、"q"是逻辑变项。这里"p"、"q"就是命题变项,可以用不同的命题代入。

现在,我们来看看下面的推理:

(1)如果天气闷热,那么人难受。

天气确实闷热,

所以,人难受。

(2)如果过度砍伐森林,那么破坏生态平衡。

过度砍伐森林,

所以,破坏生态平衡。

(3)如果 $1+2=2$,那么 $2+3=5$。

$1+1=2$,

所以,$2+3=5$。

(4)如果天闷热,那么人难受。

人难受,

所以,天闷热。

(5)如果过度砍伐森林,那么破坏生态平衡。

破坏生态平衡,

所以,过分砍伐森林。

(6)如果1+1=2,那么3+2=5。

3+2=5,

所以,1+1=2。

上述推理中(1)、(2)、(3)共有的形式结构是:

如果p,那么q。

p

∴q

我们说,这种推理形式是有效的,只要两个前提是真的,结论也必定是真的,不论以哪些句子代入,它都有这个性质。而上述推理中(4)、(5)、(6)共有的形式结构是:

如果p,那么q。

q

∴p

上述推理形式就是无效的。即使两个前提都是真的,得出的结论也不必然是真的。像(4)中的"人难受",也可能是人生病了。(5)中的"破坏生态平衡",也可能是水资源严重污染造成的。(6)中的前提、结论都真,但从逻辑的角度,仅从形式上分析,这个推理形式还是无效的。这是因为一个推理形式的有效性,是由形式逻辑所提出的规律和原则所保证的。那么,什么是思维形式结构的规律性呢?

三、思维形式结构的规律性

思维形式结构的规律性:有一类思维形式结构在任意代入下都表达真实的思想内容,这类结构称为逻辑规律,如"所有S是S","P或者非P"等;另一类在任意代入下都表达虚假的思想内容,这类叫逻辑矛盾,如"所有S不是S","P并且非P"等;还有一类是部分真实部分虚假,如"所有S是P","如果p,那么q"等。

思维形式结构不表达具体思维内容,因而没有真假。用具体的词项或命题,代入思维形式结构中的逻辑变项,这种思维形式结构就被赋予了具体内容,就有了真假;不同内容的代入,思维形式结构就被赋予了不同的内容,可以有不同的真假情况。

逻辑学运用逻辑规律,排除逻辑矛盾,使人的思维具有结构上的正确性,即合乎逻辑。逻辑学的主题,是判定推理的有效性,要正确运用推理,必须使推理行之有效。推理的有效性主要包括两个方面:一是前提必须真实;二是推理必须合乎逻辑。只有做到这两条,才能保证从前提的真实性推出推理结论的真实性。前提的真实性问题,形式逻辑解决不了,只能依靠各门具体科学去解决。形式逻辑着重要解决的是推理形式的有效性问题,它只是保证推理形式正确的逻辑规则。

因此,形式逻辑保证的是推理的狭义的有效性,它专指推理形式是否合乎逻辑规则。

区分有效的推理形式和无效的推理形式,给出有效推论所必须遵守的规律、规则,并为人们的思维提供普遍一般的方法指导,促进科学、正确的思维方式的形成。

趣味阅读

有5顶帽子,3蓝2红。让甲、乙、丙3个人按前后顺序依次坐在椅子上,每人只能戴一顶,戴好帽子后,每个人只允许向前看,不允许向后看,也不准看自己的帽子。然后问丙:你戴的什么颜色的帽子? 丙答:不知道。问乙,乙也说不知道。问甲,甲回答:蓝色的。甲没看见自己头上戴的帽子是什么颜色,但是,他通过丙、乙的回答可以据此推出。

事实上,若甲、乙都为红帽子,则丙知道自己头上为蓝帽子,可见,甲、乙至少有一顶是蓝色的,或至多有一顶是红色的。这样,如果甲头上戴的是红色的,则乙根据丙的回答,就会推出自己戴的是蓝色的。乙回答不知道,则乙看见甲戴的不是红帽子。据此,甲断定自己戴的是蓝帽子。

这个推理过程告诉我们,不论丙、乙回答"知道"还是"不知道",甲都能根据丙、乙的回答,推断出自已戴的帽子的颜色。而当甲头上戴的是红帽子时,不论丙怎样回答,乙总能知道自己头上戴的帽子的颜色。

可见,正确的推理,可以让我们从已知的条件中获得未知的东西。

第二章 | CHAPTER 2

直言命题与对当关系

概念

直言命题

对当关系

案例与解题技巧

第二章　直言命题与对当关系

一、概念

(一)概念及其逻辑特征

1. 概念的含义。概念是反映对象特有属性或本质属性的思维形式。概念的形成和存在必须依赖于语词,每一概念都是同与它相应的语词一起形成,并用语词把它确定下来、巩固起来和表达出来的。但是概念与语词之间不是一一对应的。第一,任何概念都必须通过语词来表达,但不是所有的词语都表达概念。在汉语中,语词分为实词和虚词两大类,实词都是表达概念的,而虚词一般不表达概念。第二,同一概念可以用不同的语词来表达。例如“地瓜”和“红薯”、“济南”和“泉城”,其中每一组语词所表达的都是同一概念。第三,同一语词在不同的语境中可以表达不同的概念。例如,“运动”这个概念,既可以表达“体育活动”,也可以用来表达“物质的存在方式”,还可以用来表达“公开宣传某种思想的群众活动”。

2. 概念的逻辑特征。内涵和外延是概念的两个基本逻辑特征。概念的内涵是反映在概念中的对象的特有属性或本质属性,通常也叫概念的含义。概念的外延是指具有概念所反映的特有属性或本质属性的对象,通常称为概念的适用对象。概念内涵外延的灵活性指在不同的条件下,随着客观事物的发展和人们认识的深化,概念的含义和适用对象是可以变化的。任何概念都是确定性与灵活性的统一。

(二)概念的种类

根据概念内涵、外延的同异,概念可划分为:单独概念和普遍概念,集合概念和非集合概念,正概念和负概念。

1. 单独概念和普遍概念。单独概念是反映某一个特定事物的概念,其外延为一个单独对象,如“北京”、“珠峰”等。普遍概念是反映某一类事物的概念,其外延为两个或两个以上的对象,如“政党”、“农民”等。

2. 集合概念和非集合概念。集合概念是把对象作为集合体反映的概念。非集合概念是不把对象作为集合体反映的概念。

所谓集合体就是由若干个体组成的有机整体。而所谓有机整体是指由个体量的增加过程中同时发生了质的变化的整体。因此,组成整体的个体不必然具有整体的性质。比如,由若干个体的工人组成工人阶级这一整体,而工人阶级的“先进性、革命性和阶级性”却不是每一个工人所必然具有的。非集合体大多只表现为一类事物量的积聚,可称为类和分子的关系。一类事物的所有分子都必然具有类的性质。比如,“人”这一类事物它有“张三”、“李四”、“王五”等若干分子,而“张三”、“李四”、“王五”等,不管是谁,都具有“人”的性质。

注意:同一语词在不同的语境中既可以表达集合概念,又可以表达非集合概念,一定要正确区分一个语句中某一语词到底表达的是集合概念还是非集合概念?例如:

①鲁讯的著作不是一天能读完的。

②《狂人日记》是鲁迅的著作。

①中的“鲁迅的著作”是集合概念,②中的“鲁迅的著作”是非集合概念。因为“鲁迅的著作不是一天能读完的。”这一性质是指“鲁迅著作的整体”才具有的,不是每一个“个体的鲁迅著作”都必然具有的。而“《狂人日记》是鲁迅的著作”是每一个个体的“鲁迅著作”都具有的,决非整体的“鲁迅著作”才具有的。

区分集合概念与非集合概念的“技巧”:

①如果要区分的语词在句子的前头,就在这个语词前加“每一个”三字。②如果要区分的语词在句子的后头,就在这个语词后加“之一”两个字。③念一遍经过前述加字之后的句子,如果它的意思合情理,则说明不是集合概念;不合情理,则是集合概念。比如:

(每一个)济南人都为全国第十一届运动会做出了很大贡献。

赵四是济南人(之一)。

显然,第一句中的“济南人”是集合概念,因为加上“每一个”后的意思不合情理,第二句中的“济南人”是非集合概念,因为加上“之一”后的意思合乎情理。

3. 正概念和负概念。正概念又叫肯定概念,是反映对象具有某种属性的概念,比如“英勇”、“正义战争”等。负概念又叫否定概念是相对于某个正概念而言,反映对象不具有或缺乏某种属性的概念,如“不英勇”、“非正义战争”等。

注意:负概念的的语言形式都带有否定词,但带有否定字样的未必就是负概念。比如“非洲”就不是负概念,因为这里的“非”字不是否定词,不起否定作用。负概念都有论域(适用范围),不能乱用。如对一个成年人讲“你是一个非少先队员”就不妥,因为“非少先队员”这个负概念只适用于“少年”这个范围。

(三)概念的限制与概括

1. 概念的内涵和外延的反变关系。概念的外延越大,内涵越小;外延越小,内涵越多;内涵越少,外延越大;内涵越多,外延越小。这种反变关系只适用于种属关系(真包含于关系)和属种关系(真包含关系)。例如,人、男人、单身男人、鳏夫,这四个概念构成了一个属种关系的系列,相互之间在内涵与外延之间就存在一个反变关系。

2. 概念的限制。概念的限制是通过增加概念的内涵以缩小概念的外延来明确概念的一种逻辑方法,限制是由属概念过渡到种概念。限制概念适用于把一般性概念具体化,使概念更加明确,限制的极限是单独概念。语言方法是增加附加语或限制词,如读书——认认真真地读书。

3. 概念的概括。概念的概括亦称概念外延的扩大法,就是通过减少概念内涵以扩大概念外延的一种逻辑方法。语言方法是减去附加语或限制词,如中国的年轻人——年轻人——人。

二、直言命题

(一)直言命题及其结构

直言命题也称性质命题,是断定对象具有或者不具有某种性质的简单命题。例如:

(1)所有商品都是劳动产品。

(2)有的知识分子不是大学生。

(3)山东师范大学是省属重点大学。

这些都是直言命题。

直言命题在结构上由主项、谓项、量项和联项四部分构成。

主项是直言命题中用以表示事物对象的概念。如(1)中的"商品"、(2)中的"知识分子"和(3)中的"山东师范大学"。逻辑学中用大写字母"S"来代表主项。

谓项是直言命题中用以表示对象具有或者不具有的某种性质的概念。如(1)中的"劳动产品"、(2)中的"大学生"、(3)中的"省属重点大学"。逻辑学中用大写字母"P"来代表谓项。

量项是直言命题中表示主项外延情况的概念。量项可以分为三种:

第一种是全称量项,它表示一个命题对其主项的全部外延都作出了断定。如(1)中的"所有",它表示只要是商品,那就具有劳动产品的性质。表示全称量项的词语一般有"所有"、"一切"、"凡"、"每一个"、"任一",等等。

第二种是特称量项,它表示一个命题对其主项的全部外延并没有作出断定,或者说仅仅断定了主项的部分外延。如(2)中的"有的",它表明在知识分子的范围内,至少有部分对象不具有大学生的性质,其逻辑含义是"至少有的",可以是一个,也可以是全部,表示"存在"意义。当我们断定有些事物具有某种性质时,并不排斥另一些事物也可能具有这种性质。表示特称量项的词语包括:"有些"、"有的"、"有"、"某些"、"少数"、"多数"、"部分"、"至少有一个"。

注意:特称量项的"有些"与日常用语中的"有些",含义不完全相同。日常用语中"有些"通常指"仅仅有些","一部分",因而讲"有些是什么"的时候,往往意味着"有些不是什么"。这与逻辑意义上的特称量项"有些"存在差别,特称量项"有些"是指"至少有一些","至少有一个","存在一个",具体有多少,不能确定。它包括三种情况,即可能是"一个",也可能是"一部分",也可能是"全部"。例如,"有的考生通过了考试",它是指"至少有一个考生通过了考试",也可能是"一部分考生通过了考试",还可能是"全部考生通过了考试",到底有多少呢?不能确定。这里存在一种特殊情况,即"所有人都通过了考试",所以不能必然推出"有的考生没有通过考试"。

第三种是单称量项,它表示一个命题对其主项外延的某个特定对象作出了断定。量项决定命题的量。例如:

①山东师范大学是全国极具影响力的MPA培养院校。

②张雨不是山东师范大学MBA研究生。

联项是连结主项和谓项的概念,如①中的"是"、②中的"不是"。联项可以分为肯定和否定联词。"是"是肯定联词,它表明主项和谓项相联系;"不是"是否定联词,它表明主项和谓项相排斥。联项表示直言命题的质，量项表示直言命题的量。

（二）直言命题的种类

按质可把直言命题分为肯定命题、否定命题；按量可把直言命题分为全称命题、特称命题、单称命题。

按质与量的结合，直言命题可以分为以下六种类型：

（1）全称肯定命题，标准形式是“所有S是P”。例如，所有济南人都是山东人。

（2）全称否定命题，标准形式是“所有S不是P”。例如，所有济南人不是山东人。

（3）特称肯定命题，标准形式是“有些S是P”。例如，有些山东人是济南人。

（4）特称否定命题，标准形式是“有些S不是P”。例如，有些山东人不是济南人。

（5）单称肯定命题，标准形式是“某个S是P”。例如，张雨是美国城市大学学生。

（6）单称否定命题，标准形式是“某个S不是P”。例如，张雨不是美国城市大学学生。

逻辑上通常用26个英文字母中的前4个元音字母来指称上述各种直言命题。即分别用A、E、I、O、a、e来表示全称肯定命题、全称否定命题、特称肯定命题、特称否定命题、单称肯定命题、单称否定命题。之所以这样规定，是因为，在拉丁文中表达“肯定”的意思，有一个词叫affirms，用其中的元音字母a表示全称肯定和单称肯定，用其中的字母i表示特称肯定；拉丁文中表达“否定”的意思，有一个词叫nego，因此，用其中的元音字母e表示全称否定和单称否定，用其中的元音字母o表示特称否定。这样，以上六种命题就简记为：

（1）A命题：全称肯定命题。结构式为：SAP。

（2）E命题：全称否定命题。结构式为：SEP。

（3）I命题 ：特称肯定命题。结构式为：SIP。

（4）O命题：特称否定命题。结构式为：SOP。

（5）a命题 ：单称肯定命题。结构式为：SaP。

（6）e命题 ：单称否定命题。结构式为：SeP。

重要提示：逻辑试题中的语言和日常语言一样，直言命题的表达形式通常是不规范的，在分析直言命题的特征和直言命题间的关系时，需要把不规范的、非标准的直言命题转换为规范的、标准的直言命题表达形式。例如：

（1）没有恒星不能发光。整理为：所有的恒星都能发光。表达的是全称肯定命题。

（2）没有领导者自私。整理为：所有领导者不自私。表达的是全称否定命题。

（3）不是所有面试者都不合格。整理为：有的面试者是合格的。表达的是特称肯定命题。

（4）乌鸦不都是黑色的。整理为：有些乌鸦不是黑色的。表达的是特称否定命题。

对日常语言中不规范的直言命题，作规范化分析时，需要注意两点：

第一，不能改变命题的原意。如把上述命题（4）整理成“有些乌鸦是黑色的”，就改变了原意。

第二，同一命题在不改变原意的前提下，可以整理成不同的规范形式。如命题（4）的原意“有些乌鸦不是黑色的”，也可整理成“有些乌鸦是非黑色的”。

（三）直言命题词项的周延性

直言命题词项是指直言命题的主项和谓项。词项的周延性是指对直言命题中主项和谓项的数量断定情况。一个直言命题中，如果断定了主项或谓项的全部外延，那么，这一命题的主项或谓项是周延的；如果没有断定主项或谓项的全部外延，可以说主项或谓项是不周延的。六种直言命题的词项周延情况列表如下：

序号	命　题	命题类型	词项周延性	
			主项	谓项
1	所有的金属都是导电的。	A	周延	不周延
2	所有宗教都不是科学。	E	周延	周延
3	有的哺乳动物是卵生的。	I	不周延	不周延
4	有的天鹅不是白色的。	O	不周延	周延
5	鲁迅是文学家。	a	周延	不周延
6	爱因斯坦不是犹太人。	e	周延	周延

（四）直言命题的真假特征

命题的真假。一个命题的断定与客观实际相符合，它就是真的；一个命题的断定与客观实际不相符合，它就是假的。

两个概念的外延上主要存在着五种关系，即全同关系、真包含于关系、真包含关系、交叉关系和全异关系。

全同关系是指两个概念的外延完全相重合，如“珠穆朗玛峰”与“世界上的最高峰”这两个概念之间就具有全同关系。

真包含于关系是指一个概念的全部外延与另一个概念的部分外延相重合，如“学生”与“人”这两个概念之间就具有真包含于关系。

真包含关系是指一个概念的部分外延与另一个概念的全部外延相重合，如“学生”与“中学生”这两个概念之间就具有真包含关系。

交叉关系是指一个概念的部分外延与另一个概念的部分外延相重合，如“小学生”与“运动员”这两个概念之间就具有交叉关系。

全异关系是指两个概念之间在外延上没有任何重合部分，如“小学生”与“中学生”这两个概念之间就具有全异关系。

如果用S、P分别表示两个概念，用圆圈表示概念的外延，那么上述概念间的五种外延关系，可分别用欧拉图具体表示如下：

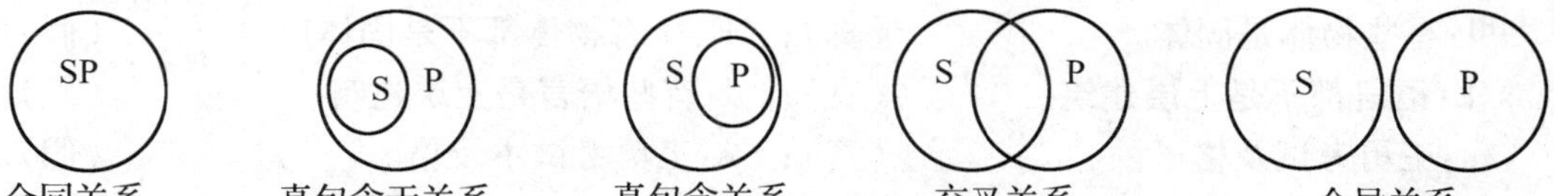

全同关系　真包含于关系　真包含关系　交叉关系　全异关系

欧拉图是运用圆圈图形来表示概念的外延之间各种关系的图解，是瑞士数学家、逻辑学家欧拉(Leonhard Euler，1707—1783 年)提出的，是帮助人们理解概念关系的一种直观工具。

直言命题的主项和谓项在外延上所存在的五种关系，决定了一个具体的直言命题的真假特征。具体见下表。需要指出的是，特称肯定命题 SIP 在全同关系下或真包含于关系下都为真，因为此时全称肯定命题 SAP 也为真，即“所有 S 都是 P”是真的，当然也可以说“有些 S 是 P”是真的。同理，特称否定命题 SOP 在全异关系下也为真，因为此时全称否定命题 SEP 也为真，即“所有 S 都不是 P”是真的，当然也可以说“有些 S 不是 P”是真的。例如，“有些大学生是人”为真命题，因为既然“所有大学生都是人”，当然也可以说“有些大学生是人”。

命题种类 \ 真假情况 \ S 与 P 关系	全同关系	真包含于关系	真包含关系	交叉关系	全异关系
SAP	真	真	假	假	假
SEP	假	假	假	假	真
SIP	真	真	真	真	假
SOP	假	假	真	真	真

三、对当关系

对当关系就是具有相同的主项和谓项的直言命题之间在真假方面存在着必然的制约关系，具有相同的主项和谓项，也就是说，A、E、I、O 命题之间的差别仅仅是逻辑常项的差别，也即量项与联项的差别。其中一个命题的真假可以制约其他三个命题的真假，这种关系就是直言命题之间的真假对当关系。它包括矛盾关系、从属关系、反对关系和下反对关系。

(一)矛盾关系

矛盾关系存在于 SAP 与 SOP 之间、SEP 与 SIP 之间、SaP 与 SeP 之间。具有矛盾关系的两个命题之间是不能同真(必有一假)、不能同假(必有一真)的关系。

根据这一关系，如果我们知道 A 判断是真的，就可以断定 O 判断是假的；如果知道 E 判断是真的，就可以断定 I 判断是假的。同样，如果知道 A、E、I、O、a、e 判断是假的，也就可以断定对应的 O、I、E、A、e、a 判断是真的，即真假互推。例如：

A：所有事物都是运动的。(真)； O：有些事物不是运动的。(假)。

O：有些公务员不是大学毕业生。(真)； A：所有的公务员都是大学毕业生。(假)。

I：有些物体是固体。(真)； E：所有物体都不是固体。(假)。

E：语言都不是上层建筑。(真)； I：有些语言是上层建筑。(假)。

a：王勇考试及格了。(真)； e：王勇考试不及格。(假)。

同样，我们也可以从某一判断为假，来推出相应的矛盾判断为真。

提示:矛盾关系的上述性质可以有效地帮助我们理解否定的涵义。对一个判断的否定,包括对判断中所有逻辑常项的否定,因此,要将量项和联项都否定,即:

①“所有”变“有些”,“是”变“不是”;

②“有些”变“所有”,“不是”变“是”。

因此,对一个判断的否定等值于原判断的矛盾命题。例如:

(1)原命题:所有的花都会结果(SAP)。

则原命题的否定“非 SAP”为:“并非所有的花都会结果”等值于“有些花不会结果(SOP)”(原命题“所有花都会结果”SAP 的矛盾命题)。

(2)原命题:有些蜘蛛不是有毒的(SOP)。

则原命题的否定“非 SOP”为:“并非有些蜘蛛不是有毒的”等值于“所有蜘蛛是有毒的(SAP)”(原命题“有些蜘蛛不是有毒的”SOP 的矛盾命题)。

(二)上反对关系

上反对关系(有些逻辑学著作也称其为反对关系),是两个全称判断之间的关系,即 A 判断和 E 判断之间的关系,它们是不能同真,可以同假的关系。在 A、E 两个判断中,如果我们知道其中一个是真的,就可推知另一个是假的,即由真推假。例如:

已知A:所有事物都是运动的(真);

则　E:所有事物都不是运动的(假)。

已知E:所有的科学家都不是思想懒汉(真);

则　A:所有的科学家都是思想懒汉(假)。

但是,如果我们知道其中一个是假的,则另一个真假不定。例如:

已知A:我班同学都学过法语(假);

则　E:我班同学都没学过法语(真假不定)。

(三)下反对关系

这是 I 判断和 O 判断之间的关系,它们是不能同假但可以同真的关系。在 I、O 两个判断中,如果我们知道其中一个是假的,那就可以断定另一个是真的,即由假推真。例如:

已知 I:有些民主人士是共产党员(假);

则　O:有些民主人士不是共产党员(真)。

已知 O:有些机器不需要能源(假);

则　I:有些机器需要能源(真)。

已知 O:有些事物不是运动的(假);

则　I:有些事物是运动的(真)。

不过,如果我们知道其中一个是真的,那么另一个真假不定。例如:

已知 I:有些个体户纳税了(真);

则　O:有些个体户没纳税(真假不定)。

可见,具有下反对关系的命题,当确定“有些 S 是 P”存在时,则“有些 S 不是 P”是否存在是不能确定的,这与我们日常生活中所理解的语言涵义是有区别的,大家要记住。

(四)从属关系

这是SAP判断与SaP、SIP判断之间、SEP判断和SeP、SOP判断之间的关系(即相同性质的全称、单称、特称之间的关系)。注意从属关系存在于一个全称判断与单称、特称判断之间,以及单称判断与特称判断之间。我们可以这样概括这一关系:如果全称判断真,则相应的单称和特称判断真;如果特称判断假,则相应的单称和全称判断假。即向下推,真推真;向上推,假推假。(请注意,这里的"上、下"是参照逻辑方阵图来讲的)

例如:

已知A:所有事物都是运动的　　(真);则　I:有些事物是运动的　　(真)。

已知I:有的单位参加了义务献血(假);则　A:所有的单位都参加了义务献血(假)。

已知A:我班同学都学过法语　　(假);则　I:我班有些同学学过法语(真假不定)。

已知I:我班有些同学学过法语　(真);则　A:我班同学都学过法语(真假不定)。

类似地,可举例说明E判断和O判断之间的从属关系。

SAP与SaP之间、SaP与SIP之间、SEP与SeP之间、SeP与SOP之间也存在着从属关系。如:

已知A:我们班所有同学考试都及格了(真);

则　a:我们班的某个同学考试及格了(真)。

已知a:我们班的某个同学考试及格了(真);

则　I:我们班有的同学考试及格了(真)。

已知E:我们班所有同学考试都不及格(真);

则　e:我们班的某个同学考试不及格(真)。

已知e:我们班某个同学考试不及格(真);

则　O:我们班有的同学考试不及格(真)。

需要说明的是,在对当关系中,单称判断不能作全称判断处理。如果涉及同一素材的单称判断,那么对当关系要稍加扩展:单称肯定判断和单称否定判断是矛盾关系;全称判断和单称判断是从属关系,单称判断和特称判断是从属关系。如图2-1、2-2所示。

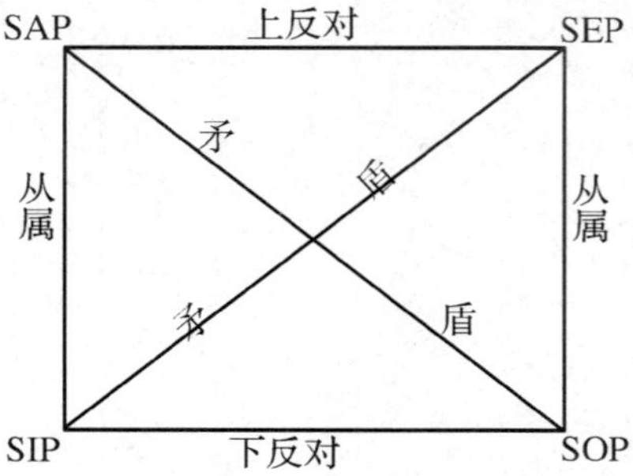

图2-1　逻辑方阵图

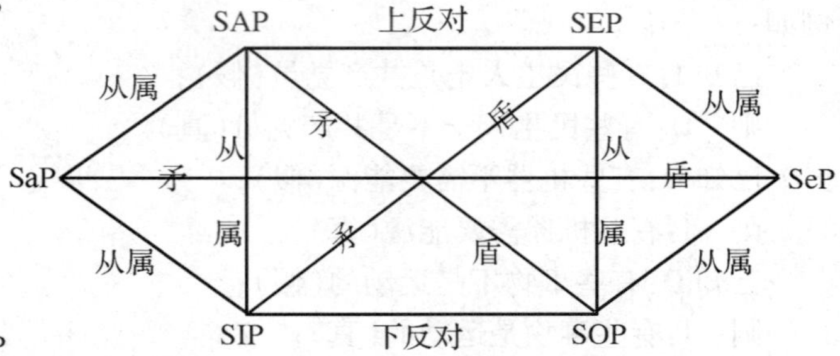

图2-2　逻辑六角阵图

四、案例与解题技巧

运用对当关系对直言命题真假性质进行判断,一是用于解决直接语句真假判别试题,二是用于求“真、假 ”一类的案例中。

下面以逻辑试题库中的试题为例,谈谈这类题的解题技巧。首先,讲一下运用对当关系解决直接语句真假判别试题的解题技巧。

案例 2-1:

所有的三星级饭店都搜查过了,没有发现犯罪嫌疑人的踪迹。

如果上述断定为真,则在下面四个断定中:

Ⅰ.没有三星级饭店被搜查过。

Ⅱ.有的三星级饭店被搜查过。

Ⅲ.有的三星级饭店没有被搜查过。

Ⅳ.犯罪嫌疑人躲藏的三星级饭店已被搜查过。

可确定为假的是(　　)。

A. 仅Ⅰ和Ⅱ

B. 仅Ⅰ和Ⅲ

C. 仅Ⅱ和Ⅲ

D. 仅Ⅰ、Ⅲ和Ⅳ

E. Ⅰ、Ⅱ、Ⅲ和Ⅳ

【解题分析】

根据题目设置的问题看,这是一类判断直言命题真假性质的问题。这类问题的解题步骤是:

第一步,把试题中的命题整理为直言命题标准形式。

第二步,确定试题中直言命题的类型。

第三步,确定各类型命题在逻辑方阵中的位置。

第四步,根据逻辑方阵,作出命题真假性质判断。

第五步,根据判断情况,选出正确答案。

具体解题步骤如下:

“所有的三星级饭店都搜查过了。” 整理为:所有三星级饭店都搜查过了。类型:SAP

如果上述断定为真,则在下面四个断定中:

Ⅰ.没有三星级饭店被搜查过。　　整理为:所有三星级饭店没有搜查过。类型:SEP

Ⅱ.有的三星级饭店被搜查过。　　整理为:有的三星级饭店被搜查过了。类型:SIP

Ⅲ.有的三星级饭店没有被搜查过。

整理为:有的三星级饭店没被搜查过。类型:SOP

Ⅳ.犯罪嫌疑人躲藏的三星级饭店已被搜查过。

整理为:藏人三星级饭店被搜查过了。类型:SaP

根据题干,已知“所有的三星级饭店都搜查过了”命题为真,即:SAP=1。(其中,1代表逻辑值“真”,0代表逻辑值“假”,以下同)

则题中给定的四个断定,对照“图2-2 逻辑六角阵图”,可知:

Ⅰ. SEP=0(因与SAP是反对关系,不同真,可由真推假)

Ⅱ. SIP=1(因与SAP是从属关系,全称命题真,则特称命题真)

Ⅲ. SOP = 0(因与 SAP 是矛盾关系,不同真,必有一假)

Ⅳ. SaP = 1(因与 SAP 是从属关系,全称命题真,单称命题真)

因此,可确定为假的是Ⅰ和Ⅲ。本题的正确答案为 B。

讨论:其实,从客观事实上来分析,这里的命题"Ⅳ. SaP"是无法确定真假的。因为,如果犯罪嫌疑人确实躲藏在某个三星级饭店,则该命题是真的。否则,如果犯罪嫌疑人事实上根本就没有躲藏在三星级饭店,又怎么会有个"犯罪嫌疑人躲藏的三星级酒店",那么这个命题就是假的。因此,该直言命题真假不定。不过,这个情形,在本题中不影响正确答案。单独为考试而准备的读者,这个因素可以不考虑。

案例 2 - 2:

通过调查得知,并非所有的个体商贩都有偷税、逃税行为。

如果上述调查的结论是真实的,则以下哪项一定为真?(   )。

A. 所有的个体商贩都没有偷税、逃税行为

B. 多数个体商贩都有偷税、逃税行为

C. 并非有的个体商贩没有偷税、逃税行为

D. 并非有的个体商贩有偷税、逃税行为

E. 有的个体商贩确实没有偷税、逃税行为

【解题分析】

并非所有的个体商贩都有偷税、逃税行为。

整理为:有的个体商贩没有偷、逃税行为(SOP)

如果上述调查的结论是真实的,则以下几个选项中:

A. 所有的个体商贩都没有偷税、逃税行为。

整理为:所有个体商贩没有偷、逃税行为(SEP)

B. 多数个体商贩都有偷税、逃税行为。 整理为:有的个体商贩有偷、逃税行为(SIP)

C. 并非有的个体商贩没有偷税、逃税行为。

整理为:所有个体商贩都有偷、逃税行为(SAP)

D. 并非有的个体商贩有偷税、逃税行为。

整理为:所有个体商贩没有偷、逃税行为(SEP)

E. 有的个体商贩确实没有偷税、逃税行为。

整理为:有的个体商贩没有偷、逃税行为(SOP)

由题干知 SOP = 1,那么,对照逻辑方阵图,则知,题中给定选项的逻辑值分别有:

A. SEP = ?("?"表示真假不定,以下同。因为 SEP 与 SOP 是从属关系)

B. SIP = ?(SOP 与 SIP 是下反对关系)

C. SAP = 0(SOP 与 SAP 是矛盾关系)

D. SEP = ?(SOP 与 SEP 从属关系:特称命题真,全称命题真假不定)

E. SOP = 1(与问题相同)

比较题干判断及逻辑值,根据题意,只有 E 与题干相符,故本题正确答案为 E。

关于这类问题的解答,以上解题方法对于初学者来说,自然是一个思维便捷途径。当熟练后,就可以直接推出。

如由题干"并非所有的个体商贩都有偷税、逃税行为"为真,可推出并非 SAP = 1,也即 SAP = 0。根据矛盾关系的推理公式可以推出,SOP = 1,从而确定本题的答案为 E。

简明地讲,上题题干的意思是所有的个体商贩都有偷税、逃税行为是假命题,而不是说所有的个体商贩都没有偷税、逃税行为。不能选 A。题干的意思是有的个体商贩有偷税、逃税行为,多数还是少数并不知道,B 不一定为真。C 和 D 它们对两个真命题进行了否定。不能选 C 和 D。只有 E,肯定了有的个体商贩没有偷税、逃税行为,与题干相符,一定为真。因此,正确答案是 E。

不过,对于一些难度比较大的题,还是按部就班地做,会更方便一些,看一看下面这个题。

案例 2 - 3:

设"并非无奸不商"是真的,则以下哪项一定为真:

A. 所有的商人都是奸商

B. 所有的商人都不是奸商

C. 并非有的商人不是奸商

D. 并非有的商人是奸商

E. 有的商人不是奸商

【解题分析】

设"并非无奸不商"是真的,整理:并非"所有商人都是奸商"为真(并非"SAP" = 1),也即"所有的商人都是奸商"为假,即 SAP = 0。

则以下选项中:

A. 所有的商人都是奸商。 整理为:所有的商人都是奸商,即 SAP。

B. 所有的商人都不是奸商。 整理为:所有的商人都不是奸商,即 SEP。

C. 并非有的商人不是奸商。 整理为:"并非有的商人不是奸商"等值于"所有的商人都是奸商",故有:所有的商人都是奸商,即 SAP。

D. 并非有的商人是奸商。 整理为:"并非有的商人是奸商"等值于"所有的商人不是奸商",故有:所有的商人都不是奸商,即 SEP。

E. 有的商人不是奸商。 整理为:有的商人不是奸商,即 SOP。

由题干知,SAP = 0,根据逻辑方阵图,则有

A. SAP = 0

B. SEP = ?(上反对关系,不能与 SAP 同真,但可以同假,所以真假不定)

C. SAP = 0

D. SEP = ?(同 B)

E. SOP = 1(与 SAP 是矛盾关系,因为 SAP = 0,所以 SOP = 1)

故本题正确答案为 E。

再一类是求"真、假"类的试题,这类试题的特点是:题干给出若干句性质判断,并说明这些判断中仅有一真或仅有一假(某些情况也有多真多假的条件),然后要求找出正确

的结论。下面讲一下这类题的解题步骤。

案例 2－4：

甲、乙、丙、丁四人在一起议论本班同学申请建行学生贷款的情况。

甲说："我班所有同学都已申请了贷款。"

乙说："如果班长申请了贷款，那么学习委员就没申请。"

丙说："班长申请了贷款。"

丁说："我班有人没有申请贷款。"

已知四人中只有一人说假话，则可推出以下哪项结论？

A. 甲说假话，班长没申请

B. 乙说假话，学习委员没申请

C. 丙说假话，班长没申请

D. 丁说假话，学习委员申请了

E. 甲说假话，学习委员没申请

【解题分析】

这类题的解题步骤：

第一步，找出矛盾。在题干中找出矛盾着的两个判断。

第二步，绕开矛盾。将矛盾着的判断搁置一边。

第三步，跳出矛盾解决问题。通过看矛盾之外的判断来解决问题。

第四步，信息带回找出答案。就是将第三步推出的信息带回到矛盾着的判断之中，从而找出正确答案。也有些试题，在第三步的信息推出后，就可以找出答案。所以，此解题步骤也称矛盾三步法。

具体解题过程分析如下：

本题是求一假，只要找出一对矛盾，问题即可迎刃而解。

①找出矛盾。

甲说："我班所有同学都已申请了贷款。" SAP

丁说："我班有人没有申请贷款" SOP

可见，甲、丁矛盾，必有一真一假。"已知四人中只有一人说假话"的这一假在甲、丁之中，所以乙、丙的话都是真的。

②绕开矛盾。将矛盾着的判断甲、丁说的话搁置一边。

③跳出矛盾解决问题。看乙、丙说的话都是真的，由丙说"班长申请了贷款"，乙说"如果班长申请了贷款，那么学习委员就没申请。"可推知，学习委员没有申请贷款。

可见，班长申请了贷款，学习委员没有申请贷款。

④将推出的信息带回去，找到正确答案。将第三步推出的信息带回甲、丁之中，丁的话是真的，甲的话是假的。故正确答案为 E。

案例 2－5：

学校为失学儿童募捐活动中收到两笔没有署真名的捐款，经过多方查找，可以断定是周、吴、郑、王中的某两个捐的。经询问，周说："不是我捐的。"吴说："是王捐的。"郑说："是吴捐的。"王说："我肯定没有捐。"最后经过详细调查证实四个人中有两个人说的是真的：

根据已知条件，请你判断下列哪项可能为真？

A. 是吴和王捐的　　B. 是周和王捐的　　C. 是郑和王捐的

D. 是郑和吴捐的　　E. 是郑和周捐的

【解题分析】

本题是求两真。考察发现，只有一对矛盾：吴与王矛盾，必有一真一假。可见，周与郑的话也必有一真一假。具体解题步骤如下：

①找出矛盾。

吴说："是王捐的"（SaP）。

王说："我没捐"（SeP）。

SaP 与 SeP 矛盾，二者必有一真一假。

②绕开矛盾。矛盾不能动，现在看周、郑之间哪个真。

③跳出矛盾解决问题。

周说："不是我捐的。"

郑说："是吴捐的。"

这二者不矛盾，也没有其他的对当关系，分不清真假。此时，宜采用代入法求解，将假设后得到的信息代入矛盾之中，从而得出结论。

④信息代入。先假设周真、郑假，代入题干；再假设郑真、周假，代入题干。

先假设周真，郑假。则有：周没捐款，吴没捐款。信息代入矛盾的吴、王之间，则捐款的只能是王和郑。

若假设周假，郑真。则有：周捐款，吴捐款，再加上矛盾组合中的吴、王之间也有一真，这样就会出现三真，与问题中的两真不符。况且根据问题，有且只有两种情况可能为真：第一，吴和周捐的款；第二，郑和王捐的款。其余的情况一定为假。所以，正确答案为 C。

案例 2－6：

某仓库失窃，四个保管员涉嫌被传讯。四人的口供如下：

甲：我们四人都没作案。　　乙：我们中有人作案。

丙：乙和丁至少有人没作案。　　丁：我没作案。

如果四人中有两人说的是真话，有两人说的是假话，那么以下哪项断定成立？

A. 说真话的是甲和丙　B. 说真话的是甲和丁　C. 说真话的是乙和丙

D. 说真话的是乙和丁　E. 说真话的是丙和丁

【解题分析】

本题是求两真两假。具体解题步骤与上例相同。

①找出矛盾。

甲："我们四人都没做案。"　SEP

乙："我们中有人做案。"　SIP

SEP 与 SIP 间矛盾。二人必有一个说真话，一个说假话。

②绕开矛盾。搁置甲、乙。看丙、丁。

③跳出矛盾解决问题。

丙："乙和丁至少有人没做案。"

丁："我没做案。"

因为四人中有两个说真话，有两个说假话。甲、乙中已经有一真一假了，所以在丙、丁中也存在一真一假。

④信息代入。先假设取得信息，再代入矛盾组合之中。

先假设丙说的是真话，丁说的是假话，丁做案。甲说的也是假话。说假话的是甲和丁。可见，说真话只有乙和丙了。

若假设丙说的是假话，乙和丁都做了案，丁说的"我没做案"也是假话，这样就会出现丙、丁也是假的，这样就出现了三假，这不符合"两真两假"的题设要求（丙、丁必须有一真一假），因此，丙不能为假。只能假设丙说的是真话。

所以"只能假设丙说的是真话，则丁说的是假话"说真话的是乙和丙，故正确答案是C。

案例2-7：

某县领导参加全县的乡计划生育干部会，临时被邀请上台讲话。由于事先没有做调查研究，也不熟悉县里计划生育的具体情况，所以只能说些模棱两可、无关痛痒的话。他讲到："在我们县14个乡中，有的乡完成了计划生育指标，有的乡没有完成计划生育指标，李家集乡就没有完成嘛。"在领导讲话时，县计划生育委员会主任手里捏了一把汗，因为领导讲的三句话中有两句不符合实际，真后悔临时拉领导来讲话。

以下哪项正确表达了该县计划生育工作的实际情况？

A. 在14个乡中至少有一个乡没有完成计划生育指标

B. 在14个乡中除李家集乡外还有别的乡没有完成计划生育指标

C. 在14个乡中没有一个乡没有完成计划生育指标

D. 在14个乡中只有一个乡没有完成计划生育指标

E. 在14个乡中只有李家集乡完成了计划生育指标

【解题分析】

题中"三句话有两句不符合实际情况"，也即有两假一真。这一真，就是表达实际情况的话。所以此题还是求一真。具体解题步骤：

分析这个问题中的三句话：①有的乡完成了计划生育指标 I

②有的乡没有完成计划生育指标 O

③李家集乡就没有完成计划生育指标 e

有两句话不符合实际，即有两句话假，也就是说只有一句话是真的。但考察题中的三句话，没发现矛盾关系。这时就要看，有没有上反对关系或下反对关系，因为上反对关系不能同真，下反对关系，不能同假。

(1)找关系。发现下反对关系。

①有的乡完成了计划生育指标(SIP)

②有的乡没有完成计划生育指标(SOP)

下反对关系的两个直言命题：不能同假，可以同真，至少一真。因为问题只有一真，所以,这里的①②必有一真一假。

(2)绕开反对关系,看另一假。①②中有一真一假了。这样剩下的一假必是③。

(3)下反对关系之外,解决问题。既然"③李家集乡就没有完成计划生育指标"假,则有"李家集乡完成了计划生育指标"。

(4)信息代入,求结论。将上述求得的"李家集乡完成了计划生育指标"代入下反对关系组合,由此可以断定下反对关系中的"①有的乡完成了计划生育指标"是真的,从而确定了一真。这样"②有的乡没有完成计划生育指标"就是假的了,于是就有"所有的乡都完成了计划生育指标"。

即"14 个乡都完成了计划生育指标,没有一个没完成"的。故本题正确答案是 C。

第二种解法:也可用求同法作解,求同法将在后面的课程中具体讲述。

这个问题中的三句话:①有的乡完成了计划生育指标 I

②有的乡没有完成计划生育指标 O

③李家集乡就没有完成计划生育指标 e

有两句话不符合实际,只有一句话是真的。那么哪句话符合实际情况呢?

首先,全面看他们之间的关系。①I; ②O; ③e。

①I 与②O 之间有下反对关系二者不能同假,必有一真

①I 与③e 之间有下反对关系二者不能同假,必有一真

考察发现,两对下反对关系组合中,都有①I。根据求同法,必定是①I 真。②③为假。即李家集乡完成了计划生育指标,所以,所有的乡都完成了计划生育指标是实际情况。故本题答案为 C。

重要提示:以上讲的都是利用真假对当关系,直接判断真假的题型,除此之外,还有一些试题,题干中的判断不是相同素材的判断,而是具有相同的主项或相同的谓项,我们把这种关系叫做依存关系。如,在评论一个人时,有三句判断:

①"这个人姓诸葛";

②"这个人姓欧阳";

③"这个人是女性"。

如果三句话只有一假,我们可以得出的结论是:"这个人是女性"肯定为真。因为,对同一个人来讲"这个人"(即相同的主项),不可能既姓诸葛又姓欧阳,因此①和②不能同真,二者必有一假。这样第三句话就肯定是真话。所以"这个人是女性"就一定是真话。下面看一下这种类型题的解题方法。

案例 2-8:

罗伯特、欧文、叶赛宁都新买了汽车,汽车的牌子是奔驰、本田、皇冠。他们一起来到朋友汤姆家,让汤姆猜猜他们三人各买的是什么牌子的车。汤姆猜道:"罗伯特买的是奔驰车,叶赛宁买的肯定不是皇冠车,欧文买的自然不会是奔驰车。"很可惜,汤姆的这种猜法,只猜对了一个。由此,下面哪项为真?

A. 罗伯特买的是皇冠车,欧文买的是奔驰车,叶赛宁买的是本田车

B. 罗伯特买的是奔驰车,欧文买的是皇冠车,叶赛宁买的是本田车

C. 罗伯特买的是奔驰车,欧文买的是本田车,叶赛宁买的是皇冠车

D. 罗伯特买的是本田车，欧文买的是奔驰车，叶赛宁买的是皇冠车

E. 罗伯特买的是皇冠车，欧文买的是本田车，叶赛宁买的是奔驰车

【解题分析】

这类题既可用代入法求解，也可用依存关系法求解。下面结合本题讲一下依存关系法求解基本步骤。

依存关系法求解的基本步骤是：

首先，梳理题干，找出问题中的规则；

其次，找出问题规则中的依存关系；

再次，利用依存关系进行推理。

最后，确定答案。

具体解题步骤如下：

(1)梳理题干。罗、欧、叶三人买的车分别是：奔驰、本田、皇冠车。

汤姆断定：①罗伯特买的是奔驰车。

②叶赛宁买的不是皇冠车。

③欧文买的不是奔驰车。

且汤姆的断定只猜对了一个，即三个断定只有一真。

(2)找出依存关系。考察发现，问题规则中汤姆断定的三句话之间有依存关系。即上述问题中的①②③之间是依存关系。

(3)根据依存关系进行推理。假设①真，则③真，这样就出现两真，这与问题(只猜对了一个，只有一真)相矛盾，所以，罗伯特买的不是奔驰车。假设叶赛宁买的是奔驰车，那么③②都真，也会出现两真，所以叶赛宁买的不是奔驰车。因此断定，欧文买的是奔驰车。可见，叶赛宁买的是本田车，这样罗伯特买的就是皇冠车。

(4)确定答案。将依存关系中推理得出的，符合问题规则的结论，进行整理。与题中给定的选项进行对照，从而确定答案。根据(3)中推出的结论进行整理得“欧文买的是奔驰车，叶赛宁买的是本田车，罗伯特买的是皇冠车”。这与选项 A 一致。故本题正确答案为 A。

第二种解法：代入法。

利用代入法求解时，就是直接将选项代入题干之中，看选项是否符合问题规则的要求即可，符合问题规则要求的选项自然就是答案的内容，不符合问题规则要求的，自然就不是答案的内容。主要按以下三步骤进行：

首先，梳理问题规则。

(1)梳理题干，罗、欧、叶三人每人买了一辆车，类别是：奔驰、本田、皇冠车。

(2)汤姆断定：①罗伯特买的是奔驰车。

②叶赛宁买的不是皇冠车。

③欧文买的不是奔驰车。

且汤姆的断定只猜对了一个，即三个断定只有一真。

其次，将选项代入问题规则。

如果将 A 代入汤姆的断定之中，看是否符合汤姆的断定。则有，

"A. 罗伯特买的是皇冠车,欧文买的是奔驰车,叶赛宁买的是本田车",而根据汤姆的三句话"罗伯特买的是奔驰车,叶赛宁买的肯定不是皇冠车,欧文买的自然不会是奔驰车"只有一句话是真的断定,即"A 中'的叶赛宁买的是本田车'与汤姆断定的'叶赛宁买的肯定不是皇冠车'正相符合",不矛盾。

再次,确定答案。将符合问题规则要求,即不与问题规则矛盾的选项找出,从而最终确定答案。本题符合问题规则要求的是 A 项。所以,本题的正确答案为 A。

案例 2-9:

某珠宝店失窃,五个职员涉嫌被拘。假设这五个职员中,参与作案的人永远说假话,无辜者永远说真话,这五个职员分别有以下供述。张说:"王是作案者。王说过是他作做的案。"王说:"李是作案者。"李说:"是赵作的案。"赵说:"是孙作的案。"孙没说一句话。

依据以上的叙述,能推断出以下哪项结论?

A. 张作案,王没作案,李作案,赵没作案,孙作案

B. 张没作案,王作案,李没作案,赵作案,孙没作案

C. 五个职员都参与作案

D. 五个职员都没作案

E. 题干中缺乏足够的信息来确定每个职员是否作案

【解题分析】

这类题在求解时,要认真梳理题干,首先选出最有可能的选项,代入题中尝试可能会第一时间得出结论。这个最有可能的选项就是能够直接看出与题干矛盾的选项。

题干中说:五个职员中,参与作案的人永远说假话,无辜者永远说真话。

供述情况:张说"王是作案者。王说过是他作的案。"

王说"李是作案者。"

李说"是赵作的案。"

赵说"是孙作的案。"

孙没说一句话。

分析供述情况,根据题干"作案者永远说假话"可知,张说的两句话自相矛盾。因为"王是作案者",王就不可能说是"他作的案"。所以,张说的话必定是假话,因此,张是作案者。将张是作案者代入,可推出:

张说假话,所以王不是作案者。

王不是作案者,则王说真话——李是作案者。

李是作案者,李说"是赵作的案"是假话,所以赵不是作案者。

赵说真话,"是孙作的案",因此,孙是作案者。

假若将张没作案代入,则张说假话与问题中无辜者永远说真话矛盾,所以张不是无辜者。

故本题的正确答案是 A。

案例 2-10:

A、B、C 三人从政法大学毕业后,一个当了律师,一个当了法官,一个当了检察官,但究竟谁担任什么具体工作,人们还不清楚,于是有以下猜测:

甲:A 当了律师,B 当了法官。

乙:A 当了法官,C 当了律师。

丙:A 当了检察官,B 当了律师。

后来证实,甲、乙、丙三人的猜测都是只对了一半。

以下哪项是对三人工作的正确描述?

A. A 是法官,B 是律师,C 是检察官

B. A 是法官,B 是检察官,C 是律师

C. A 是律师,B 是检察官,C 是法官

D. A 是律师,B 是法官,C 是检察官

E. A 是检察官,B 是法官,C 是律师

【解题分析】

这个题,既可用代入法求解,也可用[案例2-8]中介绍的依存关系法求解,用依存关系法求解会更简便,因此下面用依存关系法求解。

首先,梳理题干,找出问题中的规则。

(1)梳理题干。A、B、C 三人,一个是律师,一个是法官,一个是检察官。

(2)甲、乙、丙的下列猜测各对了一半:

甲:A 当了律师,B 当了法官。

乙:A 当了法官,C 当了律师。

丙:A 当了检察官,B 当了律师。

上述三个人的判断共有 6 句话,每个人说的两句话中,有一半对,即三真三假。

由于三个人都对 A 进行了断定,且断定的身份都不同,所以甲、乙、丙分别说的前一句话:

①A 当了律师。

②A 当了法官。

③A 当了检察官。

其中,必定是一真二假。

相应地,甲、乙、丙分别说的后一句话:

④B 当了法官。

⑤C 当了律师。

⑥B 当了律师。

其中,必定是二真一假。

其次,找出问题规则中的依存关系。

由④⑥都具有相同主项 B,所以,④⑥是依存关系。

再次,利用依存关系进行推理。

根据依存关系,必有一真一假。④⑥中必有一真一假。这样④⑤⑥中的另一真必定是⑤,即 C 当了律师。由 C 当了律师推知,B 当了法官。所以"②A 当了法官"是假话。

因此,A 当了检察官。

最后,确定答案。由上述推理得知:C 当了律师,B 当了法官,A 当了检察官。符合这

一选项的是 E。故本题的正确答案是 E。

案例 2－11：

林园小区家中有住户发现了白蚁。除非小区中有住户家中发现白蚁，否则任何小区都不能免费领取高效杀蚁灵。

如果上述断定都真，那么以下哪项据此不能断定真假？

①林园小区所有的住户家中都发现了白蚁

②林园小区所有的住户家中都没有发现白蚁

③林园小区有的住户家中没有发现白蚁

④林园小区能免费领取杀蚁灵

⑤尽管有住户家中发现了白蚁，但林园小区仍不能免费领取高效杀蚁灵。

A. 只有①③④和⑤　　B. 只有①和②　　C. 只有④和⑤

D. 只有①　　E. 只有①和③

【解题分析】

这是一类判断直言命题真假性质的问题。这类问题的解题步骤已在本单元［案例 2－1］中进行了详尽的介绍。现在简要做一下这道题。

由问题知，题干的两个断定都是真的：

（1）“林园小区有住户家中发现了白蚁”，即 SIP＝1

（2）“只有小区住户家中发现白蚁，才能免费领取高效杀蚁灵”（因为“除非 p，否则不 q”＝“只有 p，才 q”）

由（1）SIP＝1，可知以下断定的逻辑值为：

“①林园小区所有的住户家中都发现了白蚁”，即 SAP＝？（因为 SAP 与 SIP 是从属关系，全称 A 真时，特称 I 真。特称 I 真时，全称 A 真假不定）

“②林园小区所有的住户家中都没有发现白蚁”，即 SEP＝0（因为 SEP 与 SIP 是矛盾关系，不能同真，SIP 真，所以 SEP 假）

“③林园小区有的住户家中没有发现白蚁”，即 SOP＝？（SOP 与 SIP 是下反对关系，不能同假，可以同真，因 SIP 为真，所以 SOP 真假不定）

“④林园小区能免费领取高效杀蚁灵”真假不定。（题干中命题（2）是个必要条件的假言命题，有前件未必有后件，有条件未必有结果。“除非 p，否则不 q”＝“只有 p，才 q”，但是有 p 不一定有 q）

“⑤尽管有住户家中发现了白蚁，但林园小区仍不能免费领取高效杀蚁灵。”真假不定（原因同④）

可见，不能断定真假的是：①③④⑤。

因此，本题的正确答案为 A。

案例 2－12：

小张、小王和小李参加奥林匹克竞赛。报名科目有数学、物理、化学三种，甲乙丙三人作了以下猜测：

甲：小张参加了数学竞赛，小王参加了物理竞赛。

乙：小李没参加物理竞赛，小王参加了数学竞赛。

丙:小张没参加数学竞赛,小王参加了化学竞赛。

如果他们的猜测都只对了一半,则以下哪一项为真?

A. 小张、小王、小李分别参加数学、物理和化学竞赛

B. 小张、小王、小李分别参加物理、数学和化学竞赛

C. 小张、小王、小李分别参加数学、化学和物理竞赛

D. 小张、小王、小李分别参加化学、数学和物理竞赛

E. 小张、小王、小李分别参加化学、物理和数学竞赛

【解题分析】

(1)梳理题干。

张、王、李各报一科:数学、物理、化学。

甲、乙、丙每个人的话只对了一半。

(2)找关系。

甲:①小张参加了数学竞赛,④小王参加了物理竞赛。

乙:②小李没参加物理竞赛,⑤小王参加了数学竞赛。

丙:③小张没参加数学竞赛,⑥小王参加了化学竞赛。

考察发现,甲、乙、丙的前三句存在依存关系,后三句也存在依存关系。并且每个人的话只对了一半,所以6句话中,必有三真三假。

(3)通过依存关系推理:其中,后三句均以“小王”为主项,所以,④⑤⑥三句中有一真二假,①②③三句中有二真一假。

在①②③中,由①③矛盾必有一真一假得,②必为真,所以“小李没参加物理竞赛”为真。

那么,就有“④小王参加了物理竞赛”为真,从而推出①假,“③小张没参加数学竞赛”真,则小张参加了化学竞赛。因此,小李一定参加数学竞赛了。

即小张参加化学、小王参加物理、小李参加数学。

(4)确定答案。由以上推理,可知小张参加化学、小王参加物理、小李参加数学竞赛。故本题正确答案为E。

上题用代入法求解,也比较方便,大家可以试一下。

提示:通过以上例题的讲解,我们不难看出,解依存关系题型,关键是要从题干给定的内容出发,抽象出同属于依存关系的逻辑形式,根据依存关系来进行分析判断,大家在解答这类题型时要注意以下几点:

(1)梳理题干,弄清问题和题设。

(2)将题中语言转化为规范的逻辑语言。

(3)根据题干找出逻辑关系。

(4)利用逻辑关系进行推理。

(5)对照选项,确定答案。

以上解题步骤掌握后,下面的解题分析将会简化步骤,加快做题速度,请大家注意领会。

案例2-13:

桌子上有4个杯子,每个杯子上写着一句话:第一个杯子:“所有的杯子中都有水果

糖”;第二个杯子:“本杯中有苹果”;第三个杯子:“本杯中没有巧克力”;第四个杯子:“有些杯子中没有水果糖”。

如果其中只有一句真话,那么以下哪项为真?

A. 所有的杯子中都有水果糖　　B. 所有的杯子中都没有水果糖

C. 所有的杯子中都没有苹果　　D. 第三个杯子中有巧克力

E. 第二个杯子里有苹果

【解题分析】

(1)弄清问题并分析题干。题干中第一和第四个杯子上的话是矛盾的,两句话中必有一真一假。因此,四句中的一句真话必在第一和第四之中,所以第二和第三个杯子上的话必为假。

由第三个杯子上的话“本杯中没有巧克力”是假,可知D中所说“第三个杯子中有巧克力”为真。虽然第二个杯子上的话也假,但五个选项中没有一项是“第二个杯子没有苹果”。

(2)考察选项,确定答案。本题的正确答案是D。

案例2－14:

某班有一位同学做了好事没留下姓名,他是甲、乙、丙、丁四人中的一个。当老师问他们时,他们分别这样说:

甲:这件好事不是我做的。　　乙:这件好事是丁做的。

丙:这件好事是乙做的。　　丁:这件好事不是我做的。

这四人中只有一个人说了真话,请你推出是谁做了好事?

A. 甲　B. 乙　C. 丙　D. 丁　E. 不能推出。

【解题分析】

(1)弄清问题并分析题干。

找出矛盾:乙、丁的话相互矛盾,肯定当中有一个人说的话为真,另一人为假。

已知条件:四人中只有一人说真话,即说真话的一定在乙、丁之中。

绕开矛盾:甲、丙说的是假话,得出做好事的是甲。

推出结果:做好事的是甲,说真话的是丁。

(2)考察选项,确定答案。本题的正确答案是A。

案例2－15:

甲、乙、丙和丁是同班同学。

甲说:“我班同学都是团员”。

乙说:“丁不是团员”。

丙说:“我班有人不是团员”。

丁说:“乙也不是团员”。

已知只有一人说假话,则可推出以下哪项断定是真的?

A. 说假话的是甲,乙不是团员　　B. 说假话的是乙,丙不是团员

C. 说假话的是丙,丁不是团员　　D. 说假话的是丁,乙是团员

E. 说假话的是甲,丙不是团员

【解题分析】

(1)弄清问题并分析题干。甲和丙的话矛盾，其中必有一真，必有一假。而四句话中只有一假，所以乙和丁的话都是真的。所以，丙的话是真的，甲的话是假的。

(2)考察选项，确定答案。据上述分析推知，本题的正确答案是A。

案例2-16：

学校抗洪抢险献爱心捐助小组突然收到一大笔没有署名的捐献，经过多方查找，可以断定是赵、钱、孙、李中的某一个人捐的。经询问，赵说："不是我捐的"；钱说："是李捐的"；孙说："是钱捐的"；李说："我肯定没有捐。"最后经过详细调查，证实四个人中只有一个人说的是真话。

根据以上已知条件，请判断下列哪项为真？

A. 赵说的是真话，是孙捐的

B. 李说的是真话，是赵捐的

C. 钱说的是真话，是李捐的

D. 孙说的是真话，是钱捐的

E. 李说的是假话，是李捐的

【解题分析】

(1)弄清问题并分析题干。根据题干，在所说的话中，钱、李矛盾，只有一真，则赵、孙必假；因为赵说"不是我捐的"为假，则推知是赵捐的，故选B。

(2)考察选项，确定答案。本题的正确答案是B。

案例2-17：

学校的抗洪赈灾义捐活动收到一大笔没有署真名的捐款，经过多方查找，可以断定是周、吴、郑、王中的某一位捐的。经询问，周说："不是我捐的"；吴说："是王捐的"；郑说："是吴捐的"；王说："我肯定没有捐"。

最后经过详细调查证实四个人中只有一个人说的是真话。

根据已知条件，请你判断下列哪项为真？

A. 周说的是真话，是吴捐的

B. 周说的是假话，是周捐的

C. 吴说的是真话，是王捐的

D. 郑说的是假话，是郑捐的

E. 王说的是真话，是郑捐的

【解题分析】

(1)弄清问题并分析题干。根据题干，吴和王的话互相矛盾，因此，其中必有一真；又只有一人说真话，可推出周和郑均说假话，即事实上是周捐的款，所以B项为真。

(2)考察选项，确定答案。本题的正确答案是B。

案例2-18：

学校在为失学儿童义捐活动中收到两笔没有署真名的捐款，经过多方查找，可以断定是周、吴、郑、王中的某两位捐的。经询问，周说："不是我捐的"；吴说："是王捐的"；郑说："是吴捐的"；王说："我肯定没有捐"。

最后经过详细调查证实四个人中只有两个人说的是真话。

根据已知条件，请你判断下列哪项可能为真？

A. 是吴和王捐的

B. 是周和王捐的

C. 是郑和王捐的

D. 是郑和吴捐的

E. 是郑和周捐的

【解题分析】

(1)弄清问题并分析题干。根据题干,吴和王的话是互相矛盾的,因此,其中必有一真,且只有一真;又由题干可知,只有两人说的是真话,因此,周和郑两人中有且只有一个人说真话。

这样可以分为四种情况讨论:

①吴真王假,并且周真郑假。可推出王和郑捐了。

②吴真王假,并且郑真周假。由吴真郑真可以推出,款是王、吴所捐,因为只有两笔捐款,因此,周没有捐;而周讲的话是假话,因此,周捐了。这样周既没捐又捐了,出现矛盾,故这种情况不存在。

③吴假王真,并且周真郑假。王真周真推出王、周都没捐;因为有两笔捐款,所以,吴、郑都捐了;而由郑假可推出吴没捐,这样吴既捐了又没捐,出现矛盾,故这种情况不存在。

④吴假王真,并且郑真周假。由郑真可以推出吴捐了,由周假可以推出周捐了。

因此,根据题干的条件,有且只有两种情况可能为真:第一,吴和周捐的款,第二,郑和王捐的款。其余的情况一定为假。因此,选项 A、B、D 和 E 不可能为真,C 项可能为真。

(2)考察选项,确定答案。本题的正确答案是 C。

案例 2-19:

红星中学的四位老师在高考前对某理科毕业班学生的前景进行推测,他们特别关注班里的两个尖子生。

张老师说:"如果余涌能考上清华,那么方宁也能考上清华。"

李老师说:"依我看这个班没人能考上清华。"

王老师说:"不管方宁能否考上清华,余涌考不上清华。"

赵老师说:"我看方宁考不上清华,但余涌能考上清华。"

高考的结果证明,四位老师中只有一人的推测成立。

如果上述断定是真的,则以下哪项也一定是真的?

A. 李老师的推测成立　　B. 王老师的推测成立　　C. 赵老师的推测成立

D. 如果方宁考上了清华大学,则张老师的推测成立

E. 如果方宁考不上清华大学,则张老师的推测成立

【解题分析】

(1)弄清问题并分析题干。这个题的难度大一些,除了运用前面讲到的知识外,还要用到一些逻辑规律的常识和复合推理的知识,接着后面的部分题目都是这样,希望读者用心品味。根据题干可知:

张:如果余,那么方。

李:SEP(即非余也非方)。

王:并非余。

赵:非方,但余。

题干中张老师和赵老师的推测形式分别是"如果 p 则 q"和"p 并且非 q",互相矛盾,

根据矛盾律和排中律,其中必有一个推测成立且只有一个成立,另一个不成立。又由条件,四人中只有一人的推测成立,因此,李老师和王老师的推测均不成立,即事实上余涌考上了清华。因此,如果方宁考上了清华,则张老师的推测成立,即D项为真。

(2)考察选项,确定答案。本题的正确答案是D。

案例2-20:

甲乙丙丁四人在一起议论本班同学申请建行学生贷款的情况。

甲说:"我班所有同学都已申请了贷款。"

乙说:"如果班长申请了贷款,那么学习委员就没申请。"

丙说:"班长申请了贷款。"

丁说:"我班有人没有申请贷款。"

已知四人中只有一人说假话,则可推出以下哪项结论?

A. 甲说假话,班长没申请

B. 乙说假话,学习委员没申请

C. 丙说假话,班长没申请

D. 丁说假话,学习委员申请了

E. 甲说假话,学习委员没申请

【解题分析】

(1)弄清问题并分析题干。根据题干可知,

甲:SAP。

乙:如果班长,那么非学习委员。

丙:班长。

丁:SOP。

确定矛盾:甲和丁的话相互矛盾。

已知条件:四人中只有一人说假话,即说假话的一定在甲、丁之中。

绕过矛盾:乙、丙说的为真话。推得班长申请了贷款,学习委员没有申请。

推出结果:学习委员没有申请,所以甲为假。

(2)考察选项,确定答案。本题的正确答案是E。

案例2-21:

某仓库失窃,四个保管员因涉嫌而被传讯。四人的供述如下:

甲:我们四人都没作案。

乙:我们中有人作案。

丙:乙和丁至少有一人没作案。

丁:我没作案。

如果四人中有两人说的是真话,有两人说的是假话,则以下哪项断定成立?

A. 说真话的是甲和丙

B. 说真话的是甲和丁

C. 说真话的是乙和丙

D. 说真话的是乙和丁

E. 说真话的是丙和丁

【解题分析】

(1)弄清问题并分析题干。

找出一对矛盾着的直言命题:甲和乙,其中必然一真一假。

绕开矛盾:四人中两人说真话,两人说假话,因此,丙和丁两人的断定亦必有一真

一假。

若丁真,则丙真,这不可能,因此,丁假,即丁作了案,所以甲为假。

则甲、丁说假话。据此可推知说真话的是乙和丙。

(2)考察选项,确定答案。本题的正确答案是C。

案例2-22:

某矿山发生了一起严重的安全事故。关于事故原因,甲乙丙丁四位负责人有如下断定:

甲:如果造成事故的直接原因是设备故障,那么肯定有人违反操作规程。

乙:确实有人违反操作规程,但造成事故的直接原因不是设备故障。

丙:造成事故的直接原因确实是设备故障,但并没有人违反操作规章。

丁:造成事故的直接原因是设备故障。

如果上述断定中只有一个人的断定为真,则以下断定都不可能为真,除了:

A. 甲的断定为真,有人违反了操作规程

B. 甲的断定为真,但没有人违反操作规程

C. 乙的断定为真　　D. 丙的断定为真　　E. 丁的断定为真

【解题分析】

(1)弄清问题并分析题干。根据题干可知:

甲:如果设,那么违　　即p,那么q

乙:违且非设　　即q,但非p

丙:设且非违　　即p,且非q(等值于,并非"如果p那么q")

丁:设　　即p

可见,由题干中甲和丙的断定互相矛盾,可知其中必有一真一假。

又因为,四个断定中只有一个人的断定为真,因此,乙和丁的断定为假。

由丁的断定假,可知造成事故的直接原因不是设备故障。简记:非设 ……①

由乙的断定假,推知没有人违反操作规程,或者造成事故的直接原因是设备故障。简记:"非违"或"设"……②

由①②得:(非设)并且("非违"或"设"),所以,非违。即没有人违反操作规程。(根据相容选言推理"从否定一部分选言肢到肯定另一部分选言肢"求得)具体推理过程为:

$$\frac{\text{“非违”或“设”}\quad \text{非设}}{\text{所以,“非违”}} \quad \text{即} \quad \frac{p\text{ 或 }q \quad \text{非 }q}{\therefore p}$$

(参见本书选言推理部分)

这样,可得出结论:

第一,造成事故的直接原因不是设备故障。

第二,没有人违反操作规程。

因此,丙的断定为假,因而甲的断定为真。

所以,B项为真。其余各项均不可能真。

(2)考察选项,确定答案。本题的正确答案是B。

注意:由推理得知"造成事故的直接原因不是设备故障",也"没有人违反操作规

程”。为什么甲的话还是真的呢？这是由充分条件假言命题的逻辑性质决定的，当充分条件假言命题的前件假，后件假时，整个命题的逻辑值却是真的(参见本书第四章的“假言命题及其推理”部分)。

案例2－23：

某商店失窃，四名职工涉嫌被拘审。

甲：只有乙作案，丙才会作案。

乙：甲和丙两人中至少有一人作案。

丙：乙没作案，作案的是我。

丁：是乙作的案。

四人中只有一个人说假话，可推出以下哪项成立？

A. 甲说假话，丙作案　B. 乙说假话，乙作案　C. 丙说假话，乙作案

D. 丁说假话，丙作案　E. 丙说假话，丙没作案

【解题分析】

(1)弄清问题并分析题干。甲和丙的断定是互相矛盾的，因此，其中必有一人说假话。又由题干可知，四人中只有一人说假话，因此，乙和丁说真话。由丁说真话可推出事实上乙作案。因此，说假话是丙，所以C项成立。由丙说假话，可推出乙作案或者丙没作案，推不出丙没作案。因此，E项不成立。

(2)考察选项，确定答案。本题的正确答案是C。

案例2－24：

某商场失窃，员工甲、乙、丙、丁涉嫌被拘审。

甲说：“是丙作的案。”

乙说：“我和甲、丁三人中至少有一个人作案。”

丙说：“我没有作案。”

丁说：“我们四人都没作案。”

如果四人中只有一个说真话，则可推出以下哪项结论？

A. 甲说真话，作案的是丙　B. 乙说真话，作案的是乙

C. 丙说真话，作案的是甲　D. 丙说真话，作案的是丁

E. 丁说真话，四人中无人作案

【解题分析】

(1)弄清问题并分析题干。根据题干可知，甲和丙的话互相矛盾，必有一真一假。而四人中只有一个人说真话，可见乙、丁都说假话。由乙说假话，可知甲、乙、丁都没作案。再由丁说假话，可知四人中有人作案，因此只能丙作案，甲说真话。

(2)考察选项，确定答案。本题的正确答案是A。

案例2－25：

甲班考试结束后，几位老师在一起议论。

张老师说：“班长和学习委员都能得优秀。”

李老师说：“除非生活委员得优秀，否则体育委员不能得优秀。”

陈老师说：“我看班长和学习委员两人中至少有一人不能得优秀。”

郭老师说："我看生活委员不能得优秀，但体育委员可得优秀。"

基于以上断定，可推出以下哪项为真？

A. 四位老师中有且只有一位的判断为真

B. 四位老师中有且只有两位的判断为真

C. 四位老师的判断都可能为真

D. 四位老师的判断都可能为假

E. 题干的条件不足以推出确定的结论

【解题分析】

（1）弄清问题并分析题干。根据题干把四位老师的话整理成如下条件关系式：

张：班长并且学习委员；

李：只有生活委员，才体育委员；

陈：或者非班长或者非学习委员

郭：非生活委员，但体育委员

从中可以发现：张和陈、李与郭这两对老师的说法互为矛盾命题。

由矛盾律和排中律可知，张和陈必为一真一假，李与郭也必为一真一假。

因此，四位老师中有且只有两位的判断为真。

（2）考察选项，确定答案。本题的正确答案是 B。

案例 2－26：

某女生宿舍的人都参加了英语六级考试，关于他们的考试结果有如下判断：（1）此宿舍不可能有人没通过；（2）此宿舍的小芳以最高分通过；（3）此宿舍有的人没通过；（4）并非此宿舍所有人都没有通过。

假设上述判断只有两个是对的，以下哪项结论能从上述条件中必然推出？

A. 此宿舍的有些同学通过了英语六级

B. 此宿舍的所有同学都通过了英语六级

C. 此宿舍的所有同学都没能通过英语六级

D. 并非此宿舍的小芳通过了英语六级

E. 此宿舍的小芳通过了英语六级

【解题分析】

（1）弄清问题并分析题干。题中假设有两个判断是对的，也就是有两真。对题干中的四个判断进行整理如下：

①此宿舍不可能有人没通过＝"此宿舍必然不会有人没通过"，即所有人都通过了。

②此宿舍的小芳以最高分通过，整理为：小芳高分通过。

③此宿舍有的人没通过。

④并非此宿舍所有人都没有通过，整理为：有的人通过了。

可见，①③矛盾，二者必有一真。另一真则在②④中，假设②真④假，显然②④之间矛盾。故假设②假④真，则有"有的人通过了"为真。

（2）考察选项，确定答案。选项 A 恰好是选项④的推论，其他选项都不能从题干断定中推出。因此，本题正确答案是 A。

案例 2－27：

以下是关于某中学甲班同学参加夏令营的三个断定：

(1)甲班有学生参加了夏令营。

(2)甲班所有学生都没有参加夏令营。

(3)甲班的蔡明没有参加夏令营。

如果这三个断定中只有一项为真，则以下哪项一定为真？

A. 甲班同学并非都参加了夏令营　　B. 甲班同学并非都没有参加夏令营

C. 甲班参加夏令营的学生超过半数　　D. 甲班仅蔡明没有参加夏令营

E. 甲班仅蔡明参加了夏令营

【解题分析】

(1)弄清问题并分析题干。根据题干，由性质命题的对当关系知，(1)和(2)互相矛盾，必有一真一假。因为三个断定中只有一真，因此(3)假。由(3)假，可得甲班的蔡明参加了夏令营，继而可得甲班同学并非都没有参加夏令营。

(2)考察选项，确定答案。本题的正确答案是 B。

案例 2－28：

关于确定商务谈判代表的人选，甲、乙、丙三位公司老总的意见分别是：

甲：如果不选派李经理，那么不选派王经理。

乙：如果不选派王经理，那么选派李经理。

丙：要么选派李经理，要么选派王经理。

以下诸项中，同时满足甲、乙、丙三人意见的方案是：

A. 选李经理，不选王经理　　B. 选王经理，不选李经理

C. 两人都选派　　D. 两人都不选派

E. 不存在这样的方案

【解题分析】

(1)弄清问题并分析题干。根据题干，用排除法解。选项 A，没问题，都满足。选项 B，与甲矛盾。选项 C，与丙矛盾。选项 D，与乙、丙都矛盾。

(2)考察选项，确定答案。本题的正确答案是 A。

案例 2－29：

全国运动会举行女子 5000 米比赛，辽宁、山东、河北各派了三名运动员参加。比赛前，四名体育爱好者在一起预测比赛结果。甲说："辽宁队训练就是有一套，这次的前三名非他们莫属。"乙说："今年与去年可不同了，金银铜牌辽宁队顶多拿一个。"丙说："据我估计，山东队或者河北队会拿牌的。"丁说："第一名如果不是辽宁队的，就该是山东队的了。"比赛结束后，发现以上四人只有一人言中。

以下哪项最可能是该项比赛的结果？

A. 第一名辽宁队，第二名辽宁队，第三名辽宁队

B. 第一名辽宁队，第二名河北队，第三名山东队

C. 第一名山东队，第二名辽宁队，第三名河北队

D. 第一名河北队，第二名辽宁队，第三名辽宁队

E. 第一名河北队，第二名辽宁队，第三名山东队

【解题分析】

(1)弄清问题并分析题干。根据题干判断，可用归谬法（注：归谬法、反证法都是假设代入法的一种，这种假设代入包括两种方式：一是对题干条件的假设，二是对选项的假设代入，一般优先使用对选项的假设代入）。

若 A 成立，则甲真，乙假，丙假，丁真；这样就有两真，与题设一真矛盾。

若 B 成立，则甲假，乙真，丙真，丁真；这样就有三真，与题设一真矛盾。

若 C 成立，则甲假，乙真，丙真，丁真；这样就有三真，与题设一真矛盾。

若 D 成立，则甲假，乙假，丙真，丁假；这样就有一真，与题设一真一致。

若 E 成立，则甲假，乙真，丙真，丁假；这样就有两真，与题设一真矛盾。

A、B、C、E 均与题干“只有一人言中”的说法矛盾，都不成立。故只能选 D 项。

注意：初学者可以参照“案例 4－116”的方法求解，或许更便于接受。这里只是以此为例介绍一下归谬法的解题方法。

(2)考察选项，确定答案。本题的正确答案是 D。

案例 2－30：

某市的红光大厦工程建设任务进行招标。有四个建筑公司投标。为简便起见，称它们为公司甲、乙、丙、丁。在标底公布以前，各公司经理分别做出猜测。甲公司经理说：“我们公司最有可能中标，其他公司不可能。”乙公司经理说：“中标的公司一定出自乙和丙两个公司之中。”丙公司经理说：“中标的若不是甲公司就是我们公司。”丁公司经理说：“如果四个公司中必有一个中标，那就非我们莫属了！”

当标底公布后发现，四人中只有一个人的预测成真了。

以下哪项判断最可能为真？

A. 甲公司经理猜对了，甲公司中标了　　B. 乙公司经理猜对了，丙公司中标了

C. 甲公司和乙公司的经理都说错了　　D. 乙公司和丁公司的经理都说错了

E. 甲公司和丁公司的经理都说错了

【解题分析】

(1)弄清问题并分析题干。注意题干问的是“以下哪项判断最可能为真”，最可能为真并不等于一定为真，可以用排除法做，只要推出其他选项与题干有矛盾，就要排除掉．剩下一项没矛盾的选项就是正确答案。

我们可以对题干中几个公司的猜测进行归纳，列表如下：

	说　对	说　错
甲：或甲或 SEP	甲中标或四家都没中标	中标者出自乙、丙、丁
乙：或乙或丙	乙或丙中标	中标者出自甲或丁或四家都没中标
丙：如果非甲，那么丙	甲或丙中标	中标者出自乙、丁或四家都没中标
丁：或丁或 SEP	丁中标或四家都没中标	中标者出自甲、乙、丙

若选项 A 为真，甲中标了，可推出甲、丙都说对了，与题设“只有一个人的预测成真”

矛盾。

若选项 B 为真,丙中标了,则乙和丙都猜对了,也不符合题干假设。

若选项 C 为真,由于甲公司和乙公司都说错了,可以得出丁中标了。由此可知,丙错了,只有丁说对了。因此,选项 C 的判断与题干叙述完全符合。或者说,由选项 C 推不出与题干矛盾的结论。

若选项 D 为真,乙公司和丁公司的经理都说错了,则可以推出甲中标了,从而甲、丙都猜对了,与题干不符。

若选项 E 为真,甲公司和丁公司的经理都说错了,可以推出乙或丙公司中标了。因为乙猜参的是乙或丙公司中标,预测一定为真。但丙公司猜的是甲或丙中标,可能错(若乙中标),也可能对(若丙中标)。因此,若假设选项 E 为真,可能推出与题干假设矛盾的结论。

因此。A、B、D 首先排除,比较 C 和 E,选 C 更好。

(2)考察选项,确定答案。本题的正确答案是 C。

案例 2 - 31:

甲、乙、丙三人一起参加了物理和化学两门考试。三个人中,只有一个人在考试中发挥正常。考试前,甲说:

如果我在考试中发挥不正常,我将不能通过物理考试。

如果我在考试中发挥正常,我将能通过化学考试。

乙说:

如果我在考试中发挥不正常.我将不能通过化学考试。

如果我在考试中发挥正常,我将能通过物理考试。

丙说:

如果我在考试中发挥不正常,我将不能通过物理考试。

如果我在考试中发挥正常,我将能通过物理考试。

考试结束后,证明这三个人说的都是真话,并且:

发挥正常的人是三人中唯一的一个通过这两门科目中某门考试的人;

发挥正常的人也是三人中唯一的一个没有通过另一门考试的人。

从上述断定能推出以下哪项结论?

A. 甲是发挥正常的人　　B. 乙是发挥正常的人

C. 丙是发挥正常的人　　D. 题干中缺乏足够的条件来确定谁是发挥正常的人

E. 题干中包含互相矛盾的信息

【解题分析】

(1)弄清问题并分析题干。根据题干条件,三个人参加物理、化学两门考试,说的都是真话,列表如下:

	发挥正常	发挥不正常
甲	化学通过	物理不通过
乙	物理通过	化学不通过

（续表）

	发挥正常	发挥不正常
丙	物理通过	物理不通过

根据题干又断定：

①三个人中，只有一个在考试中发挥正常。

②发挥正常的人是三人中唯一的一个通过这两门科目中某门考试的人。

③发挥正常的人也是三人中唯一的一个没有通过另一门考试的人。

由上述图表和条件可以观察出乙是唯一发挥正常的，通过了物理，没有通过化学。应选B。

此题也可用归缪法求解，推理过程如下：

首先，设选项A成立，则甲是发挥正常的人，根据甲说的话，可知甲通过了化学考试，但没有通过物理考试；又由条件可知，甲是三人中唯一的没有通过物理考试的人；又根据丙说的话，可知丙因为发挥不正常，也没有通过物理考试。这样，就有两个人没有通过物理考试。存在矛盾。因此，甲不是发挥正常的人。

其次，假设选项B成立，则乙是发挥正常的人，可知乙通过了物理考试，但没有通过化学考试。又根据甲和丙说的话，可知甲和丙都没有通过物理考试。又由条件，可推出甲和丙都通过了化学考试。这里没有任何矛盾。因此，选项B很可能是正确答案。

再次，假设选项C成立，则丙是发挥正常的人，根据丙说的话，可知丙通过了物理考试，又由条件，可知丙没有通过化学考试，并且是三人中唯一的没有通过化学考试的人；又根据乙说的话，可知乙因为发挥不正常，也没有通过化学考试。这样，就有两个人没有通过化学考试。存在矛盾。因此，丙不是发挥正常的人。

(2)考察选项，确定答案。选项A、C、D、E均不成立，本题的正确答案是B。

案例2－32：

一对夫妻带着他们的一个孩子在路上碰到一个朋友。朋友问孩子："你是男孩还是女孩？"朋友没听清孩子的回答。孩子的父母中某一个说，我孩子回答的是"我是男孩"，另一个接着说："这孩子撒谎，她是女孩。"这家人中男性从不说谎，而女性从来不连续说两句真话，也不连续说两句假话。

如果上述陈述为真，那么，以下哪项一定为真？

Ⅰ.父母俩第一个说话的是母亲。

Ⅱ.父母俩第一个说话的是父亲。

Ⅲ.孩子是男孩。

A.只有Ⅰ　　B.只有Ⅱ　　C.只有Ⅰ和Ⅲ　　D.只有Ⅱ和Ⅲ　　E.不能确定。

【解题分析】

(1)弄清问题并分析题干。根据题干的论述，假设父母俩第一个说话的是父亲，则第二个说话的是母亲。由于这家人中男性从不说谎，因此，由父亲说的话可推知，孩子的回答确实是"我是男孩"。如果孩子是男孩，则母亲连续说了两句假话；如果孩子是女孩，则母亲连续说了两句真话。这与题干的断定矛盾。

因此,假设不成立,即父母俩第一个说话的不是父亲,而是母亲,即Ⅰ为真,Ⅱ为假。因为父母俩第二个说话的是父亲,又男性都说真话,因此事实上孩子是女孩,即Ⅲ为假。

(2)考察选项,确定答案。本题的正确答案是A。

案例2-33:

储存在专用电脑中的某财团的商业核心机密被盗窃。该财团的三名高级雇员甲、乙、丙三人涉嫌被拘审。经审讯,查明了以下事实:

第一,机密是在电脑密码被破译后窃取的;破译电脑密码必须受过专门训练。

第二,如果甲作案,那么丙一定参与。

第三,乙没有受过破译电脑密码的专门训练。

第四,作案者就是这三人中的一人或一伙。

从上述条件,可推出以下哪项结论?

A. 作案者中有甲　　B. 作案者中有乙　　C. 作案者中有丙

D. 作案者中有甲和丙　　E. 甲、乙和丙都是作案者

【解题分析】

(1)弄清问题并分析题干。根据题干论述,假设丙没作案,由条件二知,甲没作案,那么,作案的只能是乙。由条件三,乙没有受过破译电脑密码的专门训练,再由条件一推出,乙不可能单独作案。这样,三人中无人作案,与题干条件四矛盾。

因此,假设不成立,作案者中一定有丙。C为正确答案。

(2)考察选项,确定答案。本题的正确答案是C。

案例2-34:

甲、乙、丙和丁进入某围棋邀请赛半决赛,最后要决出一名冠军。张、王和李三人对结果作了如下预测:

张:冠军不是丙。王:冠军是乙。李:冠军是甲。

已知张、王、李三人中恰有一人的预测正确,以下哪项为真?

A. 冠军是甲　B. 冠军是乙　C. 冠军是丙　D. 冠军是丁　E. 无法确定冠军是谁

【解题分析】

(1)弄清问题并分析题干。根据题干的论述,假设王预测正确,即冠军是乙,那么张的预测也成立,这与"恰有一人的预测正确"的条件矛盾,因此,王预测错误,即冠军不是乙。同理,假设李预测正确,即冠军是甲,那么张的预测也成立,这与"恰有一人的预测正确的条件矛盾,因此,李预测错误,即冠军不是甲。这样,只有张预测正确,即冠军不是丙。

由于甲、乙、丙和丁中必有一名冠军,因此,冠军只能是丁。

(2)考察选项,确定答案。本题的正确答案是D。

案例2-35:

关于甲班体育达标测试,三位老师有如下预测:

张老师说:"不会所有人都不及格。"

李老师说:"有人会不及格。"

王老师说："班长和学习委员都能及格。"

如果三位老师中只有一人的预测正确，则以下哪项一定为真？

A 班长和学习委员都没及格　　B. 班长和学习委员都及格了

C. 班长及格，但学习委员没及格　　D. 班长没及格，但学习委员及格了

E. 以上各项都不一定为真

【解题分析】

(1)弄清问题并分析题干。张老师的话"不会所有人都不及格" = "有人考试及格了"。

用假设反证法。如果王老师的话"班长和学习委员都能及格"为真，则张老师的话必为真，这与题干"三位老师中只有一人的预测正确"矛盾，故王老师的话为假，即班长和学习委员至少有一人不及格，从而推出李老师的话"有人会不及格"为真。这样，可知张老师的话为假，从而推出所有人都不及格。

既然所有人都不及格，那么，班长和学习委员都没及格。即 A 项正确。

(2)考察选项，确定答案。本题的正确答案是 A。

案例 2－36：

下面两题基于以下题干：

[1]三位高中生赵、钱、孙和三位初中生张、王、李参加一个课外学习小组。可选修的课程有：文学、经济、历史和物理。

赵选修的是文学或经济。

王选修物理。

如果一门课程没有任何一个高中生选修，那么任何一个初中生也不能选修该课程；如果一门课程没有任何初中生选修，那么任何一个高中生也不能选修该课程；一个学生只能选修一门课程。

如果上述断定为真，且钱选修历史，以下哪项一定为真？

A. 孙选修物理　　B. 赵选修文学　　C. 张选修经济

D. 李选修历史　　E. 赵选修经济

【解题分析】

(1)弄清问题并分析题干。根据题干可知，如果有一个初中生选修某门课程，那么就有一个高中生也选修该课程；反之亦然。已知初中生王选修物理，所以有一个高中生乜选修物理，即赵、钱或孙选修物理。又因为一个学生只能选修门课程，已知钱选修历史，所以钱不选修物理；赵选修文学或经济，所以赵不选修物理。因此，可推出孙选修物理。上述推理过程列表如下：

学生类别	学生姓名	等选课程			
		文学	经济	历史	物理
高中生	赵	③?	③?		
	钱			√①	
	孙				√④

（续表）

学生类别	学生姓名	等选课程			
		文学	经济	历史	物理
初中生	张				
	王				√②
	李				

由钱选修历史，标出①；由王选修物理标出②；由题干“如果非高，那么非初”和“如果非初，那么非高”，并且“每生只能选一门课”，知钱选历史，不能再选物理；赵选修文学、经济（因此标出③）也不能选物理，所以，只有孙选物理（由此标出④），这正是选项A。

（2）考察选项，确定答案。本题的正确答案是A。

［2］如果题干的断定为真，且有人选修经济，则选修经济的学生中不可能同时包含：

A. 赵和钱　　B. 钱和孙　　C. 孙和张　　D. 孙和李　　E. 张和李

【解题分析】

（1）弄清问题并分析题干。根据题干条件可知，钱和孙必有一个是学物理的，因此钱和孙不可能同时选修经济，其他人都有可能同时选修经济。

（2）考察选项，确定答案。本题的正确答案是B。

37－38 两案例基于以下题干：

在一个古代的部落社会，每个人都属于某个家族，每个家族只崇拜以下五个图腾之一：熊、狼、鹿、鸟、鱼。

这个社会的婚姻关系遵守以下法则：

崇拜同一图腾的男女可以结婚。

崇拜狼的男子可以娶崇拜鹿或鸟的女子。

崇拜狼的女子可以嫁崇拜鸟或鱼的男子。

崇拜鸟的男子可以娶崇拜鱼的女子。

父亲与儿子的图腾崇拜相同。

母亲与女儿的图腾崇拜相同。

案例2－37：

崇拜以下哪项图腾的男子一定可以娶崇拜鱼的女子？

A. 狼或鸟　　B. 鸟或鹿　　C. 鱼或鹿　　D. 鸟或鱼　　E. 狼或鱼

【解题分析】

（1）弄清问题并分析题干。根据题干“崇拜同一图腾的男女可以结婚”，因此崇拜鱼的男子可以娶崇拜鱼的女子。

再由题干条件“崇拜鸟的男子可以娶崇拜鱼的女子”，因此崇拜鸟或鱼的男子可以娶崇拜鱼的女子。所以，D项成立。其余各项均不成立。

（2）考察选项，确定答案。本题的正确答案是D。

案例 2 - 38：

如果某男子崇拜的图腾是狼，则他妹妹崇拜的图腾最可能是：

A. 狼、鱼或鹿　　B. 狼、鱼或鸟　　C. 狼、鹿或熊

D. 狼、熊或鸟　　E. 狼、鹿或鸟

【解题分析】

(1) 弄清问题并分析题干。如果某男子崇拜的图腾是狼，则他父亲崇拜的图腾也是狼。由条件可知，崇拜同一图腾的男女可以结婚，并且崇拜狼的男子可以娶崇拜鹿或鸟的女子，因此，他母亲崇拜狼、鹿或鸟。又由条件可知，母亲与女儿的图腾崇拜相同，故他妹妹崇拜狼、鹿或鸟。

(2) 考察选项，确定答案。因此，本题的正确答案是 E。

39 - 40 两案例基于以下题干：

某公司有 F、G、H、I、M 和 P 六位总经理助理，三个部门。每一部门恰由三个总经理助理分管。每个总经理助理至少分管一个部门。以下条件必须满足：

①有且只有一位总经理助理同时分管三个部门。

②F 和 G 不分管同一部门。

③H 和 I 不分管同一部门。

案例 2 - 39：

以下哪项一定为真？

A. 有的总经理助理恰分管两个部门　　B. 任一部门由 F 或 G 分管

C. M 或 P 只分管一个部门　　D. 没有部门由 F、M 和 P 分管

E. P 分管的部门 M 都分管

【解题分析】

(1) 弄清问题并分析题干。根据题干可知，三个部门，每一部门恰由三个总经理助理分管，计有九个职位。有且只有一位总经理助理同时分管三个部门，那么剩下六个职位将由五人担任。又由于每个总经理助理至少分管一个部门，因此，一定有的总经理助理恰分管两个部门。

(2) 考察选项，确定答案。本题的正确答案是 A。

案例 2 - 40：

如果 F 和 M 不分管同一部门，则以下哪项一定为真？

A. F 和 H 分管同一部门　　B. F 和 1 分管同一部门　　C. I 和 P 分管同一部门

D. M 和 G 分管同一部门　　E. M 和 P 不分管同一部门

【解题分析】

(1) 弄清问题并分析题干。根据题干可知，有且只有一位总经理助理同时分管三个部门。因此，F，G，H，I，M 均不可能同时分管三个部门，否则就会和"F 和 G 不分管同一部门，H 和 I 不分管同一部门，F 和 M 不分管同一部门"这些条件相矛盾。

这样，P 同时分管三个部门，由于每个总经理助理至少分管一个部门，因此，剩下的五位均与 P 分管同一部门。

(2) 考察选项，确定答案。本题的正确答案是 C。

41－42 两案例基于以下题干：

F、G、J、K、L 和 M 六人应聘某个职位。只有被面试才能被聘用，以下条件必须满足：

如果面试 G，则面试 J。

如果面试 J，则面试 L。

F 被面试。

除非面试 K，否则不聘用 F。

除非面试 M，否则不聘用 K。

案例 2－41：

以下哪项可能为真？

A. 只有 F、J 和 M 被面试

B. 只有 F、J 和 K 被面试

C. 只有 G 和另外一位应聘者被面试

D. 只有 G 和另外两位应聘者被面试

E. 只有 G 和另外三位应聘者被面试

【解题分析】

用排除法解。

(1) 弄清问题并分析题干。由题干条件可知，如果面试 J，则面试 L；可排除 A、B 项。

又由条件可知，如果面试 G，则面试 J。如果面试 J，则面试 L。这样，如果 G 被面试，则 J、L 被面试。加上 F 被面试，则 G 至少和 J、L、F 三位被面试。因此，可排除 C、D 项。

(2) 考察选项，确定答案。本题的正确答案是 E。

案例 2－42

如果 M 未被面试，则以下哪项一定为真？

A. K 未被面试

B. K 被面试但未被聘用

C. F 被面试，但 K 未被聘用

D. F 被聘用，但 K 未被聘用

E. F 被聘用

【解题分析】

(1) 弄清问题并分析题干。根据题干可知，除非面试 M，否则不聘用 K。那么，M 未被面试，则 K 未被聘用。加上题干条件，F 被面试。

(2) 考察选项，确定答案。本题的正确答案是 C。

案例 2－43：

李娜说，作为一个科学家，她知道没有一个科学家喜欢朦胧诗，而绝大多数科学家都擅长逻辑思维。因此，至少有些喜欢朦胧诗的人不擅长逻辑思维。

第 1 题：以下哪项是对李娜的推理的最恰当评价？

A. 李娜的推理是正确的

B. 李娜的推理不正确，因为事实上有科学家喜欢朦胧诗

C. 李娜的推理不正确，因为从“绝大多数科学家都擅长逻辑思维”，推不出“擅长逻辑思维的都是科学家”

D. 李娜的推理不正确，因为合乎逻辑的结论应当是“喜欢朦胧诗的人都不擅长逻辑思维”，而不应当弱化为“至少有些喜欢朦胧诗的人不擅长逻辑思维”

E. 李娜的推理不正确，因为创作朦胧诗需要形象思维，也需要逻辑思维

【解题分析】

(1)弄清问题并分析题干。根据题干可知,李娜的推理是不正确的,因为从“绝大多数科学家都擅长逻辑思维”,推不出“擅长逻辑思维的都是科学家”。因此,完全有可能所有喜欢朦胧诗的人都擅长逻辑思维,这与题干并不矛盾。

(2)考察选项,确定答案。本题的正确答案是C。

第2题:以下哪项的推理结构和题干的推理结构最为类似?

A. 余静说,作为一个生物学家,他知道所有的有袋动物都不产卵,而绝大多数有袋动物都产自澳大利亚,因此,至少有些澳大利亚动物不产卵

B. 方华说,作为父亲,他知道没有父亲会希望孩子在临睡前吃零食,而绝大多数父亲都是成年人,因此,至少有些希望孩子临睡前吃零食的人是孩子

C. 王唯说,作为一个品酒专家,他知道陶瓷容器中的陈年酒的质量都不如木桶中的陈年酒,而绝大多数中国陈年酒都装在陶瓷容器中。因此,中国陈年酒的质量至少不如装在木桶中的法国陈年酒

D. 林宜说,作为一个摄影师,他知道没有彩色照片的清晰度能超过最好的黑白照片,而绝大多数风景照片都是彩色照片。因此,至少有些风景照片的清晰度不如最好的黑白照片

E. 张杰说,作为一个商人,他知道没有商人不想发财。因为绝大多数商人都是守法的,因此,至少有些守法的人并不想发财

【解题分析】

(1)弄清问题并分析题干。根据题干可知,题干的推理结构是:没有S是P,绝大多数S是Q。因此,至少有些P不是Q。

(2)考察选项,确定答案。选项中只有B项与题干完全类似,所以正确答案为B。

案例2-44:

小东在玩“勇士大战”游戏,进入第二关时,界面出现四个选项。第一个选项是“选择任意选项都需支付游戏币”,第二个选项是“选择本项后可以得到额外游戏奖励”,第三个选项是“选择本项后游戏不会进行下去”,第四个选项是“选择某个选项不需支付游戏币”。

如果四个选项中的陈述只有一句为真,则以下哪项一定为真?

A. 选择任意选项都需支付游戏币

B. 选择任意选项都无须支付游戏币

C. 选择任意选项都不能得到额外游戏奖励

D. 选择第二个选项后可以得到额外游戏奖励

E. 选择第三个选项后游戏能继续进行下去

【解题分析】

(1)弄清问题并分析题干。根据题干条件,一、四选项的断定矛盾。

断定一:“选择任意选项都需支付游戏币”,即所有S都是P。

断定四:“选择某个选项不需支付游戏币”,即有的S不是P。

则选项二、三为假。由选项二假知,并非“选择本项后可以得到额外游戏奖励”。由

选项三假知，并非"选择本项后游戏不会进行下去"，即选择选项三后游戏会进行了下去。

（2）考察选项，确定答案。本题正确答案是 E。

趣味阅读

美国一位工程师和一位逻辑学家外出旅游，参观金字塔。到达目的地后，逻辑学家去休息，工程师漫步街头，发现一个亟需用工艺猫换钱治病的老妇人，工艺猫标价 500 美元。工艺猫很重，看起来像是用黑铁铸成的，但猫的眼珠子是两颗罕见的珍珠，工程师喜出望外，就用 300 美元买回了两颗硕大的珍珠，急匆匆回到住处。逻辑学家一看，这两颗珍珠至少也值 1000 美元，问明事情的经过后，逻辑学家快步来到街头找到了卖猫的老妇人，二话不说，花 200 美元把猫买了回来，经过仔细辨识，原来这只猫是纯金做的。逻辑学家说：看来我的判断是正确的。此时，工程师懊悔不已。

逻辑学家的推理过程：如果工艺猫的眼睛是用罕见的珍珠做的，那猫的身子就不会是用不值钱的黑铁铸成的。这只猫的眼睛是用罕见的珍珠做成的，所以，猫的身子就不会是用不值钱的黑铁铸成的。逻辑学家的这个推理过程，就是三段论推理。可见，此时逻辑学家与工程师的区别仅仅在于这一简单推理的运用。

第三章 | CHAPTER 3

直接推理与直言三段论

直接推理

直言三段论推理

案例与解题技巧

第三章 直接推理与直言三段论

一、直接推理

直接推理是由一个直言命题推出另一个直言命题的推理。这里不包括前面的逻辑方阵所得的推理,而是专指以一个直言命题为前提,结论也是直言命题的推理。这里,主要讲换质法、换位法、换质位法的直接推理方法。

(一)换质推理

换质推理,又叫换质法(Obversion),指以一个直言命题为前提,通过改变前提中的质(联项)从而推出结论的推理方法。换质推理通常又叫"换一个说法",也就是将肯定的命题用否定方式来表达,或者否定命题用肯定的方式来表达,即将"是"变为"不是",或将"不是"变为"是"。

换质推理的规则:

一是改变前提命题的质,就是改变原命题的联项。将肯定改为否定,否定改为肯定。

二是将前提命题谓项的矛盾概念作为结论中的谓项。

三是所得结论保留前提命题的主谓项并位置不变。

直言命题 A、E、I、O 的换质推理情况如下表:

前提		换质后的结论		前提与结论的关系
标准形式	类型	标准形式	类型	
所有 S 都是 P	SAP	所有 S 不是非 P	SE - P	等值 互推 相互蕴涵
所有 S 不是 P	SEP	所有 S 是非 P	SA - P	等值 互推 相互蕴涵
有些 S 是 P	SIP	有些 S 不是非 P	SO - P	等值 互推 相互蕴涵
有些 S 不是 P	SOP	有些 S 是非 P	SI - P	等值 互推 相互蕴涵

举例如下:

"所有商品都是有价值的" 换质为 "所有商品都不是没有价值的"。

"所有人都不是长生不老的"换质为 "所有人都是会死的"。

"有些人是自私的" 换质为 "有些人不是不自私的"。

"有些鸟不是会飞的" 换质为 "有些鸟是不会飞的"。

(二)换位推理

换位推理,又叫换位法(Conversion),是通过改变一个直言命题主谓项位置而推出一个新命题,并以此新命题作为结论的方法。换位推理通常也叫“倒过来说”。

换位推理的规则:

一是主谓项简单换位不换质。

二是前提中不周延的项,结论中也不得周延。

换位推理适用于 A、E、I 三种直言命题,列表如下:

前提		换位后的结论		前提与结论的关系
标准形式	类型	标准形式	类型	
所有 S 都是 P	SAP	有些 P 是 S	PIS	单向 不能互推
所有 S 不是 P	SEP	所有 P 不是 S	PES	等值 互推
有些 S 是 P	SIP	有些 P 是 S	PIS	等值 互推

举例如下:

“所有自然数是整数”换位为“有整数是自然数”。

“所有等边三角形不是钝角三角形”换位为“所有钝角三角形不是等边三角形”。

“有学生是共青团员”换位为“有共青团员是学生”。

注意:O 命题不能换位。因为 S 在 SOP 中是不周延的,如果将 SOP 换位,则 S 在结论中作为否定命题的谓项是周延的,违反规则。如从“有树不是阔叶树”,不能推出“有阔叶树不是树”。

(三)换质位推理

换质位法,即对一个直言命题经过换质、换位而得到另一个命题作为结论的方法。如果前提中的主谓项分别为 S、P,则结论将得到以 - P、S 为主谓项的直言命题。

换质位法的规则即换质、换位规则的综合,步骤是先换质,再换位。

根据换质规则和换位规则可知,A、E、O 三命题可以换质位。

(1)SAP:“所有 S 都是 P”换质为“所有 S 都不是非 P”换位为“所有非 P 都不是 S”。

举例:“所有商品都是有价值的”换质为“所有商品都不是没有价值的”换位为“所有没有价值的都不是商品”。

(2)SEP:“所有 S 不是 P”换质为“所有 S 都是非 P”换位为“有些非 P 是 S”。

举例:“所有人都不是长生不老的”换质为“所有人都是非长生不老的”换位为“有的非长生不老的是人。”

(3)SIP:“有些 S 是 P”换质为“有些 S 不是非 P”换位为“?”。

举例:“有些人是自私的”换质为“有些人不是不自私的”换位为“?”(SOP 不能换位)。

因此,SIP 不能换质位。

(4)SOP:“有些 S 不是 P”换质为“有些 S 是非 P”换位为“有些非 P 是 S”。

举例:“有些鸟不是会飞的”换质为“有些鸟是不会飞的”换位为“有些不会飞的是鸟”。

以上直接推理的方法,在整理逻辑案例题干和给定选项时,经常会用到。因为,逻辑题库中的题，有许多语言是不规范的，为便于解题，我们必须把不规范的语言整理为规范的逻辑语言，而换质推理、换位推理可以很好地为我们提供帮助。

二、直言三段论推理

逻辑学中广义的三段论泛指由两个命题为前提推出另一命题为结论的演绎推理，主要包括直言三段论、假言三段论、选言三段论等，而尤以逻辑学鼻祖亚里士多德首创的直言三段论最为著名，因此，狭义的三段论即专指直言三段论。

（一）三段论及其结构

直言三段论是由两个直言命题为前提推出另一个直言命题为结论的演绎推理，它属于间接推理。例如，凡金属都是导电的，黄铜是金属，所以黄铜是导电的。其中，结论中的主项叫做小项，用“S”表示，如上例中的“黄铜”；结论中的谓项叫做大项，用“P”表示，如上例中的“导电的”；两个前提中共有的项叫做中项，用“M”表示，如上例中的“金属”。

在三段论中，含有大项的前提叫大前提，如上例中的“凡金属都是导电的”；含有小项的前提叫小前提，如上例中的“黄铜是金属”。通常习惯是大前提排在前面，小前提排在后面。但是排列的顺序不是区分大、小前提的标准。区分大小前提，只能看它们是包含大项还是包含小项。中项在三段论中非常重要，它起到把大小前提连接起来从而推出结论的桥梁和纽带作用。

三段论推理是根据两个前提所表明的中项 M 与大项 P 和小项 S 之间的关系，通过中项 M 的媒介作用，从而推导出确定小项 S 与大项 P 之间关系的结论。

这样上述推理的一般公式可以表示为：

所有 M 都是 P；所有 S 都是 M；所以，所有 S 都是 P。

三段论推理形式为：

M A P 图示为：

S A M

S A P

这是三段论推理的最重要的公式之一，它属于三段论第一格的 AAA 式。

根据中项在前提中的不同位置，所构成的三段论的不同形式，称为三段论的格。亚里士多德把三段论的格分为三个，后来古罗马的一位医生盖伦加上了第四格，所以，三段论有四个格。不同格的三段论有不同的结构式，将四个格的结构式按一至四格依次横向排列，则中项“M”所在每个格的位置，正好形成一个“业”字头。其结构式分别如下：

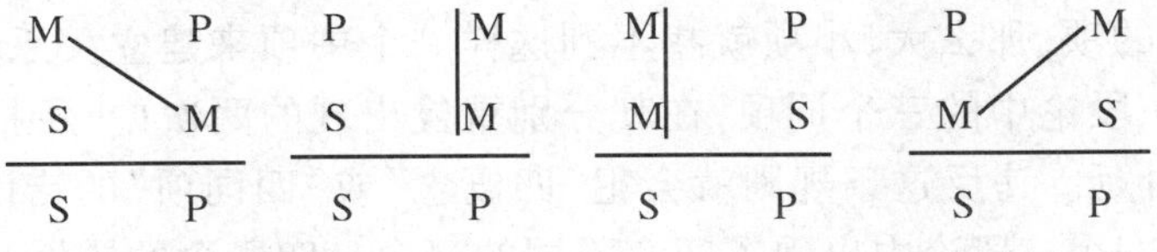

第一格 第二格 第三格 第四格

第一格的特点是在大前提中指出了关于一类事物肯定、否定的情况，在小前提中把某些事物归到一类中，因而得出关于这部分事物情况的结论。它最明显地体现了演绎推理由一般到特殊的思维进程，它是三段论的标准格、典型格、完善格。前面的例子就是第一格。

日常生活中，我们常常根据一般原理或原则去推断个别性知识，运用的大多是三段论的第一格。特别在审判工作中，以事实为根据，以法律为准绳，即为三段论的第一格的体现。如根据我国《刑法》第一百一十条第一款、第二款之第（二）项的规定，为敌人指示轰击目标的，处十年以上有期徒刑；根据事实，张三为敌人指示轰击目标，所以，对张三处十年以上有期徒刑。

第二格常用于说明一个对象不属于某一类事物，一般表示大、小项之间的区别，因此，第二格被称为区别格，由于它的结论是否定的，常用于反驳全称肯定判断。举例如下：

所有人民公仆都是为人民服务的。（PAM）
所有“寄生虫”都不是为人民服务的。（SEM）
所以，所有“寄生虫”都不是人民公仆。（SEP）

第三格常用于以某种特例去反驳某全称命题，即从一般中找出例外，因而被称做例证格。举例如下：

水银是液体。（MAP）
水银是金属。（MAS）
所以，有金属是液体。（SIP）

第四格在实践中不常用，所以叫冷门格。例如：

所有偶数是整数。（PAM）
所有整数是有理数。（MAS）
所以，有的有理数是偶数。（SIP）

三段论的式指 A、E、I、O 四种命题在三段论中的组合形式，如上述一、二、三、四格的举例，分别是：第一格 AAA 式，第二格 AEE 式，第三格 AAI 式，第四格 AAI 式。

实践中，我们可以根据三段论的格与式分析三段论的结构，解答应试中结构比较一类的试题：判断推理结构是否最相似，推理论证是否一致，等等。

（二）三段论的一般规则

要想使一个三段论有效，必须遵守一般的规则。三段论的一般规则有如下几条：

1. 一个三段论必须有且只能有三个不同的词项。三段论的实质就是要借助前提中一个共同词项即中项作为媒介，使大、小项发生逻辑关系从而推出结论。如果一个三段论只有两个不同的项，那么大、小项就找不到这样一个中项来建立关系从而推出结论。为此，就必须使三段论中的三个词项，在其分别重复出现的两次中，所指的是同一个对象，具有同一的外延。违反这条规则就会犯“四概念”或“四词项”的错误。所谓四概念的错误就是指在一个三段论中出现了四个不同的概念。四概念的错误又往往是由于作为中项的概念未保持同一而引起的。举例如下：

我国的大学分布于全国各地；

山东师范大学是我国的大学；

所以，山东师范大学分布于全国各地。

这个三段论的结论显然是错误的，但其两个前提都是真的。为什么会由两个真的前提推出一个假的结论来呢？原因就在于中项（“我国的大学”）未保持同一，出现了四概念的错误。即“我国的大学”这个语词在两个前提中所表示的概念是不同的。在大前提中它是表示我国的大学整体，表示的是一个集合概念。而在小前提中，它可以分别指我国大学中的某一所大学，表示的不是集合概念，而是一个一般的普遍概念。因此，它在两次重复出现时，实际上表示着两个不同的概念。这样，以其作为中项，也就无法将大项和小项必然地联系起来，从而无法推出正确的结论。

2. 一个三段论中项在前提中至少必须周延一次。中项要起到媒介作用，如果中项在前提中一次也没有被断定过它的全部外延（即周延），那就意味着在前提中大项与小项都分别只与中项的一部分外延发生联系，这样，就不能通过中项的媒介作用，使大项与小项发生必然的确定的联系，因而也就无法在推理时得出确定的结论。举例如下：

领导干部是人民的勤务员；

我是人民的勤务员；

所以，我是领导干部。

在这个三段论中，中项的“人民的勤务员”在两个前提中一次也没有周延（在两个前提中，都只断定了“领导干部”、“我”是“人民的勤务员”的一部分对象），因而“领导干部”和“我”究竟处于何种关系就无法确定，也就无法得出必然的确定结论，所以这个推理是错误的。因“中项不周延”而做出的推理就是不合逻辑的。

3. 大项或小项如果在前提中不周延，那么在结论中也不得周延。这条规则是对大项和小项的外延的规定。举例如下：

运动员需要努力锻炼身体；

我不是运动员；

所以，我不需要努力锻炼身体。

这个推理的结论显然是错误的。这个推理从逻辑上说错在哪里呢？主要错在“需要努力锻炼身体”这个大项在大前提中是不周延的（即“运动员”只是“需要努力锻炼身体”中的一部分人，而不是其全部），而在结论中却周延了（成了否定命题的谓项）。这就是说，它的结论所断定的对象范围超出了前提所断定的对象范围，因而在这一推理中，结论就不是由其前提所能推出的。其前提的真也就不能保证结论的真。这种错误逻辑上称为“大项不当扩大”的错误（如果小项扩大则称“小项不当扩大”的错误）。

4. 两个否定前提不能推出结论。如果在前提中两个前提都是否定命题，那就表明大、小项在前提中都分别与中项互相排斥，在这种情况下，大项与小项通过中项就不能形成确定的关系，因而也就不能通过中项的媒介作用而确定地联系起来，当然也就无法得出必然确定的结论，即不能推出结论了。举例如下：

凡是信仰宗教的人都不是唯物主义者；

他不是信仰宗教的人；

所以,他?

5. 如果两个前提中有一个是否定的,那么结论就是否定的;如果结论是否定的,那么前提中必有一个是否定的。那么,为什么前提之一是否定的,结论必然是否定的?这是因为,一个有效的三段论,如果前提中有一个是否定命题,另一个则必然是肯定命题(否则,两个否定命题不能得出必然结论),这样,中项在前提中就必然与一个项是否定关系,与另一个项是肯定关系。这样,大项和小项通过中项联系起来的关系自然也就只能是一种否定关系,因而结论必然是否定的了。举例如下:

凡是信仰宗教的人都不是唯物主义者;

某人是信仰宗教的人;

所以,某人不是唯物主义者。

为什么结论是否定的,前提之一必定是否定的呢?因为如果结论是否定的,那一定是由于前提中的大、小项有一个和中项结合,而另一个和中项排斥。这样,大项或小项同中项相排斥的那个前提就是否定的,所以结论是否定的,则前提之一必定是否定的。举例如下:

所有的鱼都是用鳃呼吸的;

鲸不使用鳃呼吸的;

所以,鲸不是鱼。

6. 两个特称前提推不出结论。如果两个前提都是特称的,则会存在这样三种组合:OO、II、IO(OI)。

首先看OO组合。OO组合的两个前提都是否定的,根据规则4,推不出结论,如右图示。

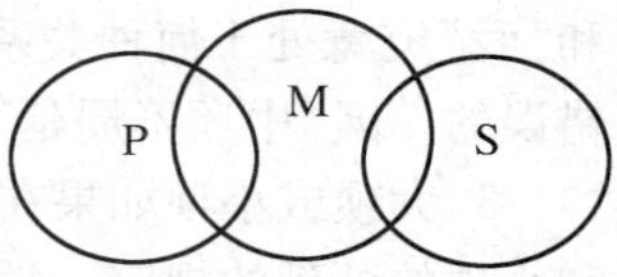

其次看II组合。II组合的两个前提中没有一个词项是周延的,不符合规则2"中项至少周延一次"的规定,推不出正确的结论。

再次看IO组合。IO组合的两个前提中,只有一个词项是周延的,首先这个唯一周延的词项要保证符合规则2"中项至少周延一次"的要求,必须作为中项,因而大项在前提中不周延。但是根据规则5,结论必然是否定的,所以,大项在结论中是周延的,这就违反规则3,犯有"大项不当周延"的逻辑错误。如果要保证符合规则3的要求,大项在前提和结论中都周延,就会违反规则2,犯有"中项两次不周延"的逻辑错误。因此,根据规则2、规则3,IO做前提推不出结论。同理,OI做前提也推不出结论。举例如下:

有的大学生不是运动员;

有些运动员很会唱歌;

所以?

由这两个特称前提,我们无法必然推出确定的结论。因为在这个推理中的大项不周延,也没法形成否定结论。

7. 前提之一是特称的,结论必然是特称的。规则6"两个特称前提推不出结论"告诉我们,如果两个前提中有一个的是特称的,那么另一个就必须是全称的。这样包含一个特称命题的两个前提会有4种组合:AI、AO、EI、EO。

(1)AI 组合。其中只有一个周延的词项,即 A 命题的主项。根据规则 2,前提中这个唯一周延的词项必须做为中项,否则,就会犯中项两次不周延的逻辑错误。这样大、小项在前提中均不周延,根据规则 3,大、小项在结论中也不得周延。所以结论必然是特称的。

(2)AO 组合。AO 组合中分别有两个词项周延,根据规则 2,其中一个周延的词项必须做中项,否则就会犯“中项两次不周延”的逻辑错误。又根据规则 5,“前提中有一否定的,结论也必须是否定的”,所以,大项在结论中是周延的。根据规则 3,大项在前提中必须周延,否则就会犯“大项不当周延”的逻辑错误。因此,另一个周延的词项必须做大项。小项在前提中不周延,在结论中也不得周延(规则 3)。所以,结论必然是特称的。

(3)EI 组合。同理,也可证明 EI 组合。

(4)EO 组合。根据规则 4“两个否定前提推不出结论”。所以 EO 组合做前提,推不出正确的结论。

由此可见,前提中是特称的,结论中也必然是特称的。举例如下:

所有大学生都是青年;

有的运动员是大学生;

所以,有的运动员是青年。

这个例子说明,当前提中有一个判断是特称命题时,其结论必然是特殊命题;如果结论是全称命题,就必然会违反三段论的另几条规则(如出现大、小项不当扩大的错误等)。

为了帮助大家记忆,我们将这七条规则概括为四句话:

中项周延词项三(中项至少周延一次,有三个不同词项。这句话指的是规则二和规则一),大项小项别扩展(不要出现“大项扩大,小项扩大”的错误。指规则三),一特得特否得否(前提有一特称,结论有特称;前提有一否定,结论有否定。规则七、五),否特成双结不见(两个否定前提,两个特称前提,都推不出结论来。指规则四和六)。

三、案例与解题技巧

三段论推理这部分知识在硕士研究生入学考试和公务员考试中主要用来进行结构比较和补充前提。下面,我们通过逻辑题库中具体的案例,说明怎样正确地运用三段论,帮助大家快速正确地解决问题。首先,看一下结构比较类型题的解题技巧。

案例 3-1:

姜昆是相声演员,姜昆是曲艺演员。所以相声演员都是曲艺演员。

以下哪项推理明显说明上述论证不成立?

A. 人都有思想,狗不是人,所以狗没有思想

B. 商品都有价值,商品都是劳动产品。所以劳动产品都有价值

C. 所有技术骨干都刻苦学习,小张不是技术骨干,所以小张不是刻苦学习的人

D. 犯罪行为都是违法行为,犯罪行为都应受到社会的遗责,所以违法行为都应受到社会遗责

E. 黄金是金属,黄金是货币。所以,金属都是货币

【解题分析】

题目要求“以下哪项推理明显说明上述论证不成立”,就是要找出一个与题干论证犯

了同样推理错误的选项。

(1)分析题干的推理结构。题干是一个三段论推理。其结构是:

姜昆是相声演员,	MaS
姜昆是曲艺演员。	MaP
所以相声演员都是曲艺演员。	SAP

以上推理结构简记为:MaS,MaP,∴ SAP. 以下同。

可见,题干是第三格的 aaA 式。并且是前提真、结论假的论证推理方法。只要在给定的选项中找出与题干推理结构相同的选项就可以了。

(2)分析给定选项的推理结构。

选项 A 的推理结构为:

人都有思想,	MAP
狗不是人,	SEM
所以,狗没有思想。	SEP

MAP,SEM,∴ SEP 这是第一格的 AEE 式。与题干不符。

选项 B 的推理结构为:

商品都有价值,	MAP
商品都是劳动产品。	MAS
所以劳动产品都有价值。	SAP

MAP,MAS,∴ SAP 这是第三格的 AAA 式。与题干不符。

选项 C 的推理结构为:

所有技术骨干都刻苦学习,	MAP
小张不是技术骨干,	SeM
所以小张不是刻苦学习的人。	SeP

MAP,SeM,∴ SeP 这是第一格的 Aee 式。与题干不符。

选项 D 的推理结构为:

犯罪行为都是违法行为,	MAP
犯罪行为都应受到社会的遗责,	MAS
所以违法行为都应受到社会遗责。	SAP

MAP,MAS,∴ SAP 这是第三格的 AAA 式。与题干不符。

选项 E 的推理结构:

黄金是金属,	MaP
黄金是货币。	MaS
所以,金属都是货币。	SAP

MaP,MaS,∴ SAP 这是第三格的 aaA 式,与题干一致。

(3)确定答案。选项 E 的推理论证方法与题干的一致,也是一个前提真,而结论假的推理论证方法。故本题的正确答案为 E。

案例 3-2:

科学不是宗教,宗教都主张信仰,所以主张信仰都不科学。

以下哪项最能说明上述推理不成立?

A. 所有渴望成功的人都必须努力工作,我不渴望成功,所以我不必努力工作

B. 商品都有使用价值,空气当然有使用价值。所以空气当然是商品

C. 不刻苦学习的人都成不了技术骨干,小张是刻苦学习的人,所以小张能成为技术

骨干

D. 台湾人不是北京人，北京人都说汉语。所以，说汉语的人都不是台湾人

E. 犯罪行为都是违法行为，违法行为都应受到社会谴责，所以应受到社会谴责的行为都是犯罪行为

【解题分析】

题目要求"以下哪项最能说明上述推理不成立"，就是要找出一个与题干论证犯了同样推理错误的选项。

(1)分析题干的推理结构。题干是一个三段论推理。其结构是：

科学不是宗教，	PEM
宗教都主张信仰，	MAS
所以主张信仰都不科学。	SEP

以上推理结构简记为：PEM，MAS，∴ SEP。

可见，题干是第四格的 EAE 式。并且是前提真，结论假的论证推理方法。只要在给定的选项中找出与题干推理结构相同的选项就可以了。

(2)分析各选项的推理结构。

选项 A 的推理结构为：所有渴望成功的人都必须努力工作，MAP

我不渴望成功，	SeM
所以我不必努力工作。	SeP

MAP，SeM，∴ SeP 这是第一格的 Aee 式。与题干不符。

选项 B 的推理结构为：

商品都有使用价值，	PAM
空气当然有使用价值。	SAM
所以空气当然是商品。	SAP

PAM，SAM，∴ SAP 这是第二格的 AAA 式。与题干不符。

选项 C 的推理结构为：不刻苦学习的人都成不了技术骨干(注：不，不 = 只有，才)这个大前提可以整理成为："能成技术骨干的人都是刻苦学习的人" PAM

小张是刻苦学习的人，	SaM
所以小张能成为技术骨干。	SaP

PAM，SaM，∴ SaP 这是第二格的 Aaa 式。与题干不符。

选项 D 的推理结构为：

台湾人不是北京人，	PEM
北京人都说汉语，	MAS
所以，说汉语的人都不是台湾人。	SEP

PEM，MAS，∴ SEP。这是第四格的 EAE 式。与题干结构一致。

选项 E 的推理结构：

犯罪行为都是违法行为，	PAM
违法行为都应受到社会谴责。	MAS
所以应受到社会谴责的行为都是犯罪行为。	SAP

PAM，MAS，∴ SAP。这是第四格的 AAA 式，与题干一致。

(3)确定答案。选项 D 的推理论证方法与题干的一致，也是一个前提真，而结论假的推理论证方法。故本题的正确答案为 D。

案例 3－3：

所有名词是实词，动词不是名词，所以动词不是实词。

以下哪项推理与上述推理在结构上最为相似？

A. 凡细粮都不是高产作物。因为凡薯类都是高产作物，凡细粮都不是薯类

B. 先进学生都是遵守纪律的，有些先进学生是大学生，所以大学生都是遵守纪律的

C. 铝是金属，又因为金属都是导电的，因此铝是导电的

D. 虚词不能独立充当语法成分，介词是虚词，所以介词不能独立充当语法成分

E. 实词能独立充当语法成分，连词不能独立充当语法成分，所以连词不是实词

【解题分析】

题目要求“以下哪项推理与上述推理在结构上最为相似”，就是要找出一个与题干逻辑结构一致的选项。

（1）分析题干的推理结构。题干是一个三段论推理。其结构是：

所有名词是实词，　MAP
动词不是名词，　SEM
————————
所以动词不是实词。　SEP

以上推理结构简记为：MAP，SEM，∴ SEP。

可见，题干的推理结构是第一格的 AEE 式。

（2）分析各选项的推理结构。

选项 A 的推理结构为：“凡细粮都不是高产作物。因为凡薯类都是高产作物，凡细粮都不是薯类。”这里结论与前提倒置，必须进行规范。整理为：

凡薯类都是高产作物，　MAP
凡细粮都不是薯类，　SEM
————————
所以，凡细粮都不是高产作物。　SEP

MAP，SEM，∴ SEP。这是第一格的 AEE 式。与题干推理结构一致。

选项 B 的推理结构为：先进学生都是遵守纪律的，　MAP
有些先进学生是大学生。　MIS
————————
所以大学生都是遵守纪律的。　SAP

MAP，MIS，∴ SAP。这是第三格的 AIA 式。与题干不符。

选项 C 的推理结构为：“铝是金属，又因为金属都是导电的，因此铝是导电的。”其中的大、小前提是倒置的，因此整理为：

金属都是导电的，　MAP
铝是金属，　SaM
————————
因此，铝是导电的。　SaP

MAP，SaM，∴ SaP。这是第一格的 Aaa 式。与题干不符。

选项 D 的推理结构为：虚词不能独立充当语法成分，　MEP
介词是虚词，　SAM
————————
所以介词不能独立充当语法成分。　SEP

MEP,SAM,∴ SEP。这是第一格的 EAE 式。与题干不符。

选项 E 的推理结构:实词能独立充当语法成分, PAM

连词不能独立充当语法成分。 SEM

所以连词不是实词。 SEP

PAM,SEM,∴ SEP。这是第二格的 AEE 式,与题干不符。

(3)确定答案。只有选项 A 的推理结构与题干一致,因此,本题正确答案为 A。

案例 3-4:

凡金属都是导电的,铜是导电的,所以铜是金属。

下面哪项与上述推理结构最相似?

A. 所有的鸟都是卵生动物,蝙蝠不是卵生动物,所以,蝙蝠不是鸟

B. 所有的鸟都是卵生动物,天鹅是鸟,所以,天鹅是卵生动物

C. 所有从事公共管理工作的都要学习行政管理,老杨是学习行政管理的,所以,老杨是从事公共管理工作的

D. 只有精通市场营销理论,才是一个合格的市场营销经理,老张精通市场营销理论,所以,老张一定是合格的市场营销经理

E. 华山险于黄山,黄山险于泰山,所以华山险于泰山

【解题分析】

题目要求"下面哪项与上述推理结构最相似",就是要找出一个与题干推理论证相同的选项。

(1)分析题干的推理结构。题干是一个三段论推理,其结构是:

凡金属都是导电的, PAM

铜是导电的。 SaM

所以铜是金属。 SaP

以上推理结构简记为:PAM,SaM,∴ SaP,以下同。

可见,题干是第二格的 Aaa 式。只要在给定的选项中找出与题干推理结构相同的选项就可以了。

(2)分析各选项的推理结构。

选项 A 的推理结构为:所有的鸟都是卵生动物, PAM

蝙蝠不是卵生动物, SEM

所以,蝙蝠不是鸟。 SEP

PAM,SEM,∴ SEP 这是第二格的 AEE 式。与题干推理结构不符。

选项 B 的推理结构为:所有的鸟都是卵生动物, MAP

天鹅是鸟, SaM

所以,天鹅是卵生动物。 SaP

MAP,SaM,∴ SaP 这是第一格的 Aaa 式。与题干推理结构不符。

选项 C 的推理结构为:所有从事公共管理工作的都要学习行政管理, PAM

老杨是学习行政管理的, SaM

所以,老杨是从事公共管理工作的。 SaP

PAM,SaM,∴ SaP 这是第二格的 Aaa 式。与题干推理结构相同。

选项 D 的推理结构为:只有精通市场营销理论,才是一个合格的市场营销经理,

老张精通市场营销理论,

所以,老张一定是合格的市场营销经理。

这是一个无效的假言三段论推理,与题干推理结构不符。

选项 E 的推理结构:华山险于黄山,黄山险于泰山,所以华山险于泰山。

这是一个传递关系推理,与题干的推理结构不符。

(3)确定答案。选项 C 的推理结构与题干最相似。所以,本题的正确答案为 C。

案例 3-5:

所有的聪明人都是近视眼,我近视得很厉害,所以我很聪明。

以下哪项与上述推理的逻辑结构一致?

A. 我是个笨人,因为所有的聪明人都是近视眼,而我的视力那么好

B. 所有的猪都有四条腿,但这种动物有八条腿,所以它不是猪

C. 小陈十分高兴,所以小陈一定长得很胖。因为高兴的人都能长胖

D. 所有的天才都高度近视,我一定是高度近视,因为我是天才

E. 所有鸡都是尖嘴,这种总在树上呆着的鸟是尖嘴,因此它是鸡

【解题分析】

题目要求"以下哪项与上述推理的逻辑结构一致",就是要找出一个与题干推理结构相同的选项。

(1)分析题干的推理结构。题干是一个三段论推理。其结构是:

所有的聪明人都是近视眼,　　PAM

我近视得很厉害,　　SaM

所以我很聪明。　　SaP

以上推理结构简记为:PAM,SaM,∴ SaP。

可见,题干是第二格的 Aaa 式。并且是前提真,结论假的论证推理结构。只要在给定的选项中找出与题干推理结构相同的选项就可以了。

(2)分析各选项的推理结构。

选项 A"我是个笨人,因为所有的聪明人都是近视眼,而我的视力那么好"整理为:

所有的聪明人都是近视眼,　　PAM

我不是近视眼,　　SeM

所以我不聪明。　　SeP

PAM,SeM,∴ SeP 这是第二格的 Aee 式。与题干推理结构不符。

选项 B"所有的猪都有四条腿,但这种动物有八条腿,所以它不是猪"整理为:

所有的猪都是四条腿,　　PAM

这种动物不是四条腿。　　SeM

所以这种动物不是猪。　　SeP

PAM,SAM,∴ SAP 这是第二格的 Aee 式。与题干推理结构不符。

选项 C"小陈十分高兴,所以小陈一定长得很胖。因为高兴的人都能长胖"整理为:

高兴的人都能长胖 MAP
小陈十分高兴， SaM
所以，小陈能长胖。 SaP

MAP，SaM，∴ SaP 这是第一格的 Aaa 式。与题干推理结构不符。

选项 D"所有的天才都高度近视，我一定是高度近视，因为我是天才"整理为：

所有的天才都高度近视， MAP
我是天才， SaM
所以，我一定高度近视。 SaP

MAP，SaM，∴ SaP 这是第一格的 Aaa 式。与题干推理结构不符。

选项 E 的推理结构：所有鸡都是尖嘴， PAM
这种总在树上呆着的鸟是尖嘴， SaM
因此它是鸡。 SaP

PAM，SaM，∴ SaP 这是第二格的 Aaa 式，与题干推理结构一致。

(3) 确定答案。选项 E 的推理结构与题干的一致，也是一个前提真，而结论假的推理论证方法。故本题的正确答案为 E。

案例 3-6：

一切有利于生产力发展的方针政策都是符合人民根本利益的，改革开放有利于生产力的发展，所以改革开放是符合人民根本利益的。

以下哪种推理方式与上面的这段论述最为相似？

A. 一切行动听指挥是一支队伍能够战无不胜的纪律保证。所以一个企业、一个地区要发展，必须提倡令行禁止、服从大局

B. 经过对最近六个月销售的健身器跟踪调查，没有发现一台因质量问题而退货或返修

C. 如果某种产品超过了市场需求，就可能出现滞销现象。"卓群"领带的供应量大超过了市场需求，因此，一定会出现滞销现象

D. 凡是超越代理人权限所签的合同都是无效的。这份房地产建设合同是超越代理人权限签定的，所以它是无效的

E. 我们对一部分实行产权明晰化的企业进行调查，发现企业通过明晰产权都提高了经济效益，没有发现反例。因此我们认为，凡是实行产权明晰化的企业都能提高经济效益

【解题分析】

题目要求"以下哪种推理方式与上面的这段论述最为相似"，就是要找出一个与题干推理结构最相似的选项。

(1) 分析题干的推理结构。题干是一个三段论推理。其结构是：

一切有利于生产力发展的方针政策都是符合人民根本利益的，MAP
改革开放有利于生产力的发展， SaM
所以改革开放是符合人民根本利益的。 SaP

以上推理结构简记为：MAP，SaM，∴ SaP。

可见,题干是第一格的 Aaa 式。并且是前提真、结论真的论证推理结构。

(2)分析各选项的推理结构。

选项 A 的推理结构是"一切行动听指挥是一支队伍能够战无不胜的纪律保证。所以一个企业、一个地区要发展,必须提倡令行禁止、服从大局。"这是类比推理,不是题干的推理结构。

选项 B 的推理结构是归纳推理,与题干推理结构不符。

选项 C 的推理结构是一个充分条件假言推理,与题干推理结构不符。

选项 D 的推理结构为:凡是超越代理人权限所签的合同都是无效的。　MAP

这份房地产建设合同是超越代理人权限签定的,　SaM

所以,它是无效的。　SaP

MAP,SaM,∴ SaP 这是第一格的 Aaa 式。与题干推理结构相似。

选项 E 的推理结构是归纳推理,与题干推理结构不一致。

(3)确定答案。与题干的推理结构最相似的是选项 D。因此,本题的正确答案为 D。

重要提示:以上例题都是三段论结构比较类试题,做这类题时,只考虑抽象出推理结构和形式,而不考虑其叙述内容的对错。有时,甚至题干本身的推理结构就是错误的,要求我们从选项中找出一个推理结构与题干类似的选项,因此,我们同样不要在乎题干推理结构是否正确,只要从中找到一个类似结构的选项即可。

考虑到大多数读者没有大块的时间用来学习,所以,对解题思路和过程讲得比较细致,待读者形成解题思路后,再做此类题时,可按以下述方法和步骤解题,将加快速度。

(1)确定题干结论,找出 S、P。

(2)确定中项 M,找出大、小前提。

(3)确定大、小前提和结论的 A、E、I、O 判断类型,并写出三段论的格、式结构。

而对于题中所列的每个选项,像分析题干这样逐个选项写出来就太费时间了,所以,应当优先使用对应法和排除法,来解决题目中大部分选项。所谓对应法就是两点:(1)根据语感,定位疑似答案;(2)写三段论结构或者逐一对应进行验证。所谓排除法,就是排除明显不一致的选项。排除的标准有三条:(1)根据结论的肯定(否定)排除;(2)根据中项 M 的位置排除;(3)根据前提的肯定(否定)排除。

案例 3-7:

某学院行政管理专业本科有两个班。一班学生的学习成绩一般要比二班的学生好很多。田丰来自该学院的行政管理专业,他研究生第一学年的学习成绩是专业第一,并且遥遥领先,因此,他原来肯定是第一班的。

以下哪项与题干的论证方式最为类似?

A. 如果天下雨,则地就会湿。现在地没有湿,所以没下雨

B. 男性一般要比女性坚强,王强是男经理,因此,他一定要比女经理坚强

C. 在其他条件相近的情况下,如果一个人有好的人脉,就能在商界取得更多的成就。王伟在商界取得了丰富的成就,因此,王伟有最好的人脉

D. 儿童的心理教育比成年人更重要。张燕是从事成人心理教育工作的,因此,她的水平一定不如从事儿童心理教育的人

E. 在球类运动员中，篮球队员一般要比足球队员高，阎林在球员中是最高的，所以，他一定是篮球运动员

【解题分析】

题目要求找出与题干论证方式最为类似的选项。

(1)分析题干的推理方式：集合 Q 包括 R 和 S，且 R 优于 S。a 元素出于 Q，a 优，所以 a 属于 R。

(2)根据语感，定位疑似选项 E。

对 E 分析如下：

球类运动员包括篮球运动员和足球运动员，

篮球运动员高于足球运动员，

阎林高，

所以阎林属于篮球运动员。

因此，E 项与题干的论证方式类似。

A 项是正确的假言推理，C 项是错误的假言推理，B、D 项是错误的关系推理。

(3)故本题正确答案为 E。

案例 3-8：

通信部队的士兵学习了不少步兵战术，赵洪是通信部队的士兵，所以他也学习了不少步兵战术。

以下哪项与上述论述最为相似？

A. 哲学系的学生都学《微积分》这门课程，张中是哲学系的一名学生，所以她也学习了《微积分》这门课程

B. 一个工厂的工人参加了不少科普讲座，老马是这个工厂的一名工人，所以他也参加了不少科普讲座

C. 所有的旧电脑软件需要经常升级，这个电脑软件是新的，所以不需要经常升级

D. 参加这次演出的成员多数是女学生，张中参加了这次演出，所以她也是女学生

E. 哲学系的教师写了许多哲学方面的论文，老张不是哲学系的一名教师，所以他没有写过哲学方面的论文

【解题分析】

题目要求“以下哪项与上述论述最为相似”，就是要在给定的选项中找出一个与题干论证最相似的选项。

(1)分析题干推理结构：

通信部队的士兵学习了不少步兵战术，(指通信部队所有士兵，还可能指有些士兵)

赵洪是通信部队的士兵，

所以，他也学习了不少步兵战术。

(2)找出疑似选项。考察发现，题中给定的 5 个选项中有 A、B 两个选项与题干相似。

选项 A：哲学系的学生都学《微积分》这门课程，(“都学”是指“所有学生学”)

张中是哲学系的一名学生，

所以她也学习了《微积分》这门课程。

选项 B：一个工厂的工人参加了不少科普讲座，（指所有工人，还可能是有些工人）

老马是这个工厂的一名工人，

所以他也参加了不少科普讲座。

（3）比较 A、B 两个选项，B 项与题干最相似。所以，本题正确答案为 B 项。

案例 3-9：

癌症患者只要接受化疗，就会承受很强的副作用，而化疗的副作用会导致癌症患者的抵抗力下降，因此，抵抗力下降的人容易患癌症。

以下哪项与上文中的推理最相近？

A. 学生只要努力学习，成绩就会有很大提高，而成绩提高了，就能够评上奖学金，所以努力学习就能评上奖学金

B. 只有物理学才懂得相对论，只有懂得相对论，才能从事相关研究。王先生是从事相对论相关研究工作的，所以他一定会懂得相对论

C. 如果巴拉克上场，德国队就一定会赢，德国队如果赢了，就能够获得高额奖金，所以当德国队获得高额奖金时，巴拉克一定上场了

D. 老田是小田的弟弟，所以，大田是小田的叔叔

E. 只要甲犯罪，他就有犯罪时间和条件，并且有犯罪动机，现在甲有犯罪时间和条件，但没有犯罪动机，所以，他可能犯罪，也可能没有犯罪

【解题分析】

题目要求“以下哪项与上文中的推理最相近”，就是要在给定的选项中找出一个与题干论证特点最相近的选项。

（1）题干推理结构是：

癌症患者只要接受化疗，就会承受很强的副作用，

而化疗的副作用会导致癌症患者的抵抗力下降，

因此，抵抗力下降的人容易患癌症。

可见，题干的推理是 A 产生 B，B 导致 C，C 导致 A。条件与结果混淆，互为原因结果，从而得出错误结论的推理。

（2）找出疑似选项。考察发现，题中给定的 5 个选项中，只有 C 选项与题干相似。

分析 C：如果巴拉克上场，德国队就一定会赢，

德国队如果赢了，就能够获得高额奖金，

所以当德国队获得高额奖金时，

巴拉克一定上场了。

C 选项推理结构：巴拉克上场——德国队会赢——德国队赢——得高奖金——得高奖——德国队赢——德国队得高奖——巴拉克上场。

（3）C 项与题干推理最相似。所以，本题正确答案为 C。

案例 3-10：

大多数喝酒过量的人都会感到头疼，如果小王不喝酒过量，他可能不会头疼。

上述推理与下列哪项相似？

A. 大多数灰狗都很容易训练，所以小王训练他新买的那条狗肯定没有问题

B. 大多数国产车都很差，这辆车做得很好，所以它可能不是国产的

C. 大多数名演员表演得都很好，因为老高不是名演员，所以他可能演得不好

D. 大多数工程师都在学校里学习了很多年，所以老刘可能是一个工程师，因为他在学校里学习了很多年

E. 所有已知的历史社会都有明确的社会等级，所以一个无等级的社会是绝对没有的

【解析分析】

(1)题干的推理形式："如果喝酒过量就会感到头疼"和"小王不喝酒过量"作前提得到结论"小王可能不会头疼"。这实际上是否定了一个充分条件假言命题的前件，得到了一个关于充分条件假言命题后件的可能命题，这是一个正确的推理。

(2)考察给定选项。

选项 C 的推理形式和题干的推理形式类似。其他选项都不行。

选项 A 得到一个关于后件的必然命题，是错误的。

选项 B 是否定后件得到关于前件的一个结论，与题干的推理形式不同。

选项 D 是肯定后件得到一个关于前件的可能命题，与题干推理形式不同。

选项 E 是否定后件，与题干的推理形式不同。

(3)本题的正确答案是 C。

案例 3－11：

数学系的学生也学了不少文科课程，王颖是数学系的学生，所以她也学了不少文科课程。

以下哪项论证展示的推理错误与上述论证中的最相似？

A. 数学系的学生都学《哲学原理》这门课程，小马是数学系的一名学生，所以她也学习数学这门课程

B. 哲学系的教师写了许多哲学方面的论文，老张是哲学系的一名教师，所以他也写过许多哲学方面的论文

C. 所有的旧房子需要经常维修，这套房子是新的，所以不需要经常维修

D. 这个学习小组的成员多数是女学生，王颖是这个学习小组的成员，所以她也是女学生

E. 哲学系的教师写了许多哲学方面的论文，老张不是哲学系的一名教师，所以他没有写过哲学方面的论文

【解题分析】

(1)分析题干推理结构。题干大前提中的"数学系的学生"与小前提中的"数学系的学生"不是同一个概念，前者是集合概念，后者是非集合概念，题干推理犯了"四词项"的逻辑错误，是一个错误的三段论推理。

(2)考察问题选项。

选项 A 是正确的三段论推理，与题干推理不一致。

选项 B 的大前提中的"哲学系的教师"和小前提中的"哲学系的教师"也不是同一个概念，前者是集合概念，后者是非集合概念，也是一个犯了"四词项"的逻辑错误的三段论推理，同题干的形式相似。

选项 C 是一个大项不当周延的错误的三段论推理。

选项 D 的第一个前提中的“小组成员”与第二个前提中的“小组成员”两次都不周延，是错误的三段论推理。

选项 E 是一个大项不当周延的错误的三段论推理。

(3)本题的正确答案是 B。

案例 3－12：

只有当田教授和李教授都讲课时，阎教授才会讲课。阎教授没讲课，所以田教授一定没讲课，而且李教授也没讲课。

以下哪项与题干的逻辑结构最为相似？

A. 只有学习好，并且和同学保持良好的关系，才能评上奖学金。小张学习好，并且同学关系也好，所以他一定能够评上奖学金

B. 只有学习好，并且和同学保持良好的关系，才能评上奖学金。小张没有评上奖学金，所以他学习一定不好

C. 只要学习好，并且和同学保持良好的关系，就能评上奖学金。小张没有评上奖学金，所以他学习一定不好，并且与同学关系不好

D. 只有学习好，并且和同学保持良好的关系，才能评上奖学金。小张学习不好，并且和同学关系也不大好，所以小张没有评上奖学金

E. 只有学习好，并且和同学保持良好的关系，才能评上奖学金。小张没评上奖学金，所以他肯定学习不好并且与同学关系紧张

【解题分析】

(1)分析题干推理结构。题干的推理结构是“只有 p 并且 q，才 r；非 r；所以，非 p 并且非 q”，这是一个错误的推理结构。

(2)考察给定选项推理结构，找出疑似选项。选项 C、E 与题干推理基本类似。

C 项的推理结构是：“只要 p 并且 q，就 r；非 r，所以，非 p 并且非 q”，这是一个充分条件的命题，与题干不符。

E 项的推理结构是：“只有 p 并且 q，才 r；非 r；所以，非 p 并且非 q”，这是错误的推理结构。与题干一致。

(3)本题正确答案是 E。

案例 3－13：

“有些人不是坏人，因此，有些坏人不是人。”

下列哪个推理与上述推理相似？

A. 所有便宜货不是好货，因此，有些便宜货是好货

B. 有些便宜货不是假货，因此，有些假货不是便宜货

C. 所有商品都是有价值的，因此，所有有价值的都是商品

D. 有些发明家是自学成才的，因此，有些自学成才者是发明家

E. 没有宗教是科学，因此，没有科学是宗教

【解题分析】

(1)题干推理结构。题干“有些人不是坏人，因此，有些坏人不是人。”是一个特称否

定命题的换位推理,前提中不周延的项“人”在结论中周延了,这是错误的,也就是说,特称否定命题是不能进行换位推理的。

(2)选项结构分析,确定答案。

选项A:这是一个错误的推理,不能根据特称否定命题为真,来判定同一素材的特称肯定命题为真。因为SIP与SOP是下反对关系,二者是可以同真,不能同假的关系。

选项B:“有些便宜货不是假货,因此,有些假货不是便宜货。”与题干所犯错误是一样的,也是进行了特称否定命题的换位推理,前提中不周延的项“便宜货”在结论中周延了,这是错误的,也就是说,特称否定命题是不能进行换位推理的。它的推理结构与A是相同的。

选项C:这是一个错误的全称肯定命题的换位推理。与题干不符。

选项D:这是正确的直接推理。与题干不符。

选项E:这也是一个正确的推理,与题干不符。

可见,只有B选项与题干的推理论证一致。

(3)本题的正确答案是B。

案例3-14:

北方人不都爱吃面食,但南方人都不爱吃面食。

如果已知上述第一个断定真,第二个断定假,则以下哪项据此不能确定真假?

Ⅰ. 北方人都爱吃面食,有的南方人也爱吃面食。

Ⅱ. 有的北方人爱吃面食,有的南方人也爱吃面食。

Ⅲ. 北方人都不爱吃面食,南方人都爱吃面食。

A. 只有Ⅰ　B. 只有Ⅱ　C. 只有Ⅲ　D. 只有Ⅱ和Ⅲ　E. Ⅰ、Ⅱ和Ⅲ。

【解题分析】

已知题干命题的真假,要求断定给定命题的真假,这是一个直言命题的对当关系推理。

(1)分析题干命题。

题干一,“北方人不都爱吃面食”为真,等值于“有些北方人不爱吃面食”为真,即SOP=1。

题干二,“南方人都不爱吃面食”为假,即SEP=0。

(2)分析给定命题。

由题干一,SOP=1得:

SAP=0(全称肯定命题与特称否定命题是矛盾命题),
即“所有北方人都爱吃面食”为假。

SIP=?(特称肯定命题与特称否定命题是下反对关系,一个真另一个真假不定)
即“有的北方人爱吃面食”真假不定。

SEP=?(全称否定命题与特称否定命题是从属关系,特称否定命题真,全称否定命题真假不定)即“所有北方人都不爱吃面食”真假不定。

由题干二,SEP=0得:

SIP=1(特称肯定命题与全称否定命题是矛盾关系,全称否定命题假,所以特称肯定命题真）即“有的南方人爱吃面食”为真。

SOP = ?（特称否定命题与全称否定命题是从属关系，全称否定命题假，则特称否定命题真假不定）即“有些南方人不爱吃面食”真假不定。

SAP = ?（全称肯定命题与全称否定命题是上反对关系，全称否定命题假，全称肯定命题真假不定）即“所有南方人都爱吃面食”真假不定。

考察给定命题：

命题Ⅰ．北方人都爱吃面食，有的南方人也爱吃面食。等值于北方人都爱吃面食（SAP = 0），并且有的南方人爱吃面食（SIP = 1）。这是个联言命题，根据联言命题性质，有一个支命题假，整个命题就都假。所以，命题Ⅰ假。

命题Ⅱ．有的北方人爱吃面食（SIP = ?），

有的南方人不爱吃面食（SOP = ?）。

命题Ⅲ．北方人都不爱吃面食（SEP = ?），

南方人都爱吃面食（SAP = ?）。

可见，命题Ⅱ．命题Ⅲ真假不定。

（3）本题的正确答案为 D。

注意：直言命题的对当关系是指同一素材的，不能把不同素材的直言命题混在一起推理。根据题干一、题干二分别推出与其主、谓项相同的其他命题，从而判定选项的真假，确定答案。

以上的案例，除案例 3 - 14 外都是结构比较类试题。这类试题的解题技巧就介绍到这里，大家要认真体会。还有一类是补充前提类试题，就是根据日常生活中我们经常自觉或不自觉地运用三段论的形式进行演绎推理的思维特点，可以将一些逻辑问题转化为大前提、小前提和结论三个部分去思考。思考过程中，为确定其是否符合逻辑，需要将其省略的前提补充进来。解决这类问题，主要是依据三段论的七项判定规则，从以下五个方面形成思路：

一是判明该省略三段论的结论是否被省略，如果结论没有省略，那就确定了大项和小项。

二是根据结论确定被省略的是大前提还是小前提。

三是查看结论是全称还是特称、肯定还是否定。

四是查看已知前提中，中项与结论中的大项结合还是与结论中的小项结合。

五是将中项与结论中的另一个项相结合。

当我们形成了这样一个思路后，可采用如下步骤进行快速解题：

一是查看已知前提与结论中有没有重合的两个项，将重合项之外的内容联结起来，形成一句话。

二是将新生成的这句话与选项对照，凭语感补全省略的前提。

三是验证选项，可以借助欧拉图帮助判断。

现在结合案例帮助大家进行体会一下。

案例 3 - 15：

有些工程师有博士学位，因此，有些获得博士学位的人技术水平很高。

为使上述推理成立,必须补充以下哪项前提?

A. 所有技术水平高的人都是工程师

B. 所有工程师的技术水平都很高

C. 有的工程师技术水平都很高

D. 有些技术水平很高的人并没有获得博士学位

E. 有些有博士学位的工程师技术水平并不高

【解题分析】

(1)题干"有些工程师有博士学位,因此有些获得博士学位的人技术水平很高"中的两句话由"因此"联结。"因此"的后面是结论。可见,题干是由一句前提,一句结论形成的省略三段论。

(2)题干的两句话中共有的项是"博士学位",将这个项去掉后,剩下的内容组成"工程师技术水平很高"。对照选项查看,选项 B、C 类似。但选项 C 是个特称判断,根据规则六"两个特称前提推不出结论"。所以选项 C 不行。选项 B"所有工程师的技术水平都很高"做前提,自然可以形成这样的完整三段论推理:

所有工程师的技术水平都很高。

有些工程师有博士学位,

因此,有些获得博士学位的人技术水平很高

(3)本题的正确答案为 B。

这个题对 B、C 选项的判定,可用欧拉图验证:

如果选 C 项,则欧拉图为:

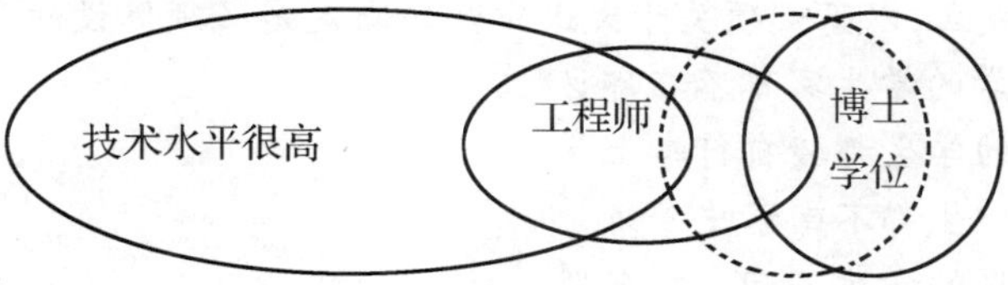

由图可见,"博士学位"与"技术水平很高"之间的关系也包括虚线表示的情况,不必然得出结论。

如果选 B 项,则欧拉图为:

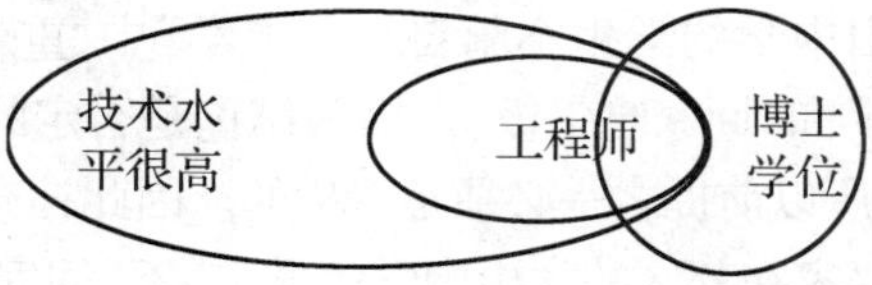

由图可见,必然得出结论。

以上是做这类题的整个思维过程,实践中可以简略些。

案例 3-16:

有些高校教师有博士学位,所以,获得博士学位的有些人具有很高的教学和科研水平。

为保证以上论证成立,以下哪项必须为真?

A. 所有具有很高的教学和科研水平的人都是高校教师

B. 所有高校教师的教学和科研水平都很高

C. 有些高校教师的教学和科研水平都很高

D. 有些具有很高的教学和科研水平的高校教师没有获得博士学位

E. 有些获得博士学位的高校教师教学和科研水平一般

【解题分析】

题干"所以"的后面是结论。可见,这是个省略了一个前提的三段论推理。要使论证成立就必须补充前提。补充的这个前提在题干中的信息是:

有些高校教师有博士学位,

所以,获得博士学位的有些人具有很高的教学和科研水平。

因此,去掉重合项有:"高校教师"、"具有很高的教学和科研水平"。

前提中有一特称,因此,补充的前提应当是全称的。所以,选项 B 符合要求。

用欧拉图验证:

本题的正确答案为 B。

如果选 A,则中项两次不周延。原因与[案例 3－15]相同。

案例 3－17:

大山中学所有骑自行车上学的学生都回家吃午饭,因此,有些家在郊区的大山中学的学生不骑自行车上学。

为使上述论证成立,以下哪项关于大山中学的断定是必须假设的?

A. 骑自行车上学的学生家都不在郊区

B. 回家吃午饭的学生都骑自行车上学

C. 家在郊区的学生都不回家吃午饭

D. 有些家在郊区的学生不回家吃午饭

E. 有些不回家吃午饭的学生家不在郊区

【解题分析】

题干是缺少一个前提的三段论。题干"大山中学所有骑自行车上学的学生都回家吃午饭,因此,有些家在郊区的大山中学的学生不骑自行车上学"中,重合项以外的项联结起来是"家在郊区的大山中学的学生"和"回家吃午饭"。因为结论是否定的,因此前提之一必须是否定的。又因为结论是特称的,所以前提之一必须是特称的。因此补充的前提必须特称的、否定的。所以应增加前提为:有些"家在郊区的大山中学的学生"不"回家吃午饭"。

对照选项,选项 D 符合要求。若选 C,则会出现结论"家在郊区的大山中学的学生不骑自行车上学",这样结论就是全称的了,不是"有些",因此应当选 D。用欧拉图验证如下:

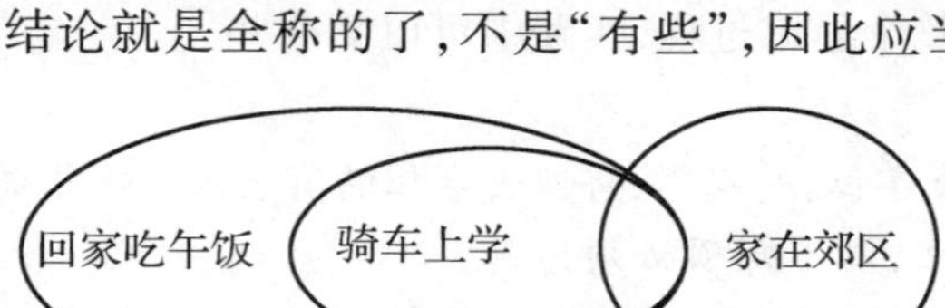

故,本题的正确答案为 D。

案例 3 - 18:

所有物质实体都是可见的,而任何可见的东西都没有神秘感。因此,精神世界不是物质实体。

以下哪项最可能是上述论证所假设的?

A. 精神世界是不可见的

B. 有神秘感的东西都是不可见的

C. 可见东西都是物质实体

D. 精神世界有时也是可见的

E. 精神世界具有神秘感

【解题分析】

题干"所有物质实体都是可见的,而任何可见的东西都没有神秘感。因此,精神世界不是物质实体"的推理是:所有物质实体都没有神秘感。因此,精神世界不是物质实体。

"因此"的后面是结论,这是缺少一个前提的三段论推理。它们的重合项是"物质实体"。补充的前提应当包含"神秘感"和"精神世界"的一个肯定命题,即精神世界具有神秘感。只有 E 项满足这一条件,应选 E。这样形成的三段论推理就是:

所有物质实体都没有神秘感。	PEM
精神世界具有神秘感,	SAM
因此,精神世界不是物质实体。	SEP

用欧拉图验证如下:

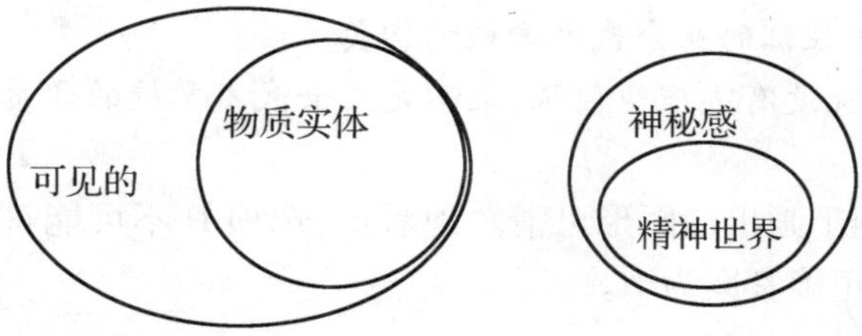

其他选项,借助欧拉图可以一一排除。

可见,本题的正确答案为 E。

实践中,对于三段论推论的题,可以看成集合题型,用画图法来排除错误的选项,用实线画固定的部分,用虚线画不固定的部分,注意画清哪些是重合的,哪些是不重合的。从而帮助我们达到快速解题的目的。大家看看下面这几个案例。

案例 3 - 19:

所有安徽来京打工人员,都办理了暂住证;所有办理了暂住证的人员,都获得了就业许可证;有些安徽来京打工人员当上了门卫;有些业余武术学校的学员也当上了门卫;所有的业余武术学校的学员都未获得就业许可证。

如果上述断定都是真的,那么除了以下哪项,其余的断定也必定是真的?

A. 所有安徽来京打工人员都获得了就业许可证

B. 没有一个业余武术学校的学员办理了暂住证

C. 有些安徽来京打工人员是业余武术学校的学员

D. 有些门卫没有就业许可证

E. 有些门卫有就业许可证

【解题分析】

(1)用画图法,将题干中给定的条件表示出来,然后参考画出的图形作答。先画描述全称的命题,再画描述特称的命题。

(2)根据饼图间的关系,来判定命题间的关系,从而作出解答。

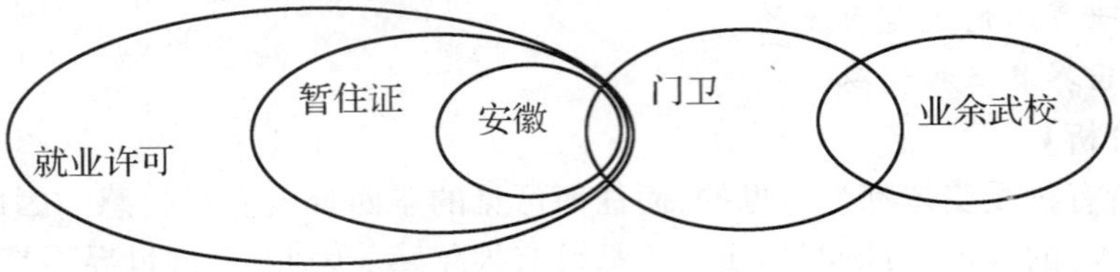

对照上图很容易看出,选项 A 真,选项 B 真,选项 C 假,选项 D 真,选项 E 真。

(3)本题的正确答案为 C。

案例 3-20:

以下哪个人的身份,不可能符合上述第 19 题题干所做的断定?

A. 一个获得了就业许可证的人,但并非是业余武术学校的学员

B. 一个获得了就业许可证的人,但没有办理暂住证

C. 一个办理了暂住证的人,但并非是安徽来京打工人员

D. 一个办理了暂住证的业余武术学校的学员

E. 一个门卫,他既没有办理暂住证,又不是业余武术学校的学员

【解题分析】

参照上题根据题干画出的图形可清楚地看出,选项 D 不可能符合第 19 题题干所作断定。因此,本题的正确答案为 D。

案例 3-21:

某些具有良好效果的护肤化妆品是诺亚公司生产的。所有诺亚公司生产的护肤化妆品都价格昂贵,而价格昂贵的护肤化妆品无一例外地得到女士们的青睐。

以下各项都能从题干的断定中推出,除了:

A. 有些效果良好的化妆品得到女士们的青睐

B. 得到女士们青睐的护肤化妆品中,有些实际效果并不好

C. 所有诺亚公司生产的护肤化妆品都得到女士们的青睐

D. 有些价格昂贵的护肤化妆品是效果良好的

E. 所有不被女士们青睐的护肤化妆品价格都便宜

【解题分析】

根据题干,将“受女士青睐的产品”、“价格昂贵的产品”和“诺亚公司的产品”的包含关系画图表示如下:

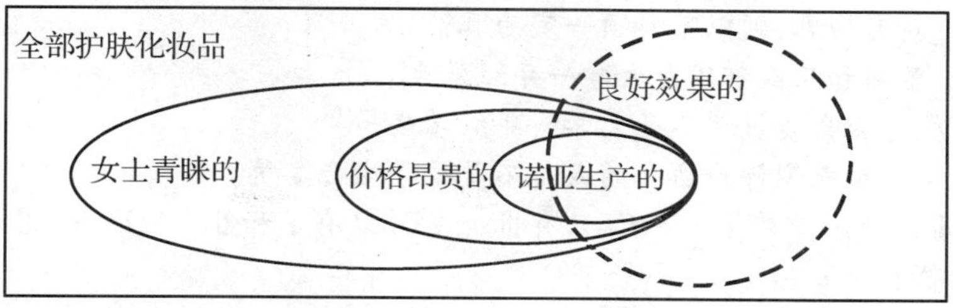

对于“某些效果良好的护肤化妆产品是由诺亚公司生产的”，由于其准确范围不能断定，因此用虚线画出这一部分。

对照图形看题目中给定选项，由题干可推出 A、C、D、E。只有 B 不能推出。

因此，本题的正确答案为 B。

案例 3－22：

超过 20 年使用期限的汽车都应当报废。某些超过 20 年使用期限的汽车存在不同程度的设计缺陷。在应当报废的汽车中有一些不是 H 国进口车。所有 H 国进口车都不存在设计缺陷。

如果上述断定为真，则以下哪项一定为真？

A. 有些 H 国进口车不应当报废

B. 有些 H 国进口车应当报废

C. 有些存在设计缺陷的汽车应当报废

D. 所有应当报废的汽车的使用期限都超过 20 年

E. 有些超过 20 年使用期限的汽车不应当报废

【解题分析】

题干设置了两个前提条件：

①超过 20 年使用期限的汽车都应当报废。

②某些超过 20 年使用期限的汽车存在不同程度的设计缺陷。

根据题干画出图形如下：

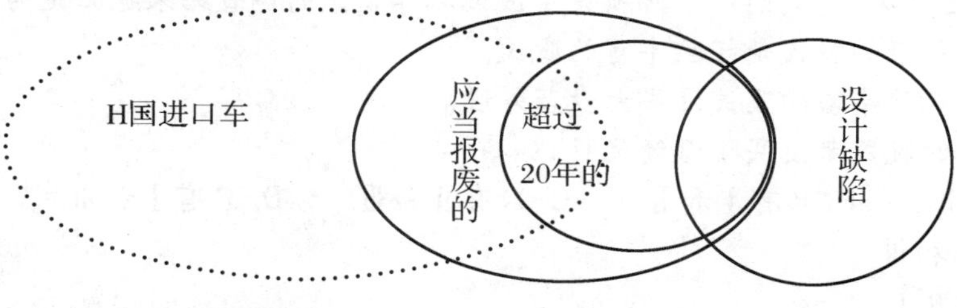

根据“在应当报废的汽车中有一些不是 H 国进口车。所有 H 国进口车都不存在设计缺陷”，用虚线画出 H 国进品车。

从上图中，可以很清楚地告诉我们，必然推出选项 C 为真。其余选项都不一定为真。

故，本题正确答案为 C。

案例 3－23：

所有校学生会委员都参加了大学生电影评论协会。张珊、李斯和王武都是校学生会委员，大学生电影评论协会不吸收大学一年级学生参加。

如果上述断定为真,则以下哪项一定为真?

Ⅰ.张珊、李斯和王武都不是大学一年级学生。

Ⅱ.所有校学生会委员都不是大学一年级学生。

Ⅲ.有些大学生电影评论协会的成员不是校学生会委员。

A.只有Ⅰ　　B.只有Ⅱ　　C.只有Ⅲ　　D.只有Ⅰ和Ⅱ　　E.Ⅰ、Ⅱ和Ⅲ。

【解题分析】

根据题干画出图形:

结合问题,由图形关系可以看出:

由"所有校学生会委员都参加了大学生电影评论协会"和"大学生电影评论协会不吸收大学一年级学生参加",可以推出"所有校学生会委员都不是大学一年级学生"。因此,Ⅱ为真。

再加上"张珊、李斯和王武都是校学生会委员",可推出"张珊、李斯和王武都不是大学一年级学生"因此,Ⅰ为真。

至于Ⅲ"有些大学生电影评论协会的成员不是校学生会委员",有可能假,因为"所有大学生电影评论协会的成员都是校学生会委员"也满足题干条件,即存在"电影评论协会的成员"和"校学生会委员"是同一关系的可能。

因此,本题正确答案是D。

案例3-24:

去年4月,股市出现了强劲反弹,某证券部通过对该部股民持仓品种的调查发现,大多数经验丰富的股民都买了小盘绩优股,而所有年轻的股民都选择了大盘蓝筹股,而所有买了小盘绩优股的股民都没买大盘蓝筹股。

如果上述情况为真,则以下哪项关于该证券部股民的调查结果也必定为真?

Ⅰ.有些年轻的股民是经验丰富的股民。

Ⅱ.有些经验丰富的股民没买大盘蓝筹股。

Ⅲ.年轻的股民都没买小盘绩优股。

A.只有Ⅱ　　B.只有Ⅰ和Ⅱ　　C.只有Ⅱ和Ⅲ　　D.只有Ⅰ和Ⅲ

E.Ⅰ、Ⅱ和Ⅲ。

【解题分析】

根据题干,画出图形:

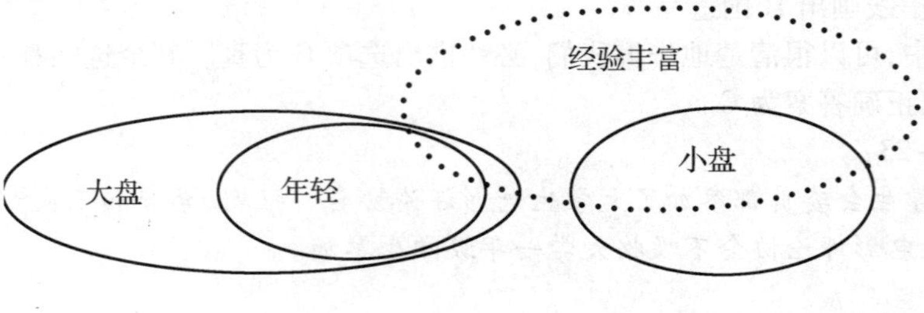

结合图形,根据题问如果上述断定为真,作出推理:

"所有年轻的股民都不是经验丰富的股民"并不违背题干的条件。这样Ⅰ不一定为真。

由题干"大多数经验丰富的股民都买了小盘绩优股,而所有买了小盘绩优股的股民都没买大盘蓝筹股"必然可以推出"大多数经验丰富的股民没买大盘蓝筹股",从中进一步推出Ⅱ必然为真。

由题干"所有年轻的股民都选择了大盘蓝筹股,而所有买了小盘绩优股的股民都没买大盘蓝筹股"必然可以推出"年轻的股民都没买小盘绩优股"。因此,Ⅲ必然为真。

所以,本题正确答案为C。

案例3-25:

以下是某市体委对该市业余体育运动爱好者一项调查中的若干结论:

所有的桥牌爱好者都爱好围棋;有围棋爱好者爱好武术;所有的武术爱好者都不爱好健身操;有桥牌爱好者同时爱好健身操。

(1)如果上述结论都是真实的,则以下哪项不可能为真?

A. 所有的围棋爱好者也都爱好桥牌　　B. 有的桥牌爱好者爱好武术

C. 健身操爱好者都爱好围棋　　D. 有桥牌爱好者不爱好健身操

E. 围棋爱好者都爱好健身操

【解题分析】

根据问题条件,画出图形:

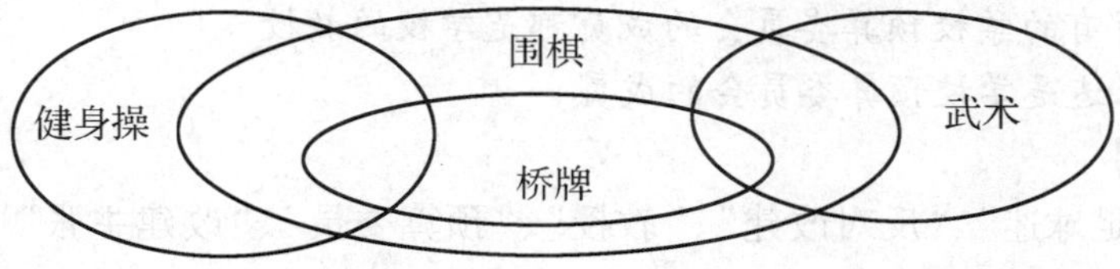

由条件可知,有围棋爱好者爱好武术,又所有的武术爱好者都不爱好健身操,因此,有围棋棚好者不爱好健身操。所以,E项的断定不可能为真。

其余各项都可能真。比如,当围棋和桥牌为同一关系时,A为真。故本题正确答案为E。

(2)如果在题干中再增加一个结论:每个围棋爱好者爱好武术或者健身操,则以下哪个人的业余体育爱好与题干断定的条件矛盾?

A. 一个桥牌爱好者,既不爱好武术,也不爱好健身操

B. 一个健身操爱好者,既不爱好围棋,也不爱好桥牌

C. 一个武术爱好者,爱好围棋,但不爱好桥牌

D. 一个武术爱好者,既不爱好围棋,也不爱好桥牌

E. 一个围棋爱好者,爱好武术,但不爱好桥牌

【解题分析】

由以上题干可做出图形如下:

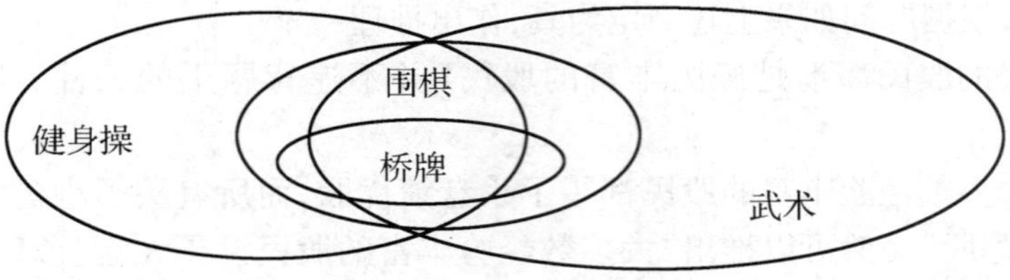

根据条件,所有的桥牌爱好者都爱好围棋,又每个围棋爱好者爱好武术或者健身操,所以每个桥牌爱好者爱好武术或者健身操,即不存在桥牌爱好者,既不爱好武术,也不爱好健身操。

因此,A 项和题干断定的条件矛盾。

故本题的正确答案是 A。

案例 3-26:

本问题发生在一所学校内。

学校的教授们中有一些是足球迷。学校的预算委员会的成员们一致要把学校的足球场改建为一个科贸写字楼,以改善学校收入状况。所有的足球迷都反对将学校的足球场改建成科贸写字楼。

(1)如果以上各句陈述均为真,则下列哪项也必为真?

A. 学校所有的教授都是学校预算委员会的成员

B. 学校有的教授不是学校预算委员会的成员

C. 学校预算委员会有的成员是足球迷

D. 并不是所有的学校预算委员会的成员都是学校的教授

E. 有的足球迷是学校预算委员会的成员

【解题分析】

根据题干"足球迷"、"反对改建"、"教授"、"预算委员"、"改建主张"中的概念之间的关系,用饼图表示如下:

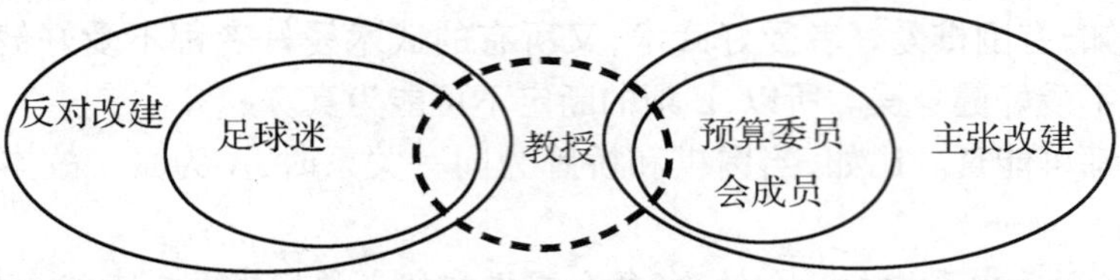

根据题干结合图形:所有的足球迷都反对改建足球场,而所有的预算委员会的成员都主张改建改建足球场,可推出所有的预算委员会的成员都不是足球迷。又有的教授是足球迷,因此有的教授不是预算委员会的成员。所以,B 项必定为真。题目中给定的其他选项,即 A、C、D、E 都不必定为真。

可见,本题的正确答案为 B。

(2)如果作为上面陈述的补充,明确以下条件:所有的学校教授都是足球迷,那么下列哪项一定不可能是真的?

A. 有的学校教授不是学校预算委员会的成员

B. 学校预算委员会的成员中有的是学校教授

C. 并不是所有的足球迷都是学校教授

D. 所有的学校教授都反对将学校的足球场改建为科贸写字楼

E. 有的足球迷不是学校预算委员会的成员

【解题分析】

根据本题补充的条件，题干可表示为如下图形：

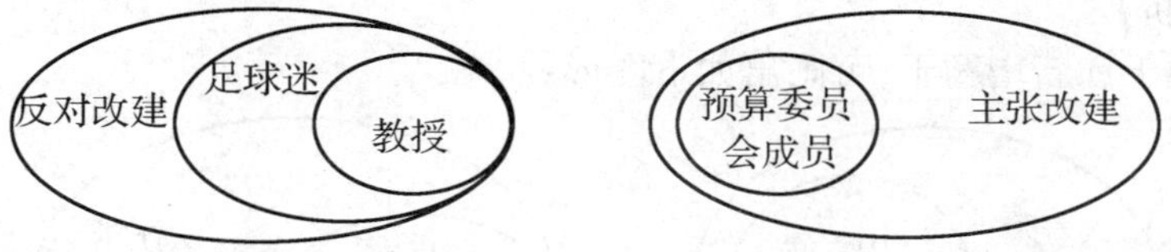

结合图形和题干可以看出：因为所有的教授都是足球迷，因此所有的教授都反对改建足球场；而所有的预算委员会的成员都主张改建足球场。因此不可能有预算委员会的成员是教授。B 项一定不可能真。

因此，正确答案是 B。

案例 3－27：

在某住宅小区的居民中，大多数中老年教员都办了人寿保险，所有买了四居室以上住房的居民都办了财产保险。而所有办了人寿保险的都没办理财产保险。

(1) 如果上述断定是真的，以下哪项关于该小区居民的断定必定是真的？

Ⅰ. 有中老年教员买了四居室以上的新房。

Ⅱ. 有中老年教员没办理财产保险。

Ⅲ. 买了四居室以上住房的居民都没办理人寿保险。

A. Ⅰ、Ⅱ和Ⅲ　B. 仅Ⅰ和Ⅱ　C. 仅Ⅱ和Ⅲ　D. 仅Ⅰ和Ⅲ　E. 仅Ⅱ。

【解题分析】

根据题干画出如下图形：

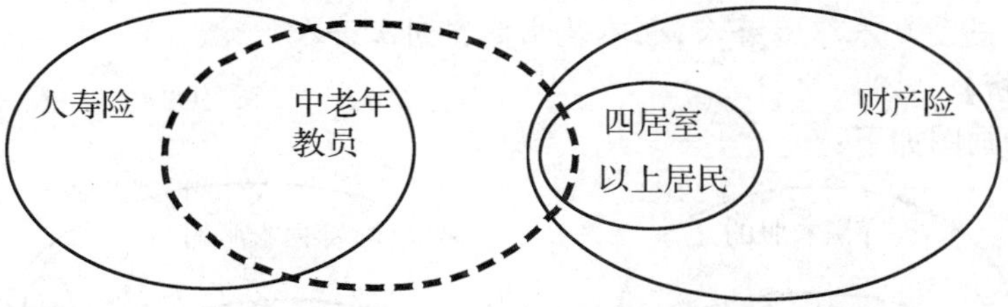

中老年教员和四居室以上住房之间没有建立因果联系，推不出Ⅰ来。

大多数中老年教员办了人寿保险，而所有办了人寿保险的居民都没办理财产保险，所以大多数中老年教员没办财产保险，这是Ⅱ。

买了四居室以上住房的居民都办了财产保险，而所有办了人寿保险的居民都没办理财产保险，所以，买了四居室以上住房的居民都没办理人寿保险（否则矛盾了），这是Ⅲ。

因此，本题正确答案是 C。

(2) 如果在题干的断定中再增加以下断定：

“所有的中老年教员都办理了人寿保险”，并假设这些断定都是真的，那么，以下哪项必定是假的？

A. 在买了四居室以上住房的居民中有中老年教员
B. 并非所有办理人寿保险的都是中老年教员
C. 某些中老年教员没买四居室以上的住房
D. 所有的中老年教员都没办理财产保险
E. 某些办理了人寿保险的没买四居室以上的住房

【解题分析】

根据原题干和新增题干,可画出如下图形:

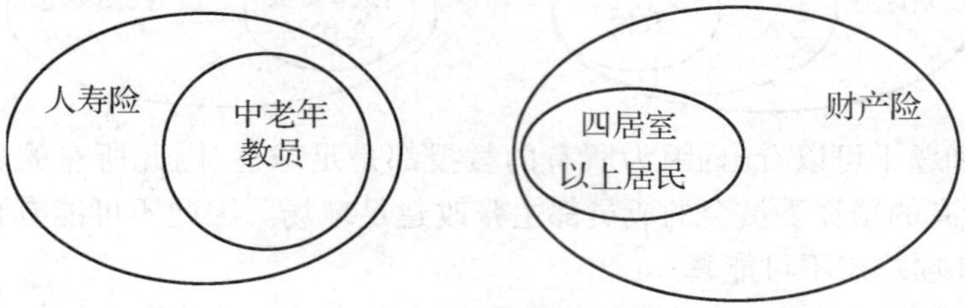

题干增加为"所有的中老年教员都办理了人寿保险",这就意味着所有的中老年教员都没办理财产保险。而买了四居室以上住房的居民都办了财产保险,这就是说"所有的中老年教员"和"买了四居室以上住房的居民"这两个集合没有任何交集。所以选项A"在买了四居室以上住房的居民中有中老年教员"就为假了。

故,本题正确答案为A。

案例3-28:

所有爱斯基摩土著人都是穿黑衣服的;所有的北婆罗洲土著人都是穿白衣服的;没有既穿白衣服又穿黑衣服的人;H是穿白衣服的。

基于以上事实,下列哪个判断必为真?

A. H是北婆罗洲土著人　　B. H不是爱斯基摩土著人
C. H不是北婆罗洲土著人　　D. H是爱斯基摩土著人
E. H既不是爱斯基摩土著人,也不是北婆罗洲土著人

【解题分析】

根据题干画图如下:

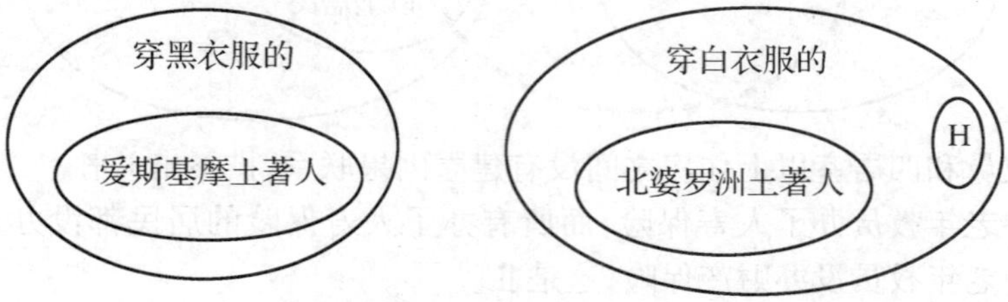

所有爱斯基摩土著人都穿黑衣服,H是不穿黑衣服,当然可以推出H不是爱斯基摩土著人。因此,B必然正确。

至于H是不是北婆罗洲土著人,都是有可能的,因此A、C、E都可能正确,但不是必然正确,故排除。D项必然错误。

故,本题正确答案为B。

案例 3－29：

在中国西北有这样两个村落，赵村所有的人都是白天祭祀祖先，李庄所有的人都是晚上才祭祀祖先，我们确信没有既在白天也在晚上祭祀祖先的人。我们也知道李明是晚上祭祀祖先的人。

那么，依据以上信息，能断定以下哪项是对李明身份正确的判断？

A. 李明是赵村的人　　B. 李明不是赵村的人

C. 李明是李庄的人　　D. 李明不是李庄的人

E. 李明既不是赵村人，也不是李庄人

【解题分析】

由题干条件，画图如下：

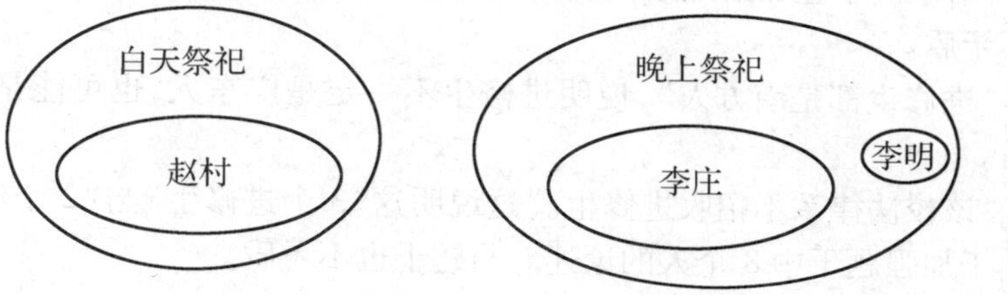

由题干“赵村人都在白天祭祀祖先，而李明在晚上祭祀祖先；又没有人既在白天祭祀祖先也在晚上祭祀祖先”，所以，李明不在白天祭祀祖先。故李明不是赵村人。因此，B必然正确。

至于李明是不是李庄的人，都有可能。A 必然错，C、D、E 存在可能性。

故，本题正确答案为 B。

还有一部分是有关概念间关系的案例，现在再给大家介绍一些。这类题用画图法能很好地帮助我们找出正确答案。

案例 3－30：

某大学某寝室中住着若干个学生。其中，一个是哈尔滨人，两个是北方人，一个是广东人，两个在法律系，三个是进修生。因此，该寝室中恰好有 8 人。

以下各项关于该寝室的断定是真的，都能加强上述论证，除了：

A. 题干中的介绍涉及了寝室中所有的人　　B. 广东学生在法律系

C. 哈尔滨学生在财经系　　D. 进修生都是南方人

E. 该校法律系不招收进修生

【解题分析】

题目要求我们找出不能加强题干的选项，也就是找出与题干矛盾的选项。

下面看一下这些人关系，用饼图表示：

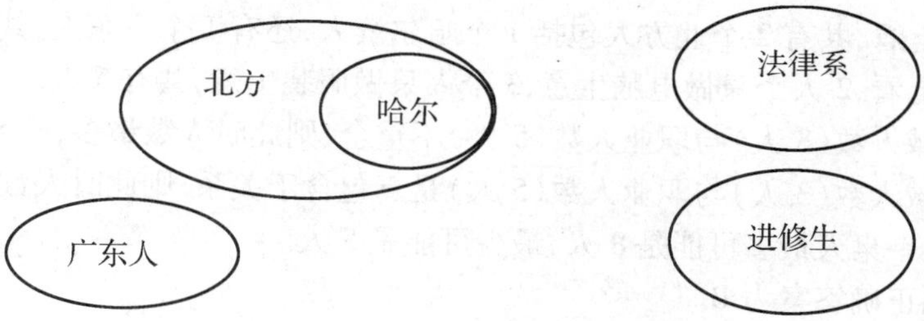

在这里,"一个哈尔滨人,与两个北方人"是真包含于关系,与"一个广东人"共3人;此外"两个在法律系,三个是进修生"之间是不确定的关系。如果他们之间是全异的关系,也才8个人。

下面依据题干,结合图形对给定选项分析:

选项A"题干中的介绍涉及了寝室中所有的人。"这是加强题干的,因为如果不能包括寝室中所有的人,哪就无法求证了。可见,这个选项是加强题干的。

选项B"广东学生在法律系。"如果这样,那么,就会有2个北方人(含1个哈尔滨人),2个法律系学生(含1个广东人),3个进修生。共7个人,显然与题干论述的共8个人矛盾,所以这项不能加强题干。

选项C"哈尔滨学生在财经系",就是说哈尔滨学生不在法律系,与法律系是排斥的,并不与题干矛盾。

选项D"进修生都是南方人",说明进修生不一定是广东人,也可能是广东人。与题干并不矛盾。

选项E"该校法律系不招收进修生。"这说明这"3个进修生"与"2个法律系"是并列的。也有助于加强题干中8个人的论述。与题干也不矛盾。

可见,只有B与题干矛盾,其他都不与题干矛盾。

因此,本题正确答案是B。

案例3-31:

某个饭店中,一桌人边用餐边谈生意。其中,一个是哈尔滨人,两个是北方人,一个是广东人,两个只做电脑生意,三个人只做服装生意。

假设以上的介绍涉及这餐桌上所有的人,那么,这一餐桌上最少可能是几个人,最多可能是几个人?

A. 最少可能是3人,最多可能是8人

B. 最少可能是5人,最多可能是8人

C. 最少可能是5人,最多可能是9人

D. 最少可能是3人,最多可能是9人

E. 无法确定

【解题分析】

根据题干按地域和职业不同画图如下:

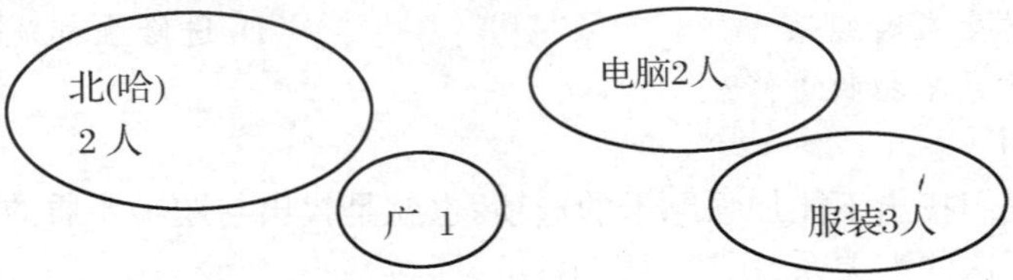

从地域上看,共有2个北方人包括1个哈尔滨人,还有1个广东人,共有3人。

从职业上看,2人个只做电脑生意,3个人只做服装生意,共有5人。

如果地域人数(3人)与职业人数(5人)不重合,则此时人数最多,有8人。

如果地域人数(3人)与职业人数(5人)是真包含于关系,则此时人数最少,有5人。

因此,这一桌人最多可能是8人,最少可能是5人。

故,本题正确答案为B。

第四章 | CHAPTER 4

复合命题及其推理

联言命题及其推理

选言命题及其推理

假言命题及其推理

负命题的等值推理

其他复合命题推理

案例与解题技巧

第四章　复合命题及其推理

一、联言命题及其推理

(一)联言命题

联言命题就是断定几种事物情况同时存在的命题。举例如下:

(1)我们不但要建设物质文明,而且还要建设精神文明。

(2)曹操是军事家并且是文学家。

标准形式:p 并且 q。其中,命题变项 p 和 q 是原子命题,这里称为联言支;"并且"是联结词。一个联言命题的联言支可以多于 2 个。

日常语言形式:"……和……"、"不但……,而且……"、"既……,又……"、"虽然……,但是……"、"不仅……,也……"等。如"张三和李三是同班同学"、"他不但专业能力强,而且品德高"、"他虽然很胖,但不健康"等。有的联言命题省略了联结词,如"知无不言,言无不尽,言者无罪,闻者足戒",就是一个省略了联结词的有 4 个联言支的联言命题。

符号形式:联言命题的符号形式是 $p \wedge q$。"$\wedge$"读作"合取",表示"并且"的意思。在 $p \wedge q$ 中,p、q 称为联言支(联言命题的支命题)。

逻辑值:复合命题的真值称为逻辑值,一个联言命题,只有在联言支都真的情况下才是真的,在其余情况下都是假的。也就是说,联言支都真才真,一假就假。联言命题的真值可用下表表示:

p	q	$P \wedge q$
真	真	真
真	假	假
假	真	假
假	假	假

上面这样的表格称为真值表。真值表列出了在原支命题的每一组真值组合的情况下复合命题的真值。由此看出,如果联言命题有 3 个联言支,那么就有 8 种真假可能,有 4 个联言支就会有 16 种可能的变化,有 n 个联言支就有 2n 个可能的分析和组合。

注意:联言命题的联言支在逻辑上也不要求有什么内容相似或其他什么联系。像"2 + 3 = 5,并且雪是白的"依然具有联言命题的形式"$p \wedge q$"。也不分先后,如"屡战 $\wedge$ 屡败”与“屡败∧屡战”是一样的,曾国藩上书的效果在逻辑上是体现不出来的。

(二)联言推理

联言推理即联言命题推理,指前提和结论为联言命题,并且依据联言命题的性质来进行推演的推理。联言推理有两种形式:

1. 分解式。

结构式为:$\dfrac{p\text{ 并且 }q}{p(q)}$

这是根据一个联言命题为真,而推出其各个联言支为真。

例如:鲁迅是思想家、文学家,
————————————
所以,鲁迅是思想家(鲁迅是文学家)。

2. 组合式。

结构式为:

$$\begin{array}{c} p \\ q \\ \hline p\text{ 并且 }q \end{array}$$

这是根据各联言支的真而推出该联言命题的真。

例如:概念是思维形式,
判断是思维形式,
推理是思维形式,
————————————
所以,概念、判断、推理都是思维形式。

3. 否定式。

结构式为:$\dfrac{\text{非 }p(\text{非 }q)}{\text{并非}(p\text{ 并且 }q)}$

这表示联言命题中,只要有一个联言支假,整个联言命题就都假。

例如:已知,他道德品质很差,
————————————
所以,“他工作能力强并且道德品质好”是假的。

联言推理非常简单,日常生活中往往为了强调而采用。逻辑试题中,联言推理总是与其他推理形式结合进行考核。

二、选言命题及其推理

(一)选言命题

选言命题是断定几个可能的事物情况中至少有一个事物情况存在的命题。例如,“明天我登长城,或者游香山”。

试比较以下两个选言命题:

(1)老王是诗人,或者是画家。

(2)老王要么是江苏人,要么是上海人。

命题(1)断定“老王是诗人”和“老王是画家”这两种事物情况至少有一种存在,但也可以同时存在,也就是说,“老王是诗人”和“老王是画家”是相容的。

命题(2)断定“老王是江苏人”和“老王是上海人”两种事物情况至少有一种存在,但不能都存在,也就是说,“老王是江苏人”和“老王是上海人”是不相容的。

依此,选言命题分为相容选言命题和不相容选言命题。

1. 相容选言命题。

相容选言命题是断定几个可能的事物情况中至少有一个存在,并且可以同时存在的选言命题。即相容选言命题是断定支命题中至少有一真,但也可以都真的选言命题。举例如下:

①他是演员或者是导演。

②这份统计表格有错误,或者是计算有错误,或者是统计本身有错误。

一般形式:p 或者 q。其中,p 和 q 称为选言支,“或者”是联结词。选言支可以多于 2 个。在日常语言中,“……或……”、“或者……或者……”、“也许……也许……”、“可能……可能……”等联结词都能表达相容的选言关系。

符号形式:相容选言命题的符号形式是 p∨q。“∨”读作“析取”,表示“或者”的意思。在 p∨q 中,p、q 称为析取支。

逻辑值:一个相容的选言命题是真的,只要有一个选言支是真的。只有当全部选言支都假的情况下才是假的,在其余情况下都是真的,即一个支真就真,都假才假。相容选言命题的真值表如下:

p	q	P∨q
真	真	真
真	假	真
假	真	真
假	假	假

因此,相互矛盾的判断所组成的选言支必为真,即 p 或者非 p,不论 p 是什么具体判断内容,该选言判断必然为真。

2. 不相容选言命题。不相容选言命题是断定几种可能的事物情况中有,且只有一种事物情况存在的选言命题,即不相容选言命题是断定支命题中至少有一真,并且至多有一真的选言命题。如,“要么武松打死老虎,要么老虎吃掉武松”,就是不相容的选言命题。

一般形式:要么 p,要么 q。同样,选言支也可以多于 2 个。

其中,“要么……要么……”是联结词,p、q 是选言支。

在日常语言中,“或者……或者……二者必居其一”、“或……或……二者不可得兼”、“不是……就是……”等联结词都能表达不相容的选言命题。例如,“不是东风压倒西风,就是西风压倒东风”,就是一个不相容的选言命题。

逻辑值:不相容选言命题,断定选言支中至少有一真,并且至多有一真。因此,不相容选言命题的真值表如下:

p	q	要么p,要么q
真	真	假
真	假	真
假	真	真
假	假	假

注意:

①不相容选言命题的选言肢之间互相排斥,不能同时真,当然也不能同时为假,否则还是假的。

②在日常语言中,"要么……,要么……"只表示不相容选言命题,"或者……,或者……"可以表示相容,也可以表示不相容选言命题,至于实际上表示哪类选言命题,要根据具体的语境,看能否加上"二者必居其一"而定。举例如下:

(1)小张或者报考文科,或者报考理科。(可加上"二者必居其一",显然是不相容选言命题)

(2)今年暑假小张或者去张家界,或者去九寨沟。(不能加"二者必居其一",因为还可能两个地方都去,所以是相容选言命题)

③一个穷尽的选言命题不可能是假的,总是至少有一个选言肢是真的,因而整个选言命题是真的。

(二)选言推理

1.相容选言推理。

相容选言推理是以相容的选言命题作为前提的选言推理是相容的选言推理。

相容的选言推理规则:

(1)否定一部分选言支,就要肯定另一部分选言支;

(2)肯定一部分选言支,不能否定另一部分选言支。

也就是说,相容选言推理只能通过"先否后肯"来推理,而不能通过"先肯后否"来推理。

相容的选言推理正确结构式(否定肯定式):p 或者 q

非 p(q)

q(p)

例如:她或者是音乐老师,或者是美术老师

她不是音乐老师

所以,她是美术老师。

因为相容选言命题不管有几个选言支,只要有一个选言支真,整个选言命题就真。这也是一种有效推理形式,叫肯定肯定式。

其结构式为:$\dfrac{p}{p\text{ 或者 }q\text{ 或者 }r}$

例如： 她是诗人,(真)

所以,她或者是诗人,或者是歌唱家,或者是画家。(真)

2.不相容选言推理。

不相容选言推理是以不相容的选言命题作为前提的选言推理是不相容的选言推理。

不相容的选言推理规则：

(1)肯定一个选言支,就要否定其余的选言支;

(2)否定除一个选言支以外的选言支,就要肯定这个未被否定的选言支。

也就是说,不相容选言推理既可以通过“先否后肯”来推理,也可以通过“先肯后否”来推理。

不相容的选言推理正确结构式有两个：

①否定肯定式：要么p,要么q

非p(非q)

所以q(所以p)

例如:要么改革开放,要么闭关锁国。

我们不闭关锁国,

所以,我们要改革开放。

②肯定否定式：要么p,要么q

p(q)

所以,非q(所以,非p)

例如:要么改革开放,要么闭关锁国。

我们要改革开放,

所以,我们不闭关锁国。

注意:无论是相容的选言推理还是不相容的选言推理,在以否定肯定式形式进行推理时,其选言前提必须穷尽一切可能情况,否则,一旦遗漏真实情况,推理将无效。

三、假言命题及其推理

(一)假言命题

假言命题又称条件命题,它是断定一个事物情况的存在是另一个事物情况存在的条件的命题。条件关系分三种,根据事物的条件关系的不同,假言命题可以分为充分条件、必要条件和充要条件假言命题三种。

1.充分条件假言命题。

充分条件假言命题是断定事物情况之间的充分条件关系的假言命题,例如,“如果把理论当做教条,那么只能束缚思想”就是充分条件假言命题,它断定“把理论当做教条”是“束缚思想”的充分条件。

一般形式:如果p,那么q。其中,p称为前件,q称为后件;联结词是“如果……,那么……”。充分条件假言命题断定前件是后件的充分条件。

日常语言形式:“如果……那么……”、“只要……就……”、“假若……则……”、“一旦……就……”、“倘若……就……”、“有……就……”等。

符号形式：充分条件命题的符号形式是：p→q。“→”读作“蕴涵”，p→q 表示“如果 p，那么 q”。

逻辑值：一个充分条件假言命题，只有在前件真并且后件假的情况下才是假的，在其余情况下都是真的。其真值表如右图。

p	q	p→q
真	真	真
真	假	假
假	真	真
假	假	真

2. 必要条件假言命题。

必要条件假言命题是断定事物情况之间具有必要条件关系的假言命题。如，“只有年满 18 岁，才有选举权”就是必要条件假言命题，它断定“年满 18 岁”是“有选举权”的必要条件。

一般形式：只有 p，才 q。p 和 q 分别称为前件和后件；联结词是“只有……，才……”。必要条件假言命题断定前件是后件的必要条件。

日常语言形式：“只有……才……”、“没有……就没有……”、“除非……否则不……”、“不……不……”、“除非……才……”、“如果不……那么不……”，等等。

符号形式：必要条件命题的符号形式是：p←q。“←”读作“反蕴涵”，p←q 表示“只有 p，才 q”。

逻辑值：一个必要条件假言命题，只有在前件假并且后件真的情况下才是假的，在其余情况下都是真的。其真值表如右图。

p	q	p←q
真	真	真
真	假	真
假	真	假
假	假	真

3. 充要条件假言命题。

充要条件假言命题是断定事物情况之间的充要条件关系的假言命题，如：“一个三角形的三内角相等，当且仅当它的三边相等”就是充要条件假言命题，对于同一个三角形，它断定“三内角相等”是“三边相等”的充要条件。

一般形式：当且仅当 p，才 q。

日常语言形式：“如果……则……并且只有……才……”、“只要……就……并且只有……才……”、“……当且仅当……”等。

符号形式：充要条件命题的符号形式是：p↔q。“”读作“等值于”，p↔q 表示“如果 p，那么 q，并且只有 p 才 q”。

逻辑值：一个充要条件假言命题，只有在前、后件取相同的真值时才是真的，在其余情况下都是假的。其真值表如右图。

p	q	p↔q
真	真	真
真	假	假
假	真	假
假	假	真

p 是 q 的充分条件，是指有 p 一定有 q，无 p 未必无 q（即如果无 p，则有 q 或无 q 都不能确定）。如“天下雨”是“地上湿”的充分条件：天下雨，地上一定湿；天不下雨，地上不一定不湿。p 是 q 的必要条件是指：无 p 一定无 q，有 p 未必有 q（即如果有 p，则有 q 或无

q 都不能确定)。例如,对同一个三角形,三内角相等是三边相等的充要条件:三内角相等,则三边一定相等;三内角不等,则三边一定不等。

小结:假言命题的特点和性质(表中的"1"表示真,"0"表示假)

前件	后件	充分条件	必要条件	充要条件
p	q	如果 p,那么 q	只有 p 才 q	当且仅当 p 才 q
1	1	1	1	1
1	0	0	1	0
0	1	1	0	0
0	0	1	1	1

①充分条件:有了这个条件,一定有这个结果。有条件无结果,肯定是假的。因为这时所有 p 都是 q。即:如果 p 那么 q = 所有 p 都是 q。

②必要条件:没有这个条件,结论一定不对。即没它不行。只有前件假,后件真时才假。因为此时有些 p 是 q。即:只有 p 才 q = 有些 p 是 q。

③所有必要条件加起来才是充分条件。

④充要条件:充分条件是唯一的,那就是充要条件。前后件等值时才真,否则就假。

用饼图表示如下:

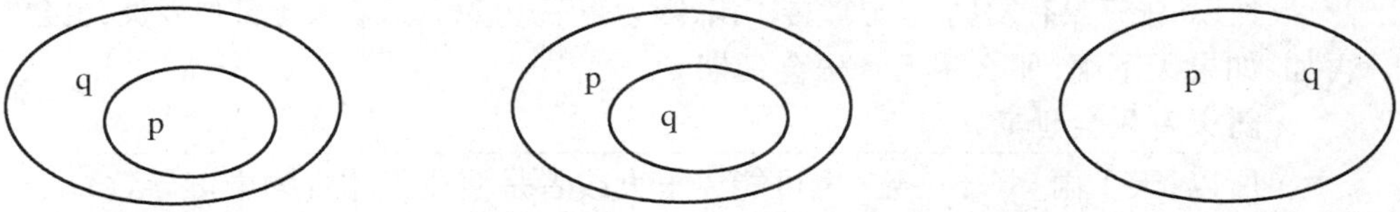

充分条件
如果 p 那么 q
如果,则
一但,就
只要,就
假若,则

必要条件
只有 p,才 q
不,不
没有,就没有
除非,不
除非,才
如果非 P,则非 q
q 必须 p

充要条件
当且仅当 p 才 q
如果……那么……并且只有……才
只要……就……并且只有……才……

(二)假言推理

假言推理就是前提中有一个假言命题,并且根据假言命题前后件之间的关系所进行的推理。主要包括充分条件假言推理、必要条件假言推理、充要条件假言推理。

1. 充分条件假言推理。

充分条件假言推理就是前提中有一个假言命题,并且根据假言命题前后件之间的关系所进行的推理。

充分条件假言推理规则:

(1)肯定前件就要肯定后件,否定后件就要否定前件。

(2)否定前件不能否定后件,肯定后件不能肯定前件。

充分条件假言推理有效推理形式：

①肯定前件式：如果 p，那么 q

p

所以 q

例如：如果张三患肺炎，那么张三发烧

张三患肺炎

所以，张三发烧。

②否定后件式：如果 p，那么 q

非 q

所以，非 p

例如：如果天下雨，那么露天音乐会延期。

露天音乐会没延期，

所以，天没下雨。

此外，否定前件式和肯定后件式都不是充分条件假言推理的有效形式。

例如：如果张三患肺炎，那么张三发烧。

张三没有患肺炎，

所以，张三没有发烧。（显然推不出，因为张三患感冒，或者其他部位发炎，也会发烧）

再如：如果天下雨，那么露天音乐会延期。

露天音乐会延期，

所以，天下雨。（不一定，也可能风很大或者是演员集体食物中毒导致）

注意：对于充分条件的假言命题来说，前件是后件的充分条件。前件真时后件必然真，当前件真后件假时，充分条件假言命题就假。所以，当后件假时前件也必须假；前件假时后件可真可假，后件真时前件可真可假。

2. 必要条件假言推理。

必要条件的假言推理就是前提中有一个必要条件的假言命题，并且根据必要条件假言命题的前后件之间的关系所进行的推理。

必要条件假言推理规则：

（1）否定前件就要否定后件，肯定后件就要肯定前件。

（2）肯定前件不能肯定后件，否定后件不能否定前件。

必要条件假言推理有效形式：

①否定前件式：只有 p，才 q

非 p

所以，非 q

例如：只有张三年满 18 岁，他才有选举权。

张三没有年满 18 岁，

张三没有选举权。

②肯定后件式。

只有 p，才 q

q

所以，　p

例如：只有张三年满 18 岁，他才有选举权。

张三有选举权，

张三已年满 18 岁。

此外，肯定前件式和否定后件式都不是必要条件假言推理的有效形式。

例如：只有张三年满 18 岁，他才有选举权。

张三已年满 18 岁，

所以，张三有选举权。（这个推理显然不能成立，因为被剥夺政治权利的人即使过了 18 岁也没有选举权）

再如：只有张三年满 18 岁，他才有选举权。

张三没有选举权，

张三不满 18 岁。（这个推理显然也是不能成立的）

注意：对于必要条件的假言命题来说，前件是后件的必要条件。没有前件必然没有后件，有后件必然要有前件。也就是说前件假时后件必然假，后件真时前件也必然真；当前件假而后件真时，必要条件的假言命题是假的。但是，当前件真时后件可真可假，后件假时前件可真可假。

比较以上充分条件与必要条件假言命题的推理，我们可以看到：

如果 p 是 q 的充分条件，则 q 是 p 的必要条件；如果 p 是 q 的必要条件，则 q 是 p 的充分条件。因此，“如果 p，那么 q” = “只有 q，才 p”；“只有 p，才 q” = “如果 q，那么 p”；“只有 p，才 q” = “如果非 p，那么非 q”。

这说明充分条件与必要条件可以互相转化。

3. 充要条件假言推理。

充要条件的假言推理就是前提中有一个充要条件的假言命题，并且根据充要条件假言命题的前后件之间的关系所进行的推理。

充要条件假言推理规则：

(1) 肯定前件就要肯定后件，否定后件就要否定前件。

(2) 否定前件就要否定后件，肯定后件就要肯定前件。

充要条件假言推理有效推理形式：

①肯定前件式：当且仅当 p，才 q

p

q

②否定后件式：当且仅当 p，才 q

非 q

所以，非 p

③否定前件式：当且仅当 p，才 q

非 p

非 q

④肯定后件式：当且仅当 p，才 q

q

所以，p。

例如：当且仅当一个数能被 2 整除，这个数才是偶数。

361 不能被 2 整除

361 不是偶数。

这是一个充要条件的假言推理的否定前件式。

注意：对于充要条件的假言命题来说，前件是后件的充要条件，有前件必然有后件，没有前件必然没有后件；有后件必然有前件，没有后件必然没有前件。

四、负命题的等值推理

（一）负命题

负命题就是通过否定某个命题所得到的命题，又叫做“命题的否定”。设原命题为 p，则该命题的负命题为“并非 p”。举例如下：

原命题：所有科学家都是大学毕业生。

负命题：并非所有科学家都是大学毕业生。

标准形式：并非 p。其中，p 称为支命题；“并非”是联结词。

日常语言形式：“并非”、“非”、“并不是”、“不”、“是假的”等。如“并不是所有行星都有卫星”、“不是只有天下雨地才湿”。

符号形式：负命题的符号形式是 ~p。“ ~ ”读作“并非”，表示“并非”的意思。在 ~p 中，p 称为支命题。

负命题“并非 p”与其原命题之间具有矛盾关系。即当原命题 p 为真时，负命题“并非 p”为假；当原命题 p 为假时，负命题“并非 p”为真。

p	~P
真	假
假	真

逻辑值：负命题的真值可用右表表示。

根据直言命题的对当关系，A、E、I、O 命题的负命题及其等值命题表示如下：

1. 并非“所有 S 都是 P” = 有的 S 不是 P。

例如：并非所有花都是红色的

所以，有的花不是红色的

2. 并非“所有 S 不是 P” = 有的 S 是 P。

例如：并非所有物质都能用微波炉加热

所以，有的物质不能用微波炉加热

3. 并非“有些 S 是 P” = 所有 S 不是 P。

例如：并非所有的金属都是固态。

所以有的金属不是固态。

4. 并非“有些 S 不是 P” = 所有 S 是 P。

例如:并非有些汽态金属不是绝缘体

所有的汽态金属都是绝缘体。

(二)复合命题负命题的等值推理

复合命题的负命题也称做负复合命题,指当各种复合命题为假时应该是什么样的情况,负复合命题的等值命题和负复合命题的原命题之间具有矛盾关系。

1.联言命题的负命题。

联言命题的负命题可以表示为:并非(p 并且 q)。

"并非(p 并且 q)"是指"p 并且 q"是假的。这就意味着,当 p 和 q 至少有一个假时,则"p 并且 q"就是假的。这种情况就是"非 p 或者非 q"。因此,用"="表示"等值于",则有:

"并非(p 并且 q)"="非 p 或者非 q"(德摩根律之一)。

"并且"变成"或者","p"变成"非 p","q"变成"非 q"。

例如:并非他既会弹钢琴又会弹吉他。

就是说"他既会弹钢琴又会弹吉他"是假的。

所以,"他或者不会弹钢琴或者不会弹吉他。

可见,联言命题的负命题等值于一个相应的选言命题,即联言命题与与选言命题具有相互矛盾的关系。

2.相容选言命题的负命题。

相容选言命题的负命题可以表示为:并非(p 或者 q)。

"并非(p 或者 q)"的意思就是,"p 或者 q"是假的。这就意味着,当 p 和 q 都假时,"p 或者 q"才是假的。这种情况就是"非 p 并且非 q"。所以有:

"并非(p 或者 q)"="非 p 并且非 q"。

例如:并非这份统计表格或者是计算有错误或者是统计本身有错误。

就是说,"这份统计表格或者是计算有错误或者是统计本身有错误"是假的。

所以,这份统计表格计算没有错误并且统计本身也没有错误。

3.不相容选言命题的负命题。

不相容选言命题的负命题可以表示为:并非(要么 p,要么 q)。

"并非(要么 p 要么 q)"的意思就是,"要么 p,要么 q"是假的。这就意味着,当 p 和 q 都假,或者 p 和 q 都真时,"要么 p,要么 q"是假的。这种情况就是"(非 p 并且非 q)或者(p 并且 q)"。所以有:

"并非(要么 p,要么 q)"="(非 p 并且非 q)或者(p 并且 q)"。

例如: 并非明天要么天晴要么下雨,

就是说,"明天要么天晴要么下雨"是假的。

所以,"(明天既不天晴也不下雨)或者(明天既天晴又下雨)"。

上式中得出的结论"明天既不天晴也不下雨"是说"明天是阴天或者下雪等","明天既天晴又下雨"是说"明天上午天晴但下午下雨等"。

4.充分条件假言命题的负命题。

充分条件假言命题的负命题可以表示为:并非(如果p,那么q)。

“并非(如果p,那么q)”的意思就是,“如果p,那么q”是假的。这就意味着,当p真但q假时,“如果p,那么q”是假的。这种情况就是“p并且非q”。所以有:

“并非(如果p,那么q)”=“p并且非q”。

例如:并非(如果张三学好外语,他就能出国),

即“如果张三学好外语,他就能出国”是假的。

所以,张三学好外语但是他并不能出国。

5.必要条件假言命题的负命题。

必要条件假言命题的负命题可以表示为:并非(只有p,才q)。

“并非(只有p,才q)”的意思就是,“只有p,才q”是假的。这就意味着,当p假但q真时,“只有p,才q”是假的。这种情况就是“非p并且q”。所以有:

“并非(只有p,才q)”=“非p并且q”。

例如:并非(只有王五酒后驾驶,他才会犯大错误),

即“只有王五酒后驾驶,他才会犯大错误”是假的。

所以,王五不酒后驾驶,他也会犯大错误。

6.充要条件假言命题的负命题。

充要条件假言命题的负命题可以表示为:并非(当且仅当p,才q)。

“并非(当且仅当p,才q)”的意思就是,“当且仅当p,才q”是假的。这就意味着,当p真但q假,或者p假但q真时,“当且仅当p,才q”是假的。这种情况就是“(p并且非q)或者(非p并且q)”。所以有:

“并非(当且仅当p,才q)”=“(p并且非q)或者(非p并且q)”。

例如:并非(当且仅当喜鹊叫,才有客人来),

即“当且仅当喜鹊叫,才有客人来”是假的。

所以,喜鹊叫但没有客人来,或者喜鹊不叫但是客人也来了。

通过上面的案例,我们发现:

(1)对联言命题的否定得到的是选言命题;

(2)对选言命题的否定得到的是联言命题;

(3)对假言命题的否定得到的是联言命题。

因此,假言命题可以改写成选言命题的形式,而选言命题可以改写成假言命题的形式。

充分条件假言命题与选言命题的转换关系:“如果p,那么q”=“或者非p,或者q”。

例如:如果有足够的钱,那么我可以买到一切。

所以,或者我没有足够的钱,或者我可以买到一切。

再如:如果甲乙都不是作案者,那么丙是作案者

所以,或者是甲,或者是乙,或者是丙。

选言命题与充分条件假言命题的转换关系:“或者p,或者q”=“如果非p,那么q”。

例如:或者股票大涨,或者我将破产。

所以,如果股票没有大涨,那么我将破产。

再如:作案者或者是甲,或者是乙,或者是丙。

所以,如果甲和丙不是作案者,那么是乙是作案者。

此外,还有必要条件假言命题与选言命题的转换关系式:

"只有 p 才 q" = "或者 p 或者非 q"。

掌握这些关系,可以快速、有效地解决问题,大家要注意学习体会。

五、其他复合命题推理

(一)二难推理

二难推理是由两个假言命题和一个选言命题作为前提而构成的推理,又称假言选言推理。它常用于辩论中,使对方陷入左右为难、进退维谷的境地。

根据二难推理的结论是作为简单命题的直言命题,还是作为复合命题的选言命题,二难推理有简单式和复杂式之分。根据二难推理结论的得出,是运用了充分条件假言推理的肯定前件式还是否定后件式,二难推理又有构成式和破坏式之分。因此,二难推理有四种形式:

1. 简单构成式。

其推理形式为:如果 p,那么 q

如果 r,那么 q

p 或者 r

q

例如:如果上帝能够创造一块连他自己也举不起来的石头,那么上帝不是全能的;

如果上帝不能创造一块连他自己也举不起来的石头,那么上帝也不是全能的;

上帝或者能够创造这样一块石头或者不能创造这样一块石头;

上帝都不是全能的。

简单构成式前提中的两个假言推理的前件不同,后件相同;选言命题肯定不同的前件,结论肯定共同的后件。其中,两个不同的前件 p 与 r 之间是矛盾关系,即一个命题的前件是"p",则另一个命题的前件是"非 p"。如果我们从一个命题"p"和它的矛盾命题"非 p"都能推出 q 来,那么,q 就是必然的。这样上式表示为:

如果 p,那么 q

如果非 p,那么 q

所以,q

2. 简单破坏式。

其推理形式为:如果 p,那么 q

如果 p,那么 r

非 q 或者非 r

非 p

例如:如果是一个坚定的共产主义者,就一定坚持实事求是;

如果是一个坚定的共产主义者,就决不会凭主观想象;

他或者不实事求是,或者仅凭主观相象;

所以,他不是一个坚定的共产主义者。

这里,前提中的两个假言推理的前件相同,后件不同;选言命题否定不同的后件,结论否定共同的前件。当前提中的第二个假言命题的后件 r 与第一个假言命题的后件 q 相矛盾时,即 q 与 r 是矛盾关系,第一个命题的后件"q",则第二个命题的后件是"非 q"。如果我们从同样一个命题"p"出发,既可推出"q",也可以推出"非 q",这样就推出了逻辑矛盾,那么,其出发点"p"就是不成立的,所以"非 p"。这样上式就可以表示为:

如果 p,那么 q

如果 p,那么非 q

所以,非 p

例如:如果你知道你死了,那么你死了;

如果你知道你死了,那么你没有死;

你不知道你死了。

3. 复杂构成式。

其推理形式为:如果 p,那么 q

如果 r,那么 s

p 或者 r

q 或者 s

例如:如果一个人自觉地散布谣言,则他是别有用心的;

如果一个人不自觉地散布谣言,则他是愚昧无知;

李四或自觉或不自觉地散布谣言;

所以,李四或是别有用心,或是愚昧无知。

可见,复杂构成式前提中,两个假言命题的前件不同,后件也不同;选言命题肯定不同的前件,结论以选言命题的形式肯定不同的后件。

4. 复杂破坏式。

其推理形式为:如果 p,那么 q

如果 r,那么 s

非 q 或者非 s

非 p 或者非 r

例如:如果一个单位风清气正,那么群众积极肯干;

如果一个单位领导正派,那么群众行动迅速;

某单位或群众不积极肯干或群众行动不迅速;

所以,某单位或不风清气正,或领导不正派。

复杂破坏式前提中,两个假言命题的前件不同,后件也不同;选言命题否定不同的后件,结论以选言命题的形式否定不同的前件。

注意:一个有效的二难推理,除推理形式必须正确外,还必须前提真实,即假言前提的前件必须是后件的充分条件;选言前提的选言支应穷尽一切可能情况。

（二）假言易位推理

假言易位推理的一般形式：

如果 p，那么 q。

如果非 q，那么非 p。

例如：如果王处长参加校庆，那么李局长也会参加校庆。

如果李局长不参加校庆，那么王处长也不会参加校庆。

假言易位推理是指将前提中一个充分条件的假言命题的前件和后件的位置进行交换，从而推出结论的假言推理。

（三）假言连锁推理

假言连锁推理，也称假言三段论。

1. 充分条件的假言连锁推理形式：

如果 p，那么 q

如果 q，那么 r

如果 p，那么 r

例如：如果天下雨，那么道路的摩擦力就变小；

如果道路的摩擦力变小，那么汽车行驶中制动距离就会增加；

如果天下雨，那么汽车行驶中制动距离就会增加。

2. 必要条件的假言连锁推理形式：

只有 p，才 q

只有 q，才 r

只有 p，才 r

例如：只有单位风气正，才会有高涨的群众积极性；

只有群众高涨的积极性，才会创造不平凡的业绩；

只有单位风气正，才会创造不平凡的业绩。

可见，假言连锁推理是从几个同样性质的假言命题推出一个新的同样性质的假言命题的假言推理，假言连锁推理要求前提中的第一个假言命题的后件必须与第二个假言命题的前件相同。这是我们必须注意的。

（四）反三段论推理

三段论的一般形式是"如果 p 并且 q，那么 r"。三段论作为一种正确的推理形式，当前提都真时结论不可能假。如果结论假，则说明三段论前提至少有一个是假的。反三段论就是运用这一基本思想进行推理的。

反三段论的一般推理形式：

如果 p 并且 q，那么 r

非 r

并非（p 并且 q）

非 p 或者非 q

p

所以,非 q

反三段论还有以下推理形式:

①如果 p 或者 q,那么 r

非 r

并非(p 或者 q)

非 p 并且非 q

所以,非 q

②只有 p 或者 q,才 r

r

p 或者 q

非 p

所以,q

③只有 p 并且 q,才 r

非 p 并且 q

非 r

④只有 p 或者 q,才 r

非 p 并且非 q

所以,非 r。

六、案例与解题技巧

这一章的内容比较多,下面根据各节顺序对逻辑题库中的典型案例进行解析,通过对具体案例的解析来帮助读者明晰基本思路,掌握解题技巧。

案例 4-1:

如果发生了交通事故,则不是骑车人违反了交通规则就是司机违反了交通规则。所以,如果骑车人没有违反交通规则,则司机违反了交通规则。

上述论证与以下哪项最相似?

A. 如果电影院只实行部分优惠,则甲和乙两人中必有一人要买全价电影票。因此,如果甲没有买全价电影票,则乙就要买全价电影票

B. 如果发生了交通事故,则不是行人违反了交通规则就是司机违反了交通规则。所以,如果行人违反了交通规则,则司机没有违反交通规则

C. 如果夏天天上云彩多,则可能下雨也可能下冰雹。所以,如果夏天天上云彩多,则可能下冰雹

D. 如果发生了医疗事故,则医生和护士都有责任。因此,如果医生没有责任,则护士也没有责任

E. 如果我考上了大学,就会得到助学金或奖学金。所以,如果我考上了大学,就一定会得到资助

【解题分析】

这是一个结构比较题。题干是一个选言推理的否定肯定式结构,在给定选项中找出一个与题干推理结构最相似的就可以了。

(1)分析题干的推理结构。如果 A,那么不是 B 就是 C。所以,如果非 B,则 C。其中的"不是 B 就是 C"是不相容的选言命题。选言推理的否定肯定式。

(2)分析给定选项的推理结构。

选项 A:如果 A,那么 B 和 C 二者必居其一。因此,如果非 B,则 C。("B 和 C 二者必居其一"="不是 B 就是 C")选言推理的否定肯定式。与题干推理结构同。

选项B:如果A,那么不是B就是C。因此,如果B,则非C。选言推理的肯定否定式。

选项C:如果A,那么可能B可能C。因此,如果A,则可能C。充分条件假言推理的肯定前件式。

选项D:如果A,那么B和C。因此,如果非B,则非C。错误的推理。

选项E:如果A,那么B或C。因此,如果A,则C。充分条件假言推理的肯定前件式。

(3)确定答案。考察选项推理结构,只有选项A与题干的推理结构相似。故本题的正确答案为A。

案例4-2:

有医学病例证明,饲养鸽子或者经常近距离接触容易感染隐球菌性肺炎。隐球菌既有可能存在于鸽粪中,也可能通过空气进行传播,此外,经常与隐球菌携带者接触也有可能因被感染而发病。同时有隐球菌健康携带者的存在。小张患了急性肺炎,经医生诊断为隐球菌性肺炎。

如果以上断定为真,以下哪项也一定是真的?

A. 小张的邻居饲养了十几只信鸽,每天都会产生大量的鸽粪,小张一定是感染了鸽粪中的隐球菌

B. 小张从来不和有病的人接触,所以他的病如果不是受鸽粪中的隐球菌感染,那就一定是被空气传播感染的

C. 小张性格自闭,从不接触外人,而他的家人中没有隐球菌患者和隐球菌携带者,所以他的病或者是由鸽粪引起的,或者是因为空气传播而感染的

D. 除了题干所描述的三种情况,也许还有其他原因可能导致隐球菌性肺炎

E. 小张的邻居养信鸽,他姐姐以前也得过隐球菌性肺炎,所以他的病一定不会是通过空气传染的

【解题分析】

(1)分析题干的推理结构。题干是一个相容选言命题推理。题干给出了感染隐球菌性肺炎的三种可能途径:或者鸽粪传播,或者空气传播,或者隐球菌健康携带。

(2)分析给定选项。

选项A:鸽粪传播。也可能是另两种途径,不真。

选项B:不是隐球菌就是空气传播。也可能与携带者接触。不一定真。

选项C:非隐球菌感染,或者是鸽粪传播,或者是空气传播。可由题干推出。

选项D:不能由题干推出。

选项E:空气传播。不真。

(3)确定答案。考察选项,只有选项C可从题干中推出。故本题的正确答案为C。

案例4-3:

中星集团要招聘20名直接参加中层管理的职员。最不可能被录用的是学历在大专以下,或是完全没有管理工作经验的人;在有可能被录用的人中,懂英语或懂日语将大大增加被录用的可能性。

如果上述断定是真的,那么以下哪项所言及的报名者最有可能被录用?

A. 张先生现年40岁,中专学历,毕业后一直没有放松学习,曾到京平大学经济管理

学院进修过半年，收获很大。最近，他刚辞去已任职五年的华亭宾馆前厅经理的职务

B. 王女士是经济管理学院的副教授，硕士研究生学历，出版过管理学专著。出于经济收入的考虑，她表示如被录用，将立即辞去现职

C. 陈小姐是经贸大学专科班的应届毕业生，在学校学习期间，曾任过某商场业务部见习经理

D. 刘小姐是外国语学院1995年的本科毕业生，毕业后当过半年涉外导游和近两年专职翻译，精通英语和日语

E. 老孙曾是闻名遐迩的南方集团公司的老总，曾被誉为是无学历、无背景、白手起家的传奇式的企业家。南方集团的倒闭使他不得不从头做起

【解题分析】

(1)分析题干。题干给出了不被录用的条件："学历大专以下，或是完全没有管理工作经验的人"，这是一个相容的选言命题，只要满足其中任何一个条件就不可能被录用。在可能被录用的人中"懂英语或懂日语的"增加被录用的可能性。问题要求找出最有可能被录用的报名者。

(2)分析给定选项。

选项A：中专毕业。显然在大专以下。不可能录用。

选项B：没有管理工作经验，不可能录用。

选项C：大专以上，有见习经理经验。可能被录用。

选项D：无管理经验。不可能录用。

选项E：无学历。不可能被录用。

(3)确定答案。考察选项，只有选项C满足要求，可能被录用。故本题的正确答案为C。

案例4-4：

某单位要从100名报名者中挑选出20名献血者进行体检。最不可能被挑选上的是1993年以来已经献过血，或是1995年以来在献血体检中不合格的人。

如果上述断定是真的，那么以下哪项所言及的报名者最有可能被选上？

A. 小张1995年献过血，他的血型是O型，医用价值最高

B. 小王是区献血标兵，近年来每年献血，这次他坚决要求献血

C. 小刘1996年报名献血，因"澳抗"阳性体检不合格，这次出具了"澳抗"转阴的证明，并坚决要求献血

D. 大陈最近一次献血的时间是在1992年，他因工伤截肢，血管中流动着义务献血者的血。他说："我比任何人都有理由献血。"

E. 老孙1993年因体检不合格未能献血，1995年体检合格献过血

【解题分析】

(1)分析题干。题干给出了不被录用的条件：最不可能被挑选上的是"1993年以来已经献过血，或是1995年以来在献血体检中不合格的人"，这是一个相容的选言命题，只要满足其中一个条件就不可能被挑选上。问题要求找出最有可能被选上的报名者。

(2)分析给定选项。

选项 A:1995 年献过血。不选。

选项 B:每年献血。不选。

选项 C:1996 年献血不合格。不选。

选项 D:1992 年献过血,符合条件。故选。

选项 E:1995 年献过血。不选。

(3)确定答案。考察选项,只有选项 D 满足要求。故本题的正确答案为 D。

案例 4-5:

某地有两个奇怪的村庄,张庄的人在星期一、三、五说谎,李村的人在星期二、四、六说谎。在其他日子他们说实话。一天,外地的王聪明来到这里,见到两人,分别向他们提出关于日期的问题。两个人都说:"前天是我说谎的日子。"

如果被问的两个人分别来自张庄和李村,以下哪项最可能为真?

A. 这一天是星期五或星期日　　B. 这一天是星期二或星期四

C. 这一天是星期一或星期三　　D. 这一天是星期四或星期五

E. 这一天是星期三或星期六

【解题分析】

(1)分析题干和问题要求。问题要求选出最可能为真的选项。题中所给定的选项都是选言命题,根据选言命题的基本性质,只要有一个选言支真,选言命题就真。

根据题干条件,说实话的日期用"√"表示,说谎话的日期用"×"表示,列表如下:

	星期日	星期一	星期二	星期三	星期四	星期五	星期六
张庄	√	×	√	×	√	×	√
李村	√	√	×	√	×	√	×

题目中讲的前天,按一般时间概念可理解为:前天、昨天、今天(这天)中的"前天"。

"两个人都说前天是自己说谎的日子"。因为周日都说实话,我们从周日开始逐天推理。

如果王聪明来的这天是星期日(两个村的人都说实话),那么前天就是星期五(张庄人说谎的日子,李村人说实话的日子),显然,这天不是星期日。

如果这天是星期一(张庄人说谎话,李村人说实话),则前天是星期六(张庄人说实话,李村人说谎话),可见张庄人用谎话说"星期六是我说谎的日子"。李村人用实话说"星期六是我说谎的日子"。因此,星期一这天符合题干要求。

如果这天是星期二(张庄人说实话,李村人说谎话),则前天是星期日(张庄人说实话,李村人说实话)。显然不是星期二。

如果这天是星期三(张庄人说谎话,李村人说实话),则前天是星期一(张庄人说谎话,李村人说实话)。显然不是星期三。

如果这天是星期四(张庄人说实话,李村人说谎话),则前天是星期二(张庄人说实话,李村人说谎话)。显然不是星期四。

如果这天是星期五(张庄人说谎话,李村人说实话),则前天是星期三(张庄人说谎话,李村人说实话)。显然不是星期三。

如果这天是星期六(张庄人说实话,李村人说谎话),则前天是星期四(张庄人说实话,李村人说谎话)。显然不是星期六。

因此,这天是星期一。

(2)考察给定选项,含有星期一的选项是“C. 这一天是星期一或星期三”,相容的选言命题只要有一个选言支真就是真的,本题的正确答案为C。

案例4-6:

在印度发现了一群不平常的陨石,它们的构成元素表明,它们只可能来自水星、金星和火星。由于水星靠太阳最近,它的物质只可能被太阳吸引而不可能落到地球上;这些陨石也不可能来自金星,因为金星表面的任何物质都不可能摆脱它和太阳的引力而落到地球上。因此,这些陨石很可能是某次巨大的碰撞后从火星落到地球上的。

上述论证方式和以下哪项最为类似?

A. 这起谋杀或是财杀,或是仇杀,或是情杀。但作案现场并无财物丢失;死者家属和睦,夫妻恩爱,并无情人。因此,最大的可能是仇杀

B. 如果张甲是作案者,那必有作案动机和作案时间。张甲确有作案动机,但没有作案时间。因此,张甲不可能是作案者

C. 此次飞机失事的原因,或是人为破坏,或是设备故障,或是操作失误。被发现的黑匣子显示,事故原因确是设备故障。因此,可以排除人为破坏和操作失误

D. 所有的自然数或是奇数,或是偶数。有的自然数不是奇数,因此,有的自然数是偶数

E. 任一三角形或是直角三角形,或是钝角三角形,或是锐角三角形。这个三角形有两个内角之和小于90度。因此,这个三角形是钝角三角形

【解题分析】

这是一个选言推理结构形式比较的案例。

(1)分析题干论证方式。题干论证形式为:或者P,或者Q,或者R;非P,非Q;所以R。这相当于排除法,其方法是列出各种可能情况构成一选言命题,然后根据所给信息,运用不相容选言命题“否定肯定式”推理形式,排除其他可能,最后得出确定的结论。

(2)考察给定选项论证方式。

选项A:“或是P,或是Q,或是R;非P,非Q;所以,R。可见A项与题干论证形式一致。

选项B:“如果P,那么Q和R;Q但非R,所以非P”,明显与题干不同。

选项C:“或是P,或是Q,或是R;非Q;所以,P,R。”可见与题干论证形式不同。

选项D:“或是P,或是Q。非Q;所以,P。”可见与题干论证形式不同。

选项E:“或是P,或是Q,或是R;非P,非R;所以,Q。”与题干论证形式不同。

(3)确定答案。只有选项A的论证方式与题干相同,所以,本题的正确答案为A。

案例4-7:

已知:

第一,《神鞭》的首次翻译出版用的或者是英语或者是日语,二者必居其一。

第二,《神鞭》的首次翻译出版或者在旧金山或者在东京,二者必居其一。

第三,《神鞭》的译者或者是林浩如或者是胡乃初,二者必居其一。

如果上述断定都是真的,则以下哪项也一定是真的?

Ⅰ.《神鞭》不是林浩如用英语在旧金山首先翻译出版的,因此,《神鞭》是胡乃初用日语在东京首先翻译出版的。

Ⅱ.《神鞭》是林浩如用英语在东京首先翻译出版的,因此,《神鞭》不是胡乃初用日语在东京首先翻译出版的。

Ⅲ.《神鞭》的首次翻译出版是在东京,但不是林浩如用英语翻译出版的,因此一定是胡乃初用日语翻译出版的。

A. 仅Ⅰ、Ⅱ　　B. 仅Ⅱ　　C. 仅Ⅲ　　D. 仅Ⅱ和Ⅲ　　E. Ⅰ、Ⅱ和Ⅲ。

【解题分析】

(1)分析题干。题干给出了三个前提,每个前提都是一个不相容选言命题,并且是真的。

由题干可知,《神鞭》的首次翻译出版同时具备以下三个条件:

①只能是用"英语或日语"两种语言中的一种语言,即不是英语就是日语。

②只能是在"旧金山或东京"两地中的一地,即不是旧金山就是东京。

③只能由"林浩如或胡乃初"两人中的一人翻译,即不是林浩如就是胡乃初。

很明显,题干是说《神鞭》的翻译出版存在于以下三个集合概念中各取一个元素组成的其中一种组合:

这样三个集合中,一次各取一个元素的组合共有:$2\times2\times2=8$ 种。

(2)考察题中给的三个项的真假。用题干中给的三个前提为条件考察"Ⅰ、Ⅱ、Ⅲ"三个项。

Ⅰ."《神鞭》不是林浩如用英语在旧金山首先翻译出版的,因此,《神鞭》是胡乃初用日语在东京首先翻译出版的"是说:

并非(林浩如用英语在旧金山首先翻译出版)

所以,胡乃初用日语在东京首先翻译出版

这个推理显然不一定成立。因为"并非(林浩如用英语在旧金山首先翻译出版)"只是否定了 8 种组合中的一种情况,不必然推出结论"胡乃初用日语在东京首先翻译出版"。所以"Ⅰ"不一定真。

Ⅱ."《神鞭》是林浩如用英语在东京首先翻译出版的,因此,《神鞭》不是胡乃初用日语在东京首先翻译出版的"是说:

如果林浩如用英语在东京首先翻译出版

那么,并非(胡乃初用日语在东京首先翻译出版)

从问题看,只有 8 种组合中的一种是符合题干要求的。"如果林浩如用英语在东京首先翻译出版”成立，那么，“并非（胡乃初用日语在东京首先翻译出版）”也一定成立。所以，这种情况是有可能的。

Ⅲ.“《神鞭》的首次翻译出版是在东京，但不是林浩如用英语翻译出版的，因此一定是胡乃初用日语翻译出版的。”也不一定，因为还可能是林浩如用日语，或者胡乃初用英语。所以这项也不一定真。

（3）确定答案。本题的正确答案只能是B。

案例4-8：

只要天上有太阳并且气温在零摄氏度以下，街上总有很多人穿皮夹克。只要天下着雨并且气温在零摄氏度以上，街上总有人穿雨衣。有时，天上有太阳但却同时下着雨。

如果上述断定是真的，那么以下哪项一定是真的？

A. 有时街上有人在皮夹克外面套着雨衣

B. 如果街上有很多人穿着皮夹克但天没下雨，那么天上一定有太阳

C. 如果气温在零度以下并且街上没有多少人穿着皮夹克，那么天一定下着雨

D. 如果气温在零度以上并且街上有人穿着雨衣，那么天一定下着雨

E. 如果气温在零度以上但街上没有人穿雨衣，那么天一定没下雨

【解题分析】

（1）分析题干。题干前半部分是两个充分条件假言命题作前提，基本形式是：“如果p并且q，那么r”。这是一个三段论的一般形式。根据反三段的基本思想“当前提都真时结论不可能假；如果结论假则说明前提至少一个是假的”，反三段论的一般推理形式是：

如果p并且q，那么r
非r
____
并非（p并且q）
非p或者非q　　　注意：并非（p并且q）= 非p或者非q。
p
____
所以，非q

可见，以题干这样的命题作为大前提进行推理，关键是要找到肯定前件（即“p并且q”为真）或者否定后件（即“非r”）的小前提。

（2）考察给定选项。看哪个选项必定能从前提中推出，关键是看选项中有无肯定前件或否定后件的小前提。

选项A，与前提的后件是从属关系，显然不是否定。

选项B，肯定了一个前提中后件，否定了另一个前提的部分前件，也不是要求选项。

选项C，部分肯定前提的前后件。

选项D，肯定的也是前提的部分前后件。

选项E，选项E中“街上没有人穿雨衣”，全面否定了前提中“只要天下着雨并且气温在零摄氏度以上，街上总有人穿雨衣”的后件，这样就有以下推理：

如果A并且B,那么C
非C
并非(A并且B)
非A或者非B
A
所以,非B

即:
只要天下雨并且零度以上,那么,穿雨衣。
非穿雨衣
并非(天下雨并且零度以上)
非天下雨或者非零度以上
零度以上
所以,非天下雨

因此,选项E一定为真。

(3)确定答案。本题的正确答案为E。

案例4-9:

小李考上了清华,或者小孙没考上北大。

增加以下哪项条件,能推出小李考上了清华?

A. 小张和小孙至少有一人未考上北大

B. 小张和小李至少有一人未考上清华

C. 小张和小孙都考上了北大

D. 小张和小李都未考上清华

E. 小张和小孙都未考上北大

【解题分析】

(1)分析题干。题干是一个相容选言命题,其基本形式是:p或者q。它的有效推理形式是否定肯定式,即:

p或者q
非q
所以,p

而问题要求,推出"小李考上了清华"这样一个结论。要推出这一结论,必须增加一个否定后一个选言支的命题,这个命题就是"并非(小孙没考上北大)",即小孙考上了北大。增加这一前提后就形成这样一个正确的推理:

小李考上了清华,或者小孙没有考上北大
并非(小孙没有考上北大)　　注意:这就是需要增加的前提。
所以,小李考上了清华

(2)考察选项。含有"小孙考上了北大"的选项只有C,即"小张和小孙都考上了北大"。因为小张和小孙都考上了北大=小张考上了北大并且小孙考上了北大。

根据联言推理的分解式有:小张考上了北大,小孙考上了北大。

(3)所以,本题的正确答案是C。

案例4-10:

主持人:有网友称你为国学巫师,也有网友称你为国学大师。你认为哪个名称更适合你?

上述提问中的不当也存在于以下各项中,除了:

A. 你要社会主义的低速度,还是资本主义的高速度?

B. 你主张为了发展可以牺牲环境,还是主张宁可不发展也不能破坏环境?

C. 你认为人都自私,还是认为人都不自私?

D. 你认为"9.11"恐怖袭击必然发生,还是认为有可能避免?

E. 你认为中国队必然夺冠,还是认为不可能夺冠?

【解题分析】

(1)分析题干。题干的选言推理形式:或者是国学巫师,或者是国学大师,二者必居其一。可见题干中的两个选言支不是矛盾关系,而是反对关系。

根据选言推理规则的要求,无论是相容的选言推理还是不相容的选言推理,在以否定肯定式形式进行推理时,其选言前提必须穷尽一切可能情况,否则,一旦遗漏真实情况,推理将无效。

可见,题干中的选言支并没有穷尽,所以题干的错误在于选言支不穷尽。问题要求找出不存在这种错误的选项。

(2)考察选项。选项A"社会主义的低速度"与"资本主义的高速度",选项B"为了发展牺牲环境"与"宁可不发展也不破坏环境",选项C"人都自私"与"人都不自私",选项E"必然夺冠"与"不可能夺冠"都不是矛盾关系,而是反对关系。所以,以上选项都犯了与题干相同的错误,只有选项D"必然发生"与"可能避免"为矛盾关系,不存在选言支不穷尽的错误。

注:这里的E、D项中的"必然、不可能,必然、可能不"都是模态词,关于这部分内容将在第五章中具体讲述。

(3)确定答案。本题的正确答案为D。

以上选编的是选言推理的案例,下面看一下假言推理的案例。

案例4-11:

奥运场馆的规定是:没有当场门票者不得进入比赛场馆。小梅持当场的门票来到比赛场馆入口说:根据规定我可以进入比赛场馆。

小梅最可能将奥运场馆的规定理解为:

A. 除非持有当场门票,否则不能进入奥运赛场

B. 只有持有当场比赛门票的人,才能进入奥运赛场

C. 只要持有当场比赛的门票,就能进入奥运赛场

D. 没有当场门票的人,如果是运动员就可以进入赛场

E. 不是运动员的人,要想看比赛,就必须有当场的门票

【解题分析】

(1)分析题干,弄清问题。场馆规定"没有,不"="只有,才",这是一个必要条件的假言命题。小梅则认为"只要,就"。这里小梅把持有当场门票当做入场的充分条件。

(2)考察选项,确定正确答案。

选项A"除非,否则不"=只有,才。这是必要条件的假言命题。

选项B"只有,才"。是必要条件的假言命题。

选项C"只要,就"。这是充分条件的假言命题,这也是小梅的理解。

选项D是说运动员不需要门票也可入内,不是小梅的理解。

选项E这也不是小梅的理解。

(3)确定答案。可见,只有 C 项是小梅的理解的本意。因此,本题的正确答案为 C。

案例 4－12:

如果老王是大学教师,又写过许多哲学论文,则他一定是哲学系的教师。

这个断定是根据以下哪项作出的?

A. 老王写过许多哲学论文

B. 哲学系的教员写过许多哲学论文

C. 大学教师中只有哲学系的教师写过许多哲学论文

D. 很少有教师写过许多哲学论文

E. 数学系的教员没有写过哲学论文

【解题分析】

(1)分析题干,弄清问题要求。题干的结构是:"如果大学教师并且写哲学论文,那么哲学系教师",这是一个充分条件的假言命题。这个断定成立,根据充分条件假言命题与必要条件假言命题间的转换关系直接推出:只有哲学系教师,才写哲学论文且大学教师。这个断定与题干断定互为依存。问题要求找出这样的选项。

(2)考察选项,确定正确答案。考察选项,只有选项 C 符合要求。本题正确答案是 C。

案例 4－13:

某公司为了提高管理人员的业务能力,实现管理的现代化与科学化,决定举办项目管理的知识培训,要求中层干部积极参加。市场部张主任约人力资源部的赵主任一起去报名,赵主任说:"我又不从事项目管理工作,为什么一定要去参加培训,我的工作业绩和管理能力是大家有目共睹的。"

上文中赵主任的话是以下面哪项为前提的?

A. 人们学习项目管理知识是没有什么用处的

B. 项目管理知识的普及是相当遥远的事情

C. 项目管理知识的学习应当在学生中进行

D. 项目管理知识不可能提高人力资源部的工作效率

E. 只有从事项目管理工作的人,才应该学习和掌握项目管理知识

【解题分析】

(1)分析题干,弄清问题要求。题干中赵主任说的话,其推论结构是"不 p,不 q"。这是个必要条件的假言判断。它等值于"只有 p,才 q"。可见,让赵主任得出如此结论的前提也应当是类似的命题。

(2)考察选项,确定正确答案。考察选项,只有选项 E 符合要求。让选项 E 作为前提,必然推出赵主任的结论。因此,本题的正确答案是 E。

案例 4－14:

只有总体素质高的大学生,才能考上公务员。

如果这个断定成立,则以下哪项一定为真?

A. 小王是总体素质高的大学生,所以他考上了公务员

B. 小王考上了公务员,所以他的总体素质一定不低

C. 有越来越多的大学生准备考公务员

D. 总体素质高低,和考上公务员没有关系

E. 总体素质高的大学生,也可以考研究生

【解题分析】

(1)分析题干,弄清问题要求。题干结构形式是"只有 p,才 q"。这是一个必要条件的假言命题,等值于"如果 q,那么 p"。据此,给定选项中一定真的断定必然是与题干命题等值的命题。

(2)考察选项,确定正确答案。考察选项,只有选项 B 与题干命题等值。因此,本题的正确答案是 B。

案例 4-15:

如果米拉是考古专家,又考察过 20 座以上的埃及金字塔,则他一定是埃及人。

这个断定可根据以下哪项作出?

A. 米拉考察过 30 座以上埃及金字塔

B. 埃及的考古专家考察过 10 座以上的埃及金字塔

C. 考古专家只有埃及的考古专家考察过 15 座以上的埃及金字塔

D. 中国的考古专家大多数没有考察埃及金字塔

E. 考古专家不仅仅考察埃及金字塔

【解题分析】

(1)弄清题干与问题。问题要求在给定选项中,找出使题干断定成立的选项。题干是一个充分条件的假言命题,其结构形式是"如果 A 且 B 且 C,那么 R"。根据充分条件假言命题推理规则及充分条件假言命题与必要条件假言命题可以互相转化的关系。使题干成立所依据的条件无非是:①肯定前件,肯定后件;②否定后件进而否定前件;③前件是后件的充分条件,那么后件就是前件的必要条件。再就是依据反三段论推理规则。

(2)分析给定选项,找出答案。

选项 A 的形式是"B 且 C",只是肯定了题干前件联言命题三个联言支中的二个,显然不能推出题干断定。

选项 B 不必然推理出题干的断定。

选项 C 是说"只有 R,才 A 且 B 且 C"。这是个必然条件的假言命题,与题干是等值命题。

选项 D、选项 E 与题干断定没有必然关系。

可见,只有选项 C 是题干断定成立的根据。因此,本题的正确答案是 C。

案例 4-16:

司法体系是需要警察来维护的,如果警察不尽职,就不可能有一个良好的司法体系。所以,如果警察尽职了,就会有一个良好的司法体系。

以下哪项为真,能支持上述推理?

A. 许多不好的司法体系下的警察都不尽职

B. 警察尽不尽职和司法体系无关

C. 没有良好的司法体系,警察以外的国家工作人员也会不尽职

D. 警察的尽职是保证有良好司法体系的充分条件

E. 我国有良好的司法体系

【解题分析】

(1)弄清问题要求,分析题干。问题要求找出使题干成立的选项。题干分两句话,"所以"的前面一句是前提,"所以"的后面一句是结论。

题干前提:如果不尽职,那么非良好的司法体系。

结 论:如果 尽职,那么 良好的司法体系。

显然,这里由前提得不到结论,要找出支持上述推理成立的选项,就是说需要选项假设"警察尽职"是"拥有良好司法体系"的充分条件,这样题干结论就成立。

(2)考察选项,确定答案。除D之外,其余选项均不能保证题干结论的成立。因此,本题的正确答案是D。

案例4-17:

有人说:"只有花大价钱的足球俱乐部才进得了中超足球联赛。"如果以上命题是真的,可能出现的情况是:

Ⅰ.某足球俱乐部花了大价钱,没有进中超

Ⅱ.某足球俱乐部没有花大价钱,进了中超

Ⅲ.某足球俱乐部没有花大价钱,没有进中超

Ⅳ.某足球俱乐部花了大价钱,进了中超

A. 仅Ⅳ B. 仅Ⅱ、Ⅲ C. 仅Ⅲ、Ⅳ D. 仅Ⅱ、Ⅲ、Ⅳ E. Ⅰ、Ⅲ和Ⅳ

【解题分析】

(1)弄清问题并分析题干。题干是必要条件假言命题,其推理结构是"只有大价钱才能进中超",即肯花大价钱是进入中超的必要条件,而未必是充分条件。也就是说,花了大价钱也可能进中超,也可能进不了中超。

(2)考察选项,确定答案。Ⅰ、Ⅳ有可能出现;没有花大价钱,那就一定进不了中超,Ⅱ必然错误;Ⅲ必定正确。可见,可能出现的情况是:Ⅰ、Ⅲ和Ⅳ。故本题的正确答案是E。

案例4-18:

如果你在2002年购买联想电脑,则一定安装了Windows XP操作系统。

这一断定可由以下哪个选项得出?

A. 只有2002年购买的联想电脑才安装Windows XP操作系统

B. 2002年市场上的联想电脑都是2001年生产的

C. 2002年以前市场上的联想电脑不安装Windows XP操作系统

D. 2002年市场上的所有电脑都安装Windows XP操作系统

E. Windows XP操作系统在2001年已经开发出来了

【解题分析】

(1)弄清问题,分析题干。问题要求找出能得出题干的选项。题干是一个充分条件的假言命题。基本形式是"如果p,那么q",等值于"所有p都是q"。

(2)考察选项,确定答案。

根据[案例4-15]分析的充分条件假言命题成立的条件及推理规则,可知给定选项

A 是必要条件的假言命题,如果以此为前提,肯定前件不能肯定后件。

选项 B 不能推理出题干的断定。

选项 C 不必然推理出题干的断定。

选项 D 是全称命题,可以看成是一个充分条件的假言命题"如果是 2002 年市场上的电脑,都安装了 Windows XP 操作系统"。以此为前提,就可以通过肯定前件从而肯定后件,从而得出结论。选项 E 也不能推理出题干断定。故本题正确答案是 D。

案例 4-19:

父亲对儿子说:"你只有努力学习,才能考上重点大学。"

后来可能发生的情况是:

Ⅰ. 儿子努力了,没有考上重点大学。

Ⅱ. 儿子没努力,考上了重点大学。

Ⅲ. 儿子没努力,没有考上重点大学。

Ⅳ. 儿子努力了,考上了重点大学。

发生哪几种情况时,父亲说的话没有错误?

A. 仅Ⅳ　　B. 仅Ⅲ、Ⅳ　　C. 仅Ⅱ、Ⅳ　　D. 仅Ⅱ、Ⅲ、Ⅳ　　E. 仅Ⅰ、Ⅲ、Ⅳ

【解题分析】

(1)弄清问题并分析题干。题干中父亲说的话是一个必要条件的假言命题。推理形式是"只有努力学习,才能考上重点大学"。

(2)考察选项,确定答案。题干的断定在Ⅰ、Ⅲ、Ⅳ三种情况下都是真的,在Ⅱ的情况下则与题干推理矛盾。也就是说Ⅰ、Ⅲ、Ⅳ是可能发生的情况。因此,只有选项 E 是正确的。故本题的正确答案为 E。

案例 4-20:

如果缺乏奋斗精神,就不可能有较大成就。李阳有很强的奋斗精神,因此,他一定能成功。

下述哪项为真,则上文推论可靠?

A. 李阳的奋斗精神异乎寻常　　B. 不奋斗,成功只是水中之月

C. 成功者都有一番奋斗的经历　　D. 奋斗精神是成功的唯一要素

E. 成功者的奋斗是成功的前提

【解题分析】

(1)弄清问题并分析题干。题目要求加上选项中的哪一项,题干推论可靠。

题干的推论是:如果非 p,那么非 q。(只有 p,才 q,即 p 是 q 的必要条件)

李阳 p,

————(这里则是指 p 是 q 的充分条件)

所以 q。

可见,要使题干推论成立,需要补充一个"只要 p 就 q"的充分条件假推理即可,即加上"只要有奋斗精神就能成功",题干中的推论就能成立。

(2)考察选项,确定答案。选项 B、C、E 只是以不同方式重复题干中第一句话的意思。选项 A 虽然能对题干中的推理起增强作用,但只是程度上的增强,仍不能得出一定能成功的必然结论,因为李阳可能并不具备影响成功的其他要素,比如机遇。只有 D 项

符合要求,D 项“奋斗精神是成功的唯一要素”=“只要有奋斗精神,就能成功”。因此,本题的正确答案是 D。

案例 4-21:

如果某人答应作为矛盾双方的调解人,那么,他就必须放弃事后袒护任何一方的权利。因为在调解之后再袒护一方,等于说明先前的公正是伪装的。

下列哪项是以上论述最强调的?

A. 调解人不能有自己对争议双方矛盾的任何看法

B. 如果不能保持公正的姿态,就不能做一个好的调解人

C. 调解人要完全符合矛盾双方的意见,左右逢源

D. 如果调解人把自己的偏见公开化,争论时可以袒护一方

E. 为了不使争论公开化,调解人应当伪装公正

【解题分析】

(1)弄清问题并分析题干。题目要求在选项中找出题干最强调的项。

题干是“如果 p,那么 q”也即“只有 q,才 p”。可见题干强调的是“只有 q 才 p”,即只有公正不偏袒,才能做个好的调解人。

(2)考察选项,确定答案。选项 A 中的“任何看法”不明确,很难想像一个没有任何看法的调解人会是公正的调解人。显然题干中没有强调这一项。选项 B 是说“不公正就不是好的调解人”=“只有公正才是好的调解人”。选项 C 中所说的调解人起不到任何调解作用。选项 D 中说的调解人可以袒护一方显然也不是题干中强调的。选项 E 中“伪装公正”恰恰是题干中所否定的。可见,只有 B 项才是题干中所强调的。因此,本题的正确答案是 B。

案例 4-22:

群众对领导的不满,不仅仅产生于领导的作为和业绩,而且很大程度上是由于对领导的期望值与实际表现之间的差距。因此,如果竞选是一个大企业的领导,竞选者竞选演说中一味许愿,是一种不聪明的做法。

从以上议论可以推出以下哪项结论?

Ⅰ. 群众的期望值足够的低,领导即使胡作非为,群众也不会产生不满情绪。

Ⅱ. 只要领导的作为和业绩出色,群众就不会产生不满情绪。

Ⅲ. 由于群众期望值高,尽管领导的工作成绩优秀,群众的不满情绪仍可能存在。

A. 只有Ⅰ B. 只有Ⅱ C. 只有Ⅲ D. 只有Ⅰ和Ⅲ E. 只有Ⅱ和Ⅲ

【解题分析】

(1)弄清问题并分析题干。题目要求在选项中找出由题干可以推出的结论。

题干指出,“群众对领导的不满基于两个原因:一是领导的作为和业绩差;二是群众对领导的期望值与实际表现间的差距”。也即“作为和业绩”与“正常的期望值”是“群众满意”的必要条件。

(2)考察选项,确定答案。选项Ⅰ“群众的期望值足够的低,领导即使胡作非为,群众也不会产生不满情绪”,这仅是针对第二个原因而言,但忽视了第一个原因。

选项Ⅱ“只要领导的作为和业绩出色,群众就不会产生不满情绪”,这是针对第一个

原因而言的,这里忽视了第二个原因。

选项Ⅲ“由于群众期望值高,尽管领导的工作成绩优秀,群众的不满情绪仍可能存在”,这里即肯定了第一个原因,也考虑到了第二个原因。因此,本题的正确答案是 C。

案例 4-23:

要使中国足球队真正能跻身世界强国之列,至少必须解决两个关键问题。一是提高队员基本体能,二是讲究科学训练。不确实解决这两点,即使临战时拼搏精神发挥得再好,也不可能取得突破性的进展。

下列各项都表达了上述议论的原意,除了:

A. 只有提高队员的基本体能和讲究科学训练,才能取得突破性进展

B. 除非提高队员的基本体能和讲究科学训练,否则不能取得突破性进展

C. 如果取得突破性进展,说明一定提高了队员的基本体能并且讲究了科学训练

D. 如果不能提高队员的基本体能,即使讲究了科学训练,也不可能取得突破性进展

E. 只要提高了队员的基本体能并且讲究了科学训练,再加上临战时拼搏精神发挥的好,就一定能取得突破性进展

【解题分析】

(1)弄清问题并分析题干。题目要求在选项中找出与题干原意不一致的项。

题干指出,“取得突全破性进展,至少解决两个关键问题:一是提高队员基本体能,二是讲究科学训练”。

(2)考察选项,确定答案。选项 A“只有,才”,B“除非,否则不 = 只有,才”,C“如果 q,那么 p = 只有 p,才 q”,D“如果非,那么非 = 只有,才”,都用不同方式表达了“提高队员的基本体能和讲究科学训练”是“取得突破性进展”的必要条件。

选项 E“只要提高了队员的基本体能并且讲究了科学训练,再加上临战时拼搏精神发挥的好,就一定能取得突破性进展”,把“至少解决的两个问题”和“临战精神发挥好”当做“取得突破性进展”的充分条件了,这显然不是题干所强调的。因此,本题的正确答案是 E。

案例 4-24:

王大妈上街买东西,看见有个地方围了一群人。凑过去一看,原来是中国高血压日的宣传。王大妈转身就要走,一位年轻的白衣大夫叫住了她,“大妈,让我帮你测测血压好吗?”王大妈连忙挥手说:“我又不胖,算了吧。”

根据以上信息,以下哪项最可能是王大妈的回答所隐含的前提?

A. 只有患高血压病的人才需要测血压,我不用

B. 只有胖人才可能得高血压病,经常测血压

C. 虽然测血压是免费的,可给我开药方就要收钱了

D. 你们这么忙,还是先给身体比较胖的人们测吧

E. 让我当众测血压,多难为情,不好意思

【解题分析】

(1)弄清问题并分析题干。题目要求在选项中找出王大妈的回答最可能隐含的前提。王大妈认为“我不胖,不会得高血压病,不需要测血压”,等值于“只有胖人才会得高

血压病,需要经常量血压”。

(2)考察选项,确定答案。只有选项 B 符合这一要求。因此,本题的正确答案是 B。

案例 4-25:

如今这几年参加注册会计师考试的人越来越多了,可以这样讲,所有想从事会计工作的人都想要获得注册会计师证书。小朱也想获得注册会计师证书,所以小朱一定是想从事会计工作了。

以下哪项如果为真,最能加强上述论证?

A. 目前越来越多的从事会计工作的人具有了注册会计师证书

B. 不想获得注册会计师证书,就不是一个好的会计工作者

C. 只有想获得注册会计师证书的人,才有资格从事会计工作

D. 只有想从事会计工作的人,才想获得注册会计师证书

E. 想要获得注册会计师证书,一定要对会计理论非常熟悉

【解题分析】

(1)弄清问题并分析题干。题干的推理结构是:前题一,前提二,所以结论。

题干前提之一:如果想从事会计工作的人,就想要获得注册会计师证书。

题干前提之二:小朱想获得注册会计师证书。

题干得出结论:小朱一定是想从事会计工作了。

可见题干的推论是通过肯定充分条件的后件来肯定前件的,在充分条件假言推理中,这是个无效式,详见充分条件假言推理规则。

问题是“以下哪项如果为真,最能加强上述论证”,这就是要求我们从选项中找出一个加强上述论证的项,就是即使题干有错误,加上选项后,使题干中的错误不再是错误了,题干的论证就是正确的了,就是找出这样的项。

(2)考察选项,确定答案。只有选项 D 符合这一要求。因此,本题的正确答案是 D。

当然,这个题也可以这样考虑:

要加强题干论证,就要分析题干情况。题干是一个三段论,是一个有错误的三段论,犯有中项(想要获得注册会计师证书)两次不周延的逻辑错误。

所有想从事会计工作的人都想要获得注册会计师证书,(全称肯定联项“都”后面的谓项“获得注册会计师证书”不周延)

小朱也想获得注册会计师证书,(单称肯定后面的谓项“获得注册会计师证书”不周延)

所以小朱一定是想从事会计工作了。

可见,这个三段论中存在着“中项两次不周延”的逻辑错误,要使题干得到加强,就要纠正这一错误。这需要找一个能使“中项周延的选项”来代替题干中的前提,以使三段论推理符合规范要求。经过考察发现,选项 D 符合这一条件:

“只有想从事会计工作的人,才想获得注册会计师证书”

(只有 p,才 q = 如果 q,则 p 如右图所示)。

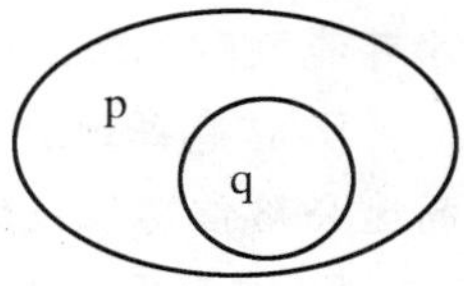

“只有 p,才 q”就是说“所有 q 都是 p。”

“所有 q 都是 p”意为:

“所有想获得注册会计师证书的人都是想从事会计工作的人”

小朱也想获得注册会计师证书,

所以小朱一定是想从事会计工作了。

选项 A 不是“想”,是“有”,与题干无关;选项 B“不,不 = 只有,才”也不周延;选项 C“只有,才”不周延;选项 E 与题干无关。显然都不合适。故本题正确答案 D。

案例 4 – 26:

刘先生一定是已经结了婚的,你看,他身上的衣服总是穿的精神得体、干干净净的。

以上这个结论是以下述哪项前提作为依据的?

A. 除非结了婚,男人都是一副不修边幅、胡乱穿着的样子

B. 所有结了婚的男人都穿着整齐、干净,概不例外

C. 如果男人结了婚,他的穿着一定经常有人照料,自然就不同凡响喽

D. 公司有规定,结了婚的男人一定要穿着得体,给年轻一代做个榜样

E. 如果不是穿得体面又干净,王先生恐怕现在还是单身一人呢

【解题分析】

(1)弄清问题并分析题干。题干的结论:刘先生一定是结了婚的。前提是:刘先生穿着干净得体。其推理过程是:刘先生穿着干净得体,所以,刘先生一定是结了婚的。

题干的推理缺少一个大前提。题目要求在给定选项中找出另一个前提,要补充的这个前提必须满足以下推理:

所有穿着干净得体的都是结了婚的。

刘先生穿着干净得体。

所以,刘先生一定是结了婚的。

这里,“如果男士穿着干净得体,那么他一定是结了婚的”,等值于“所有穿着干净得体的都是结了婚的”,等值于“只有结了婚的男士,才会穿着干净得体”。

(2)考察选项,确定答案。选项 A“除非,否则不” =“只有,才”。所以选项 A 做前提可以推出结论,其他选项做前提都不能推出题干中的结论。故本题的正确答案是 A。

案例 4 – 27:

由于信息高速公路上信息垃圾问题越来越严重,科学家们不断给出警告:如果我们不从现在开始就重视预防和消除信息高速公路上的信息垃圾,那么总有一天信息高速公路将无法正常通行。

以下哪项意思最接近科学家们的警告?

A. 总有那么一天,信息高速公路不再能正常运行

B. 只要从现在起就开始重视信息高速公路上信息垃圾的预防和消除,信息高速公路就可以一直正常通行下去

C. 只有从现在起就开始重视信息高速公路上信息垃圾的预防和消除,信息高速公路才可能预防无法正常通行的后果

D. 信息高速公路如果有一天不再能正常通行,那是因为我们没有从现在起重视信息高速公路信息垃圾的预防和处理

E. 信息高速公路上信息垃圾的严重性,已经引起了我们的高度重视

【解题分析】

(1)弄清问题并分析题干。题干中科学家们的警告是:如果我们不从现在开始就重视预防和消除信息高速公路上的信息垃圾,那么总有一天信息高速公路将无法正常通行。其形式是"如果不 p,那么无 q"。我们知道"如果非 p,那么非 q"等值于"只有 p 才 q",即"只有重视预防和消除信息高速公路上的信息垃圾,信息高速公路才能正常通行"。

题目中提出的问题是"以下哪项意思最接近科学家们的警告",也即找出与科学家的警告意思最接近的选项。

(2)考察选项,确定答案。选项 C"只有从现在起就开始重视信息高速公路上信息垃圾的预防和消除,信息高速公路才可能预防无法正常通行的后果",表达了科学家们警告的含义。故本题的正确答案是 C。

案例 4-28:

如果风很大,我们就不会放风筝。

如果天空不晴朗,我们就不会放飞风筝。

如果天气很暖和,我们就会放风筝。

假定上面的陈述属实,如果我们现在正在放飞风筝,则下面的哪项也必定是真的?

Ⅰ. 风很大。

Ⅱ. 天空晴朗。

Ⅲ. 天气暖和。

A. 仅Ⅰ　B. 仅Ⅰ、Ⅲ　C. 仅Ⅲ　D. 仅Ⅱ　E. 仅Ⅱ、Ⅲ

【解题分析】

(1)弄清问题并分析题干。题干的推理是:

①如果风大,就放风筝。(充分条件假言推理)

②只有晴朗,才放风筝。(必要条件假言推理。因为"如果不,那么不"="只有,才")

③如果天暖,就放风筝。(充分条件假言推理)

结论是:正在放飞风筝。

问题是:由此能断定Ⅰ、Ⅱ、Ⅲ中的哪一项。

(2)考察选项,确定答案。根据充分条件假言推理的规则——肯定后件不能肯定前件,因此①③的前件"风很大"和"天暖和"都不能肯定。对②来讲,是必要条件的假言推理,必要条件假言推理的规则是——肯定后件就要肯定前件。因此,对于推理②:"正在放飞风筝",肯定"天空晴朗"。因此,只有Ⅱ"天空晴朗"能够断定。故本题的正确答案是 C。

案例 4-29:

中周公司准备在全市范围内展开一次证券投资竞赛。在竞赛报名事宜里规定有"没有证券投资实际经验的人不能参加本次比赛"这一条。张全力曾经在很多大的投资公司中实际从事过证券买卖操作。

那么,关于张全力,以下哪项是根据上文能够推出的结论?

A. 他一定可以参加本次比赛,并获得优异成绩

B. 他参加比赛的资格将取决于他证券投资经验的丰富程度

C. 他一定不能参加本次比赛

D. 他可能具有参加本次比赛的资格

E. 他参加比赛的资格将取决于他以往证券投资的业绩

【解题分析】

(1)弄清问题并分析题干。题干提供了两个断定:

前提一:没有证券投资实际经验的人不能参加本次比赛。这是说,具有证券投资经验是具备参赛资格的必要条件(不,不 = 只有,才),即没有经验者肯定不具备参赛资格;但有经验者是否具备资格呢,可能具备,也可能不具备。

前提二:张全力是有经验者。“前提二”是对“前提一”中前件的一个肯定,“前提一”是必要条件假言推理,肯定前件不能肯定后件。因此,不能由“前提二”确定张全力能否参加比赛。

(2)考察选项,确定答案。从题干提供的两个前提条件,可以推出的结论是:张全力有参赛资格。据此考察选项,D 项符合,A、B、C、E 项均不能推出。故本题正确答案是 D。

案例 4 – 30:

如果学校的财务部门没有人上班,我们的支票就不能入账;我们的支票不能入账。因此,学校的财务部门没有人上班。

请在下列各项中选出与上句推理结构最为相似的一句?

A. 如果太阳神队主场是在雨中与对手激战,就一定会赢。现在太阳神队主场输了,看来一定不是在雨中进行的比赛

B. 如果太阳晒得厉害,李明就不会去游泳。今天太阳晒得果然厉害,因此可以断定,李明一定没有去游泳

C. 所有的学生都可以参加这一次的决赛,除非没有通过资格赛的测试。这个学生不能参加决赛,因此他一定没有通过资格赛的测试

D. 倘若是妈妈做的菜,菜里面就一定会放红辣椒。菜里面果然有红辣椒,看来,是妈妈做的菜

E. 如果没有特别的原因,公司一般不批准职员们的事假申请。公司批准了职员陈小鹏的事假申请,看来其中一定有一些特别的原因

【解题分析】

(1)弄清问题并分析题干。题干的推理结构是“如果 p,那么 q;q。因此 p”。这是个充分条件假言推理肯定后件式的错误推理。题目要求找出题干推理结构最为相似的一句。其实,这是一个结构比较题。

(2)考察选项,确定答案。对各选项结构考察分析如下:

A 项的结构是“如果 p,那么 q;非 q。因此非 p”,这是个正确推理。

B 项的结构是“如果 p,那么 q;p。因此 q”,这是个正确推理。

C 项的结构是“p,除非非 q;非 p。因此非 q”,这是个正确推理。

D 项的结构是“如果 p,那么 q;q。因此 p”,显然,D 项和题干具有相同的结构,犯了同样的逻辑错误。

E 项的结构是“如果 p,那么 q;非 q。因此非 p”,这是个正确推理。

可见，只有D项的结构与题干结构最为相似。故本题的正确答案为D。

案例4－31：

对冲基金每年提供给它的投资者的回报从来都不少于25%。因此，如果这个基金每年最多只能给我们20%的回报的话，它就一定不是一个对冲基金。

以下哪项的推理方法与上文相同？

A. 好的演员从来都不会因为自己的一点进步而沾沾自喜，谦虚的黄升一直注意不以点滴的成功而自傲，看来，黄升就是个好演员

B. 移动电话的话费一般比普通电话贵。如果移动电话和普通电话都在身边时，我们选择了普通电话，那就体现了节约的美德

C. 如果一个公司在遇到像亚洲金融危机这样的挑战的时候还能够保持良好的增长势头，那么在危机过后就会更红火。秉东电信公司今年在金融危机中没有退步，所以明年会更旺

D. 一个成熟的学校在一批老教授离开自己的工作岗位后，应当有一批年轻的学术人才脱颖而出，勇挑大梁。华成大学去年一批教授退休后，大批年轻骨干纷纷外流，一时间群龙无首，看来华成大学还算不上是一个成熟的学校

E. 练习武功有恒心的人一定会每天早上五点起床，练上半小时，今天武钢早上五点起床后，一口气练了一个小时，我看武钢是个练武功有恒心的好小伙子

【解题分析】

(1)弄清问题并分析题干。题干的推理结构是：如果是对冲基金，那么它每年提供给它的投资者的回报不少于25%；这个基金每年给它的投资者的回报少于25%，所以，它就不是一个对冲基金。这是一个充分条件假言推理的否定后件式，其基本形式为：如果p，那么q；非q，所以p。题目要求找出题干推理方法相同的选项。其实，这是一个结构比较题。

(2)考察选项，确定答案。对各选项结构考察分析如下：

选项A、C、E都是充分条件假言推理的肯定后件式，即“如果p，那么q；q，所以p”。

选项B不是假言推理。

选项D的推理过程为：如果一个大学是成熟的学校，那么它的年轻骨干就不会外流；华成大学的年轻骨干纷纷外流，所以该大学不是一个成熟的学校。

这与题干的推理方法相同。因此，D为正确答案。

案例4－32：

法官：原告提出的所有证据，不足以说明被告的行为已构成犯罪。

如果法官的上述断定为真，则以下哪项相关断定也一定为真？

Ⅰ. 原告提出的证据中，至少没包括这样一个证据，有了它，足以断定被告有罪。

Ⅱ. 原告提出的证据中，至少没包括这样一个证据，没有它，不足以断定被告有罪。

Ⅲ. 原告提出的证据中，至少有一个与事实不符。

A. 只有Ⅰ　　B. 只有Ⅱ　　C 只有Ⅲ　　D. 只有Ⅰ、Ⅱ　　E. Ⅰ、Ⅱ和Ⅲ

【解题分析】

(1)弄清问题并分析题干。题干的断定是“所有证据不足以说明被告的行为已构成

犯罪”为真，其基本形式是“所有S不是P”为真，即SEP=1。题目要求从三个给定的选项中找出一定真的选项。则对给定的三个选项分别进行分析即可。

（2）考察选项，确定答案。对各选项结构考察分析如下：

选项Ⅰ“原告提出的证据中，至少没包括这样一个证据，有了它，足以断定被告有罪”，其基本形式为“并非：有的S是P”，等值于“所有S都不是P”，即SEP。这与题干相同，因此，选项Ⅰ为真。

选项Ⅱ“原告提出的证据中，至少没包括这样一个证据，没有它，不足以断定被告有罪”，其基本形式为“并非有的S不是P”，等值于“所有S都是P”，即SAP。与SEP是上反对关系，二者不能同真。所以SAP=0，因此，选项Ⅱ为假。

选项Ⅲ“原告提出的证据中，至少有一个与事实不符”，与题干不是同一概念，无法判断真假。故本题的正确答案为A。

注意：这个题还可以这样解。

假设Ⅰ为假，即原告提出的证据中，包括这样一个证据，有了它，足以断定被告有罪，则法官的断定就不成立。这说明，如果法官的断定为真，则Ⅰ一定为真。假设Ⅱ为假。即原告提出的论据中，包括这样一个证据，没有它，不足以断定被告有罪，但有了它，并不足以断定被告有罪。在这种假设下，Ⅱ为假，但法官的断定仍然成立。这说明，如果法官的断定为真，Ⅱ不一定为真。

Ⅲ也不一定为真。因为原告提出的所有证据完全可能都符合事实，但不足以说明被告的行为已构成犯罪。因此，正确答案是A。

案例4-33：

在中国，只有富士山连锁店经营日式快餐。

如果上述断定为真，以下哪项不可能为真？

Ⅰ.苏州的富士山连锁店不经营日式快餐。

Ⅱ.杭州的樱花连锁店经营日式快餐。

Ⅲ.温州的富士山连锁店经营韩式快餐。

A.只有Ⅰ　　B.只有Ⅱ　　C.只有Ⅲ　　D.只有Ⅰ和Ⅱ　　E.Ⅰ、Ⅱ和Ⅲ。

【解题分析】

（1）弄清问题并分析题干。题干的断定，“只有富土山才经营日式快餐”为真。题目要求据此找出不可能为真的选项。

（2）考察选项，确定答案。对各选项结构考察分析如下：

“富士山连锁店”是“经营日式快餐”的必要条件，而未必是充分条件，因此苏州的富士山连锁店不经营日式快餐是有可能的，即Ⅰ有可能为真。

杭州的樱花连锁店不是富士山连锁店，不可能经营日式快餐，Ⅱ必然为假。

“富士山连锁店”是“经营日式快餐”的必要条件，而未必是充分条件，同样，温州的富土山连锁店经营韩式快餐也是有可能的，Ⅲ可能为真。因此，B为正确答案。

案例4-34：

许多国家首脑在出任前并未有丰富的外交经验，但这并没有妨碍他们做出成功的外交决策。外交学院的教授告诉我们，丰富的外交经验对于成功的外交决策是不可缺少的。但事实上,一个人,只要有高度的政治敏感、准确的信息分析能力和果断的个人勇气,就能很快地学会如何做出成功的外交决策。对于一个缺少以上三种素养的外交决策者来说,丰富的外交经验没有什么价值。

如果上述断定为真,则以下哪项一定为真?

A. 外交学院的教授比出任前的国家首脑具有更多的外交经验

B. 具有高度的政治敏感、准确的信息分析能力和果断的个人勇气,是一个国家首脑做出成功的外交决策的必要条件

C. 丰富的外交经验,对于国家首脑做出成功的外交决策来说,既不是充分条件,也不是必要条件

D. 丰富的外交经验,对于国家首脑做出成功的外交决策来说,是必要条件,但不是充分条件

E. 在其他条件相同的情况下,外交经验越丰富,越有利于做出成功的外交决策

【解题分析】

(1)弄清问题并分析题干。题干作了如下断定:

断定一:"许多国家首脑在出任前并未有丰富的外交经验,但这并没有妨碍他们做出成功的外交决策",这表明没有丰富的外交经验,不妨碍做出成功的外交决策,即丰富的外交经验,不是做出成功外交决策的必要条件。

断定二:题干第二句话应该这么理解(不是靠联结词确定的,而是靠意思理解的):题干中外交学院的教授的话并不是题干认同的,题干认同的是"但"后面的话;从后面的话可以看出:对于一个缺少政治敏感、准确的信息分析能力和果断的个人勇气的外交决策者来说,丰富的外交经验没有什么价值。即丰富的外交经验,不是做出成功外交决策的充分条件。因此,丰富的外交经验,既不是做出成功外交决策的充分条件,也不是必要条件。

(2)考察选项,确定答案。对各选项考察分析如下:

选项A是无关选项,排除。

选项B,题干断定:一个人,只要有高度的政治敏感、准确的信息分析能力和果断的个人勇气,就能很快地学会如何做出成功的外交决策。这是断定这三种素养是一个国家首脑做出成功外交决策的充分条件,但没有断定它们是必要条件。因此,B项不一定为真。

选项C,由断定二分析可知,C项为正确答案。

选项D,没有丰富的外交经验,不妨碍做出成功的外交决策,就是说丰富外交经验不是成功外交决策的必要条件,D排除。

选项E,题干断定:对于一个缺乏高度的政治敏感等三种素养的外交决策者来说,丰富的外交经验没有什么价值。但是,如果具备这三种素养,丰富的外交经验有什么价值,题干没做任何断定。因此,E项不一定为真。故本题正确答案是C。

案例4-35:

对当代学生来说,德育比智育更重要。学校的课程设计如果不注重培养学生的完美人格,那么,即使用高薪聘请著名的专家教授,也不能使学生在面临道德伦理、价值观念挑战的21世纪脱颖而出。

以下各项关于当代学生的断定都符合上述断定的原意，除了：

A. 学校的课程设计只有注重培养学生的完美人格，才能使当代学生取得成就

B. 如果当代学生在21世纪脱颖而出，那一定是对他们注重了完美的人格的教育

C. 不能设想学生在面临道德伦理、价值观念挑战的21世纪脱颖而出，而他的人格却不完善

D. 除非注重完美的人格培养，否则21世纪的学生难以脱颖而出

E. 即使不能用高薪聘请著名的专家教授，学校的课程设计只要注重培养学生的完美人格，当代的学生就能在21世纪脱颖而出

【解题分析】

（1）弄清问题并分析题干。题干作了如下断定：注重培养学生的完美人格，是他们在21世纪脱颖而出的必要条件。

（2）考察选项，确定答案。E项断定前者是后者的充分条件，不符合题干。其余各项均符合题干。本题正确答案E。

案例4－36：

小张承诺：如果天不下雨，我一定去听音乐会。

以下哪项为真，说明小张没有兑现承诺？

Ⅰ. 天没下雨，小张没去听音乐会。

Ⅱ. 天下雨，小张去听了音乐会。

Ⅲ. 天下雨，小张没去听音乐会。

A. 仅Ⅰ　B. 仅Ⅱ　C. 仅Ⅲ　D. 仅Ⅰ和Ⅱ　E. Ⅰ、Ⅱ和Ⅲ

【解题分析】

（1）弄清问题并分析题干。题干作了如下断定：如果天不下雨，我一定去听音乐会。其一般形式是“如果p那么q”。这是一个充分条件的假言命题，题目要求在三个选项中找出“以下哪项为真，说明小张没有兑现承诺”的选项，就是说要找出与题干命题矛盾的选项，也就是要找出题干命题的否命题。题干命题的否命题是：并非“如果天不下雨，我一定去听音乐会”，即并非“如果p那么q”，等值于“p但非q”，就是说“天不下雨，但没去听音乐会”。一个命题的否命题为真，必然是原命题为假。

（2）考察选项，确定答案。选项Ⅰ“天没下雨，小张没去听音乐会”的一般形式是“p但非q”。这恰好是题干命题的非命题，这个非命题为真，则原命题就为假，小张就没有兑现承诺。

选项Ⅱ“天下雨，小张去听了音乐会”的一般形式是“非p，但q”，对题干命题来说，这是一个“前件假，后件真，命题为真”的命题，与题干命题逻辑值相同。

选项Ⅲ“天下雨，小张没去听音乐会”的一般形式是“非p，非q”，这是一个“前件假后件假，命题为真”的充分条件假言命题，与题干命题逻辑值相同。

因此，只有选项Ⅱ符合要求，故本题正确答案为A。

提示：这个题也可以运用充分条件假言命题的真假特征表求解，具体过程如下。

根据小张的承诺，“天不下雨”是“小张去听音乐会”的充分条件。根据充分条件的定义，这一承诺只有在“天没下雨，小张没去听音乐会”的情况下才是假的。真值表如下：

p“不下雨”	q“听音乐会”	如果 p,那么 q	题干“如果天不下雨,我一定去听音乐会”
1	1	1	
1	0	0	选项Ⅰ“天没下雨,小张没去听音乐会”,命题为假
0	1	1	选项Ⅱ“天下雨,小张去听了音乐会”,命题为真
0	0	1	选项Ⅲ“天下雨,小张没去听音乐会”,命题为真

因此,若Ⅰ为真,说明小张没有兑现承诺。故选 A。

案例 4-37:

陈经理今天将乘飞机赶回公司参加上午 10 点的重要会议。秘书小张告诉王经理:如果陈经理乘坐的飞机航班被取消,那么他就不能按时到达会场。但事实上该航班正点运行,因此,小张得出结论:陈经理能按时到达会场。王经理回答小张:“你的前提没错,但推理有缺陷;我的结论是:陈经理最终将不能按时到达会场。”

以下哪项对上述断定的评价最恰当?

A. 王经理对小张的评论是正确的,王经理的结论也由此被强化

B. 虽然王经理的结论根据不足,但他对小张的评论是正确的

C. 王经理对小张的评论有缺陷,王经理的结论也由此被弱化

D. 王经理对小张的评论是正确的,但王经理的结论是错误的

E. 王经理对小张的评论有偏见,并且王经理的结论根据不足

【解题分析】

(1)弄清问题并分析题干。题干作了如下断定:

断定一:如果陈经理乘坐的飞机航班被取消,那么他就不能按时到达会场。基本形式是“如果非 p 那么非 q” = “只有 p,才 q”。

断定二:该航班正点运行(即航班没被取消)。条件为 p。

小张的推理形式是:只有 p 才 q,p,所以 q。这是一个错误的必要条件假言推理,必要条件假言命题的真假特征告诉我们,肯定前件,不能因此肯定后件。题干中的推理正是犯了这一错误。

王经理的推理形式是:只有 p 才 q,p,所以非 q。这也是一个错误的必要条件假言推理,必要条件假言推理“肯定前件,后件真假不定”,王经理的判断正是犯了这一错误。

(2)考察选项,确定答案。必要条件的肯定前件式是无效式,肯定前件,后件真假不定,即陈经理是否能按时到会场是不一定的。因此,小张得出“陈经理能按时到达会场”的结论的推理是有缺陷的,同时,王经理得出“陈经理最终将不能按时到达会场”的结论同样是有缺陷的。本题正确答案为 B。

案例 4-38:

帕累托最优,指这样一种社会状态:对于任何一个人来说,如果不使其他某个(或某些)人情况变坏,他的情况就不可能变好,如果一种变革能使至少有一个人的情况变好,同时没有其他人情况因此变坏,则称这一变革为帕累托变革。

以下各项都符合题干的断定,除了:

A. 对于任何一个人来说,只要他的情况可能变好,就会有其他人的情况变坏,这样的社会,处于帕累托最优状态

B. 如果某个帕累托变革可行,则说明社会并非处于帕累托最优状态

C. 如果没有任何帕累托变革的余地,则社会处于帕累托最优状态

D. 对于任何一个人来说,只有使其他某个(或某些)人情况变坏,他的情况才可能变好,这样的社会,处于帕累托最优状态

E. 对于任何一个人来说,只要使其他人情况变坏,他的情况就可能变好。这样的社会,处于帕累托最优状态

【解题分析】

(1)弄清问题并分析题干。题干作了如下断定:帕累托最优时,"如果不使其他某个(或某些)人情况变坏,他的情况就不可能变好",实际上是指"其他人情况变坏"是"他的情况变好"的必要条件。即不 p 不 q = 只有 p 才 q。

(2)考察选项,确定答案。选项 A"只要他的情况可能变好,就会有其他人的情况变坏",即如果非 p 那么非 q = 只有 p 才 q。与题干断定一致。

选项 B"如果某个帕累托变革可行,则说明社会并非处于帕累托最优状态",符合题干断定。

选项 C"如果没有任何帕累托变革的余地,则社会处于帕累托最优状态",与题干断定一致。

选项 D"对于任何一个人来说,只有使其他某个(或某些)人情况变坏,他的情况才可能变好,这样的社会,处于帕累托最优状态",即只有 p 才 q,与题干断定一致。

选项 E"对于任何一个人来说,只要使其他人情况变坏,他的情况就可能变好。这样的社会,处于帕累托最优状态",即如果 p 那么 q。这与题干断定不符。本题的正确答案是 E。

案例 4 - 39:

有些被公众认为是坏的行为往往有好的效果。只有产生好的效果,一个行为才是好的行为。因此,有些被公众认为是坏的行为其实是好的。

以下哪项最为恰当地概括了上述推理中存在的错误?

A. 不当地假设:如果 a 是 b 的必要条件,则 a 也是 b 的充分条件

B. 不当地假设:如果 a 不是 b 的必要条件,则 a 是 b 的充分条件

C. 不当地假设:如果 a 是 b 的必要条件,则 a 不是 b 的充分条件

D. 不当地假设:任何两个断定之间都存在条件关系

E. 不当地假设:任何两个断定之间都不存在条件关系

【解题分析】

(1)弄清问题并分析题干。题干作了如下断定:有些被公众认为是坏的行为往往有好的效果。因此,有些被公众认为是坏的行为其实是好的(行为)。

在题干的推理中,要从前提得出结论,必须假设好效果是好行为的充分条件,但题干仅断定好效果是好行为的必要条件,因此题干推理的错误在于不当地假设:如果 p 是 q 的必要条件,则 p 也是 q 的充分条件。

(2)考察选项,确定答案。选项A恰好概括了题干推理所犯的错误。其余选项都不是,故本题的正确答案为A。

案例4-40:

如果在鱼缸里装有电动通风器,鱼缸的水中就有适度的氧气。因此,由于张文的鱼缸中没有安装电动通风器,他的鱼缸的水中一定没有适度的氧气。没有适度的氧气,鱼就不能生存,因此,张文鱼缸中的鱼不能生存。

上述推理中存在的错误也类似地出现在以下哪项中?

A. 如果把明矾放进泡菜的卤水中,就能去掉泡菜中多余的水分。因此,由于余涌没有把明矾放进泡菜的卤水中,他腌制的泡菜一定有多余的水分。除非去掉多余的水分,否则泡菜就不能保持鲜脆。因此,余涌腌制的泡菜不能保持鲜脆

B 如果把胶质放进果酱,就能制成果冻。果酱中如果没有胶质成分,就不能制成果冻。因此,为了制成果冻,王宜必须在果酱中加大胶质成分

C. 如果贮藏的土豆不接触乙烯,就不会发芽。甜菜不会散发乙烯。因此,如果方宁把土豆和甜菜一起贮藏,他的土豆就不会发芽

D. 如果存放胡萝卜的地窖做好覆盖,胡萝卜就能在地窖安全过冬。否则,地窖里的胡萝卜就会被冻坏。因此,因为朱勇过冬前在胡萝卜地窖做好了覆盖,所以他的胡萝卜能安全过冬

E. 如果西红柿不放入冰箱就可能腐烂,腐烂的西红柿不能食用。因此,因为陈波没有把西红柿放入冰箱,他的一些西红柿可能没法食用

【解题分析】

(1)弄清问题并分析题干。题干的错误推理形式是:如果p那么q,因此,如果非p那么非q。不q不r,因此,不r。

(2)考察选项,确定答案。

选项A:如果p那么q,因此,如果非p那么非q。除非q否则不r(等值于"不q不r"),因此,不r。与题干推理形式相同。

选项B"如果p那么q,如果非p那么非q。因此,p,q",与题干推理形式不一致。

选项C"如果非p那么非q,非p。因此,非q",与题干推理形式不一致。

选项D"如果p那么q,否则,不q。因此,如果p,那么q",与题干推理形式不一致。

选项E"如果不p就q,如果q不r。因此,不p,不r",与题干推理形式不一致。

故本题的正确答案为A。

案例4-41:

某实验室一共有A、B、C三种类型的机器人,A型能识别颜色,B型能识别形状,C型既不能识别颜色也不能识别形状。实验室用红球、蓝球、红方块和蓝方块对1号和2号机器人进行实验,命令它们拿起红球,但1号拿起了红方块,2号拿起了蓝球。

根据上述实验,以下哪项断定一定为真?

A. 1号和2号都是C型

B. 1号和2号中有且只有一个是C型

C. 1号是A型且2号是B型

D. 1号不是B型且2号不是A型

E. 1号可能不是A、B、C三种类型的任何一种

【解题分析】

(1)弄清问题并分析题干。题干作了如下推理：

第一,A 型能识别颜色,说明 A 型是识别颜色的充分条件,意味着不能识别颜色一定不是 A 型,能识别颜色不能确定为 A 型。

第二,B 型能识别形状,说明 B 型是识别形状的充分条件,意味着不能识别形状一定不是 B 型,能识别形状不能确定为 B 型。即 A 型—识别颜色。即 B 型—识别形状。

第三,实验结果:命令它们拿起红球,结果是 1 号拿起了红方块,2 号拿起了篮球。1 号拿起了红方块,说明 1 号不能识别形状,即 1 号肯定不是 B 型;但不足以说明它能识别颜色(因为 C 型也有可能拿红方块),即不能确定它是 A 型。2 号拿起了蓝球,说明 2 号不能识别颜色,即 2 号肯定不是 A 型;但不足以说明它能识别形状(因为 C 型也有可能拿蓝球),即不能确定它是 B 型。

(2)考察选项,确定答案。因此,本题答案选 D。

案例 4-42：

小林因未带游泳帽被拒绝进入深水池,小林出示深水合格证说:根据规矩我可以进入深水池。游泳池的规定是:未戴游泳帽者不得进入游泳池,只有持有深水合格证,才能进入深水池。

小林最有可能把游泳池的规定理解为：

A. 除非持有深水合格证,否则不能进入深水池

B. 只有持有深水合格证的人,才不需要戴游泳帽

C. 如果持有深水合格证,就能进入深水池

D. 准许进入游泳池的,不一定准许进入深水池

E. 有了深水合格证,就不需要戴泳帽

【解题分析】

(1)弄清问题并分析题干。题干作了如下推理：

游泳池规定“只有持有深水合格证,才能进入深水池”,即持有深水合格证,是进入深水池的必要条件。而小林认为出示深水合格证就可进入深水池,可见小林理解为持有深水合格证,是进入深水池的充分条件。

(2)考察选项,确定答案。选项 C 反映了小林的理解。因此本题正确答案为 C。

案例 4-43：

除非调查,否则就没有发言权。

以下各项都符合题干的断定,除了：

A. 如果调查,就一定有发言权　　B 只有调查,才有发言权

C. 没有调查,就没有发言权　　D. 如果有发言权,则一定作过调查

E. 或者调查,或者没有发言权

【解题分析】

(1)弄清问题并分析题干。题干作了如下推理：

题干的条件关系为“除非 p,否则不 q”,等值于“只有 p 才 q”,等值于“如果不 p 那么不 q”,等值于“如果 q 那么 p”。

(2)考察选项,确定答案。

选项A:如果p,那么q,与题干不一致。

选项B:只有p,才q,与题干同。

选项C:不p,那么不q,与题干同。

选项D:如果q,那么p,与题干同。

选项E:或者p,或者不q,等值于"只有p才q",与题干同。

因此,A项不符合题干的断定。故本题的正确答案为A。

案例4-44:

一个国家要发展,最重要的是保持稳定。一旦失去稳定,经济的发展,政治的改革就失去了可行性。

上述议论的结构和以下哪项的结构最不类似?

A. 一个饭店,最重要的是让顾客感到饭菜好吃。价格的合理,服务的周到,环境的优雅,只有在顾客吃得满意的情况下才有意义

B. 一个人,最要紧的是不能穷。一旦没钱,有学问,有相貌,有品行,又能有什么用呢?

C. 高等院校,即使是研究型的高等院校,其首要任务是培养学生。这一任务完成得不好,校园再漂亮,设施再先进,发表的论文再多,也是没有意义的

D. 对于文艺作品来说,最重要的是它的可读性,观赏性。只要有足够多的读者,高质量的文艺作品就一定能实现它的社会效益和经济效益

E. 一个品牌要能长期占领市场,最重要的是产品质量。一个产品如果质量不过关,广告或包装再讲究,也不能使它长期占领市场

【解题分析】

(1)弄清问题并分析题干。题干作了如下推理:

题干推理强调了某件事情的关键因素,没有这个关键因素,其他因素再好再多也没用。因此,题干是从必要条件的意义上断定这个关键因素的重要性的。

(2)考察选项,确定答案。选项A、B、C、E都是类似的推理。其中E项等价于"如果一个产品没有过硬的质量,那么,广告和其他形式的包装对于某个品牌的产品长期占领市场就起不到实质性的作用",这也是从必要条件的意义上断定产品质量的重要性的。而D项是从充分条件意义上断定其重要性的,因此,与题干议论的结构并不类似。

故本题的正确答案为D。

案例4-45:

许多人不了解自己,也不设法去了解自己。这样的人可能想了解别人,但此种愿望肯定是要落空的,因为连自己都不了解的人不可能了解别人。由此可以得出结论:你要了解别人,首先要了解自己。

以下哪项对上述论证的评价最为恰当?

A. 上述论证所运用的推理是成立的

B. 上述论证有漏洞,因为它把得出某种结果的必要条件当做充分条件

C. 上述论证有漏洞,因为它不当地假设:每个人都可以了解自己

D. 上述论证有漏洞,因为它忽视了这种可能性:了解自己比了解别人更困难

E. 上述论证有漏洞,因为它基于个别性的事实轻率概括出一般性的结论

【解题分析】

(1)弄清问题并分析题干。题干作了如下推理:

题干前提“连自己都不了解的人不可能了解别人”,也即只有“了解自己”才能“了解别人”,即“只有 p 才 q”。

题干结论“你要了解别人,首先要了解自己”,也即如果“了解别人”那么“了解自己”,即“如果 q 那么 p”。

由必要条件假言推理与充分条件假言推理的关系知,“只有 p 才 q”等值于“如果 q 那么 p”,题干推理正确。

(2)考察选项,确定答案。按照上述分析,只有选项 A 为正确答案。其他项都不符合要求,因此,本题正确答案是 A。

案例 4-46:

临近本科毕业,李明所有已修课程的成绩均是优秀。按照学校规定,如果最后一学期他的课程成绩也都是优秀,就一定可以免试就读研究生。李明最后一学期有一门功课成绩未获得优秀,因此他不能免试就读研究生了。

以下哪项对上述论证的评价最为恰当?

A. 上述论证是成立的

B. 上述论证有漏洞,因为它忽视了:课程成绩只是衡量学生素质的一个方面

C. 上述论证有漏洞,因为它忽视了:所陈述的规定有漏洞,会导致理解的歧义

D. 上述论证有漏洞,因为它把题干所陈述的规定错误地理解为:只要所有学期课程成绩均是优秀,就一定可以免试就读研究生

E. 上述论证有漏洞,因为它把题干所陈述的规定错误地理解为:只有所有学期课程成绩均是优秀,才可以免试就读研究生

【解题分析】

(1)弄清问题并分析题干。题干作了如下推理:

学校规定“最后一学期他的课程成绩都是优秀”是“可以免试就读研究生”的充分条件,那么根据“李明最后一学期课程成绩并不都优秀”,推不出结论“他不能免试就读研究生了”。实际上题干论证的漏洞在于把题干所陈述的规定错误地理解为“最后一学期他的课程成绩都是优秀”是“可以免试就读研究生”的必要条件了。

(2)考察选项,确定答案。因此,本题正确答案为 E。

案例 4-47:

生活节俭应当成为选拔国家干部的标准。一个不懂得节俭的人,怎么能尽职地为百姓当家理财呢?

以下各项都符合题干的断定,除了:

A. 一个生活节俭的人,一定能成为称职的国家干部

B. 只有生活节俭,才能尽职地为社会服务

C. 一个称职的国家干部,一定是一个生活节俭的人

D. 除非生活节俭,否则不能成为称职的国家干部

E. 不存在生活不节俭却又合格的国家干部

【解题分析】

(1)弄清问题并分析题干。题干作了如下推理:题干论述表明“生活节俭”是“称职的国家干部”的必要条件。

(2)考察选项,确定答案。A 项把“生活节俭”看成是“称职的国家干部”的充分条件,因此,不符合题干的断定。其余选项符合题干的断定。故本题正确答案为 A。

案例 4-48:

如果“鱼和熊掌不可兼得”是不可改变的事实,则以下哪项也一定是事实?

A. 鱼可得但熊掌不可得　　B. 熊掌可得但鱼不可得

C. 鱼和熊掌皆不可得　　D. 如果鱼不可得,则熊掌可得

E. 如果鱼可得,则熊掌不可得

【解题分析】

(1)弄清问题并分析题干。题干作了如下断定:并非(鱼并且熊掌)为真,给定选项中,哪项也必定为真。并非(鱼并且熊掌)= 非鱼或者非熊掌 = 如果鱼,则非熊掌。即“鱼和熊掌不可兼得”等价于“不得鱼或不得熊掌”,意味着鱼和熊掌最多只能得一种:如果得了鱼,熊掌就不可得;如果得了熊掌,鱼就不可得。

(2)考察选项,确定答案。“鱼和熊掌不可兼得”的意思是:或者得不到鱼,或者得不到熊掌。我们并不知道我们得了鱼还是熊掌,所以选项 A、B、C 都是一种可能性,并不一定为真。D 项是很好的迷惑性选项,“如果鱼不可得,则”如何?两种可能都有:“熊掌可得”或“熊掌也不可得”,因此,D 项也不必然是真的。只有 E 项可由题干直接推出。

因此,本题正确答案为 E。

注意:不要将题干中断定“鱼和熊掌不可兼得”理解为“要么鱼,要么熊掌”的语句,因为“鱼和熊掌不可兼得”的意思是“并非既得鱼又得熊掌”。这里的“和”不同于“或”,“鱼或熊掌不可兼得”是“要么鱼要么熊掌”的意思。

案例 4-49:

正是因为有了充足的奶制品作为食物来源,生活在呼伦贝尔大草原的牧民才能摄入足够的钙质。很明显,这种足够的钙质,对于呼伦贝尔大草原的牧民拥有健壮的体魄是必不可少的。

以下哪种情况如果存在,最能削弱以上的断定?

A. 有的呼伦贝尔大草原的牧民从食物中能摄入足够的钙质,且有健壮的体魄

B. 有的呼伦贝尔大草原的牧民不具有健壮的体魄,但从食物中摄入的钙质并不缺少

C. 有的呼伦贝尔大草原的牧民不具有健壮的体魄,他们从食物中不能摄入足够的钙质

D. 有的呼伦贝尔大草原的牧民有健壮的体魄,但没有充足的奶制品作为食物来源

E. 有的呼伦贝尔大草原的牧民没有健壮的体魄,但有充足的奶制品作为食物来源

【解题分析】

(1)弄清问题并分析题干。题干的推理关系为:只有“充足的奶制品”才有“足够的

钙质”;只有“足够的钙质”才有“健壮的体魄”。题目要求找出能削弱以上断定的项。

要削弱断定“只有充足的奶制品作为食物来源,呼伦贝尔大草原的牧民才能拥有健壮的体魄”,那么就需要寻找一个反例,即找它的负命题。

根据必要条件假言命题的负命题及其等值命题关系式“并非(只有 p 才 q) = 非 p 并且 q”有:并非(只有“充足的奶制品”才“健壮的体魄”) = 没有充足的奶制品也有健壮的体魄。

(2)考察选项,确定答案。

A 项为“足够的钙质,且有健壮的体魄”,符合题干意思,能起支持作用。

B 项为“不具有健壮的体魄,但从食物中摄入的钙质并不缺少”,即钙质不少但不具有健壮的体魄。与题干推理关系也并不矛盾,因为题干推理是必要条件假言推理。

C 项为“不具有健壮的体魄,不能摄入足够的钙质”(不,不 = 只有,才),符合题干意思,能起支持作用。

D 项为“有的呼伦贝尔大草原的牧民有健壮的体魄,但却没有充足的奶制品作为食物来源”,即没有充足的奶制品也有健康的体魄。这就是对题干最强的削弱。

E 项为“没有健壮的体魄,但有充足的奶制品作为食物来源”,即有充足的奶制品也没有健壮的体魄。与题干必要条件推理关系也并不矛盾。

故,本题的正确答案为 D。

案例 4 - 50:

正是因为有了第二味觉,哺乳动物才能够边吃边呼吸。很明显,边吃边呼吸对保持哺乳动物高效率的新陈代谢是必要的。

以下哪种哺乳动物的发现,最能削弱以上断言?

A. 有高效率的新陈代谢和边吃边呼吸的能力的哺乳动物

B. 有低效率的新陈代谢和边吃边呼吸的能力的哺乳动物

C. 有低效率的新陈代谢但没有边吃边呼吸的能力的哺乳动物

D. 有高效率的薪陈代谢但没有第二味觉的哺乳动物

E. 有低效率的新陈代谢和第二味觉的哺乳动物

【解题分析】

(1)弄清问题并分析题干。题干的推理关系为:

只有有“第二味觉”才能“边吃边呼吸”; (只有 p 才 q)

只有 “边吃边呼吸”才能“高效率的新陈代谢”; (只有 q 才 r)

因此,只有有“第二味觉”才能“高效率的新陈代谢”。 (只有 p,才 r)

题目要求找出削弱题干推理的选项,显然就是要找出题干中必要条件假言命题的负命题,即并非(只有 p 才 q) = “非 p 且 q”。

(2)考察选项,确定答案。

选项 A 符合题干的断言。

选项 B 与题干不矛盾,因题干说的“边吃边呼吸”是“高效率的新陈代谢”的必要条件,不一定是充分条件,因此,有 B 中所说的动物存在并不违反题干中的断言。

选项 C 所举的例证与题干中第二句的断言相符合。

选项 D 所举的哺乳动物不具备“第二味觉”这一必要条件,又有“高效率的新陈代谢”的特征,是题干中断言的反例,严重地削弱了题干中的断言。

选项 E 不削弱题干的断言,因为按题干“第二味觉”是“高效率的新陈代谢”的必要条件,不一定是充分条件。故本题正确答案为 D。

案例 4-51:

如果你的笔记本计算机是 1999 年以后制造的,那么它就带有调制解调器。

上述断定可由以下哪个选项得出?

A. 只有 1999 年以后制造的笔记本计算机才带有调制解调器

B. 所有 1999 年以后制造的笔记本计算机都带有调制解调器

C. 有些 1999 年以前制造的笔记本计算机也带有调制解调器

D. 所有 1999 年以前制造的笔记本计算机都不带有调制解调器

E. 笔记本的调制解调器技术是在 1999 年以后才发展起来的

【解题分析】

(1)弄清问题并分析题干。题干断定:如果 1999 年以后制造,那么带有调制解调器。其基本形式是:如果 p 那么 q。

题目要求找到能推出题干断定的选项,这样我们必须弄明白题干断定的基本形式都有哪些等值命题:“如果 p,那么 q” =“所有 p 都是 q” =“只有 q,才 p” =“如果非 q,那么非 p” =“或者非 p,或者 q”。应根据这样一个基本线索考察选项。

(2)考察选项,确定答案。

选项 A,只有 p 才 q,与题干不符。

选项 B,所有 p 都是 q,这是题干断定的等值命题。

选项 C,有的 p 是 q。

选项 D,所有 p 不是 q。

选项 E 与题干断定无关。

因此,本题正确答案为 B。

案例 4-52:

总经理:我主张小王和小孙两人中至少提拔一人。

董事长:我不同意。

以下哪项,最为准确地表述了董事长实际上同意的意思?

A. 小王和小孙两人都得提拔　　B. 小王和小孙两人都不提拔

C. 小王和小孙两人中至多提拔一人　　D. 如果提拔小王,则不提拔小孙

E. 如果不提拔小王,则提拔小孙

【解题分析】

(1)弄清问题并分析题干。题干中总经理的意见是,小王和小孙两人中至少提拔一人。董事长对此否定,就是总经理的意见“至少有一人”取非。董事长的意见是:并非(至少有一人)══一个都没有,也就是既不提拔小王也不提拔小孙。

因此,董事长实际是肯定:小王和小孙两人都不提拔。

(2)考察选项,确定答案。只有选项 B 最为准确地表述了董事长实际上同意的意思。

其余各项都不能准确表达董事长的意思。因此，本题正确答案为B。

词语	否定	词语	否定
等于	不等于	任意的	某个
大于	不大于	所有的	某些
小于	不小于	且	或
是	不是	都是	不都是
至多有一个	至少有两个	至多有n个	至少有(n+1)个
至少有一个	一个都没有	至少有n个	至多有(n-1)个

注意：这种类型的题主要是对"至少有一个"概念的理解。对"至少有一个"取非，就是一个也没有。此外，还有"至多有一个"取非，则有：非(至多一人)=至少有两个。记住，这里的否定是对至少、至多等概念的取非，不是单纯对"小王和小孙"的取非。做这类题必须引起重视。有关这方面的内容请参见上表。

案例4-53：

小陈并非既懂英语又懂法语。

如果上述断定为真，那么下述哪项断定必定为真？

A. 小陈懂英语但不懂法语　　B. 小陈懂法语但却不懂英语

C. 小陈既不懂英语也不懂法语　　D. 如果小陈懂英语，那么他一定不懂法语

E. 如果小陈不懂法语，那么他一定懂英语

【解题分析】

(1)弄清问题并分析题干。题目要求找出与题干断定等值的选项。题干断定是：并非(懂英语并且懂法语)="非懂英语"或者"非懂法语"=如果懂英语，那么不懂法语。

(2)考察选项，确定答案。按照题干给定的等价命题考察选项，A可能为真，不必定真；B可能为真，不必定真；C项可能真，不必定真；D项是题干断定的等价命题，必定真；E项也不必定是真的，因为可能小陈既不懂法语，也不懂英语。因此，正确答案是D。

案例4-54：

总经理：我主张小王和小孙两人中至多提拔一人。

董事长：我不同意。

以下哪项，最为准确地表达了董事长实际同意的意思？

A. 小王、小孙都得提拔　　B. 小王、小孙都不能提拔

C. 小王和小孙两人中至少提拔一人　　D. 如果提拔小王，则也得提拔小孙

E. 如果不提拔小王，则也不得提拔小孙

【解题分析】

(1)弄清问题并分析题干。题干中总经理的意见：(小王和小孙两人中至多提拔一人)=小王和小孙不可能都提拔=并非(小王并且小孙)。董事长对此做了否定，就是对总经理的意见取非。董事长的意见是：并非"并非(小王并且小孙)"=小王并且小孙。即并非(小王和小孙至多提拔一人)=小王和小孙至少提拔两人=小王和小孙都提拔。

(2)考察选项,确定答案。A 项最为准确地表达了董事长实际同意的意思。其他选项都不行。故,本题的正确答案为 A。

案例 4-55:

总经理:根据本公司目前的实力,我主张环岛绿地和宏达小区这两项工程至少上马一个,但清河桥改造工程不能上马。

董事长:我不同意。

以下哪项,最为准确地表达了董事长实际同意的意思?

A. 环岛绿地、宏达小区和清河桥改造这三个工程都上马

B. 环岛绿地、宏达小区和清河桥改造这三个工程都不上马

C. 环岛绿地和宏达小区两个工程中至多上马一个,但清河桥改造工程要上马

D. 环岛绿地和宏达小区两个工程中至多上马一个,如果这点做不到,那也要保证清河桥改造工程上马

E. 环岛绿地和宏达小区两个工程都不上马,如果这点做不到,那也要保证清河桥改造工程上马

【解题分析】

(1)弄清问题并分析题干。令 p 表示"环岛绿地工程上马",q 表示"宏达小区工程上马",r 表示"清河桥改造工程上马"。则题干中总经理的意见为:(p 或者 q)并且非 r。

董事长的意见是:并非"(p 或者 q)并且非 r" = 并非(p 或者 q)或者并非(非 r) = (非 p 并且非 q)或者 r。

(2)考察选项,确定答案。选项 E 所表达的正是董事长的意见。其推理形式是:

(非 p 并且非 q)或者 r

并非(非 p 并且非 q)

所以,r

其余各项都不是。故,本题正确答案为 E。

案例 4-56:

欧几里德几何系统的第五条公理判定:在同一平面上,过直线外一点可以并且只可以作一条直线与该直线平行。在数学发展史上,有许多数学家对这条公理是否具有无可争议的真理性表示怀疑和担心。

要使数学家的上述怀疑成立,以下哪项必须成立?

Ⅰ. 在同一平面上,过直线外一点可能无法作一条直线与该直线平行。

Ⅱ. 在同一平面上,过直线外一点作多条直线与该直线平行是可能的。

Ⅲ. 在同一平面上,如果过直线外一点不可能作多条直线与该直线平行,那么,也可能无法只作一条直线与该直线平行。

A. 只有Ⅰ　B. 只有Ⅱ　C. 只有Ⅲ　D. 只有Ⅰ和Ⅱ　E. Ⅰ、Ⅱ和Ⅲ

【解题分析】

(1)弄清问题并分析题干。令 p 表示"过直线外一点可以作一条直线与该直线平行",q 表示"过直线外一点只可以作一条直线与该直线平行",则第五公理的断定是:p 或者 q。

数学家的怀疑就是上述命题的负命题，即并非“p 或者 q”=非 p 并且非 q，意思是过直线外一点无法作一条直线与该直线平行，或者，可作多条直线与该直线平行。

问题是“要使数学家的上述怀疑成立，以下哪项必须成立”，也就是等价于“如果以下哪项不成立，则数学家的怀疑就不成立”，也即“如果数学家的上述怀疑成立，那么，以下哪项就一定成立”。

(2)考察选项，确定答案。选项Ⅰ是“非 p”，由“非 p 并且非 q”不能确定非 p 成立。因此，要使对第五公理的怀疑成立，Ⅰ不必须成立。

选项Ⅱ是“非 q”，由“非 p 并且非 q”，不能确定“非 q”成立。因此，要使对第五公理的怀疑成立，Ⅱ不必须成立。

选项Ⅲ是“如果 q，那么非 p”，由“非 p 并且非 q”，可以确定“如果 q，那么非 p”成立。因此，要使对第五公理的怀疑成立，Ⅲ必须成立。因此，本题正确答案是 C。

案例 4－57：

对所有产品都进行了检查，并没有发现假冒伪劣产品。

如果上述断定为假，则以下哪项为真？

Ⅰ. 有的产品尚未经检查，但发现了假冒伪劣产品。

Ⅱ. 或者有的产品尚未经过检查，或者发现了假冒伪劣产品。

Ⅲ. 如果对所有产品都进行了检查，则可发现假冒伪劣产品。

A. 只有Ⅰ　B. 只有Ⅱ　C. 只有Ⅲ　D. 只有Ⅰ和Ⅱ　E. 只有Ⅱ和Ⅲ

【解题分析】

(1)弄清问题并分析题干。

令 p 表示：对所有产品都进行了检查，令 q 表示没有发现假冒伪劣产品。

上述断定为假，即并非(p 并且 q)＝非 p 或者非 q＝如果 p 那么非 q。因此，“对所有产品都进行了检查，并没有发现假冒伪劣产品”为假，等值于“或者有的产品尚未经过检查，或者发现了假冒伪劣产品”，等值于“如果对所有产品都进行了检查，则可发现假冒伪劣产品”。

(2)考察选项，确定答案。Ⅰ为非 p 并且非 q，不必然真。Ⅱ为非 p 或者非 q，必然真。Ⅲ为如果 p 那么非 q，这等值于“非 p 或者非 q”，必然真。因此，本题正确答案为 E。

案例 4－58：

麦老师：只有博士生导师才能担任学校“高级职称评定委员会”评委。

宋老师：不对。董老师是博士生导师，但不是“高级职称评定委员会”评委。

宋老师的回答说明他将麦老师的话错误地理解为：

A. 有的“高级职称评定委员会”评委是博士生导师

B. 董老师应该是“高级职称评定委员会”评委

C. 只要是博士生导师，就是“高级职称评定委员会”评委

D. 并非所有的博士生导师都是“高级职称评定委员会”评委

E. 董老师不是学科带头人，但他是博士生导师

【解题分析】

(1)弄清问题并分析题干。题干两位老师的推理如下：

麦老师:只有博导才评委。

宋老师:博导并且非评委。

而宋老师的推理并非是麦老师的负命题(即宋老师的论述与麦老师并不矛盾),宋老师的推理是充分条件推理的负命题:如果博导,那么评委。也就是说宋老师的回答说明他将麦老师的话错误地理解为博导是评委的充分条件。

(2)考察选项,确定答案。选项C正是宋老师所理解的。因此,正确答案为C。

案例4-59:

并非蔡经理负责研发或者负责销售工作。

如果上述陈述为真,以下哪项陈述一定为真?

A. 蔡经理既不负责研发也不负责销售

B. 蔡经理负责销售但不负责研发

C. 蔡经理负责研发但不负责销售

D. 如果蔡经理不负责销售,那么他负责研发

E. 如果蔡经理负责销售,那么他不负责研发

【解题分析】

(1)弄清问题并分析题干。题干断定如下:并非(研发或者销售)=非研发并且非销售。也就是说,"并非蔡经理负责研发或者负责销售工作"等价于"蔡经理既不负责研发也不负责销售"。

(2)考察选项,确定答案。选项A为正确答案。因此,正确答案为A。

案例4-60:

根据一个心理学理论,一个人想要快乐就必须和周围的人保持亲密的关系,但是世界上伟大的画家往往是在孤独中度过了他们的大部分时光,并且没有亲密的人际关系。所以,这种心理学理论的上述结论是不成立的。

以下哪项最可能是上述论证所假设的?

A. 该心理学理论是为了揭示内心体验与艺术成就的关系

B. 有亲密人际关系的人几乎没有孤独的时候

C. 孤独对于伟大的绘画艺术家来说是必需的

D. 有些著名画家有亲密的人际关系

E. 获得伟大成就的艺术家不可能不快乐

【解题分析】

(1)弄清问题并分析题干。题干断定如下:

心理学理论为"如果要想快乐就要有亲密的人际关系",要说明这个理论不成立,就要找其反例,即找上述推理的负命题,也就是"快乐并且没有亲密的人际关系"。

而题干断定,伟大的画家没有亲密的人际关系,因此需要一个假设前提是:有伟大成就的艺术家都是快乐的。

(2)考察选项,确定答案。可见,E项是题干推理所必须假设的;否则,如果获得伟大成就的艺术家有可能不快乐,那么,就无法说明心理学理论的上述结论是不成立的。如果E项成立,就能说明伟大的画家是快乐的。这样就说明了心理学理论是不成立的。

故,本题正确答案为E。

案例4-61:

A	B	4	7

如果以上是4张卡片,一面是大写英文字母,另一面是阿拉伯数字。

主持人断定,如果一面是A,则另一面是4。

如果试图推翻主持人的断定,但只允许翻动以上两张卡片,正确的选择是:

A. 翻动A和4　　B. 翻动A和7　　C. 翻动A和B

D. 翻动B和7　　E. 翻动B和4

【解题分析】

(1)弄清问题并分析题干。题干断定如下:主持人的断定为"如果一面是A,那么另一面是4",其负命题为"一面是A而另一面不是4"。

为此,翻A,如果另一面不是4,则说明主持人的断定假。

同理,翻7,如果另一面是A,则说明主持人的断定假。

翻动B,不能推翻主持人的断定,因为前件假(不是A),整个充分条件假言命题真。

翻动4,不能推翻主持人的断定,因为后件真(是4),整个假言命题真。

(2)考察选项,确定答案。故,本题正确答案是B。

案例4-62:

对本届奥运会所有奖牌获得者进行了尿样化验,没有发现兴奋剂使用者。

如果以上陈述为假,则以下哪项一定为真?

Ⅰ. 或者有的奖牌获得者没有化检尿样,或者在奖牌获得者中发现了兴奋剂使用者。

Ⅱ. 虽然有的奖牌获得者没有化检尿样,但还是发现了兴奋剂使用者。

Ⅲ. 如果对所有的奖牌获得者进行了尿样化验,则一定发现了兴奋剂使用者。

A. 只有Ⅰ　　B. 只有Ⅱ　　C. 只有Ⅲ　　D. 只有Ⅰ和Ⅲ　　E. 只有Ⅱ和Ⅲ。

【解题分析】

(1)弄清问题并分析题干。题干断定如下:因为,并非(p并且q)=非p或者非q=如果p,那么非q。

按照问题要求,作如下推理:并非"所有奖牌获得者进行了尿样化验,没有发现兴奋剂使用者",等值于"或者有的奖牌获得者没有化检尿样,或者在奖牌获得者中发现了兴奋剂使用者",等值于"如果对所有的奖牌获得者进行了尿样化验,则一定发现了兴奋剂使用者"。

(2)考察选项,确定答案。Ⅰ和Ⅲ正确。故,正确答案为D。

案例4-63:

一些人类学家认为,如果不具备应付各种自然环境的能力,人类在史前年代不可能幸存下来,然而相当多的证据表明,阿法种南猿,一种与早期人类有关的史前物种,在各种自然环境中顽强生存的能力并不亚于史前人类,但最终灭绝了。因此,人类学家的上述观点是错误的。

上述推理的漏洞也类似地出现在以下哪项中？

A. 大张认识到赌博是有害的，但就是改不掉。因此，“不认识错误就不能改正错误”这一断定是不成立的

B. 已经找到了证明造成艾克矿难是操作失误的证据。因此，关于艾克矿难起因于设备老化、年久失修的猜测是不成立的

C. 大李图便宜，买了双旅游鞋，穿不了几天就坏了。因此，怀疑“便宜无好货”是没有道理的

D. 既然不怀疑小赵可能考上大学，那就没有理由担心小赵可能考不上大学

E. 既然怀疑小赵一定能考上大学，那就没有理由怀疑小赵一定考不上大学

【解题分析】

(1)弄清问题并分析题干。题干断定如下：人类学家认为“只有史前人类具备应付各种自然环境的能力才幸存下来”，作者质疑“阿法种南猿具备应付各种自然环境的能力并且没有幸存下来”，可见，作者的质疑对人类学家并没有反驳作用，实际上作者的质疑是下列命题的否命题：如果史前人类具备应付各种自然环境的能力，那么幸存下来。也就是作者把人类学家的陈述“具备应付各种自然环境的能力”是“幸存下来”的必要条件误解为充分条件。

(2)考察选项，确定答案。A 项“不认识错误就不能改正错误”表明，“认识错误”是“改正错误”的必要条件，而其反驳的例子“大张认识到赌博是有害的，但就是改不掉”实际上反驳了“认识错误”是“改正错误”的充分条件。故，本题正确答案是 A。

案例 4－64：

当爸爸、妈妈中只有一个人外出时，儿子可以留在家里。如果爸爸、妈妈都外出，必须找一个保姆，才可以把儿子留在家中。

从上面的陈述中，可以推出下面哪项结论？

A. 儿子在家时，爸爸也在家

B. 儿子在家时，爸爸不在家

C. 保姆不在家，儿子不会单独在家

D. 爸爸、妈妈都不在家，则儿子也不在家

E. 爸爸不在家，则妈妈在家

【解题分析】

(1)弄清问题并分析题干。题干断定如下：儿子不可以一个人在家，爸爸、妈妈和保姆三个人中，至少有一个人必须陪伴他。因此，如果保姆不在家，爸爸和妈妈两人中至少有一个陪伴儿子，即儿子不会单独在家。

(2)考察选项，确定答案。除了选项 C 以外，其余各选项都不能从题干中得出。故，本题正确答案是 C。

案例 4－65：

如果你犯了法，你就会受到法律制裁；如果你受到法律制裁，别人就会看不起你；如果别人看不起你，你就无法受到尊重；而只有得到别人的尊重，你才能过得舒心。

从上述叙述中，可以推出下列哪一个结论？

A. 你不犯法，日子就会过得舒心

B. 你犯了法，日子就不会过得舒心

C. 你日子过得不舒心，证明你犯了法

D. 你日子过得舒心，表明你看得起别人

E. 如果别人看得起你，你日子就能舒心

【解题分析】

(1)弄清问题并分析题干。题干断定情况，整理为：

断定一“如果犯法，那么制裁”；

断定二“如果制裁，那么看不起”；

断定三“如果看不起，那么不尊重”；

断定四“只有受尊重，才舒心”。

将以上四个断定串联起来，就意味着产生以下关系式：

犯法→制裁→看不起→非尊重→非舒心。

这样，就得到了“你犯了法，日子就不会过得舒心”这样一个断定。

(2)考察选项，确定答案。本题正确答案为是 B。

案例 4-66：

假设“如果甲是经理或乙不是经理，那么，丙是经理”为真，由以下哪个前提可推出“乙是经理”的结论？

A. 丙不是经理　　B. 甲和丙都是经理　　C. 丙是经理

D. 甲不是经理　　E. 甲或丙有一个不是经理

【解题分析】

(1)弄清问题并分析题干。题干断定情况，整理为：如果(甲或者非乙)，那么丙。

要推出“乙是经理”这一结论，就必须补充一个前提。要补充的前提也就是由“如果(甲或者非乙)，那么丙”和“乙是经理”做前提推出的结论。

具体推理过程如下：

“如果(甲或者非乙)，那么丙”等价于其逆否命题：“如果非丙，那么非(甲或者非乙)”=如果非丙，那么非甲并且乙=只有非甲并且乙，才非丙。

非乙(非乙不是经理=乙是经理)

所以，非丙(即丙不是经理)。

(2)考察选项，确定答案。

这样就有推理：如果丙不是经理，那么甲不是经理而且乙是经理。因此，选项 A 就能充分保证“乙是经理”的结论成立。故，本题正确答案为 A。

案例 4-67：

如果甲和乙都没有考试及格的话，那么丙就一定及格了。

上述前提再增加以下哪项，就可以推出“甲考试及格了”的结论？

A 丙及格了　　B. 丙没有及格　　C. 乙没有及格

D. 乙和丙都没有及格　E. 乙和丙都及格了

【解题分析】

(1)弄清问题并分析题干。题干断定情况，整理为：如果非甲并且非乙，那么丙。

题目要求增加一个前提，从而推出“甲考试及格了”的结论，这样就要对“非甲”进行否定，才能得到甲。在推出甲的过程中，具体需要增加的要件就是题目要求增加的前提。

根据充分条件假言命题的真假性质“否定后件，进而否定前件”的思路进行以下推理：

如果非甲并且非乙，那么丙。

非丙（增加的第一个要件）

所以，非（非甲并且非乙）

即：甲或者乙

非乙（增加的第二个要件）

所以，甲。

由此可见，需要增加“非丙和非乙”这个前提才能推出甲及格的结论。

(2)考察选项，确定结论。从给定选项中看，只有D符合要求。故，本题的正确答案为D。

注：这个题还可以通过题干命题的等值命题 逆否命题来求解，读者可试一下。

案例4-68：

如果赵川参加宴会，那么钱华、孙旭和李元将一起参加宴会。

如果上述断定是真的，那么，以下哪项也是真的？

A. 如果赵川没参加宴会，那么钱、孙、李三人中至少有一人没参加宴会

B. 如果赵川没参加宴会，那么钱、孙、李三人都没参加宴会

C. 如果钱、孙、李都参加了宴会，那么赵参加宴会

D. 如果李元没参加宴会，那么钱华和孙旭不会都参加宴会

E. 如果孙旭没参加宴会，那么赵川和李元不会都参加宴会

【解题分析】

(1)弄清问题并分析题干。题干断定情况，整理为：

“如果赵川，那么钱且孙且李”=“如果非钱或非孙或非李，那么非赵川”=“只有非钱或非孙或非李，才非赵川”。

(2)考察选项，确定结论。选项A，对于充分条件假言命题“如果赵川，那么钱且孙且李”来说，否定前件不能因此否定后件，因此，不一定真。同理，选项B也不一定真。选项C通过肯定充分条件假言命题后件进而肯定前件的做法也不对。选项D李没参加，得不到钱和孙是否参加，所以也不对。选项E的推理过程：

只有非钱或非孙或非李，才非赵川（题干真，题干的逆反命题也必然真）

非孙

非赵川（必要条件假言命题，否定前件，必否定后件）

可见，如果孙旭没参加宴会，那么赵川就没参加宴会。既然赵川没参加宴会，就不会有赵川和李元都参加宴会。所以选项E一定为真。故本题正确答案为E。

案例4-69：

本题包括两小题，均基于以下题干：

P. 任何在高速公路上运行的交通工具的时速必须超过60公里。

Q. 自行车的最高时速是20公里。

R. 我的汽车只有逢双日才允许在高速公路上驾驶。

S. 今天是 5 月 18 日。

第 1 题:如果上述断定都是真的,下面哪项断定也一定是真的?

Ⅰ. 自行车不允许在高速公路上行驶。

Ⅱ. 今天我的汽车仍然可能不被允许在高速公路上行驶。

Ⅲ. 如果我的汽车的时速超过 60 公里,则当日肯定是逢双日。

A. Ⅰ、Ⅱ和Ⅲ　B. 仅Ⅰ　C. 仅Ⅰ和Ⅱ　D. 仅Ⅰ和Ⅲ　E. 仅Ⅱ和Ⅲ

【解题分析】

(1)弄清问题并分析题干。题干断定情况表达如下:

P 为如果高速公路,那么 >60 公里。

Q 为自行车≤20 公里。

R 为只有汽车逢双日,才高速公路行驶。

S 为今天是双日。

(2)考察选项,确定结论。

Ⅰ肯定成立,由条件 P 和 Q 推出。

Ⅱ肯定成立,也许我的汽车的时速没超过 60 公里,那也不能在高速路上行驶。

Ⅲ不一定成立,我的汽车时速超过 60 公里,但不一定在高速路上,也就不一定是双日。可见Ⅰ和Ⅱ一定真。故,本题正确答案为 C。

第 2 题:假设只有高速公路才有最低时速限制,则从上述断定加上以下哪项条件可合理地得出结论:"如果我的汽车正在行驶的话,时速不必超过 60 公里。"

A. Q 改为"自行车的最高时速可达 60 公里"。

B. P 改为"任何在高速公路上运行的交通工具的时速必须超过 70 公里"。

C. R 改为"我的汽车在高速公路上驾驶不受单双日限制"。

D. S 改为"今天是 5 月 20 日"。

E. S 改为"今天是 5 月 19 日"。

【解题分析】

(1)弄清问题并分析题干。题干断定情况表达如下:

只有高速公路才有最低时速限制。

如果高速公路,那么 >60 公里。

如果我的正在行驶的的汽车≯60 公里。

所以,我的汽车不在高速公路上。

又,只有逢双日才允许在高速公路上驾驶。

我的汽车一定不在高速公路上。

所以,今天不是双日。

因此,要想合理地得出"如果我的汽车正在行驶的话,时速不必超过 60 公里",那就意味着"我的汽车一定不在高速公路上"。而如果"不是双日",就能必然推出"我的汽车一定不在高速公路上"。

(2)考察选项,确定答案。只有 E 符合要求,故本题的正确答案为 E。

案例 4 - 70：

下面两小题，基于以下题干：

八个博士 C、D、L、M、N、S、W、Z 正在争取获得某项科研基金。按规定只有一人能获得该项基金。谁能获取该项基金，由学校评委的投票数决定。评委分成不同的投票小组。如果 D 获得的票数比 W 多，那么 M 将获取该项基金；如果 Z 获得的票数比 L 多，或者 M 获得的票数比 N 多，那么 S 将获取该项基金；如果 L 获得的票数比 Z 多，同时 W 获得的票数比 D 多，那么 C 将获取该项基金。

第 1 题：如果 S 获得了该项基金，那么下面哪个结论一定是正确的？

A. L 获得的票数比 Z 多　　B. Z 获得的票数比 L 多

C. D 获得的票数不比 W 多　　D. M 获得的票数比 N 多

E. W 获得的票数比 D 多

【解题分析】

（1）弄清问题并分析题干。题干断定情况表达如下：

①如果 D > W，那么 M；

②如果（Z > L 或 M > N），那么 S；

③如果（L > Z 且 W > D），那么 C。

由“S 获得了基金”可知，M 和 C 都没得到。既然 M 没获基金，对“①如果 D > W，那么 M”作逆否命题，就得到了“并非 D > W”。

（2）考察选项，确定答案。选项 C 正确。至于选项 E 和选项 C 是不一样的，“D 获得的票数比 W 多”不成立是指“D 的票数小于等于 W”（注意：负命题就是数学里的补集）。其他选项都是推不出的。故，本题正确答案为 C。

第 2 题：如果 W 获得的票数比 D 多，但 C 并没有获取该项基金，那么下面哪一个结论必然正确？

A. M 获得了该项基金　　B. S 获得了该项基金　　C. M 获得的票数比 N 多

D. L 获得的票数不比 Z 多　　E. Z 获得的票数不比 M 多

【解题分析】

（1）弄清问题并分析题干。题干断定情况表述为：如果 W > D，那么非 C。

C 没有获取该项基金，对③作逆否命题有“如果非 C，那么非（L > Z 且 W > D）”，等值于“如果非 C，那么非（L > Z）或非（W > D）”，意味着“L 获得的票数比 Z 多，同时 W 获得的票数比 D 多”不成立。在这种情况下，如果“W 获得的票数比 D 多”，那就肯定“L 获得的票数不比 Z 多”。其推理过程是：如果非 C，那么非（L > Z 且 W > D），即只有非 C，才非（L > Z）或非（W > D。

非（L > Z）或非（W > D）
W > D
————————
所以，非（L > Z）。

其一般形式为：p 或 q
非 q
————
p

（2）考察选项，确定答案。选项 D“L 获得的票数不比 Z 多”正是从题设中推理出来的。故，本题正确答案为 D。

案例 4－71：

如果郑玲选修法语，那么，吴小东、李明和赵雄也将选修法语。

如果以上断定为真，以下哪项也一定为真？

A. 如果李明不选修法语，那么吴小东也不选修法语

B. 如果赵雄不选修法语，那么郑玲也不选修法语

C. 如果郑玲和吴小东选修法语，那么李明和赵雄不选修法语

D. 如果吴小东、李明和赵雄选修法语，那么郑玲也选修法语

E. 如果郑玲不选修法语，那么吴小东也不选修法语

【解题分析】

(1)弄清问题并分析题干。题干断定情况表述为：如果郑，那么吴且李且赵。其等价的逆否命题为：如果非吴或非李或非赵，那么非郑。意思就是说，吴小东、李明和赵雄中只要有一个不选修法语，那么郑玲也就不选修法语。

(2)考察选项，确定答案。因此，B 项必定正确。故，本题正确答案为 B。

案例 4－72：

以下两题基于以下题干。如果“红都”娱乐宫在同一天既开放交谊舞厅又开放迪斯科舞厅，那么它也一定开放保龄球厅，该娱乐宫星期二不开放保龄球厅。李先生只有当开放交谊舞厅时才去“红都”娱乐宫。

第 1 题：如果上述断定是真的，那么以下哪项也一定是真的？

A. 星期二李先生不会光顾“红都”娱乐宫

B. 李先生不会在同一天在“红都”娱乐宫既光顾交谊舞厅又光顾迪斯科舞厅

C. “红都”娱乐宫在星期二不开放迪斯科舞厅

D. “红都”娱乐宫只在星期二不开放交谊舞厅

E. 如果“红都”在星期二开放交谊舞厅，那么这天它一定不开放迪斯科舞厅

【解题分析】

(1)弄清问题并分析题干。题干断定情况表述为：

①如果交且迪，则保。

②如果星期二，则非保。

③如果李先生，则交(由“只有交，才李”转换来)。

根据以上条件，可作以下推理：

如果星期二，则非保。

如果非保，则非交或非迪。(①的逆否命题)

　　　　交

____

非迪

也就是说，星期二，如果开放交谊舞厅就不开放迪斯科舞厅。

(2)考察选项，确定答案。选项 A 推不出；选项 B 不必然推出；选项 C 不一定，也可能不开放交谊舞厅；选项 D 不一定。选项 E 星期二不开放保龄球厅，就意味着星期二交谊舞厅和迪斯科舞厅至少有一个没有开放。那么在星期二，如果“红都”开放交谊舞厅，那么这天它一定不开放迪斯科舞厅。因此，E 项正确。故，本题正确答案为 E。

第2题：如果题干的断定是真的，并且事实上李先生星期二光顾“红都”娱乐宫，则以下哪项一定是真的？

A.“红都”在李先生光顾的那天没开放迪斯科舞厅

B.“红都”在李先生光顾的那天没开放交谊舞厅

C.“红都”在李先生光顾的那天开放了保龄球厅

D.“红都”在李先生光顾的那天既开放了交谊舞厅，又开放了迪斯科舞厅

E.“红都”在李先生光顾的那天既没开放交谊舞厅，又没开放迪斯科舞厅

【解题分析】

(1)弄清问题并分析题干。

根据题干，李先生星期二光顾了“红都”娱乐宫，与原题干断定“③如果李先生，则交”联立推理有：

如果李先生，则交

李周二至

所以，周二，交(即，周二交谊舞厅开放)。

又，周二或者不交或不迪(由上题题干推出)

周二　　　　交

所以，周二　　　　不迪。

这就意味着“星期二这天交谊舞厅开放了”，加上从题干推出的“星期二交谊舞厅和迪斯科舞厅至少有一个没有开放”，进一步可推出“迪斯科舞厅肯定没有开放”。

(2)考察选项，确定答案。对照选项，A选符合要求。故，本题正确答案为A。

案例4－73：

三位股评专家正在对三家上市公司明天的股价走势进行预测。甲说：“公司一的股价会有一些上升。但不能期望过高。”乙说：“公司二的股价可能下跌，除非公司一的股价上升超过5%。”丙说：“如果公司二的股价上升，公司三的股价也会上升。”三位股评专家果然厉害，一天后的事实表明他们的预言都对，而且公司三的股价跌了。

以下哪项叙述最可能是那一天股价变动的情况？

A. 公司一股价上升了9%，公司二股价上升了4%

B. 公司一股价上升了7%，公司二股价下跌了3%

C. 公司一股价上升了4%，公司二股价持平

D. 公司一股价上升了5%，公司二股价上升了2%

E. 公司一股价上升了2%，公司二股价有所上升

【解题分析】

(1)弄清问题并分析题干。题干断定情况表述为：

甲认为公司一的股价会小幅上升；乙认为如果公司一的股价上升没超过5%，那么公司二的股价可能会下跌；丙认为如果公司二的股价上升，那么公司三的股价上升。而事实是，公司三的股价跌了。

(2)考察选项，确定答案。现分别考察各选项：

若A、D、E项正确，则公司二股价上升了，考虑到丙说的话也对，可以得出公司三的

股价也应该上升。这与题干中的"公司三的股价跌了"这一信息矛盾。因此,A、D、E 项均排除。

B 项,公司一股价上升了7%,这不符合甲的判断(7%太高了,与题干中说的5%比较已不是小幅上升了),故 B 项也不正确。

若C中叙述为真,甲的预言正确,因为公司一股价上升了4%,不算太高(与题干中说的5%比较)。现在公司一只上升了4%,所以公司二的股价有下跌的可能,但是,"可能"的意思不是"肯定"、"必然",其结果"公司二股价持平"是与乙的预计不矛盾的。既然公司二股价持平,即没有上升,那么公司三的股价跌是有可能的,这样与丙的预言也不矛盾。也就是C与题干条件都不矛盾,因此,相比较而言,选C为答案更准确。(当然C不是必然推出来的,而是一种可能情况,因为本题问的就是可能情况)故,本题正确答案是C。

案例4-74:

世界级的马拉松选手每天跑步不少于两小时,除非是元旦、星期天或得了较严重的疾病。若以上论述为真,以下哪项所描述的人不可能是世界级马拉松选手?

A. 某人连续三天每天跑步仅一个半小时,并且没有任何身体不适

B. 某运动员几乎每天都要练习吊环

C. 某人在脚伤痊愈的一周里每天跑至多一小时

D. 某运动员在某个星期三没有跑步

E. 某运动员身体瘦高,别人都说他像跳高运动员,他的跳高成绩相当不错

【解题分析】

(1)弄清问题并分析题干。题干断定情况表述为:如果世界级马拉松选手,那么(若非"元旦或星期天或重病"就"每天跑步不少于两小时")。其逆否命题:如果非(若非"元旦或星期天或重病"就"每天跑步不少于两小时"),那么非世界级马拉松选手。

要推出"不可能是世界级马拉松选手"的结论,必须满足条件:并非(如果非"元旦或星期天或重病",那么"每天跑步不少于两小时"),等值于非"元旦或星期天或重病",但并非"每天跑步不少于两小时",等值于非元旦且非星期天且非重病并且"每天跑步少于两小时"。

由于元旦和星期天相连最多两天,若某人连续三天跑步,说明一定有一天既不是元旦又不是星期天,而且跑步不到两小时,并且没有任何身体不适,这样就满足上述条件,必然可以推出:不可能是世界级马拉松选手。

(2)考察选项,确定答案。现分别考察各选项:

选项A"某人连续三天每天跑步仅一个半小时,并且没有任何身体不适",符合题干推理要求。

选项B、E说的与判断无关。

C中说的脚伤痊愈的那一周,可能包含痊愈前六天和痊愈后一天,而痊愈后的那一天可能是元旦或星期天,所以选项C描述的人仍然可能是世界级马拉松选手。

D中说的某个星期三可能是元旦。

因此,A为正确答案。故,本题正确答案是A。

案例 4－75：

只有她去，你和我才会一起去唱“卡拉 OK”；而她只到能跳舞的“卡拉 OK”唱歌，那些场所都在市中心。只有你参加，她妹妹才会去唱“卡拉 OK”。

如果上述断定都是真的，以下哪项也一定为真？

A. 她不和她妹妹一起唱“卡拉 OK”

B. 你和我不会一起在市郊的“卡拉 OK”唱歌

C. 我不在，你不会和她一起去唱“卡拉 OK”

D. 她不在，你不会和她妹妹一起去唱“卡拉 OK”

E. 她妹妹也只到能跳舞的地方唱“卡拉 OK”

【解题分析】

(1) 弄清问题并分析题干。题干断定情况表述为：

①只有她，才你且我；

②如果她舞 OK，则市中心；

③只有你，才她妹。

又联立①②，推得：你和我在一起唱“卡拉 OK”，则她一定也在；她只在市中心的“卡拉 OK”唱歌，说明你和我一起唱歌的话，一定是和她在市中心，而不可能是市郊。

(2) 考察选项，确定答案。根据题干推理，则 B 项一定真，其余各项不一定为真。

故，本题正确答案是 B。

案例 4－76：

如果秦川考试及格了，那么钱华、孙旭和沈楠肯定也都及格了。

如果上述断定是真的，那么，以下哪项也是真的？

A. 如果秦川考试没有及格，那么钱、孙、沈三人中至少有一人没有及格

B. 如果秦川考试没有及格，那么钱、孙、沈三人都没及格

C. 如果钱、孙、沈考试都及格了，那么秦川也肯定及格了

D. 如果沈楠没有及格，那么钱华和孙旭不会都及格

E. 如果孙旭没有及格，那么秦川和沈楠不会都及格

【解题分析】

(1) 弄清问题并分析题干。题干断定情况表述为：如果秦，那么钱且孙且沈。

其等价的逆否命题为：如果非（钱且孙且沈），那么非秦。

也就是说，只有非钱或非孙或非沈，才非秦。

(2) 考察选项，确定答案。根据题干推理，如果孙旭没及格，则由条件可推出秦川没及格，因此，秦川和沈楠不会都及格。因此，E 是题干的一个推论。其余各项均不能从题干中推出。故，本题正确答案是 E。

案例 4－77：

如果飞行员严格遵守操作规程，并且飞机在起飞前经过严格的例行技术检验，那么，飞机就不会失事，除非出现例如劫机这样的特殊意外。这架波音 747 在金沙岛上空失事。

如果上述断定是真的，则以下哪项也一定是真的？

A. 如果失事时无特殊意外发生，则飞行员一定没有严格遵守操作规程，并且飞机在起飞前没有经过严格的例行技术检验

B. 如果失事时有特殊意外发生，则飞行员一定严格遵守了操作规程，并且飞机在起飞前经过了严格的例行技术检验

C. 如果飞行员没有严格遵守操作规程，并且飞机起飞前没有经过严格的例行技术检验，则失事时一定没有特殊意外发生

D. 如果失事时没有特殊意外发生，则可得出结论：只要飞机失事的原因是飞行员没有严格遵守操作规程，那么飞机在起飞前一定经过了严格的例行技术检验

E. 如果失事时没有特殊意外发生，则可得出结论：只要飞机失事的原因不是飞机在起飞前没能经过严格的例行技术检验，那么一定是飞行员没有严格遵守操作规程

【解题分析】

(1)弄清问题并分析题干。题干断定情况表述为：

如果遵守操作规程且检验且不出现意外，那么不会失事。

其等价的逆否命题为：如果失事，那么非遵守操作规程或非检验或非出现意外。

现在断定飞机失事了，由此可推出：飞机失事的原因是，飞行员没有严格遵守操作规程，或者飞机在起飞前没有经过严格的例行技术检验，或者出现了特殊意外。这三个原因，依次简记为 p、q 和 r。从题干的条件可知，这三个原因中，至少有一个存在，也可能都存在。

(2)考察选项，确定答案。根据题干推理，分析各选项情况：

A 项不成立。因为由 r 不是原因，不能断定 p 和 q 同时都是原因，而只能断定其中至少有一个是原因。

B 项不成立。因为由 r 是原因，不能断定 p 和 q 都不是原因。

C 项不成立。因为由 p 和 q 都是原因，不能断定 r 一定不是原因。

D 项不成立。因为由 r 不是原因，不能断定：只要 p 是原因，q 就一定不是原因。

E 项成立。因为 r 不是原因，可以断定：只要 q 不是原因，p 就一定是原因。故，本题正确答案为 E。

案例 4－78：

血液中的高浓度脂肪蛋白含量的增多，会增加人体阻止吸收过多的胆固醇的能力，从而降低血液中的胆固醇。有些人通过有规律的体育锻炼和减肥，能明显地增加血液中高浓度脂肪蛋白的含量。

以下哪项，作为结论从上述题干中推出最为恰当？

A. 有些人通过有规律的体育锻炼降低了血液中的胆固醇，则这些人一定是胖子

B. 不经常进行体育锻炼的人，特别是胖子，随着年龄的增大，血液中出现高胆固醇的风险越来越大

C. 体育锻炼和减肥是降低血液中高胆固醇的最有效的方法

D. 有些人可以通过有规律的体育锻炼和减肥来降低血液中的胆固醇

E. 标准体重的人只需要通过有规律的体育锻炼就能降低血液中的胆固醇

【解题分析】

(1)弄清问题并分析题干。题干断定情况表述为:

断定一为有些人通过体育锻炼和减肥,能增加血液中的高浓度脂肪蛋白的含量。

断定二为血液中的高浓度脂肪蛋白含量的增多,会降低血液中的胆固醇。

由此可以推出,有些人可以通过体育锻炼和减肥来降低血液中的胆固醇。

(2)考察选项,确定答案。

C 项和 D 项类似,但其所做的断定过强,作为从题干推出的结论不恰当。根据题干推出的结论,D 项作为题干的推论是恰当的。其余各项均不恰当。因此,本题正确答案是 D。

案例 4-79:

只有在广江市的人才能够不理睬通货膨胀的影响;住在广江市的每一个人都要付税;每一个付税的人都发牢骚。

根据上面的这些句子,判断下列各项哪项一定是真的?

Ⅰ. 每一个不理睬通货膨胀影响的人都要付税。

Ⅱ. 不发牢骚的人中没有一个能够不理睬通货膨胀的影响。

Ⅲ. 每一个发牢骚的人都能够不理睬通货膨胀的影响。

A. 仅Ⅰ　B. 仅Ⅰ和Ⅱ　C. 仅Ⅱ　D. 仅Ⅱ和Ⅲ　E. Ⅰ、Ⅱ和Ⅲ

【解题分析】

(1)弄清问题并分析题干。题干断定情况表述为:

①只有广,才不理 = 如果不理,那么广;

②如果广,那么付;

③如果付,那么发。

(2)考察选项,确定答案。根据题干断定进行推理,分析选项情况如下:

每一个不理睬通货膨胀影响的人,根据①,那么肯定是住在广江市的人;再由②,住在广江市的人都要付税,所以每一个不理睬通货膨胀影响的人都要付税。所以Ⅰ为真。

根据③,不发牢骚的人,那么肯定是不付税的人;再由②,不付税的人肯定没有住在广江市;再由①,没有住在广江市,一定不能够不理睬通货膨胀的影响。所以Ⅱ为真。

根据③,每一个发牢骚的人是否要付税,是不知道的。根据题干的条件关系式,逆推是推不出的,因此,Ⅲ不一定为真。故,本题正确答案是 B。

案例 4-80:

青少年如果连续看书时间过长,眼睛近视几乎是不可避免的。菁华中学的学生个个努力学习。尽管大家都懂得要保护眼睛,但大多数的学生每天看书时间超过 10 小时,这不可避免地导致连续看书时间过长。其余的学生每天看书也有 8 小时。班主任老师表扬的都是每天看书时间超过 10 小时的学生。

以上的叙述如果为真,最能得出以下哪项结论?

A. 菁华中学的同学中没有一个同学的视力正常,大家都戴近视镜

B. 每天看书时间不满 10 小时的学生学习不太用功

C. 菁华中学的学生比其他学校的同学学习更刻苦

D. 菁华中学的同学中近视眼的比例大于其他学校

E. 得到班主任老师表扬的学生中大部分是近视眼

【解题分析】

(1)弄清问题并分析题干。题干断定情况表述为:

断定一,青少年连续看书时间过长几乎都会导致眼睛近视。

断定二,菁华中学大多数的学生每天看书时间超过 10 小时,导致连续看书时间过长。

断定三,班主任老师表扬的都是每天看书时间超过 10 小时的学生。

联立以上条件,班主任老师表扬的都是每天看书时间超过 10 小时的学生;每天看书时间超过 10 小时,导致连续看书时间过长;连续看书时间过长几乎都会导致眼睛近视。这样可得出:得到班主任老师表扬的学生中大部分是近视眼。

(2)考察选项,确定答案。选项 A 结论很强,从题干中无法得出;选项 B 与题干中所述"个个努力学习"矛盾;选项 C、D 超出了题干的信息,不得而知。因此,E 项正确。本题正确答案是 E。

案例 4-81:

如果新产品打开了销路,则本企业今年就能实现转亏为盈。

只有引进新的生产线或者对现有设备实行有效的改造,新产品才能打开销路。

本企业今年没能实现转亏为盈。

如果上述断定是真的,则以下哪项也一定是真的?

Ⅰ. 新产品没能打开销路。Ⅱ. 没引进新的生产线。Ⅲ. 对现有设备没实行有效的改造。

A. 只有Ⅰ　　B. 只有Ⅱ　　C. 只有Ⅲ　　D. Ⅰ、Ⅱ和Ⅲ

E. Ⅰ、Ⅱ和Ⅲ都不必定是真的

【解题分析】

(1)弄清问题并分析题干。题干断定情况表述为:

①如果新产品打开了销路,那么转亏为盈;

②只有引进新的生产线或者对现有设备实行有效的改造,新产品才能打开销路。

既然题干断定,本企业今年没能实现转亏为盈,由条件①的逆否命题,可以必然推出:新产品没能打开销路。因此,Ⅰ一定真。

根据"新产品没能打开销路",由条件②,不能确定是否"引进新的生产线",也不能确定是否"对现有设备实行有效的改造",因此,Ⅱ和Ⅲ不一定是真的。

(2)考察选项,确定答案。本题正确答案是 A。

案例 4-82:

一个心理健康的人,必须保持自尊;一个人只有受到自己所尊敬的人的尊敬,才能保持自尊;而一个用"追星"方式来表达自己尊敬情感的人,不可能受到自己所尊敬的人的尊敬。

以下哪项结论可以从题干的断定中推出?

A. 一个心理健康的人,不可能用"追星"的方式来表达自己的尊敬情感

B. 一个心理健康的人,不可能接受用“追星”的方式所表达的尊敬
C. 一个人如果受到了自己所尊敬的人的尊敬,他(她)一定是个心理健康的人
D. 没有一个保持自尊的人,会尊敬一个用“追星”方式表达尊敬情感的人
E. 一个用“追星”方式表达自己尊敬情感的人,完全可以同时保持自尊

【解题分析】

(1)弄清问题并分析题干。题干断定情况表述为:
①如果心理健康,那么保持自尊;
②只有受到尊敬,才保持自尊;
③如果追星,那么不会受到尊敬,其等价于:只有不会追星,才受到尊敬。
(2)考察选项,确定答案。从①出发推理,联立以上条件关系式,得到:
心理健康—保持自尊—受到尊敬—不会追星。
即一个心理健康的人,不可能用“追星”的方式来表达自己的尊敬情感。因此,A 项正确。其余各项都不能从题干推出。故,本题正确答案为 A。

案例 4-83:

以下是一个西方经济学家陈述的观点:一个国家如果能有效率地运作经济,就一定能创造财富而变得富有;而这样的一个国家想保持政治稳定,它所创造的财富必须得到公正的分配;而财富的公正分配将结束经济风险;但是,风险的存在正是经济有效率运作的不可或缺的先决条件。

从这个经济学家的上述观点,可以得出以下哪项结论?
A. 一个国家政治上的稳定和经济上的富有不可能并存
B. 一个国家政治上的稳定和经济上的有效率运作不可能并存
C. 一个富有国家的经济运作一定是有效率的
D. 在一个经济运作无效率的国家中,财富一定得到了公正的分配
E. 一个政治上稳定的国家。一定同时充满了经济风险

【解题分析】

(1)弄清问题并分析题干。题干断定情况表述为:
①如果有效率,那么富有;
②如果稳定,那么公正;
③如果公正,那么无风险;
④只有风险,才效率,其等价于:如果无风险,则无效率。
由②、③和④可推出:“如果稳定,那么无效率”。这说明,一个国家政治上的稳定和经济上的有效率运作不可能并存。
(2)考察选项,确定答案。B 项正确。故,本题正确答案是 B。

案例 4-84:

大嘴鲈鱼只在有鲦鱼出现的河中长有浮藻的水域里生活。漠亚河中没有大嘴鲈鱼。
从上述断定能得出以下哪项结论?
Ⅰ. 鲦鱼只在长有浮藻的河中才能发现。
Ⅱ. 漠亚河中既没有浮藻,又发现不了鲦鱼。

Ⅲ. 如果在漠亚河中发现了鲦鱼，则其中肯定不会有浮藻。

A. 只有Ⅰ　B. 只有Ⅱ　C 只有Ⅲ　D. 只有Ⅰ和Ⅱ　E. Ⅰ、Ⅱ和Ⅲ都不是

【解题分析】

(1)弄清问题并分析题干。题干断定情况表述为：

断定一，如果大嘴鲈鱼，那么鲦鱼且浮藻 = 只有非大嘴鲈鱼，才非鲦鱼或非浮藻；

断定二，漠亚河中没有大嘴鲈鱼。

(2)考察选项，确定答案。

根据题干，有鲦鱼出现和长有浮藻是大嘴鲈鱼出现的必要条件，由此推不出：(河中)长有浮藻是鲦鱼出现的必要条件。因此，Ⅰ不能由题干推出。

据题干断定的条件关系，由漠亚河中有大嘴鲈鱼，可推出漠亚河中既有浮藻，又有鲦鱼；但由漠亚河中没有大嘴鲈鱼，不能推出漠亚河中既没有浮藻，又发现不了鲦鱼。因此，Ⅱ不能从题干推出。

根据题干推理，鲦鱼和浮藻的关系是得不到的，Ⅲ显然不能从题干推出。因此，本题正确答案是 E。

案例 4－85：

林园小区有住户家中发现了白蚁。除非小区中有住户家中发现白蚁，否则任何小区都不能免费领取高效杀蚁灵。静园小区可以免费领取高效杀蚁灵。

如果上述断定都真，则以下哪项据此不能断定真假？

Ⅰ. 林园小区有的住户家中没有发现白蚁。

Ⅱ. 林园小区能免费领取高效杀蚁灵。

Ⅲ. 静园小区的住户家中都发现了白蚁。

A. 只有Ⅰ　B. 只有Ⅱ　C. 只有Ⅲ　D. 只有Ⅱ和Ⅲ　E. Ⅰ、Ⅱ和Ⅲ

【解题分析】

(1)弄清问题并分析题干。题干断定情况表述为：

断定一，林园小区有住户家中发现了白蚁；

断定二，小区中有住户家中发现白蚁，才该小区免费领取高效杀蚁灵；

断定三，静园小区可以免费领取高效杀蚁灵。

(2)考察选项，确定答案。

与Ⅰ相关的是断定一。但由断定一的真，不能断定Ⅰ的真假(即由特称肯定命题为真不能确定特称否定命题的真假)。

与Ⅱ相关的是断定一和断定二。但由这两个断定的真，不能断定Ⅱ的真假，因为断定二断定的是必要条件关系。

与Ⅲ相关的是断定二和断定三。由这两个断定的真，可推出“静园小区有住户家中发现白蚁”真，但由“静园小区有住户家中发现白蚁”真，不能确定Ⅲ的真假(即由特称肯定命题为真不能确定全称肯定命题的真假)。故，本题正确答案是 E。

案例 4－86：

所有切实关心教员福利的校长，都被证明是管理得法的校长；而切实关心教员福利的校长，都首先把注意力放在解决中青年教员的住房上。因此，那些不首先把注意力放

在解决中青年教员住房上的校长,都不是管理得法的校长。

为使上述论证成立,以下哪项必须为真?

A. 中青年教员的住房问题,是教员的福利中最为突出的问题

B. 所有管理得法的校长,都是关心教员福利的校长

C. 中青年教员的比例,近年来普遍有了大的增长

D. 所有首先把注意力放在解决中青年教员住房上的校长,都是管理得法的校长

E. 老年教员普遍对自己的住房都比较满意

【解题分析】

(1)弄清问题并分析题干。题干断定情况表述为:

前提一,如果关心教员福利的校长,那么管理得法的校长;

前提二,如果关心教员福利的校长,那么解决中青年教员住房;

结论,如果不是解决中青年教员住房,那么不是管理得法的校长。

由前提二作逆否命题,得:如果非解决中青年教员住房,那么非关心教员福利的校长;再由前提一推不出结论。要使结论成立,必须满足:如果非关心教员福利的校长,那么非管理得法的校长,等价于:如果管理得法的校长,那么关心教员福利的校长,也就是说,所有管理得法的校长,都是关心教员福利的校长。

(2)考察选项,确定答案。为使上述论证成立,B 项必须为真。故,本题正确答案为 B。

案例 4-87:

威尼斯面临的问题具有典型意义。一方面,为了解决市民的就业,增加城市的经济实力,必须保留和发展它的传统工业,这是旅游业所不能替代的经济发展的基础;另一方面,为了保护其独特的生态环境,必须杜绝工业污染,但是,发展工业将不可避免地导致工业污染。

以下哪项能作为结论从上述断定中推出?

A. 威尼斯将不可避免地面临经济发展的停滞或生态环境的破坏

B. 威尼斯市政府的正确决策应是停止发展工业以保护生态环境

C. 威尼斯市民的生活质量只依赖于经济和生态环境

D. 旅游业是威尼斯经济收入的主要来源

E. 如果有一天威尼斯的生态环境受到了破坏,这一定是它为发展经济所付出的代价

【解题分析】

(1)弄清问题并分析题干。题干断定情况表述为:

①只有发展传统工业,才能促进经济发展;

②如果保护生态环境,则杜绝工业污染;

③如果发展传统工业,那么导致工业污染。

因此,由③和②,如果发展传统工业,则破坏生态环境;由①,如果不发展传统工业,那么经济发展停滞;又,或者发展传统工业,或者不发展传统工业,对于威尼斯来说,二者必居其一,因此,可推出结论:威尼斯将不可避免地面临经济发展的停滞或生态环境的破坏。

(2)考察选项,确定答案。A项所断定的正是推出的结论,而其余各项均不能从题干推出,因此A项正确。

案例4-88:

在微波炉清洁剂中加入漂白剂,就会释放出氯气;在浴盆清洁剂中加入漂白剂,也会释放出氯气;在排烟机清洁剂中加入漂白剂,没有释放出任何气体。现有一种未知类型的清洁剂,加入漂白剂后,没有释放出氯气。

根据上述实验,以下哪项关于这种未知类型的清洁剂的断定一定为真?

Ⅰ.它是排烟机清洁剂。

Ⅱ.它既不是微波炉清洁剂,也不是浴盆清洁剂。

Ⅲ.它要么是排烟机清洁剂,要么是微波炉清洁剂或浴盆清洁剂。

A.仅Ⅰ　B.仅Ⅱ　C.仅Ⅲ　D.仅Ⅰ和Ⅱ　E.Ⅰ、Ⅱ和Ⅲ

【解题分析】

(1)弄清问题并分析题干。题干断定情况表述为:

①在微波炉清洁剂中加入漂白剂,会释放出氯气;

②在浴盆清洁剂中加入漂白剂,会释放出氯气;

③在排烟机清洁剂中加入漂白剂,没有释放出任何气体;

④一种未知类型的清洁剂,加入漂白剂后,没有释放出氯气。

由①和④,可推出该清洁剂不是微波炉清洁剂;由②和④,可推出该清洁剂不是浴盆清洁剂。

(2)考察选项,确定答案。由题干可推出:该清洁剂既不是微波炉清洁剂,也不是浴盆清洁剂。这正是Ⅱ所断定的,其余均不一定为真。本题正确答案为B。

案例4-89:

一个社会是公正的,则以下两个条件必须满足:第一,有健全的法律;第二,贫富差异是允许的,但必须同时确保消灭绝对贫困和每个公民事实上都有公平竞争的机会。

根据题干的条件,最能够得出以下哪项结论?

A.S社会有健全的法律,同时又在消灭了绝对贫困的条件下,允许贫富差异的存在,并且绝大多数公民事实上都有公平竞争的机会。因此,S社会是公正的

B.S社会有健全的法律,但这是以贫富差异为代价的,因此,S社会是不公正的

C.S社会允许贫富差异,但所有人都由此获益,并且每个公民都事实上有公平竞争的权利。因此,S社会是公正的

D.S社会虽然不存在贫富差异,但这是以法律不健全为代价的,因此,S社会是不公正的

E.S社会法律健全,虽然存在贫富差异,但消灭了绝对贫困。因此,S社会是公正的

【解题分析】

(1)弄清问题并分析题干。题干断定为:法律健全是社会公正的必要条件。

(2)考察选项,确定答案。

A项断定S社会满足题干所提及的一个公正社会的所有必要条件,但并不能依此就断定S社会是公正的。

B 项虽然存在贫富差异,但如果消灭了绝对贫困或者有公平竞争,社会还可能是公正的,因此,也推不出。

D 项断定,S 社会法律不健全,因此,可推出 S 社会不公正。其余各项均不能由题干的条件得出。故,本题正确答案为 D。

案例 4－90:

一本小说要畅销,必须有可读性。一本小说,只有深刻触及社会的敏感点。才能有可读性。而一个作者如果不深入生活,他的作品就不可能深刻触及社会的敏感点。

以下哪项结论可以从题干的断定中推出?

Ⅰ. 一个畅销小说作者,不可能不深入生活。

Ⅱ. 一本不触及社会敏感点的小说,不可能畅销。

Ⅲ. 一本不具有可读性的小说的作者,一定没有深入生活。

A. 只有Ⅰ　　B. 只有Ⅱ　　C. 只有Ⅰ和Ⅲ　　D. 只有Ⅰ和Ⅱ　　E. Ⅰ、Ⅱ和Ⅲ

【解题分析】

(1)弄清问题并分析题干。题干断定为:

①如果畅销,那么有可读性;

②只有触及敏感点,才有可读性;

③如果不深入生活,那么不触及敏感点。

由上述三式可得:如果畅销那么有可读性则触及敏感点就要深入生活,即如果一本小说畅销,那么其作者一定深入生活。

(2)考察选项,确定答案。由上述推理可知,I 能从题干推出。

由①②作逆否命题可得:如果不触及敏感点则没有可读性则不畅销,即如果一本小说不触及社会敏感点,那么它不可能畅销。因此Ⅱ能从题干推出。

Ⅲ不能由题干推出。本题正确答案为 D。

案例 4－91:

如果小李报考 MPA,那么,小孙,小王和小张也都报考 MPA。

如果以上断定为真,以下哪项也一定为真?

A. 如果小王不报考 MPA,那么小孙也不报考 MPA

B. 如果小张不报考 MPA,那么小李也不报考 MPA

C. 如果小李和小孙报考 MPA,那么小王和小张不报考 MPA

D. 如果小孙、小王和小张报考 MPA,那么小李也报考 MPA

E. 如果小李不报考 MPA,那么小孙、小王和小张三人中至少有一人不报考 MPA

【解题分析】

(1)弄清问题并分析题干。题干断定为:如果李,那么孙且王且张;其逆否命题为:只有非李,才非孙或非王或非张。即题干意味着:小孙,小王和小张中只要有一个人不报考 MPA,那么,小李不报考 MPA。

(2)考察选项,确定答案。由上述推理可知,因此,如果小张不报考 MPA,那么小李也不报考 MPA。这正是 B 项所断定的。其余选项均不合适。本题正确答案为 B。

案例 4－92：

一个足球教练这样教导他的队员："足球比赛从来是以结果论英雄。在足球比赛中，你不是赢家就是输家；在球迷的眼里，你要么是勇敢者，要么是懦弱者。由于所有的赢家在球迷眼里都是勇敢者，所以每个输家在球迷眼里都是懦弱者。"

为使上述足球教练的论证成立，以下哪项是必须假设的？

A. 在球迷们看来，球场上勇敢者必胜

B. 球迷具有区分勇敢和懦弱的准确判断力

C. 球迷眼中的勇敢者，不一定是真正的勇敢者

D. 即使在球场上，输赢也不是区别勇敢这和懦弱者的唯一标准

E. 在足球比赛中，赢家一定是勇敢者

【解题分析】

(1)弄清问题并分析题干。题干表述情况为：

题干前提，如果赢，那么勇；

题干结论，如果不赢(输)，那么不勇(懦)。

所以，从题干条件得不出结论；要使题干结论成立，必须假设条件：如果勇，那么赢。

(2)考察选项，确定答案。选项 A 正是需要假设的条件。足球教练的结论是"每个输家在球迷眼里都是懦弱者"。根据足球教练的论证所依据的条件，这一结论的成立不依赖于球迷判断力的准确性，也不依赖于赢家或输家事实上是否为勇敢者或懦弱者，因此，其余各项均不是必须假设的。故，正确答案为 A。

案例 4－93：

宏达汽车公司生产的小轿车都安装了驾驶员安全气囊。在安装驾驶员气囊的小轿车中，有 50% 安装了乘客安全气囊。只有安装乘客安全气囊的小轿车才会同时安装减轻冲击力的安全杠和防碎玻璃。

如果上述判定为真，并且事实上李先生从宏达汽车公司购进一辆小轿车中装有防碎玻璃，则以下哪项一定为真？

Ⅰ. 这辆车一定装有安全杠。

Ⅱ. 这辆车一定装有乘客安全气囊。

Ⅲ. 这辆车一定装有驾驶员安全气囊。

A. 只有Ⅰ　　B. 只有Ⅱ　　C. 只有Ⅲ　　D. 只有Ⅰ和Ⅱ　　E. Ⅰ、Ⅱ和Ⅲ

【解题分析】

(1)弄清问题并分析题干。题干表述情况为：

断定一，如果宏达公司生产的小轿车，那么安装了驾驶员安全气囊；

断定二，只有安装安全气囊的小轿车，才能同时安装安全杠和防碎玻璃。

转换断定二可得：同时安装安全杠和防碎玻璃的小轿车，一定安装了安全气囊。事实上，李先生从宏达汽车公司购进一辆小轿车中装有防碎玻璃。

由断定一，我们可以得出一定安装了驾驶员安全气囊。由断定二，我们不能肯定得出安装安全杠。

(2)考察选项，确定答案。根据以上推理，本题正确答案是 C。

案例 4－94：

一项产品要成功占领市场，必须既有合格的质量，又有必要的包装；一项产品，不具备足够的技术投入，合格的质量和必要的包装难以两全；而只有足够的资金投入，才能保证足够的技术投入。

以下哪项结论可以从题干的断定中推出？

Ⅰ. 一项成功占领市场的产品，其中不可能不包含足够的技术投入。

Ⅱ. 一项资金投入不足但质量合格的产品，一定缺少必要的包装。

Ⅲ. 一项产品，只要既有合格的质量，又有必要的包装，就一定能成功占领市场。

A. 只有Ⅰ　　B. 只有Ⅱ　　C. 只有Ⅲ　　D. 只有Ⅰ和Ⅱ　　E. Ⅰ、Ⅱ和Ⅲ

【解题分析】

(1)弄清问题并分析题干。题干表述情况为：有合格的质量，又有必要的包装是占领市场的必要条件；足够的技术投入是合格的质量和必要的包装同时出现的必要条件；足够的资金投入是足够的技术投入的必要条件。

从而列出以下条件关系式：

①如果占，那么质且包。

②如果非技，那么非(质且包)；其等价于“只有技，才质且包”。

③只有资，才技；其等价于“如果非资，那么非技”。

(2)考察选项，确定答案。由①和②可得到：一项成功占领市场的产品，一定包含足够的技术投入，Ⅰ正确。由②和③可得到：非资—非技—非(质且包)。就是说在资金投入不足的情况下合格的质量和必要的包装不能同时出现，现在没有了足够的资金投入而有合格的质量，那么必要的包装一定不会出现，Ⅱ正确。由①，其逆命题不一定成立，Ⅲ未必为真。因此，本题正确答案为 D。

案例 4－95：

以下两题基于题干：

某花店只有从花农那里购得低于正常价格的花，才能以低于市场的价格卖花而获利；除非该花店的销售量很大，否则，不能从花农那里购得低于正常价格的花；要想有大的销售量，该花店就要满足消费者个人兴趣或者拥有特定品种的独家销售权。

第 1 题：如果上述断定为真，则以下哪项必定为真？

A. 如果该花店从花农那里购得低于正常价格的花，那么就会以低于市场的价格卖花而获利

B. 如果该花店没有以低于市场的价格卖花而获利，则一定没有从花农那里购得低于正常价格的花

C. 该花店不仅满足了消费者的个人兴趣，而且拥有特定品种独家销售权，但仍然不能以低于市场的价格卖花而获利

D. 如果该花店广泛满足了消费者的个人兴趣或者拥有特定品种独家销售权，那么就会有大的销售量

E. 如果该花店以低于市场价格卖花而获利，那么一定是从花农那里购得了低于正常价格的花

【解题分析】

(1)弄清问题并分析题干。题干表述情况为:

①只有购得低于正常价格的花,才以低于市场的价格卖花而获利;

②只有销售量大,才购得低于正常价格的花;

③如果销售量大,那么满足消费者个人兴趣或拥有独家销售权。

(2)考察选项,确定答案。E 项与①表达的意思完全一致,能从题干必然推出,为正确答案。其余选项均不能从题干推出。因此,正确答案是 E。

第 2 题:如果上述断定为真,并且事实上该花店没有满足广大消费者的个人兴趣,则以下哪项不可能为真?

A. 如果该花店不拥有特定品种独家销售权,就不能从花农那里购得低于正常价格的花

B. 即使该花店拥有特定品种独家销售权,也不能从花农那里购得低于正常价格的花

C. 该花店虽然没有拥有特定品种独家销售权,但仍以低于市场的价格卖花而获利

D. 该花店通过广告促销的方法获利

E. 花店以低于市场的价格卖花获利是花市普遍现象

【解题分析】

(1)弄清问题并分析题干。题干断定情况为:

①只有购得低于正常价格的花,才以低于市场的价格卖花而获利;

②只有销售量大,才购得低于正常价格的花;

③如果销售量大,那么满足消费者个人兴趣或拥有独家销售权。

由③的逆否命题可得:如果不满足消费者个人兴趣或不拥有独家销售权那么非销售量大;由②的逆否命题可得:如果非销售量大,那么非购得低于正常价格的花;由①的逆否命题可得:如果不购得低于正常价格的花,那么不以低于市场的价格卖花而获利。

联立①②③得:如果不满足消费者个人兴趣或者不拥有独家销售权,那么不以低于市场的价格卖花而获利。即如果该花店没有满足广大消费者的个人兴趣,并且,该花店没有拥有特定品种独家销售权,那么,就不可能以低于市场的价格卖花而获利。

(2)考察选项,确定答案。由上述推理可知,C 项不可能成立。本题正确答案是 C。

案例 4 -96:

环宇公司规定,其所属的各营业分公司,如果年营业额超过 800 万的,其职员可获得优秀奖;只有年营业额超过 600 万元的,其职员才能获得激励奖。年终统计显示,该公司所属的 12 个分公司中,6 个年营业额超过了 1000 万元,其余的则不足 600 万元。

如果上述断定为真,则以下哪项关于该公司今年获奖情况的断定一定为真?

Ⅰ. 获得激励奖的职员,一定获得优秀奖。

Ⅱ. 获得优秀奖的职员,一定获得激励奖。

Ⅲ. 半数职员获得了优秀奖。

A. 仅Ⅰ　B. 仅Ⅱ　C. 仅Ⅲ　D. 仅Ⅰ和Ⅱ　E. Ⅰ、Ⅱ和Ⅲ。

【解题分析】

(1)弄清问题并分析题干。题干断定情况为:

①超过 800 万—优秀奖(如果年营业额超过 800 万的,其职员可获得优秀奖);

②超过 600 万—激励奖(只有年营业额超过 600 万元的,其职员才能获得激励奖);

③超过 600 万—超过 800 万(该公司所属的 12 个分公司中,6 个超过 1000 万元,其余的不足 600 万元,说明"超过 600 万的公司"与"超过 800 万的公司"是等同的)。

(2)考察选项,确定答案。得到激励奖的,由②知,一定是超过 600 万的;再由③知,也一定超过 800 万元;进一步由①得到,一定获得优秀奖;所以,获得激励奖的职员一定获得优秀奖,Ⅰ正确。

由上述三个条件关系式联立,得到:"优秀奖—激励奖",获得优秀奖是获得激励奖的必要条件而不是充分条件,所以获得优秀奖的职员未必获得激励奖,Ⅱ不一定正确。

分公司数量的半数和职员数量的半数不是同一个概念,Ⅲ不一定正确。故,本题正确答案为 A。

下面这个题,大家作个比较看看:

森达集团规定,它的下属连锁分店,年营额超过 800 万元的,雇员可获得年超额奖。年终统计显示,该集团所属 10 个连锁分店,其中 7 个年营业额超过 800 万元,其余的不足 500 万元。森达集团又规定,只有年营业额超过 500 万元的,雇员才能获得敬业奖。

如果上述断定都是真的,那么以下哪项关于该集团的断定也一定是真的?

(1)得敬业奖的雇员,一定获得年超额奖。

(2)得年超额奖的雇员,一定得敬业奖。

(3)森达集团的大多数雇员都得了年超额奖。

A. 仅(1)　B. 仅(2)　C. 仅(3)　D. 仅(1)和(2)　E. (1)、(2)和(3)

【解题分析】

(1)弄清问题并分析题干。题干断定情况为:

前提一,"年营额超过 800 万元的,雇员可获得年超额奖"(充分条件);

前提二,"只有年营业额超过 500 万元的,雇员才能获得敬业奖"(必要条件)。

由前提一得:如果(p)超 800 万,则(q)获超额奖,见下图。

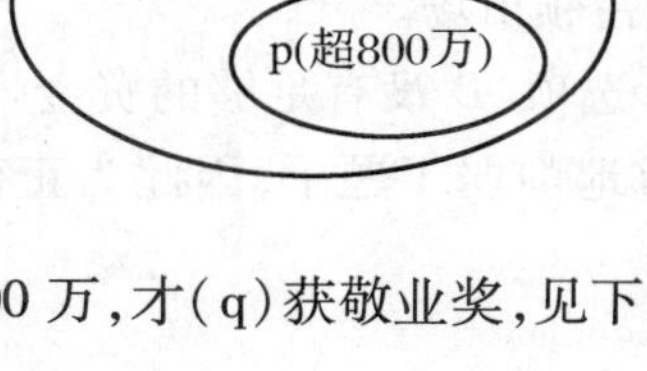

由前提二得:只有(p)超 500 万,才(q)获敬业奖,见下图。

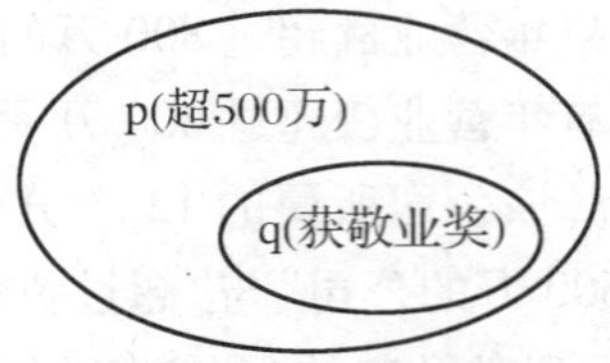

小前提和结论都在选项里面,小前提在选项里面的前半部分,结论在后半部分。

(2)考察选项,确定答案。下面逐一分析给定选项:

①得敬业奖的雇员,一定获得年超额奖。(得敬业奖一定超过500万,超过500万一定超过800万,超过800万一定获得超额奖。这里的圈套是"超500万一定超800万")符合要求。

②得年超额奖的雇员,一定得敬业奖。(不能推出来。因为"获年超额奖"不一定"超过800万";再有"只有超过500万才能获得敬业奖",即"超过500万"不一定"获得敬业奖")不符合要求。

③森达集团的大多数雇员都得了年超额奖。("大多数雇员"不是"大多数连锁店的雇员")不符合要求。

故,本题正确答案是A。

案例4-97:

只有具备足够的资金投入和技术人才,一个企业的产品才能拥有高科技含量。而这种高科技含量,对于一个产品长期稳定地占领市场是必不可少的。

以下哪种情况如果存在,最能削弱以上断定?

A. 苹果牌电脑拥有高科技含量,并长期稳定地占领着市场

B. 西子洗衣机没能长期稳定地占领市场,但该产品并不缺乏高科技含量

C. 长江电视机没能长期稳定地占领市场,因为该产品缺乏高科技含量

D. 清河空调长期稳定地占领着市场,但该产品的厂家缺乏足够的资金投入

E. 开开电冰箱没能长期稳定地占领市场,但该产品的厂家有足够的资金投入和技术人才

【解题分析】

(1)弄清问题并分析题干。题干断定情况为:足够的资金投入和技术人才是产品高科技含量的必要条件,而高科技含量是长期稳定占领市场的必要条件,可表示为,只有资金投入且技术人才,才有产品高科技含量,才能长期稳定占领市场;其逆否命题为,如果非资金投入或非技术人才,那么非产品高科技含量,则非长期稳定占领市场。因此,没有足够的资金投入则一定也不能占领市场。

(2)考察选项,确定答案。选项"D没有足够的资金投入也能占领市场"与题干推出的结论不符,是一个反例,严重地削弱了题干,因此为正确答案。其余选项不能削弱题干。故,本题正确答案为D。

案例4-98:

根据一种心理学理论,一个人要想快乐就必须和周围的人保持亲密的关系。但是,

世界上伟大的画家往往是在孤独中度过了他们大部分时光，并且没有亲密的人际关系。所以。这种心理学理论是不成立的。

以下哪项最可能是上述论证所假设的？

A. 世界上伟大的画家都喜欢逃避亲密的人际关系

B. 有亲密的人际关系的人几乎没有孤独的时候

C. 孤独对于伟大的绘画艺术来说是必需的

D. 几乎没有著名的画家有亲密的人际关系

E. 世界上伟大的画家都是快乐的

【解题分析】

(1)弄清问题并分析题干。题干断定情况为：

心理学理论认为，如果要想快乐，那么与人保持亲密。要说明这个理论不成立，就要找其反例，即找上述推理的负命题，即有人既快乐又不与人保持亲密。

(2)考察选项，确定答案。由选项 E，最伟大的画家们是快乐的，加上题干所说，伟大的画家并没有亲密的人际关系，因此，心理学理论的负命题成立，即这种心理学理论一定是错误的。可见，E 项是题干推理所必须假设的。故，本题正确答案为 E。

案例 4－99：

语言在人类的交流中起重要的作用。如果一种语言是完全有效的，那么，其基本语音的每一种可能的组合都能够表达有独立意义和可以理解的词。但是，如果人类的听觉系统接受声音信号的功能有问题，那么，并非基本语音每一种可能的组合都能够成为有独立意义和可以理解的词。

如果上述断定为真，则以下哪项一定为真？

A. 如果人类的听觉系统接受声音信号的功能正常，那么一种语言的基本语音的每一种可能的组合都能够成为有独立意义和可以理解的词

B. 如果人类的听觉系统接受声音信号的功能有问题，那么语言就不可能完全有效

C. 语言的有效性导致了人类交流的实用性

D. 人体的听觉系统是人类交流最重要的部分

E. 如果基本语音每一种可能的组合都能够成为有独立意义和可以理解的词，该语言完全有效

【解题分析】

(1)弄清问题并分析题干。题干断定情况为：

①如果一种语言是完全有效的，那么其基本语音的每一种可能的组合都能够表达有独立意义和可以理解的词；

②如果人类的听觉系统接受声音信号的功能有问题，那么并非基本语音每一种可能的组合都能够成为有独立意义和可以理解的词。

(2)考察选项，确定答案。如果人类的听觉系统接受声音信号的功能有问题，由②知，并非基本语音每一种可能的组合都能够成为有独立意义和可以理解的词。再由①可

知，一种语言不可能完全有效。因此，选项B符合要求。故，正确答案为B。

案例4-100：

如果鸿图公司的亏损进一步加大，那么是胡经理不称职；如果没有丝毫撤换胡经理的意向，那么胡经理就是称职的；如果公司的领导班子不能团结一心，那么是胡经理不称职。

如果上述断定为真，并且事实上胡经理不称职，那么以下哪项是一定为真？

A. 公司的亏损进一步加大了

B. 出现撤换胡经理的意向

C. 公司领导班子仍不能团结一心

D. 公司的亏损进一步加大，并且出现撤换胡经理的意向

E. 公司领导班子仍不能团结一心，并且出现撤换胡经理的意向

【解题分析】

(1)弄清问题并分析题干。题干断定情况为：

①如果亏损，那么胡经理不称职；

②如果没有撤换意向，那么胡经理称职；

③如果领导班子不团结，那么胡经理不称职。

而事实上胡经理不称职，①和③都推不回去，而对②作个逆否命题，可以推出有撤换意向。

(2)考察选项，确定答案。根据上述推理，B项正确。因此，本题正确答案为B。

案例4-101：

一个花匠正在配制插花。可供配制的花共有苍兰、玫瑰、百合、牡丹、海棠和秋菊6个品种，一件合格的插花必须至少由两种花组成，并同时满足以下条件：如果有苍兰或海棠，则不能有秋菊；如果有牡丹，则必须有秋菊；如果有玫瑰，则必须有海棠。

以下各项所列的两种花都可以单独或与其他花搭配，组成一件合格的插花，除了：

A. 苍兰和玫瑰　　B. 苍兰和海棠　　C. 玫瑰和百合

D. 玫瑰和牡丹　　E. 百合和秋菊

【解题分析】

(1)弄清问题并分析题干。题干对插花的限定情况为：

①如果苍兰或海棠，则不秋菊；其逆否命题为如果秋菊，那么非苍兰且非海棠。

②如果牡丹，则秋菊。

③如果玫瑰，则海棠；其逆否命题为：如果没有海棠，那么没有玫瑰。

由①②得：如果有牡丹，则就有秋菊，同时就没有苍兰或海棠。

由②③得：如果有牡丹，则就有秋菊，同时就没有苍兰或海棠，同时也就没有玫瑰。

结论得出：有牡丹，就没有玫瑰。

(2)考察选项，确定答案。选项D不可能搭配在一起组成一件合格的插花，因为由条件，如果有玫瑰，则必须有海棠；如果有海棠，则不能有秋菊；而没有秋菊，就不会有牡丹。

故,本题正确答案为D。

案例4-102:

一个产品要畅销,产品的质量和经销商的诚信缺一不可。

以下各项都符合题干的断定,除了:

A. 一个产品滞销说明它或者质量不好,或者经销商缺乏诚信

B. 一个产品只有质量高并且诚信经销才能畅销

C. 一个产品畅销说明它质量高并有诚信的经销商

D. 一个产品除非有高的质量和诚信的经销商,否则不能畅销

E. 一个质量好并且由诚信者经销的产品不一定畅销

【解题分析】

(1)弄清问题并分析题干。由题干可知质量和诚信是畅销的必要条件,即如果畅销,那么质量且诚信。也就是说,如果畅销,一定有质量和诚信;但不畅销(滞销)怎么样,是否缺乏质量和诚信是不知道的,一个产品滞销的原因是有多种可能的,也许质量、诚信都没问题,而是其他原因造成的。

(2)考察选项,确定答案。A项不成立。其余选项均符合题干。故,本题正确答案为A。

案例4-103:

19世纪前,技术、科学发展相对独立。而19世纪的电气革命,是建立在科学基础上的技术创新,它不可避免地导致了两者的结合与发展,而这又使人类不可避免地面对尖锐的伦理道德问题和资源环境问题。

以下哪项符合题干的断定?

Ⅰ. 产生当今尖锐的伦理道德问题和资源环境问题的一个重要根源是电气革命。

Ⅱ. 如果没有电气革命,则不会产生当今尖锐的伦理道德问题和资源环境问题。

Ⅲ. 如果没有科学与技术的结合,就不会有电气革命。

A. 只有Ⅰ　　B. 只有Ⅱ　　C. 只有Ⅲ　　D. 只有Ⅰ和Ⅲ　　E. Ⅰ、Ⅱ和Ⅲ

【解题分析】

(1)弄清问题并分析题干。题干的推理为:如果电气革命,那么科学与技术的结合与发展,则尖锐的伦理道德问题和资源环境问题。

(2)考察选项,确定答案。

从题干可知,电气革命是尖锐的伦理道德问题和资源环境问题的充分条件,因此,产生当今尖锐的伦理道德问题和资源环境问题的一个重要根源是电气革命。即Ⅰ成立。

由题干知,“电气革命”是“尖锐的伦理道德问题和资源环境问题”的充分条件,但并不是必要条件。因此,Ⅱ不能从题干推出。

由题干知,“电气革命”是“科学与技术的结合”的充分条件,即“科学与技术的结合”是“电气革命”的必要条件。因此,Ⅲ成立。因此,本题正确答案为D。

案例 4－104：

要杜绝令人深恶痛绝的“黑哨”，必须对其课以罚款，或者永久性地取消“黑哨”的裁判资格，或者直至追究其刑事责任。事实证明，罚款的手段在这里难以完全奏效，因为在一些大型赛事中，高额的贿金往往足以抵消罚款的损失。因此，如果不永久性的取消“黑哨”的裁判资格，就不可能杜绝令人深恶痛绝的“黑哨”现象。

以下哪项是上述论证最可能的假设？

A. 一个被追究刑事责任的“黑哨”必定被永久性地取消裁判资格

B. 大型赛事中对裁判的贿金没有上限

C. “黑哨”是一种职务犯罪，本身已触犯法律

D. 对“黑哨”的罚金不可能没有上限

E. “黑哨”现象只有在大型赛事中

【解题分析】

(1)弄清问题并分析题干。题干的推理为：

判定一，要杜绝黑哨，必须课以罚款，或者永久性地取消其裁判资格，或者追究其刑事责任，可表示为：如果杜，那么罚或取或刑；其等价的逆否命题为：①如果不罚且不取且不刑，那么不杜，即如果不罚款，并且不取消其裁判资格，并且不追究其刑事责任，就不能杜绝黑哨。

判定二，罚款难以完全奏效，可表示为：②如果罚且不取且不刑，那么不杜。意思是，如果只罚款，而不取消其裁判资格，并且不追究刑事责任，就不能杜绝黑哨。

由上述两个前提可得：③如果不取且不刑，则不杜。意思是，不管罚不罚款，如果不取消其裁判资格，并且不追究刑事责任，就不能杜绝黑哨。

判定三，题干的结论是：如果不永久性地取消黑哨的裁判资格，就不能杜绝黑哨。可表示为：④如果不取，那么不杜。

综合以上分析，题干论证就是，由③式为前提得出④式这一结论。要保证这一论证成立，必须增加附加条件：如果不取，那么不刑；等价于一个被追究刑事责任的“黑哨”必定被永久性地取消裁判资格。

(2)考察选项，确定答案。A 项符合要求，依据这一条件，可得如果不永久性地取消其裁判资格，就不可能追究其刑事责任，因此，就不能杜绝黑哨。

从题干看出，本题存在条件关系，其假设必然要联结前提的条件关系式与结论的条件关系式，而其余选项都起不到这个作用，均为无关项。故，本题正确答案为 A。

案例 4－105：

任何行为都有结果。任何行为的结果中，必定包括其他行为。而要判断一个行为是否好，就需要判断它的结果是否好；要判断它的结果是否好，就需要作为其结果的其他行为是否好……这样，实际上我们面临着一个不可完成的思考。因此，一个好的行为实际上不可能存在。

以下哪项最可能是上述论证所假设的？

A. 有些行为的结果中只包括其他行为

B. 我们可以判断已经发生的行为是否好,但不能判断正在发生的行为是否好

C. 判断一个行为是好的,就需要判断制止该行为的行为是坏的

D. 我们应该实施好的行为

E. 一个好的行为必须是能够被我们判断的

【解题分析】

(1)弄清问题并分析题干。题干的推理为:

题干断定,判断一个行为是否好实际上是不可完成的。

题干结论,一个好的行为实际上不可能存在。

可见,题干的逻辑主线是:如果一个好行为不可能得到判断,那么一个好行为不可能存在。其逆否命题是,如果一个好的行为存在的话,必须是能够得到判断的。

(2)考察选项,确定答案。E 项就是表达了上述推理意思,也就是说,如果 E 项成立,题干论证就必然成立,因此,E 项是题干推理所必须假设的。

A 项不是题干推理所必须假设的,否则,如果所有行为的结果中都包括其他行为,那么即使题干的背景成立,仍然可以推出一个好的行为可以存在的结论。故,正确答案为 E。

案例 4－106:

只要有足够的勇气和智慧,就没有办不成的事。

如果上述断定为真,则以下哪一项一定为真?

A. 如果有事办不成,说明既缺乏足够的勇气,又缺乏足够的智慧

B. 如果有事办不成,说明缺乏足够的勇气,或者缺乏足够的智慧

C. 如果没有办不成的事,说明至少有足够的勇气

D. 如果缺乏足够的勇气和智慧,那就办不成任何事

E. 如果缺乏足够的勇气和智慧,就总有事办不成

【解题分析】

(1)弄清问题并分析题干。题干逻辑关系为:如果勇气且智慧,那么办成;

其逆否命题为:只有非勇气或非智慧,才非办成,就是说如果有事办不成,说明缺乏足够的勇气,或者缺乏足够的智慧。

(2)考察选项,确定答案。B 项为正确答案。故,正确答案为 B。

案例 4－107:

除非不把理论当做教条,否则就会束缚思想。

以下各项都表达了与题干相同的含义,除了:

A. 如果不把理论当做教条,就不会束缚思想

B. 如果把理论当做教条,就会束缚思想

C. 只有束缚思想,才会把理论当做教条

D. 只有不把理论当做教条,才不会束缚思想

E. 除非束缚思想,否则不会把理论当做教条

【解题分析】

(1)弄清问题并分析题干。题干的断定为:如果把理论当做教条,那么会束缚思想(除非不,否则=如果,那么),即"把理论当做教条"是"会束缚思想"的充分条件。

(2)考察选项,确定答案。选项A,"把理论当做教条"是"会束缚思想"的必要条件,这与题干的意思是不同的,所以是正确答案。其余选项都与题干的意思完全一致。

因此,本题正确答案为A。

案例4-108:

粤西酒店如果既有清蒸石斑,又有白灼花螺,则一定会有盐焗花蟹;酒店在月尾从不卖盐焗花蟹;只有当粤西酒店卖白灼花螺时,老王才会与朋友到粤西酒店吃海鲜。

如果上述断定为真,以下哪项一定为真?

A. 粤西酒店在月尾不会卖清蒸石斑

B. 老王与朋友到粤西酒店不会既吃清蒸石斑,又吃白灼花螺

C. 粤西酒店只有在月尾才不卖白灼花螺

D. 老王不会在月尾与朋友到粤西酒店吃海鲜,因为那里没有盐焗花蟹

E. 如果老王在月尾与朋友到粤西酒店吃海鲜,他们肯定吃不到清蒸石斑

【解题分析】

(1)弄清问题并分析题干。题干的断定为:

①粤西酒店:如果斑且螺,那么蟹;

②如果酒店在月尾,那么非蟹;

③粤西酒店:只有螺才老王与朋友吃海鲜。

从中可作如下推理:

由②和③得④,如果老王在月尾与朋友到粤西酒店吃海鲜,则粤西酒店卖螺,但不卖蟹;

由①得⑤,粤西酒店不卖蟹,可得粤西酒店不卖斑,或者不卖螺;

又④和⑤可得,粤西酒店不卖斑;

所以,如果老王在月尾与朋友到粤西酒店吃海鲜,他们肯定吃不到清蒸石斑。

(2)考察选项,确定答案。故,本题正确答案为E。

案例4-109:

只要不起雾,飞机就按时起飞。

第1题:以下哪项正确地表达了上述断定?

Ⅰ. 如果飞机按时起飞,则一定没有起雾。

Ⅱ. 如果飞机不按时起飞,则一定起雾。

Ⅲ. 除非起雾,否则飞机按时起飞。

A. 只有Ⅰ　　B. 只有Ⅱ　　C. 只有Ⅲ　　D. 只有Ⅱ和Ⅲ　　E. Ⅰ、Ⅱ和Ⅲ

【解题分析】

(1)弄清问题并分析题干。题干的断定为:如果不起雾,那么起飞。其等价的逆否命题为:只有起雾,才不起飞。

(2)考察选项,确定答案。I表示"飞机起飞"是"不起雾"的充分条件,与题干所表示

的条件关系不同。Ⅱ表示"飞机不起飞"是"起雾"的充分条件,与题干的意义相同。Ⅲ表示"只有起雾,飞机才不能起飞",与题干的意义相同。故,正确答案为D。

第2题:以下哪项如果为真,说明上述断定不成立?

Ⅰ.没起雾,但飞机没按时起飞。

Ⅱ.起雾,但飞机仍然按时起飞。

Ⅲ.起雾,飞机航班延期。

A.只有Ⅰ　B.只有Ⅱ　C.只有Ⅲ　D.只有Ⅱ和Ⅲ　E.Ⅰ、Ⅱ和Ⅲ

【解题分析】

(1)弄清问题并分析题干。题干的断定为:对于一个充分条件假言命题"如果p,那么q"来说,其负命题为"p并且非q"。

由于题干的条件关系式为:如果不起雾,那么起飞。

(2)考察选项,确定答案。因此,题干的负命题为"没起雾,且没起飞",即Ⅰ是对题干假言命题的否定。而Ⅱ、Ⅲ不能构成对题干假言命题的否定。所以,Ⅰ如果成立,题干断定就不成立。故,本题正确答案为A。

案例4-110:

东山市威达建材广场每家商场的门边都设有垃圾桶。这些垃圾桶的颜色是绿色或红色。

如果上述断定为真,则以下哪项一定为真?

Ⅰ.东山市有一些垃圾桶是绿色的。

Ⅱ.如果东山市的一家商店门边没有垃圾桶,那么这家商店不在威达建材广场。

Ⅲ.如果东山市的一家商店门边有一个红色垃圾桶,那么这家商店是在威达建材广场。

A.只有Ⅰ　B.只有Ⅱ　C.只有Ⅰ和Ⅱ　D.只有Ⅰ和Ⅲ　E.Ⅰ、Ⅱ和Ⅲ

【解题分析】

(1)弄清问题并分析题干。题干的断定为:

①如果东山市威达建材广场的商场,那么门边设有垃圾桶;

②如果东山市威达建材广场每家商场门边的垃圾桶,那么绿色或红色。

(2)考察选项,确定答案。

由"p或者q"真,既推不出p真,也推不出q真,所以由②知,Ⅰ不能确定其真假。

如果东山市所有垃圾桶都是红色的,并不违反题干的条件。由①的逆否命题,可知Ⅱ一定真。

由于充分条件假言推理肯定后件式是无效的,所以由②不能确定Ⅲ的真假。故,本题正确答案为B。

案例4-111:

如果品学兼优,就能获得奖学金。

假设以下哪项,能依据上述断定得出结论:李桐学习欠优?

A.李桐品行优秀,但未获得奖学金　B.李桐品行优秀,并且获得奖学金

C.李桐品行欠优,未获得奖学金　D.李桐品行欠优,但获得奖学金

E. 李桐并非品学兼优

【解题分析】

(1)弄清问题并分析题干。题干的断定为:如果品行优秀且学习优秀,那么获得奖学金。其等价的逆否命题是:只有品行欠优或学习欠优,才未获得奖学金。这意味着,如果李桐未获得奖学金,就必然可得,品行欠优或者学习欠优;那么如果他品行优秀,就必然可得出结论,李桐学习欠优。

(2)考察选项,确定答案。A 为正确答案。

案例 4－112:

除非年龄在 50 岁以下,并且能持续游泳 3000 米以上,否则不能参加下个月举行的花样横渡长江活动。同时,高血压和心脏病患者不能参加。老黄能持续游泳 3000 米以上,但没被批准参加这项活动。

以上断定能推出以下哪项结论?

Ⅰ. 老黄的年龄至少 50 岁。

Ⅱ. 老黄患有高血压。

Ⅲ. 老黄患有心脏病。

A. 只有Ⅰ　　B. 只有Ⅱ　　C. 只有Ⅲ

D. Ⅰ、Ⅱ和Ⅲ至少一个　　E. Ⅰ、Ⅱ、Ⅲ都不能从题干推出

【解题分析】

(1)弄清问题并分析题干。题干的断定为:

①年龄至少 50 岁或不能持续游 3000 米以上一不能参加横渡长江活动;

②高血压患者或心脏病患者一不能参加横渡长江活动。

由“老黄能持续游泳 3000 米以上,但没被批准参加这项活动”,结合上述两个条件,推不出Ⅰ、Ⅱ、Ⅲ。

(2)考察选项,确定答案。因此,正确答案为 E。

案例 4－113:

如果一个学校的大多数学生都具备足够的文学欣赏水平和道德自律意识,那么,像《红粉梦》和《演艺十八钗》这样的出版物就不可能成为在该校学生中销售最多的书。去年在 H 学院的学生中,《演艺十八钗》的销售量仅次于《红粉梦》。

如果上述断定为真,则以下哪项一定为真?

Ⅰ. 去年 H 学院的大多数学生都购买了《红粉梦》或《演艺十八钗》。

Ⅱ. H 学院的大多数学生既不具备足够的文学欣赏水平,也不具备足够的道德自律意识。

Ⅲ. H 学院至少有些学生不具备足够的文学欣赏水平,或者不具备足够的道德自律意识。

A. 只有Ⅰ　　B. 只有Ⅱ　　C. 只有Ⅲ　　D. Ⅱ和Ⅲ　　E. Ⅰ、Ⅱ和Ⅲ

【解题分析】

(1)弄清问题并分析题干。题干的断定为:

①如果学校的大多数学生都具备足够的文学欣赏水平和道德自律意识,那么《红粉

梦》和《演艺十八钗》不可能成为在该校学生中销售最多的书；

②《演艺十八钗》和《红粉梦》在H学院的学生中销量最多。

根据题干断定②，推不出Ⅰ。

根据题干的两个断定，可推出结论：并非“H学院的大多数学生都具备足够的文学欣赏水平和道德自律意识”；其等价于H学院至少有些学生不具备足够的文学欣赏水平，或者不具备足够的道德自律意识，即Ⅲ成立，Ⅱ不成立。

(2)考察选项，确定答案。C为正确答案。

案例4-114：

在潮湿的气候中仙人掌很难成活；在寒冷的气候中柑橘很难生长。在某省的大部分地区，仙人掌和柑橘至少有一种不难成活生长。

如果上述断定为真，则以下哪项一定为假？

A. 该省的一半地区，既潮湿又寒冷

B. 该省的大部分地区炎热

C. 该省的大部分地区潮湿

D. 该省的某些地区既不寒冷也不潮湿

E. 柑橘在该省的所有地区都无法生长

【解题分析】

(1)弄清问题并分析题干。题干的断定为：

①如果潮湿的气候，那么仙人掌很难成活；

②如果在寒冷的气候中，那么柑橘很难生长；

③在某省的大部分地区：仙人掌不难成活或者柑橘不难生长。

从而显然可推出，在某省的大部分地区，不潮湿或者不寒冷，由于并非“在某省的大部分地区，气候不潮湿或者不寒冷”；这等值于该省少部分地区，既潮湿又寒冷。

(2)考察选项，确定答案。因此，如果题干断定为真，A项一定为假。故，正确答案A。

案例4-115：

中国要拥有一流的国家实力，必须有一流的教育。只有拥有一流的国家实力，中国才能做出应有的国际贡献。

以下各项都符合题干的意思，除了：

A. 中国难以做出应有的国际贡献，除非拥有一流的教育

B. 只要中国拥有一流的教育，就能做出应有的国际贡献

C. 如果中国拥有一流的国家实力，就不会没有一流的教育

D. 不能设想中国做出了应有的国际贡献，但缺乏一流的教育

E. 中国面临选择：或者放弃应尽的国际义务，或者创造一流的教育

【解题分析】

(1)弄清问题并分析题干。题干的断定为：

①如果拥有一流的国家实力，那么拥有一流的教育；

②只有拥有一流的国家实力，才做出应有的国际贡献；

由此，可推出③如果做出应有的国际贡献，那么拥有一流的教育。

可见，“拥有一流的教育”是“做出应有的国际贡献”的必要条件。

(2)考察选项,确定答案。B 项断定"拥有一流的教育"是"做出应有的国际贡献"的充分条件,不符合题干意思。其余选项均符合题干意思。故,正确答案为 B。

案例 4 - 116:

全国运动会举行女子 5000 米比赛,辽宁、山东、河北各派了三名运动员参加。比赛前,四名体育爱好者在一起预测比赛结果。甲说:"辽宁队训练就是有一套,这次的前三名非他们莫属。"乙说:"今年与去年可不同了,金银铜牌辽宁队顶多拿一个。"丙说:"据我估计,山东队或者河北队会拿牌的。"丁说:"第一名如果不是辽宁队的,就该是山东队的了。"比赛结束后,发现以上四人只有一人言中。

以下哪项最可能是该项比赛的结果?

A. 第一名辽宁队,第二名辽宁队,第三名辽宁队

B. 第一名辽宁队,第二名河北队,第三名山东队

C. 第一名山东队,第二名辽宁队,第三名河北队

D. 第一名河北队,第二名辽宁队,第三名辽宁队

E. 第一名河北队,第二名辽宁队,第三名山东队

【解题分析】

(1)弄清问题并分析题干。题干的断定为:

甲认为,山东队不拿牌且河北队不拿牌,其一般形式为"非山东队且非河北队",等价于"并非(山东队或河北队)";

乙认为,辽宁队:或金或银或铜;

丙认为,山东队或河北队拿牌,其一般形式为 p 或者 q;

丁认为,第一名或者山东队或者辽宁队。

以上四人只有一人言中,即只有一真。根据对当关系推理的基本解题方法解答如下:

第一,找出矛盾。由题干知,四人的话只有一真。那么四人之间必有一对矛盾。考察发现甲与丙矛盾。矛盾双方必有一真。真话就在甲丙之间。甲丙之外的话都是假的。甲的话是"并非(p 或者 q)",乙的话是"p 或者 q"。

第二,绕开矛盾。乙和丁的话都是假的。丁说"第一名如果不是辽宁队的,就该是山东队的了"是假话,可以推出第一名不是辽宁队也不是山东队,应当是河北队。

第三,跳出矛盾解决问题。河北队第一名。由乙"金银铜牌辽宁队顶多拿一个"假,推出,辽宁队至少拿二个。即并非"至多" = 至少两个。然而,第一名已经是河北队,已经拿走一块金牌了,所以辽宁只能拿两块牌,故第二、三名就是辽宁队了。

(2)考察选项,确定答案。故正确答案为 D。

注意:刚才分析是甲丙矛盾,为什么不是甲乙矛盾呢?如果甲乙矛盾,甲假乙就真,辽宁队不拿三块牌,也可能拿两块牌,也可能拿一块牌,可见,甲乙二者并不矛盾。

案例 4 - 117:

一天,小方、小林做完数学题后发现答案不一样。小方说:"如果我的不对,那你的就对了。"小林说:"我看你的不对,我的也不对。"旁边的小刚看了看他们两人的答案后说:"小林的答案错了。"这时数学老师刚好走过来,听到了他们的谈话,并查看了他们的运算

结果后说:“刚才你们三个人所说的话中只有一句是真的。”

请问下述说法中哪一个是正确的?

A. 小方说的是真话,小林的答案对了

B. 小刚说的是真话,小林的答案错了

C. 小林说对了,小方和小林的答案都不对

D. 小林说错了,小方的答案是对的

E. 小刚说对了,小林和小方的答案都不对

【解题分析】

(1)弄清问题并分析题干。题干的断定为:

小方说“如果我不对,那么你对”;

小林说“你不对且我不对(原文中的“也”相当于“且”);

小刚说“小林的答案错了”。

因为三个人所说的话中只有一句是真的。所以三句话间必然有矛盾,找出矛盾。

第一,找出矛盾。小方说“如果我的不对,那你的就对了”,小林说“我看你的不对,我的也不对”(肯定了小方的前件,否定了小方的后件),所以小林和小方二者的话有矛盾,负命题与它所否定的原命题之间是矛盾的,因为“并非(如果 p 那么 q) = p 且非 q”。所以,小方与小林必有一真。

第二,绕开矛盾。小刚说“小林的答案错了”必然是假的,所以小林的答案就对了。

第三,跳出矛盾,解决问题。小林的答案是对的,由小方说“如果我的不对,那你的就对了”可推出小方说的是真话,即“小方的答案不对,小林的答案对了”。

(2)考察选项,确定答案。故正确答案为 A。

案例 4 - 118:

相传古时候某国的国民都分别居住在两座怪城中,一座“真城”,一座“假城”。凡真城里的人个个说真话,假城里的人个个说假话。一位知晓这一情况的国外游客来到其中一座城市,他只向遇到的该国国民提了一个是非问题,就明白了自己所到的是真城还是假城。

下列哪个问句是最恰当的?

A. 你是真城的人吗? B. 你是假城的人吗? C. 你是说真话的人吗?
D. 你是说假话的人吗? E. 你是这座城的人吗?

【解题分析】

(1)弄清问题并分析题干。根据题干:问“你是这座城市的人吗?”若得到“是”的回答,那就到了真城;若得到“不是”的回答,那就到了假城。

若按 A 或 C 发问,不管他到哪个城,游客只能得到“是”的回答;若按 B 或 D 发问,只能得到“不是”的回答。因此,这类的发问不能让游客区分他到的是哪个城市,可见,E 合适。

(2)考察选项,确定答案。本题的正确答案是 E。

案例 4 - 119:

在一个候车室里,一个小偷顺手拿起了一个旅客身旁的皮包。旅客叫起来:“我的皮

包!”小偷马上放下皮包,说:“对不起,我拿错了皮包。”说完就要走开。旁边的民警看见了,一把抓住他,只用一句话就让小偷认罪了。

请问,民警说的是下面哪句话?

A. 你怎么能乱拿人家的皮包?

B. 不是你的包,你怎么能乱动呢?

C. 你这种顺手牵羊的行为就是小偷!

D. 请问,你自己的皮包在哪里?

E. 如果人家没发现,你不就把皮包拿走了吗?

【解题分析】

(1)弄清问题并分析题干。根据题干:除了选项D以外,其余各选项问句都不足以迫使小偷承认他说的是假话。

(2)考察选项,确定答案。本题的正确答案是D。

案例4-120:

从赵、张、孙、李、周、吴六个工程技术人员中选出三位组成一个特别攻关小组,集中力量研制开发公司下一步准备推出的高技术拳头产品。为了使工作更有成效,我们了解到以下情况:

(1)赵、孙两个人中至少要选上一位;

(2)张、周两个人中至少选上一位;

(3)孙、周两个人中的每一个都绝对不要与张共同入选。

根据以上条件,若周未被选上,则下列中哪两位必同时入选?

A. 赵、吴　　B. 张、李　　C. 张、吴　　D. 赵、李　　E. 赵、张

【解题分析】

(1)弄清问题并分析题干。根据条件推导即可知,因为周未被选上,而由条件(2),张、周两个人中至少选上一位,所以张肯定选上了。又由条件(3),张选上了,孙就肯定没选上。再由条件(1),赵就肯定选上了。所以选赵、张。

(2)考察选项,确定答案。本题的正确答案是E。

案例4-121:

古时候的一场大地震几乎毁灭了整个人类,只有两个部落死里逃生。最初在这两个部落中,神帝部落所有的人都坚信人性本恶,圣地部落所有的人都坚信人性本善,并且没有既相信人性本善又相信人性本恶的人存在。后来两个部落繁衍生息,信仰追随和部落划分也遵循着一定的规律。部落内通婚,所生的孩子追随父母的信仰,归属原来的部落;部落间通婚,所生孩子追随母亲的信仰,归属母亲的部落。

我们发现神圣子是相信人性本善的。

在以下各项对神圣子身份的判断中,不可能为真的是:

A. 神圣子的父亲是神帝部落的人

B. 神圣子的母亲是神帝部落的人

C. 神圣子的父母都是圣地部落的人

D. 神圣子的母亲是圣地部落的人

E. 神圣子的姥姥是圣地部落的人

【解题分析】

(1)弄清问题并分析题干。根据题干可知,若B项断定为真,则神圣子的母亲是神帝部落的人,那么,不论神圣子的父亲是哪个部落的,由题干的条件,可推出神圣子都一定相信人性本恶。这与题干条件“神圣子是相信人性本善的”相矛盾。因此,B项的断定不可能真。其余的各项都可能真。见下图所示。

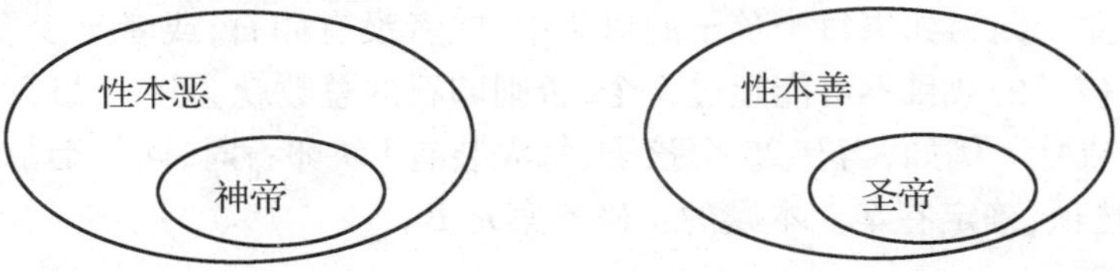

(2)考察选项,确定答案。本题的正确答案是B。

案例4-122:

某公司的销售部有五名工作人员,其中有两名本科专业是市场营销,两名本科专业是计算机,有一名本科专业是物理学。又知道五人中有两名女士,她们的本科专业背景不同。

根据上文所述,以下哪项论断最可能为真?

A.该销售部有两名男士是来自不同本科专业的

B.该销售部的一名女士一定是计算机本科专业毕业的

C.该销售部三名男士来自不同的本科专业,女士也来自不同本科专业

D.该销售部至多有一名男士是市场营销专业毕业的

E.该销售部本科专业为物理学的一定是男士,不是女士

【解题分析】

(1)弄清问题并分析题干。根据题意,可推知5名工作人员的性别与专业情况只有下列三种:

①2位女士分别为市场营销和计算机,3位男士分别为市场营销、物理学和计算机;

②2位女士分别为物理学和计算机,3位男士分别为市场营销、市场营销和计算机;

③2位女士分别为市场营销和物理学,3位男士分别为市场营销、计算机和计算机。

从中必然能推出A。其余选项不能必然推出。

(2)考察选项,确定答案。本题的正确答案是A。

案例4-123:

一群在海滩边嬉戏的孩子的口袋中,共装有25块卵石。他们的老师对此说了以下两句话:

第一句话:“至多有5个孩子口袋里装有卵石。”

第二句话:“每个孩子的口袋中,或者没有卵石,或者至少有5块卵石。”

如果上述断定为真,则以下哪项关于老师两句话关系的断定一定成立?

Ⅰ.如果第一句话为真,则第二句话为真。

Ⅱ.如果第二句话为真,则第一句话为真。

Ⅲ.两句话可以都是真的,但不会都是假的。

A. 仅Ⅰ　B. 仅Ⅱ　C. 仅Ⅲ　D. 仅Ⅰ和Ⅱ　E. 仅Ⅱ和Ⅲ

【解题分析】

(1)弄清问题并分析题干。根据题干:

Ⅰ不一定成立。例如,当只有两个孩子装有卵石,其中一个装有24块,另一个装有1块时,第一句话为真,而第二句话为假。

Ⅱ一定成立。因为如果每个孩子的口袋中,或者没有卵石,或者至少有5块卵石,那么装有卵石的孩子的数目不可能超过5个,否则卵石的总数就会超出25块。

Ⅲ不一定成立。例如,当有25个孩子,每人装有1块卵石时,两句话都是假的。

(2)考察选项,确定答案。本题的正确答案是B。

案例4-124:

人应对自己的正常行为负责,这种负责甚至包括因行为触犯法律而承受制裁。但是,人不应该对自己不可控制的行为负责。

以下哪项能从上述断定中推出?

Ⅰ. 人的有些正常行为会导致触犯法律。

Ⅱ. 人对自己的正常行为有控制力。

Ⅲ. 不可控制的行为不可能触犯法律。

A. 只有Ⅰ　B. 只有Ⅱ　C. 只有Ⅲ　D. 只有Ⅰ和Ⅱ　E. Ⅰ、Ⅱ和Ⅲ

【解题分析】

(1)弄清问题并分析题干。根据题干:

Ⅰ可以从题干的前两句话推出来。因为人应对自己的正常行为负责,这种负责甚至包括因行为触犯法律而承受制裁,所以,人的有些正常行为会导致触犯法律。

Ⅱ也可以从题干中推出来。题干当中的已知条件"不应该对不可控制的行为负责",从中可以推出"负责的行为都是可以控制的"。再加上题干中的第一句话"正常的行为应该负责",就可以推出"人对自己正常的行为都有控制力"。如下图所示。

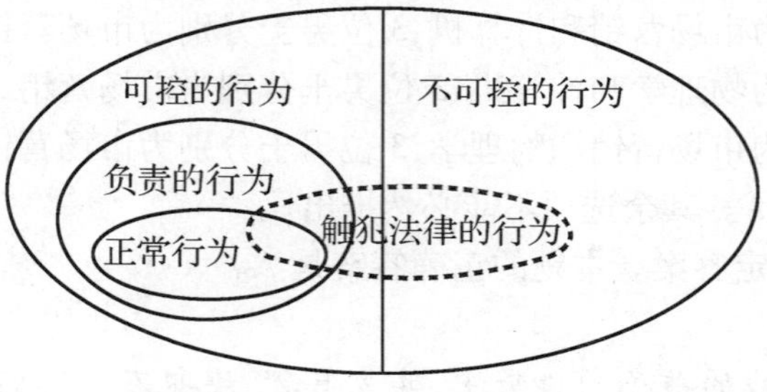

Ⅲ从题干中推不出来。因为题干"触犯法律的行为",是不周延的,而第三句话当中该触犯法律的行为是周延的了。

(2)考察选项,确定答案。本题的正确答案是D。

案例4-125:

除了吃川菜,张涛不吃其他菜肴。所有林村人都爱吃川菜。川菜的特点为麻辣香,其中有大量的干鲜辣椒、花椒、大蒜、姜、葱、香菜等调料。大部分吃川菜的人都喜好一边吃川菜,一边喝四川特有的盖碗茶。

如果上述断定为真，则以下哪项一定为真？

A. 所有林村人都爱吃麻辣香的食物

B. 所有林村人都爱喝四川出产的茶

C. 大部分林村人喝盖碗茶

D. 张涛喝盖碗茶

E. 张涛是四川人

【解题分析】

(1)弄清问题并分析题干。根据题干，“所有林村人都爱吃川菜，川菜的特点为麻辣香”，可知“所有林村人都爱吃麻辣香的食物”，即A项为真。其余选项都不必然为真。如下图所示。

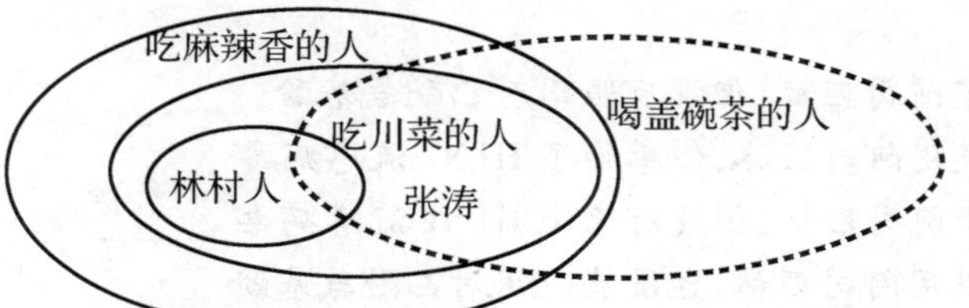

(2)考察选项，确定答案。本题的正确答案是A。

案例4-126：

大多数独生子女都有以自我为中心的倾向，有些非独生子女同样有以自我为中心的倾向，自我为中心倾向的产生有各种原因，但一个共同原因是缺乏父母的正确引导。

如果上述断定为真，则以下哪项一定为真？

A. 每个缺乏父母正确引导的家庭都有独生子女

B. 有些缺乏父母正确引导的家庭有不止一个子女

C. 有些家庭虽然缺乏父母正确引导，但子女并不以自我为中心

D. 大多数缺乏父母正确引导的家庭都有独生子女

E. 缺乏父母正确引导的多子女家庭，少于缺乏父母正确引导的独生子女家庭

【解题分析】

(1)弄清问题并分析题干。根据题干，可以画出集合图：

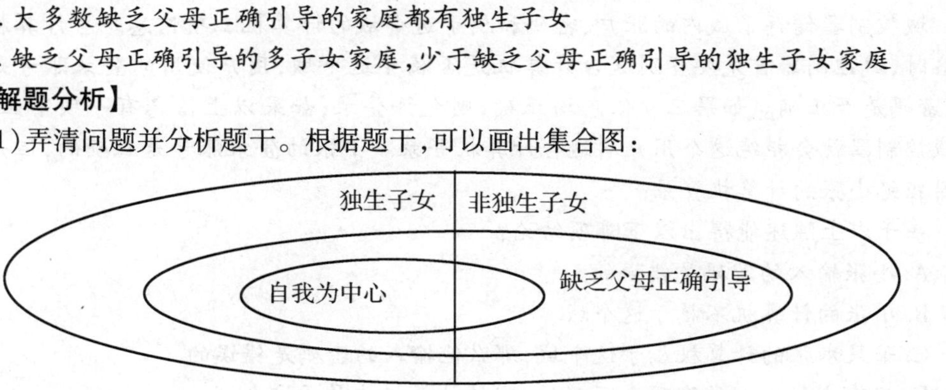

题干断定：有些非独生子女同样有以自我为中心的倾向，自我为中心倾向的产生有一个共同原因是缺乏父母的正确引导。从中可推出有些非独生子女也缺乏父母正确引导，即B项一定为真。

C项并不必然为真，题干只意味着“自我为中心一定是缺乏父母的正确引导”，并不

排除缺乏父母的正确引导一定是自我为中心”这种情况的可能性，也就是“自我为中心”与“缺乏父母的正确引导”有可能是同一的，在这种情况下，C 就不成立了。

其余选项都不一定为真。

(2)考察选项，确定答案。本题的正确答案是 B。

案例 4－127：

针对威胁人类健康的甲型 H1N1 流感，研究人员研制出了相应的疫苗，尽管这些疫苗是有效的，但某大学研究人员发现，阿司匹林、羟苯基乙酰胺等抑制某些酶的药物会影响疫苗的效果，这位研究人员指出："如果你服用了阿司匹林或者对乙酰氨基酚，那么你注射疫苗后就必然不会产生良好的抗体反应。"

如果小张注射疫苗后产生了良好的抗体反应，则据上述研究结果可以得出以下哪项结论？

A. 小张服用了阿司匹林，但没有服用对乙酰氨基酚

B. 小张没有服用阿司匹林，但感染了 H1N1 流感病毒

C. 小张服用了阿司匹林，但没有感染 H1N1 流感病毒

D. 小张没有服用阿司匹林，也没有服用对乙酰氨基酚

E. 小张服用了对乙酰氨基酚，但没有服用羟苯基乙酰胺

【解题分析】

(1)根据题干断定：如果服用阿司匹林或者服用对乙酰氨基酚，那么，注射疫苗后必然不会产生良好的抗体反应。其逆否命题为：如果注射疫苗后可能产生良好的抗体反应，那么没有服用阿司匹林并且没有服用对乙酰氨基酚。

因此，如果小张注射疫苗后产生了良好的抗体反应，那么，小张没有服用阿司匹林，也没有服用对乙酰氨基酚。

(2)根据上述分析，考察选项。很明显，D 项符合要求，因此，本题正确答案是 D。

案例 4－128：

域控制器储存了域内的账户、密码和属于这个域的计算机三项信息。当计算机接入网络时，域控制器首先要鉴别这台计算机是否属于这个域，用户使用的登录账号是否存在，密码是否正确。如果三项信息均正确，则允许登录；如果以上信息有一项不正确，那么域控制器就会拒绝这个用户从这台计算机登录。小张的登录账号是正确的，但是域控制器拒绝小张的计算机登录。

基于以上陈述能得出以下哪项结论？

A. 小张输入的密码是错误的

B. 小张的计算机不属于这个域

C. 如果水张的计算机属于这个域，那么他输入的密码是错误的

D. 只有小张输入的密码是正确的，它的计算机才属于这个域

E. 如果小张输入的密码是正确的，那么它的计算机属于这个域

【解题分析】

(1)根据题干断定：如果属于这个域并且登录账号正确并且密码正确，那么允许登录。其逆否命题为：如果拒绝登录，那么不属于这个域或登录账号不正确或密码不正确。

既然小张的登录账号是正确的，但是域控制器拒绝小张的计算机登录。这就可推出：小张的计算机不属于这个域，或者，他输入的密码是错误的。

由此，可推出：如果小张的计算机属于这个域，那么他输入的密码是错误的。

（2）考察选项，确定答案。按照对题干分析及上述推论，可知，正确答案是C。

案例4－129：

蟋蟀是一种非常有趣的小动物，宁静的夏夜，草丛中传来阵阵清脆悦耳的鸣叫声，那是蟋蟀在歌唱。蟋蟀优美动听的歌声并不是出自它的好嗓子，而是来自它的翅膀。左右两翅一张一合，相互摩擦，就可以发出悦耳的声响了。蟋蟀还是建筑专家，与它那柔软的挖掘工具相比，蟋蟀的住宅真可以算得上是伟大的工程了。在其住宅门口，有一个收拾得非常舒适的平台。夏夜，除非下雨或者刮风，否则蟋蟀肯定会在这个平台上歌唱。

根据以上陈述，以下哪项是蟋蟀在无雨的夏夜所做的？

A. 修建住宅　　B. 收拾平台　　D. 如果没有刮风，它就在抢修工程

C. 在平台上歌唱　　E. 如果没有刮风，它就在平台上唱歌

【解题分析】

（1）根据题干断定：如果并非（下雨或者刮风），那么，蟋蟀肯定会在这个平台上唱歌。即如果不下雨且不刮风，那么，蟋蟀肯定会在这个平台上唱歌。因此，在无雨的夏夜，如果没有刮风，蟋蟀就在平台上唱歌。

（2）考察选项，确定答案。依据上述分析，很明显，E项正确。故正确答案是E。

案例4－130：

太阳风中的一部分带电粒子可以到达M星表面，将足够的能量传递给M星表面粒子，使后者脱离M星表面，逃逸到M星大气中。为了判定这些逃逸的粒子，科学家们通过三个实验获得了如下信息：

实验一：或者是x粒子，或者是y粒子。

实验二：或者不是y粒子，或者不是z粒子。

实验三：如果不是z粒子，就不是y粒子。

根据上述三个实验，以下哪项一定为真？

A. 这种粒子是x粒子　　B. 这种粒子是y粒子　　C. 这种粒子是z粒子

D. 这种粒子不是x粒子　　E. 这种粒子不是z粒子

【解题分析】

（1）根据题干断定，整理式：

①实验一，x或者y；

②实验二，非y或者非z＝如果y，那么非z＝如果z，那么非y；

③实验三，如果非z，那么非y。

由②③二难推理可得，非y；再联立①得，x或者y，非y，所以x。

（2）根据上述推理，可知选项A合适。因此，本题正确答案是A。

案例4－131：

大小行星悬浮游在太阳系边缘，极易受附近星体引力作用的影响。据研究人员计算，有时这些力量会将彗星从奥尔特星云拖出。这样，它们更有可能靠近太阳。两位研

究人员据此分别作出了以下两种有所不同的断定：一、木星的引力作用要么将它们推至更小的轨道，要么将它们逐出太阳系；二、木星的引力作用或者将它们推至更小的轨道，或者将它们逐出太阳系。

如果上述两种断定只有一种为真，可以推出以下哪项结论？

A. 木星的引力作用将它们推至更小的轨道，并且将它们逐出太阳系

B. 木星的引力作用没有将它们推至更小的轨道，但是将它们逐出太阳系

C. 木星的引力作用将它们推至更小的轨道，但是没有将它佃逐出太阳系

D. 木星的引力作用既没有将它们推至更小的轨道，也没有将它们逐出太阳系

E. 木星的引力作用如果将它们推至更小的轨道，就不会将它们逐出太阳系

【解题分析】

(1)根据题干，令 p 表示“木星的引力作用将它们推至更小的轨道”，q 表示“木星的引力作用将它们逐出太阳系”，这样研究人员的断定可表示为以下两个：

①断定一，要么 p，要么 q；

②断定二，或者 p，或者 q。

如果①真，则②必真，这样就有两真，与题干只有一真矛盾。因此，必然是②真，①假。①假意味着，p、q 两者都真，或两者都假（不相容选言推理的性质）。②真意味着，p、q 两者至少一个真（相容选言推理的性质）。

从而可推出，只能是 p、q 两者都真这一种情况成立，即木星的引力作用将它们推至更小的轨道”并且“木星的引力作用将它们逐出太阳系”。

(2)考察选项，确定答案。依据上述推论，只有 A 项正确。因此，正确答案是 A。

案例 4 - 132：

本年度篮球联赛中，长江队主教练发现，黄河队五名主力队员之间的上场配置有如下规律：

①若甲上场，则乙也要上场。

②只有甲不上场，丙才不上场。

③要么丙不上场，要么乙和戊中有人不上场。

④乙不上场。

则以下哪项配置合乎上述规律？

A. 甲、丙、丁同时上场　　B. 丙不上场，丁、戊同时上场

C. 甲不上场，丙、丁都上场　　D. 甲、丁都上场，戊不上场

E. 甲、丁、戊都不上场

【解题分析】

(1)根据题干断定，由④①可推出：甲不上场。（由①的逆否命题求得）

(2)考察选项，运用排除法求解。

A、D 项中有甲上场，不符合上述推断，排除。

选项 B，丙不上场，根据条件 3 可推出“乙和戊中有人不上场”一定不成立，这就推出乙和戊都上场，这与题干中的乙不上场矛盾，排除。

E 项，戊不上场。根据条件③“乙和戊中有人不上场”，可知，乙上场，这与条件④矛

盾。排除。

只有C项与题干条件不矛盾。因此,本题正确答案是C。

案例4-133:

某中药配方有如下要求:(1)如果有甲药材,那么也要有乙药材;(2)如果没有丙药材,那么必须有丁药材;(3)人参和天麻不能都有;(4)如果没有甲药材而有丙药材,则需要有人参。

如果含有天麻,则关于该配方的断定哪项为真?

A.含有甲药材　　B.含有丙药材　　C.没有丙药材

D.没有乙药材和丁药材　　E.含有乙药材或丁药材

【解题分析】

(1)根据题干条件,整理得:

①如果甲,那么乙;

②如果非丙,那么丁;

③如果参,那么非麻;

④如果非甲且丙,那么参。

如果含有天麻,由③知,没有人参;再据④得,有甲或没丙。再由①②得,有乙或有丁。

(2)考察选项,确定答案。根据上述推论,只有选项E真。因此,正确答案是E。

提示:通过以上案例解析的训练,我们对复合命题的混合推理题型的解题步骤归纳为七字诀,以帮助读者正确快速求解此类型题,现分述如下。

①析。就是分析题干。运用收敛思维,根据联结词和自己对题干的理解运用简明的文字写出条件关系式。

②延。就是对条件关系式做延伸思维。写出其等价命题。弄清原命题、逆命题、否命题、逆否命题间的关系。记住,原命题与其逆否命题是等价命题这一重要关系。

原命题:"如果a,那么b";　　逆命题:"如果b,那么a"。

否命题:"如果非a,那么非b";　逆否命题:"如果非b,那么非a"。

原命题与其逆否命题是等价命题:

"如果a,那么(b或c)"=如果(非b且非c),那么非a;

"如果a,那么(b且c)"=如果(非b或非c),那么非a;

"如果(b或c),那么a"=如果非a,那么(非b且非c);

"如果(b且c),那么a"=如果非a,那么(非b或非c)。

③寻。就是找到解决问题的突破口。依据逻辑关系式的内在联系找出推理的起点。可在题干、或问题、或选项中查找。

④联。就是由推理起点,通过关系的传递,列出推理链。利用推理链选项与答案联接。

⑤算。就是运用逻辑命题进行演算。这里尤其要记住基本的等价式,进行变形推理。如:

"如果a,则b"="非a或b";

"只有a,才b"="a或非b";

"a或b"="如果非a,则b";

"非a或非b"="如果a,则非b"。

⑥定。就是确定答案。从已知条件与选项两头进行推理。不能凭感觉,必须依据推理来确定答案。

趣味阅读

据明代江盈科编撰的《雪涛小说》记载:很久以前,有对夫妻,家里很穷。一天,丈夫回到家中兴高采烈地对妻子说,我们有好日子过了。当妻子追问靠什么过好日子时,他拿出一枚鸡蛋,说:"我就靠这枚鸡蛋"。接着就跟妻子讲起了自己的致富计划。

丈夫说:"我用这枚鸡蛋让邻居的母鸡帮助孵化出一个小鸡来,小鸡长大后就开始下蛋,每个月可得15个鸡蛋,然后再孵化成小鸡,两年内鸡再生鸡,就可以得到300只鸡,能换10两金子。用这10两金子买5头牛,牛又生长,3年可得25头牛,牛再生牛,又过3年,就能发展到150头,可以换300两金子。我用其中的三分之一买房置地,三分之一买丫环仆人,三分之一用来娶小老婆。这样咱们就可以过上神仙一样的日子了。"

妻子听到要娶小老婆时,愤怒地把丈夫手里的鸡蛋打了个粉碎,说"趁早打碎它,免得你娶小老婆"。为此,夫妻两个大闹一场。

这里,夫妻两人的错误就是把可能性极小的东西,当成是必然性的东西了,也就是把"可能"命题当做"必然"命题来理解了。

第五章 | CHAPTER 5

模态推理与关系推理

模态命题及其推理

关系命题及其推理

案例与解题技巧

第五章 模态推理与关系推理

一、模态命题及其推理

(一)模态命题的含义与种类

模态命题主要反映事物情况存在或发展的必然性或可能性的命题。模态命题包含“必然”(一定)或“可能”等模态词。包含必然的命题是必然命题,包含可能的命题是可能命题。举例如下:

(1)所有飞行事故的发生必然有其原因。

(2)懂管理的干部必然不会随意决策。

(3)房价可能继续上涨。

(4)明年汽车不可能涨价。

以上这些都是模态命题。

按反映事物的必然性还是可能性,可把模态命题分为必然命题和可能命题,而无论必然命题还是可能命题,都可以肯定,也可以否定。这样,模态命题可分为四种类型,见下表所示。

类型	公式	简称	符号	含义	举例
①必然肯定命题	s 必然是 p	必然 p	□p	断定某件事情的发生是必然的。	醉酒驾驶机动车必然违法。
②必然否定命题	s 必然不是 p	必然非 p	□$\bar{p}$	断定某件事情的不发生是必然的。	安于现状的人必然不攻读 MPA。
③可能肯定命题	s 可能是 p	可能 p	◇p	断定某件事情的发生是可能的。	他可能攻读过工商管理课程。
④可能否定命题	s 可能不是 p	可能非 p	◇$\bar{p}$	断定某件事情的不发生是可能的。	强盗的儿子可能不是强盗。

(二)模态命题的对当关系

在同素材的四种模态命题之间也存在着真假上的相互制约关系。这种关系与四种直言命题间的对当关系相同,故称模态命题的对当关系。

对以上四种模态命题,都可以分别冠以全称或特称量项,从而构成全称模态命题、特称模态命题。具体有:

(1)全称必然肯定命题:所有 s 必然是 p。

(2)全称必然否定命题:所有 s 必然不是 p。

(3)特称必然肯定命题:有些 s 必然是 p。

(4)特称必然否定命题:有些 s 必然不是 p。

(5)全称可能肯定命题:所有 s 可能是 p。

(6)全称可能否定命题:所有 s 可能不是 p。

(7)特称可能肯定命题:有些 s 可能是 p。

(8)特称可能否定命题:有些 s 可能不是 p。

模态命题“必然 p”与“可能非 p”之间、“必然非 p”与“可能 p”之间具有矛盾关系,“必然 p”与“必然非 p”之间具有反对关系,“可能 p”与“可能非 p”之间具有下反对关系,“必然 p”与“可能 p”、“必然非 p”与“可能非 p”之间具有从属关系。以上关系用一个正方图形来表示,该正方图形被称为模态方阵图。如图 5－1 所示。

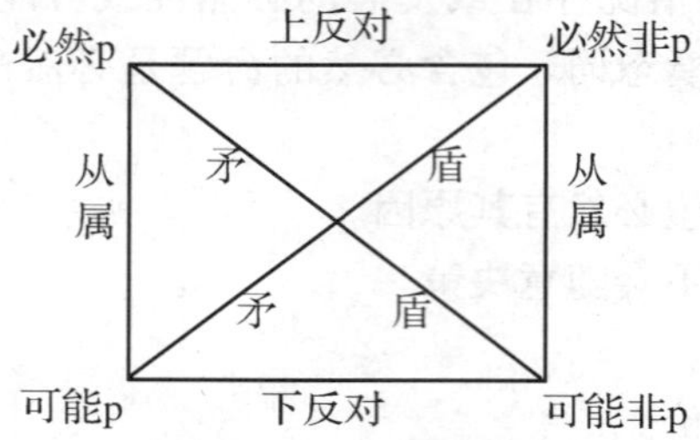

图 5－1　模态方阵图

如果再考虑实然命题,模态方阵图可拓展为模态六角阵图,如图 5－2 所示。

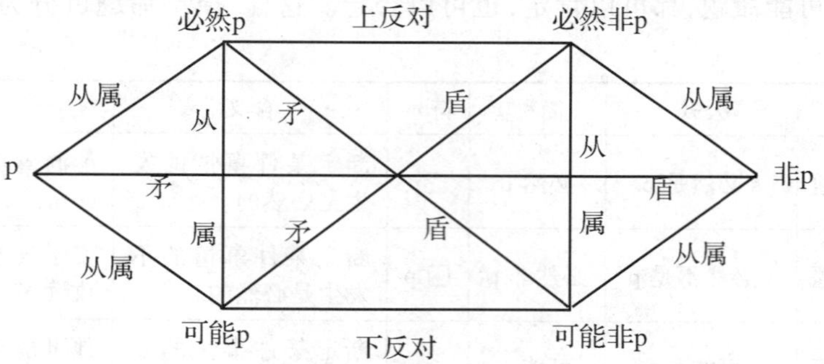

图 5－2　模态六角阵图

(三)模态直言推理

根据模态方阵,同素材的模态命题间的关系,可作如下推理:

(1)矛盾关系:不同真,不同假。

(2)反对关系:不同真,可同假。

(3)下反对关系:不同假,可同真。

(4)从属关系:上真下真,上假下不定;下假上必假,下真上不定。(这里的“上”、“下”是依据模态方阵图而言的)

具体说就是：

(1)根据模态方阵中的矛盾关系，可以从一个模态命题为真推出与这个模态命题具有矛盾关系的命题为假，也可以从一个模态命题为假推出与这个模态命题具有矛盾关系的命题为真。一个模态命题与其具有矛盾关系的命题的否定可以互相推出。

①□p =¬ ◇¬ p(“必然 p”等值于“并非可能非 p”)。

例：“他们必然是会员” =“他们并非可能不是会员”。

②□¬ p =¬ ◇p(“必然非 p”等值于“并非可能 p”)。

例：“他们必然不是会员” =“他们并非可能是会员”。

③◇p =¬ □¬ p(“可能 p”等值于“并非必然非 p”)。

例：“他们可能是会员” =“他们并非必然不是会员”。

④◇¬ p =¬ □p(“可能非 p”等值于“并非必然 p”)。

例：“他们可能不是会员” =“他们并非必然是会员”。

考虑到量项的变化，以上命题间可有如下等值转换关系：

“所有(有的)S 必然是 P”，等值于“并非有的(所有)S 可能不是 P”；

“有的(所有)S 可能不是 P”，等值于“并非所有(有的)S 必然是 P”；

“所有(有的)S 必然不是 P”，等值于“并非有的(所有)S 可能是 P”；

“有的(所有)S 可能是 P”，等值于“并非所有(有的)S 必然不是 P”；

也就是，一个模态命题的负命题等值于与该模态命题具有矛盾关系的命题。例如，“并非他可能攻读过 MPA”等值于“他必然没有攻读过 MPA”。一个事件的发生不具有必然性，它的不发生当然也就具有可能性；一个事件的不发生具有可能性，它的发生就不具有必然性。

(2)根据模态方阵中的反对关系，可以从一个模态命题为真推出与该模态命题具有反对关系的命题为假，即

①□p→¬ □¬ p　　(由“必然 p”真，推出“必然非 p”假)

②□¬ p→¬ □p　　(由“必然非 p”真，推出“必然 p”假)

(3)根据模态方阵中的下反对关系，可以从一个模态命题为假推出与该模态命题具有下反对关系的命题为真，即

①¬ ◇p→◇¬ p　　(由“可能 p”假，推出“可能非 p”真)

②¬ ◇¬ p→◇p　　(由“可能非 p”假，推出“可能 p”真)

(4)根据模态方阵中的从属关系，可以从一个必然命题为真推出与其具有从属关系的可能命题为真，可以从一个可能命题为假推出与其具有从属关系的必然命题为假，还可以从一个必然命题为真推出与其具有从属关系的事实命题为真，可以从一个事实命题为真推出与其具有从属关系的可能命题为真，等等。

①□p→◇p　(“必然 p”真，所以“可能 p”真。)

例：“他必然是党员”可推出“他可能是党员”。

②□¬ p→◇¬ p　(“必然非 p”真，所以“可能非 p”真)

例：“他必然不是党员”可推出“他可能不是党员”。

③¬ ◇p→¬ □p　(“可能 p”假，所以“必然 p”假)

例："他不可能是党员"可推出"他不必然是党员"。

④¬ ◇¬ p→¬ □¬ p("可能非 p"假，所以"必然非 p"假)

例："他不可能不是党员"可推出"他不必然不是党员"。

⑤□p→p ("必然 p"真，所以"p"真)

例："他必然是党员"可推出"他是党员"。

⑥p→◇p ("实然 p"真，所以"可能 p"真)

例："他是党员"可推出"他可能是党员"。

可见，一个事件的发生具有必然性，当然也就具有现实性和可能性；一个事件的发生具有现实性，当然也就具有可能性，现实性就是一种实现了的可能性；一个事件的发生不具有可能性，当然也就不具有现实性，更不会具有必然性。

(四)负模态一般推理

负模态一般推理，就是说当一个模态命题为假时，看能推出什么样的结论。从上面的分析可以看出，当一个模态命题为假时，这个模态命题的矛盾命题就是真的。当一个模态命题为真时，这个模态命题的矛盾命题就是假的。具体有以下情况：

(1)¬ □p = ◇¬ p ("并非必然 p"等值于"可能非 p")

例：①并非强盗的儿子必然是强盗，所以强盗的儿子可能不是强盗。

②火星上可能没有生物，所以，并非火星上必然有生物。

(2)¬ □¬ p = ◇p ("并非必然非 p"等值于"可能 p")

例：①并非他必然不来，所以，他可能会来。

②诸城市地下可能有大量恐龙化石，所以，诸城市地下并非必然没有恐龙化石。

(3)¬ ◇p = □¬ p ("并非可能 p"等值于"必然非 p")

例：①并非他考试可能及格，所以，他考试必然不及格。

②恐龙必然不会在地球上重现，所以，并非恐龙可能会在地球上重现。

(4)¬ ◇¬ p = □p ("并非可能非 p"等值于"必然 p")

例：①并非正义可能不会战胜邪恶，所以，正义必然战胜邪恶。

②战争必然是政治的继续，所以，并非战争可能不是政治的继续。

其中，"必然"变为"可能"，"可能"变为"必然"，"p"变为"非 p"，"非 p"变为"p"。

(五)负模态直言推理

负模态直言推理，实际上是模态词嵌套在直言命题中的一种推理。具体推理公式如下：

(1)¬ 口 SAP = ◇SOP ("并非必然所有 S 都是 P"等值于"可能有的 S 不是 P")；

例："并非必然所有人都是大学生"等值于"可能有的人不是大学生"。

(2)¬ 口 SEP = ◇SIP ("并非必然所有 S 都不是 P"等值于"可能有的 S 是 P")；

例："并非必然所有贪官都不是女人" = "有的贪官可能是女人"。

(3)¬ 口 SIP = ◇SEP ("并非必然有的 S 是 P"等值于"可能所有 S 不是 P")；

例："并非有的劳模必然是老年人" = "所有的劳模可能不是老年人"。

(4)¬ 口 SOP = ◇SAP "并非必然有的 S 不是 P"等值于"可能所有 S 是 P"；

例:“并非必然有的研究生不是党员”=“所有研究生可能都是党员”。

(5)$\neg\Diamond SAP = \Box SOP$ (“并非可能所有S是P”等值于“必然有的S不是P”)

例:“并非所有人可能都是大学生”=“有的人必然不是大学生”。

(6)$\neg\Diamond SEP = \Box SIP$ (“并非可能所有S不是P”等值于“必然有的S是P”)

例:“并非所有男人可能都不眷恋家庭”=“必然有的男人眷恋家庭”。

(7)$\neg\Diamond SIP = \Box SEP$ (“并非可能有的S是P”等值于“必然所有S不是P”)

例:“并非有的工程师可能是小学生”=“必然所有的工程师都不是小学生”。

(8)$\neg\Diamond SOP = \Box SAP$ (“并非可能有的S不是P”等值于“必然所有S是P”)

例:“并非所有疾病必然都有确定的诱因”=“有些疾病可能没有确定的诱因”。

可见,负模态直言推理所涉及的逻辑概念会发生变化:“所有变有的,有的变所有;肯定变否定,否定变肯定;必然变可能,可能变必然”等。

(六)复合命题模态推理

1. 联言模态推理。

(1)$\Box(p\wedge q) = \Box p\wedge\Box q$

例:曹操必然是文学家并且是军事家=曹操必然是文学家并且曹操必然是军事家。

(2)$\Diamond(p\wedge q)\rightarrow\Diamond p\wedge\Diamond q$,反之不成立。

2. 选言模态推理。

(1)$\Diamond(p\vee q) = \Diamond p\vee\Diamond q$

例:牛顿可能或是物理学家或是数学家=牛顿可能是物理学家,或可能是数学家。

(2)$\Box p\vee\Box q\rightarrow\Box(p\vee q)$

3. 假言模态推理。

$\neg\Diamond(p\rightarrow q) = \Box\neg(p\rightarrow q) = \Box(p\wedge\neg q)$

例:不可能(如果被告人作案,那么必有同伙)

=必然不(如果被告人作案,那么必有同伙)

=必然(被告人作案且没有同伙)。

(七)负模态复合推理

负模态复合推理,实际上就是模态词嵌套在复合命题上的一种推理。其逻辑概念的变化除以上性质外,还有“并且变或者,或者变并且”等。

(1)$\neg\Box(p\wedge q) = \Diamond\neg p\vee\neg q$ [“并非必然(p并且q)”等值于“可能非p或者非q”]

例:不一定李逵且扈三娘都被收录名人大全

=不必然(李且扈)

=可能(非李或者非扈)

可能或李没收录,或扈没收录,或都没收录,也就是可能至少有一个没有被收录。

(2)$\neg\Box(p\vee q) = \Diamond\neg p\wedge\neg q$ [“并非必然(p或者q)”等值于“可能非p并且非q”]

例:不一定李逵或者扈三娘被收录

=不必然(李或扈)

=可能(非李且非扈)

即可能李没录并且扈也没录,也就是可能都没录。

3. $\neg\Diamond(p \wedge q) = \Box\neg p \vee \neg q$ [“并非可能(p并且q)”等值于“必然非p或者非q”]

例:不可能李逵并且扈三娘都被收录

=不可能(李录并且扈录)

=必然(非李或者非扈)

即或李不被录,或扈不被录,或都不被录,也就是至少有一个不被收录。

4. $\neg\Diamond(p \vee q) = \Box\neg p \wedge \neg q$ [“并非可能(p或者q)”等值于“必然非p并且非q”]

例:不可能李逵或扈三娘被收录名人大全

=不可能(李录或扈录)

=必然(非李且非扈)

即一定是李不被录并且扈不被录取,也就是都不被收录。

5. $\neg\Box(p \rightarrow q) = \Diamond p \wedge \neg q$ [“并非必然(如果p那么q)”等值于“可能p且非q”]

例:不一定“如果李逵被收录名人大全,则扈三娘必然被收录名人大全”

=不必然(如果李,则必扈)

=可能李且非扈

即可能收录李逵并且不收录扈三娘。

二、关系命题及其推理

(一)关系命题的含义与结构

关系命题是断定事物对象与事物对象间关系的命题。例如:

(1)老王和小刘是朋友。

(2)有些人认识那位医生。

(3)甲和乙是配偶。

关系命题由关系者、关系项和量项三个部分组成。关系者是关系命题所陈述的事物对象,如上例(1)中的“老王”和“小刘”,(2)中的“人”与“医生”,(3)中的“甲”和“乙”;关系项是表示关系命题中事物对象之间关系的概念,如上例(1)中的“是朋友”,(2)中的“认识”,(3)中的“是配偶”;量项是表示关系命题中主项的数量范围的概念,如上例(2)中的“有些”。

关系项可以两个,也可以是三个甚至三个以上,关系项有几个就称做为几元关系命题。本章节主要讨论二元关系命题。

二元关系命题,由两个关系项和一个关系组成,其逻辑形式为:aRb 读作:a 与 b 有关系 R。二元关系性质很多,我们主要掌握二元关系的对称性和传递性。

(二)关系的对称性

关系的对称性是指当事物对象 a 与 b 具有某种关系 R 时,b 与 a 是否也具有这种关系 R。对称性关系包括对称、非对称、反对称三种:

(1)对称。如果事物 a 与事物 b 一定有关系 R 时,b 与 a 也一定有关系 R,则 R 就是对称的。即 aRb 真,则 bRa 也真。

例如,当 a 是 b 的“朋友”、“亲戚”、“同学”、“邻居”时,b 也是 a 的“朋友”、“亲戚”、“同学”、“邻居”。对称性关系还有“等于”、“相邻”、“在……附近”、“离……不远”、“相对立”、“相矛盾”、交叉关系、相等关系、朋友关系,等等。

(2)非对称。如果事物 a 与事物 b 有一定有关系 R,而 b 与 a 不一定有关系 R,则关系 R 就是非对称的。即 aRb 真,则 bRa 真假不定。

例如,王刚想念张怡,但张怡是否想念王刚,不一定。非对称关系还有“批评”、“尊敬”、“喜欢”、“爱”、“认识”、“理解”、“信任”、“帮助”、“赞成”等关系都是非对称的。

(3)反对称。如果事物 a 与事物 b 一定有关系 R,而事物 b 与事物 a 一定没有关系 R 时,则关系 R 就是反对称的。即 aRb 真,则 bRa 假。

例如,华老三是华小三的父亲,华小三一定不是华老三的父亲。反对称关系还有“大于”、“小于”、“多于”、“早于”、“重于”、“轻于”、“压迫”、“剥削”、“侵略”、“战胜”、“在……之上”、“是……父亲”等关系。

(三)关系的传递性

关系的传递性是指当事物对象 a 与 b 具有某种关系 R,并且 b 与 c 也具有这种关系 R 时,a 与 c 的关系有三种情况:传递关系、非传递关系、反传递关系。

(1)传递关系。如果事物对象 a 与 b 具有某种关系 R,并且 b 与 c 也具有这种关系 R 时,a 与 c 一定也有关系 R,则关系 R 就是传递关系。即 aRb,且 bRc,所以 aRc。

例如,a 是 b 的姐姐,b 是 c 的姐姐,则 a 是 c 的姐姐。还比如,“先于”、“早于”、“晚于”、“大于”、“小于”、“等于”、“平行”、“真包含”、“在……以南”等,都是传递关系。

(2)非传递关系。如果事物对象 a 与 b 具有某种关系 R,事物 b 与事物 c 有关系 R 时,事物 a 与事物 c 不一定有这种关系 R,则关系 R 就是非传递的。即 aRb 并且 bRc,则 aRc 真假不定。

例如,直线 a 与直线 b 相交,且直线 b 与直线 c 相交,则直线 a 与直线 c 可能相交,也可能不相交。还如,“交叉”、“认识”、“喜欢”、“战胜”、“侵略”、“相邻”、“离……不远”、“帮助”、“爱”等关系都是非传递的。

3. 反传递关系。如果事物 a 与事物 b 具有某种关系 R,并且事物 b 与事物 c 也有关系 R 时,a 与 c 一定没有这种关系 R,则关系 R 就是反传递的。即 aRb 并且 bRc,则非 aRc。

例如,a 是 b 的父亲,b 是 c 的父亲,a 一定不是 c 的父亲。表示反传递关系的还有“比……年长两岁”、“是……父亲”“高多少”、“你多少”等。

(四)关系推理

关系推理是根据对象间的关系的逻辑性质进行的一种演绎推理。

(1)根据关系是对称的可以进行对称关系推理。

例:甲与乙是同事,所以,乙与甲是同事。

(2)根据关系是反对称的,可以进行反对称关系推理。

例:甲是乙的祖父,所以,乙不是甲的祖父。

(3)根据关系是传递的,可以进行传递关系推理。

例:甲比乙的年龄大,乙比丙的年龄大,所以,甲比丙的年龄大。

(4)根据关系是反传递的,可以进行反传递关系推理。

例:甲是乙的父亲,乙是丙的父亲,所以,甲不是丙的父亲。

以上都是关系推理的范例。在进行关系推理时,要注意把握两点:

一是弄清关系类型。正确地理解和把握各种不同类型的关系,是进行关系推理的关键。

二是认清关系性质。弄清一种关系是传递的还是非传递、反传递的,非常重要。把关系弄混淆了,就必然导致错误。

三是注重关系运用。领会运用传递关系解决排序问题,就是把所给条件抽象成最简单的排序形式。这就要对题目中给定的不同对象之间的若干个两两进行对比,然后推出具体的排序。

三、案例与解题技巧

本部分知识的运用及解题技巧,将在以下具体案例的解析中加以讲述,请读者认真领会。

案例5-1:

不可能所有的错误都能避免。

以下哪项最接近上述断定的含义?

A. 所有的错误必然都不能避免　　B. 所有的错误可能都不能避免

C. 有的错误可能不能避免　　D. 有的错误必然能避免

E. 有的错误必然不能避免

【解题分析】

(1)弄清问题并分析题干。题干的断定为:$\neg \Diamond SAP = \Box SOP$

不可能所有的错误都能避免 = 必然并非所有的错误都能避免 = 有的错误必然不能避免。

(2)考察选项,确定答案。其中C项也可从题干推出,但不是最接近,E项与题干是等值的。故,本题正确答案是E。

案例5-2:

据卫星提供的最新气象资料表明,原先预报的明年北方地区的持续干旱不一定出现。

以下哪项最接近于上文中气象资料所表明的含义?

A. 明年北方地区的持续干旱可能不出现

B. 明年北方地区的持续干旱可能出现

C. 明年北方地区的持续干旱一定不出现

D. 明年北方地区的持续干旱出现的可能性比不出现大

E. 明年北方地区的持续干旱不可能出现

【解题分析】

(1)弄清问题并分析题干。题干的断定为:不一定 p = 不必然 p = 可能非 p。

因此,明年北方地区的持续干旱不一定出现 = 明年北方地区的持续干旱可能不出现。

(2)考察选项,确定答案。故,本题正确答案是 A。

案例 5-3:

在宏达杯足球联赛前,四个球迷有如下预测:

甲:红队必然不能夺冠。

乙:红队可能夺冠。

丙:如果蓝队夺冠,那么黄队是第三名。

丁:冠军是蓝队。

如果四人的断定中只有一个断定为假,可推出以下哪项结论?

A. 冠军是红队　　B. 甲的断定为假　　C. 乙的断定为真

D. 黄队是第三名　　E. 丁的断定为假

【解题分析】

(1)弄清问题并分析题干。根据模态命题的对当关系知,甲和乙的断定互相矛盾,必有一真一假。由条件,只有一个断定为假,因此,丙与丁的断定为真。由此可推出冠军是蓝队,黄队是第三名。

(2)考察选项,确定答案。本题的正确答案是 D。

案例 5-4:

不必然任何经济发展都导致生态恶化,但不可能有不阻碍经济发展的生态恶化。

以下哪项最为准确地表达了题干的含义?

A. 任何经济发展都不必然导致生态恶化,但任何生态恶化都必然阻碍经济发展

B. 有的经济发展可能导致生态恶化,而任何生态恶化都可能阻碍经济发展

C. 有的经济发展可能不导致生态恶化,但任何生态恶化都可能阻碍经济发展

D. 有的经济发展可能不导致生态恶化,但任何生态恶化都必然阻碍经济发展

E. 任何经济发展都可能不导致生态恶化,但有的生态恶化必然阻碍经济发展

【解题分析】

(1)弄清问题并分析题干。题干的断定为:

不"必然任何经济发展都会导致生态恶化" = 可能有的经济发展不导致生态恶化;

不"可能有不阻碍经济发展的生态恶化" = 必然所有的生态恶化都阻碍经济发展。

(2)考察选项,确定答案。因此,D 为正确答案。

案例 5-5:

不可能宏达公司和亚鹏公司都没有中标。

以下哪项最为准确地表达了上述断定的意思?

A. 宏达公司和亚鹏公司可能都中标

B. 宏达公司和亚鹏公司至少有一个可能中标

C. 宏达公司和亚鹏公司必然都中标

D. 宏达公司和亚鹏公司至少有一个必然中标

E. 如果宏达公司中标,那么亚鹏公司不可能中标

【解题分析】

(1)弄清问题并分析题干。题干的断定为:

不可能(非 A 且非 B) = 必然非(非 A 且非 B) = 必然(A 或 B)。

不可能宏达公司和亚鹏公司都没有中标,就意味着必然宏达公司中标或者亚鹏公司中标,也就是宏达公司和亚鹏公司至少有一个中标。因此,D 项正确。

(2)考察选项,确定答案。本题正确答案为 D。

案例 5 -6:

一方面确定法律面前人人平等,同时又允许有人触犯法律而不受制裁,这是不可能的。

以下哪项最符合题干的断定?

A. 或者允许有人凌驾于法律之上,或者任何人触犯法律都要受到制裁,这是必然的

B. 任何人触犯法律都要受到制裁,这是必然的

C. 有人凌驾于法律之上,触犯法律而不受制裁,这是可能的

D. 如果不允许有人触犯法律而可以不受制裁,那么法律面前人人平等是可能

E. 一方面允许有人凌驾于法律之上,同时又声称任何人触犯法律要受到制裁,这是可能的

【解题分析】

(1)弄清问题并分析题干。

令"一方面确定法律面前人人平等"为 p,令"允许有人触犯法律而不受制裁"为 q,则题干的一般形式为:不可能"p 且 q"。

由,不可能"p 且 q" = 必然"非 p 或非 q",知选项 A 与题干的断定等价。

(2)考察选项,确定答案。故本题正确答案为 A。

案例 5 -7:

人都不可能不犯错误,不一定所有人都会犯严重错误。

如果上述断定为真,则以下哪项一定为真?

A. 人都可能会犯错误,但有的人可能不犯严重错误

B. 人都可能会犯错误,但所有的人都可能不犯严重错误

C. 人都一定会犯错误,但有的人可能不犯严重错误

D. 人都一定会犯错误,但所有的人都可能不犯严重错误

E. 人都可能会犯错误,但有的人一定不犯严重错误

【解题分析】

(1)弄清问题并分析题干。题干的断定可作如下推理:

①不可能 = 必然非,因此,人都不可能不犯错误 = 人都一定会犯错误。

②不一定 SAP = 可能非 SAP = 可能 SOP,因此,不一定所有人都会犯严重错误 = 可能有的人不犯严重错误。因此,选项 C 包括以上两个推论。

(2)考察选项,确定答案。本题正确答案是 C。

案例 5－8：

有人说："最高明的骗子，可能在某个时刻欺骗所有的人，也可能所有的时刻欺骗某些人，但不可能在所有的时刻欺骗所有的人。"

如果上述断定为真，而且世界上总有一些高明的骗子，那么下述哪项断定必定是假的？

A. 张三可能在某个时刻受骗　　B. 李四可能在任何时候都不受骗

C. 骗人的人也可能在某个时刻受骗　　D. 不存在某一时刻所有的人都不会受骗

E. 不存在某一时刻有人可能不受骗

【解题分析】

(1)弄清问题并分析题干。题干的断定为：

不可能在所有时刻欺骗所有的人＝必然某一时刻不欺骗有的人。

即存在某一时刻有人必然不受骗。

这与 E 项意思相反，因此，如果题干断定真，则 E 项必假。

最高明的骗子不可能在所有时刻欺骗所有的人，可知，A 项可能是真的。

最高明的骗子，可能在某个时刻欺骗所有的人，可知，C 项可能是真的，因为骗子也属于所有的人。

不存在某个时刻所有的人都必然不受骗＝在所有的时刻有的人可能受骗。显然 D 项可以从题干"最高明的骗子可能在所有的时刻欺骗某些人"中推出来。

(2)考察选项，确定答案。正确答案是 E。

案例 5－9：

你可以随时愚弄某些人。

假若以上属实，以下哪些判断必然为真？

Ⅰ. 张三和李四随时都可能被你愚弄。

Ⅱ. 你随时都想愚弄人。

Ⅲ. 你随时都可能愚弄人。

Ⅳ. 你只能在某些时候愚弄人。

Ⅴ. 你每时每刻都在愚弄人。

A. 只有Ⅲ　　B. 只有Ⅱ　　C. 只有Ⅰ和Ⅲ

D. 只有Ⅱ、Ⅲ和Ⅳ　　E. 只有Ⅰ、Ⅲ和Ⅴ

【解题分析】

(1)弄清问题并分析题干。

我们先解释Ⅲ为真。题干说"你可以随时愚弄某些人"是指"你经常具有愚弄某些人"的"能力"，其中"某些人"是一个确定的集合，比如张明、李芳、王鹏。Ⅲ说的是"你随时都可能愚弄人"，意思是"你愚弄人"的行为"随时"都可能发生。Ⅲ并没有关心被愚弄的人是谁，只要有一个人就行，是上述确定集合的人当然可以。因此，由题干(具有能力)可以推出Ⅲ(行为可能发生)。

我们还要说明除Ⅲ以外，其他不是必然的结论。关于Ⅰ，请注意张三和李四可能不属于"你"要愚弄的人的集合。Ⅱ说的是"随时"在"想"愚弄人，与题干意思不合，因为题干只是说“可以”随时愚弄人，但并不一定每时每刻都在愚弄人，也不一定每时每刻都在“想”愚弄人。Ⅳ说“你只能在某些时候愚弄人”，划定了一部分时间，与题干说的“随时”不符。Ⅴ断言“你每时每刻都在愚弄人”，强调了愚弄人的行为总在发生，与题干所指的“能力总存在”是不一样的。

(2)考察选项，确定答案。故，本题正确答案为A。

案例5-10：

一把钥匙能打开天下所有的锁。这样的万能钥匙是不可能存在的。

以下哪项最符合题干的断定？

A. 任何钥匙都必然有它打不开的锁

B. 至少有一把钥匙必然打不开天下所有的锁

C. 至少有一把锁天下所有的钥匙都必然打不开

D. 任何钥匙都可能有它打不开的锁

E. 至少有一把钥匙可能打不开天下所有的锁

【解题分析】

(1)弄清问题并分析题干。题干的断定为：

不可能“一把钥匙能打开天下所有的锁”＝必然非“一把钥匙能打开天下所有的锁”＝任何钥匙都必然有它打不开的锁。

(3)考察选项，确定答案。因此，正确答案为A。

案例5-11：

小王参加了某公司的招工面试，不久，他得知以下消息：

(1)公司已决定，他与小陈至少录用一人。

(2)公司可能不录他。

(3)公司一定录用他。

(4)公司已录用小陈。

其中两条消息为真，两条消息为假。

如果上述断定为真，则以下哪项为真？

A. 公司已录用小王，未录用小陈

B. 公司未录用小王，已录用小陈

C. 公司既录小王，又录小陈

D. 公司既未录小王，也未录小陈

E. 不能确定录取结果

【解题分析】

(1)弄清问题并分析题干。

根据题干找出矛盾。根据模态命题，我们发现(2)与(3)矛盾，必然一真一假。由于其中两条消息为真，两条消息为假。因此，剩下的(1)(4)也必为一真一假。若(4)真，那么可推出(1)也真，这是不可能的。由此推出，(4)为假，(1)为真。(4)为假推出：公司没录用小陈。加上(1)为真，即小王与小陈至少录用一人，从而推出公司已录用小王，所以，A项为正确答案。

(2)考察选项，确定答案。本题的正确答案是A。

案例 5－12：

在一次歌唱竞赛中，每一名参赛选手都有评委投了优秀票。

如果上述断定为真，则以下哪项不可能为真？

Ⅰ. 有的评委投了所有参赛选手优秀票。

Ⅱ. 有的评委没有给任何参赛选手投优秀票。

Ⅲ. 有的参赛选手没有得到一张优秀票。

A. 只有Ⅰ　　B. 只有Ⅱ　　C. 只有Ⅲ　　D. 只有Ⅰ和Ⅱ　　E. 只有Ⅰ和Ⅲ

【解题分析】

（1）弄清问题并分析题干。本题实际上就是要求找出“每一名参赛选手都有评委投了优秀票”的负命题。推理过程如下：

并非“每一名参赛选手都有评委投了优秀票”＝并非“所有参赛选手都得到了有的评委的优秀票”＝有的参赛选手没有得到任何评委的优秀票＝有的参赛选手没有得到一张优秀票。

所以，Ⅲ不可能为真。

“每一名参赛选手都有评委投了优秀票”并不能确定“有的评委投了所有参赛选手优秀票”和“有的评委没有给任何参赛选手投优秀票”为假，所以Ⅰ、Ⅱ是有可能为真的。

（2）考察选项，确定答案。只有Ⅲ不可能为真，因此，正确答案是C。

案例 5－13：

有球迷喜欢所有参赛球队。

如果上述断定为真，则以下哪项不可能为真？

A. 所有参赛球队都有球迷喜欢　　B. 有球迷不喜欢所有参赛球队

C. 所有球迷都不喜欢某个参赛球队　　D. 有球迷不喜欢某个参赛球队

E. 每个参赛球队都有球迷不喜欢

【解题分析】

（1）弄清问题并分析题干。题干的断定为：“有球迷喜欢所有参赛球队”的负命题是“所有球迷都不喜欢有的参赛球队”。

可见，C 项与题干为矛盾关系，因此，如果题干为真，C 项不可能为真。

（2）考察选项，确定答案。由上述分析可知，本题正确答案是C。

案例 5－14：

不可能所有的香港人都会讲普通话。

以下哪项的含义与题干最为接近？

A. 可能所有香港人都会讲普通话

B. 可能所有的香港人不会讲普通话

C. 必然所有的香港人都不会讲普通话

D. 必然有的香港人不会讲普通话

E. 必然有的香港人会讲普通话

【解题分析】

（1）弄清问题并分析题干。题干的断定为：

不可能所有的香港人都会讲普通话 = 必然非“所有的香港人都会讲普通话” = 必然有的香港人不会讲普通话。

(2)考察选项,确定答案。本题正确答案为 D。

注意:刚才做的这一组案例,都是求“并非”怎么样的问题,对这类问题的求解,一般是按照以下规则套上,即可找出答案:

肯定变否定,否定变肯定;可能变必然,必然变可能;所有变有的,有的变所有;

并且变或者,或者变并且。

此外,对于“如果上述断定为真,则以下哪项不可能为真?”问题,则是对题干进行否定后,得到的结果。对于“以下哪项与上述断定的含义最为接近?”则是直接对题干进行运算,因为题干一定包含一个整体的否定。求出结果后,要对语序进行整理后,从中找出答案。

案例 5-15:

中华腾飞,系于企业;企业腾飞,系于企业家。因此,中国经济的腾飞迫切需要大批优秀的企业家。

下面哪一种逻辑推理方法与上述推理方法相同?

A. 红盒中装蓝球,蓝盒中装绿球。因此,红盒中不可能装绿球

B. 新技术增加产品的科技含量,科技含量增加产品的价值,技术含量低的产品价值低

C. 生产力决定生产关系。生产关系决定上层建筑,上层建筑又反作用于生产关系

D. 优秀的学习成绩来自于勤奋,勤奋需要意志支撑。因此,要取得好的成绩必须具有坚韧的意志

E. 王军霞的优异成绩来自于她个人的努力,也来自于教练对她的培养

【解题分析】

(1)弄清问题并分析题干。题干的推理是:A 的决定因素是 B,B 的决定因素是 C,因此,A 的决定因素是 C。显然,D 项的逻辑推理结构与题干相似。

(2)考察选项,确定答案。正确答案为 D。

案例 5-16:

某学术会议正在举行分组会议。某一组有 8 人出席。分组会议主席问大家原来各自认识与否。结果是全组中仅有一个人认识小组中的三个人,有三个人认识小组中的两个人,有四个人认识小组中的一个人。

若以上统计是真实的,则最能得出以下哪项结论?

A. 会议主席认识小组的人最多,其他人相互认识的少

B. 此类学术会议是第一次召开.大家都是生面孔

C. 有些成员所说的认识可能仅是在电视上或报告会上见过面而已

D. 虽然会议成员原来的熟人不多,但原来认识的都是至交

E. 通过这次会议,小组成员都相互认识了,以后见面就能直呼其名了

【解题分析】

(1)弄清问题并分析题干。在一组人中,如果成员之间的认识都是相互的,则根据数

学知识，全小组成员所认识人数的总和必为偶数。而本题中 $1\times3+3\times2+4\times1=13$，为奇数，则说明小组中至少有一个单方面认识，也即很可能出现的情况是 C。

(2)考察选项，确定答案。正确答案为 C。

案例 5－17：

在黑、蓝、黄、白四种由深至浅排列的涂料中，一种涂料只能被它自身或者比它颜色更深的涂料所覆盖。

若上述断定为真，则以下哪一项确切地概括了能被蓝色覆盖的颜色？

Ⅰ. 这种颜色不是蓝色。

Ⅱ. 这种颜色不是黑色。

Ⅲ. 这种颜色不如蓝色深。

A. 只有Ⅰ　　B. 只有Ⅱ　　C. 只有Ⅲ　　D. 只有Ⅰ和Ⅱ　　E. Ⅰ、Ⅱ和Ⅲ

【解题分析】

(1)弄清问题并分析题干。题干的断定为：

Ⅰ"这种颜色不是蓝色"，说明可能是黑色，不能被蓝色覆盖。

Ⅱ"这种颜色不是黑色"，说明包括蓝、黄、白，所有这些颜色都能被蓝色覆盖。

Ⅲ"这种颜色不如蓝色深"，说明没有包含蓝色本身，就没有概括能被蓝色覆盖的所有颜色。

(2)考察选项，确定答案。根据上述对题干断定的分析，Ⅱ符合问题要求。因此，正确答案为 B。

案例 5－18：

在 LH 公司，从董事长、总经理、总会计师到每个员工，没有人信任所有的人。董事长信任总经理；总会计师不信任董事长；总经理信任所有信任董事长的人。

如果上述断定为真，则以下哪项不可能为真？

Ⅰ. 总经理不信任董事长。

Ⅱ. 总经理信任总会计师。

Ⅲ. 所有的人都信任董事长。

A. 只有Ⅰ　　B. 只有Ⅱ　　C. 只有Ⅲ　　D. 只有Ⅱ、Ⅲ　　E. Ⅰ、Ⅱ和Ⅲ

【解题分析】

(1)弄清问题并分析题干。根据题干的断定情况作如下分析：

Ⅰ可能为真。总经理信任所有信任董事长的人，但可能不信任董事长本人。

Ⅱ可能为真。虽然总经理信任所有信任董事长的人，但是，总经理也有可能信任某些不信任董事长的人，即使总会计师不信任董事长，总经理也有可能信任总会计师。

Ⅲ不可能为真。因为由题干，总会计师不信任董事长，因此，不可能所有的人都信任董事长。

(2)考察选项，确定答案。正确答案为 C。

注意：以下是关系推理的一种特殊类型——排序关系题型。排序也是比较简单的推理。排序题型一般在题干部分给出不同对象之间的若干个两两对比的结果，要求从中推出具体的排序。解这类题型的主要思路是要把所给条件抽象成排序形式，进行简单的不等式推理。

案例 5－19：

某市经济委员会准备选四家企业给予表彰，并给予一些优惠政策。从企业的经济效益来看，A、B 两个企业比 C、D 两个企业好。

据此，再加上以下哪项可推出“E 企业比 D 企业的经济效益好”的结论？

A. E 企业的经济效益比 C 企业好　　B. B 企业的经济效益比 A 企业好

C. E 企业的经济效益比 B 企业差　　D. A 企业的经济效益比 B 企业差

E. E 企业的经济效益比 A 企业好

【解题分析】

(1)弄清问题并分析题干。题干的断定为：在比较企业好坏时，其关系存在传递性。若选项 E 成立，则 E 企业好于 A 企业，加上题干条件知，A 企业好于 D 企业，所以可推出结论：E 企业好于 D 企业。其余选项均不能保证结论的成立。

(2)考察选项，确定答案。正确答案为 E。

案例 5－20：

就工厂的在岗职工规模看，A、B 两厂都比 C、D 两厂规模大。

再加上以下哪项条件，可断定 E 厂的在岗职工比 D 厂的在岗职工人数多？

A. E 厂比 A 厂职工多　　B. A 厂职工比 B 厂少

C. E 厂比 B 厂职工少　　D. B 厂比 A 厂职工多

E. C 厂职工比 B 厂职工少

【解题分析】

(1)弄清问题并分析题干。根据题干的断定分析：由题干，A 厂的在岗职工人数比 D 厂的多；如果 A 选项为真，则 E 厂的在岗职工人数比 A 厂的多。由此，可得结论：E 厂的在岗职工人数比 D 厂的多。

(2)考察选项，确定答案。正确答案为 A。

案例 5－21：

陈娜和杨玲一起上了五门课，但其中只有一门课她们的成绩相同——金融市场，她们每门课的成绩都在 60～100 分之间。

下列哪一项可以帮助我们确定陈娜五门课的平均成绩是否比杨玲的高？

A. 陈娜的会计学成绩最低，而杨玲的财务管理成绩最低

B. 杨玲的最高成绩低于陈娜的最高成绩

C. 陈娜有三门课的成绩比杨玲的高

D. 陈娜的金融市场成绩最低，而杨玲的金融市场成绩最高

E. 陈娜的最高成绩和杨玲的最高成绩都是经济学

【解题分析】

(1)弄清问题并分析题干。根据题干的断定分析如下：因为陈娜的金融市场成绩最低，所以陈娜的平均成绩高于她的金融市场成绩；因为杨玲的金融市场成绩最高，所以杨玲的平均成绩低于她的金融市场成绩；又因为她俩的金融市场成绩相同，所以陈娜的平均成绩要高于杨玲。

(2)考察选项,确定答案。正确答案为D。

案例5－22:

在英语四级考试中,陈文的分数比朱利低,但是比李强的分数高;宋颖的分数比朱利和李强的分数低;王平的分数比宋颖的高,但是比朱利的低。

如果以上陈述为真,根据下列哪项能够推出张明的分数比陈文的分数低?

A. 陈文的分数和王平的分数一样高

B. 王平的分数和张明的分数一样高

C. 张明的分数比宋颖的高,但比王平的低

D. 张明的分数比朱利的分数低

E. 王平的分数比张明的高,但比李强的分数低

【解题分析】

(1)弄清问题并分析题干。题干的断定为:要推出"张明的分数比陈文的分数低",首先要在题干中找陈文比谁的分数高,即"李强"。其实这就已经可以断定只有跟"李强"有关的选项E可能是正确的。

(2)考察选项,确定答案。正确答案为E。

案例5－23:

去年MBA入学考试的五门课程中,王海天和李素云只有数学成绩相同,其他科的成绩互有高低,但所有课程的分数都在60分以上。在录取时只能比较他们的总成绩了。

下列哪项如果为真,能够使你判断出王海天的总成绩高于李素云?

A. 王海天的最低分是数学,而李素云的最低分是英语

B. 王海天的最高分比李素云的最高分要高

C. 王海天的最低分比李素云的最低分高

D. 王海天的最低分比李素云的两门课分别的成绩高

E. 王海天的最低分比李素云的平均成绩高

【解题分析】

(1)弄清问题并分析题干。根据题干的断定情况分析:因为王海天总成绩不会小于最低分的五倍,而李素云的总成绩正好是平均成绩的五倍,所以"王海天的最低分比李素云的平均成绩高"意味着"王海天的总成绩比李素云的总成绩高"。A不能提供有用的信息,B、C、D提供的信息不充分。

(2)考察选项,确定答案。正确答案为E。

案例5－24:

有四个外表看起来没有分别的小球,它们的重量可能有所不同。取一个天平,将甲、乙归为一组,丙、丁归为另一组分别放在天平的两边,天平是基本平衡的。将乙和丁对调一下,甲、丁一边明显地要比乙、丙一边重得多。可奇怪的是,我们在天平一边放上甲、丙,而另一边刚放上乙,还没有来得及放上丁时,天平就压向了乙一边。

请你判断,这四个球中由重到轻的顺序是什么?

A. 丁、乙、甲、丙　　B. 丁、乙、丙、甲　　C. 乙、丙、丁、甲

D. 乙、甲、丁、丙　　E. 乙、丁、甲、丙

【解题分析】

(1)弄清问题并分析题干。题干的断定为:

①甲 + 乙 = 丙 + 丁

②甲 + 丁 > 乙 + 丙

两式相加得:甲 > 丙

再由①得:丁—乙—甲—丙 > 0,因此,丁 > 乙

又由题干乙 > 甲 + 丙,可得乙 > 甲

综合推出:四个球由重到轻的顺序是丁、乙、甲、丙。

(2)考察选项,确定答案。本题正确答案为 A。

25、26 两题基于以下题干:李昌和王平的期终考试课程共五门。他俩的成绩除了历史课相同外,其他的都不同。他俩的各门考试都及格了,即每门成绩都在 60 分与 100 分之间。

案例 5 - 25:

以下哪项关于上述考试的断定如果为真,使你能结合题干的信息,确定李昌五门课程的平均成绩高于王平?

Ⅰ.李昌的最低分高于王平的最高分。

Ⅱ.至少有四门课程,李昌的平均分高于王平的平均分。

Ⅲ.至少有一门课程,李昌的成绩分别高于王平各门课程的成绩。

A. 只有Ⅰ　　B. 只有Ⅱ　　C. 只有Ⅲ　　D. 只有Ⅰ和Ⅲ　　E. Ⅰ、Ⅱ和Ⅲ

【解题分析】

(1)弄清问题并分析题干。根据题干的断定情况分析:

Ⅰ满足不等式的传递性,可确定李昌五门课程的平均成绩高于王平。(但这与题干的历史课成绩相冲突,因此,本题有误)Ⅱ可以举出反例:设他们的历史成绩都为 60 分,李昌五科依次为 60、62、62、62、62,王平的五科依次为 60、61、61、61、69。很明显李昌前四科成绩满足平均分高于王平的前四科,但平均成绩比王平低,故不成立。

Ⅲ也可以举出反例:设他们的历史成绩都为 60 分,李昌五科依次为 60、60、69、60、60,王平的五科依次为 60、65、65、65、65。李昌的 69 分高于王平所有的单科成绩,但平均成绩低于王平,故也不成立。

(2)考察选项,确定答案。依据上述分析,选项 A 符合要求。因此,正确答案是 A。

案例 5 - 26:

如果题干的断定都真,并且事实上李昌五门课程的平均成绩高于王平,则以下哪项关于上述考试的断定一定为真?

Ⅰ.李昌的最低分高于王平的最高分。

Ⅱ.至少有四门课程,李昌的平均分高于王平的平均分。

Ⅲ.至少有一门课程,李昌的成绩分别高于王平各门课程的成绩。

A. 只有Ⅰ　　B. 只有Ⅱ　　C. 只有Ⅲ　　D. 只有Ⅰ和Ⅲ　　E. Ⅰ、Ⅱ和Ⅲ

【解题分析】

(1)弄清问题并分析题干。根据题干的断定情况分析:Ⅰ、Ⅲ不成立。举出反例如

下:设他们的历史成绩都为60分,则李昌五科依次为60、62、62、62、62,王平的五科依次为60、61、61、61、63。

Ⅱ成立,李总成绩＞王总成绩,李的历史成绩＝王的历史成绩,李总成绩－历史成绩＞王总成绩－历史成绩,故存在四门功课,李的平均成绩高于王的平均成绩。

(2)考察选项,确定答案。依据上述分析,Ⅱ成立,故选B。因此,正确答案是B。

案例5－27:

甘蓝比菠菜更有营养。但是,因为绿芥兰比莴苣更有营养,所以甘蓝比莴苣更有营养。

以下各项,作为新的前提分别加入到题干的前提中,都能使题干的推理成立,除了:

A.甘蓝与绿芥兰同样有营养　　B.菠菜比莴苣更有营养

C.菠菜比绿芥兰更有营养　　D.菠菜与绿芥兰同样有营养

E.绿芥兰比甘蓝更有营养

【解题分析】

(1)弄清问题并分析题干。根据题干的断定分析:

题干根据甘蓝＞菠菜、绿芥兰＞莴苣,从而推出结论,甘蓝＞莴苣。

E项断定绿芥兰比甘蓝更有营养。由这个断定和前提显然不能推出"甘蓝比莴苣更有营养"。其余各项,作为新的前提分别加入到题干的前提中,都能使题干的推理成立。

(2)考察选项,确定答案。上述分析说明,选项E不能使题干成立,故正确答案是E。

案例5－28:

在超市购物后,张林把七件商品放在超市的传送带上,肉松后面紧跟着蛋糕,酸奶后面接着放的是饼干,可口可乐汽水紧跟在水果汁后面,方便面后面紧跟着酸奶,肉松和饼干之间有两件商品,方便面和水果汁之间有两件商品,最后放上去的是一只蛋糕。

如果上述陈述为真,那么,以下哪项也为真?

Ⅰ.水果汁在倒数第三位置上。

Ⅱ.酸奶放在第二。

Ⅲ.可口可乐汽水放在中间。

A.只有Ⅰ　B.只有Ⅰ和Ⅲ　C.只有Ⅱ　D.只有Ⅰ和Ⅱ　E.Ⅰ、Ⅱ和Ⅲ都不对

【解题分析】

(1)弄清问题并分析题干。按题目给出的条件列表排序如下:

1前	2	3	4	5	6	7后
方便面⑤	酸奶④	饼干③	水果汁⑦	汽水⑥	肉松②	蛋糕①

注:表中的数学①表示填入表中的先后顺序号,其他同②。

可见,从前到后的顺序为:方便面、酸奶、饼干、水果汁、可口可乐汽水、肉松、蛋糕。明显看出,只有Ⅱ的说法正确。

(2)考察选项,确定答案。只有选项Ⅱ为真,因此,正确答案是B。

案例5－29:

王园获得的奖金比梁振杰的高。得知魏国庆的奖金比苗晓琴的高后,可知王园的奖

金也比苗晓琴的高。

以下各项假设均能使上述推断成立，除了：

A. 魏国庆的奖金比王园的高　　B. 梁振杰的奖金比苗晓琴的高

C. 梁振杰的奖金比魏国庆的高　　D. 梁振杰的奖金和魏国庆的一样

E. 王园的奖金和魏国庆的一样

【解题分析】

(1)弄清问题并分析题干。

题干条件是：王 > 梁，魏 > 苗；

题干结论是：王 > 苗。

A 项为魏 > 王，与题干条件一起，显然不能得出题干的结论，因此 A 为正确答案。

B、C、D、E 项与题干条件一起，均能得出题干的结论。

(2)考察选项，确定答案。本题正确答案是 A。

案例 5－30：

李惠个子比胡戈高；张凤元个子比邓元高；邓元个子比陈小曼矮；胡戈和陈小曼的身高相同。

如果上述断定为真，以下哪项也一定为真？

A. 胡戈比邓元矮　　B. 张凤元比李惠高　　C. 张凤元比陈小曼高

D. 李惠比邓元高　　E. 胡戈比张凤元矮

【解题分析】

(1)弄清问题并分析题干。

题干条件为：李 > 胡；张 > 邓；陈 > 邓；胡 = 陈。

由此可得：李 > 胡 = 陈 > 邓；张 > 邓。

只有 D 项是必然正确的选项。

(2)考察选项，确定答案。正确答案是 D。

案例 5－31：

张珊获得的奖金比李思的高，得知王武的奖金比苗晓琴的高后，可知张珊的奖金也比苗晓琴的高。

以下各项假设均能使上述推断成立，除了：

A. 王武的奖金比李思的高　　B. 李思的奖金比苗晓琴的高

C. 李思的奖金比王武的高　　D. 李思的奖金和王武的一样高

E. 张珊的奖金不比王武的低

【解题分析】

(1)弄清问题并分析题干。

题干推理为：张 > 李；王 > 苗→张 > 苗。

显然，如果 B、C、D、E 为真，都能使题干推理必然成立。

只有选项 A 即使为真，题干结论也不一定成立，因此，A 为正确答案。

(2)考察选项，确定答案。因此，正确答案是 A。

案例5－32：

有A、B、C、D四个有实力的排球队进行循环赛(每个队与其他队各比赛一场)，比赛结果，B队输掉一场，C队比B队少赢一场，而B队又比D队少赢一场。

关于A队的名次，下列哪一项为真?

A. 第一名　B. 第二名　C. 第三名　D. 第四名　E. 条件不足，不能断定

【解题分析】

(1)弄清问题并分析题干。由题干可知，四个队单循环，每个队要赛三场。这样的比赛共进行了6场：A对B、A对C、A对D、B对C、B对D及C对D。

设每场比赛赢队积1分，这样，6队的总积分为6分。(常识：排球比赛没有平局)

又由题干知，B队的积分是2分；C队的积分是1分；D队的积分是3分。因此，A队的积分是0分。

(2)考察选项，确定答案。本题的正确答案是D。

65－66两题基于以下题干：

李浩、王鸣和张翔是同班同学，住在同一宿舍。其中，一个是湖南人，一是个重庆人，一个是辽宁人。李浩和重庆人不同岁，张翔的年龄比辽宁人小，重庆人比王鸣年龄大。

案例5－33：

根据题干所述，可以推出以下哪项结论?

A. 李浩是湖南人，王鸣是重庆人，张翔是辽宁人

B. 李浩是重庆人，王鸣是湖南人，张翔是辽宁人

C. 李浩是重庆人，王鸣是辽宁人，张翔是湖南人

D. 李浩是辽宁人，王鸣是湖南人，张翔是重庆人

E. 李浩是辽宁人，王鸣是重庆人，张翔是湖南人

【解题分析】

(1)弄清问题并分析题干。由“李浩和重庆人不同岁，重庆人比王鸣年龄大”可知，张翔是重庆人，从而分别标出：×①、×②、√③。从而得出D为正确选项。见右图所示。

	湖南	重庆	辽宁
李		×①	
王		×②	
张		√③	

(2)考察选项，确定答案。本题的正确答案是D。

案例5－34：

根据题干所述，以下哪项是关于他们三人的年龄次序(由大到小)的正确表述?

A. 李浩、王鸣、张翔　B. 李浩、张翔、王鸣

C. 王鸣、李浩、张翔　D. 张翔、李浩、王鸣

E. 张翔、王鸣、李浩

【解题分析】

(1)弄清问题并分析题干。根据题干，可知：

李浩 > 张翔 > 王鸣

辽宁　重庆　湖南

马上可以得出结论，年龄最大的是李浩(因为张翔的年龄比辽宁人小，重庆人比王鸣年龄大)。再根据上题答案，重庆人比王鸣年龄大，重庆人就是张翔，故张翔比王鸣年龄大，B 为正确答案。

(2)考察选项，确定答案。本题的正确答案是 B。

案例 5－35：

大学新生张强、史宏和黎明同住一个宿舍，他们分别来自东北三省。其中，张强不比来自黑龙江的同学个子矮，史宏比来自辽宁的同学个子高，黎明的个子和来自辽宁的同学一样高。

如果上述为真，以下哪项也为真？

A. 张强来自辽宁，史宏来自黑龙江，黎明来自吉林

B. 张强来自辽宁，史宏来自吉林，黎明来自黑龙江

C. 张强来自黑龙江，史宏来自辽宁，黎明来自吉林

D. 张强来自吉林，史宏来自黑龙江，黎明来自辽宁

E. 张强来自黑龙江，史宏来自吉林，黎明来自辽宁

【解题分析】

(1)弄清问题并分析题干。由“史宏比来自辽宁的同学个子高，黎明的个子和来自辽宁的同学一样高”可知，史宏和黎明均不来自辽宁，由此可得张强来自辽宁。

史宏＞张强＞黎明

吉林　辽宁　黑龙江

因为史宏比来自辽宁的同学(张强)个子高，又张强不比来自黑龙江的同学个子矮，所以，史宏不来自黑龙江。由此可得史宏来自吉林，黎明来自黑龙江。

(2)考察选项，确定答案。本题的正确答案是 B。

第六章 | CHAPTER 6

逻辑规律

同一律

矛盾律

排中律

充足理由律

案例与解题技巧

第六章 逻辑规律

逻辑的基本规律是人们运用概念组成命题,运用命题构成推理,借以认识客观世界、表达并交流思想时必须遵循的最基本的一般思维规则。逻辑的基本规律主要有四条:同一律、矛盾律、排中律、充足理由律。这四条规律从不同的角度保证人们的思维具有确定性。

一、同一律

(一)同一律的基本内容

1. 同一律的基本内容:在同一思维过程中,反映同一对象的思想,必须是确定的,必须保持自身的同一。即事物只能是其本身。

2. 同一律的公式:"A 是 A"。公式中的"A"可以表示任一思想(概念或命题)。

3. 同一律逻辑要求:

(1)在同一个思维过程中,每个思想必须是确定的;

(2)在同一个思维过程中,每个思想应当保持前后一致。

就概念方面来说,同一律要求在同一个思维过程中,一个概念反映什么对象就反映什么对象,不能时而反映这类对象,时而反映另一类对象;一个概念反映什么属性就反映什么属性,而不能时而反映这个属性,时而反映另一个属性。

就判断(命题)方面来说,同一律要求一个判断肯定什么就肯定什么,否定什么就否定什么。同时,如果一个判断是真的,那么就是真的;如果一个判断是假的,那么就是假的。

(二)违反同一律的逻辑错误

违反同一律要求常见的逻辑错误主要有两种:混淆或倒换概念、混淆或倒换论题。

1. 在同一思维过程中必须保持概念自身的同一,否则就会犯"混淆概念"或"偷换概念"的错误。例如,达·芬奇画蛋的故事对我们很有教育意义,能在几厘米的蛋壳上画出优美的风景人物,确实不是一件轻而易举的事。达·芬奇画蛋的故事所说的"画蛋"是指在纸上画出鸡蛋,说明学习画画要先练好基本功,但这句话的作者却把"画蛋"理解为蛋壳上面画彩蛋,无意中在同一思维过程中把两个完全不同的概念混淆起来,违反了同一律,犯了混淆概念的错误。

2. 在命题时,同一思维过程必须保持论题自身的同一,否则就会犯"转移论题"或"偷换论题"的错误。混淆概念或偷换论题是论证中常见的一种逻辑错误。这种错误是在论证过程中把两个不同的论题(判断或命题)这样或那样地混淆或等同起来,从而用一个论题去替换原来所论证的论题。例如,"我认为中学生没有必要学习地理。某个国家的地形和位置完全可以和这个国家的历史同时学习，把历史课和地理课合并，这样对学生来说既方便，又占用较少时间。最后得到的效果可能很好。否则效果会相反：某个国家的地理归地理，而它的历史归历史，各管各的，不能互相联系起来。”从这段话里不难看出，讲话者最初提出的话题是“中学生没有必要学习地理”，而随后所论述的却是另一个论题，“可以把历史课和地理课合并”。显然，谈话者是把后一个论题与前一个论题混淆起来了。因而他就自觉或不自觉地，用后一个论题去偷换了前一个论题。这就是一种混淆或偷换论题的逻辑错误。

对于“偷换论题”，还有一个比较典型的例子。清代雍正乾隆年间，大兴文字狱，就常用偷换论题的办法来歪曲别人的原意，罗织罪名。如，把“清风不识字，何故乱翻书”、“明月有情还顾我，清风无意不留人”等诗句说成“思念明朝，无意本朝，出语诋毁，大逆不道”，并将该诗作者及相关人士都斩首示众。

下面，我们运用同一律解决具体问题。

张先生买了块新手表。他把新手表与家中的挂钟对照，发现手表比挂钟一天慢了三分钟；后来他又把家中的挂钟与电台的标准时对照，发现挂钟比电台标准时间一天快了三分钟。张先生因此推断：他的表是准确的。

显然，张先生的推断是错误的。因为题干中提及的两个三分钟不是同一概念。前一个“三分钟”是与不准确的挂钟相对照的结果，因而是不准确的三分钟；后一个“三分钟”是与标准时间相对照的，是准确的三分钟。张先生的推断违反同一律，犯了混淆概念的错误。

同一律只是主张，在同一思维过程中，人们的思想必须保持确定，它并不否认客观事物和人们思想的发展变化，因此，我们不能把同一律夸大为世界观的基本原则，到处套用。

二、矛盾律

（一）矛盾律的基本内容

英文单词中的矛盾，（Contradiction）衍生自拉丁文的两个词根——contra（相反的）和decere（讲话），其含义就是自身反对自身，因为它描述的一些东西不符合客观事物的本身情况。

1. 矛盾律的基本内容：在同一时刻，某个事物不可能在同一方面既是这样又不是这样。这个原理被看做是同一律的延伸，如果 X 是 X（同一律），那么在同一时刻，它就不能是非 X（矛盾律）。

2. 矛盾律的公式：“A 不是非 A”。公式中的“A”表示任一思想（通常用判断来表示），“非 A”表示对 A 的否定，在同一个思维过程中，A 与非 A 不可能都是真的。显然，如果 A 是真的，那么非 A 就是假的；反之，如果非 A 是真的，那么 A 就是假的。总之，两个否定的思想不能同真，其中至少有一个是假的。所以，A 与非 A 可以是矛盾关系，也包括上反对关系。如，“所有人都是共青团员”（A）与“所有人都不是共青团员”（非 A）。

3. 矛盾律逻辑要求：在同一个思维过程中，任一思想必须前后、首尾一贯，不能既被肯定、又被否定，同时作出两个相互否定的断定。在概念方面，矛盾律要求在同一个思维过程中，一个概念不能既反映某类事物，又不反映这类事物；在判断方面，矛盾律要求在同一思维过程中,一个判断不能既断定某一事物情况,同时又不断定这一事物情况;在语言方面,矛盾律要求,不能把相互否定的反义词同时赋予某一对象。

(二)违反矛盾律的逻辑错误

违反矛盾律要求的逻辑错误是自相矛盾。违反这一要求的逻辑错误,通常称为"自相矛盾"。事实上,违反不矛盾律的错误,包括"自相矛盾"和"自相反对",但在日常语言中,通常把"自相反对"(对两个互相反对的命题同时都加肯定)也称做"自相矛盾"。

有时两个或若干个命题之间,并不明显是互相矛盾或互相反对的,但如果对它们同时断定,就会推出互相矛盾或互相反对的结论。如果这样,这种断定也违反了不矛盾律。如,中国古代的寓言故事"自相矛盾"就说明了这个问题。

在人们日常的思维活动中自相矛盾的逻辑错误也是常见的。例如:

①你的观点基本正确,一点儿错误也没有。

②远处一片漆黑,只有几处灯火在闪烁。

③"严禁触摸高压电线,违者法办"。

在①中,既然"基本正确",也就是"不完全正确",所以说"一点儿错误也没有"显然出现了矛盾;在②中,"一片漆黑"说明是没有一点儿光亮,那又怎么能"有几处灯光在闪烁"呢;在③中,如果有人摸到了高压电线,可以说是必死无疑,所以也就不存在被法办的机会了。

可见,人们在思维活动中遵守矛盾律的要求,保持思想的前后一致是极为重要的。

矛盾律有严格的适用范围,就是适用于同一思维过程。它不排斥人们对不同时期的客观事物作出不同甚至相反的论断,不反对人们在同一时期对同一对象内部所包含的矛盾各方面用同一命题去提示,但不适用于客观现实的辩证矛盾。

三、排中律

(一)排中律的基本内容

1. 排中律的基本内容:在同一思维过程中,两个互相矛盾的思想不能同假,必有一真。也就是说,在同一思维过程中,任一思想要么反映某客观对象,要么不反映该客观对象,二者必居其一,即不存在中间状态。

2. 排中律的公式:"A 或者非 A"。公式中的"A"与"非 A"表示两个相互矛盾的思想。因此,这一公式可表述为:任一思想 A 及其矛盾思想非 A 不能同时是假的,或者 A 真,或者非 A 真。

3. 排中律逻辑要求:在同一思维过程中,对同一对象的两个相互矛盾的思想,必须旗帜鲜明,明确肯定其中之一是真的,不应该含糊其辞,骑墙居中。就概念方面说,排中律要求,在一个特定的论域中,任一对象或者属于概念"A"的外延之中,或者属于概念"非 A"的外延之中,两者必居其一;就判断方面说,排中律要求,对两个互相矛盾的命题,我们不能同时予以否定,必须明确断定其中之一是真的;排中律在判断方面的要求,也适用于具有下反对关系的命题,因为根据逻辑方阵的对当关系,具有下反对关系的命题 SOP 与 SIP 不可同假,必有一真。

(二)违反排中律的逻辑错误

违反排中律要求的逻辑错误是“模棱两可”(也称“两不可”)的逻辑错误。就是对应该明确断定其中之一为真的思想不置可否,含糊其辞或同时予以否定。例如:

①说有鬼这当然不对,但说没有鬼又太武断了。

②这种观点既不属于唯物主义,也不属于唯心主义。

在例①中,“有鬼”与“没有鬼”是互相矛盾的思想,根据排中律,必须肯定其中的一个,而对有鬼与没有鬼都予以否定,就犯了模棱两可的逻辑错误。在例②中,无论哪一种观点,要么属于唯物主义,要么属于唯心主义,两者必居其一,而对这两种情况一个也不予以肯定,就违背了排中律的要求。

违反排中律的情况,不仅可能出现在一段话语或论述中,也可能出现在一些比较复杂的场合下。例如,某甲对一些问题有不同的看法,但由于有所担心,在会议开始时不肯明确地说出来,这时某乙就批评他说“有意隐瞒自己的观点”;而当某甲接受某乙的批评,在会上明确说出自己的观点时,某乙却又说某甲是“有意散布自己的观点”。在某乙看来,无论某甲在会上说出自己的观点还是某甲不在会上说出自己的观点,都是不对的,这样,某乙就犯了模棱两可的逻辑错误。

在运用排中律的时候,也要考虑到认识的复杂性。当人们对某一个问题尚未深入了解,对某件事的是非还没有弄清楚,需要进一步调查研究才能作出决定或回答时,在这种情况下当然允许人们不立即表明自己的态度,而不能说违反了排中律。

排中律只能在不存在第三种可能的情况下运用。如果存在第三种可能的情况,就不能简单地使用排中律。例如,某人下完一盘象棋后说“这盘棋我没有赢”,又说“这盘棋我也没有输”,这并不违反排中律,因为象棋比赛中还存在和棋的可能性。

同一律、矛盾律和排中律各自从不同的角度、以不同的要求来保证人们的思维具有确定性,三者之间既有一定的区别也有不可分割的联系。

为帮助读者加深理解,下面以交通指挥信号灯为例分析逻辑基本规律的要求。我们知道,在交通指挥信号中,绿灯表示通行,当绿灯亮时,车辆和行人通行;红灯表示禁止通行,当红灯亮时,车辆和行人停下。同一律对红绿灯的要求是:绿灯表示通行就表示通行,红灯表示禁止通行就表示禁止通行,而不能任意地改变绿灯和红灯的意义,否则交通必然发生混乱。矛盾律对红绿灯的要求是:绿灯和红灯不能同时亮。因为绿灯和红灯是两个互相否定的信号,如果绿灯和红灯同时亮,车辆和行人将不知道是该通行还是该停下。排中律对红绿灯的要求是:在正常的交通时间内,不管是亮绿灯还是亮红灯,总得亮一个灯,不能一个灯也不亮。因为对于绿灯和红灯这两个互相矛盾的信号,必须肯定其中的一个,如果绿灯和红灯一个也不亮,那么车辆和行人还是不知道应该通行还是应该停下。

四、充足理由律

(一)充足理由律的内容和要求

1. 充足理由律的基本内容是:在论断过程中,任何一个论断被确定为真的,必须具有充足理由。即任何事物都有其存在的充足理由。

2. 充足理由律的公式是:A 真,因为 B 真并且 B 能推出 A。

3. 充足理由律的要求:一是理由必须真实,二是理由与推断之间要有必然的联系。因此,这个原理也被称为因果原理。

(二)违反充足理由律的逻辑错误

违反充足理由律的要求,会犯“虚假理由”或“推不出”的逻辑错误。

1. 虚假理由。虚假理由就是用于证明观点的理由不符合客观实际,是虚假或捏造的。

2. 推不出。推不出就是虽然论据是真实的,但它的论题之间没有必然的联系,或者论据不充分,使得论题不能必然的成立。有两种表现形式:一是“无关论证”,二是“理由不充分”。

五、案例与解题技巧

本部分选编了 15 个典型案例,请读者结合案例的讲解,掌握解题技巧。下面,看一下这些案例。

案例 6-1:

一个月了,这个问题时时刻刻缠绕着我,而在工作非常繁忙或心情非常好的时候,又暂时抛开了这个问题,顾不上去想它了。

以上的陈述犯了下列哪项逻辑错误?

A. 论据不足　B. 循环论证　C. 偷换概念　D. 转移论题　E. 自相矛盾

【解题分析】

(1)弄清问题并分析题干。题干的断定为:题干中一方面说“时时刻刻缠绕着”,又说“暂时抛开”,是比较明显的自相矛盾。

(2)考察选项,确定答案。E 项反映了题干存在的问题,因此,本题正确答案是 E。

案例 6-2:

甲乙两人就“人的有意识的活动是否都是有目的的”这一论题展开辩论。甲认为,人有意识的活动都是有目的的。乙持相反的观点。为证明自己观点的正确性,乙说:“我现在就可以有意识地但却无目的地举起我的手。”

乙的证明犯了下述哪项错误?

A. 模棱两可　B. 两不可　C. 自相矛盾　D. 以偏概全　E. 论据不足

【解题分析】

(1)弄清问题并分析题干。

题干想告诉我们的是:“有意识地”与“有目的地”是一回事,乙实际上认为,他的举手,既是无目的的,又是有目的的。因此,乙犯了自相矛盾的错误。

(2)考察选项,确定答案。本题正确答案是 C。

案例 6-3:

某对外营业游泳池更衣室的入口处贴着一张启事,称“凡穿拖鞋进入泳池者,罚款五至十元”。某顾客问:“根据有关法规,罚款规定的制定和实施,必须由专门机构进行,你们怎么可以随便罚款呢?”工作人员回答:“罚款本身不是目的。目的是通过罚款,来教育那些缺乏公德意识的人,保证泳池的卫生。”

上述对话中工作人员所犯的逻辑错误,与以下哪项中出现的最为类似?

A. 管理员:“每个进入泳池的同志必须带上泳帽,没有泳帽的到售票处购买。”

某顾客:“泳池中那两个女同志怎么没戴泳帽?”

管理员:“那是本池的工作人员。”

B. 市民:“专家同志,你们制定的市民文明公约共15条60款,内容太多,不易记忆,可否精简,以便直接起到警示的作用。”

专家:“这次市民文明公约,是在市政府的直接领导下,组织专家组,在广泛听取市民意见的基础上制定的,是领导、专家、群众三结合的产物。”

C. 甲:什么是战争?

乙:战争是两次和平之间的间歇。

甲:什么是和平?

乙:和平是两次战争之间的间歇。

D. 甲:为了使我国早日步入发达国家之列,应该加速发展私人汽车工业。

乙:为什么?

甲:因为发达国家私人都有汽车。

E. 甲:一样东西,如果你没有失去,就意味着你仍然拥有。是这样吗?

乙:是的。

甲:你并没有失去尾巴。是这样吗?

乙:是的。

甲:因此,你必须承认,你仍然有尾巴。

【解题分析】

(1)弄清问题并分析题干。分析题干的断定情况:工作人员所犯的逻辑错误属于转移论题来回避矛盾,选项B专家使用的手法与其相同。

(2)考察选项,确定答案。正确答案是B。

案例6-4:

商业伦理调查员:XYZ钱币交易所一直误导它的客户说,它的一些钱币是很稀有的。实际上那些钱币是比较常见而且很容易得到的。

XYZ钱币交易所:这太可笑了。XYZ钱币交易所是世界上最大的几个钱币交易所之一。我们销售的钱币是经过一家国际认证的公司鉴定的,而且有钱币经销的执照。

XYZ钱币交易所的回答显得很没有说服力,因为它——

以下哪项为上文的后继最为恰当?

A. 故意夸大了商业伦理调查员的论述,使其显得不可信

B. 指责商业伦理调查员有偏见,但不能提供足够的证据来证实他的指责

C. 没能证实其他钱币交易所也不能鉴定他们所卖的钱币

D. 列出了XYZ钱币交易所的优势,但没有对商业伦理调查员的问题做出回答

E. 没有对“非常稀少”这一意思含混的词做出解释

【解题分析】

(1)弄清问题并分析题干。根据题干的断定分析:商业伦理调查员指责XYZ钱币交

易所误导客户的根据是,它所称的很稀有的货币,实际上是比较常见的。XYZ 钱币交易所的回答回避了商业伦理调查员的问题,只是陈述了该交易所的一些优势,这显然使得它的回答没有说服力。D 项指出了这一点,作为题干的后继是恰当的。其余各项均不恰当。至于选项 E 是不妥的,"非常稀少"在题干中意思是明确的,并不含混。

(2)考察选项,确定答案。正确答案是 D。

案例 6-5:

这次新机种试飞只是一次例行试验,既不能算成功,也不能算不成功。

以下哪项对于题干的评价最为恰当?

A. 题干的陈述有漏洞,这一漏洞也出现在后面的陈述中:这次关于物价问题的社会调查结果,既不能说完全反映了民意,也不能说一点也没有反映民意

B. 题干的陈述有漏洞,这一漏洞也出现在后面的陈述中:这次考前辅导,既不能说完全成功,也不能说彻底失败

C. 题干的陈述有漏洞,这一漏洞也出现在后面的陈述中:人有特异功能,既不是被事实证明的科学结论,也不是纯属欺诈的伪科学结论

D. 题干的陈述有漏洞,这一漏洞也出现在后面的陈述中:在即将举行的大学生辩论赛中,我不认为我校代表队一定能进入前四名,我也不认为我校代表队可能进入前四名

E. 题干的陈述有漏洞,这一漏洞也出现在后面的陈述中:在即将举行的大学生辩论赛中我不认为我校代表队一定能进入前四名,我也不认为我校代表队可能进不了前四名

【解题分析】

(1)弄清问题并分析题干。根据题干的断定:选项 E 和题干论证都违反了排中律,均犯了"两不可"的逻辑错误。

(2)考察选项,确定答案。正确答案是 E。

案例 6-6:

一袋 10 磅的新鲜土豆一般值 2 美元,而脱水的速食土豆平均每磅值 3 美元,由此可得出结论:一些消费者为了方便愿意支付 15 倍的价格,因为这种方便食品的销量在持续增加。

以下哪项如果为真,最能指出上述论证所存在的缺陷?

A. 购买方便的 2 磅一包的新鲜土豆每袋 1 美元,或者说比 10 磅一包的新鲜土豆贵 2.5 倍。

B. 因为新鲜土豆有 80% 的水分,每磅脱水土豆相当于 5 磅新鲜土豆

C. 罐装的削了皮的土豆也比相对不方便的土豆贵

D. 1960 年以来脱水土豆的零售价格已经下降了 20%,达到目前的每磅 3 美元的水平

E. 作为劳动力成本和加工成本的结果,所有的方便食品要比制取它们的基本食品值钱

【解题分析】

(1)弄清问题并分析题干。题干的错误是:"10 磅的新鲜土豆 2 美元"平均 0.2 元/"磅","脱水土豆"3 美元/"磅",因此,断定前后两个"磅"的价格在 15 倍之多,从而忽视了"干磅"与"鲜磅"的差别。选项 B"因为新鲜土豆有 80% 的水分,每磅脱水土豆相当于 5 磅新鲜土豆"指出,10 磅的新鲜土豆相当于 2 磅脱水土豆,应为 6 美元,意味着 3 倍,不是 15 倍,指出了题干的错误。其余选项 A、C、D、E 都不能指出题干错误;正确答案应当是 B。

(2)考察选项,确定答案。本题的正确答案是B。

案例6-7:

在产品检验中,误检包括两种情况:一是把不合格产品定为合格;二是把合格产品定为不合格。有甲乙两个产品检验系统,它们依据的是不同的原理,但共同之处在于:第一,它们都能检测出所有送检的不合格产品;第二,都仍有恰好3%的误检率;第三,不存在一个产品,会被两个系统都误检。现在把这两个系统合并为一个系统,使得被该系统测定为不合格的产品,包括且只包括两个系统分别工作时都测定的不合格产品。可以得出结论:这样的产品检验系统的误检率为0。

以下哪项最为恰当地评价了上述推理?

A. 上述推理是必然性的,即如果前提真,则结论一定真

B. 上述推理很强,但不是必然性的,即如果前提真,则为结论提供了很强的证据,但附加的信息仍可能削弱该论证

C. 上述推理很弱,前提尽管与结论相关,但最多只为结论提供了不充分的根据

D. 上述推理的前提中包含矛盾

E. 该推理不能成立,因为它把某事件发生的必要条件的根据,当做充分条件的根据

【解题分析】

由题干可知,对于甲乙两个系统中的任一系统:

第一,测定为合格的产品实际上都是合格产品;

第二,测定为不合格的产品中,实际上有3%是合格产品,属误检;

第三,甲系统误检为不合格的产品,若经乙系统检验,则被测定为合格。同样,乙系统误检为不合格的产品,若经甲系统检验,则被测定为合格。

因此,任意一批产品中,真正不合格的产品一定是分别经过甲乙两个系统的检验并都测定为不合格的产品。也就是说,甲乙两个系统所合并成的系统的误检率为0。故,正确答案是A。

案例6-8:

雌性斑马和它们的幼小子女离散后,可以在相貌体形相近的成群斑马中很快又聚集到一起。研究表明,斑马身上的黑白条纹是它们互相辨认的标志,而幼小斑马不能将自己母亲的条纹与其他成年斑马区分开来。显而易见,每个母斑马都可以辨别出自己后代的条纹。

上述论证采用了以下哪种论证方法?

A. 通过对发生机制的适当描述,支持关于某个可能发生现象的假说

B. 在对某种现象的两种可供选择的解释中,通过排除其中的一种,来确定另一种

C. 论证一个普遍规律,并用来说明一特殊情况

D. 根据两组对象有某些类似的特性,得出它们具有一个相同特性

E. 通过反例推翻一个一般性结论

【解题分析】

题干推理如下:

前提一:雌性斑马和幼小子女能通过黑白条纹辨认又聚集到一起(母斑马辨认幼斑马或幼斑马辨认母斑马)。

前提二:幼小斑马不能辨认自己母亲的条纹。

结论:母斑马都可以辨别出自己后代的条纹。

可见题干的推理是相容选言推理的否定肯定式,这实际上是我们所用的排除法。

因此,B项的描述是正确的。本题正确答案是B。

案例6-9:

小陈:目前1996D3彗星的部分轨道远离太阳,最近却可以通过太空望远镜发现其发出闪烁光。过去人们从来没有观察到远离太阳的彗星出现这样的闪烁光,所以这种闪烁必然是不寻常的现象。

小王:通常人们都不会去观察那些远离太阳的彗星,这次发现的1996D3彗星闪烁光是有人通过持续而细心的追踪观测而获得的。

以下哪项最为准确概括了小王反驳小陈的观点所使用的方法?

A. 指出小陈使用的关键概念含义模糊

B. 指出小陈的论据明显缺乏说服力

C. 指出小陈的论据自相矛盾

D. 不同意小陈的结论,并且对小陈的论据提出了另一种解释

E. 同意小陈的结论,但对小陈的论据提出了另一种解释

【解题分析】

小陈的结论:远离太阳的彗星出现这样的闪烁光必然是不寻常的现象。

小陈的论据:过去人们从来没有观察到这样的闪烁光。

小王不同意小陈的结论,认为远离太阳的彗星出现这样的闪烁光是寻常的现象,因为这种现象早已存在,只不过以前人们观察得不够持续和细心罢了。

可见小王并不否定小陈的论据所陈述的情况存在,只是对这一情况做出了另一种解释,基于这一解释,可得出与小陈不同的结论。因此,D项准确地概括了小王反驳小陈的观点所使用的方法。故,本题正确答案是D。

案例6-10:

违法必究,但几乎看不到违反道德的行为受到惩罚,如果这成为一种常规,那么,民众就会失去道德约束。道德失控对社会稳定的威胁并不亚于法律失控。因此,为了维护社会的稳定,任何违反道德的行为都不能不受惩治。

以下哪项对上述论证的评价最为恰当?

A. 上述论证是成立的

B. 上述论证有漏洞,它忽略了:有些违法行为并未受到追究

C. 上述论证有漏洞,它忽略了:有违法必究,推不出缺德必究

D. 上述论证有漏洞,它夸大了违反道德行为的社会危害性

E. 上述论证有漏洞,它忽略了:由否定"违反道德的行为都不受惩治",推不出"违反道德的行为都要受惩治"

【解题分析】

题干前提:违反道德的行为几乎都不受到惩罚,从而引起道德失控,威胁社会稳定。

因此,为了维护社会的稳定,应该得出的结论是:不应该"违反道德的行为都不受到

惩罚”,也即有些违反道德的行为应该受到惩罚。

而题干论述的结论为,任何违反道德的行为都不能不受惩治。可见,题干论证的漏洞在于忽略了由否定“违反道德的行为都不受惩治”,推不出“违反道德的行为都要受惩治”。因此,E 项正确。故,本题正确答案是 E。

案例 6-11:

“人多力量大”、“众人拾柴火焰高”,这些名言证明了人口的增加是有利于社会发展的。

上述推断的缺陷主要在于:

A.“人多力量大”肯定了人力资源的作用,是重视人才的表现

B. 不同的人对社会的贡献是不一样的,应当指明主要应增加哪一类人口

C. 名言并非真理,不能由名言简单地证明上述结论

D. 人口越少,消耗掉的社会资源就越少

E. 人口越多,带来的社会问题越多

【解题分析】

名言是在某一个特定的时间、地点、条件下形成的,通常,名言是一种大家比较认同的语言,不一定完全正确,并非是论证过的真理。即使是真理,也要明白它应用的范围。假设以上两句话在某些情况下是完全对的,也不能简单地推广,更不能引用来证明人口数量多会促进社会发展。可见,C 是正确答案。

A 并不是指出题干推理的缺陷;B 对题干提出的质疑是针对其结论的,即关于如何增加人口的问题,而不是关于题干的推断有什么缺陷;D 和 E 是就题干的结论进行的辩论,也不是关于题干推断的缺陷的。故,本题正确答案是 C。

案例 6-12:

王宏和李明是要好的朋友。王宏是学气象的,每天要做天气预报。李明是学哲学的,爱和人辩论。某个星期六的中午,两人在一块吃饭,王宏急着要走,说要去加班,准备明天的天气预报。李明说:“何必着急?做天气预报还不容易。你只要说明天有 50% 的概率降水就行了。如果真的下了雨,你可以说我预报准确,因为你说过有 50% 的概率降水;如果明天没有下雨,你也没错,因为你预言有 50% 的概率不降雨。因此,你总是对的。”

以下哪项论述最科学地指出了李明论断的错误?

A. 一个天气预报员的水平高低不是仅用某一次是否符合天气实际情况来判断的

B. 李明的说法不对。如果明天真的下雨了,只有预报降水概率 100% 才算预报正确,其他预报都不对

C. 李明的说法有问题。如果明天没有下雨,只有预报降水概率 0% 才算预报正确,其他预报都算错

D. 李明的说法揭示了现在天气预报方式的弊端。用百分率做天气预报不科学,应该像原来那样,明确地预报有雨或无雨

E. 用百分率做天气预报是一种推卸责任的办法,就和算命先生给人算卦一样,都是些模棱两可的话。你说让人信还是不信?

【解题分析】

天气预报的水平高低不是仅用某一次是否符合天气实际情况来判断的。这意味着,

应该对他们多次预报的正确程度进行估计,这正是A的观点。比如,气象台100次预报说明天有50%的概率下雨,事后检验,实际有50次左右真的下雨,说明预报非常准确;否则,如果只有20次下雨或90次下雨,则这个气象台的预报不太准。因此,可以用这个方法对多个气象台进行比较。因此,答案选A。

其实可用排除法,B、C、D、E明显不正确。故,本题正确答案是A。

案例6-13:

在一场魔术表演中,魔术师看来是随意请一位观众志愿者,上台配合他的表演。根据魔术师的要求,志愿者从魔术师手中的一副扑克中随意抽出一张。志愿者看清楚了这张牌,但显然没有让魔术师看到这张牌。随后,志愿者把这张牌插回那副扑克中。魔术师把扑克洗了几遍,又切了一遍。最后魔术师从中取出一张,志愿者确认,这就是他抽出的那一张。有好奇者重复三次看了这个节目,想揭穿其中的奥秘。第一次,他用快速摄像机记录下了魔术师的手法,没有发现漏洞;第二次,他用自己的扑克代替魔术师的扑克;第三次,他自己充当志愿者。这三次表演,魔术师无一失手。此好奇者因此推断:该魔术的奥秘,不在手法技巧,也不在扑克或志愿者有诈。

以下哪项最为确切地指出了好奇者的推理中的漏洞?

A. 好奇者忽视了这种可能性:他的摄像机的功能会不稳定

B. 好奇者忽视了这种可能性:除了摄像机以外,还有其他仪器可以准确记录魔术师的手法

C. 好奇者忽视了这种可能性:手法技巧只有在使用做了手脚的扑克时才能奏效

D. 好奇者忽视了这种可能性:魔术师表演同一个节目可以使用不同的方法

E. 好奇者忽视了这种可能性:除了他所怀疑的上述三种方法外,魔术师还可能使用其他方法

【解题分析】

题干论述:由于好奇者三次不同方式的观察都没有发现破绽。因此,好奇者得出结论:魔术的奥秘不在手法技巧,也不在扑克或志愿者有诈。

D指出,魔术师可能在他几次观察中采用了不同的方法(包括手法、扑克和志愿者),从而使他不能看出破绽,而不能排除魔术师采用了三种方法。比如,他用快速摄像机记录下了魔术师的手法时,魔术师完全可以使用有诈的扑克或志愿者。这样就确切地指出了好奇者的推理中的漏洞。A、B、C为明显无关选项,排除。

好奇者的推断"奥秘不在于手法、扑克和志愿者",并没有排除魔术师采用其他方法的可能性,因此,E项与题干不矛盾,加强了题干,没有指出好奇者的逻辑漏洞。故,正确答案是D。

案例6-14:

昨天冬冬和妞妞都病了,病症也类似。平日两人每天下午都在一起玩,因此,两人可能患的是同一种病,冬冬的病症有点象链球菌感染,但他患的肯定不是这种病。因此,妞妞患的病也肯定不是链球菌感染。

以下哪项最为准确地概括了上述论证中的漏洞?

A. 预先假设了所有证明的结论

B. 颠倒了某个特定现象的结果与原因

C. 把一种判定可能性结论的证据当做判定事实性结论的证据

D. 在缺乏可比性的对象之间进行不当类比

E. 基于某个特例轻率概括出一般性结论

【解题分析】

题干论证的依据:冬冬和妞妞可能患的是同一种病。冬冬的病肯定不是链球菌感染。

由此得出的合理结论应当是可能性的结论,即妞妞患的病也可能不是链球菌感染。而不应当是必然性的结论:妞妞患的病肯定不是链球菌感染。

显然这一论证的漏洞在于把一种判定可能性结论的证据当做判定事实性结论的证据。故,本题正确答案是 C。

案例 6-15:

统计显示,在汽车事故中,装有安全气囊的汽车比例高于未安装气囊的汽车,因此,在汽车中安装安全气囊,并不能使车主更安全。

以下哪项最为恰当地指出了上述论证的漏洞?

A. 不加以说明就予以假设,任何安装气囊的汽车都有可能遭遇汽车事故

B. 忽视了这种可能:未安装安全气囊的车主更注意谨慎驾驶

C. 不当地假设:在任何汽车事故中,安全气囊都会自动打开

D. 不当地把发生汽车事故的可能程度,等同于车主在事故中受伤害的严重程度

E. 忽视了这种可能性:装有安全气囊的汽车所占的比例越来越大

【解题分析】

题干结论:安装安全气囊并不能使车主更安全。

理由是统计发现,在汽车事故中,装有安全气囊的汽车比例高于未安装气囊的汽车。

安全气囊的作用,不在于避免汽车事故的发生,而在于当事故发生时减少车主受伤害的程度。题干论证忽略了这一常识,D 项恰当指出了上述论证漏洞。

有争议的是 B 选项,B 项指出造成这个的统计现象可能隐藏着其他原因,对题干结论也有所削弱。但它并没有指出题干由前提到结论这一论证过程的漏洞。故,本题正确答案是 D。

第七章 | CHAPTER 7

预　设

预设的含义

预设的基本特征

认识预设的意义

复杂问语

预设的求解方法

案例与解题技巧

第七章　预　设

一、预设的含义

预设是为使一个命题成立而预先假定的条件，是交际过程中双方共同认可的先决条件。任何一个直言命题都有预设。例如：

（1）琼小姐的言情小说很感人。

这个命题就预设了琼小姐写过言情小说。

还可以把这个预设进一步分析为有人读过琼小姐写的言情小说，有人评论过琼小姐写的言情小说。

预设就是不管对该命题予以肯定还是予以否定，都必须承认这一先决条件。

例如，对命题（1）作出否定：

（2）琼小姐的言情小说不感人。

这个命题也就是承认了琼小姐写过言情小说。

因此对预设可以这样来定义：对一个命题 p 来说，如果 p 和非 p 都可以推出 T，则 T 就是命题 p 的预设。显然，如果 T 是命题 p 的预设，那它也是非 p 的预设，反之亦然。

二、预设的基本特征

1. 预设的共知性。所谓的预设的共知性，是指交际双方所共有的背景知识或无可争议的信息。共知性是指谈话双方所共同知道的信息，这种共知性信息可以是人所共知的，也可以仅为交际双方所共知的。从这个意义上说，预设是沟通交际双方的桥梁。例如，交际双方所共有的背景知识：月亮距离地球 38 万公里。

这句话至少可以推导出这样几点预设：

（1）存在着一个叫“月亮”的星体；

（2）存在着一个叫“地球”的星体；

（3）这两个星体之间有一定距离。

以上预设都是一般人都知道的信息。

再如，预设是只为交际双方所共知的信息，像两个人之间说话以做某件事作为预设，就可能有对话，甲：办妥了吗？乙：还没有。

此时若有第三个人丙在场，而他不知该预设的话，丙可能会问：什么没办妥？

2. 预设的传递性。常有这种情况，一个语句的预设又包含着第二层次的预设，然后又是第三层次的预设，这种层层预设的推移可一直延续。举例如下。

A_1：很少人知道桌球就是台球。A_2：有人知道桌球就是台球。A_3：有种球类叫桌球也叫台球。

这里，A_1 预设了 A_2，A_2 预设了 A_3。此时，A_1 也间接预设了 A_3。

3. 预设的可撤销性。对于虚假的，或不能接受的预设，可以预以否认或撤销。

这是指预设在一定条件下能够被取消，这也是预设的一个性质。例如，“章子怡没能参加那场电影的首映仪式”通常具备如下的预设：章子怡参加那场电影的首映仪式。但是如果说成“章子怡没能参加那场电影的首映仪式，是因为她在国外拍摄好莱坞大片”，原先的预设就被撤销了。

三、认识预设的意义

传统的标准逻辑只有真假两个值，通常可以称为二值逻辑；而预设逻辑则有真、假和无意义三个值，因此它是三值逻辑。如果我们用 S 代表一个特定的语句，非 S 表示它的否定形式，T 表示它的预设，我们可以发现，当 S 是真时，T 也真；当非 S 是真时，T 也真。也就是说，S 的真或假都预设 T。例如，“这个球是椭圆形的”与“这个球不是椭圆形的”。这两个句子都预设“球”是存在的，但如果“球”并不存在，即预设 T 就是假的。这就是说，只有 T 真，S 和非 S 才有真假；如果 T 假，则 S 和非 S 无意义。

四、复杂问语

当一个问句中包含了某个回答者没有承认或根本不能接受的预设时，这个问句就是一个复杂问语。因此，提问者把这一预设隐含在一个问语中，通过诱使对方对这一问语的回答，达到让对方承认这一预设的目的。例如，“你还吸烟吗？”

这个问语隐含了一个预设，“你过去就吸烟”。对这个问语，你不管做肯定的回答“还吸”，还是做否定的回答“不吸了”，实际上都等于承认了这个预设。

因此，对于复杂问语，不能不加分析地简单地做肯定或否定的回答，而是应该直接针对预设本身做出回绝或回避。回绝即提出与复杂问语的预设相矛盾的命题，而回避则是如果回答者重复的问语包括复杂问语中的预设。再如，监考员：“你作弊的纸条藏在哪儿了？”考生：“既然你看到我作弊了，那还问我干什么？”

五、预设的求解方法

一是要将结论作为思考的出点。预设一定是与结论有直接或间接的支持关系。二是充分理解论者的意图。要站在与论者同样的立场上去思考问题。三是找出不能作为论者预设的判断，如对原文的直接或间接转引，与原文意思不一致或相反的判断，超出论证范围的判断，等等。在分析某一论断何以成为另一论断的预设时，往往基于以下几种情况：(1)因果联系。有此因才有此果，无此因则无此果，不存在它因，即唯一因果联系等。(2)推断可行。以此论断作为预设的前提下，推断才可行。(3)方案可行。以此论断作为预设的前提下，此方案才可行。(4)语义隐含。此论断为题干论断的语义隐含。

六、案例与解题技巧

预设型题的解题方法和技巧，结合下面的 15 个案例进行详细的解答，请读者认真领会。

案例 7－1：

小王说：“老李现在不打老婆了”。

以下哪一项是小王说话必须预设的？

A. 小王知道老李现在不打老婆了　　B. 老李现在不打老婆了

C. 老李过去曾经打过老婆　　D. 除老李外，机关里没有其他人打老婆

E. 打老婆是社会陋习

【解题分析】

(1)弄清问题并分析题干。题干是一个关于预设的题。题干是有预设的。说老李现在不打老婆，必然假设他过去打过老婆。这正是选项C所阐明的。

(2)考察选项，确定答案。正确答案是C。

案例7-2：

足球训练课上，小戴来晚了，教练问他："你怎么又迟到了？"

以下哪项是教练提问的预设？

A. 小戴不喜欢上足球训练课　　B. 小戴迟到是有意的

C. 这节足球训练课没有别的同学迟到　　D. 小戴迟到不是有意的

E. 过去上足球训练课时小戴也迟到过

【解题分析】

(1)弄清问题并分析题干。题干是一个关于预设的题。教练说："你怎么又迟到了？"既然"又迟到了"，就意味着"曾经迟到过"。

(2)考察选项，确定答案。A、B、C、D都不能作为题干问话的预设。所以，应该选E。

案例7-3：

甲："我最近经常看到他带着孩子散步。"

乙："这么说，他已经做父亲了。"

乙谈话的逻辑前提是：

A. 所有已经做了父亲的人，一定经常带孩子散步

B. 有些经常带孩子散步的人已经做了父亲

C. 只有经常带着孩子散步的人，才是已做了父亲的人

D. 经常带着孩子散步的人，可能是已经做了父亲的人

E. 不是已做父亲的人，不可能经常带孩子散步

【解题分析】

(1)弄清问题并分析题干。这是前提型试题。如果"不是已做父亲的人，不可能经常带孩子散步"，那题干中的乙从"他经常带孩子散步"就必然推出"他已经做了父亲了"。因此，E是乙谈话的逻辑前提。

(2)考察选项，确定答案。正确答案是E。

案例7-4：

甲：那座拱形桥是什么时候被什么人炸毁的？

乙：是被日本人炸的，我记得那是抗日战争快结束的时候。

以上对话中的预设是：

Ⅰ. 曾经有一座拱形桥。

Ⅱ. 拱形桥被人炸毁了。

Ⅲ. 有一段历史时期被称做抗日战争时期。

Ⅳ. 拱形桥是被日本人炸毁的。

A. 仅Ⅰ和Ⅱ　　B. 仅Ⅰ、Ⅱ和Ⅲ　　C. 仅Ⅱ、Ⅲ和Ⅳ　　D. 仅Ⅰ、Ⅱ和Ⅳ　　E. Ⅰ、Ⅱ、Ⅲ和Ⅳ

【解题分析】

(1)弄清问题并分析题干。这是前提型试题。根据语感，Ⅰ、Ⅱ和Ⅲ都是题干对话中所必须假定的。Ⅳ不必假定，因为“拱形桥是被日本人炸毁的”这样一个事实是题干中已经表达出来的。

(2)考察选项，确定答案。正确答案是 B。

案例 7-5：

最近，北大清华的学生发出倡议，号召在校大学生抵制不健康的网络游戏。

以下哪一项是这个倡议必须预设的？

A. 在校大学生不应该玩不健康的网络游戏　　B. 有许多在校大学生在玩网络游戏

C. 有不健康的网络游戏存在　　D. 在校大学生应该以学习为主

E. 网络游戏开发商应该开发健康的网络游戏

【解题分析】

(1)弄清问题并分析题干。题干是一个命题——“在校大学生应抵制不健康的网络游戏”，这个命题不论真还是假，都必须以“存在不健康的网络游戏”为预设命题，即选项 C。选项 A 是题干命题的等值命题，不能作为预设存在，即不能把题干的明示当做预设。选项 B、D、E 都不是题干命题所必须预设的。

(2)考察选项，确定答案。正确答案是 C。

案例 7-6：

哈里先生一定是公司的高级职员，他总是打着领带上班。

以下结论是以下述哪项项前提作为依据的？

A. 如果一位男士晋升为公司高级职员，就会在穿着方面特别注意，领带自然是必不可少的

B. 除非成为公司高级职员，男士们都不会打领带

C. 所有公司的高级职员都被要求打领带上班

D. 公司有规定，男士上班打领带，穿正装

E. 不打领带的男士，不可能成为公司的高级职员

【解题分析】

(1)弄清问题并分析题干。题干的预设是“所有打着领带上班的都是公司的高级职员”，即“打领带上班”是“高级职员”的充分条件，或者“高级职员”是“打领带上班”的必要条件。B 项正是这一含义的体现。

(2)考察选项，确定答案。正确答案是 B。

案例 7-7：

有一次班级活动王颖没有参加，事后班长问王颖：“这次班级活动你怎么又没来？”班长的提问必须预设以下哪一项？

A. 王颖这次缺席班级活动没有预先请假　　B. 王颖没有缺席过学校活动

C. 王颖从来没有缺席过班级活动　　D. 王颖缺席过过去的班级活动

E. 没有其他同学缺席这次班级活动

【解题分析】

(1)弄清问题并分析题干。题干的预设是“王颖以前缺席过班级活动”，可见 D 项是班长提问的预设。

(2)考察选项,确定答案。故本题正确答案是 D。

案例 7-8:

李老汉说:"抗日战争期间,这里曾发生过屠村事件。"

以下哪项是李老汉说话必须预设的?

A. 李老汉是屠村事件的幸存者

B. 抗日战争期间,日本军队非常残暴

C. 中国历史上有村屠村事件

D. 中国历史上有过抗日战争那个时期

E. 李老汉从来不说谎话

【解题分析】

(1)弄清问题并分析题干。题干中李老汉说"抗日战争期间,这里从发生过屠村事件",他必须预设中国历史上有过抗日战争那个时期。否则,他不会说这句话。因此,D 项正确。

(2)考察选项,确定答案。本题正确答案 D。

以下两题,不是预设前提型试题,但是需要对题干和选项的正确理解,寻求答案。

案例 7-9:

春天的兰花是美丽的,即使没有人欣赏它。

上述文字是对下列哪项的反驳?

A. 人们只能看见他们想看的

B. 美丽是肤浅的

C. 味道是不可数的

D. 美丽只存在于每个人的眼中

E. 人最大的快乐是对美丽的玷污

【解题分析】

(1)弄清问题并分析题干。题干的意思是,美丽是客观的,不以人的意志为转移的。而 D 项的意思是,美丽是人的主观感受,这和题干意思相反。因此,D 为正确答案。其余选项为无关选项。

(2)考察选项,确定答案。正确答案是 D。

案例 7-10:

政治记者汤姆分析了近十届美国总统的各种讲话和报告,发现其中有不少谎话。因此,汤姆推断:所有参加竞选美国总统的政治家都是不诚实的。

以下哪项和汤姆推断的意思是一样的?

A. 不存在不诚实的参加竞选美国总统的政治家

B. 不存在诚实的参加竞选美国总统的政治家

C. 所有政治家都是不诚实的

D. 不是所有参加竞选美国总统的政治家都是诚实的

E. 有些参加竞选美国总统的政治家是诚实的

【解题分析】

(1)弄清问题并分析题干。题干断定:"所有参加竞选美国总统的政治家都是不诚实的。"="不存在诚实的参加竞选美国总统的政治家",因此,B 项符合要求。

(2)考察选项,确定答案。正确答案为 B。

案例 7-11:

厂长:采用新的工艺流程可以大大减少炼铜车间所产生的二氧化硫。这一新流程的要点是用封闭式熔炉替代原来的开放式熔炉。但是,不光购置和安装新的设备是笔大的开支,而且运作新流程的成本也高于目前的流程。因此,从总体上说,采用新的工艺流程将大大增加生产成本而使本厂无利可图。

总工程师:我有不同意见。事实上,最新的封闭式熔炉的熔炼能力是现有的开放式熔炉无法相比的。

在以下哪个问题上,总工程师和厂长最可能有不同意见?

A. 采用新的工艺流程是否确实可以大大减少炼铜车间所产生的二氧化硫?

B. 运作新流程的成本是否一定高于目前的流程

C. 采用新的工艺流程是否一定使本厂无利可图

D. 最新的封闭式熔炉的熔炼能力是否确实明显优于现有的开放式熔炉?

E. 使用最新的封闭式熔炉是否明显增加了生产成本?

【解题分析】

厂长的观点是采用新工艺流程无利可图,其根据是采用新的工艺流程将大大增加生产成本。工程师的观点是并不否认采用新的工艺流程会增加生产成本,但指出了这种生产成本的增加能显著有利于提高生产能力、增加利润,从而使该厂有利可图。

二者不同意见:使用新的工艺流程是否一定使该厂无利可图。

考察选项,选项C是厂长和工程师之间的不同意见。因此,本题正确答案是C。

案例7-12:

张教授:和谐的本质是多样性的统一。自然界是和谐的,例如没有两片树叶是完全相同的。因此,克隆人是破坏社会和谐的一种潜在危险。

李研究员:你设想的那种危险是不现实的,因为一个人和他的克隆复制品完全相同的仅仅是遗传基因。克隆人在成长和受教育的过程中,必然在外形、个性和人生目标等诸方面形成自己的不同特点。如果说克隆人有可能破坏社会和谐的话,我看一个现实危险是,有人可能把他的克隆复制品当做自己的活"器官银行"。

以下哪项最为恰当地概括了张教授与李研究员争论的焦点?

A. 克隆人是否会破坏社会的和谐?

B. 一个人和他的克隆复制品的遗传基因是否可能不同?

C. 一个人和他的克隆复制品是否完全相同?

D. 和谐的本质是否为多样性的统一?

E. 是否可能有人把他的克隆复制品当做自己的活"器官银行"?

【解题分析】

张教授推理的隐含假设是克隆人和其原人是完全相同的。而李研究员认为一个人和他的克隆复制品仅仅是遗传基因完全相同而在外形、个性和人生目标等诸方面并不同。

张教授与李研究员争论的焦点就是"一个人和他的克隆复制品是否完全相同"。

其余各项均不恰当。例如,李研究员并不否认克隆人有可能破坏社会和谐,因此,A项不恰当。故,本题的正确答案是C。

案例7-13:

司机:有经验的司机完全有能力并习惯以每小时120公里的速度在高速公路上安全行驶。因此,高速公路上的最高时速不应由120公里改为现在的110公里,因为这既会不必要地降低高速公路的使用效率,也会使一些有经验的司机违反交规。

交警:每个司机都可以在法律规定的速度内行驶,只要他愿意。因此,把对最高时速的修改说成是某些违规行为的原因,是不能成立的。

以下哪项最为准确地概括了上述司机和交警争论的焦点？

A. 上述对高速公路最高时速的修改是否必要

B. 有经验的司机是否有能力以每小时 120 公里的速度在高速公路上安全行驶

C. 上述对高速公路最高时速的修改是否一定会使一些有经验的司机违反交规

D. 上述对高速公路最高时速的修改实施后，有经验的司机是否会在合法的时速内行驶

E. 上述对高速公路最高时速的修改，是否会降低高速公路的使用效率

【解题分析】

司机结论：高速公路上的最高时速不应由 120 公里改为现在的 110 公里。

司机理由：第一，会降低高速公路的使用效率；第二，会使一些有经验的司机违反交规。

交警观点：每个司机都可以在法律规定的速度内行驶，因此，不能把对最高时速的修改说成是某些违规行为的原因。

可见，交警的反驳针对了上述的第二条理由，C 项准确地概括了上述司机和交警争论的焦点。

题干中交警的反驳不是针对司机的结论，因此，A 项不成立（A 项是干扰项，其实题干争论的并不是最高时速修改的必要性，而是最高时速修改的可行性）。

交警的反驳也不是针对第一条理由，因此，E 项不成立。

B、D 两项对司机和交警争论的焦点的概括都不准确。因此，本题正确答案是 C。

案例 7－14：

郑女士：衡远市过去十年的 GDP（国内生产总值）增长率比易阳市高，因此衡远市的经济前景比易阳市好。

胡先生：我不同意你的观点。衡远市 GDlP 增长率虽然比易阳市高，但易阳市的 GDP 数值却更大。

以下哪项最为准确地概括了郑女士和胡先生争议的焦点？

A. 易阳市的 GDP 数值是否确实比衡远市大？

B. 衡远市的 GDP 增长率是否确实比易阳市高？

C. 一个城市的 GDP 数值大，是否经济前景一定好？

D. 一个城市的 GDP 增长率高，是否经济前景一定好？

E. 比较两个城市的经济前景，GDP 数值与 GDP 增长率哪个更重要？

【解题分析】

郑女士认为衡远市的经济前景比易阳市好，理由是衡远市过去十年的 GDP（国内生产总值）增长率比易阳市高。

胡先生认为衡远市的经济前景并不比易阳市好，理由是易阳市的 GDP 数值比衡远市更大。

郑与胡争议的焦点比较两个城市的经济前景，GDP 数值与 GDP 增长率哪个更重要。因此，E 项正确。

D 项易误选，其实不是两人争议的焦点。可见，本题的正确答案是 E。

以下是在一场关于“安乐死是否应合法化”的辩论中正反方辩手的发言：

案例 7－15：

正方：反方辩友反对“安乐死合法化”的根据主要是在什么条件下方可实施安乐死的标准不易掌握，这可能会给医疗事故甚至谋杀造成机会，使一些本来可以挽救的生命失

去最后的机会。诚然,这样的风险是存在的。但是我们怎么能设想干任何事都排除所有风险呢。让我提一个问题,我们为什么不把法定的汽车时速限制为不超过自行车,这样汽车交通死亡事故发生率不是几乎可以下降到0吗?

反方:对方辩友把安乐死和交通死亡事故作以上的类比是毫无意义的。因为不可能有人会作这样的交通立法。设想一下,如果汽车行驶得和自行车一样慢,那还要汽车干什么?对方辩友,你愿意我们的社会再回到没有汽车的时代?

[1]以下哪项最为确切地评价了反方的言论?

A. 他的发言实际上支持了正方的论证

B. 他的发言有力地反驳了正方的论证

C. 他的发言有力地支持了反安乐死的立场

D. 他的发言完全离开了正方阐述的论题

E. 他的发言是对正方的人身攻击而不是对正方论证的评价

【解题分析】

从题干看出,两方的观点都说成一致了,还不自知。反方让正方设想汽车如果行驶得像自行车一样慢,说明那样汽车就毫无意义,正是支持了正方所认为的不能设想干任何事情都排除风险。因此,本题的正确答案是A。

[2]正方论证预设了以下哪项?

Ⅰ. 实施安乐死带来的好处比可能产生的风险损失总体上说要大得多。

Ⅱ. 尽可能地延长病人的生命并不是医疗事业的绝对宗旨。

Ⅲ. 总有一天医疗方面可以准确无误地把握何时方可实施安乐死的标准。

A. 仅仅Ⅰ　　B. 仅仅Ⅱ　　C. 仅仅Ⅲ　　D. 仅仅Ⅰ和Ⅱ　　E. Ⅰ、Ⅱ和Ⅲ

【解题分析】

正方认为虽然存在风险,也不影响安乐死的实施。因此,Ⅰ、Ⅱ是需要预设的。

正方承认"这样的风险是存在的",这里的风险就是指"在什么条件下方可实施安乐死的标准不易掌握"。是否将来能准确无误地把握这个标准,正方并未预设。因此Ⅲ是不需要预设的。因此,本题正确答案:D。

趣味阅读

1936年罗斯福与布兰登竞选总统时,美国《文学文摘》杂志举行了一次民意测验。他们根据全国各地的电话簿寄出1000万张样本选票,其中200万张寄回的选票的统计结果表明,布兰登比罗斯福占有明显优势。但后来罗斯福却以60%的选票当选。《文学文摘》的预测为什么会失败呢?原因是1936年美国经济正值萧条时期,拥有电话的人往往在经济上属于上层,而收入较低的人,特别是失业者,往往家中不装电话,但这些人却强烈地支持罗斯福。因此,以电话簿为根据进行抽样,偏差太大。由于这次预测的失败,1937年《文学文摘》不得不宣告停刊。与此形成鲜明对比的是,当时初出茅庐的年轻人盖洛普,仅仅做了5万人的调查,就得出了罗斯福将当选总统的预测结果。这就是归纳推理的魅力。

第八章 | CHAPTER 8

归纳　类比　因果五法

归纳推理

类比推理

因果五法

案例与解题技巧

第八章　归纳　类比　因果五法

归纳推理(指不完全归纳推理)和类比推理都属于或然性推理,即在前提真实的情况下,结论可能真,也可能假。尽管归纳推理和类比推理的结论是或然性的,但这两种推理方法对于我们获得新知识是十分有用的。

一、归纳推理

归纳推理是指由已知为真的命题推出可能真实的命题(结论)的推理。它是以个别性知识为前提而推出一般性知识(结论)的推理。我们关于现实世界的绝大多数新知识都是由归纳推理提供的。归纳推理和归纳方法对于人类来说具有实践的必然性。例如:

铜导电,
铁导电,
铝导电,
铜铁铝等都是金属,
所以,所有金属都导电。

根据前提中是否考察了一类事物的全部对象,将归纳推理分成完全归纳推理和不完全归纳推理。

1. 完全归纳推理是根据某类的每一个对象具有(或不具有)某种属性,推出一个关于某类的一般性知识的结论的推理。例如:

北京市的人口总数超过 800 万人,
重庆市的人口总数超过 800 万人,
上海市的人口总数超过 800 万人,
天津市的人口总数超过 800 万人,
北京、重庆、上海、天津是中国的直辖市,
所以,中国的直辖市人口总数都超过了 700 万。

这就是个完全归纳推理,因为它根据“中国的直辖市人口总数”这个类中的每一个都达到了 800 万人口这一属性,推出了一个一般性的结论。

完全归纳推理的形式可用公式表示为:

S_1 是 P,
S_2 是 P,
……
S_n 是 P,

S_1、S_2、S_n 是 S 类的全部对象，

所以，所有 S 都是（或都不是）P。

完全归纳推理在前提中考察的是某类的全部对象，结论断定的是关于该类的一般性的特征，前提所断定的范围与结论所断定的范围是相同的。这样，前提的真实性就可以保证结论的真实性，或者说结论是根据前提必然地得出的。

完全归纳推理有局限性，他要求前提考察一类对象的全部个体，不能有遗漏，否则就会犯“以偏赅全”的逻辑错误。当人们所要认识的对象的个体数量庞大或无限时，就容易或无法使用完全归纳推理。也就是说，不确知某类事物的确切数量，不能运用完全归纳推理。

2. 不完全归纳推理。不完全归纳推理是根据一类事物中的部分对象具有某种属性，推出该类事物对象都具有某种属性的推理。例如：

喜鹊会飞，

乌鸦会飞，

大雁会飞，

丹顶鹤会飞，

……

喜鹊、乌鸦、大雁、丹顶鹤都是鸟，

所以，所有鸟都会飞。

不完全归纳推理根据前提中是否考察了事物对象与其属性间的内在联系，被分为简单枚举法和科学归纳法两种。

（1）简单枚举法主要根据：所碰到的某类事物的部分对象都具有某种性质，而没有发现相反的情况。比如《内经 · 针刺篇》记载了这样一个故事：

有一个患头痛的樵夫上山砍柴，一次不慎碰破足趾，出了一点血，但头部不疼了。当时他没有引起注意。后来头痛复发，又偶然碰破原处，头痛又好了。这次引起了注意，以后头痛时，他就有意刺破该处，都有效应（这个樵夫碰的地方，即现在所称的“大敦穴”）。

现在我们要问，为什么这个樵夫以后头痛时就想到要刺破足趾的原处呢？从故事里可见，这是因为他根据自己以往的各次个别经验作出了一个有关碰破足趾能治好头痛的一般性结论。在这里，就其所运用的推理形式来说，就是一个不完全的归纳推理。具体过程是这样的：

第一次碰破足趾某处，头痛好了，

第二次碰破足趾某处，头痛好了，

（没有出现相反的情况，即碰破足趾某处，而头痛不好。）

所以，凡碰破足趾某处，头痛都会好。

用公式表示是：

S_1——P，

S_2——P，

S_3——P，

……

S_n——P.

（S_1，S_2，S_3，……，S_n 是 S 类部分对象，枚举中未遇相反情况。）

所以，S_n——P。

这种仅仅根据在考察中没有碰到相反情况而进行的不完全归纳推理，我们就称为简单枚举归纳推理，或简称枚举归纳推理。

简单枚举法的特点是：其结论的推出是依赖于没有遇到反例，没有遇到反例并不等于反例不存在，一旦发现反例，结论立刻被推翻。要想提高简单枚举法的结论的可靠性，应该注意：首先，一类中被考察的对象越多，结论的可靠程度就越大；其次，一类中被考察的对象越广，结论的可靠程度就越大。

（2）科学归纳法不是针对某类事物的部分对象，碰到哪个就考察哪个（简单枚举归纳推理就是如此），而是按照事物本身的性质和研究的需要，选择一类事物中较为典型的个别对象加以考察；通过这种对部分对象的考察而作出某种一般性的结论，也不只是根据没有碰到例外相反的情况，而是分析和发现所考察过的某类事物的部分对象何以具有某种性质的客观原因和内在必然性。建立在这种对事物进行科学分析基础上的不完全归纳推理，我们就称之为科学归纳推理。由于前提中考察了事物对象与其属性之间的内在联系，所以，结论的可靠性程度比较大。对于科学归纳法而言，前提数量的多少不起主要作用。

两种不完全归纳推理的根据是完全不同的，因而它们所得出结论的性质也是不同的。简单枚举归纳推理所依据的仅仅是没有发现相反的情况，而这一点对于作出一个一般性的结论来说，是必要的，但并不是充分的。因为，没有碰到相反的情况，并不能排除这个相反情况存在的可能性。而只要有相反情况的存在，无论暂时碰到与否，其一般性结论就必然是错的。科学归纳推理则不同，它所根据的是对事物何以存在某种性质的必然原因进行科学的分析，因而它的结构是比较可靠的。举例如下：

徐教授是河南人，考试时他只把最高分给河南籍的学生。例如，上学期他教的班级中只有王丽和李明得了最高分，而他们都是河南人。

这就是根据“只有王丽和李明得了最高分，他们是河南人”得出结论“只把最高分给河南人”，这是一个错误的简单枚举归纳法，结论犯了“以偏概全”的逻辑错误。

二、类比推理

类比推理是根据两个或两类对象在某些属性上相同，推断出它们在另外的属性上（这一属性已为类比的一个对象所具有，另一个类比的对象那里尚未发现）也相同的一种推理。据科学史上的记载，光波概念的提出者，荷兰物理学家、数学家赫尔斯坦·惠更斯曾将光和声这两类现象进行比较，发现它们具有一系列相同的性质，如直线传播、有反射和干扰等。又已知声是由一种周期运动所引起的、呈波动的状态，由此，惠更斯作出推理，光也可能有呈波动状态的属性，从而提出了光波这一科学概念。惠更斯在这里运用的推理就是类比推理。

类比推理的一般形式是：

A 类对象具有属性 a、b、c、d；

B 类对象也具有属性 a、b、c；

所以，B 类对象也具有属性 d。

类比推理的客观根据是什么呢？在客观现实里，事物的各个属性并不是孤立的，而是相互联系和相互制约的。因此，如果两个事物在一系列属性上相同或相似，那么，它们在另一些属性上也可能相同或相似。

类比推理的结论是否可靠呢？这要看进行类比的两个或两类事物所具有的共同属性与类推属性之间是否有必然的联系。如果有，用类比推理所得到的认识就是可靠的，否则就是不可靠的。由此可见，类比推理的结论只具有或然性，即可能真，也可能假。

类比推理尽管其前提是真实的，也不能保证结论的真实性。这是因为，A 和 B 毕竟是两个对象，它们尽管在一系列属性上是相同的，但仍存在着差异性，这种差异性有时就表现为 A 对象具有某属性，而 B 对象不具有某属性。如何提高类比推理的结论的可靠性呢？需注意以下两点：第一，前提中确认的相同属性愈多，那么结论的可靠程度也就愈大；第二，前提中确认的相同属性愈是本质的，相同属性与要推出的属性之间愈是相关的，那么结论的可靠程度也就愈大。

要特别注意，不能将两个或两类本质不同的事物，按其表面的相似来机械地加以比较而得出某种结论，否则就要犯机械类比的逻辑错误。

例如，有人把资本家与工人的关系类比为人的大脑与手的关系，认为资本家指挥工人，工人为资本家服务，正像大脑指挥手，手为大脑服务一样，大脑与手之间既然无剥削与被剥削的关系，资本家与工人之间也就没有剥削和被剥削关系了。这种谬论，从逻辑学上看，就是机械类比。

在现代科学中，类比推理的重要应用就是模拟方法，即在实验室中模拟在自然界中出现的某些现象或过程，构造出相应的模型，从模型中探讨其规律。类比推理能够使人们举一反三、触类旁通，获得创造性的启发或灵感，从而找到了解决难题之道。

在逻辑学中类比推理是一种广泛运用的方法。下面举例说明，以帮助读者更好地理解类比推理。

地球和月球相比，有许多共同属性，如它们都属太阳系星体，都是球形的，都有自转和公转等。既然地球上有生物存在，因此，月球上也很有可能有生物存在。

例中的论证就使用了本节的内容——类比推理。它通过地球和月球在许多属性上相同，如都是太阳系的星体，都是球形的，都有公转和自转等，而且地球上有生物存在，从而推出月球上也可能有生物存在。该推理犯有“机械类比”的逻辑错误，因为题干中提供的相同属性与推出属性之间没有密切联系，与有生物存在有密切联系的属性应该是一定的温度、湿度，而不是形状、运行方式等。

例：大宝和小丹是一对孪生兄弟，刚上小学一年级。一次，他们的爸爸带他们去密云水库游玩，看到了野鸭子。大宝说：“野鸭子吃小鱼。”小丹说：“野鸭子吃小虾。”哥俩说着说着就争论起来，非要爸爸给评评理。爸爸举例说：“你们兄弟俩的爱好几乎一样，只是对饮料的爱好不同。一个喜欢可乐，一个喜欢雪碧。你妈妈就不在乎，可乐、雪碧都行。”说完后，哥俩都服气了。

在这个例子中，两人说的“野鸭子吃小鱼”和“野鸭子吃小虾”都有可能性，可能一部分野鸭子吃小鱼,另一部分野鸭子吃小虾,也可能是野鸭子既吃小鱼又吃小虾。所以两个孩子的话并不矛盾,他们只是片面地看到了野鸭子某一种行为,各执一词,争论不休。爸爸用哥俩各有偏好和妈妈既喝可乐又喝雪碧的例子进行类比,说明同一个群体的不同个体可能有不同偏好,一个主体也可以有不同的行为。

三、因果五法

因果五法,也叫"穆勒五法",是逻辑学上常用来求因果关系的方法,包括求同法、求异法、同异法、共变法、剩余法等。

(一)因果联系

客观世界的各种事物都不是孤立存在的,他们之间存在着相互联系、相互制约的关系。一个或一些现象的产生会影响到另一些现象的产生。前者是后者的原因,后者就是前者的结果。二者之间的联系,就是客观事物之间的因果关系。

事物现象间的因果关系是普遍存在的。没有无因之果,也没有无果之因。因果关系有以下特点:

(1)因果关系是确定的。原因就是原因,结果就是结果,在同样的条件下,同样的原因一定产生同样的结果。不能倒因为果,也不能倒果为因。因果倒置是因为自身思维混乱,对客观事物因果关系认识不清。

(2)因果关系是复杂的。有一因多果,有多因一果,也有一因一果。

(3)原因和结果在时间上是前后相继的。原因在前,结果在后。前后相继是因果关系的一个特征,但不能只是根据两个现象在时间上前后相继,就得出他们具有因果关系的结论;如果这样,就会犯"以先后为因果"的逻辑错误。例如,不能以冬天发生在春天的前面,就说冬天是春天的原因。

(二)求同法

如果我们所研究的对象出现在若干场合,而这些场合中只有一种情况是共同的,那么这个共同的情况就与所研究的对象有因果关系。这种判明因果关系的方法叫做求同法。

我们用A、B、C、D和E分别代表一个个具体的场合,并用A、B、C、D、E分别代表不同的现象,可以得出下面的公式:

场合1:有情况A、B、C,出现现象a。

场合2:有情况A、B、D,出现现象a。

场合3:有情况A、C、E,出现现象a。

所以,A是a的原因。

求异法可用下述表格来表示:

场合	先行情况			被研究现象
1	A	B	C	a
2	A	B	D	a
3	A	C	E	a

求同法的本质是异中求同,即在被研究的现象出现的纷繁复杂的场合中,找到共同的情况,从而确定这一情况与被研究现象之间的因果关系。例如:人们发现用不同材料做的不同形状的钟摆,在振动时具有同一振动周期。要搞清具有共同振动周期的原因,就必须找到该现象出现的各个不同场合所共有的条件。研究结果表明,在具有共同振动周期的所有钟摆中,尽管钟摆的材料不同、形状不同,但有一个共同的条件,就是摆长相同。由此可以判断,摆长相同是钟摆振动周期相同的原因。

客观事物是复杂的,事物之间的因果关系也是复杂的。在一个场合中只有一个情况相同,而且一个现象只有一个原因是很少见到的。所以,在判明事物间的因果联系时,要对有关的情况做深入细致的分析,避免被表面现象所迷惑。例如:

小张一个晚上看了两个小时的书,又喝了几杯浓茶,结果整夜没睡好觉;第二天晚上,他又看了两个小时的书,抽了许多烟,结果又失眠了;第三天晚上,他又读了两个小时的书,喝了大量的咖啡,结果是再次失眠。

按求同法,连着三个晚上的失眠的原因似乎应该是"看了两个小时的书"。这个结论显然是不对的。事实上,兴奋性的东西才是真正的原因。这个例子有点极端,但是对我们正确地使用"求同法"却是很有意义的。

(三)求异法

求异法的本质为同中求异,求异法是 19 世纪英国逻辑学家穆勒在总结前人思想成果的基础上提出的确定现象之间因果联系的五种方法之一,其特点是同中求异。如果某一现象在一种场合下出现,而另一场合下不出现,但在这两种场合里,其他条件都相同,只有一个条件不同(在某现象出现的场合里有这个条件,而在某现象不出现的那一场合里则没有这个条件),那么,这唯一不同的条件,就是某现象产生的原因。我们把这种判明因果联系的方法叫求异法。求异法的公式可以表示为:

场合 1:有情况 A、B、C,出现现象 a。

场合 2:有情况 B、C,不出现现象 a。

所以,A 是 a 的原因(或结果)。

求异法可用下述表格来表示:

场合	先行情况			被研究现象
1	A	B	C	a
2	—	B	C	—

例如:秋末冬初街道两旁的响杨开始落叶,可是高压水银灯下面的却迟迟不落,即使是同一棵树也有这样的情况。这是为什么呢?人们很快就会想到这与高压水银灯照射有关。

这个思维过程就使用了求异法。其思维过程是:在某一现象出现的场合(可称为正面场合)和不出现的场合(可称为反面场合)中,如果只有一个相关先行情况是前者具有而后者不具有的,那么这个情况是该现象产生的原因。

当然,在实际生活中只有一个不同情况的场合是不多的,但在科学实验中却可以做到。因此,求异法在科研中常常被采用,而且可以取得可靠的结论。

运用求异法得出的结论具有或然性。在运用这种方法时,正反两个场合只能有一个相关情况不同,其他情况必须完全相同,要特别注意发现在那些表面上相同的情况中隐藏着的重要不同因素,以免忽视了被研究现象的真正原因。

在生活中,求异法被广泛运用。下面举例说明,以帮助读者更好地理解求异法。

世界卫生组织在全球范围内进行了一项有关献血对健康影响的跟踪调查。调查对象分为三组:第一组对象中均有二次以上的献血记录,其中最多的达数十次;第二组中的对象均仅有一次献血记录;第三组对象均从未献过血。调查结果显示,被调查对象中癌症和心脏病的发病率,第一组分别为0.3%和0.5%,第二组分别为0.7%和0.9%,第三组分别为1.2%和2.7%。一些专家依此得出结论,献血有利于减少患癌症和心脏病的风险。这两种病已经不仅在发达国家而且也在发展中国家成为威胁中老年人生命的主要杀手。因此,献血利己利人,一举两得。

这个调查所依据的就是求异法。虽然这个调查的结论有些不妥,但对于我们理解什么是求异法还是有所帮助的。

(四)同异法

求同求异并的用法是:考察两组事例,一组是由被研究现象出现的若干场合组成的,称之为正事例组;一组是由被研究现象不出现的若干场合组成的,称之为负事例组。如果在正事例组的各场合中只有一个共同的情况并且它在负事例组的各场合中又都不存在,那么,这个情况就是被研究现象的原因。

求同存异法的基本公式可以表示为:

正面场合:有情况 A、B、C,出现现象 a;
　　　　　有情况 A、D、E,出现现象 a。
反面场合:有情况 F、G,不出现现象 a;
　　　　　有情况 H、K,不出现现象 a。

所以,A 是 a 的原因。

求异法可用下述表格来表示:

场合	先行情况			被研究现象
1. 正面场合	A	B	C	a 出现
2. 正面场合	A	D	E	a 出现
3. 反面场合		F	G	a 不出现
4. 反面场合		H	K	a 不出现

下面是求同求异并用法的一个例子:

很久以来,人们发现有些鸟能远航万里而不迷失方向。原因是什么呢? 人们对此曾作过不少的猜测. 但都没有得到证实。近年来,科学家发现每当天晴能见到太阳时,这些鸟都能确定其飞行的正确方向;反之,每当天阴见不到太阳时,它们就迷失方向。由此,科学家作出结论说,有些鸟能远航万里而不迷失方向的原因是利用太阳来定向的。

运用求同求异法时应注意：

一是求同求异并用法是在两次运用求同法所得结论的基础上，再运用一次求异法得出结论。

二是考察的正负事例组越多，结论的可靠性也就越高；考察的事例越多，就越能避免偶然性。

三是负事例组与正事例组的事例越相似，结论的可靠性越高。

（五）共变法

共变法是探求现象之间的因果关系的方法：在被研究现象发生变化的各个场合中，每当某一现象发生一定程度的变化时，另一现象也随之发生一定程度的变化，这两个现象之间有因果联系。比如，物理学中物体遇热膨胀的规律，就是应用共变法得来的。我们对一个物体加热，在其他条件不变的情况下，气温上升了，放置在器皿中的水银体积就膨胀了；气温下降了，水银体积就缩小了。根据气温与水银体积的共变关系，我们就可推断说，气温的升降是水银体积膨胀或收缩的原因。

其公式可以表示为：

有情况 A1，就出现现象 a1；

有情况 A2，就出现现象 a2；

有情况 A3，就出现现象 a3；

所以，A 是 a 的原因（或结果）。

求异法可用下述表格来表示：

场合	先行情况			被研究现象
1	A1	B	C	a1
2	A2	B	C	a2
3	A3	B	C	a3

当物体的温度不断升高时，物体的体积就不断膨胀。因此可以得出结论：物体受热与物体体积膨胀有因果联系。在日常生活和生产实践中，共变法被人们广泛地使用着。许多仪表如体温表、气压表、水表以及电表等都是根据共变法的道理制成的。

应用共变法时要注意两个问题：第一，只有在其他因素保持不变时，两种现象才能说明因果联系；第二，两种现象的共变是有一定限度的，超过这个限度，就不再有共变关系。举例如下。

（1）地区磁场发生磁暴的周期性经常与太阳黑子的周期一致。随着太阳黑子数目的增加，磁暴的强度增大。当太阳黑子的数目减少时，磁暴的强度降低。所以科学家推测，太阳黑子的出现可能是磁暴的原因。

（2）在 20 世纪 50 年代，我国森林覆盖率为 19%，60 年代为 11%，70 年代为 6%，80 年代不到 4%。随着森林覆盖率的逐年减少，植被大量破坏，削弱了土地对雨水的拦蓄作用，一下暴雨，水卷泥沙滚滚而下，使洪涝灾害逐年严重。可见，森林资源的破坏，是酿成洪灾的原因。

（六）剩余法

如果已知某一复杂现象是另一复杂现象的原因，同时又知前一现象中的某一部分是后一现象的某一部分的原因，那么，前一现象的其余部分与后一现象的其余部分有因果联系。这种判明因果关系的方法叫做剩余法。

其公式可以表示为：

A、B、C、D 是 a、b、c、d 的原因。

A 是 a 的原因，

B 是 b 的原因，

C 是 c 的原因，

所以，D 是 d 的原因。

剩余法一般被用来判明事物复杂的因果联系，而且必须在判明了考察对象生产的全部原因中的一部分原因的基础上才能使用，因此，要在运用其他几种的基础上使用。举例如下。

自然科学史上有这样一个例子：1846 年前，一些天文学家在观察天王星的运行轨道时，发现它的运行轨道和按照已知行星的引力计算出来的它应运行的轨道不同——发生了几个方面的偏离。经过观察分析，知道其他几方面的偏离是由已知的其他几颗行星的引力所引起的，而另一方面的偏离则原因不明。这时天文学家就考虑到：既然天王星运行轨道的各种偏离是由相关行星的引力所引起的，现在又知其中的几方面偏离是由另几颗行星的引力所引起的，那么，剩下的一处偏离必然是由另一个未知的行星的引力所引起的。后来有的天文学家和数学家并据此推算出了这个未知行星的位置。1846 年按照这个推算的位置进行观察，果然发现了一颗新的行星——海王星。

在这个过程中就有剩余法的明显运用。就这个例子来说，复合现象指天王星运行轨道的各处偏离（设为甲、乙、丙、丁四处偏离），复合原因指各行星对天王星的引力（设为 A、B、C、D 四颗行星），通过观察，已经知道偏离甲由行星 A 所引起，偏离乙由行星 B 所引起，偏离丙由行星 C 所引起。那么剩下的部分，即偏离丁必为未知行星 D 所引起。

剩余法也是科学研究中常用的一种逻辑方法。举例如下。

有人做过一个十分有趣的统计：过去几百年间流传至今的 466 幅圣母玛丽亚的画像中，有 373 幅里的耶稣是在左边吸吮圣母的乳汁的，这一数字大约是全部被统计画幅的 80% 左右。艺术是生活的概括，如果你稍微注意的话，就会发现，大多数母亲喂奶时，也是把婴儿抱在自己的左边。据心理学家统计，80% 的母亲都是把婴儿抱在左边的。为什么会这样？为此，有个心理学家做了以下的两个实验：

一个实验是让一些婴儿间断地听每分钟 72 次心跳录音。结果发现，这些婴儿在不听录音时啼哭时间是 60%；而在听录音时，就比较安静，啼哭的时间降至 38%。

另一个实验是任选四组婴儿，每组人数相同，把他们放在声音环境不同的房间里。第一个房间保持寂静；第二个房间放催眠曲；第三个房间放模拟的心跳声；第四个房间放真实的心跳声的录音。用这样的方法，试验一下哪一个房间的婴儿最先入睡。结果是第四个房间的婴儿，只用了其他房间中婴儿入睡所需时间的一半，就进入梦乡。然后依次是第三个房间、第二个房间、第一个房间里的婴儿先后入睡。这个实验不但证明心跳声是一种有很强镇静作用的外界刺激，而且表明模拟的心跳声的效果不如真的心跳声的效果。

在这两个实验中，心理学家所做的第一个实验运用的是求同法，第二个实验运用的是共变法。通过实验证明，听到母亲的心跳声对婴儿有某种抚慰的作用。

四、案例与解题技巧

下面，结合以下案例具体讲授有关这部分内容的逻辑题解题技巧。

以下两题基于以下题干：

人们已经认识到，除了人以外，一些高级生物不仅能适应环境，而且能改变环境以利于自己的生存。其实，这种特性普遍存在，例如，一些低级浮游生物会产生一种气体，这种气体在大气层中转化为硫酸盐颗粒，这些颗粒使水蒸气浓缩而形成云。事实上，海洋上空的云层的形成很大程度上依赖于这种颗粒。较厚的云层意味着较多的阳光被遮挡，意味着地球吸收较少的热量。因此，这些浮游生物感到凉爽，而这有利于它们的生存，当然也有利于人类。

案例 8－1：

以下哪项最为准确地概括了上述议论的主题？

A. 为了改变地球的温室效应，人类应当保护浮游生物

B. 并非只有高级生物才能改变环境以利于自己的生存

C. 一些浮游生物通过改变环境以利于自己的生存，同时也造福于人类

D. 海洋上空云层形成的规模，很大程度上取决于海洋中浮游生物的数量

E. 低等生物以对其他种类的生物无害的方式改变环境，而高等生物则往往相反

【解题分析】

（1）弄清问题并分析题干。本题要求通过阅读理解，概括段落主题。题干列举的事实是，一些浮游生物通过改变环境以利于自己的生存。可以看出，要说明的结论是，并非只有高级生物才能改变环境以利于自己的生存。因此，B 项概括了题干的主题。C 项概括的是题干用以说明主题所列举的事实。

（2）考察选项，确定答案。通过上述分析，可知本题正确答案为 B。

案例 8－2：

以下哪项最为准确地概括了上述议论所用的方法？

A. 基于一般性的见解说明了一个具体的事例

B. 运用一个反例来反驳一个一般性见解

C. 运用一个具体事例来补充推广一个一般性见解

D. 运用一个具体事例来论证一个一般性见解

E. 对某种现象进行分析，并对这种现象产生的条件及其意义进行一般性的概括

【解题分析】

（1）弄清问题并分析题干。题干用一些低级浮游生物的具体事例来说明，不仅高级生物，而且低级生物也能通过改变环境以利于自己的生存。可见，题干议论所使用的方法就是运用一个具体事例来补充推广一个一般性见解。

(2)考察选项,确定答案。正确答案为C。

案例8-3:

老林被誉为“股票神算家”。他曾经成功地预测了1994年8月“井喷式”上升行情和1996年下半年的股市暴跌,这仅是他准确预测股市行情的两个实例。

回答以下哪个问题对评价以上陈述最有帮助?

A. 老林准确预测股市行情的成功率是多少?

B. 老林是否准确地预言了2002年6月13日的股市大跌?

C. 老林准确预测股市行情的方法是什么?

D. 老林的最高学历和所学专业是什么?

E. 有多少人相信老林对股市行情的预测?

【解题分析】

(1)弄清问题并分析题干。题干结论:老林被誉为“股票神算家”。

根据:他准确预测了股市行情的两个实例。

可见,题干仅根据两个个案,就归纳出一般性的结论,这样的结论是缺乏说服力的。

因此,为了评价题干的结论,显然应当知道老林准确预测股市行情的成功率是多少。

(2)考察选项,确定答案。正确答案为A。

案例8-4:

世界粮食年产量略微超过粮食需求量,可以提供世界人口所需要最低限度的食物。那种预计粮食产量不足必将导致世界粮食饥荒的言论全是危言耸听。与其说饥荒是由于粮食产量引起的,毋宁说是由于分配不公造成的。

以下哪种情形是上面论述的作者所设想的?

A. 将来世界粮食需求量比现在的粮食需求量要小

B. 一个好的分配制度也难以防止世界粮食饥荒的出现

C. 世界粮食产量将持续增加,可以满足粮食需求

D. 现存的粮食供应分配制度没有必要改进

E. 世界粮食供不应求是大势所趋

【解题分析】

(1)弄清问题并分析题干。题干根据世界粮食年产量略微超过粮食需求量,得出结论——将来不会导致饥荒,如果有的话,也是由分配问题,而不是由产量问题引起。

(2)考察选项,确定答案。本题显然是通过目前与将来的对比进行了类比推理,然后根据今天的情况来确定将来的情况,因此必须假设,将来关于粮食产量的情况应和今天具有相似性,也就是说将来世界粮食的产量也会满足或超过人们的需要。因此,C是正确答案。

A是个新的比较,易被误选,将来世界对粮食的需求量比目前的小,但是如果粮食产量降低了更多,那么将来的粮食产量将不能满足需要,必定会发生饥荒,因此不正确。B和D与题干中观点相悖,因为题干强调了分配制度的重要性。故,本题正确答案为C。

案例 8-5：

点子大王秦老师最近又要贡献一个点子给都市报报业集团。秦老师分析了目前报纸的发行时段：早上有晨报，上午有日报，下午有晚报，真正为晚上准备的报纸却没有。秦老师建议他们办一份《都市夜报》，打开这块市场。谁知都市报报业集团却没有采纳秦老师的建议。

以下哪项如果为真，能够恰当地指出秦老师的分析中所存在的问题？

A. 报纸的发行时段和阅读时间是不同的

B. 酒吧或影剧院的灯光都很昏暗，无法读报

C. 许多人睡前有读书的习惯，而读报的比较少

D. 晚上人们一般习惯于看电视节目，很少读报

E. 都市的夜生活非常丰富，读报纸显得太枯燥了

【解题分析】

(1)弄清问题并分析题干。秦老师的建议是：应办一份晚上发行的《都市夜报》。

理由是：目前报纸的发行时段是早上有晨报，上午有日报，下午有晚报。

要削弱这个推理，就是要说明这个类比推理存在漏洞。秦老师的疏漏正是没有注意到阅读与发行的时间滞后。下午出的晚报正是为了晚上看的，若出夜报只能是凌晨看，读者太少。因此，A 项恰当地指出了秦老师的分析中所存在的问题。

选项 B 的理由不充足，毕竟去酒吧或影剧院的人占少数。选项 C、D、E 的削弱力度不足，它们的基本点是晚上读报的人占少数，不该出“夜报”。其实，报纸发行总是面向一部分读者，不一定需要大多数人读才值得发行。题干中说到“晨报”、“日报”、“晚报”，也没有说大多数人都在读。

(2)考察选项，确定答案。正确答案为 A。

案例 8-6：

小光和小明是一对孪生兄弟，刚上小学一年级。一次，他们的爸爸带他们去密云水库游玩，看到了野鸭子。小光说：“野鸭子吃小鱼。”小明说：“野鸭子吃小虾。”哥俩说着说着就争论起来，非要爸爸给评评理。爸爸知道他们俩说得都不错，但没有直接回答他们的问题，而是用例子来进行比喻。说完后，哥俩都服气了。

以下哪项最可能是爸爸讲给儿子们听的话？

A. 一个人的爱好是会变化的。爸爸小时候很爱吃糖，你奶奶管也管不住。到现在，你让我吃我都不吃

B. 什么事儿都有两面性。咱们家养了猫，耗子就没了。但是，如果猫身上长了跳蚤也是很讨厌的

C. 动物有时也通人性。有时主人喂它某种饲料吃得很好，若是陌生人喂，怎么也不吃

D. 你们兄弟俩的爱好几乎一样，只是对饮料的爱好不同。一个喜欢可乐，一个喜欢雪碧。你妈妈就不在乎，可乐、雪碧都行

E. 野鸭子和家里饲养的鸭子是有区别的。虽然人工饲养的鸭子是由野鸭子进化来的，但据说已经有几千年的历史了

【解题分析】

(1)弄清问题并分析题干。在前面的类比推理讲义中举过这个例子。在题干中,两人说的“野鸭子吃小鱼”和“野鸭子吃小虾”都有可能性,可能一部分野鸭子吃小鱼,另一部分野鸭子吃小虾,也可能是野鸭子既吃小鱼又吃小虾。所以两个孩子的话并不矛盾,他们只是片面地看到了野鸭子的某一种行为,各执一词,争论不休。

在D中,爸爸用哥俩各有偏好和妈妈既喝可乐又喝雪碧的例子进行类比,说明同一个群体的不同个体可能有不同偏好,一个主体也可以有不同的行为。由于类比恰当,哥俩也就服气了。

选项A虽然用了类比,但是说的是小孩和大人的区别,而题干中并未讨论小鸭子和大鸭子。选B不妥,因为B讲的是事物的两面性,与题干的含义相距较远。选项C、E用的不是类比,与题干不符。

(2)考察选项,确定答案。正确答案为D。

案例8-7:

某市繁星商厦服装部在前一阵疲软的服装市场中打了一个反季节销售的胜仗。据统计,繁星商厦皮服的销售额在6、7、8三个月连续成倍数增长,6月527件,7月1269件,8月3218件。市有关主管部门希望在今年冬天向全市各大商场推广这种反季节销售的策略,力争今年11、12月和明年1月全市的夏衣销售能有一个大突破。

以下哪项如果为真,能够最好地说明该市有关主管部门的这种希望可能会遇到麻烦?

A. 皮衣的价格可以在夏天一降再降,是因为厂家可以在皮衣淡季的时候购买原材料,其价格可以降低30%

B. 皮衣的生产企业为了使生产销售可以正常循环,宁愿自己保本或者微利,把利润压缩了55%

C. 在盛夏里搞皮衣反季节销售的不只是繁星商厦一家。但只有繁星商厦同时推出了售后服务由消协规定的三个月延长到七个月,打消了很多消费者的顾虑,所以在诸商家中独领风骚

D. 今年夏天繁星商厦的冬衣反季节销售并没有使该商厦夏衣的销售获益,反而略有下降

E. 根据最近进行的消费者心理调查的结果,买夏衣重流行、买冬衣重实惠是消费者的极为普遍的心理

【解题分析】

(1)弄清问题并分析题干。市有关主管部门的建议依据的就是类比推理:夏季反季节销售冬季服装销量大增,因此,在冬季反季节销售夏季服装也将销量大增。显然这个类比结论可能是错的,题目所要求的就是找出使这个类比不成立的理由。

选项E非常准确地概括了买夏衣和买冬衣时人们的不同消费心理,说明繁星商厦夏季售皮衣之所以成功,是因为消费者买冬衣重实惠。但因为消费者买夏衣重流行,所以,冬季售夏衣的计划可能难以奏效。这就使题干中所设想的反季节的一般规律不成立了。

选项 A、B、C 都只是部分地说明了反季节销售冬装成功的原因,与"反季节销售夏装是否会成功"并不相干;选项 D 只是陈述了夏天反季节销售没有获益这一事实,但这并不能推翻销量增加这一事实。

(2)考察选项,确定答案。正确答案为 E。

案例 8-8:

农科院最近研制了一高效杀虫剂,通过飞机喷洒,能够大面积地杀死农田中的害虫。这种杀虫剂的特殊配方虽然能保护鸟类免受其害,但却无法保护有益昆虫。因此,这种杀虫剂在杀死害虫的同时,也杀死了农田中的各种益虫。

以下哪项产品的特点,和题干中的杀虫剂最为类似?

A. 一种新型战斗机,它所装有的特殊电子仪器使得飞行员能对视野之外的目标发起有效攻击。这种电子仪器能区分客机和战斗机,但不能同样准确地区分不同的战斗机。因此,当它在对视野之外的目标发起有效攻击时,有可能误击友机

B. 一种带有特殊回音强立体声效果的组合音响,它能使其主人在欣赏它的时候倍感兴奋和刺激,但往往同时使左邻右舍不得安宁

C. 一部经典的中国文学名著,它真实地再现了中晚期中国封建社会的历史,但是,不同立场的读者从中得出不同的见解和结论

D. 一种新投入市场的感冒药,它能迅速消除患者的感冒症状,但也会使服药者在一段时间中昏昏欲睡

E. 一种新推出的电脑杀毒软件,它能随时监视并杀除入侵病毒,并在必要时会自动提醒使用者升级,但是,它同时减低了电脑的运作速度

【解题分析】

(1)弄清问题并分析题干。题干中的杀虫剂的特点是能区分鸟类和昆虫,但不能区分昆虫中的益虫与害虫,因此,在杀死害虫时虽然高效,但同时也杀死了益虫。

A 项中的战斗机的特点是能区分客机和战斗机,但不能区分战斗机中的敌机与友机,因此,攻击敌机虽然有效,但也可能误击友机。这和题干中杀虫剂的特点类似。

其余各项产品都不具有类似于题干中杀虫剂的特点。

(2)考察选项,确定答案。正确答案为 A。

案例 8-9:

赞扬一个历史学家对于具体历史事件阐述的准确性,就如同是在赞扬一个建筑师在完成一项宏伟建筑物时使用了合格的水泥、钢筋和砖瓦,而不是赞扬一个建筑材料供应商提供了合格的水泥、钢筋和砖瓦。

以下哪项最为恰当地概括了题干所要表达的意思?

A. 合格的建筑材料对于完成一项宏伟的建筑是不可缺少的

B. 准确地把握具体的历史事件,对于科学地阐述历史发展的规律是不可缺少的

C. 建筑材料供应商和建筑师不同,他的任务仅是提供合格的建筑材料

D. 就如同一个建筑师一样,一个历史学家的成就,不可能脱离其他领域的研究成果

E. 一个历史学家必须准确地阐述具体的历史事件,但这并不是他的主要任务

【解题分析】

(1)弄清问题并分析题干。建筑师和建筑材料供应商的区别在于:对于建筑材料供应商来说,如果他提供的建筑材料是合格的,他的任务就完成了;对于建筑师来说,使用合格的建筑材料,只是他完成任务的必要条件,而不意味着他已完成了任务。

题干把具体历史事件的准确阐述比作使用了合格的建筑材料,把作了此种准确阐述的历史学家比作建筑师,而不是比作完成了任务的建筑材料供应商,这意在说明,准确地阐述具体的历史事件,对于历史学家的工作来说是必不可缺的,但这并不是他的主要任务(也许他的主要任务是发现历史规律)。这正是E项所断定的。

(2)考察选项,确定答案。正确答案为E。

案例8-10:

一般人总会这样认为,既然人工智能这门新兴学科是以模拟人的思维为目标,那么,就应该深入地研究人思维的生理机制和心理机制。其实,这种看法很可能误导这门新兴学科。如果说,飞机发明的最早灵感是来自于鸟的飞行原理的话,那么,现代飞机从发明、设计、制造到不断改进,没有哪一项是基于对鸟的研究之上的。

上述议论,最可能把人工智能的研究,比作以下哪项?

A. 对鸟的飞行原理的研究 B. 对鸟的飞行的模拟

C. 对人思维的生理机制和心理机制的研究 D. 飞机的设计制造

E. 飞机的不断改进

【解题分析】

(1)弄清问题并分析题干。题干所作的类比分析是,飞机的发明、设计、制造和改进并非基于对鸟的研究,因此,人工智能的研究也不应基于对人思维的生理和心理机制的研究。显然,这里,把对人思维的生理和心理机制的研究比作对鸟的研究,把人工智能的研究比作飞机的发明、设计、制造和改进。

D项和E项都和题干的上述类比相关,但显然D项比E项作为题干中人工智能研究的类比对象更为恰当。

(2)考察选项,确定答案。正确答案为D。

案例8-11:

实验发现,少量口服某种类型的安定药物,可使人们在测谎器的测验中撒谎而不被发现。测谎器所产生的心理压力能够被这类安定药物有效地抑制,同时没有显著的副作用。因此,这类药物可同样有效地减少日常生活的心理压力而没有显著的副作用。

以下哪项最可能是题干的论证所假设的?

A. 任何类型的安定药物都有抑制心理压力的效果

B. 如果禁止测试者服用任何药物,测谎器就有完全准确的测试结果

C. 测谎器所产生的心理压力与日常生活人们所面临的心理压力类似

D. 大多数药物都有副作用

E. 越来越多的人在日常生活中面临日益加重的心理压力

【解题分析】

(1)弄清问题并分析题干。本题为类比论证:某类安定药物在抑制测谎测验所产生

的心理压力时有效,所以该类安定药物在减少日常生活的心理压力时同样有效。

为使题干论证成立,C 项是必须假设的,否则,如果测谎器所产生的心理压力与日常生活人们面临的心理压力不同,那么就不能因为口服安定药物可有效抑制测谎器所产生的心理压力而得出结论,这类药物可同样有效地减少日常生活的心理压力。

A 易误选,A 中“任何”用得太强了,属于假设过强。可用否定代入法验证,否定 A,即有些安定药物没有抑制心理压力的效果,可能这些安定药物不包括题干所指的某类安定药物,那么,题干的论证照样可以成立。

B、D、E 中均涉及与上文推理无关的概念,所以都不对。

(2)考察选项,确定答案。正确答案为 C。

案例 8-12:

毫无疑问,未成年人吸烟应该加以禁止。但是,我们不能为了防止给未成年人吸烟以可乘之机,就明令禁止自动售烟机的使用,马路上不是到处有避孕套自动销售机吗?为什么不担心有人从中买了避孕套去嫖娼呢?

以下哪项如果为真,最能削弱题干的论证?

A. 嫖娼是触犯法律的,但未成年人吸烟并不触犯法律

B. 公众场合是否适合放置避孕套自动销售机,一直是一个有争议的问题

C. 人工售烟营业点明令禁止向未成年人售烟

D. 在司法部门的严厉打击下,卖淫嫖娼等社会丑恶现象逐年减少

E. 据统计,近年来未成年吸烟者的比例有所上升

【解题分析】

(1)弄清问题并分析题干。题干将自动安全套销售机与自动售烟机类比,得出结论:不能为了防止未成年人吸烟就禁止自动售烟机的使用。

如果 C 项为真,说明题干进行类比的两类现象中,存在一个实质性的区别,即自动售烟机是未成年人取得香烟的几乎唯一的渠道,而避孕套自动销售机对于嫖娼者来说,是可有可无的。这就有力地削弱了题干的论证。即如果 C 项为真,则由于人工售烟营业点明令禁止向未成年人售烟,因此,禁止自动售烟机的使用,可有力地阻止非成年人吸烟;但由于避孕套可公开销售甚至免费提供,因此,禁止避孕套自动销售机的使用,对于杜绝嫖娼几乎没有什么作用。这就有力地削弱了题干的论证,所以是正确的。

(2)考察选项,确定答案。正确答案为 C。

案例 8-13:

一般人总会这样认为,既然人工智能这门新兴学科以模拟人的思维为目标,那么,就应该深入地研究人思维的生理机制和心理机制。其实,这种看法很可能误导这门新兴学科。如果说,飞机发明的最早灵感可能是来自于鸟的飞行原理的话,那么,现代飞机从发明、设计、制造到不断改进,没有哪一项是基于对鸟的研究之上的。

题干是用类比的方法来论证自己的观点。以下哪项是题干中所做的类比?

Ⅰ. 把对人思维的模拟,比做对鸟的飞行的模拟。

Ⅱ. 把人工智能的研究,比做飞机的设计制造。

Ⅲ. 把飞机的飞行,比做鸟的飞行。

A. 只有Ⅰ　　B. 只有Ⅱ　　C. 只有Ⅲ　　D. 只有Ⅰ和Ⅱ　　E. Ⅰ、Ⅱ和Ⅲ

【解题分析】

(1)弄清问题并分析题干。题干结论:虽然人工智能以模拟人的思维为目标,但这并不意味着必须深入地研究人思维的生理机制和心理机制。

题干依据:虽然飞机发明的最早灵感可能是来自于鸟的飞行,但是,现代飞机从发明、设计、制造到不断改进,没有哪一项是基于对鸟的研究之上的。

显然,题干把人工智能对人思维的模拟比做飞机对鸟的飞行的模拟,I 正确。同时,题干的论证是基于把人工智能的研究比做飞机的设计制造,Ⅱ正确。题干是将人工智能与飞机作类比,没有讨论飞机的飞行与鸟的飞行的比较,Ⅲ明显错误。

(2)考察选项,确定答案。正确答案为 D。

案例 8－14:

脑部受到重击后人就会失去意识。有人因此得出结论:意识是大脑的产物,肉体一旦死亡,意识就不复存在。但是,一台被摔的电视机突然损坏,它正在播出的图像当然立即消失,但这并不意味着正由电视塔发射的相应图像信号就不复存在。因此,要得出“意识不能独立于肉体而存在”的结论,恐怕还需要更多的证据。

以下哪项最为准确地概括了“被摔的电视机”这一实例在上述论证中的作用?

A. 作为一个证据,它说明意识可以独立于肉体而存在

B. 作为一个反例,它驳斥关于意识本质的流行信念

C. 作为一个类似意识丧失的实例,它从自身中得出的结论和关于意识本质的流行信念显然不同

D. 作为一个主要证据,它试图得出结论:意识和大脑的关系,类似于电视图像信号和接收它的电视机之间的关系

E. 作为一个实例,它说明流行的信念都是应当质疑的

【解题分析】

(1)弄清问题并分析题干。题干的类比推理是很明确的,分别作如下类比:

①电视机——大脑;

②电视图像——(流行信念认为的)意识;

③(电视塔发射的)图像信号——(作者认为的)意识。

通过类比推理,得出结论:不能认为意识不能独立于肉体而存在。

问题是要求概括“被摔的电视机”在上述论证中的作用。题干所举的“被摔的电视机”的实例说明,信息可以独立于它的某种载体而存在,这和“意识不能独立于肉体而存在”的流行信念相左。题干引用这一实例并非要完全否定这一流行信念,而只是说明,论证这一信念需要更多的证据,仅依据“肉体一旦死亡,意识就不复存在”是不够的。因此,C 项的概括最为准确。

由于题干引用这一实例并非完全否定关于意识本质的流行信念,因此,A、B 项均不恰当。类比推理的前提只能作为论据,不能作为证据,因此,D 项不恰当。题干所举的“被摔的电视机”的实例,可以看做对关于意识本质的流行信念的一种质疑,但不能说明

流行的信念都是应当质疑的，因此，E 项不恰当。

(2)考察选项，确定答案。正确答案为 C。

案例 8－15：

拥挤的居住条件所导致的市民健康状况明显下降，是清城面临的重大问题。因为清城和广州两个城市的面积和人口相当，所以，清城所面临的上述问题必定会在广州出现。

以下哪项最为恰当地指出了上述论证的漏洞？

A. 不当地预设：拥挤的居住条件是导致市民健康状况下降的唯一原因

B. 未能准确区分人口数量和人口密度两个概念

C. 未能准确区分一个城市的面积和它的人口这两个不同的概念

D. 未能恰当地选择第三个比较对象以增强结论的说服力

E. 忽略了相同的人口密度可以有不同的居住条件

【解题分析】

(1)弄清问题并分析题干。题干由清城和广州的面积和人口相当(即人口密度相当)，来类推出这两个城市的居住条件也相当，从而得出结论：清城所面临的拥挤的居住条件所导致的市民健康状况明显下降的问题必定会在广州出现。

E 项指出了这个推理是类比不当，即忽略了相同的人口密度可以有不同的居住条件。

这里提请注意，削弱结论与削弱论证是有区别的，题目是要求削弱论证，就是要断开由前提到结论的论证链条。而 A 项只是削弱了结论。

(2)考察选项，确定答案。正确答案为 E。

案例 8－16：

食用某些食物可降低体内自由基，达到排毒、清洁血液的作用。研究者将大鼠设定为实验动物，分为两组，A 组每天喂养含菌类、海带、韭菜和绿豆的混合食物，B 组喂养一般饲料。研究观察到，A 组大鼠的体内自由基比 B 组显著降低。科学家由此得出结论：人类食人菌类、海带、韭菜和绿豆等食物同样可以降低体内自由基。

以下哪项最可能是上述论证所假设的？

A. 一般人都愿意食入菌类、海带、韭菜和绿豆等食物

B. 不含菌类、海带、韭菜和绿豆的食物将增加体内自由基

C. 除食用菌类、海带、韭菜和绿豆等食物外，一般没有其他的途径降低体内自由基

D. 体内自由基的降低有助于人体的健康

E. 人对菌类、海带、韭菜和绿豆等食物的吸收和大鼠相比没有实质性的区别

【解题分析】

(1)弄清问题并分析题干。题干论证，由大鼠食用菌类等会使体内自由基降低，类推出人类食用菌类等食物同样可以降低体内自由基。

类比推理要成立，必须保证类比的两类对象没有实质性的不同。E 项是题干论证必须的假设，否则，如果人对菌类、海带、韭菜和绿豆等食物的吸收和大鼠相比存在实质性的区别，那么，就推不出人类食用菌类、海带、韭菜和绿豆等食物同样可以降低体内自由基这一结论了。

(2)考察选项,确定答案。正确答案为E。

案例8－17:

核电站所发生的核泄漏严重事故的最初起因,没有一次是设备事故,都是人为失误所致。这种失误,和小到导致交通堵塞,大到导致仓库失火的人为失误,没有实质性的区别。从长远的观点看,交通堵塞和仓库失火几乎是不可避免的。

上述断定最能支持以下哪项结论?

A. 核电站不可能因设备故障而导致事故

B. 核电站的管理并不比指挥交通、管理仓库复杂

C. 核电站如果持续运作,那么发生核泄漏的严重事故几乎是不可避免的

D. 人们试图通过严格的规章制度以杜绝安全事故的努力是没有意义的

E. 为使人类免于核泄漏引起的灾难,世界各地的核电站应当立即停止运行

【解题分析】

(1)弄清问题并分析题干。题干断定:

①核电站所发生的核泄漏严重事故最初起因和交通堵塞、仓库失火一样都是人为失误所致。

②交通堵塞和仓库失火几乎是不可避免的。

由此,显然可以得出结论:核电站如果持续运作,那么发生核泄漏的严重事故几乎是不可避免的。即C项为正确答案。

(2)考察选项,确定答案。正确答案为C。

案例8－18:

某中学发现有学生课余利用扑克玩带有赌博性质的游戏,因此规定学生不得带扑克进入学校。不过即使是硬币,也可以用作赌具,但禁止学生带硬币进入学校是不可思议的,因此,禁止学生带扑克进学校是荒谬的。

以下哪项如果为真,最能削弱上述论证?

A. 禁止带扑克进学校不能阻止学生在校外赌博

B. 硬币作为赌具远不如扑克方便

C. 很难查明学生是否带扑克进学校

D. 赌博不但败坏校风,而且影响学习成绩

E. 有的学生玩扑克不涉及赌博

【解题分析】

(1)弄清问题并分析题干。题干的论证实际上为:把硬币类比为扑克,都可用作赌具,但既然不禁止学生带硬币进入学校,那也没必要禁止学生带扑克进入学校。B项指出,硬币作为赌具远不如扑克方便,意味着把硬币类比为扑克是不恰当的,这样就显然有力地削弱了题干论证。其余选项都游离了题干论证,均为无关项。

(2)考察选项,确定答案。正确答案为B。

案例8－19:

所有的灰狼都是狼。这一断定显然是真的。因此,所有的疑似SARS病例都是SARS病例,这一断定也是真的。

以下哪项最为恰当地指出了题干论证的漏洞？

A. 题干的论证忽略了：一个命题是真的，不等于具有该命题形式的任一命题都是真的

B. 题干的论证忽略了：灰狼与狼的关系，不同于疑似 SARS 病例和 SARS 病例的关系

C. 题干的论证忽略了：在疑似 SARS 病例中，大部分不是 SARS 病例

D. 题干的论证忽略了：许多狼不是灰色的

E. 题干的论证忽略了：此种论证方式会得出其他许多明显违反事实的结论

【解题分析】

(1)弄清问题并分析题干。题干是个类比论证，把"所有的疑似 SARS 病例都是 SARS 病例"类比为"所有的灰狼都是狼"。

此论证的漏洞在于类比不当，"灰狼"从属于"狼"，而"疑似 SARS 病例"并不从属于"SARS 病例"，B 项恰当地指出了这一漏洞。

(2)考察选项，确定答案。正确答案为 B。

案例 8－20：

对东江中学全校学生进行调查发现，拥有 MP3 播放器人数最多的班集体同时也是英语成绩最佳的班集体。由此可见，利用 MP3 播放器可以提高英语水平。

以下哪项如果为真，最能加强上述结论？

A. 拥有 MP3 播放器的同学英语学习热情比较高

B. 喜欢使用 MP3 播放器的同学都是那些学习自觉性较高的学生

C. 随着 MP3 播放器性能的提高，其提高英语水平的作用将更加明显

D. 拥有 MP3 播放器人数最多的班级是最会利用 MP3 播放器的班级

E. 拥有 MP3 播放器人数最多的班上的同学更多地利用 MP3 进行英语学习

【解题分析】

(1)弄清问题并分析题干。题干由"拥有 MP3 播放器人数最多"和"英语成绩最佳"这两个并存的现象，得出结论：MP3 播放器可以提高英语水平。

由于两个现象统计相关并不足以说明它们之间有因果关系，因此，要增加这两个现象之间有本质联系的证据，才能支持上述结论。在各选项中，E 项最能支持这两个现象存在因果关系。A、B 项有利于说明上述两个现象为何统计相关，但不能说明两者有因果关系。

(2)考察选项，确定答案。正确答案为 E。

案例 8－21：

精制糖高含量的食物不会引起糖尿病的说法是不对的，因为精制糖高含量的食物会导致人的肥胖，而肥胖是引起糖尿病的一个重要诱因。

以下哪项论证在结构上和题干的最为类似？

A. 接触冷空气易引起感冒的说法是不对的。因为感冒是由病毒引起的，而病毒易于在人群拥挤的温暖空气中大量繁殖蔓延

B. 没有从济南到张家界的航班的说法是对的。因为虽然有从济南到北京的航班，也有从北京到张家界的航班，但没有从济南到张家界的直飞航班

C. 施肥过度是引发草坪病虫害主要原因的说法是对的。因为过度施肥造成青草的疯长,而疯长的青草对于虫害几乎没有抵抗力

D. 劣质汽油不会引起非正常耗油的说法是不对的。因为劣质汽油会引起发动机阀门的非正常老化,而发动机的非正常老化会引起非正常耗油

E. 亚里山大是柏拉图学生的说法是不对的。事实上,亚里山大是亚里士多德的学生,而亚里士多德是柏拉图的学生

【解题分析】

(1)弄清问题并分析题干。根据题干整理为:

结论:精制糖高含量的食物会引起糖尿病。

原因一:精制糖高含量的食物会导致人的肥胖;

原因二:肥胖是引起糖尿病的一个重要诱因。

可见,题干是个因果关系论证,论证形式简化为:

p 是 q 的原因,q 是 r 的原因,因此,p 是 r 的原因(即 p 不是 r 的原因是不对的)。

选项中只有 D 项与题干论证类似。

(2)考察选项,确定答案。正确答案为 D。

案例 8-22:

服用深海鱼油胶囊能降低胆固醇。一项对 6403 名深海鱼油胶囊定期服用者的调查显示,他们患心脏病的风险降低了三分之一。这项结果完全符合另一个研究结论:心脏病患者的胆固醇通常高于正常标准。因此上述调查说明,降低胆固醇减少了患心脏病的风险。

以下哪项最为恰当地指出了上述论证的漏洞?

A. 没有考虑到这种情况:深海鱼油胶囊减少了服用者患心脏病的风险,但不是降低胆固醇的结果

B. 忽视了这种可能性:深海鱼油胶囊有副作用

C. 由"心脏病患者的胆固醇通常高于正常标准",可以直接得出"降低胆固醇能减少患心脏病的风险"。因此,以上调查结论作为论据是没有意义的

D. 上述调查的结论有关降低胆固醇对心脏病的影响,但应该揭示的是深海鱼油胶囊对胆固醇的作用

E. 没有考虑普通人群服用深海鱼油胶囊的百分比

【解题分析】

(1)弄清问题并分析题干。题干结论:降低胆固醇减少了患心脏病的风险。

理由一:服用深海鱼油胶囊能降低胆固醇;

理由二:服用深海鱼油胶囊降低了患心脏病的风险。

这一论证忽视了并存或相继出现的两个现象,可能有因果联系,但不一定有因果联系。选项 A 指出了上述论证的漏洞,即深海鱼油胶囊减少了服用者患心脏病的风险,但不是降低胆固醇的结果。也就是说,深海鱼油胶囊可能含一种物质,能减少了患心脏病的风险,而不是降低胆固醇才导致减少患心脏病的风险的,这就是一种另有他因的削弱。因为一个结论可以依据不同的论证得出,不能因为其中一个论证成立,就断定其余的论

证没有意义,因此,C 项不恰当。其余选项也均不恰当。

(2)考察选项,确定答案。正确答案为 A。

案例 8-23:

以下两题基于以下题干:一种流行的说法是,多吃巧克力会引起皮肤特别是脸上长粉刺。确实,许多长粉刺的人都证实,他们皮肤上的粉刺都是在吃了大量巧克力以后出现的。但是,这种说法很可能是把结果当成了原因。最近一些科学研究指出,荷尔蒙的改变加上精神压力会引发粉刺,有证据表明,喜欢吃巧克力的人,在遇到精神压力时会吃更多的巧克力。

[第 1 题]以下哪项最为恰当地概括了题干所要表达的意思?

A. 发生在前的现象和发生在后的现象之间不一定有因果关系

B. 精神压力引起多吃巧克力,多吃巧克力引发粉刺。对于长粉刺来说,多吃巧克力是表面原因,精神压力是内在原因

C. 多吃巧克力是结果,长粉刺是原因

D. 多吃巧克力不大可能引发粉刺,多吃巧克力和长粉刺二者很可能都是精神压力造成的结果

E. 一个人巧克力吃的越多,越可能造成荷尔蒙的改变和精神压力的加重

【解题分析】

(1)弄清问题并分析题干。题干观点:精神压力是原因,长粉刺和多吃巧克力是这一原因产生的结果。显然,D 项最为恰当地概括了题干的意思。

题干论述的目的就是确定精神压力与长粉刺和多吃巧克力的因果关系,因此,A 不恰当。其余选项均不符合题干的意思。

(2)考察选项,确定答案。正确答案:D。

[第 2 题]以下哪项最为准确地概括了题干所运用的方法?

A. 引用反例,对所要反驳的观点之论据的准确性提出质疑

B. 提出新的论据,对所要反驳的观点之论据做出不同的解释

C. 运用科学权威的个人影响来破除人们对流行看法的盲从

D. 提出所要反驳的观点会引伸出自相矛盾的结论

E. 指出所要反驳的观点是基于小概率事件轻率概括出来的结论

【解题分析】

(1)弄清问题并分析题干。题干所要反驳的观点:多吃巧克力会引起长粉刺。这一观点的根据是:许多长粉刺的人都证实,他们皮肤上的粉刺都是在吃了大量巧克力以后出现的。

题干提出的新论据是:最近一些科学研究指出,荷尔蒙的改变加上精神压力会引发粉刺。并且有证据表明,喜欢吃巧克力的人,在遇到精神压力时会吃更多的巧克力。

这一新的研究成果对所要反驳的观点之论据做出了不同的解释。所以,B 项准确地概括了题干所运用的方法。

(2)考察选项,确定答案。正确答案为 B。

案例 8-24：

在美国，近年来在电视卫星的发射和操作中事故不断，这使得不少保险公司不得不面临巨额赔偿，这不可避免地导致了电视卫星的保险金的猛涨，使得发射和操作电视卫星的费用变得更为昂贵。为了应付昂贵的成本，必须进一步开发电视卫星更多的尖端功能来提高电视卫星的售价。

以下哪项，如果为真，和题干的断定一起，最能支持这样一个结论，即电视卫星的成本将继续上涨？

A. 承担电视卫星保险业风险的只有为数不多的几家大公司，这使得保险金必定很高

B. 美国电视卫星业面临的问题，在西方发达国家带有普遍性

C. 电视卫星目前具备的功能已能满足需要，用户并没有对此提出新的要求

D. 卫星的故障大都发生在进入轨道以后，对这类故障的分析及排除变得十分困难

E. 电视卫星具备的尖端功能越多，越容易出问题

【解题分析】

(1)弄清问题并分析题干。题干论述：电视卫星事故多，导致其保险金的猛涨，使其成本增加，因此，必须进一步开发电视卫星更多的尖端功能来提高其售价。

如果E项为真，则电视卫星具备的尖端功能越多，越容易出问题，因而又将导致保险金的新一轮上涨，使得电视卫星的成本继续上涨。

其余各项不足以说明电视卫星的成本将继续上涨。

(2)考察选项，确定答案。正确答案是E。

案例 8-25：

据一项在几个大城市的统计显示，餐饮业的发展和瘦身健身业的发展呈密切正相关。从1985年到1990年，餐饮业的网点增加了18%，同期在健身房正式注册参加瘦身健身的人数增加了17.5%；从1990年到1995年，餐饮业的网点增加了25%，同期参加瘦身健身的人数增加了25.6%；从1995年到2000年，餐饮业的网点增加了20%，同期参加瘦身健身的人数也正好增加了20%。

如果上述统计真实无误，则以下哪项对上述统计事实的解释最可能成立？

A. 餐饮业的发展，扩大了肥胖人群体，从而刺激了瘦身健身业的发展

B. 瘦身健身运动，刺激了参加者的食欲，从而刺激了餐饮业的发展

C. 在上述几个大城市中，最近15年来，主要从事低收入重体力工作的外来人口的逐年上升，刺激了各消费行业的发展

D. 在上述几个大城市中，最近15年来，城市人口的收入的逐年提高，刺激了包括餐饮业和健身业在内的各消费行业的发展

E. 高收入阶层中，相当一批人既是餐桌上的常客，又是健身房内的常客

【解题分析】

(1)弄清问题并分析题干。题干统计的事实是：餐饮业和瘦身健身业存在正相关性。

两者之间有统计相关，可能存在因果关系，也可能不存在因果关系。本题作为解释题，应该用常识进行合理的解释。选项D说明，城市人口收入的逐年提高，是造成餐饮业和健身业以接近的增长百分比同步发展的原因。这是各选项中对题干的统计事实最合

理的解释。因此,D 为正确答案。选项 A 和 B 也能说明,餐饮业和瘦身健身业的发展互相促进,似乎也能解释题干,但是不大容易说明二者的增长百分比何以如此接近。选项 C 说明,外来人口的上升刺激了各消费行业的发展,这对题干是一种解释,但解释的力度不大。因为外来人口主要从事低收入重体力工作,因此有理由认为,他们对餐饮业特别是瘦身健身业发展的刺激,是非常有限的。选项 E 没有说比例,起不到解释作用,容易排除。

(2)考察选项,确定答案。正确答案是 D。

案例 8-26:

一所大学的经济系最近做的一次调查表明,教师的加薪常伴随着全国范围内平均酒类消费量的增加。从 1980 年到 1985 年,教师工资平均上涨 12%,酒类销售量增加 11.5%。从 1985 年到 1990 年,教师工资平均上涨 14%,酒类销售量增加 13.4%。从 1990 年到 1995 年,酒类销售量增加 15%,而教师平均工资也上涨 15.5%。

以下哪项最为恰当地说明了文中引用的调查结果?

A. 当教师有了更多的可支配收入,他们喜欢把多余的钱花费在饮酒上

B. 教师所得越多,花在买书上的钱就越多

C. 由于教师增加了,人口也就增加了,酒类消费者也会因此而增加

D. 在文中所涉及的时期里,乡镇酒厂增加了很多

E. 从 1980 年至 1995 年,人民生活水平提高了,酒类消费量和教师工资也增加了

【解题分析】

(1)弄清问题并分析题干。说明两类现象有规律地相伴出现,通常的思路是指出它们之间可能存在的因果关系。E 选项说明,人民生活水平的提高,是引起教师工资提高和酒类销售量增加两类现象相伴出现的共同原因,作为共同结果,相伴出现的这两类现象之间没有因果关系。这最为恰当地说明了题干的调查结果。

A 选项试图说明这种因果关系,但显然有失牵强。选项 B 与题干无关,选项 C 讲的是教师增加而不是教师加薪,选项 D 只是有可能解释酒类销售量的增加。

(2)考察选项,确定答案。正确答案为 E。

案例 8-27:

有人认为鸡蛋黄的黄色跟鸡所吃的绿色植物性饲料有关,为了验证这个结论,下面哪种实验方法最可靠?

A. 选择一优良品种的蛋鸡进行实验

B. 化验比较植物性饲料和非植物性饲料的营养成分

C. 选择品种等级完全相同的蛋鸡,一半喂食植物性饲料,一半喂食非植物性饲料

D. 对同一批蛋鸡逐渐增加(或减少)植物性饲料的比例

E. 选出不同品种的蛋鸡,喂同样的植物性饲料

【解题分析】

(1)弄清问题并分析题干。对比实验的关键是让实验对象的其他方面的条件相同。为了验证题干中的因果关系(植物性饲料与蛋黄为黄色)是否为真,最可靠的实验方法是改变原因后,看结果是否不同。“选择品种等级完全相同的蛋鸡”是为了让实验对象的其

他方面的条件相同(比如蛋鸡的品种、年龄等)。A 项没谈何种实验。B 项只讲化验,而从饲料到鸡蛋还会有复杂的转化过程,不是仅靠化验能解决的。D 项只是变化饲料的量,对验证题干的结论来说,不及 C 中的方法可靠。E 项不对,因题干中的结论并不是对某些特定的鸡而言的。

(2)考察选项,确定答案。正确答案为 C。

案例 8-28:

体内不产生 P450 物质的人与产生 P450 物质的人比较,前者患帕金森氏综合症(一种影响脑部的疾病)的可能性三倍于后者。因为 P450 物质可保护脑部组织不受有毒化学物质的侵害。

因此,有毒化学物质可能导致帕金森氏综合症。

下列哪项,如果为真,将最有力地支持以上论证?

A. 除了保护脑部不受有毒化学物质的侵害,P450 对脑部无其他作用

B. 体内不能产生 P450 物质的人,也缺乏产生某些其他物质的能力

C. 一些帕金森氏综合症病人有自然产生 P450 的能力

D. 当用多已胺—— 一种脑部自然产生的化学物质治疗帕金森氏综合症病人时,病人的症状减轻

E. 很快就有可能合成 P450,用以治疗体内不能产生这种物质的病人

【解题分析】

(1)弄清问题并分析题干。

题干结论:有毒化学物质可能导致帕金森氏综合症。

理由一:P450 可以保护脑部组织不受有毒化学物质的侵害;

理由二:体内产生 P450 物质的人比较不容易患帕金森氏综合症。

本题涉及的求异法的运用。原文依据差异点(P450)具有的某种作用进一步推断有毒化学物质的侵害是导致帕金森氏综合症的原因,这仍然取决于差异点(P450 的作用)是否是唯一的。

选项 A“除了保护脑部不受有毒化学物质的侵害,P450 对脑部无其他作用”就满足这一点。否则,如果除了保护脑部不受有毒化学物质的侵害之外,P450 对大脑“还”有其他作用,比如 P450 能抵抗某种病菌,而该种病菌能导致帕金森氏综合症,那么,就不是有毒化学物质可能导致帕金森氏综合症了。因此,A 是题干推理的假设,为正确答案。

B、D、E 都是明显无关选项,排除;C 为明显的削弱项,排除。

(2)考察选项,确定答案。正确答案是 A。

案例 8-29:

以下两题基于题干:

小儿神经性皮炎一直被认为是由母乳过敏引起的。但是,如果我们让患儿停止进食母乳而改用牛乳,他们的神经性皮炎并不能因此而消失。因此,显然存在别的某种原因引起小儿神经性皮炎。

[1]下列哪项,如果是真的,最能削弱上面的论证?

A. 牛乳有时也会引起过敏

B. 小儿神经性皮炎属顽症，一旦发生，很难在短期内治愈

C. 小儿神经性皮炎的患者大多有家族史

D. 母乳比牛乳更易于被婴儿吸收

E. 小儿神经性皮炎大多发生在有过敏体质的婴儿中

【解题分析】

(1)弄清问题并分析题干。题干推理成立的假设是："小儿神经性皮炎在短期内就能治愈"。而选项 B 否定了这个假设。

(2)考察选项，确定答案。正确答案为 B。

[2]下列哪项，如果是真的，最能支持题干的结论？

A. 医学已经证明，母乳是婴儿最理想的食料

B. 医学尚不能揭示母乳过敏诱发神经性皮炎的病理机制

C. 已发现有小儿神经性皮炎的患儿从未进食过母乳

D. 已发现有母乳过敏导致婴儿突发性窒息的病例

E. 小儿神经性皮炎的患儿并没有表现出对母乳的拒斥

【解题分析】

(1)弄清问题并分析题干。选项 C 是个无因有果的反例，显然能反对母乳是神经性皮炎的原因，也就是能支持题干"存在别的某种原因引起小儿神经性皮炎"的结论。

(2)考察选项，确定答案。正确答案为 C。

案例 8－30：

最近公布的一项国家特别咨询委员会的调查报告声明：在选择了大量的研究对象进行对比实验后，发现在名人家族中才能出众者是普通人家族中才能出众者人数的 23 倍，因此我们可以得出信度很高的结论，人的素质主要是由遗传决定的。

以下哪项如果为真，则最能削弱上述结论？

A. 美国心理学界普遍有这样的认识：一两的遗传胜过一吨的教育。而事实也确实如此

B. "家无三代兴"，才能再出众也避免不了兴衰轮回的历史规律

C. 普通人家族中才能出众的表现方式与名人家族中不同，需要另外的衡量规则

D. 一个人的才能培养、后天接受教育的程度，与他的成长环境之间有很强的正相关性

E. 名人与普通人结合，下一代才能出众人数并不如名人家族中的比例高

【解题分析】

(1)弄清问题并分析题干。如果事实上，"一个人的才能培养、后天接受教育的程度，与他的成长环境之间有很强的正相关性"，那么就给出了名人家族名人比例高的"遗传"以外的原因，那就是名人家族中的人后天接受教育和培养才能要比普通人好得多，所以容易成为名人，而不是遗传。可见，D 项有力地削弱了题干的结论。

选项 A 和 E 其实是加强了题干结论。选项 B 没有针对遗传和后天之争，不能削弱题干结论。选项 C 质疑才能出众的衡量规则，但是对题干中的结论没有构成反驳。

(2)考察选项，确定答案。正确答案为 D。

案例 8－31：

自 1997 年开始的亚洲金融危机中，中国因为金融市场的开放程度有限而没有受到最严重的冲击。相反，亚洲各国中金融市场开放程度比较高的韩国、印尼、泰国等都饱受货币贬值、经济衰退之苦。看来，中国的金融市场还是应该自成体系地封闭运行为好。

以下哪项如果为真，则最能削弱上述结论？

A. 亚洲金融危机只是一个前奏，更危险的冲击还在后头

B. 中国金融市场开放程度受到中国经济发展阶段的限制

C. 亚洲金融危机给中国带来的影响可能是深层次的，并非表面这样平静

D. 随着香港经济与内地经济越来越紧密的融合，中国金融市场的开放程度也会越来越大

E. 如果不开放金融市场，金融体系无法走向成熟和完善，躲过了亚洲金融危机，也躲不过世界金融危机

【解题分析】

(1) 弄清问题并分析题干。题干根据亚洲金融危机中中国与韩国等的对比，推理得出结论：中国金融市场不开放为好。

因：金融市场开放；

果：受到金融危机的冲击。

E 项是个无因有果的削弱。

无因：不开放金融市场；

有果：会受到世界金融危机的冲击。

C 项对题干有所削弱，但由于它断定的只是一种可能性，因此，削弱的力度不大。其余项不能削弱题干。

(2) 考察选项，确定答案。正确答案为 E。

案例 8－32：

有些家长对学龄前的孩子束手无策，他们自愿参加了当地的一个为期六周的“家长培训”计划。家长们在参加该项计划前后，要在一份劣行调查表上为孩子评分，以表明孩子到底给他们带来了多少麻烦。家长们报告说，在参加该计划之后他们遇到的麻烦确实比参加之前要少。

以下哪项如果为真，最可能怀疑家长们所受到的这种培训的真正效果？

A. 这种训练计划所邀请的课程教授尚未结婚

B. 参加这项训练计划的单亲家庭的家长比较多

C. 家长们通常会在烦恼不堪、情绪落入低谷时才参加什么“家长培训”计划，而孩子们的捣乱和调皮有很强的周期性

D. 填写劣行调查表对于这些家长来说不是一件容易的事情，尽管并不花费太多的时间

E. 学龄前的孩子最需要父母亲的关心。起码，父母亲应当每天都有和自己的孩子相处谈话的时间；专家建议，这个时间的低限是 30 分钟

【解题分析】

(1)弄清问题并分析题干。题干是一个求异法得出的论证,先行的差异因素是"是否参加家长培训",被观察的现象是"遇到麻烦的情况"。因为家长们感到在参加该计划之后他们遇到的麻烦确实比参加之前要少,因此,该"家长培训"计划有效果。

选项C实际上指出存在其他差异因素,由该项可知,家长们在参加"家长培训"计划前,正是他们遇到麻烦最多的时候,此后,即使退出这项计划,他们遇到的麻烦也会较为减少,这样由参加该计划之后遇到的麻烦比参加之前要少,并不能推出这项计划有效果。因此,C项将对题干中的培训效果构成严重质疑。

其余各项均不能构成质疑。

(2)考察选项,确定答案。正确答案为C。

案例8-33:

光线的照射,有助于缓解冬季抑郁症。研究人员曾对九名患者进行研究,他们均因冬季白天变短而患上了冬季抑郁症。研究人员让患者在清早和傍晚各受三小时伴有花香的强光照射。一周之内,七名患者完全摆脱了抑郁。另外两人也表现了显著的好转。由于光照会诱使身体误以为夏季已经来临,这样便治好了冬季抑郁症。

以下哪项如果为真,最能削弱上述论证的结论?

A. 研究人员在强光照射时有意使用花香伴随,对于改善患上冬季抑郁症的患者的适应性有不小的作用

B. 九名患者中最先痊愈的三位均为女性。而对男性的治疗的效果较为迟缓

C. 该实验均在北半球的温带气候中,无法区分南北半球的实验差异,但也无法预先排除

D. 强光照射对于皮肤的损害已经得到专门研究的证实.其中夏季比起冬季的危害性更大

E. 每天六小时的非工作状态,改变了患者原来的生活环境,改善了他们的心态,这是对抑郁症患者的一种主要影响

【解题分析】

(1)弄清问题并分析题干。题干开头"光线的照射,有助于缓解冬季抑郁症"就是观点(结论),后面是对其的论证。研究人员得出这个结论的方法就是求同法。即其他条件都不同,只有光照相同。

E项对题干的实验进行了另一种解释。如果这种解释成立,也就是说,如果事实上使患者痊愈或好转的原因,是每天六小时的非工作状态,改善了他们的心态(这种心态是导致忧郁的主因),那么,就可得出结沦,光线照射的增加,和冬季抑郁症的缓解这两者之间的联系只是一种表面的非实质性的联系。这就有力地削弱了题干的结论。

A项对题干的实验,也进行了另一种解释,也能起到削弱作用,但只是说"有不小的作用"。而E项说的是"主要影响"。因此,E的削弱力度大。选项B、C、D与该结论不相干,均不能削弱题干。

(2)考察选项,确定答案。正确答案为E。

案例 8－34：

孩子出生后的第一年在托儿所度过，会引发孩子的紧张不安。在我们的研究中，有464名12～13岁的儿童接受了特异情景测试法的测验，该项测验意在测试儿童1岁时的状况与对母亲的依附心理之间的关系。其结果：有41.5%曾在托儿所看护的儿童和25.7%曾在家看护的儿童被认为紧张不安，过于依附母亲。

以下哪项如果为真，最没有可能对上述研究的推断提出质疑？

A. 研究中所测验的孩子并不是从托儿所看护和在家看护两种情况下随机选取的。因此，这两组样本儿童的家庭很可能有系统的差异存在

B. 这项研究的主持者被证实曾经在自己的幼儿时期受到过长时间来自托儿所阿姨的冷漠

C. 针对孩子的母亲的另一部分研究发现：由于孩子在家里表现出过度的依附心理，父母因此希望将其送入托儿所予以矫正

D. 因为风俗的关系，在464名被测者中，在托儿所看护的大多数为女童，而在家看护的多数为男童。一般地说. 女童比男童更易表现为紧张不安和依附母亲

E. 出生后第一年在家看护的孩子多数是由祖父母或外祖父母看护的，并形成浓厚的亲情

【解题分析】

(1)弄清问题并分析题干。题干的结论是：孩子出生后的第一年在托儿所度过，会引发孩子的紧张不安。

根据是：表现出紧张不安（过于依附母亲）的被测试儿童，在1岁时曾由托儿所看护的儿童中所占的比例。要高于1岁时曾在家中看护的儿童。

若A项为真，说明统计时的抽样可能不科学。因为如果两组进行比较的儿童本身可能存在系统性的差异。那么，他们是否较易紧张不安，完全可能由此种差异造成，而并非因为1岁时是否由托儿所看护。因此，能质疑题干推断。

若B项为真，可以怀疑题干中研究者的测验是否带上了研究者本人的个人偏向和主观色彩。因此，能质疑题干推断。

若C项为真，由此可以得出这种结论：至少有一部分孩子，不是由于去了托儿所才有了依附心理；恰恰相反，而是表现出了过度的依附心理才被送进托儿所。这是个因果倒置的削弱。

若D项为真，说明样本不科学，由此可以认为，表现出紧张不安和依附母亲的被测试儿童，在1岁时曾由托儿所看护的儿童中所占的比例较高，是因为该组中女童所占的比例较高。因此，不能认为是托儿所引发了孩子的紧张不安。因此，以另有他因的方式质疑了题干推断。

若E项为真，在家看护的孩子多数是由祖父母或外祖父母看护并形成浓厚的亲情，进一步说明了在家看护不容易紧张，某种意义上支持了题干，因此，该项显然最不可能构成质疑。

(2)考察选项，确定答案。正确答案为E。

案例8－35：

在美国，实行死刑的州，其犯罪率要比不实行死刑的州低。因此，死刑能够减少犯罪。

以下哪项如果为真，最可能质疑上述推断？

A. 犯罪的少年，较之守法的少年更多出自无父亲的家庭。因此，失去了父亲能够引发少年犯罪

B. 美国的法律规定了在犯罪地起诉并按其法律裁决，许多罪犯因此经常流窜犯罪

C. 在最近几年，美国民间呼吁废除死刑的力量在不断减弱，一些政治人物也已经不再像过去那样在竞选中承诺废除死刑了

D. 经过长期的跟踪研究发现，监禁在某种程度上成为酝酿进一步犯罪的温室

E. 调查结果表明：犯罪分子在犯罪时多数都曾经想过自己的行为可能会受到死刑或常年监禁的惩罚

【解题分析】

(1)弄清问题并分析题干。题干根据实行死刑的州犯罪率比不实行死刑的州低，得出结论：死刑能够减少犯罪。要削弱这个推断，就是要说明存在别的因素影响这个推理。如果B项真，则可以认为，许多罪犯为了躲避死刑的风险，宁愿采取流窜作案的方式，选择不实行死刑的州作案。这样，虽然实行死刑的州的犯罪率因此下降，但全美国的犯罪率并没有下降。所以不能由此得出死刑能够减少犯罪的结论。其余各项均不能质疑题干的推断。

(2)考察选项，确定答案。正确答案为B。

案例8－36：

京华大学的30名学生近日里答应参加一项旨在提高约会技巧的计划。在参加这项计划前一个月，他们平均已经有过一次约会。30名学生被分成两组：第一组与6名不同的志愿者进行6次“实习性”约会，并从约会对象得到对其外表和行为的看法的反馈；第二组仅为对照组。在进行实习性约会前，每一组都要分别填写社交忧惧调查表，并对其社交的技巧评定分数。进行实习性约会后，第一组需要再次填写调查表。结果表明：第一组较之对照组表现出更少社交忧惧，在社交场合更多自信，以及更易进行约会。显然，实际进行约会，能够提高我们社会交际的水平。

以下哪项如果为真，最可能质疑上述推断？

A. 这种训练计划能否普遍开展，专家们对此有不同的看法

B. 参加这项训练计划的学生并非随机抽取的，但是所有报名的学生并不知道实验计划将要包括的内容

C. 对照组在事后一直抱怨他们并不知道计划已经开始，因此，他们所填写的调查表因对未来有期待而填得比较悲观

D. 填写社交忧惧调查表时，学生需要对约会的情况进行一定的回忆，男学生普遍对约会对象评价得较为客观，而女学生则显得比较感性

E. 约会对象是志愿者，他们在事先并不了解计划的全过程，也不认识约会的实验对象

【解题分析】

前述讲义中已举过这个事例。

(1)弄清问题并分析题干。题干的结论:实际进行约会,能够提高社交水平。

其根据:在所填写的调查表中,实习组比对照组显示出更多的自信。

如果C项为真,意思是,对照组不知道在实验,因此,表填得比正常情况要悲观,也即对照组实际上的社交水平与状态,比调查表中填写的要好。这样,作为题干根据的上述对比结果(即参加实习约会后表现出更多自信)就可能不成立,也就是参加与不参加实习约会的社交水平是差不多的,这就对题干的推断提出了有力的质疑。

B项前半句话"参加这项训练计划的学生并非随机抽取的"似乎对题干有所削弱,但后半句话"所有报名的学生并不知道实验计划将要包括的内容"对题干起到了支持作用。

其余各项均不能构成质疑。

(2)考察选项,确定答案。正确答案为C。

案例8-37:

在经历了全球范围的股市暴跌的冲击以后,T国政府宣称,它所经历的这场股市暴跌的冲击,是由于最近国内一些企业过快的非国有化造成的。

以下哪项,如果事实上是可操作的,最有利于评价T国政府的上述宣称?

A. 在宏观和微观两个层面,对T国一些企业最近的非国有化进程的正面影响和负面影响进行对比

B. 把T国受这场股市暴跌的冲击程度,和那些经济情况和T国类似,但最近没有实行企业非国有化的国家所受到的冲击程度进行对比

C. 把T国受这场股市暴跌的冲击程度,和那些经济情况和T国有很大差异,但最近同样实行了企业非国有化的国家所受到的冲击程度进行对比

D. 计算出在这场股市风波中T国的个体企业的平均亏损值

E. 运用经济计量方法预测T国的下一次股市风波的时间

【解题分析】

(1)弄清问题并分析题干。对某个事物的评价,有效的方式看对比情况的结果。即与另一场合进行对比,按照B的设计操作,那些经济情况和T国类似,但最近没有实行企业非国有化的国家,如果没有受到类似于T国的股市暴跌的冲击,则根据求异法可认为股市暴跌的原因就是非国有化,即T国政府的宣称将受到支持;如果同样受到类似于T国的股市暴跌的冲击,则股市暴跌的原因就不能认为是非国有化,即T国政府的宣称将受到严重质疑。显然,这一操作有利于评价T国政府的宣称。其余各项,对评价T国政府的宣称没有意义,或意义不大。

(2)考察选项,确定答案。正确答案为B。

案例8-38:

世界卫生组织在全球范围内进行了一项有关献血对健康影响的跟踪调查。调查对象分为三组。第一组对象中均有二次以上的献血记录,其中最多的达数十次;第二组中的对象均仅有一次献血记录;第三组对象均从未献过血。调查结果显示,被调查对象中

癌症和心脏病的发病率,第一组分别为0.3%和0.5%,第二组分别为0.7%和0.9%,第三组分别为1.2%和2.7%。一些专家依此得出结论,献血有利于减少患癌症和心脏病的风险。这两种病已经不仅在发达国家而且也在发展中国家成为威胁中老年人生命的主要杀手。因此,献血利己利人,一举两得。

以下哪项如果为真,将削弱以上结论?

Ⅰ.60岁以上的调查对象,在第一组中占60%,在第二组中占70%,在第三组中占80%。

Ⅱ.献血者在献血前要经过严格的体检,一般具有较好的体质。

Ⅲ.调查对象的人数,第一组为1700人,第二组为3000人,第三组为7000人。

A.只有Ⅰ　B.只有Ⅱ　C.只有Ⅲ　D.只有Ⅰ和Ⅱ　E.Ⅰ、Ⅱ和Ⅲ

【解题分析】

(1)弄清问题并分析题干。

题干结论是:献血利己利人。

理由是:调查发现,献血与健康有共变关系,献血次数越多,癌症和心脏病的发病率越低。

Ⅰ能削弱题干的结论。因为在三个组中,60岁以上的被调查对象,呈10%递增,又题干断定,癌症和心脏病是威胁中老年人生命的主要杀手,因此,有理由认为,三个组的癌症和心脏病发病率的递增,与其中中老年人比例的递增有关,而并非说明献血有利于减少患癌症和心脏病的风险。

Ⅱ能削弱题干的结论。因为如果献血者一般有较好的体质,则献血记录较高的调查对象,一般患癌症和心脏病的可能性就较小,因此,并非是献血减少了他们患癌症和心脏病的风险。

Ⅲ不能削弱题干。因为题干中进行比较的数据是百分比,被比较各组的绝对人数的一定差别,不影响这种比较的说服力。

(2)考察选项,确定答案。正确答案为D。

案例8-39:

各品种的葡萄中都存在着一种化学物质,这种物质能有效地减少人血液中的胆固醇。这种物质也存在于各类红酒和葡萄汁中,但白酒中不存在。红酒和葡萄汁都是用完整的葡萄作原料制作的;白酒除了用粮食作原料外,也用水果作原料,但和红酒不同,白酒在以水果作原料时,必须除去其表皮。

以上信息最能支持以下哪项结论?

A.用作制酒的葡萄的表皮都是红色的

B.经常喝白酒会增加血液中的胆固醇

C.食用葡萄本身比饮用由葡萄制作的红酒或葡萄汁更有利于减少血液中的胆固醇

D.能有效地减少血液中胆固醇的化学物质,只存在于葡萄之中,不存在于粮食作物之中

E.能有效地减少血液中胆固醇的化学物质,只存在于葡萄的表皮之中,而不存在于葡萄的其他部分中

【解题分析】

(1)弄清问题并分析题干。题干断定:

①能有效地减少人血液中的胆固醇的化学物质,普遍存在于葡萄中;

②能有效地减少人血液中胆固醇的化学物质,只存在于红酒中,不存在于白酒中;

③红酒是用完整的葡萄作原料的,白酒用葡萄作原料时,必须去掉其表皮。

根据以上断定,一个合理的推论是:这种物质只存在于葡萄的表皮中。这正是E项所断定的。其余各项均不能从题干中推出。

(2)考察选项,确定答案。正确答案为E。

案例 8-40:

硕鼠通常不患血癌。在一项实验中发现,给300只硕鼠同等量的辐射后,将它们平均分为两组,第一组可以不受限制地吃食物,第二组限量吃食物。结果第一组75只硕鼠患血癌,第二组5只硕鼠患血癌。因此,通过限制硕鼠的进食量,可以控制由实验辐射导致的硕鼠血癌的发生。

以下哪项如果为真,最能削弱上述实验结论?

A. 硕鼠与其他动物一样,有时原因不明就患有血癌

B. 第一组硕鼠的食物易于使其患血癌,而第二组的食物不易使其患血癌

C. 第一组硕鼠体质较弱,第二组硕鼠体质较强

D. 对其他种类的实验动物,实验辐射很少导致患血癌

E. 不管是否控制进食量,暴露于实验辐射的硕鼠都可能患有血癌

【解题分析】

(1)弄清问题并分析题干。题干的实验运用的是差异法。在运用差异法求因果联系时,必须保持背景条件的相同。在上述实验中,考察的是进食量的差异,除此以外,其他实验条件应当相同。而B、C项都表明了背景因素不同,都能削弱题干。

如果B项为真,能有力地说明硕鼠患血癌的原因,极可能与进食量无关,而与进食的食物有关,这就有力削弱了题干的实验结论。由于B项直接点名了食物与血癌的关系,因此,削弱力度要大于C项所指的体质差异。

(2)考察选项,确定答案。正确答案为B。

案例 8-41:

据一项统计显示,在婚后的13年中,妇女的体重平均增加了15公斤,男子的体重平均增加了12公斤。因此,结婚是人变得肥胖的重要原因。

为了对上述论证作出评价,回答以下哪个问题最为重要?

A. 为什么这项统计要选择13年这个时间段作为依据?为什么不选择其他时间段,例如为什么不是12年或14年?

B. 在上述统计中,婚后体重减轻的人有没有?如果有的话,占多大的比例?

C. 在被统计对象中,男女各占多少比例?

D. 这项统计的对象,是平均体重较重的北方人,还是平均体重较轻的南方人?如果二者都有的话,各占多少比例?

E. 在上述13年中,处于相同年龄段的单身男女的体重增减状况是怎样的?

【解题分析】

(1)弄清问题并分析题干。题干根据统计发现,结婚后男女的体重都增加这一事实,得出结论:结婚是人变得肥胖的重要原因。

E 项提出的问题对评价题干的论证最为重要。因为如果在上述 13 年中,处于相同年龄段的单身男女的体重增减状况和题干的统计结果类似,那么,题干的结论就得到削弱。反之,如果在上述 13 年中,处于相同年龄段的单身男女的体重增长要少,那么,题干的结论就得到支持。

(2)考察选项,确定答案。正确答案为 E。

案例 8-42:

最近几年,外科医生数量的增长超过了外科手术数量的增长,而许多原来必须施行的外科手术现在又可以代之以内科治疗,这样,最近几年,每个外科医生每年所做的手术的数量平均下降了四分之一。如果这种趋势得不到扭转,那么,外科手术的普遍质量和水平不可避免地会降低。

上述论证基于以下哪项假设?

A. 一个外科医生不可能保持他的手术水平,除非他每年所做手术的数量不低于一个起码的标准

B. 新上任的外科医生的手术水平普遍低于已在任的外科医生

C. 最近几年,外科手术的数量逐年减少

D. 最近几年,外科手术的平均质量和水平下降了

E. 一些有经验的外科医生最近几年每年所做的外科手术,比以前要多

【解题分析】

(1)弄清问题并分析题干。本题涉及的共变关系是:随着外科医生平均手术量的不断下降,他们的医术水平也会下降。假设的类型都是指出发生共变的两个现象之间有实质性的相关。A 项的意思就是,如果他每年所做手术的数量低于一个起码的标准,那么他不可能保持他的手术水平,与题干的意思一致。可见,由 A 项必然可以使题干论证成立,为正确答案。

其余选项都不是题干论证基于的假设。

(2)考察选项,确定答案。正确答案为 A。

案例 8-43:

某个实验把一批吸烟者作为对象,并分为两组:第一组是实验组,第二组是对照组。实验组的成员被强制戒烟,对照组的成员不戒烟。三个月后,实验组成员的平均体重增加了 10%,而对照组成员的平均体重基本不变。实验结果说明,戒烟会导致吸烟者的体重增加。

以下哪项如果为真,最能加强上述实验结论的说服力?

A. 实验组和对照组成员的平均体重基本相同

B. 实验组与对照组的人数相等

C. 除戒烟外,对每个实验对象来说,可能影响体重变化的生存条件基本相同

D. 除戒烟外,对每个实验对象来说,可能影响体重变化的生存条件基本保持不变

E. 上述实验的设计者,是著名的保健专家

【解题分析】

(1)弄清问题并分析题干。这是一道没有他因的支持题。在用求异法探求因果联系时,必须保证其他因素都是相同的,而D项正是这个意思。为了加强题干结论的说服力,D项是应当假设的。否则,如果除戒烟外,对每个实验对象来说,可能影响体重变化的生存条件有实质性的变化,那么,实验对象的体重变化很可能是这些生存条件的变化引起的,而不是由戒烟引起的。这就大大削弱了题干的实验结论的说服力。

提请注意的是,C与D的意思是不一样的。D是指每个实验对象与自身来比,可能影响体重变化的生存条件基本保持不变,但每个实验对象之间比较,各自生存条件还是可以不同的。比如实验组内,胖人要吃多的食物保持体重不变,瘦人吃少的食物保持体重不变。即每个实验对象吃的食物实验前与实验后与自己比是相同的。

而C项是指不同的实验对象之间来比较,可能影响体重变化的生存条件基本相同,即每个实验对象生存条件相同。不妨假设所有的实验对象每天摄入的食物相同,则这种食物摄入可能使一个胖人减少体重,而使另一个瘦人增加体重。这样,实验对象的体重变化很可能是由相同的食物摄入量,即由相同的生存条件引起的,而不是由戒烟引起的,这就大大削弱了题干结论的说服力。因此,C项不利于加强题干结论的说服力。

(2)考察选项,确定答案。正确答案为D。

案例8-44:

在一项试验中,第一组被试验者摄取了大量的人造糖,第二组则没有吃糖。结果发现,吃糖的人比没有吃糖的人认知能力低。这一试验说明,人造糖中所含的某种成份会影响人的认知能力。

以下哪项如果为真,最支持上述结论?

A. 在上述试验中,第一组被试验者吃的糖大大超出日常生活中的摄入量

B. 上述人造糖中所含的该种成分也存在于大多数日常食物中

C. 第一组被试验者摄取的糖的数量没有超出卫生部门规定的安全范围

D. 两组被试验者的认知能力在试验前是相当的

E. 两组被试验者的人数相等

【解题分析】

(1)弄清问题并分析题干。

本题是使用求异法做出的论证,先行情况中的差异因素是"吃糖",比较的现象是"认知能力",求异法的结论为差异因素(吃糖)是导致某种现象(认知能力低)产生的原因,要使这个论证成立,就必须指出除了"吃糖"这个差异因素外,其他先行情况必须是相同的。

D项"两组被试验者的认知能力在试验前是相当的"就表明了背景因素是相同的,支持了题干论证。

(2)考察选项,确定答案。正确答案为D。

案例8-45:

马医生发现,在进行手术前喝高浓度加蜂蜜的热参茶可以使他手术时主刀更稳,用

时更短,效果更好。因此,他认为,要么是参,要么是蜂蜜,含有的某些化学成分能帮助他更快更好地进行手术。

以下哪项如果为真,能削弱马医生的上述结论?

Ⅰ.马医生在喝含高浓度加蜂蜜的热柠檬茶后的手术效果同喝高浓度加蜂蜜的热参茶一样好。

Ⅱ.马医生在喝白开水之后的手术效果与喝高浓度加蜂蜜的热参茶一样好。

Ⅲ.洪医生主刀的手术效果比马医生好,而前者没有术前喝高浓度的蜂蜜热参茶的习惯。

A.只有Ⅰ　　B.只有Ⅱ　　C.只有Ⅲ　　D.只有Ⅰ和Ⅱ　　E.Ⅰ、Ⅱ和Ⅲ

【解题分析】

(1)弄清问题并分析题干。马医生的结论是:要么是参,要么是蜂蜜,含有的某些化学成分能帮助他更快更好地进行手术。

Ⅰ实际上有利于说明,蜂蜜有效果。

Ⅱ表明,没有参和蜂蜜,能有同样好的手术效果,这就有力地削弱了马医生的结论。是无因有果的削弱。

Ⅲ是个无关项,没有针对结论,起不到削弱作用。因为马医生的结论只是针对自己,并非同时针对别人。

(2)考察选项,确定答案。正确答案为B。

案例8-46:

研究表明,很少服用抗生素的人比经常服用抗生素的人有更强的免疫力。然而,没有证据表明,服用抗生素会削弱免疫力。

以下哪项如果为真,最能解释题干中似乎存在的不一致?

A.抗生素药物对于治疗病毒引起的疾病没有疗效

B.抗生素药物的价格比较高,病人只在病重时才服用抗生素药物

C.尽管抗生素会产生许多副作用,有些人依然不断使用这类药

D.免疫力差的人如果不服用抗生素药物,很难从细菌感染的疾病中恢复过来

E.免疫力强的人很少感染上人们通常需要用抗生素进行治疗的疾病

【解题分析】

(1)弄清问题并分析题干。很少服用抗生素的人比经常服用抗生素的人有更强的免疫力,按求异法推理,正常情况应该是服用抗生素会削弱免疫力。然而,题干认为没有证据表明这一结论,为什么呢?肯定是存在别的原因使求异法得出的这一结论不可靠。

E项如果为真,则说明免疫力强的人,即使治病,也很少服用抗生素。这意味着,很少服用抗生素的人本来就免疫力强。也就是说,不是因为服用抗生素削弱了免疫力,而是免疫力强的人不需要服用抗生素。

D项对题干也能起到了解释作用,该项表明,免疫力差的人确实需要服用抗生素,只是有助于说明,服用抗生素可能不是削弱免疫力的原因,但解释力度不如E项。

(2)考察选项,确定答案。正确答案为E。

案例 8－47：

有 90 个病人，都患难治病 T，服用过同样的常规药物。这些病人被分为人数相等的两组，第一组服用治疗 T 的试验药物 W 素，第二组服用不含 W 素的安慰剂。10 年后的统计显示，两组都有 44 人死亡。因此，这种药物是无效的。

以下哪项为真，最能削弱上述论证？

A. 在上述死亡的病人中，第二组的平均死亡年份比第一组早 2 年

B. 在上述死亡的病人中，第二组的平均寿命比第一组小 2 岁

C. 在上述活着的病人中，第二组的比第一组病情更严重

D. 在上述活着的病人中，第二组的比第一组的更年长

E. 在上述活着的病人中，第二组的比第一组的更年轻

【解题分析】

(1)弄清问题并分析题干。本题是使用求异法做出的论证，先行情况中的差异因素是"是否服用试验药物 W 素"，比较的现象是"寿命"，由于 10 年后每一组都有 44 位病人去世，从中得出结论：这种药物是无效的。

如果 A 项为真，则事实上，在上述死亡病人中，不服用试验药物 W 素的那一组的平均死亡年份比第一组早 2 年，则就有利于说明差异因素（服用试验药物 W 素）是导致某种现象（寿命增加）产生的原因，这样，就说明服用治疗 T 的试验药物 W 素是有效的，有力地削弱了上述论证，为正确答案。

对两组病人的考察，只能从患病并进行治疗开始，与平均寿命关系不大，故不选 B。

根据题意，每组只有 1 人活着，因此比较活着的人就没有什么意义了，所以 C、D、E 项均不予考虑。

(2)考察选项，确定答案。正确答案为 A。

案例 8－48：

在村庄东西两块玉米地中，东面的地施用了过磷酸钙单质肥料，西面的地则没有。结果，东面的地亩产玉米 300 公斤，西面的地亩产仅 150 公斤。因此，东面的地比西面的地产量高的原因是由于施用了过磷酸钙单质肥料。

以下哪项如果为真，最能削弱上述论证？

A. 给东面地施用的过磷酸钙是过期的肥料

B. 北面的地施用过硫酸钾单质化肥，亩产玉米 220 公斤

C. 每块地种植了不同种类的四种玉米

D. 两块地的田间管理无明显不同

E. 东面和西面两块地的土质不同

【解题分析】

(1)弄清问题并分析题干。要使这个通过求异法作出的论证成立，必须保证对照实验中的这两块地除了是否施了过磷酸钙单质肥料外，其他背景因素都应该相同。

E 项表明，东面和西面两块地的土质不同。这就说明了存在其他因素影响论证，能有效地削弱题干，为正确答案。

其余选项难以削弱题干。比如 A 项，给东面地施用的过磷酸钙是过期的肥料，东面

的产量都比没施肥的西面高，可见过期的过磷酸钙有作用，那么不过期的肥料就更有作用了，支持了题干。

(2)考察选项，确定答案。正确答案为 E。

案例 8－49：

一项对西部山区小塘村的调查发现，小塘村约五分之三的儿童入中学后出现中等以上的近视，而他们的父母及祖辈，没有机会到正规学校接受教育，很少出现近视。

以下哪项作为上述断定的结论最为恰当？

A. 接受文化教育是造成近视的原因

B. 只有在儿童期接受正式教育才易于成为近视

C. 阅读和课堂作业带来的视觉压力必然造成儿童的近视

D. 文化教育的发展和近视现象的出现有密切关系

E. 小塘村约有五分之二的儿童是文盲

【解题分析】

(1)弄清问题并分析题干。题干根据调查发现：小塘村约五分之三的儿童入中学后出现近视，而他们的没有接受学校教育的父母及祖辈却很少出现近视。

根据求异法的推理，上述调查比较的现象是“是否近视”，差异因素是“是否接受学校教育”，从而有利于得出结论：文化教育的发展和近视现象的出现有密切关系。

(2)考察选项，确定答案。正确答案为 D。

案例 8－50：

一项对某高校教员的健康普查表明，80% 的胃溃疡患者都有夜间工作的习惯。因此，夜间工作易造成的植物神经功能紊乱是诱发胃溃疡的重要原因。

以下哪项如果是真的，将严重削弱上述论证？

A. 医学研究尚不能揭示消化系统的疾病和神经系统的内在联系

B. 该校的胃溃疡患者主要集中在中老年教师中

C. 该校的胃溃疡患者近年来有上升的趋势

D. 该校教员中只有近五分之一的教员没有夜间工作的习惯

E. 该校胃溃疡患者中近 60% 患有不同程度的失眠症

【解题分析】

(1)弄清问题并分析题干。在统计论证中，脱离比较基础的独立数据，在论证中的证据效力是不能令人信服的。若使所列的数据成为有说服力的证据，就必须与相关的数据进行比较。

选项 D 讲“该校教员中只有近五分之一的教员没有夜间工作的习惯”，即该校教员中 80% 以上都有夜间工作的习惯，这个比例已经大于或者等于胃溃疡患者有夜间工作习惯的比例，也就是说，是否患胃溃疡与有否夜间工作的习惯无关。

(2)考察选项，确定答案。正确答案为 D。

案例 8－51：

据世界卫生组织 1995 年的调查报告显示，70% 的肺癌患者有吸烟史，其中有 80% 的人吸烟的历史多于 10 年。这说明吸烟会增加人们患肺癌的危险。

以下哪项最能支持上述论断？

A. 1950 年至 1970 年期间男性吸烟者人数增加较快，女性吸烟者也有增加

B. 虽然各国对吸烟有害进行大力宣传，但自 50 年代以来，吸烟者所占的比例还是呈明显的逐年上升的趋势。到 90 年代，成人吸烟者达到成人数的 50%

C. 没有吸烟史或戒烟时间超过五年的人数在 1995 年超过了人口总数的 40%

D. 1995 年未成年吸烟者的人数也在增加，成为一个令人挠头的社会问题

E. 医学科研工作者已经用动物实验发现了尼古丁的致癌作用，并从事开发预防药物的研究

【解题分析】

(1)弄清问题并分析题干。根据题干中 1995 年的调查报告可知，有 10 年吸烟史的肺癌患者占肺癌患者总数的56%（70% ×80%）。如果 B 项为真，说明到上世纪 90 年代，有 10 年吸烟史的成人吸烟者少于成人数的 50%，明显小于 56%，说明吸烟会增加人们患肺癌的危险。

选项 A 不妥，它只说吸烟者人数增加快，没有讲占成人总数的比例，难以成为有力的论据。选项 C 讲的是在 1990 年时不吸烟的人数超过了 40%，吸烟人数少于 60%，对题干中关于 10 年吸烟史的人员的判断不能提供任何支持。选项 D 不对。D 只是揭示了一个令人挠头的社会问题，但与题干的结论无关。应该注意到吸烟者比例越高，越不能支持题干的论点。E 项没有建立在题干统计推断的基础上，不能有效地支持题干。

(2)考察选项，确定答案。正确答案为 B。

案例 8－52：

据国际卫生与保健组织 1999 年年会“通讯与健康”公布的调查报告显示，68% 的脑癌患者都有经常使用移动电话的历史。这充分说明，经常使用移动电话将会极大地增加一个人患脑癌的可能性。

以下哪项如果为真，则将最严重地削弱上述结论？

A. 进入 20 世纪 80 年代以来，使用移动电话者的比例有惊人的增长

B. 有经常使用移动电话的历史的人在 1990 ~1999 年超过世界总人口的 65%

C. 在 1999 年全世界经常使用移动电话的人数比 1998 年增加了 68%

D. 使用普通电话与移动电话通话者同样有导致脑癌的危险

E. 没有使用过移动电话的人数在 90 年代超过世界总人口的 50%

【解题分析】

(1)弄清问题并分析题干。在统计论证中，脱离比较基础的独立数据，在论证中的证据效力是不能令人信服的。若使所列的数据成为有说服力的证据，就必须与相关的数据进行比较。

如果一份对中国人的调查显示，肺癌患者中 90% 以上都是汉族人，由此显然不能得出结论，汉族人更容易患肺癌，因为汉族人本身就占了中国人的 90% 以上。同样的道理，如果 B 项的断定为真，说明在世界总人口中，有经常使用移动电话历史的人所占的比例，已接近在脑癌患者中有经常使用移动电话历史的人所占的比例，这就严重削弱了题干的结论。其余各项均不能削弱题干的结论。

(2)考察选项,确定答案。正确答案为B。

案例8-53:

一份综合调查报告显示,明年将参加高考的女生中,只有4%表示可以考虑报考女子大学。因此,现存的女子大学要想办下去,必须考虑改为男女同校。

以下哪项如果为真,则将最严重地削弱上述论证?

A. 女子大学的毕业生在医疗、会计、文秘领域更受用人单位欢迎

B. 大约60%的接受调查的女生表示,她们并不反对办女子大学

C. 女子大学近年来的招生人数有下降趋势,生源质量也不太理想

D. 应届高中毕业生中近年来报考大学的人数有逐步上升的趋势

E. 现有的女子大学每年招生数仅占全国招收女大学生总量的2%

【解题分析】

(1)弄清问题并分析题干。在统计论证中,脱离比较基础的独立数据,在论证中的证据效力是不能令人信服的。若使所列的数据成为有说服力的证据,就必须与相关的数据进行比较。

如果E项的断定为真,则说明虽然明年考虑报考女子大学的考生占女考生的比例很低,但是,由于女子大学每年招生数占全国招收女大学生总量的比例更低,因此,女子大学的生源并不存在问题。这就严重削弱了题干的论证。其余各项均不能削弱题干。

(2)考察选项,确定答案。正确答案为E。

案例8-54:

在美国与西班牙作战期间,美国海军曾经广为散发海报,招募兵员。当时最有名的一个海军广告是这样说的:美国海军的死亡率比纽约市民还要低。海军的官员具体就这个广告解释说:"根据统计,现在纽约市民的死亡率是每千人有16人,而尽管是战时,美国海军士兵的死亡率也不过每千人只有9人。"

如果以上资料为真,则以下哪项最能解释上述这种看起来很让人怀疑的结论?

A. 在战争期间,海军士兵的死亡率要低于陆军士兵

B. 在纽约市民中包括生存能力较差的婴儿和老人

C. 敌军打击美国海军的手段和途径没有打击普通市民的手段和途径来得多

D. 美国海军的这种宣传主要是为了鼓动入伍,所以,要考虑其中夸张的成分

E. 尽管是战时,纽约的犯罪仍然很猖獗,报纸的头条不时地有暴力和色情的报道

【解题分析】

(1)弄清问题并分析题干。这则统计论证隐含的结论是:到海军服役不比在后方城市中生活危险。理由是:纽约市民的死亡率是16‰,海军士兵的死亡率9‰。

这个结论是建立在将两个具有不同内容的数字进行不恰当比较的基础上的。这里,1.6%和0.9%是不可比的,因为样本(质)不同。纽约市民中有婴儿、老年人和各式各样的病人,而美国海军士兵都是通过体检选拔出来的身强体壮、生命力旺盛的年轻人。海军士兵正处于生存能力最佳状态的年龄段,造成他们死亡的几乎唯一的原因,就是直接死于战争。如果处于后方的纽约市民具有和海军士兵相同的生存能力状态,前者的死亡率无疑要低得多。

B 项就抓住了题干进行不恰当比较的实质，并为统计数据所显示的纽约市民死亡率高于海军士兵的现象提供了一个合理的解释。

C 项和 E 项断定的也是对纽约市民构成威胁的因素，但没有理由认为这些因素造成的威胁会大于直接的战争，因此如果不首先断定纽约市民和海军士兵处于不同的生存能力状态，C 项和 E 项都不能对题干的统计数据提供解释。因为条件已假设题干提供的资料为真，所以，D 项不成立。A 项的不成立是显然的。

(2)考察选项，确定答案。正确答案为 B。

案例 8－55：

尽管是航空业萧条的时期，各家航空公司也没有节省广告宣传的开支。翻开许多城市的晚报，最近一直都在连续刊登如下广告：飞机远比汽车安全！你不要被空难的夸张报道吓破了胆，根据航空业协会的统计，飞机每飞行 1 亿公里死 1 人，而汽车每走 5000 万公里死 1 人。

汽车工业协会对这个广告大为恼火，他们通过电视公布了另外一个数字：飞机每 20 万飞行小时死 1 人，而汽车每 200 万行驶小时死 1 人。

如果以上资料均为真，则以下哪项最能解释上述这种看起来矛盾的结论？

A. 安全性只是人们在进行交通工具选择时所考虑问题的一个方面，便利性、舒适感以及某种特殊的体验都会影响消费者的选择

B. 尽管飞机的驾驶员所受的专业训练远远超过汽车司机，但是，因为飞行高度的原因，飞机失事的生还率低于车祸

C. 飞机的确比汽车安全，但是，空难事故所造成的新闻轰动要远远超过车祸，所以，给人们留下的印象也格外深刻

D. 两种速度完全不同的交通工具，用运行的距离做单位来比较安全性是不全面的，用运行的时间来比较也会出偏差

E. 媒体只关心能否提高收视率和发行量，根本不尊重事情的本来面目

【解题分析】

(1)弄清问题并分析题干。题干中的第一个统计数字似乎说明飞机比汽车安全，第二个统计数字似乎说明汽车比飞机安全，而题干又断定这两个统计数字都正确，这似乎存在矛盾。

其实题干的结论并不矛盾，因为飞机和汽车的速度明显不同。在不知道二者的速度或速度比的情况下，只以运行距离为单位，或者只以运行时间为单位无法比较二者的安全性。D 项正确地指明了这一点。其余各项作为对题干的解释均不得要领。

(2)考察选项，确定答案。正确答案 D。

案例 8－56：

据对一批企业的调查显示，这些企业总经理的平均年龄是 57 岁，而在 20 年前，同样的这些企业的总经理的平均年龄大约是 49 岁。这说明，目前企业中总经理的年龄呈老龄化趋势。

以下哪项，对题干的论证提出的质疑最为有力？

A. 题干中没有说明，20 年前这些企业关于总经理人选是否有年龄限制

B. 题干中没有说明，这些总经理任职的平均年数

C. 题干中的信息，仅仅基于有20年以上历史的企业

D. 20年前这些企业的总经理的平均年龄，仅是个近似数字

E. 题干中没有说明被调查企业的规模

【解题分析】

(1)弄清问题并分析题干。题干根据受调查的企业总经理年龄增大，得出结论：目前企业中总经理的年龄呈老龄化趋势。

本题论证的错误属于样本太少，只基于对具有20年以上历史的公司的抽样调查便得出目前公司总经理有年龄偏大趋势的结论。

C项所指出的，题干的论据，仅仅基于有20年以上历史的老企业。而题干的结论，却是对包括新老企业在内的目前各种企业的一般性评价。因此，C项是对题干的有力质疑。

其余各项均不能构成对题干的质疑。

(2)考察选项，确定答案。正确答案为C。

案例8－57：

据调查，临海市有24%的家庭拥有电脑，但拥有电脑的家庭中的12%每周编写程序两小时以上，23%的在一小时至两小时之间，其余的每周都不到一小时。可见，临海市大部分购买电脑的家庭并没有充分利用他们的家庭电脑。

以下哪项如果为真，则最能构成对上述结论的疑问？

A. 过多的使用电脑会对眼睛产生危害，对孕妇也会产生有害辐射

B. 许多人购买电脑是为了进行文字处理，而不是编写程序

C. 在许多调查中，不少补充调查的对象经常夸大他们的电脑知识

D. 临海市电脑培训中心在提高家用电脑拥有者的编程能力方面起到了重要作用

E. 家庭电脑的普及和充分利用需要一个过程，不可操之过急

【解题分析】

(1)弄清问题并分析题干。结论是“临海市大部分购买电脑的家庭并没有充分利用他们的家庭电脑”，因为“拥有电脑的家庭中每周编写程序一小时以上”的很少。要反驳这个推断，就要说明用“每周编写程序的时间来衡量是否充分使用电脑”是不对的，选项B正说明了这一点。选项A、C、D、E与结论或推断关系都非常弱，均予排除。

(2)考察选项，确定答案。正确答案为B。

案例8－58：

在电影界也同样存在对女性的不公正，《好莱坞报道》评论说，在过去的10年中，妇女从事电影幕后工作的人数虽有增长，但“学院奖”的评选中，最佳制片、导演、编剧、剪辑、摄影等几项重要的奖项的男女获奖比例仅为8:1。

以下哪项如果为真，能对上述论断提出最有力的质疑？

A. “学院奖”的评选完全是一个匿名投票的过程，很难说有什么偏向

B. 是否获得“学院奖”并不是衡量电影成就的唯一标准

C. 妇女从事制片、导演、编剧、剪辑、摄影这几项幕后工作的人数不到男性的十分之一

D. 在电影表演、新闻媒介和服装设计等诸多领域中，女性尽管从业人数众多，但真正干得出色的还是男性

E. “学院奖”的评委多数是男性

【解题分析】

(1)弄清问题并分析题干。题干根据女性获奖是男性获奖的1/8，得出结论：电影界对女性不公正。

虽然妇女获奖比例仅是整体的1/9，但是，在总人数这个分母的比较上，妇女不到男性的1/10，看起来，妇女的获奖比例还算高的呢。因此，C项最能削弱。

(2)考察选项，确定答案。正确答案为C。

案例8-59：

今年上半年，即从1月到6月间，全国大约有300万台录像机售出。这个数字仅是去年全部录像机销售量的35%。由此可知，今年的录像机销售量一定会比去年少。

以下哪项如果为真，最能削弱以上的结论？

A. 去年的录像机销售量比前年要少

B. 大多数对录像机感兴趣的家庭都已至少备有一台

C. 录像机的销售价格今年比去年便宜

D. 去年销售的录像机中有6成左右是在1月售出的

E. 一般说来，录像机的全年销售量的70%以上是在年末两个月中完成的

【解题分析】

(1)弄清问题并分析题干。题干论证，由今年上半年只占去年全年销售量的35%，来类推出今年的销量一定会比去年少。

E项表明用上半年不能类推到全年，如果录像机的全年销售量的70%以上是在年末两个月中完成的，那么今年上半年的销量仅是去年全年的35%，但全年的产量却极可能超过去年。这就严重地削弱了题干的结论。C项对题干的结论有所削弱，但力度显然不如E项。其余各项都不能削弱题干。

(2)考察选项，确定答案。正确答案为E。

案例8-60：

针对当时建筑施工中工伤事故频发的严峻形势，国家有关部门颁布了《建筑业安全生产实施细则》。但是，在《细则》颁布实施两年间，覆盖全国的统计显示，在建筑施工中伤亡职工的数量每年仍有增加。这说明，《细则》并没有得到有效的实施。

以下哪项如果为真，最能削弱上述论证？

A. 在《细则》颁布后的两年中，施工中的建筑项目的数量有了大的增长

B. 严格实施《细则》，将不可避免地提高建筑业的生产成本

C. 在题干所提及的统计结果中，在事故中死亡职工的数量较《细则》颁布前有所下降

D.《细则》实施后，对工伤职工的补偿金和抚恤金的标准较前有所提高

E. 在《细则》颁布后的两年中，在建筑业施工的职工数量有了很大的增长

【解题分析】

(1)弄清问题并分析题干。题干根据《细则》公布后伤亡人数仍增加，得出结论：《细

则》并没有得到有效的实施。衡量《细则》是否有效的标准,不是伤亡职工绝对数量的增减,而是伤亡职工比例的增减。E 项断定在《细则》颁布后的两年中,在建筑业施工的职工数量有很大的增长,如果这一断定为真,则虽然在这两年中,在建筑施工中伤亡职工的数量每年仍有增加,但完全可能这种伤亡职工在所有建筑业职工中的比例下降了,这说明《细则》的实施取得了成效。这就削弱了题干的论证。

A 项断定在《细则》颁布后的两年中,施工中的建筑项目的数量有了大的增长。项目数量的增长,有可能造成职工人数的增长(这使得 A 项对题干有所削弱),但不一定造成职工人数的增长。项目有大小之分,完全可能项目数量增加了,但职工人数反而减少了。因此,A 项对题干削弱的力度不如 E 项。C 项对题干有所削弱,但力度显然不如 E 项。其余各项均不能削弱题干。

(2)考察选项,确定答案。正确答案是 E。

案例 8-61:

经 A 省的防疫部门检测,在该省境内接受检疫的长尾猴中,有 1% 感染上了狂犬病。但是只有与人及其宠物有接触的长尾猴才接受检疫。防疫部门的专家因此推测,该省长尾猴中感染有狂犬病的比例,将大大小于 1%。

以下哪项如果为真,将最有力地支持专家的推测?

A. 在 A 省境内,与人及其宠物有接触的长尾猴,只占长尾猴总数的不到 10%

B. 在 A 省,感染有狂犬病的宠物,约占宠物总数的 0.1%

C. 在与 A 省毗邻的 B 省境内,至今没有关于长尾猴感染狂犬病的疫情报告

D. 与和人的接触相比,健康的长尾猴更愿意与人的宠物接触

E. 与健康的长尾猴相比,感染有狂犬病的长尾猴更愿意与人及其宠物接触

【解题分析】

(1)弄清问题并分析题干。题干结论:该省长尾猴患病率大大小于 1%。

理由一:受检的长尾猴患病率为 1%;

理由二:只有与人接触的长尾猴才接受检疫。

这是由样本(与人接触的长尾猴的患病率)推出总体(该省所有长尾猴的患病率)的统计推理。

A 项实际上指的是样本占总体的比率,实际上统计推理的有效性主要看样本是否具有代表性,由于抽样调查结果的可靠性主要不取决于抽样的比例,因此,A 项实际上对题干起不到作用。

如果 E 项的断定为真,即事实上,染病的长尾猴更愿意与人及其宠物接触;又根据题干,只有与人及其宠物有接触的长尾猴才接受检疫,则说明在接受检疫的长尾猴中感染狂犬病的比例,要高于未接受检疫的长尾猴。这就有力地支持了专家的推测。其余各项均不能支持专家的推测。

(2)考察选项,确定答案。正确答案为 E。

案例 8-62:

在过去几年中,高等教育中的女生比例正在逐渐升高。以下事实可以部分地说明这一点:在 1959 年,20 到 21 岁之间的女性 1.1% 正在接受高等教育,而在 1991 年,在这个

年龄段中的女性的30%在高校读书。

了解以下哪项，对评价上述论证至关重要？

A. 在该年龄段的女性中，没有在接受高等教育的比例

B. 在该年龄段的女性中，已完成高等教育的比例

C. 完成高等教育的女性中，毕业后进入高薪阶层的比例

D. 在该年龄段的男性中，接受高等教育的比例

E. 在该年龄段的男性中，完成高等教育的比例

【解题分析】

(1)弄清问题并分析题干。题干由20到21岁女性入学比例的变化，推出在大学中女生所占比例上升。这则论证涉及统计数据的误用，单方面的(只涉及女生的)数据比较不能准确说明双方面的(男女生各占的比例)数据变化。或者说，大学招收的20到21岁的女性占所有20到21岁女性的比例由11%增长到30%，并不意味着招收的女大学生占所有被招收大学生的比例也由11%增长到30%。选项D是针对这一统计数据的误用提出的焦点问题。如果招收男生的比例足够高，那么女生占学生总数的比例未必上升，如果招收的男生比例足够低，那么可以推出招收女生的比例上升了，因此，这对评价题干的论证最为重要。

A讨论的是未被大学招收的女生比例，偏离了推理的关键对象；B、C、E讨论的都是毕业的情况，与上面推理无关。

(2)考察选项，确定答案。正确答案为D。

案例8－63：

认为大学的附属医院比社区医院或私立医院要好，是一种误解。事实上，大学的附属医院抢救病人的成功率比其他医院要小。这说明大学的附属医院的医疗护理水平比其他医院要低。

以下哪项，如果为真，最能驳斥上述论证？

A. 很多医生既在大学工作又在私立医院工作

B. 大学，特别是医科大学的附属医院拥有其他医院所缺少的精密设备

C. 大学附属医院的主要任务是科学研究，而不是治疗和护理病人

D. 去大学附属医院就诊的病人的病情，通常比去私立医院或社区医院的病人的病情重

E. 抢救病人的成功率只是评价医院的标准之一，而不是唯一的标准

【解题分析】

(1)弄清问题并分析题干。本题推理是由一个统计事实“大学的附属医院抢救病人的成功率比其他医院要小”，而得出一个解释性结论“大学的附属医院的医疗护理水平比其他医院要低”。

这个结论是建立在将两个具有不同内容的数字进行不恰当比较的基础上的。要削弱这个论证，就要指出样本(质)不同。D项断定，去大学附属医院就诊的病人的病情，通常比去私立医院或社区医院的病人的病情重，因此，显然不能根据大学的附属医院抢救病人的成功率比其他医院要低，就得出大学的附属医院的医疗护理水平比其他医院要低

的结论。这就有力地驳斥了题干的论证。A、B、C 和 E 项或为无关项，或对题干削弱程度较低。

(2)考察选项，确定答案。正确答案为 D。

案例 8－64：

自从《行政诉讼法》颁布以来，“民告官”的案件成为社会关注的热点。一种普遍的担心是，“官官相护”会成为公正审理此类案件的障碍。但据 A 省本年度的调查显示，凡正式立案审理的“民告官”案件，65% 都是以原告胜诉结案。这说明，A 省的法院在审理“民告官”的案件中，并没有出现社会舆论所担心的“官官相护”。

以下哪项如果为真，将最有力地削弱上述论证？

A. 由于新闻媒介的特殊关注，“民告官”案件的审理的透明度，要大大高于其他的案件

B. 有关部门收到的关于司法审理有失公正的投诉，A 省要多于周边省份

C. 所谓“民告官”的案件审理中，在法院受理的案件中，只占很小的比例

D. 在“民告官”的案件审理中，司法公正不能简单理解为原告胜诉

E. 在“民告官”的案件中，原告如果不掌握能胜诉的确凿证据，一般不会起诉

【解题分析】

(1)弄清问题并分析题干。如果 E 项为真，说明在“民告官”的案件中，起诉的原告一般都掌握能胜诉的确凿证据，因此，如果没有各种非正常因素，包括“官官相护”，那么，其胜诉率应该大大高于 65%。这就有力地削弱了题干的论证。

C 项对题干的论证有所削弱，但力度显然不大。其余各项都不能削弱题干。D 项看来削弱了题干，实际上没有。如同 D 项所正确指出的，题干中提及的 65% 以原告胜诉结案的案件，并不自然意味着司法公正，但是，其中可能存在的司法不公正，至少不会是“官官相护”，因此，D 项对题干构不成削弱。

(2)考察选项，确定答案。正确答案为 E。

案例 8－65：

有人对某位法官在性别歧视类案件审理中的公正性提出了质疑。这一质疑不能成立，因为有记录表明，该法官审理的这类案件中 60% 的获胜方为女性，这说明该法官并未在性别歧视类案件的审理中有失公正。

以下哪项如果为真，能对上述论证构成质疑？

Ⅰ. 在性别歧视案件中，女性原告如果没有确凿的理由和证据，一般不会起诉。

Ⅱ. 一个为人公正的法官在性别歧视案件的审理中保持公正也是件很困难的事情。

Ⅲ. 统计数据表明，如果不是因为遭到性别歧视，女性应该在 60% 以上的此类案件的诉讼中获胜。

A. 只有Ⅰ　　B. 只有Ⅱ　　C. 只有Ⅲ

D. 只有Ⅰ和Ⅲ　　E. Ⅰ、Ⅱ和Ⅲ

【解题分析】

(1)弄清问题并分析题干。题干根据某法官审理的性别歧视类案件中 60% 的获胜方

为女性,得出结论:该法官并未在性别歧视类案件的审理中有失公正。

要使上述论证成立,显然需要假设在公正的情况下,女性在此类案件的诉讼中获胜的概率不会超过60%。

Ⅲ否定了这一假设,显然对题干构成质疑。

Ⅰ也能构成质疑。Ⅰ表明了女性原告在公正的情况下应该大部分获胜,即使案件就包括了原告和被告,Ⅰ也能说明60%的获胜方为女性并不能说明法官公正,如果法官公正的话,有可能获胜方为女性要超过60%。

Ⅱ不能对题干的论证构成质疑。因为一般地,某人做某件事有难度,不能对某人做成这件事的结果构成质疑。例如,登上珠穆朗玛峰很困难,这不能对中国人登上了珠穆朗玛峰构成质疑。

(2)考察选项,确定答案。正确答案为D。

案例8-66:

S市的公寓区近年来发生的入室盗窃案件,90%以上都发生在没有安装自动报警装置的住户。这说明,民用自动报警装置对于防止入室盗窃起到了有效的作用。

以下哪项如果为真,能削弱题干的论证?

Ⅰ.S市公寓区内的自动报警装置具有良好的功能:一方面,它反应准确而灵敏;另一方面,它不易被发现。

Ⅱ.S市公寓区内安装自动报警装置的住户不到10%。

Ⅲ.S市公寓区近年来接近10%的入室盗窃案件的破获,是依靠自动报警装置。

A.只有Ⅰ　　B.只有Ⅱ　　C.只有Ⅲ

D.只有Ⅰ和Ⅱ　　E.Ⅰ、Ⅱ和Ⅲ

【解题分析】

(1)弄清问题并分析题干。题干是根据90%以上的入室盗窃案都发生在没有安装自动报警装置的住户,得出民用自动报警装置对防止入室盗窃起到了有效的作用的结论。

Ⅱ显然能削弱题干。如果S市公寓区内安装自动报警装置的住户不到10%,也就是所有住户中没有安装自动报警装置的住户超过90%,而一般而言,所有住户中绝大多数是没有发生盗窃案的,这意味着不安装自动报警装置也不发生盗窃,这对题干是个有因无果的削弱。因此,如果Ⅱ成立,就显然不能根据90%以上的入室盗窃案都发生在没有安装自动报警装置的住户,得出民用自动报警装置对防止入室盗窃起到了有效的作用的结论。

Ⅰ有争议。自动报警装置对防止入室盗窃所起的作用,主要表现在:第一,通过公开明显的标识使盗窃者不敢入室作案;第二,盗窃过程中防盗装置发出报警声使偷盗者中止入室作案。如果Ⅰ断定为真,即事实上民用报警装置不易被发现,入室盗窃者难以区分一个住户是否安装自动报警装置,则不利于防盗,有削弱题干结论的作用。

Ⅲ不能削弱题干。因为题干的结论是民用自动报警装置对于防止而不是对于破获入室盗窃起到了有效的作用。

(2)考察选项,确定答案。正确答案为D。

案例 8 - 67:

和上一个十年相比,近十年吸烟者中肺癌患者的比例下降了 10%。据分析,这种结果有两个明显的原因:第一,近十年中高档品牌的香烟都带有过滤嘴,这有效地阻止了香烟中有害物质的吸入;第二,和上一个十年相比,近十年吸烟人数大约下降了 10%。

以下哪项对上述分析的评价最为恰当?

A. 上述分析不存在逻辑漏洞

B. 上述分析依据的数据有误,因为吸烟者中肺癌患者下降的比例,不可能正好等于吸烟人数下降的比例

C. 上述分析缺乏说服力,因为显然存在吸过滤嘴香烟的肺癌患者

D. 上述分析存在漏洞,这种漏洞和以下分析中的类似:和去年相比,今年京都大学录取的来自西部新生的比例上升了 10%。据分析,这有两个原因:第一,西部地区的中等教育水平逐年提高;第二,今年西部地区的考生比去年增加了 10%

E. 上述分析存在漏洞,这种漏洞和以下分析中的类似:人们对航空的恐惧完全是一种心理障碍。统计说明,空难死亡率不到机动车事故死亡率的 1%。随着机动车数量的大幅度上升,航空旅行相对地将变得更为安全

【解题分析】

(1)弄清问题并分析题干。吸烟者中肺癌患者的比例的变化,一般地说,和吸烟者人数的变化之间没有确定的关系。题干把吸烟者人数的变化作为分析吸烟者中肺癌患者的比例变化的一个根据,是一个漏洞。E 项和题干一样,犯了错断因果的错误。该项断定随着机动车数量的大幅度上升,机动车事故死亡率也会随之上升,航空旅行相对地将变得更为安全,这一分析存在着和题干类似的漏洞。因为实际上,机动车事故死亡率的变化和机动车数量的变化之间没有确定的因果关系(机动车数量增加会导致机动车事故死亡数增加,但一般并不导致机动车事故死亡率增加,机动车事故死亡率 = 机动车事故死亡人数/机动车载人数量)。

(2)考察选项,确定答案。正确答案为 E。

下两题基于题干:

某校的一项抽样调查显示:该校经常泡网吧的学生中家庭经济条件优越的占 80%;学习成绩下降的也占 80%,因此家庭条件优越是学生泡网吧的重要原因,泡网吧是学习成绩下降的重要原因。

案例 8 - 68:

以下哪项为真,最能削弱上述论证?

A. 该校位于高档住宅且学生 9 成以上家庭条件优越

B. 经过清理整顿,该校周围网吧符合规范

C. 有的家庭条件优越的学生并不泡网吧

D. 家庭条件优越的家长并不赞成学生泡网吧

E. 被抽样调查的学生占全校学生的 30%

【解题分析】

(1)弄清问题并分析题干。题干的一个结论是:家庭条件优越是学生泡网吧的重要原因。理由是:该校经常泡网吧的学生中家庭经济条件优越的占80%。

而A项断定,该校学生90%以上家庭条件优越,这样就严重地削弱了题干论证。

E项实际上指的是样本占总体的比例,实际上统计推理的有效性主要看样本是否具有代表性,由于抽样调查结果的可靠性主要不取决于抽样的比例,因此,E项实际上对题干起不到作用。

(2)考察选项,确定答案。正确答案为A。

案例8-69:

以下哪项为真,最能加强上述论证?

A. 该校是市重点学校,学生的成绩高于普通学校

B. 该校狠抓教学质量,上学期半数以上学生的成绩都有明显提高

C. 被抽样调查的学生多数能如实填写问卷

D. 该校经常做这种形式的问卷调查

E. 该项调查的结果已报,受到了教育局的重视

【解题分析】

(1)弄清问题并分析题干。题干的一个结论是泡网吧是学习成绩下降的重要原因,其根据是该校经常泡网吧的学生中,学习成绩下降的占80%。

B项断定,该校狠抓教学质量,上学期半数以上学生的成绩都有明显提高,这显然有助于说明泡网吧是学习成绩下降的重要原因了,加强了上述论证。

(2)考察选项,确定答案。正确答案为B。

案例8-70:

在"非典"期间,某地区共有7名参与治疗"非典"的医务人员死亡,同时也有10名未参与"非典"治疗工作的医务人员死亡。这说明参与"非典"治疗并不比日常医务工作危险。

以下哪项相关断定如果为真,最能削弱上述结论?

A. 因参与"非典"治疗死亡的医务人员的平均年龄,略低于未参与"非典"治疗而死亡的医务人员

B. 参与"非典"治疗的医务人员的体质,一般高于其他医务人员

C. 个别参与治疗"非典"死亡的医务人员的死因,并非是感染"非典"病毒

D. 医务人员中只有一小部分参与了"非典"治疗工作

E. 经过治疗的"非典"患者死亡人数,远低于未经治疗的"非典"患者死亡人数

【解题分析】

(1)弄清问题并分析题干。要说明参与"非典"治疗是否比日常医务工作危险,关键不是医务人员死亡人数的比较,而是死亡率的比较。

如果事实上医务人员中只有一小部分参与了"非典"治疗工作,那么参与治疗"非典"的医务人员的死亡率(7/参与"非典"治疗工作的医务人员人数)可能明显低于未参

与“非典”治疗工作的医务人员死亡率(10/未参与“非典”治疗工作的医务人员人数)。可见,D项能有力地削弱了题干的结论。

B项在上述两部分人数量基本相当的情况下能削弱题干的结论。两部分人数量差别越大,削弱力度越小。常识是医务人员中只有一小部分参与了“非典”治疗工作。因此,B项削弱力度不大。

(2)考察选项,确定答案。正确答案为D。

案例8-71:

通常认为左撇子比右撇子更容易出事故。这是一种误解。事实上,大多数家务事故,大到火灾、烫伤,小到切破手指,都出自右撇子。

以上哪项最为恰当地概括了上述论证中的漏洞?

A. 对两类没有实质性区别的对象作实质性的区分

B. 在两类不具有可比性的对象之间进行类比

C. 未考虑家务事故在整个操作事故中所占的比例

D. 未考虑左撇子在所有人中所占的比例

E. 忽视了这种可能性:一些家务事故是由多个人造成的

【解题分析】

(1)弄清问题并分析题干。题干只比较了右撇子出事故的人数比左撇子出事故的人数多,就确认左撇子不比右撇子更容易出事故,这个比较显然是不对的。

怎样来比较左撇子与右撇子哪个更容易出事故呢?关键是要比较,左撇子的事故率和右撇子的事故率。

左撇子的事故率=左撇子出事故的人数/左撇子的总人数

右撇子的事故率=右撇子出事故的人数/右撇子的总人数

只有考虑左撇子在所有人中所占的比例,才能确定左撇子和右撇子的总人数比,进而才能确定左撇子和右撇子哪个更容易出事故。

如果左撇子在所有人中所占的比例明显低于右撇子,那么就不能根据大多数家务事故都出自右撇子,就否定左撇子比右撇子更容易出事故。可见,D项概括了上述论证中的漏洞。

(2)考察选项,确定答案。正确答案为D。

案例8-72:

在过去的十年中,由美国半导体工业生产的半导体增加了200%,但日本半导体工业生产的半导体增加了500%,因此,日本现在比美国制造的半导体多。

以下哪项为真,最能削弱以上命题?

A. 在过去五年中,由美国半导体工业生产的半导体增长仅100%

B. 过去十年中,美国生产的半导体的美元价值比日本生产的高

C. 今天美国半导体出口在整个出口产品中所占的比例比十年前高

D. 十年前,美国生产的半导体占世界半导体的90%,而日本仅占2%

E. 十年前,日本生产半导体是世界第四位,而美国列第一位

【解题分析】

(1)弄清问题并分析题干。增长的百分比多,不一定绝对量就大,关键还要看基数。

按选项 D 和题干中的数据估算,"现在"美国半导体的产量仍为日本的 20 多倍,削弱了题干的结论"日本现在比美国制造的半导体多"。

通过计算知,$90\%(1+200\%)/[2\%(1+500\%)]=270/12=22.5$。

选 A 不对。五年增 100% 比十年增 200% 所说的年增长速度更快。选项 B、C 与题干所说的无直接关系。E 虽有削弱题干命题的意思,但名次的差别不能准确反映其数量之间的差异,从削弱题干的命题的角度看明显不如 D。

(2)考察选项,确定答案。正确答案为 D。

案例 8-73:

某国报载:"在过去的二十年里,州立法机关的黑人成员人数增长超过了 100%,而白人成员却略微下降。这充分说明黑人的政治力量将很快与白人基本相等。"

下列哪一事实有力地削弱了上述观点?

A. 州立法机关提供的席位总数在二十年里保持不变

B. 二十年前,州立法机关成员中有 168 个黑人,7614 个白人

C. 过去二十年里,选黑人为州长的州连五个也不到

D. 过去二十年里,中等家庭的收入提高了 80% 左右

E. 过去二十年里,登记选举的黑人比例提高了,而白人比例却有所下降

【解题分析】

(1)弄清问题并分析题干。增长的百分比多并不能说明最终的绝对量大,很关键的是比较基数的大小。若 B 项事实成立,虽然州立法机关的黑人成员人数增长超过了 100%,而白人成员虽略有下降,但黑人和白人的数量比仍有很大的悬殊,因而得不出黑人的政治力量将很快与白人基本相等的结论。这就有力地削弱了题干的论证。

(2)考察选项,确定答案。正确答案为 B。

案例 8-74:

业余兼课是高校教师的实际收入的一个重要来源。某校的一项统计表明,法律系教师的人均业余兼课的周时数是 3.5,而会计系则为 1.8。因此,该校法律系教师的当前人均实际收入要高于会计系。

以下哪项如果为真,将削弱上述论证?

Ⅰ. 会计系教师的兼课课时费一般要高于法律系。

Ⅱ. 会计系教师中当兼职会计的占 35%;法律系教师中当兼职律师的占 20%。

Ⅲ. 会计系教师中业余兼课的占 48%;法律系教师中业余兼课的只占 20%。

A. Ⅰ、Ⅱ和Ⅲ　B. 仅Ⅰ　C. 仅Ⅱ

D. 仅Ⅲ　E. 仅Ⅰ和Ⅱ

【解题分析】

(1)弄清问题并分析题干。

收入 = 本职收入 + 兼课收入(兼课时数 × 课时费) + 其他兼职收入

下面我们对选项逐一进行判断:

Ⅰ"会计系教师的兼课课时费一般要高于法律系",这削弱了题干论证,因为兼课的周时数乘以兼课的课时费才等于兼课收入。法律系教师人均兼课周时数高,而会计系教师的兼课课时费高,很难得出法律系教师的当前人均实际收入高于会计系的结论。

Ⅱ"会计系教师中当兼职会计的占35%;法律系教师中当兼职律师的占20%",兼职会计和兼职律师的收入多少我们不知道,但知道这是这两个系教师除业余兼课之外实际收入中的另一组成部分。会计系教师中做兼职会计的比例比法律系教师中做兼职律师的要高不少,这就使得法律系教师的当前人均实际收入高于会计系的结论也很难做出。

Ⅲ"会计系教师中业余兼课的占48%;法律系教师中业余兼课的只占20%",这是个不错的迷惑性选项,似乎会计系的兼课比例高会影响人均实际收入的比较。但事实上,我们已经知道了两个系人均的兼课周时数,教师中的兼课比例(人数)对于比较他们的人均实际收入没有贡献新的信息。

可见,Ⅰ和Ⅱ是另有他因的削弱。

(2)考察选项,确定答案。正确答案为E。

案例8-75:

由甲乙双方协议共同承建的某项建筑尚未完工就发生倒塌事故。在对事故原因的民意调查中,70%的人认为是使用的建筑材料伪劣;30%的人认为是违章操作;25%的人认为原因不清,需要深入调查。

以下哪项最能合理地解释上述看来包含矛盾的陈述?

A. 被调查的有125人

B. 有的被调查者后来改变了自己的观点

C. 有的被调查者认为事故的发生既有建筑材料伪劣的原因,也有违章操作的原因

D. 很多认为原因不清的被调查者实际上有自己倾向性的判断,但是不愿意透漏

E. 调查的操作出现技术性差错

【解题分析】

(1)弄清问题并分析题干。题干的矛盾在于对事故原因的调查中,分别认为建筑材料伪劣、违章操作、原因不清的人所占的比例之和超过了100%。

选项C认为,有的被调查者认为事故的发生既有建筑材料伪劣的原因,也有违章操作的原因,说明以上百分比存在交叉性,显然能合理地解释题干矛盾。

A、B、D项显然不能解释题干矛盾。一般类似E这样的选项其实根本不必考虑,往往不是论证推理考题的正确答案。

(2)考察选项,确定答案。正确答案为C。

案例 8－76：

旺堆山温泉中含有丰富的活性乳钙，这种活性乳钙被全国十分之九的医院用于治疗牛皮癣。

如果以上断定是真的，则以下哪项也一定是真的？

Ⅰ. 全国有十分之九的医院使用旺堆山温泉治疗牛皮癣。

Ⅱ. 全国至少有十分之一的医院不治疗牛皮癣。

Ⅲ. 全国只有十分之一的医院不在旺堆山温泉设立牛皮癣治疗点。

A. 只有Ⅰ　　B. 只有Ⅱ　　C. 只有Ⅲ

D. Ⅰ、Ⅱ和Ⅲ　　E. Ⅰ、Ⅱ和Ⅲ都不必然是真的

【解题分析】

(1)弄清问题并分析题干。根据题意，三个选项其实都可能是真的，但都不一定是真的，所以 E 为正确答案。

(2)考察选项，确定答案。正确答案为 E。

案例 8－77：

东升商城公关部职工的平均工资是营业部职工的 2 倍，因此，公关部职工比营业部职工普遍有较高的收入。

以下哪项如果是真的，将最能削弱上述论证？

A. 公关部职工的人均周实际工作时数要超过营业部职工的 50%

B. 按可比因素计算，公关部职工为商城创造的人均价值是营业部职工的近 10 倍

C. 公关部职工中最高工资与最低工资间的差别要远大于营业部职工

D. 公关部职工的人数只是营业部职工的 10%

E. 公关部职工中有 20% 享受商城的特殊津贴，营业部职工中则有 25% 享受此种津贴

【解题分析】

(1)弄清问题并分析题干。公关部职工的平均工资是营业部职工的 2 倍，能不能得出公关部职工比营业部职工普遍有较高的收入呢？一种极端的情况是，公关部有几个职工工资特别高，剩下的职工的工资普遍比营业部绝大部分职工的工资还低，但是平均下来，公关部的平均工资还是营业部的 2 倍。这是可能的，所以选 C。

(2)考察选项，确定答案。正确答案为 C。

案例 8－78：

我国计算机网络事业发展很快。据中国互联网络中心(CNNIC)的一项统计显示，截止到 1999 年 6 月 30 日，我国上网用户人数约 400 万，其中使用专线上网的用户人数约为 144 万，使用拨号上网的用户人数约为 324 万。

根据以上统计数据，最可能推出以下哪项判断有误？

A. 考虑到我国有 12 亿多的人口，与先进国家相比，我国上网的人数还是少得可怜

B. 专线上网与拨号上网的用户之和超过了上网用户的总数，这不能用四舍五人引起的误差来解释

C. 用专线上网的用户中，多数也选用拨号上网，可能是从家里用拨号连网更方便

D. 由于专线上网的设备能力不足，在使用拨号上网的用户中，仅有少数用户有使用专线上网的机会

E. 从 1994 年到 1999 年的五年间，我国上网用户的平均年增长率在 50% 以上

【解题分析】

(1)弄清问题并分析题干。可把网民分为仅用专线、仅用拨号、既用专线又用拨号三种。由题干的统计数据可知：

仅用专线上网的人数为 400 - 324 = 76(万)；

仅用拨号上网的人数为 400 - 144 = 256(万)；

既使用专线又使用拨号上网的人数则为 400 - 76 - 256 = 68(万)。

因此，能够专线上网的 144 万用户中只有 68 万也选用拨号上网，达不到多数，所以 C 项的断定有误。其余各项均不能依据题干确定有误。

(2)考察选项，确定答案。正确答案为 C。

案例 8 - 79：

员工诚实的个人品质对于一个企业来说至关重要。一种新型的商用测谎器可以有效地帮助企业聘用诚实的员工。著名的 QQQ 公司在一次对 300 名应聘者面试时使用了测谎器，结果完全有理由让人相信它的有效功能。当被问及是否知道法国经济学家道尔时，有 1/3 的应聘者回答知道；当被问及是否知道比利时的卡达特公司时，有 1/5 的人回答知道。但事实上这个经济学家和公司都是不存在的。测试结果证明：该测谎器的准确率是 100%。

如果上述断定为真，并且测谎测试的结果是：上述应聘者中撒谎的人数不多于 160 人，则以下哪项关于该项测试的断定一定为真？

Ⅰ. 应聘者只被问了上述两个问题。

Ⅱ. 没有一个应聘者在回答上述两个问题时都撒了谎。

Ⅲ. 测谎器测定的未撒谎的人数不多于 200 人。

A. 只有Ⅰ　　B. 只有Ⅱ　　C. 只有Ⅲ　　D. Ⅰ、Ⅱ和Ⅲ

E. Ⅰ、Ⅱ和Ⅲ都不一定是真的

【解题分析】

(1)弄清问题并分析题干。题干并没有说只问了两个问题，因此，Ⅰ显然不一定为真。

题干说的是“上述应聘者中撒谎的人数不多于 160 人”，表示可以少于 160 人，所以两部分撒谎的人可以是重复的。在回答上述两个问题时都撒了谎的应聘者当然有可能存在，因此Ⅱ显然不一定为真。

根据题干推出，当回答知道法国经济学家道尔时，有 100 名应聘者撒谎；当回答知道比利时的卡达特公司时，有 60 名应聘者撒谎；又因为测谎器的准确率是 100%，所以在上述面试中撒谎的不少于 100 人，即未撒谎的不多于 200 人，即Ⅲ一定为真。

(2)考察选项，确定答案。正确答案为 C。

案例 8 - 80：

以下是一份统计材料中的两个统计数据：

第一个数据:到 1999 年底为止,“希望之星工程”所收到捐款总额的 82% 来自国内 200 家年纯盈利一亿元以上的大中型企业。

第二个数据:到 1999 年底为止,“希望之星工程”所收到捐款总额的 25% 来自民营企业,这些民营企业中,五分之四从事服装或餐饮业。

如果上述统计数据是准确的,则以下哪项一定是真的?

A. 上述统计中,“希望之星工程”所收到捐款总额不包括来自民间的私人捐款

B. 上述 200 家年盈利一亿元以上的大中型企业中,不少于一家从事服装或餐饮业

C. 在捐助“希望之星工程”的企业中,非民营企业的数量要大于民营企业

D. 民营企业的主要经营项目是服装或餐饮

E. 有的向“希望之星工程”捐款的民营企业的年纯盈利在一亿元以上

【解题分析】

(1)弄清问题并分析题干。题干断定“希望之星工程”所收到捐款总额的 82% 来自国内年纯盈利一亿元以上的大中型企业,25% 来自民营企业,这两个数据合计超过 100%,说明这两类企业有重合之处。因此,可推出有的向“希望之星工程”捐款的民营企业的年纯盈利在一亿元以上,即 E 项正确。其余各项均不一定是真的。

(2)考察选项,确定答案。正确答案为 E。

案例 8-81:

某机关精简机构,计划减员 25%,撤销三个机构,这三个机构的人数正好占全机关的 25%。计划实施后,上述三个机构被撤销,全机关实际减员 15%。此过程中,机关内部人员有所调动,但全机关只有减员,没有增员。

如果上述断定为真,以下哪项一定为真?

Ⅰ. 上述计划实施后,有的机构调入新成员。

Ⅱ. 上述计划实施后,没有一个机构,调入的新成员的总数,超出机关原总人数的 10%。

Ⅲ. 上述计划实施后,被撤销机构中的留任人员,不超过机关原总人数的 10%。

A. 只有Ⅰ　　B. 只有Ⅱ　　C. 只有Ⅲ　　D. 只有Ⅰ和Ⅱ　　E. Ⅰ、Ⅱ和Ⅲ

【解题分析】

(1)弄清问题并分析题干。

根据题干,计划实施后实际减员 15%,而撤销的三个机构的人数为总人数的 25%。又由题干可知,被撤销的三个机构中,至少有占全机关人数 10% 的成员被保留在机关,也就是调入别的机构。因此,Ⅰ一定为真。II 不一定为真。因为题干所说的人员调动,不一定局限于被撤销机构的人员调入被保留的机构,也可能包括被保留机构人员的互相调动。Ⅲ不一定为真。因为完全可能被撤销的三个机构的人员全部留任,而被保留机构的成员被减员。

(2)考察选项,确定答案。正确答案为 A。

案例 8-82:

2000 年,宏发投资基金的基金总值 40% 用于债券的购买。近几年来,由于股市比较低迷,该投资基金更加重视投资债券,在 2004 年,其投资基金的 60% 用于购买债券。因

此,认为该投资基金购买债券比过去减少的观点是站不住脚的。

以下哪项如果为真,最能削弱上述论证?

A. 2004 年宏发投资基金的总额比 2000 年少

B. 宏发投资基金的领导层关于基金的投资取向一直存在不同的看法和争论

C. 宏发投资基金经营部有许多信赖的员工,对该基金的投资决策情况并不了解

D. 宏发投资基金面临的竞争压力越来越大,无论怎样调整投资结构,经营风险都在增加

E. 宏发投资基金 2004 年投资股票的比例比 2000 年要低

【解题分析】

(1)弄清问题并分析题干。

结论:该投资基金购买债券比过去减少的观点是站不住脚的。

理由:2000 年用 40% 的基金购买债券,而 2004 年,其用 60% 的基金购买债券。

A 项最能削弱上述论证,因为如果 A 项为真,则事实上 2004 年宏发投资基金的总额比 2000 年少,那么即使 2004 年购买债券所占基金金额的比例增加了,也有可能该投资基金购买债券的绝对金额比过去减少。

(2)考察选项,确定答案。正确答案为 A。

案例 8 - 83:

郑兵的孩子即将上高中,郑兵发现,在当地中学,学生与老师的比例低的学校,学生的高考成绩普遍都比较好,郑兵因此决定,让他的孩子选择学生总人数最少的学校就读。

以下哪项最为恰当指出了郑兵上述决定的漏洞?

A. 忽略了学校教学质量既和学生与老师的比例有关,也和生源质量有关

B. 仅注重高考成绩,忽略了孩子的全面发展

C. 不当地假设:学生总人数少就意味着学生与老师的比例低

D. 在考虑孩子的教育时忽略了孩子本人的愿望

E. 忽略了学校教学质量主要与教师的素质而不是数量有关

【解题分析】

(1)弄清问题并分析题干。郑兵的想法是选择学生与老师的比例低的学校,但当他选择学校的时候只选择学生总人数最少的学校。可见,郑兵是把相对比例(学生与老师之比)和绝对数(学生人数)弄混淆了,也就是说,他的决定忽略了一个学生总人数少的学校,如果老师人数也相应少,则学生与老师的比例不一定低。选项 C 恰当地指出了这一点,为正确答案。

(2)考察选项,确定答案。正确答案为 C。

案例 8 - 84:

海拔越高,空气越稀薄。因为西宁的海拔高于西安,因此,西宁的空气比西安稀薄。

以下哪项中的推理与题干的最为类似?

A. 一个人的年龄越大,他就变得越成熟。老张的年龄比他的儿子大,因此,老张比他的儿子成熟

B. 一棵树的年头越长,它的年轮就越多,老张院子中槐树的年头比老李家的槐树年

头长,因此,老张家的槐树比老李家的年轮多

C. 今年马拉松冠军的成绩比前年好,张华是今年的马拉松冠军,因此,他今年的马拉松成绩比他前年的好

D. 在激烈竞争的市场上,产品质量越高并且广告投入越多,产品需要就越大。甲公司投入的广告费比乙公司的多,因此,对甲公司产品的需求量比对乙公司的需求量大

E. 一种语言的词汇越大,越难学。英语比意大利语难学,因此,英语的词汇量比意大利语大

【解题分析】

题干推理结构是:对于任意两个不同的个体,如果它们在性质P上存在差异,那么,也一定在性质Q上存在差异;个体a和b在性质P上存在差异,因此,也一定在性质Q上存在差异。

B项和题干推理结构类似:"一棵树的年头越长,它的年轮就越多"泛指"年头越长的树年轮就越多"。

A项是个很好的干扰项,其推理结构是:对于同一个体来说,如果它的性质P发生变化,那么它的性质Q也发生变化。个体a和b在性质P上存在差异,因此,也一定在性质Q上存在差异。这显然与题干结构不一致。"一个人的年龄越大,他就变得越成熟",注意,这里一个人的年龄的成熟是和自己比,并没有说"年龄大的人总比年龄小的人成熟",因此,从"老张的年龄比他的儿子大",推不出"老张比他的儿子成熟"。

C项也是个错误的推理,"今年马拉松冠军的成绩比前年好,张华是今年的马拉松冠军",只能推出"张华比前年的马拉松冠军的成绩好",推不出"张华今年的马拉松成绩比他前年的好"。因此,本题正确答案是B。

案例8-85:

使用枪支的犯罪比其他类型的犯罪更容易导致命案。但是,大多数使用枪支的犯罪并没有导致命案。因此,没有必要在刑法中把非法使用枪支作为一种严重刑事犯罪,同其他刑事犯罪区分开来。

上述论证中的逻辑漏洞,与以下哪项中出现的最为类似?

A. 肥胖者比体重正常的人更容易患心脏病。但是,肥胖者在我国人口中只占很小的比例。因此,在我国,医疗卫生界没有必要强调肥胖导致心脏病的风险。

B. 不检点的性行为比检点的性行为更容易感染艾滋病。但是,在有不检点性行为的人群中,感染艾滋病的只占很小的比例。因此,没有必要在防治艾滋病的宣传中,强调不检点性行为的危害。

C. 流行的看法是,吸烟比不吸烟更容易导致肺癌。但是,在有的国家,肺癌患者中有吸烟史的人所占的比例,并不高于总人口中有吸烟史的比例。因此,上述流行看法很可能是一种偏见。

D. 高收入者比低收入者更有可能享受生活。但是不乏高收入者宣称自己不幸福。因此,幸福生活的追求者不必关注收人的高低。

E. 高分考生比低分考生更有资格进入重点大学。但是,不少重点大学学生的实际水平不如某些非重点大学的学生。因此,目前的高考制度不是一种选拔人才的理想制度。

【解题分析】

题干论证是一个有逻辑漏洞的论证形式:P 比 Q 更易导致 R;大多数 P 并没有导致 R。因此,没必要区分 P 和 Q。

在诸选项中,只有 B 项具有此种论证形式。因此,本题正确答案是 B。

案例 8-86:

大多数工人的专业知识和技能都会逐渐过时,而从掌握到过时所需的时间目前由于新的生产工艺(AMT)的出现而被缩短。考虑到 AMT 的更新速度,一般的工人从技能的掌握到过时的时间逐渐缩短为 4 年。

以下哪项如果可行,将使企业在上述技能的加速折旧中,能最充分地利用工人的技能?

A. 公司把能力强的雇员在他们进入公司的 6 年之后送去培训

B. 公司每年都对其为期 5 年的 AMT 计划追加投资

C. 公司定期走访雇员,来确定 AMT 计划对他们的影响

D. 在 AMT 计划实行之前,公司将开设一个教育机构来向雇员说明 AMT 计划将对他们产生的影响

E. 公司为其雇员定期开办培训,使他们不断适应工作的需要

【解题分析】

题干断定:由于 AMT 的出现,工人从技能的掌握到过时的时间逐渐缩短为 4 年。

问题是,如何使企业在工人技能的加速折旧中最充分地利用工人的技能?显然,合理的办法是给他们经常培训以更新技能,因此,E 项正确。其余选项不合理。其中,A 和 B 项的时间周期过长,跟不上 AMT 的更新速度。C 和 D 项无法说明如何充分地利用工人的技能。因此,本题正确答案是 E。

案例 8-87:

某保险公司计划推出一项医疗保险,对象是 60 岁以上经体检无重大疾病的老年人。投保者在有生之年如果患心血管疾病或癌症,则其医疗费用的 90% 将由保险公司赔付。为了吸引投保者,保险金又不能定得太高。有人估计保险金将不足以支付赔付金,因而会是个赔本生意。尽管如此,保险公司的老总们仍决定推出该项保险。

以下各项断定如果为真,其中,哪项最不可能是老总们做出上述决策的依据?

A. 题干中的估计只是一种悲观估计,事实上还存在着乐观的估计

B. 推出这种带有明显折赔风险的险种,有利于树立保险公司的道义形象和信誉,而这更有利于开拓更大的保险市场

C. 随着全民健身的普及,中老年人中癌症和心血管疾病的发病率呈逐年下降的趋势

D. 随着相关科研的深入和医疗技术的提高,对癌症和心血管疾病的检测和医治近年内将会出现突破性的进展

E. 推出上述险种,可以从国际老年人福利基金组织申请资助

【解题分析】

题干断定:保险公司的老总们决定推出一项保险金不高的心血管疾病或癌症的医疗保险,虽然有人估计这是个赔本生意。

A 项,事实上还存在着乐观的估计。B 项,推出该险种,有利于树立形象和信誉,从而开拓更大的保险市场。C 项,癌症和心血管疾病的发病率呈下降趋势。E 项,推出上述险种,可以从国际老年人福利基金组织申请资助。这些选项都可能是上述决策的依据。

D 项所断定的对癌症和心血管疾病的检测和医治近年内将会出现突破性的进展,对上述保险计划可能产生的正面影响和负面影响不确定。可能产生正面影响(医疗水平提高可早点治好病,让保险公司少付长期的医疗费用),也可能产生负面影响(医疗水平提高可使更多的人被检测出来,保险公司要支付更多的医疗费),因此,最不可能是题干中决策的依据。因此,本题正确答案为 D。

案例 8－88:

某公司在一次招聘中,对所有申请者进行了一次书面测试,其中包括这样一个问题:"你是否是一个诚实的人?"有五分之二的申请者的回答是:"我至少有一点不诚实。"该公司在这次测试中,很可能低估申请者中不诚实的人所占的比例,因为:

以下哪项作为上文的后续最为恰当?

A. 在这次测试中,有些非常诚实的申请者可能作了不诚实的回答

B. 在这次测试中,那些回答"我至少有一点不诚实"的申请者可能是非常不诚实的

C. 在这次测试中,那些回答自己是不诚实的申请者,他所作的这一回答可能是诚实的

D. 在这次测试中,有些不诚实的申请者可能宣称自己是诚实的

E. 在这次测试中,其余五分之三的申请者中,可能很多人的回答是"我非常不诚实"

【解题分析】

本题要解释为什么这项调查可能低估了有不诚实行为的求职人员的比例。如果实际上不诚实的申请人宣称自己是诚实的,调查结果就会显示出比实际存在的不诚实的申请人比例小的比例。因此,选项 D 是正确答案。

当一个申请者回答自己"我至少有一点不诚实",则可以判定他确实是不诚实的。因为如果他的回答是假的,则他不诚实;如果他的回答是真的,则他自然是不诚实的。

A 项使该公司可能高估申请者中不诚实的人所占的比例,作为题干的后续自然不恰当。因为承认自己不诚实的申请人不会造成对不诚实的申请人的比例的低估,因此,B、C 和 E 作为题干的后续均不恰当。正确答案为 D。

案例 8－89:

去年某旅游胜地游客人数与前年游客人数相比,减少约一半。当地旅游管理部门调查发现,去年与前年的最大不同是入场门票从 120 元升到 190 元。

以下哪项措施,最可能有效解决上述游客锐减问题?

A. 利用多种媒体加强广告宣传　　B. 旅游地增加很多的游玩项目

C. 根据实际情况,入场门票执行季节浮动价　　D. 对游客提供更周到的服务

E. 加强该旅游地与旅游公司的联系

【解题分析】

题干信息:游客人数减少的原因是门票价格上涨。

既然问题出在门票价格上,当然解决问题还要从门票价格人手,因此 C 项措施最可

能有效解决上述游客锐减问题。

B 项措施也有作用，但所起作用的效果不如 C 项。其他选项都没有涉及门票价格，为无关选项。因此，本题正确答案为 C。

第九章 | CHAPTER 9

逻辑谬误

第九章 逻辑谬误

一、逻辑谬误的含义

谬误是指人们在思维和语言表达中所产生的一切逻辑错误。谬误可以分为两大类：形式谬误与非形式谬误。

形式谬误是指那种由于违反形式逻辑的规则而产生的逻辑形式不正确的各种谬误，典型的形式谬误也可称为逻辑错误，其中包括以偏赅全、自相矛盾、偷换概念（混淆概念）、偷换论题、机械类比、倒置因果、循环定义、概念不当并列、同语反复、循环论证、推不出、模棱两可（或模棱两不可）等。

非形式谬误与形式谬误相对应，也是一种谬误。这种谬误有词语歧义、语句歧义、诉诸无知、诉诸武断、诉诸怜悯、诉诸感情、人身攻击、因人纳言、因人废言等。

其中，偷换概念（混淆概念）、自相矛盾、模棱两可（或模棱两不可）、偷换论题、推不出等几个逻辑错误在“逻辑的基本规律”一章已经做出过论述，本章将统一介绍这些典型的逻辑错误。

二、逻辑谬误的种类

（一）循环定义

所谓定义，就是明确概念内涵的逻辑方法。给一个概念下定义，就是用精炼的语句将这个概念的内涵揭示出来，也就是揭示这个概念所反映的对象的本质属性。

定义是由被定义项、定义项和定义联项三个部分组成的。被定义项就是通过定义来揭示其内涵的概念；定义项就是用来揭示被定义项内涵的概念；连接被定义项和定义项组成定义的概念是定义联项。例如：

商品是为交换而生产的劳动产品。

这是一个定义。其中，“商品”是被定义项；“为交换而生产的劳动产品”是定义项；“是”是定义联项。

定义规则要求定义项中不能直接或间接地包含被定义项。循环定义就是间接地包含了被定义项。例如：

如果把“奇数”定义为“偶数加1”，那么，偶数是奇数加1得到的数。

如果把丈夫定义为妻子的爱人，那么，妻子就是丈夫的爱人。

在这个定义中,定义“丈夫”必须用“妻子”这个概念,而定义“妻子”则必须用“丈夫”这个概念,因此,这个定义等于什么也没有说明。

(二)同语反复

同语反复和循环定义一样违反了定义的一条规则,即定义项中不得直接或间接地包含被定义项。具体地说,同语反复是直接地包含了被定义项。例如:

①乐观主义者就是乐观地对待生活的人。

②所谓心理学就是关于人的心理活动的科学。

(三)概念不当并列

概念并列问题属于概念划分的范围。所谓划分,是明确概念外延的逻辑方法。在连续划分中,每次划分得到的概念属于同一层次,不同次划分得到的概念属于不同层次。一般来说,对概念分类的标准不一致,把不同层次的概念,或把具有交叉或属种关系的概念并列使用,称为“概念不当并列”。例如:运输可分为货运、国际客运和国内客运。

其中“国际客运”与“国内客运”都是“客运”的子项,与“货运”是不同层次的概念,不能直接并列,犯了概念不当并列的逻辑错误。

(四)偷换概念

在同一思维中如果没有保持概念自身的同一,就会犯偷换概念的逻辑错误。例如:

司马光夫人说:“我要去看花灯。”司马光说:“家中这么多灯,何必去看?”

司马光夫人说:“我要去看游人。”司马光说:“家中这么多人,何必出去看?”

(五)转移论题

在同一思维过程中必须保持论题自身的同一,否则就会犯“转移论题”或“偷换论题”的错误。例如:

有人向执法人员质疑乱罚款的问题,执法人员说:“罚款本身不是目的,严格执法是为了维护人民的合法权益。”

顾客:请问,我的排骨面怎么还没来,我等了已有半小时了。

营业员:你为什么非要吃排骨面,你不能吃辣酱面吗?

在上面的例子中,执法人员、营业员都犯了“转移论题”的错误。

(六)自相矛盾

矛盾律要求对两个互相矛盾或互相反对的判断不能都肯定,必须否定其中的一个。否则,会犯“自相矛盾”的错误。例如:

这件事我没有过问,只是侧面了解一下情况,提点意见,仅供参考。我赞成实践是检验真理的唯一标准,但我认为马克思主义基本原理也应当是检查真理的标准。

(七)两不可

排中律的逻辑要求是:对于是非问题必须作出明确而肯定的回答。否定了其中的一个,就必须肯定另一个。否则要犯“两不可”的逻辑错误。例如:

这篇文章的观点不能说是全面的，也不能说是片面的。

说世界上有鬼，这不对，这是迷信；但要说世界上没鬼，也未免武断，因为有些现象还真不好解释。

(八)以偏概全

这是不正确构造简单枚举归纳推理时出现的逻辑错误。

注："前例根据"只有王丽和李明得了最高分，他们是河南人"得出结论"只把最高分给河南人"。这就是一个错误的简单枚举归纳法，犯了"以偏赅全"的逻辑错误。"

(九)循环论证

所谓论证，就是用若干真实命题确定另一命题真实性的思维过程。

论证由论题、论据和论证方法三部分组成。

论题是通过论证要确定其真实性的命题。

论据是被用来确定论题真实性的命题，它可以是一个命题，也可以是几个命题。

论证方法则是把论题和论据联系起来的形式，它体现的是一个逻辑推理的过程。一个论证，就是从论据出发，依据一定的推理形式，逻辑地推出论题，从而使人们确信论题的真实性。

作为论证的一条重要规则，论据的真实性不应该依赖论题的真实性。既然论题的真实性是以论据的真实性作为依据的，如果论据的真实性反转过来又依赖论题的真实性来论证，那就等于什么也没有论证了。循环论证这种错误就发生在一个论证中，论据的证明需要依赖前提的情况。例如：在证明"地球是圆的"这一论题时，已知的事实"我们站在高处看海中的帆船从远处驶来，总是先见船杆后见船身"作为论据；而当说明这一现象时，又以"地球是圆的"作为理由，这就犯了"循环论证"的逻辑错误。

鲁迅在《论辩的魂灵》一文中，就提到诡辩手法："你说甲生疮。甲是中国人，你就是说中国人生疮了。既然中国人生疮，你是中国人，就是你也生疮了。你既然也生疮，你就和甲一样。而你只说甲生疮，则竟无自知之明，你的话还有什么价值？倘你没有生疮，是说诳也。卖国贼是说诳的，所以你是卖国贼。我骂卖国贼，所以我是爱国者。爱国者的话是最有价值的，所以我的话是不错的，我的话既然不错，你就是卖国贼无疑了！"

在论证规则这一问题中，还容易出现以下的逻辑错误：

如果论据虚假或者其真实性尚待证明，就无从论据推出论题的真实性。如果以虚假的命题作为论据，就会犯"论据虚假"的逻辑错误。如果以尚待证实的命题作为论据，就会犯"预期理由"的逻辑错误。

(十)倒置因果

因果关系是事物之间的普遍联系的一种方式。如果一个现象的存在必然引起另一现象发生，那么这两个现象就具有因果关系，其中，引起某一现象产生的现象叫做原因，被另一现象引起的现象叫做结果。因果关系一方面具有相对性，即一个现象对于某现象来说是结果，但对于另一现象来说又是原因；因果关系另一方面又具有绝对性，即因果链条的每个环节来说，原因就是原因，结果就是结果，既不可倒“因”为“果”，也不可倒“果”为“因”。倒置因果既有对客观事物的因果关系认识不清的原因，也有自身的思维混乱的因素。例如：

先发展国家都拥有大量的私人轿车，为了缩短与先发展国家的差距，我国也应该大量发展私人轿车。

在这个论述中，因果关系就弄颠倒了。总体上说，拥有大量的私人轿车，是经济发达的结果，而不是原因。因而犯了倒置因果的逻辑错误。

（十一）词语歧义

这是指在确定的语言环境下对同一语词在不同意义下使用（表达了不同概念）而引起的逻辑错误。例如：

所有的鸟是有羽毛的，拔光了羽毛的鸟是鸟，所以，拔光了羽毛的鸟是有羽毛的。

为什么会得出这一自相矛盾而错误的结论呢？原因就在于两个前提中所共同使用的语词（“鸟”）是有歧义的。在第一个前提中，语词“鸟”是就鸟之所以为鸟应当是有羽毛的这个意义而言的；而在第二个前提中，则是就鸟的一种特殊状态，即被拔光了羽毛这个意义而言的。

（十二）语句歧义

这是指在确定的语言环境下，对同一语句作不同意义的解释（用以表达了不同的判断或命题）而导致的逻辑谬误。例如：

我们班上有20个足球爱好者与手球爱好者，所以，我们班上有20个手球爱好者。

表达这一推理的前提“我们班上有20个足球爱好者与手球爱好者”的语句是有歧义的：既可以理解为这20人既是足球爱好者又是手球爱好者，也可以理解为这20人中仅有一部分是足球爱好者，而另一部分是手球爱好者。但只有在前一种意义上才能推出上述结论，在后一种意义上是推不出上述结论的。

（十三）诉诸无知

这是一种以无知为论据而引起的谬误。例如：

某些法盲犯罪后，常常在预审中或庭审中用自己不懂得法律，不了解这样做是犯罪等理由来为自己罪行辩护，甚至以此来论证自己无罪。

其实，无知决不是论据，不知某事实存在，并不等于该事实不存在。某人不懂法律，但并非意味着法律对其无效。

（十四）诉诸武断

这是指既未提出充分的论据，也未进行必要的论证，就主观作出判断的一种谬误。例如：

昆剧《十五贯》中，无锡知县过于执，仅凭尤胡芦（被害人）养女苏戍娟年轻貌美这一点，便判定她是与熊友兰勾搭成奸，谋财杀死养父的凶手。过于执的论断是：“看你艳如桃李，岂能无人勾引？年正青春，岂能冷若冰霜？你与奸夫情投意合，自然要生比翼双飞之意。父亲拦阻,因之杀其父而盗其财,此乃人之常情。”

无根据的主观臆断的错误便是一种诉诸武断的谬误。

(十五)诉诸怜悯

这是一种仅以认定某人某事值得怜悯、同情而作为论据进行论证的谬误。例如:

有的盗窃分子,在案发后的预审或庭审中,常常以自己家庭经济情况不好、十分可怜(如说自己老母年老体弱、妻子多病、儿子伤残、医药费如何昂贵,如何为此而倾家荡产等),以此来博得别人的怜悯和同情,来为自己的盗窃行为辩护(似乎其盗窃是出于无奈,因而无罪或少罪)。

这就是一种诉诸怜悯的谬误。

(十六)诉诸感情

这是一种在论证中不依靠有充分根据的论证,而仅利用激动的感情、煽动性的言词,去拉拢听众,去迎合一些人的不正当要求,以使别人支持自己论点而出现的谬误。就此而言,可以认为诉诸怜悯是这种谬误的一种特例。

(十七)人身攻击

这是指在论辩中用攻击论敌的个人品质,甚至谩骂论敌的手段,来代替对具体论题的论证。例如:

19 世纪 60 年代,英国教会和一些保守学者曾集会反对达尔文的进化论思想。某大主教拿不出科学论据反驳进化论,就把矛头指出信仰进化论的赫胥黎。他嘲讽地说:“赫胥黎教授就坐在我旁边,他是想等我一坐下来就把我撕成碎片的,因为照他的信仰,他本来是猴子变的嘛!不过,我倒要问问,这个猴子子孙的资格,到底是从祖父那里得来的呢,还是从祖母那里得来的呢?”

这位大主教的“论证”就是一种人身攻击的谬误。这种手法的实质,是以不道德的论战手段代替正常的逻辑论证,以便使自己在论辩中取胜。

(十八)诉诸权威

这是指在论证中对论题不作具体的论证,而仅靠不加分析地摘引权威人士的言论,以之作为论证论题正确的充分论证的一种谬误。例如:

在中世纪的欧洲,亚里士多德享有至高无上的权威。亚里士多德曾认定人的神经是在心脏汇合,而当时的解剖学家已发现事实并非如此。于是,一些解剖学家请宣传亚里士多德的经院哲学家去看人体解剖。不料,经院哲学家们看后竟说:您清楚明白地使我看到了一切,假如在亚里士多德的著作中没有与此相反的说法,即神经是在心脏里汇合的,那我也就一定承认神经在大脑里汇合是真理。

这种谬误实质上是一种把权威的片言只语视为绝对真理而用以论证一切的谬误。

所以,此种谬误又可称之为滥用权威的谬误。

(十九)因人纳言

这是指在论辩过程中,仅仅根据立论者的愿望或自己对立论者的感情或钦佩,而不考虑其论断内容是否真实或其论证过程是否正确，便对立论者的论点表示接受和赞同的一种谬误。例如：

有些人或由于某种小团体观念，或由于对某人的盲目崇拜，只要是自己小团体中的人或是自己所崇拜的人的言论就认定是正确的，就加以赞同、支持和拥护。这就是一种因人纳言的谬误。

（二十）因人废言

这是指在论辩过程中，仅仅根据立论者的道德品质或自己个人对立论者的厌恶态度，而不考虑立论者的论断内容是否真实，也不根据逻辑反驳的规则和要求，就对立论者的论点加以否定而表现出来的一种谬误。例如：

有些人在批评人家的论点时，常常不是就别人论点是否真实，别人的论断是否符合逻辑，而是抓住人家过去或现在的某些“小辫子”（如德行有亏，犯过某些错误之类）不放，以此作为否定对方立论的唯一根据。这就是一种因人废言的谬误。

以上四种谬误（人身攻击、诉诸权威、因人纳言、因人废言），都是从不同角度、在不同程度上，以“人”本身作为其立论或驳论的唯一根据。因而它们都是论证过程中“以人为据”的各种具体表现。这也属于前文中提到的“推不出”逻辑错误的一部分。例：

对同一事物，有的人说“好”，有的人说“不好”，这两种人之间没有共同语言。可见，不存在全民族通用的共同语言。

以下除哪项外，都与题干推理所犯的逻辑错误近似？

A. 甲：“厂里规定，工作时禁止吸烟。”乙：“当然，可我吸烟的时候从不工作。”

B. 有的写作教材上讲，写作中应当讲究语言形式的美，我的看法不同。我认为语言就应该朴实、不应该追求那些形式主义的东西。

C. 有意杀人者应处死刑，行刑者是有意杀人者，所以行刑者应处死刑。

D. 象是动物，所以小象是小动物。

E. 这种观点既不属于唯物主义者，又不属于唯心主义，我看两者都有点像。

解题步骤：

一是分析题干命题的逻辑关系及论证方法。题干中的“语言”这一概念前后不一致。前面的“语言”是个比喻，指个人的爱好，观点。后面“语言”指的语言本身，人与人之间交流的工具。

二是分析选项。A、B、C、D 都是偷换概念。与题干所犯错误一致。E 模棱两可，自相矛盾。与题干所犯错误不一致。

三是确定正确答案。正确答案是 E。

三、案例与解题技巧

本部分案例的解题技巧，将在具体案例解析中加以阐述，请读者认真体会。

案例 9－1：

某出版社近年来出版物的错字率较前几年有明显的增加，引起了读者的不满和有关部门的批评,这主要是由于该出版社大量引进非专业编辑所致。当然,近年来出版物的大量增加也是一个重要原因。

上述议论中的漏洞,也类似地出现在以下哪项中?

Ⅰ.美国航空公司近两年来的投诉比率比前几年有明显下降。这主要是由于该航空公司在裁员整顿的基础上,有效地提高了服务质量。当然,“9·11”事件后航班乘客数量的锐减也是一个重要原因。

Ⅱ.统计数字表明:近年来我国心血管病的死亡率,即由心血管病导致的死亡在整个死亡人数中的比例,较前有明显增加,这主要是由于随着经济的发展,我国民众的饮食结构和生活方式发生了容易诱发心血管病的不良变化。当然,由于心血管病主要是老年病,因此,我国人口中老龄人比例的增大也是一个重要原因。

Ⅲ.S市今年的高考录取率比去年增加了15%,这主要是由于各中学狠抓了教育质量。当然,另一个重要原因是,该市今年参加高考的人数比去年增加了20%。

A.只有Ⅰ　B.只有Ⅱ　C.只有Ⅲ　D.只有Ⅰ和Ⅲ　E.Ⅰ、Ⅱ和Ⅲ

【解题分析】

这是个比较逻辑错误的案例。因此,理解此题题干的目的,是要准确快速地确定其中存在的逻辑漏洞。要做到这一点,“错字率”就是一个必须抓住的关键性概念。错字率是单位数量的文字中出现错字的比例,一般地说,它和文字的总量没有确定关系。题干把近年来上述出版社出版物的大量增加,解释为该社近年来出版物的错字率明显增加的重要原因,是一个漏洞。

类似地,航空公司的投诉率,是单位数量航班乘客中投诉者的比例,一般地说,它和乘客的总量没有确定关系。Ⅰ把“9·11”事件后航班乘客数量的锐减,解释为美国航空公司投诉率有明显下降的重要原因,是一个类似于题干的漏洞。显然,类似的漏洞也出现在Ⅲ的议论中,高考录取率是高考录取人数与参加高考人数的比例,与参加高考的人数无关。Ⅱ的议论是成立的,其中不出现类似于题干的漏洞。因此,正确答案是D。

对比较型案例的解题思路:不必关注命题的真假、论证的内容及其真实与否,只分析其中的逻辑形式结构与论证方法;比较选项中的逻辑形式结构或论证方法,找出与题干类似的选项。

案例9-2:

科学离不开测量,测量离不开长度单位。公里、米、分米、厘米等基本长度单位的确立完全是一种人为约定,因此,科学的结论完全是一种人的主观约定,谈不上客观的标准。

以下哪项与题干的论证最为类似?

A.建立良好的社会保障体系离不开强大的综合国力,强大的综合国力离不开一流的国民教育。因此,要建立良好的社会保障体系,必须有一流的国民教育

B.做规模生意离不开做广告。做广告就要有大额资金投入。不是所有人都能有大额资金投入。因此,不是所有人都能做规模生意

C.游人允许坐公园的长椅。要坐公园长椅就要靠近它们。靠近长椅的一条路径要

踩踏草地。因此,允许游人踩踏草地

D. 具备扎实的舞蹈基本功必须经过长年不懈的艰苦训练。在春节晚会上演出的舞蹈演员必须具备扎实的基本功。长年不懈的艰苦训练是乏味的。因此,在春节晚会上演出是乏味的

E. 家庭离不开爱情,爱情离不开信任。信任是建立在真诚基础上的。因此,对真诚的背离是家庭危机的开始

【解题分析】

题干论证:科学测量要用长度单位,长度单位的确立是人为约定的,因此,科学的结论完全是一种人的主观约定,谈不上客观的标准。

可见题干论证的论据与论题不相干,犯了“推不出”的谬误。D 项“在春节晚会上演出的舞蹈演员必须经过长年不懈的艰苦训练。长年不懈的艰苦训练是乏味的。因此,在春节晚会上演出是乏味的”也犯了同样的“推不出”的谬误。因此,正确答案是 D。

案例 9-3:

有些人坚信飞碟是存在的。理由是,谁能证明飞碟不存在呢?

下列选择中,哪一项与上文的论证方式是相同的?

A. 中世纪欧洲神学家论证上帝存在的理由是:你能证明上帝不存在吗?

B. 神农架地区有野人,因为有人看见过野人的踪影

C. 科学家不是天生聪明的。因为,爱因斯坦就不是天生聪明的

D. 一个经院哲学家不相信人的神经在脑中汇合。理由是,亚里士多德著作中讲到,神经是从心脏里产生出来的

E. 鬼是存在的。如果没有鬼,为什么古今中外有那么多人讲鬼故事?

【解题分析】

题干和 A 项都把不能证明某事不存在作为论证的充分理由,同样犯了“诉诸无知”的谬误,其论证方式是相同的。“诉诸无知”的谬误的论证模式是:没有证明 S 为真,所以,S 是假的;或者,没有证明 S 为假,所以,S 是真的。

B、C、D 与题干明显不同。E 说的是有人讲鬼故事,一方面,“讲鬼故事”并不等同于相信鬼存在,就像讲“西游记”并不一定相信有孙悟空一样;另一方面,即使是相信鬼存在,其理由也只是说“有些人”相信鬼存在,并不是说没有人证明鬼不存在。因此,E 与题干中的论证方式不同。正确答案为 A。

案例 9-4:

王鸿的这段话不大会错,因为他是听他爸爸说的。而他爸爸是一个治学严谨、受人尊敬、造诣很深、世界著名的数学家。

如果以下哪项是真的,则最能反驳上述结论?

A. 王鸿谈的不是关于数学的问题

B. 王鸿平时曾说过错话

C. 王鸿的爸爸并不认为他的每句话都是对的

D. 王鸿的爸爸已经老了

E. 王鸿很听他爸爸的话

【解题分析】

当王鸿谈数学问题时,他爸爸的话有权威性,当讨论其他问题时,比如关于体育、音乐或生物等方面的问题时,王鸿爸爸的见解可能与常人无异,甚至很差。因此,选项 A 能直接针对题干论证所犯的“诉诸权威”的谬误进行反驳。

选 B 不妥。即使“王鸿平时曾说过错话”,但这次的根据是王鸿爸爸说的。C 说王鸿爸爸不认为自己总是对的,这正体现了他的治学精神,但这不能成为对题干结论的有力反驳。D、E 起不到削弱作用。故,本题正确答案是 A。

案例 9－5:

电视是现代文明的产物,但也给人们带来很多麻烦。对于有孩子的家庭,来自电视节目正反两方面的诱惑力都很大。电视看久了,也会影响学习。更使家长担心的是电视中的暴力片等的副作用。因此,家长应对孩子看电视给以指导与约束。

以下哪种做法与以上观点不符?

A. 为保持孩子的视力,对孩子看电视的时间加以限制

B. 教会孩子对各种电视节目作出正确的选择

C. 看电视影响孩子的学习,索性把电视机关掉

D. 只要不影响学习和身心健康,让孩子适当看电视,会达到增长知识的目的

E. 教育孩子对电视节目要有分析,即使是好节目,也不能什么都模仿

【解题分析】

题干的观点:要注意克服电视对孩子的负面影响,但同时也肯定了电视的正面影响。

因此,A、B、D、E 项都符合题干观点。C 选项,因为电视对孩子有负面影响而主张对它采取完全排斥的态度,属于“非黑即白”的谬误,不符合题干的观点。故,正确答案是 C。

案例 9－6:

在一次聚会上,10 个吃了水果色拉的人中,有 5 个很快出现了明显的不适。吃剩的色拉立刻被送去检验。检验的结果不能肯定其中存在超标的有害细菌。因此,食用水果色拉不是造成食用者不适的原因。

如果上述检验结果是可信的,则以下哪项对上述论证的评价最为恰当?

A. 题干的论证是成立的

B. 题干的论证有漏洞,因为它把事件的原因,当做该事件的结果

C. 题干的论证有漏洞,因为它没有考虑到这种可能性:那些吃了水果色拉后没有很快出现不适的人,过不久也出现了不适

D. 题干的论证有漏洞,因为它没有充分利用一个有力的论据:为什么有的水果色拉食用者没有出现不适?

E. 题干的论证有漏洞,因为它把缺少证据证明某种情况存在,当做有充分证据证明

某种情况不存在

【解题分析】

题干的结论是:食用水果色拉不是造成食用者不适的原因,其根据是检验的结果不能肯定送检的色拉中存在超标的有害细菌。不能肯定送检物中存在超标的有害细菌,不等于否定送检物中不存在超标的有害细菌。而只有否定送检物中存在超标的有害细菌,才能得出结论:食用水果色拉不是造成食用者不适的原因。因此,题干论证的漏洞是:把缺少证据证明某种情况存在,当做有充分证据证明某种情况不存在,属于“诉诸无知”的谬误。因此,E 项正确。

其余各项均不恰当。比如 B 项是因果倒置,原文并没有这样做。故,本题正确答案是 E。

案例 9-7:

舞蹈学院的张教授批评本市芭蕾舞团最近的演出没能充分表现古典芭蕾舞的特色。他的同事林教授认为这一批评是个人偏见,作为芭蕾舞技巧专家林教授考察过芭蕾舞团的表演者,结论是每一位表演者都拥有足够的技巧和才能来表现古典芭蕾舞的特色。

以下哪项最为恰当地概括了林教授反驳中的漏洞?

A. 他对张教授的评论风格进行攻击而不是对其观点加以批驳

B. 他无视张教授的批评意见是与实际情况相符的

C. 他仅从维护自己的权威地位的角度加以反驳

D. 他依据一个特殊的事例轻率概括出一个普遍结论

E. 他不当地假设,如果一个团体每个成员具有某种特征,那么这个团体总能体现这种特征

【解题分析】

林教授认为“本市芭蕾舞团最近的演出没能充分表现古典芭蕾舞的特色”的看法不对。理由是每一位表演者都拥有足够的技巧和才能来表现古典芭蕾舞的特色。

实际上林教授的论证犯了合举的谬误。所谓“合举的谬误”,就是指在论证中,由部分元素所具有的性质推断整体也具有同样的性质。其论证的漏洞在于,每一位表演者都拥有足够的技巧和才能来表现古典芭蕾舞的特色,而整个芭蕾舞团却不一定能充分表现古典芭蕾舞的特色。

因此,选项 E 最为恰当地概括了林教授反驳中的漏洞。正确答案为 E。

案例 9-8:

张先生:应该向吸烟者征税,用以缓解医疗保健事业的投入不足。因为正是吸烟导致了许多严重的疾病。要吸烟者承担一部分费用,来对付因他们的不良习惯而造成的健康问题,是完全合理的。

李女士:照您这么说,如果您经常吃奶油蛋糕或者肥猪肉,也应该纳税。因为如同吸烟一样,经常食用高脂肪、高胆固醇的食物同样会导致许多严重的疾病。但是没有人会

认为这样做是合理的，并且人们的危害健康的不良习惯数不胜数，都对此征税，事实上无法操作。

［第1题］以下哪项最为恰当地概括了张先生和李女士争论的焦点？

A. 张先生关于缓解医疗保健事业投入不足的建议是否合理？

B. 有不良习惯的人是否应当对由此种习惯造成的社会后果负责？

C. 食用高脂肪、高胆固醇的食物对健康造成的危害是否同吸烟一样严重？

D. 由增加个人负担来缓解社会公共事业的投入不足是否合理？

E. 通过征税的方式来纠正不良习惯是否合理？

【解题分析】

张先生提出，通过向吸烟者征税来缓解医疗保健事业的投入不足。李女士质疑了这一建议的合理性。因此，两人争议的焦点是，张先生关于缓解医疗保健事业投入不足的建议是否合理。因此，A 项正确。B 项的概括不恰当，因为虽然张先生的建议中包含"有不良习惯的人应当对由此种习惯造成的社会后果负责"的意思，但张女士的争议没有针对这一点。E 也容易误选，题干表面上二人的争论始终围绕"对不良习惯的征税"问题，但是应该注意到，二者的争论并没有涉及"纠正"不良习惯的问题。其他选项明显错误。因此，本题正确答案是 A。

［第2题］以下哪项最为恰当地概括了李女士的反驳所运用的方法？

A. 举出一个反例说明对方的建议虽然合理但在执行中无法操作。

B. 指出对方对一个关键性概念的界定和运用有误。

C. 提出了一个和对方不同的解决问题的方法。

D. 从对方的论据得出了一个明显荒谬的结论。

E. 对对方在论证中所运用的信息的准确性提出质疑。

【解题分析】

张女士指出，如果向吸烟者征税是合理的，那么向经常食用高脂肪、高胆固醇的食物的人征税也是合理的。而后者显然是不合理的。因此，D 项恰当地概括了张女士的反驳所运用的方法。其余各项均不恰当。故，本题正确答案是 D。

案例 9－9：

张教授：上个世纪 80 年代以来，斑纹猫头鹰的数量急剧下降，目前已有濒临灭绝的危险。木材采伐公司应对此负有责任，它们大量采伐的陈年林区是猫头鹰的栖息地。

李研究员：斑纹猫头鹰数量的下降不能归咎于木材采伐公司。近 30 年来，一种繁殖力更强的条纹猫头鹰进入陈年林区，和斑纹猫头鹰争夺生存资源。

以下哪项最为准确地概括了李研究员对张教授观点的反驳？

A. 否定张教授的前提，这一前提是：木材采伐公司一直在陈年林区采伐

B. 质疑张教授的假设，这一假设是：猫头鹰只能在陈年林区生存

C. 对斑纹猫头鹰数量下降的原因提出另一种解释

D. 指出张教授夸大了对陈年林区采伐的负面影响

E. 指出张教授把斑纹猫头鹰濒临灭绝偷换为猫头鹰濒临灭绝

【解题分析】

张教授认为,斑纹猫头鹰数量的下降是木材采伐公司造成的。李研究员认为,条纹猫头鹰和斑纹猫头鹰争夺生存资源导致斑纹猫头鹰数量的下降。可见,李研究员不认同张教授的看法,而对斑纹猫头鹰数量下降的原因提出另一种解释。考察选项,选项 C 指明了这一点。因此,本题的正确答案是 C。

第十章 | CHAPTER 10

加　强

加强的特点

加强的表现形式

加强的求解方法

案例与解题技巧

第十章 加 强

一、加强的特点

一个论证,都有论点和论据。论点一般是作为第一句话或者最后一句话,论点的前面一般有标志词"所以"、"因此",论点的后面一般有标志词"因为"、"由于"。一个论证有时可以有几个论点,此时,论点有主、次之分。论据一般有理论论据和事实论据,理论论据就是讲道理,事实论据就是摆事实。论证就是讲道理、摆事实,证明(或反驳)论点的过程。

论据和论点的关系,一般有:论证关系(论据、论点);推理关系(前提、结论);因果关系(原因、结果);条件关系(途径、目的)等等。

加强,通常是指这样一些题型,题干提供的一个推理或论证,由于前提的条件不足以推出结论,或者由于论证的论据不足以得出其论题,为了增大推理或论证成立的可能性,选出给定的选项以补充其前提或论据,增加论证支持力度。

二、加强的表现形式

加强型试题的题干中往往给出一个完整的论证或者提出某种观点,要求从备选项中寻找到与题干一致的选项。该种试题有时在题干中给出的是一个不正确的论证或者一个不完整的论证,要求寻找到能使题干中的论证成为正确或者变得完整的选项,从而加强或支持题干。其提问的一般形式为:

"以下哪项如果为真,最能加强上述断定?"

"下述哪项如果为真,最能支持上述观点?"

"如果以下哪项正确,上文所提出的论点将得到最大加强?"

三、加强的求解方法

(一)加强型题的解题思路

选项可以是题干推理成立或结论正确的一个充分条件,也可以是一个必要条件,也可以是既不充分又不必要的条件。只要放在题干推理的论据(前提)或结论之间,对题干推理成立或结论正确有加强作用,使题干推理成立、结论正确的可能性增大,那么这个选项就是加强的正确答案。根据论据与论点的关系类型,此类案例可从以下几方面考虑:

论据(A)	论题(B)	关系类型	加强的途径
论据	论点	论证关系	①直接加强 A;②直接支持 B;③证明 A 与 B 有联系……
前提	结论	推理关系	A 充分;A 必要;缺口填补;直接支持 B。
原因	结果	因果关系	A 就是 B 的原因;有 A,B 成立(无 A,B 不成立);别无他因。
途径	目的	条件关系	通过 A 途径可以达到 B 目的(除 A 之外没有其他途径)。

(二)加强型题的解题步骤

第一,通过"题问"定题型。根据案例提问的一般表现形式,确定是否为加强题型。

第二,盯着"结论"找前提。把题干提供的结论作为推理的重点,看前提条件有哪些,弄清关系类型。

第三,按照"类型"选途径。根据论据与论点间的关系类型来选定加强的途径。

第四,依据"形式"定方法。加强型逻辑题有形式化题型和非形式化题型,形式化题型看充分、必然,非形式化题型要运用例证法和假设法求解。

例证法:题干说明 A 是 B 的原因,选项则说明另一个场合有 A 时也有 B,或另一个场合无 A 时也无 B;这表现为说明新的证据或论据的选项。证据若指出具有新的优点则是强加强,若是说明没有其他优点,则是弱加强。

假设法:题干说明 A 是 B 的原因,则通过分析 A 作为 B 原因所需要的假设条件,肯定该假设条件就是一种加强。假设条件的性质决定了加强的强弱。

例如:题干说小刘的基层工作经验比小宫强,因此提拔小刘。强加强,小刘的学位也比小宫高;基层工作经验是提拔的唯一因素。弱加强,小刘在学位上与小李相当;基层工作经验是提拔的重要因素。

四、案例与解题技巧

结合以下案例具体讲解本部分案例的解题技巧和方法。

案例 10-1:

全国政协常委、著名社会学家、法律专家钟万春教授认为:我们应当制定全国性的政策,用立法的方式规定父母每日与未成年子女共处的时间下限。这样的法律能够减少子女平日的压力。因此,这样的法律也就能够使家庭幸福。

以下各项如果为真,哪项最能够加强上述的推论?

A. 父母有责任抚养好自己的孩子,这是社会对每一个公民的起码要求

B. 大部分的孩子平常都能够与父母经常地在一起

C. 这项政策的目标是降低孩子们在平日生活中的压力

D. 未成年孩子较高的压力水平是成长过程以及长大后家庭幸福很大的障碍

E. 父母现在对孩子多一份关心,就会减少日后父母很多的操心

【解题分析】

题干推论:规定父母每日与未成年子女共处的时间下限的法律能够减少子女平日的压力。因此,这样的法律也就能够使家庭幸福。

D 项如果为真,即未成年孩子较高的压力水平是成长过程以及长大后家庭幸福很大

的障碍。这就说明能够减少未成年孩子压力的法律,有利于排除家庭幸福潜在的障碍,因此,这样的法律能够使家庭幸福。因此,D项有力地加强了题干的推论。

E项可看成是题干推论的后继,至多对题干有所加强,但力度不如D项。

其余项不能加强题干。正确答案为D。

案例10-2:

美国联邦所得税是累进税,收入越高,纳税率越高。美国有的州还在自己管辖的范围内,在绝大部分出售商品的价格上附加7%左右的销售税。如果销售税也被视为所得税的一种形式的话,那么,这种税收是违背累进原则的:收入越低,纳税率越高。

以下哪项,如果为真,最能加强题干的议论?

A. 人们花在购物上的钱基本上是一样的

B. 近年来,美国的收入差别显著扩大

C. 低收入者有能力支付销售税,因为他们缴纳的联邦所得税相对较低

D. 销售税的实施,并没有减少商品的销售总量,但售出商品的比例有所变动

E. 美国的大多数州并没有征收销售税

【解题分析】

题干论述:累进税是收入越高,纳税率越高。销售税是在出售商品的价格上附加7%左右的税。因此,销售税是违背累进原则的:收入越低,纳税率越高。

题干的议论要能成立,必须基于一个假设,即人们花在购物上的钱基本上是一样的。否则,如果收入越低,花在购物上的钱越少,那么,收入越低,所交的销售税就越少。这样,收入越低,纳税率就不一定越高,这就说明了销售税就不一定违背累进税的原则。因此,A项作为题干的假设有力地加强了题干的议论。其余各项均不能加强题干。正确答案为A。

案例10-3:

市长:在过去五年中的每一年,这个城市都削减教育经费,并且,每次学校官员都抱怨,减少教育经费可能逼迫他们减少基本服务的费用。但实际上,每次仅仅是减少了非基本服务的费用。因此,学校官员能够落实进一步的削减经费,而不会减少任何基本服务的费用。

下列哪项,如果为真,最强地支持该市长的结论?

A. 该市的学校提供基本服务总是和提供非基本服务一样有效

B. 现在,充足的经费允许该市的学校提供某些非基本的服务

C. 自从最近削减学校经费以来,该市学校对提供非基本服务的价格估计实际没有增加

D. 几乎没有重要的城市管理者支持该市学校的昂贵的非基本服务

E. 该市学校官员几乎不夸大经费削减的潜在影响

【解题分析】

市长结论:削减经费不会导致基本服务费用的减少。

要使市长的结论成立,B项是必须假设的,否则,如果"经费不充足以至于不能提供某些非基本的服务",那么"削减经费就会导致基本服务费用的减少"。正确答案为B。

案例10-4:

"本公司自1980年以来生产的轿车,至今仍有一半在公路上奔驰;其他公司自1980

年以来生产的轿车,目前至多有三分之一没有被淘汰。”公司希望以此广告向消费者显示,该汽车公司生产的轿车的耐用性能极佳。

下列哪项如果为真,能够最有效地支持上述广告的观点?

A. 扣除通货膨胀的因素,该公司目前生产的新车的价格只比 1980 年生产的稍高一点

B. 自 1980 年以来,其他公司轿车的年产量有显著增长

C. 该公司轿车的车主,经常都把车保养得很好

D. 自 1980 年以来,该公司在生产轿车上的改进远远小于其他公司对轿车的改进

E. 自 1980 年以来,该公司每年生产的轿车数量没有显著增长

【解题分析】

题干根据 1980 年以来某公司生产的轿车在继续使用的比例高于其他公司,得出结论:该公司生产的轿车的耐用性能好。

E 项断定,自 1980 年以来,该公司每年生产的轿车数量没有显著增长,这是上述广告有说服力的一个重要条件,事实上,比如该广告发布的时间是 2000 年,并且 20 年来该公司每年的轿车产量基本持平,那么,根据该公司自 1980 年以来生产的轿车仍有一半在奔驰,可计算出该公司的轿车的平均寿命是 10 年。否则,如果年产量增长越大,则说明车的平均寿命越短。因此,如果 E 项为真,能有效地支持上述广告的观点。

同理,B 项能说明其他公司生产的轿车质量差,但不能直接说明该公司的质量好。因此,B 项对题干广告的支持不如 E 项。正确答案为 E。

案例 10-5:

近几年来,一种从国外传入的白蝇严重危害着我国南方农作物生长。昆虫学家认为,这种白蝇是甜薯白蝇的一个变种,为了控制这种白蝇的繁殖,他们一直在寻找并人工繁殖甜薯白蝇的寄生虫。但最新的基因研究成功表明,这种白蝇不是甜薯白蝇的变种,而是与之不同的一种蝇种,称做银叶白蝇。因此,如果这项最新的基因研究成果可信的话,那么,近年来昆虫学家寻找白蝇寄生虫的努力是白费了。

以下哪项,最能支持上述结论?

A. 上述最新的基因研究成果是可信的

B. 甜薯白蝇的寄生虫对农作物没有任何危害

C. 农作物害虫的寄生虫都可以用来有效控制这种害虫的繁殖

D. 甜薯白蝇的寄生虫无法在银叶白蝇中寄生

E. 某种生物的寄生虫只能在这种生物及其变种中才能寄生

【解题分析】

题干论证:昆虫学家为控制被认为是甜薯白蝇的一个变种的某种白蝇的繁殖而寻找甜薯白蝇的寄生虫。但研究表明,这种白蝇不是甜薯白蝇的变种,而是与之不同的银叶白蝇。因此,寻找白蝇寄生虫的努力是白费了。

为使题干论证成立,必须假设某种生物的寄生虫只能在这种生物及其变种中才能寄生。否则,就不能根据白蝇不是甜薯白蝇的变种而得出结论:近年来昆虫学家寻找白蝇寄生虫的努力是白费了。而假设是很好的支持,因此 E 为正确答案。

D 项是上述假设的一个直接结论,不是该假设本身。正确答案为 E。

案例10－6：

有些人若有一次厌食，会对这次膳食中有特殊味道的食物持续产生强烈厌恶，不管这种食物是否会对身体有利。这种现象可以解释为什么小孩更易于对某些食物产生强烈的厌食。

以下哪项如果为真，最能加强上述解释？

A. 小孩的膳食搭配中含有特殊味道的食物比成年人多

B. 对未尝过的食物，成年人比小孩更容易产生抗拒心理

C. 小孩的嗅觉和味觉比成年人敏锐

D. 和成年人相比，小孩较为缺乏食物与健康的相关知识

E. 如果讨厌某种食物，小孩厌食的持续时间比成年人更长

【解题分析】

题干对小孩易于厌食的解释是，有些人若有一次厌食就会对这种食物的特殊味道产生厌恶。可见，厌食产生的必要条件是厌食者具有足够敏锐的嗅觉和味觉。若C项为真，即“小孩的嗅觉和味觉比成年人敏锐”，显然有利于解释小孩为什么更易于对某些食物产生强烈的厌食。因此，本题正确答案是C。

案例10－7：

一则公益广告劝告人们，酒后不要开车，直到你感到能安全驾驶的时候才开。然而，在医院进行的一项研究中，酒后立即被询问的对象往往低估他们恢复驾驶能力所需要的时间。这个结果表明，在驾驶前饮酒的人很难遵循这个广告的劝告。

下列哪项，如果为真，最强地支持以上结论？

A. 对许多人来说，如果他们计划饮酒的话，他们会事先安排不饮酒的人开车送他们回家

B. 医院中被研究的对象估计他们能力，通常比其他饮酒的人更保守

C. 一些不得不开车回家的人就不饮酒

D. 医院研究的对象也被询问，恢复对安全驾驶不起重要作用的能力所需要的时间

E. 一般的人，对公益广告的警觉比医院研究对象的警觉高

【解题分析】

题目要支持的结论是：在开车前喝酒的人很多在遵从广告的建议方面有困难。

选项B中的“保守”这个词是指，医院中被研究的对象比其他饮酒的人对他们恢复驾驶能力所需要的时间的估计，要低估得少些。这说明其他饮酒的人可能会比医院中的那些研究对象更冒险，也就是更加低估他们恢复驾驶能力所需要的时间。这对题干的结论是个很有力的支持。因此，正确答案为B。

案例10－8：

在司法审判中，所谓肯定性误判是指把无罪者判为有罪，否定性误判是指把有罪者判为无罪。肯定性误判就是所谓的错判，否定性误判就是所谓的错放。而司法公正的根本原则是“不放过一个坏人，不冤枉一个好人”。

某法学家认为。目前，衡量一个法院在办案中是否对司法公正的原则贯彻得足够好，就看它的肯定性误判率是否足够低。

以下哪项。如果为真，能最有力地支持上述法学家的观点？

A. 错放,只是放过了坏人;错判,则是既放过了坏人,又冤枉了好人

B. 宁可错判,不可错放,是"左"的思想在司法界的反映

C. 错放造成的损失。大多是可弥补的;错判对被害人造成的伤害,是不可弥补的

D. 各个法院的办案正确率普遍有明显的提高

E. 各个法院的否定性误判率基本相同

【解题分析】

题干中法学家的观点是:衡量是否公正,只要看肯定性误判率是否足够低。

由题干可知,无论错划,还是错放,都不利于体现司法公正。因此,肯定性误判率和否定性误判率二者缺一不可,都应当成为衡量法院办案是否公正的标准。也就是说,公正取决于肯定性误判率和否定性误判率都要低这两个因素,因此,法学家的观点显然是片面的。要使这个观点成立,必须满足一个条件,即各个法院的错放率基本相同。否则,即使一个法院错判率足够低,但同时它的错放率也足够高,就并没有体现司法公正。因此,E 项是法学家推论所必须的假设,也就是说该项能有力地支持其观点。

其余各项都不足以使题干中法学家的观点成立。其中,A 和 C 项对法学家的观点有所支持,但它们断定的只是就错判和错放二者对司法公正的危害而言,前者比后者更严重,但由此显然得不出法学家的结论。因此,本题正确答案为 E。

案例 10 - 9:

喜欢甜味的习性曾经对人类有益,因为它使人在健康食品和非健康食品之间选择前者。例如,成熟的水果是甜的,不成熟的水果则不甜,喜欢甜味的习性促使人类选择成熟的水果。但是,现在的食糖是经过精制的。因此,喜欢甜味不再是一种对人有益的习性,因为精制食糖不是健康食品。

以下哪项如果为真,最能加强上述论证?

A. 绝大多数人都喜欢甜味

B. 许多食物虽然生吃有害健康,但经过烹饪则可成为极有营养的健康食品

C. 有些喜欢甜味的人,在一道甜点心和一盘成熟的水果之间,更可能选择后者

D. 喜欢甜味的人,在含食糖的食品和有甜味的自然食品(例如成熟的水果)之间,更可能选择前者

E. 史前人类只有依赖味觉才能区分健康食品

【解题分析】

题干结论:喜欢甜味不再是对人有益的习性。

题干理由:有甜味的精制食糖不是健康食品。

显然这个原因不能充分地说明为什么喜欢甜味不再是一种对人有益的习性。即前提不够充分,当把 D 项补充上去,则说明人们会在含食糖的食品和健康食品间先选择含食糖的食品,即选择了不健康的食品,这样就有力地支持了喜欢甜味不再是一种对人有益的习性。

其余各项均不能加强题干,其中 C 项削弱了题干。正确答案为 D。

案例 10 - 10:

在塞普西路斯的一个古城蒙科云,发掘到了城市的残骸,这一残骸呈现出被地震损

坏的典型特征。考古学家猜想,该城的破坏是这个地区公元365年的一次地震所致。

以下哪项,如果为真,最有力地支持了考古学家的猜想?

A. 经常在公元365年前后的墓穴里发现的青铜制纪念花瓶,在蒙科云城里也发现了

B. 在蒙科云城废墟里没有发现在公元365年以后的铸币,但是却有365年前的铸币

C. 多数现代塞普西路斯历史学家曾经提及,在公元365年前后在附近发生过地震

D. 在蒙科云城废墟中发现了公元300~400年风格的雕塑

E. 在蒙科云发现了塞普西路斯365年以后才使用的希腊字母的石刻

【解题分析】

题干结论:该城的破坏是这个地区公元365年的一次地震所致。

题干理由:残骸呈现出被地震损坏的典型特征。

如果B项为真,则由于在蒙科云城废墟里没有发现在公元365年以后的铸币,但是却有365年前的铸币,这就有力地支持了题干的猜想:该城的破坏是这个地区公元365年的一次地震所致。C项对题干也有所支持,该项只能支持发生过地震,但不能说明该域是被地震破坏掉的,所以,作为证据对考古学家猜想的支持力度不如B项。正确答案为B。

案例10-11:

建筑历史学家丹尼斯教授对欧洲19世纪早期铺有木地板的房子进行了研究。结旲发现较大的房间铺设的木板条比较小房间的木板条窄得多。丹尼斯教授认为,既然大房子的主人一般都比小房子的主人富有,那么,用窄木条铺地板很可能是当时有地位的象征,用以表明房主的富有。

以下哪项如果为真,最能加强丹尼斯教授的观点?

A. 欧洲19世纪晚期的大多数房子所铺设的木地板的宽度大致相同

B. 丹尼斯教授的学术地位得到了国际建筑历史学界的公认

C. 欧洲19世纪早期,木地板条的价格是以长度为标准计算的

D. 欧洲19世纪早期,有些大房子铺设的是比木地板昂贵得多的大理石

E. 在以欧洲19世纪市民生活为背景的小说《雾都十三夜》中,富商查理的别墅中铺设的就是有别于民间的细条胡桃木地板

【解题分析】

题干根据:大房间铺设的木板条比小房间窄得多;

房子的主人一般都比小房子的主人富有。

题干结论:窄木条铺地板用以表明房主的富有。

考察选项:如果C项为真,则由于当时木地板条的价格是以长度为标准计算的,因此,铺设相同面积的房间地面,窄木条要比宽木条昂贵,显示出房主的富有。这就有力地加强了丹尼斯的观点。假设C项不成立,即如果当时木地板条的价格不是以长度为标准计算的,而是例如是以面积为标准计算的,那么,铺设相同面积的房间地面,窄木条并不比宽木条昂贵,这就无从显示房主的富有,丹尼斯的观点就难以成立。

假设其余各选项不成立,丹尼斯的观点仍然可以成立。因此,其余各项或者不加强丹尼斯的观点,或者对丹尼斯的观点有所加强,但力度不如C项。比如E项,是个例证,

支持力度不大。正确答案为C。

案例10－12：

飞驰汽车制造公司同时推出飞鸟和锐进两款春季小型轿车。两款轿车以其新颖的造型受到购车族的欢迎。两款轿车销售时都带有轿车安全性能和出现一般问题时的处理说明书以及使用轿车一年后情况反馈表。飞鸟轿车购车族的56%同时购买了轿车保险,锐进轿车购车族的82%同时购买了轿车保险。一年后,锐进轿车出现问题的反馈表是飞鸟轿车出现问题的反馈表的四倍。由此可见,锐进轿车的质量比飞鸟轿车的质量差,锐进轿车的购车者同时购买轿车保险的数量比飞鸟轿车多是有一定的道理的。

下面哪一项,如果为真,最有助于加强上述论述?

A. 飞鸟轿车购车族的平均年龄比锐进轿车购车族的平均年龄低

B. 飞鸟轿车情况反馈表比锐进轿车情况反馈表更完善,需要花费更多的时间完成表格的填写

C. 飞驰汽车制造公司收到的飞鸟轿车投诉信数量是锐进轿车的两倍

D. 购买飞鸟轿车的客户数量是购买锐进轿车的两倍

E. 飞鸟轿车的广告是锐进轿车的两倍,其良好的质量广为人知

【解题分析】

题干根据:锐进轿车出现问题的反馈表是飞鸟轿车的四倍。

得出结论:锐进轿车的质量比飞鸟轿车的质量差。

题干论证所隐含的假设就是购买锐进的客户数量不多于飞鸟的四倍,飞鸟的客户数越多,题干论证越有说服力。

考察选项:按照D的说法,购买飞鸟轿车的人的数量远高于购买锐进轿车的人的数量,而飞鸟轿车的问题反馈表却大大少于锐进轿车的,更加说明飞鸟轿车的故障率低、质量好,有力地加强了题干论证;A、E为明显无关选项;B暗示有可能飞鸟轿车的保险程序较麻烦,所以买飞鸟轿车保险的人少,有用存在他因的方法削弱题干的意思;C说飞鸟轿车的投诉远高于锐进轿车,当然可以得出飞鸟轿车的质量更差,削弱了题干论述。故,正确答案为D。

案例10－13：

爱尔兰有大片泥煤蕴藏量丰富的湿地。环境保护主义者一直反对在湿地区域采煤。他们的理由是开采泥煤会破坏爱尔兰湿地的生态平衡,其直接严重后果是会污染水源。然而,这一担心是站不住脚的。据近50年的相关统计,从未发生过因采煤而污染水源的报告。

以下哪项如果为真,最能加强题干的论证?

A. 在爱尔兰的湿地采煤已有200年的历史,其间从未因此造成水源污染

B. 在爱尔兰,采煤湿地的生态环境和未采煤湿地没有实质性的不同

C. 在爱尔兰,采煤湿地的生态环境和未开采前没有实质性的不同

D. 爱尔兰具备足够的科技水平和财政支持来治理污染,保护生态

E. 爱尔兰是世界上生态环境最佳的国家之一

【解题分析】

根据题干论证得出结论:环境保护主义者关于采煤会破坏爱尔兰湿地的生态平衡的

担心是站不住脚的。

考察选项后得知,在各选项中,只有C项如果为真,才能得出在湿地采煤并没有破坏生态环境的结论。其余各项都能加强题干的论证,但都不能得出这一结论。例如,B项如果为真,并不能保证在湿地采煤不改变生态环境,因为无法排除这种可能性:采煤湿地的生态环境虽然和未采煤湿地没有实质性的不同,但却和自身未开采前的生态环境有实质性的不同。再如,A项如果为真,只能加强题干的论据,但却不能保证得出题干的结论。故,正确答案为C。

案例10-14:

近年来,我国南北方都出现了酸雨。一项相关的研究报告得出结论:酸雨并没有对我国的绝大多数森林造成危害。专家建议将此结论修改为:我国的绝大多数森林没有出现受酸雨危害的显著特征,如非正常的落叶、高枯死率等。

以下哪项如果为真,最有助于说明专家所做的修改是必要的?

A. 酸雨对森林造成的危害结果有些是不显著的

B. 我国有些森林出现了非正常的落叶、高枯死率的现象

C. 非正常落叶、高枯死率是森林受酸雨危害的典型特征。如果不出现这种特征,说明森林未受酸雨危害

D. 酸雨是工业污染,特别是燃煤污染的直接结果

E. 我国并不是酸雨危害最严重的国家

【解题分析】

根据题干知,如果事实上酸雨对森林造成的危害结果有些是不显著的,那么就能说明题干的报告可能忽视了这一点:没有出现受酸雨危害的显著特征,不等于酸雨没有造成危害。针对这一漏洞,专家所做的修改是必要的。

考察选项,只有A项正确。因此,本题的正确答案是A。

案例10-15:

对常兴市23家老人院的一项评估显示,爱慈老人院在疾病治疗水平方面受到的评价相当低,而在其他不少方面评价不错,虽然各老人院的规模大致相当,但爱慈老人院医生与住院老人的比率在常兴市的老人院中几乎是最小的。因此,医生数量不足是造成爱慈老人院在疾病治疗水平方面评价偏低的原因。

以下哪项如果为真,最能加强上述论证?

A. 和祥老人院也在常兴市,对其疾病治疗水平的评价比爱慈老人院还要低

B. 爱慈老人院的医务护理人员比常兴市其他老人院都要多

C. 爱慈老人院的医生发表的相关学术文章很少

D. 爱慈老人院位于常兴市的市郊

E. 爱慈老人院某些医生的医术一般

【解题分析】

题干结论:医生数量不足是造成爱慈老人院在疾病治疗水平方面评价偏低的原因。

考察选项后得知,B项是个没有他因的支持,指出"爱慈老人院的医务护理人员比常兴市其他老人院都要多",这样就排除了爱慈老人院疾病治疗水平低的原因不是护理人

员少,从而加强了"疾病治疗方面的水平低的原因是因为医生的缺少"这个结论。正确答案为B。

案例10-16:

在距离摩洛哥东部边境数千里处有一座古代约旦城市的遗址中,发现了一个钱袋,其中有32个刻着摩洛哥文字的金币。当时这个城市是联结中国和欧洲的丝绸之路上的一个重要商贸中心,并且又是摩洛哥去麦加的朝圣者一个重要的中途停留地。因此,上述这个钱袋可能装有其他种类的硬币。

以下哪项如果为真,最能支持上述论证?

A. 当时,摩洛哥货币比约旦货币更流行

B. 当时,金币是唯一的流通货币

C. 上述钱袋的主人是摩洛哥去麦加的朝圣者

D. 上述钱袋的主人是约旦人

E. 当时的朝圣者中很多是商人

【解题分析】

如果上述钱袋的主人是摩洛哥去麦加的朝圣者,则有利于说明钱袋的主人为了去麦加朝圣,需要携带沿途多个国家的货币。因此C项能支持题干。

D项也能支持题干,钱袋的主人是约旦人,既然当时的约旦是联结中国和欧洲的商贸中心,又是朝圣的中途停留地,那么这个钱袋装有其他种类的硬币的可能性就存在。但D项的支持力度不如C项。A、B、E项是无关项。正确答案为C。

案例10-17:

近来,电视上开展了轿车进入家庭的讨论。有人认为:放松对私人轿车的管制,可以推动中国汽车工业的发展,但同时又会使原本紧张的交通状况更加恶化,从而影响经济和社会生活秩序。因此,中国的私人轿车在近五年内不应该有大发展。

以下哪项如果为真,则最能支持上述观点?

A. 交通事业将伴随着轿车工业的发展而发展

B. 引起交通拥挤的主要原因是自行车而不是私人轿车

C. 总是先发展汽车工业,后发展交通事业

D. 应该大力发展公共交通事业

E. 本世纪内中国的道路状况不可能有根本改善

【解题分析】

如果E选项的断定不成立,则题干的观点也不能成立。因为如果本世纪内中国的道路状况能根本改善,那么,发展私人汽车就不会使原本紧张的交通状况更加恶化,从而影响经济和社会生活秩序。因此,E选项有力地支持了题干的观点。

选项A、B和C都是削弱题干观点的。D选项不能支持题干的观点。正确答案为E。

案例10-18:

体内不产生P450物质的人与产生P450物质的人比较,前者患帕金森氏综合症(一种影响脑部的疾病)的可能性三倍于后者。因为P450物质可保护脑部组织不受有毒化学物质的侵害。因此,有毒化学物质可能导致帕金森氏综合症。

下列哪项,如果为真,将最有力地支持以上论证?

A. 除了保护脑部不受有毒化学物质的侵害,P450 对脑部无其他作用

B. 体内不能产生 P450 物质的人,也缺乏产生某些其他物质的能力

C. 一些帕金森氏综合症病人有自然产生 P450 的能力

D. 当用多巳胺——一种脑部自然产生的化学物质治疗帕金森氏综合症病人时,病人的症状减轻

E. 很快就有可能合成 P450,用以治疗体内不能产生这种物质的病人

【解题分析】

题干结论:有毒化学物质可能导致帕金森氏综合症。

题干理由:①P450 可以保护脑部组织不受有毒化学物质的侵害;

②体内产生 P450 物质的人比较不容易患帕金森氏综合症。

本题涉及到求异法的运用。原文依据差异点(P450)具有的某种作用进一步推断有毒化学物质的侵害是导致帕金森氏综合症的原因,这仍然取决于差异点(P450 的作用)是否是唯一的。

选项 A“除了保护脑部不受有毒化学物质的侵害,P450 对脑部无其他作用”,就满足这一点。否则,如果除了保护脑部不受有毒化学物质的侵害之外,P450 对大脑“还”有其他作用,比如 P450 能抵抗某种病菌,而该种病菌能导致帕金森氏综合症,那么,就不是有毒化学物质可能导致帕金森氏综合症了。可见,A 是题干推理的假设,为正确答案。B、D、E 都是明显无关选项,排除。C 为明显的削弱项,排除。因此,正确答案为 A。

案例 10 - 19:

在法庭的被告中,被指控偷盗、抢劫的定罪率,要远高于被指控贪污、受贿的定罪率。其重要原因是后者能聘请收费昂贵的私人律师,而前者主要由法庭指定的律师辩护。

以下哪项如果为真,最能支持题干的叙述?

A. 被指控偷盗、抢劫的被告,远多于被指控贪污、受贿的被告

B. 一个合格的私人律师,与法庭指定的律师一样,既忠实于法律,又努力维护委托人的合法权益

C. 被指控偷盗、抢劫的被告中罪犯的比例,不高于被指控贪污、受贿的被告

D. 一些被指控偷盗、抢劫的被告,有能力聘请私人律师

E. 司法腐败导致对有权势的罪犯的庇护,而贪污、受贿等职务犯罪的构成要件是当事人有职权

【解题分析】

题干断定:贪污、受贿罪的定罪率较低的原因是因为贪污、受贿罪的被告能请到好的律师。

被告不等于罪犯。要使题干的分析成立,有一个条件必须满足,即被指控偷盗、抢劫的被告中罪犯的比例,不高于被指控贪污、受贿的被告。否则,如果事实上被指控偷盗、抢劫的被告中罪犯的比例,高于甚至远高于被指控贪污、受贿的被告,那么被指控偷盗、抢劫的被告的定罪率,自然要远高于被指控贪污、受贿的被告的定罪率,没有理由认为这种结果与所聘请的律师有实质性的联系。因此,如果 C 项为真,能有力地支持题干。

其余各项均不能有效地支持题干。题干讨论的是“定罪率”,是一个相对的比值,A

讨论绝对数量比,为明显无关选项;即使律师的某些情况相同,但是还可能有能力、影响力等其他方面的区别造成案件的审判结果的变化,B 项支持力度不足。D 项能削弱题干。E 项是干扰项,也能起到支持作用,但它只是支持题干的“贪污、受贿罪的定罪率较低”这个事实,不能支持“贪污、受贿罪的定罪率较低的原因是贪污、受贿罪的被告能请到好的律师”,也就是没有针对从前提到结论的推理过程,因此,没有 C 项好。(本题是支持论证,也就是支持从前提到结论的过程,假设是前提与结论的桥梁,因此,肯定假设的支持力度较大)据统计,被指控抢劫的定罪率要高于被指控贪污的定罪率。其重要原因是贪污的被告能聘。正确答案为 C。

案例 10-20:

壳牌石油公司连续三年在全球 500 家最大公司净利润总额排名中位列第一,其主要原因是该公司比其他公司有更多的国际业务。

下列哪项如果为真,则最能支持上述说法?

A. 与壳牌公司规模相当但国际业务少的石油公司的利润都比壳牌石油公司低

B. 历史上全球 500 家大公司的净利润冠军都是石油公司

C. 近三年来全球最大的 500 家公司都在努力走向国际化

D. 近三年来石油和成品油的价格都很稳定

E. 壳牌石油公司是英国和荷兰两国所共同拥有的

【解题分析】

题干断定的壳牌公司的因果关系为:

因:国际业务多;

果:利润高。

A 项是个无因无果的支持:

无因:国际业务少;

无果:利润低。

由求异法,就支持了利润与国际业务之间存在因果关系。

B、D 与国际化无关;C 谈的是“500 家公司”都在“国际化”,而题干强调的是各公司的国际化程度的差异;E 好像与国际业务有一定的关系,但国际业务的多少与公司是否由多国共管并无直接的关系。正确答案为 A。

案例 10-21:

1989 年以前,我国文物被盗情况严重,国家主要的博物馆中也发生了多起文物被盗案件,丢失珍贵文物多件。1989 年后,国家主要的博物馆安装了技术先进的多功能防盗系统,结果,此类重大盗窃案显著下降,这说明多功能防盗系统对于保护文物安全起到了重要作用。

以下哪项如果为真,最能加强上述结论?

A. 20 世纪 90 年代被窃的文物中包括一件珍贵的传世工艺品

B. 从 20 世纪 90 年代早期开始,私人收藏和小展馆中发生的文物失窃案件明显上升

C. 上述多功能防盗系统经过国家级的技术鉴定

D. 在 1989 年到 1999 年之间,主要博物馆为馆内重要的珍贵文物所付的保险金有了

较大幅度的增加

E. 在20世纪90年代初，文物失盗案件北方比南方严重，因为南方经济较发达，保护文物方法较先进

【解题分析】

题干根据安装新安全系统之后盗窃事件下降，认为这就是改进的安全系统起作用的结果。

私人收藏和小展馆没有新的安全系统，盗窃案上升，说明了安全系统和盗窃事件的关系，没有这个原因就没有这个结果，恰好说明盗窃案下降就是因为有了新的安全系统。B项正确。因此，本题正确答案是B。

案例10-22：

寻求一套普及性的伦理法则，是一个全球性法学理论研究课题。在中国，有求助于儒学者，有借助于西学者，更有倾心于宗教者。在我们看来，解决这个难题必须着眼于宪法和法律。

假设以下各项都属正确，判断哪一项最有可能是上述资料的加强型条件？

A. 重视精神文明建设，是中国自古以来的一大优良传统

B. 宪法和法律集中体现了人民的根本意志和价值观念，具有权威性、普遍性、科学性等特点

C. 极端个人主义者只想享受自己的权利而拒绝履行自己的义务，只向社会索取，不向社会奉献

D. 儒家学说既包含我国古老文化的优良传统，也有一些不适应社会主义时代的封建糟粕

E. 近十余年中国经济的腾飞是依赖于社会物质财富有效的积累

【解题分析】

题干的结论：解决这个难题必须着眼于宪法和法律。

其核心词："宪法和法律"。

考察选项：通过核心词定位答案，选项中只有B涉及。故，正确答案是B。

案例10-23：

提高教师应聘标准并不是引起目前中小学师资短缺的主要原因。引起中小学师资短缺的主要原因，是近年来中小学教学条件的改进缓慢，以及教师的工资的增长未能与其他行业同步。

以下哪项，如果为真，最能加强上述断定？

A. 虽然还有别的原因，但收入低是许多教师离开教育岗位的理由

B. 许多教师把应聘标准的提高视为师资短缺的理由

C. 有些能胜任教师的人，把应聘标准的提高作为自己不愿执教的理由

D. 许多在岗但不胜任的教师，把低工资作为自己不努力进取的理由

E. 决策部门强调提高应聘标准是师资短缺的主要原因，以此作为不给教师加工资的理由

【解题分析】

题干断定，中小学师资短缺的主要原因之一，是教师的工资增长滞后。A项直接加

强了这一断定。其余各项均不能加强题干的断定。

不能支持型考题的解题方法是可采取排除法，可将能与题干一致的选项（能支持题干的选项）排除掉，最后剩下的选项不管是与题干相矛盾、不一致还是不相干的都是不能支持的。即不能支持题干的答案必为削弱或无关项。因此，正确答案为 A。

案例 10－24：

某西方国家高等院校的学费急剧上涨，其增长率几乎达到通货膨胀率的两倍。1980～1995 年中等家庭的收入只提高了 82%，而公立大学的学费的涨幅比家庭收入的涨幅几乎大了 3 倍，私立院校的学费在家庭收入中所占的比例几乎是 1980 年的 2 倍。高等教育的费用已经令中产阶级家庭苦恼不堪。

以下除哪项外都为上文的观点进一步提供论据？

A. 尽管 1980～1996 年间消费价格指数缓慢增长了 79%，公立四年制大学的学费上涨了 256%

B. 私立学校的学费上涨比公立学校慢，从 1980 年到 1996 年上涨了 219%

C. 如果学费继续保持过去的增长速度，1996 年新做父母的人将来他们的子女上私立大学每年的学费和食宿费总额将多达 9 万美元

D. 政府对公立学校每个学生的补贴在学校收入中的比例从 1978 年的 66% 下降到 1993 年的 51%，而同一时期，学费在学校收入中所占比例从 16% 上升到 24%

E. 高教市场已开始显露竞争迹象，几家私立学校和公立学校已通过缩短攻读学位时间的办法来间接地降低学习费用

【解题分析】

题干观点：高等教育的费用不断上涨，已到了人们难以承受的地步。

考察选项得知，从 E 可以得出学习费用在降低的结论，与题干的观点“高等教育的费用已经令中产阶级家庭苦恼不堪”不符，不为题干的观点进一步提供论据。选项 A 指出公立大学的学费上涨大大超过消费价格指数的增长率，选项 B 指出私立学校的学费上涨率也大大超过家庭收入的增长率，都用数字为题干的观点进一步提供了论据。选项 C 用学费和食宿费总额的庞大数字增强题干的论点。选项 D 列举了学校经费来源的数字，说明学生家庭的教育开支在大幅度增加。正确答案为 E。

案例 10－25：

目前食品包装袋上没有把纤维素的含量和其他营养成分一起列出。因此，作为保护民众健康的一项措施，国家应该规定食品包装袋上明确列出纤维素的含量。

以下哪项，如果是真的，能作为论据支持上述论证？

Ⅰ. 大多数消费者购买食品时能注意包装袋上关于营养成分的说明。

Ⅱ. 高纤维食品对于预防心脏病、直肠癌和糖尿病有重要作用。

Ⅲ. 很多消费者都具有高纤维食品营养价值的常识。

A. 仅Ⅰ　B. 仅Ⅱ　C. 仅Ⅲ　D. 仅Ⅰ和Ⅱ　E. Ⅰ、Ⅱ和Ⅲ

【解题分析】

列出来的三部分内容从不同的方面作为论据支持了题干的论证：大多数消费者购买食品时能注意包装袋上关于营养成分的说明，这样在包装袋上列出纤维素的含量才有意

义;高纤维食品对于预防心脏病、直肠癌和糖尿病有重要作用,为了保护民众健康我们也需要明确列出纤维素的含量;很多消费者具有高纤维食品营养价值的常识,他们会去关心列出的纤维素含量。

因此,本题正确答案是 E。

案例 10 – 26:

W – 12 是一种严重危害谷物生长的病毒,每年要造成谷物的大量减产。科学家们发现,把一种从 W – 12 中提取的基因植入易受其感染的谷物基因中,可以使该谷物产生针对 W – 12 的抗体,从而大大减少损失。

以下各项如果为真,都能加强上述结论,除了:

A. 经验证明,在同一块土地上相继种植两种谷物,如果第一种谷物不易感染某种病毒,则第二种谷物通常也如此

B. 病毒的感染能力越强,则其繁衍能力越强,反之,则越弱

C. 植物通过基因变异获得的抗体会传给后代

D. 植物通过基因变异获得对某种病毒的抗体的同时,会增加对其他某些病毒的抵抗力

E. 植物通过基因变异获得对某种病毒的抗体的同时,会改变其某些生长特性

【解题分析】

题干结论:把一种从 W – 12 中提取的基因植入易受其感染的谷物基因中,可以使该谷物产生对 W – 12 的抗体,从而大大减少谷物减产。

考察选项后得知,E 项断定植物通过基因变异获得对某种病毒的抗体的同时,会改变其某些生长特性,至于这些特性是有利于还是不利于植物的生长,没有断定,因而也就无从断定有利于还是不利于减少 W – 12 对谷物造成的损失。因此,E 项如果为真,既不加强也不削弱题干的结论。其余选项都能加强题干结论。A 项证明这种方法不仅的确有效,还有其他的意外收获;B 项暗示基因改变后不仅病毒对作物的感染能力弱了,而且病毒的繁殖能力也会变弱,优点更加明显了;C 项说这种方法还可以遗传,优点更加突出;D 项与题干的说法一致。因此,正确答案为 E。

案例 10 – 27:

汽油酒精,顾名思义,是一种汽油酒精混合物。作为一种汽车燃料,和汽油相比,燃烧一个单位的汽油酒精能产生较多的能量,同时排出较少的有害废气一氧化碳和二氧化碳。以汽车日流量超过 200 万辆的北京为例,如果所有汽车都使用汽油酒精,那么,每天产生的二氧化碳,不比北京的绿色植被通过光合作用吸收的多。因此,可以预计。在世界范围内,汽油酒精将很快进军并占领汽车燃料市场。

以下各项如果为真,都能加强题干的论证,除了:

A. 汽车每公里消耗的汽油酒精量和汽油基本持平,至多略高

B. 和汽油相比,使用汽油酒精更有利于汽车的保养

C. 使用汽油酒精将减少对汽油的需求,有利于缓解石油短缺的压力

D. 全世界汽车日流量超过 200 万辆的城市中,北京的绿色植被覆盖率较低

E. 和汽油相比,汽油酒精的生产成本较低,因而售价也较低

【解题分析】

题干论证：由于汽油酒精比汽油的环保效果好，同时，北京的绿色植被能够完全吸收汽油酒精产生的二氧化碳，因此，汽油酒精将占领燃料市场。

A、D 项有争议。A 项指出汽油酒精的每公里消耗量和汽油基本持平或略高，由于同单位汽油酒精比汽油产生的有害废气低，因此，汽油酒精相对环保，有支持作用。D 指出北京的绿色覆盖率较低，也就是其他城市的绿色覆盖率较高，其他城市植被覆盖率高的话吸收二氧化碳就多。D 项实际上暗示：很可能即使继续使用汽油，其他城市的绿色覆盖也能够充分吸收汽油产生的过高的二氧化碳，那么就没必要普遍采用汽油酒精来达到环保的目的，所以 D 项有削弱结论的作用。

其余选项均有支持作用。比如，B 项指出了支持使用汽油酒精的另一个理由，C 项描述了使用汽油酒精的好处，E 项指出汽油酒精更便宜。因此，本题正确答案是 D。

案例 10－28：

户籍改革的要点是放宽对外来人口的限制，G 市在对待户籍改革上面临两难。一方面，市政府懂得吸引外来人口对城市化进程的意义；另一方面，又担心人口激增的压力。在决策班子里形成了“开放”和“保守”两派意见。

以下各项如果为真，都只能支持上述某一派的意见，除了：

A. 城市与农村户口分离的户籍制度，不适应目前社会主义市场经济的需要

B. G 市存在严重的交通堵塞，环境污染等问题，其城市人口的合理容量有限

C. G 市近几年的犯罪案件增加，案犯中来自农村的打工人员比例增高

D. 近年来，G 市的许多工程的建设者多数是来自农村的农民工，其子女的就学成为市教育部门面临的难题

E. 由于计划生育政策和生育观的改变，近年来 G 市的幼儿园、小学乃至中学的班级数量递减

【解题分析】

题干所述两派意见：①对外来人口的实行户籍限制；

②对外来人口实行户籍放开。

考察选项：D 项断定，近年来，G 市的许多工程的建设者多数是来自农村的农民工，这一断定支持了“开放”；D 项又断定，民工子女的就学成为市教育部门面临的难题，这一断定支持了“保守”。其余选项都只支持某一派的意见。因此，正确答案为 D。

案例 10－29：

某市教育系统评出了十所优秀中学，名单按它们在近三年中毕业生高考录取率的高低排序。专家指出不能把该名单排列的顺序作为评价这些学校教育水平的一个标准。

以下哪项如果是真的，能作为论据支持专家的结论？

Ⅰ. 排列前五名的学校所得到的教育经费平均是后五名的八倍。

Ⅱ. 名列第二的金山中学的高考录取率是 75%，其中录取全国重点院校的占 10%；名列第六的银湖中学的高考录取率是 48%。但其中录取全国重点院校的占 35%。

Ⅲ. 名列前三名的学校位于学院区，学生的个人素质和家庭条件普遍比其他学校要好。

A. Ⅰ、Ⅱ和Ⅲ　　B. 仅Ⅰ和Ⅱ　　C. 仅Ⅰ和Ⅲ

D. 仅Ⅱ和Ⅲ　　　　E. Ⅰ、Ⅱ和Ⅲ都不能

【解题分析】

专家观点:不能用高考录取率排名来评价“中学教育水平”。

考察选项:Ⅰ教育经费充足,可以用来改善软硬件水平,有利于提高教育水平。这就间接地说明排列前五名的学校高考录取率高还是与教育水平高有关,削弱了专家的观点;Ⅱ说明了高考录取率与重点院校录取率不成正比,单用高考录取率来评价“中学教育水平”未必恰当;Ⅲ说明了并非学校的教育水平高,而是生源素质好,所以高考录取率高,这也说明单用高考录取率来评价“中学教育水平”可能有很大疏漏。

因此,正确答案为D。

案例10-30:

有着悠久历史的肯尼亚国家自然公园以野生动物在其中自由出没而著称。在这个公园中,已经有10多年没有出现灰狼了。最近,公园的董事会决定引进灰狼。董事会认为,灰狼不会对游客造成危害,因为灰狼的习性是避免与人接触的;灰狼也不会对公园中的其他野生动物造成危害,因为公园为灰狼准备了足够的家畜如山羊、兔子等作为食物。

以下各项如果为真,都能加强题干中董事会的论证,除了:

A. 作为灰狼食物的山羊兔子等,和野生动物一样在公园中自由出没,这增加了公园的自然气息和游客的乐趣

B. 灰狼在进入公园前将经过严格的检疫,事实证明,只有患有狂犬病的灰狼才会主动攻击人

C. 自然公园中,游客通常坐在汽车中游览,不会遭到野兽的直接攻击

D. 麋鹿是一种反应极其敏捷的野生动物。灰狼在公园中对麋鹿可能的捕食将减少其中的不良个体,从总体上有利于麋鹿的优化繁衍

E. 公园有完备的排险设施,能及时地监控并有效地排除人或野生动物遭遇的险情

【解题分析】

董事会的论点:引进灰狼是合理的。

董事会的论据:①灰狼不会对公园中的其他野生动物造成危害;
　　　　　　　②灰狼不会对游客造成危害。

考察选项:B和C选项都意味着灰狼不会对人造成危害。D选项意味着灰狼不会对野生动物造成伤害,对麋鹿群体却是有好处的,还是能起到支持作用。E选项意味着灰狼不会对人和野生动物造成危害。A看上去像是加强了题干,其实是增强的自然气息,不是给灰狼吃的。况且这使得灰狼在捕食食物时,反而可能会对公园中的其他野生动物造成危害,这就有可能削弱题干中的论证。(只有把A改为,灰狼更喜欢吃并更容易捕食到山羊、兔子等家畜,这才能支持题干。)故A是最不能加强题干的,是无关选项。本题正确答案是A。

案例10-31:

李工程师:农科院最近研制了一种高效杀虫剂,通过飞机喷洒,能够大面积地杀死农田中的害虫。

张研究员:我看使用这种杀虫剂未必能达到保护农作物生长的目的,甚至可能适得

其反，因为这种杀虫剂在杀死害虫的同时，也杀死了农田中的各种益虫。

李工程师：你的观点缺乏说服力，因为我们之所以要保护益虫，就在于它能消灭危害农作物的害虫，而我们的杀虫剂起到了这个作用。

以下哪项如果为真，最能加强李工程师对张研究员观点的反驳？

A. 一般地说，害虫的生长繁殖能力和速度要高于益虫

B. 上述杀虫剂对人畜无害

C. 害虫比益虫更容易获得对于杀虫剂的抗药性

D. 上述杀虫剂的有效率，在同类产品中是最高的

E. 害虫的种类比益虫要多

【解题分析】

李工程师认为：因为杀虫剂能够有效杀灭害虫，所以没必要保护吃害虫的益虫。

考察选项：如果A项为真，意味着在消灭害虫方面，杀虫剂有益虫不可替代的作用，这就有力地加强了李工程师对张研究员观点的反驳；B指出杀虫剂的另一优点，略有加强的味道，但是没有涉及益虫问题，明显加强力度不够，排除；C说害虫比益虫更容易产生抗药性，意味着如果长期使用杀虫剂将起不到杀虫效果，反而因为益虫被杀死导致害虫更多，明显削弱李工程师的观点，排除；D、E为明显无关选项。

正确答案为A。

案例10－32：

小朱与小王在讨论有关用手习惯的问题。

小朱：在当今85～90岁的人中，你很难找到左撇子。

小王：在70年前，小孩用左手吃饭和写字就要挨打，所以被迫改用右手。

小王对小朱的回答能够加强下面哪个论断？

A. 天生的右撇子有生存优势，所以长寿

B. 用手习惯是遗传优势与社会压力的共同产物

C. 逼迫一个人改变用手习惯是可以办到的，也是无害的

D. 在过去的不同时代人们对用左手还是用右手存在着不同的社会态度

E. 小时候养成的良好习惯可以受用终生，而小时候的不良习惯也会影响终生

【解题分析】

小王的观点：①70年前小孩中有左撇子，这是遗传造成的；

②左撇子被迫习惯改用右手，是挨打等外在的压力造成的。

小王实际上是说，用手习惯是遗传优势与社会压力的共同产物。考察选项：小王的话加强了B项的断定。小王的话说明逼迫一个人改变用手习惯是可以办到的，但并没有说明这种改变是无害的。因此C项不成立。其余选项均不成立。

因此，本题正确答案是B。

第十一章 | CHAPTER 11

削 弱

削弱的特点

削弱的一般表现形式

削弱的求解方法

案例与解题技巧

第十一章 削 弱

一、削弱的特点

削弱(英文名称是 Weaken,即弱化)就是找出论证的漏洞。找出割裂题干论证的论据和结论之间关系的条件选项,将其加入到原前提中去,起到减低证据支持度,降低结论的可靠性作用的题型。其基本特点是:对结论、论据、前提对结论的支持力度、论证方式存在的逻辑漏洞进行反驳和质疑。

二、削弱的一般表现形式

削弱型题分为最能削弱和最不能削弱,其表现形式分别为:

(1)最能削弱型。此类题型的特点是题干中给出一个完整的论证或者表达某种观点,要求从备选项中寻找到最能反驳或削弱题干的选项。其提问的一般方式:"以下哪项如果为真,最能削弱上述论证","以下哪项如果为真,最可能削弱上述推断","以下哪项,如果正确,对上述结论产生最严重质疑",等。

(2)最不能削弱型。最不能削弱的题型的提问方式:"以下哪项如果为真,最不可能削弱上述论证的结论","以下哪项如果为真,最不可能质疑上述推断","以下各项都是对上述看法的质疑,除了",等等。

三、削弱的求解方法

1. 削弱题的解题思路。削弱题型的解题思路与加强题型的解题思路基本一致,只是其答案对题干的推理作用刚好相反。只要将某选项放入前提与结论之间,使题干推理成立或结论正确的可能性降低,这个选项就是正确答案。因此,削弱题答案既可以是段落或推理不成立的必要条件,又可以是充分条件。也可以是非充分又非必要条件。

我们知道,一个结论真实,必须满足两个条件:一是前提真实;二是推理或论证形式有效。要反驳或削弱某个论证,通常有以下途径:

<table>
<tr><th>有效论证的条件</th><th colspan="2">削弱论证的途径</th><th>削弱的具体方法</th></tr>
<tr><td>①结论真实</td><td rowspan="3">反驳或削弱结论</td><td>削弱论题
(削弱推理的结论)</td><td>①由前提和结论之间没有联系或有差异,推出前提不能必然得出结论。
②直接反对结论,指出结论是假的。</td></tr>
<tr><td>②前提真实</td><td>削弱论据
(削弱推理的前提)</td><td>反对原因,就是针对前提进行直接反对而达到推翻结论的效果,即论据不可行或论据没有意义。</td></tr>
<tr><td>③推理或论证形式有效</td><td>削弱论证方式
(削弱推理形式)</td><td>①指出论证不可行或没有意义,通常用“否定了题干论证潜在的假设就能动摇了论证的依据”的方法。
②存在别的因素影响推论,就是通过指出由其他可能来解释原文事实。</td></tr>
</table>

从操作层面上讲,对最不能削弱型案例题解答时,应该首先使用排除法,即把可能质疑题干、削弱题干的选项一一排除,最后剩下的不论是支持题干的选项还是与题干不相干的选项,都最不能削弱题干。像这种题型,如果直接去寻找“最不可能削弱”的选项,是会很费力的。

对最能削弱型案例题解答时,可以直接去寻找最能削弱题干的选项。所谓削弱题干,也就是要与题干唱反调。一般来说,削弱题干有两种方式:一是截断题干中的论据与论题的逻辑联系,又称为截断关系法;二是弱化题干中的论据,又称为弱化论据法或釜底抽薪法。

所谓截断关系法就是指,当题干中所表达的是“如果 p 那么 q”这样的充分条件关系时,就要找到“p 但并不 q”这样的选项来削弱它;当题干中所表达的是“只有 p 才 q”这样的必要条件关系时,就要找到“非 p 也 q”这样的选项来削弱它;当题干中不一定是某种确定的条件关系时,要寻找的也是与题干意思唱反调的选项。

所谓弱化论据法就是指,所要寻找的选项能够起到将题干的论据抽掉,或者使题干中的论据的支持作用减弱,从而使题干中的论题不成立或者使题干中的论题得不到充分的论证。

解答最能削弱题型时,读者同时也可以通过将不能削弱题干的选项一一排除,最后找到最能削弱题干的选项。

2. 削弱题的解题步骤。具体分以下几步:

(1)认清题型,抓住结论;

(2)明确题干得出结论的理由;

(3)弄清论证方式,找准削弱途径;

(4)准确采用削弱的方式方法。

四、案例与解题技巧

这部分案例在逻辑题库中,占比重比较大,现在结合具体案例讲授解题技巧与方法如下:

案例 11 – 1：

在本届全国足球联赛的多轮比赛中，参赛的青年足球队先后有六个前锋，七个后卫，五个中卫，两个守门员。比赛规则规定：在一场比赛中同一个球员不允许改变位置身份，当然也不允许有一个以上的位置身份，同时，在任一场比赛中，任一球员必须比赛到终场，除非受伤。由此可得出结论：联赛比中青年足球队上场的共有球员 20 名。

以下哪项为真，最能削弱以上结论？

A. 比赛中若有球员受伤，可由其他球员替补

B. 在本届全国足球联赛中，青年足球队中有些球员在各场球赛中都没有上场

C. 青年足球队中有些队员同时是国家队队员

D. 青年足球队的某个球员可能在不同的比赛中处于不同的位置

E. 根据比赛规则，只允许 11 个球员上场

【解题分析】

由题干不难看出，这是一个否定假设削弱题，即通过否定题干所依据的假设来达到削弱目的的削弱题型。我们知道削弱的一种重要方式是指出论证不可行或没有意义，就达到推翻结论的目的。因为假设联结着前提和结论，如果否定了潜在的假设，就能动摇论证的依据，从而说明题干推理是不可行的，也就很好地削弱了题干的论证。（以下 7 道题都是这种类型）

题干中根据某足球队多次比赛中先后出场的各位置上队员的人数总和，推断此球队的队员人数，得出该球队有 20 名球员的结论。要使题干推理成立，则必须假设每个球员在所有的比赛中处于相同的位置；否则，如果某个球员曾在不同的比赛中先后充当两个位置的角色，总人数就会多计算一个。

考察选项，D 项对假设进行了否定，因此，D 能削弱题干。A 讲的队员替补，如果还是用曾上场的固定位置的角色替换，仍然能得出"共有 20 名球员"的结论。B 不对，因为题干中说的是"上场的共有球员 20 名"，并未包括不上场的队员。C 与题干没有关系。E 不对，因为联赛中有多轮比赛。即使每场比赛严格限制 11 人上场，在多轮比赛中仍可能有 20 名队员上场。因此，本题正确答案是 D。

案例 11 – 2：

科学研究证明，非饱和脂肪酸含量高和饱和脂肪酸含量低的食物有利于预防心脏病。鱼通过食用浮游生物中的绿色植物使得体内含有丰富的非饱和脂肪酸"奥米加 – 3"。而牛和其他反刍动物通过食用青草同样获得丰富的非饱和脂肪酸"奥米加 – 3"。因此，多食用牛肉和多食用鱼对于预防心脏病都是有效的。

以下哪项如果为真，最能削弱题干的论证？

A. 在单位数量的牛肉和鱼肉中，前者非饱和脂肪酸"奥米加 – 3"的含量要少于后者

B. 欧洲疯牛病的风波在全球范围内大大减少了牛肉的消费者，增加了鱼肉的消费者

C. 牛和其他反刍动物在反刍消化的过程中，把大量的非饱和脂肪酸转化为饱和脂肪酸

D. 实验证明，鱼肉中含有的非饱和脂肪酸"奥米加 – 3"比牛肉中含有的非饱和脂肪酸更易被人吸收

E. 统计表明，在欧洲内陆大量食用牛肉和奶制品的居民中患心脏病的比例，要高于在欧洲沿海大量食用鱼类的居民中的比例

【解题分析】

题干的结论：多食用牛肉和多食用鱼有利于预防心脏病，根据是牛和其他反刍动物通过食用青草获得丰富的非饱和脂肪酸，而非饱和脂肪酸含量高的食物有利于预防心脏病。其隐含的假设：食用青草同样获得丰富的非饱和脂肪酸能保留在牛肉中。

考察选项，如果 C 项为真，则题干的上述假设就不成立了，这就有力地削弱了题干的论证。因此，本题正确答案是 C。

案例 11－3：

调查表明，一年中任何月份，18 至 65 岁的女性中都有 52% 在家庭以外工作。因此，18 至 65 岁的女性中有 48% 是全年不在外工作的家庭主妇。

以下哪项，如果为真，最严重地削弱了上述论证？

A. 现在离家工作的女性比历史上的任何时期都多

B. 尽管在每个月中参与调查的女性人数都不多，但是这些样本有很好的代表性

C. 调查表明将承担一份有薪工作为优先考虑的女性比以往任何时候都多

D. 总体上说，职业女性比家庭主妇有更高的社会地位

E. 不管男性还是女性，都有许多人经常进出于劳动力市场

【解题分析】

题干结论：18～65 岁的女性中有 48% 是全年不在外工作的家庭主妇。

题干论据：一年中任何月份，18～65 岁的女性中都有 52% 在外工作。

这个论证显然是有漏洞的。要使这个论证成立，必须隐含这样的假设：一年中任一月份，18～65 岁的女性中不在外工作的家庭主妇，在全年的所有月份中都不在外工作。

考察选项，如果 E 项为真，则否定了这个假设，即由于事实上许多妇女经常进出于劳动力市场，因此，上述条件很难成立，这就严重削弱了题干的论证。其余各项均不能削弱题干的论证。因此，正确答案是 E。

案例 11－4：

因偷盗、抢劫或流氓罪入狱的刑满释放人员的重新犯罪率，要远远高于因索贿、受贿等职务犯罪入狱的刑满释放人员。这说明，在狱中对上述前一类罪犯教育改造的效果，远不如对后一类罪犯。

以下哪项如果为真，最能削弱上述论证？

A. 与其他类型的罪犯相比，职务犯罪者往往有较高的文化水平

B. 对贪污、受贿的刑事打击，并没能有效地扼制腐败，有些地方的腐败反而愈演愈烈

C. 刑满释放人员很难再得到官职

D. 职务犯罪的罪犯在整个服刑犯中只占很小的比例

E. 统计显示，职务犯罪者很少有前科

【解题分析】

题干结论：偷盗等罪犯教育改造的效果，远不如职务犯罪的罪犯。

依据理由：在刑满释放人员中，偷盗等罪犯的重新犯罪率高于职务犯罪的罪犯。

要使题干论证成立，必须假设两类刑满释放人员重新犯罪的条件相当。

考察选项，C 项否定了上述假设，由于刑满释放人员很难再得到官职，这说明职务犯罪的刑满释放人员，和因偷盗、抢劫或流氓罪入狱的刑满释放人员相比，较难具备重新犯罪的条件，因此，不能根据偷盗、抢劫或流氓罪入狱的刑满释放人员的重新犯罪率高于职务犯罪的刑满释放人员，而得出结论，在狱中对上述前一类罪犯教育改造的效果，远不如对后一类罪犯。这就有力地削弱了题干的论证。其余各项均不能削弱题干。比如 E 项，职务犯罪者很少有前科，但偷盗、抢劫或流氓罪是否有前科，我们不知道，所以也无法比较，E 项充其量是个或然性削弱。故，正确答案是 C。

案例 11－5：

为了缓解城市交通拥挤的状况，市长建议对每天进入市区的私人小汽车收取 5 元的费用。市长说，这个费用将超过乘公交车进出市区的车费，所以很多人都会因此不再开车上班，而改乘公交车。以下哪项，如果为真，最严重地削弱了市长的结论？

A. 汽油价格的大幅上涨将增加开车上下班的成本

B. 对多数自己开车进入市区的人来说，在市区内停车的费用已经远远超过了乘公交车的费用

C. 多数现在乘公交车的人没有私人汽车

D. 很多进出市区的人反对市长的计划，他们宁愿承受交通阻塞也不愿交那 5 元钱

E. 在一个平常工作日，住在市区内的人的私人汽车占了交通阻塞时汽车总量的 20%

【解题分析】

题干中市长的建议建立在这样一个假设的基础之上，即如果在市区的停车费用超过乘公交车进出市区的车费，那么很多人都会不再开车上班，而改乘公交车。如果 B 项为真，则市长的这一假设就不成立，因而其结论就会被大大削弱。B 项意味着这些人可能都是有钱人，他们进入市区的费用早就超过乘公交车的费用，再加 5 元钱对他们来说也无所谓。

选项 A 没有削弱该市长的观点，即 5 美元将刺激人们换乘公共汽车；选项 C 使得如果吸引了新的乘客之后，公共汽车系统不太可能失去目前的乘客；选项 D 不合适，因为许多自己开车的人不转为乘坐公共汽车与许多自己开车的人转为乘坐公共汽车完全没有矛盾；选项 E 指出新进入市区的车辆占该城车流量的 80%，从而支持了该市长的建议。

因此，本题正确答案是 B。

案例 11－6：

黑脉金斑蝶的幼虫以乳草植物为食，这种植物所含的毒素使得黑脉金斑蝶对它的一些捕食动物有毒。副王峡蝶的外形和黑麦金斑蝶非常相似，但它的幼虫并不以乳草植物为食。因此可以得出结论，副王峡蝶之所以很少被捕食，是因为它和黑麦金斑蝶在外形上的相似。

以下哪项如果为真，最能削弱上述论证？

A. 有些动物在捕食了以乳草植物为食的昆虫后并不中毒

B. 仅仅单个蝴蝶对捕食者有毒并不能对它产生保护作用

C. 有些黑脉金斑蝶的捕食动物也捕食副王峡蝶

D. 副王峡蝶对大多数捕食动物都有毒

E. 只有蝴蝶才具有通过自身的毒性来抵御捕食者的保护机制

【解题分析】

题干结论：副王峡蝶之所以很少被捕食，是因为它和黑麦金斑蝶在外形上的相似。

依据理由：黑脉金斑蝶的幼虫以含有对其捕食动物有毒的乳草植物为食，而副王峡蝶的幼虫并不以乳草植物为食。

可见题干论证的假设是，蝶类在幼虫时以乳草植物为食则带毒，否则就不带毒。

考察选项，若D项为真，说明这一假设不成立，这就严重削弱了题干论证。因此，本题正确答案是D。

案例11－7：

现在能够纠正词汇、语法和标点符号使用错误的中文电脑软件越来越多，记者们即使不具备良好的汉语基础也不妨碍撰稿。因此培养新闻工作者的学校不必重视学生汉语能力的提高，而应注重新闻工作者其他素质的培养。

以下哪项如果为真，最能削弱上述论证和建议？

A. 避免词汇、语法和标点符号的使用错误并不一定能够确保文稿的语言质量

B. 新闻学课程一直强调并要求学生能够熟练应用计算机并熟悉各种软件

C. 中文软件越是有效，被盗版的可能性越大

D. 在新闻学院开设新课要经过复杂的论证与报批程序

E. 目前大部分中文软件经常更新，许多人还在用旧版本

【解题分析】

题干结论：培养新闻工作者不必重视学生汉语能力的提高。

依据理由：有了能够纠正词汇、语法和标点符号使用错误的中文电脑软件，记者即使不具备良好的汉语基础也不妨碍撰稿。

推理隐含的假设：避免词汇、语法和标点符号的使用错误就能够确保文稿的语言质量。

A项否定了这一假设，有力地削弱了题干的论证。因此，本题正确答案是A。

案例11－8：

高脂肪、高糖含量的食物有害人的健康。因此，既然越来越多的国家明令禁止未成年人吸烟和喝含酒精的饮料，那么，为什么不能用同样的方法对待那些有害健康的食品呢？应该明令禁止18岁以下的人食用高脂肪、高糖食品。

以下哪一项如果为真，则最能削弱上述建议？

A. 许多国家已经把未成年人的标准定为16岁以下

B. 烟、酒对人体的危害比高脂肪、高糖食物的危害要大

C. 并非所有的国家都禁止未成年人吸烟喝酒

D. 禁止有害健康食品的生产，要比禁止有害健康食品的食用更有效

E. 高脂肪、高糖食品主要危害中年人的健康

【解题分析】

如果前提和结论之间没有联系或有差异，从这个前提不能必然得出结论，也就很好

地起到了削弱的作用。这就叫因果差异削弱。包括下一题都是这种题型。

题干建议:"应该明令禁止18岁以下的人食用高脂肪、高糖食品"。

题干依据:"高脂肪、高糖含量的食物有害人的健康"。

考察选项,如果E项为真,即"高脂肪、高糖食品主要危害中年人的健康",那么意味着,高脂肪、高糖食品对未成年人的危害并不大,这就削弱了题干的建议。故,正确答案为E。

案例11-9:

近年来,立氏化妆品的销量有了明显的增长,同时,该品牌用于广告的费用也有同样明显的增长。业内人士认为,立氏化妆品销量的增长,得益于其广告的促销作用。

以下哪项如果为真,最能削弱上述结论?

A. 立氏化妆品的广告费用,并不多于其他化妆品

B. 立氏化妆品的购买者中,很少有人注意到该品牌的广告

C. 注意到立氏化妆品广告的人中,很少有人购买该产品

D. 消协收到的对立氏化妆品的质量投诉,多于其他化妆品

E. 近年来,化妆品的销售总量有明显增长

【解题分析】

题干断定:立氏化妆品销量的增长,得益于其广告的促销作用。

考察选项,选项B和C项都能削弱题干的结论,但是,B项是说立氏化妆品的广告几乎没有影响,C项是说立氏化妆品的广告有负影响,即起了负促销作用。显然,C项比B项更能削弱题干。因此,本题正确答案是C。

案例11-10:

目前的大学生普遍缺乏中国传统文化的学习和积累。根据国家教委有关部门及部分高等院校最近做的一次调查表明,大学生中喜欢和比较喜欢京剧艺术的只占到被调查人数的14%。

下列陈述中的哪一个最能削弱上述观点?

A. 大学生缺少对京剧艺术欣赏方面的指导,不懂得怎样去欣赏

B. 喜欢京剧艺术与学习中国传统文化不是一回事,不要以偏概全

C. 14%的比例正说明培养大学生对传统文化的学习大有潜力可挖

D. 有一些大学生既喜欢京剧,又对中国传统文化的其他方面有兴趣

E. 调查的比例太小,恐怕不能反映当代大学生的真实情况

【解题分析】

这是个以偏概全削弱题。以偏概全的削弱就是指出样本是特殊的,不具有代表性。以偏概全是不完全归纳推理时容易出现的逻辑错误,如果题干的推理出现了这种逻辑错误,削弱的方式就是拿出理由,说明用这种不完全归纳得出的结论是错误的。其实这类题型的削弱方式是"因果差异"的一种特例。(以下4道题都是这一题型)

题干观点:大学生普遍缺乏中国传统文化的学习和积累。

依据理由:大学生中喜欢和比较喜欢京剧艺术的只占到被调查人数的14%。

考察选项,B指出了"京剧艺术"与"中国传统文化"的区别,说明不能以不喜欢京剧

之“偏”概对中国传统文化的态度之“全”，有力地削弱了题干观点。A 是无关项。C 说“大有潜力可挖”，实际上承认大多数大学生缺乏中国文化的修养，支持了题干观点，显然不能削弱题干的观点。E 对调查方法提出质疑，怀疑样本数目太小，从某种意义上来说是削弱题干的观点。但根据统计学的知识可知，对总体（全国大学生）抽样做出判断的准确程度主要是看抽样是否有代表性，而不是看样本占总体的比例是否足够大（当总体很大时，此比例往往很小）。因此，从统计学的观点，E 也不足以对题干提出有力的质疑。因此，本题正确答案为 B。

案例 11－11：

妇女适合当警察的想法是荒唐的。妇女毕竟比男子平均矮 15 公分，轻 15 公斤。很明显在遇到暴力事件时，妇女没有男子有效。

以下哪项，如果为真，最能削弱以上命题？

A. 有些申请不当警察的妇女比在职的男警察长得高大

B. 警察必须经过 18 个月的强化训练

C. 在许多情况下，罪犯或受害者是妇女

D. 警察要求携带和使用枪支，而妇女通常胆小怕枪

E. 有许多警察部门的办公室职位妇女可做

【解题分析】

题干推理是：因为遇到暴力事件时，妇女没有男子有效，所以，妇女不适合当警察。如果 E 项为真，由于妇女可做警察部门的办公室职位，说明许多女警察可以不用来对付暴力事件，这就有力地削弱了题干的论证。本题正确答案是 E。

案例 11－12：

社会成员的幸福感是可以运用现代手段精确量化的。衡量一项社会改革措施是否成功，要看社会成员的幸福感总量是否增加，S 市最近推出的福利改革明显增加了公务员的幸福感总量，因此，这项改革措施是成功的。

以下哪项如果为真，最能削弱上述论证？

A. 上述改革措施并没有增加 S 市所有公务员的幸福感

B. S 市公务员只占全市社会成员很小的比例

C. 上述改革措施在增加公务员幸福感总量的同时，减少了 S 市民营企业人员的幸福感总量

D. 上述改革措施在增加公务员幸福感总量的同时，减少了 S 市全体社会成员的幸福感总量

E. 上述改革措施已经引起 S 市市民的广泛争议

【解题分析】

题干结论：福利改革增加了公务员的幸福感总量，因此，这项改革措施是成功的。

依据理由：社会改革措施是否成功的衡量标准要看社会成员的幸福感总量是否增加。

考察选项，D 项如果为真，则说明上述改革措施减少了全体社会成员的幸福感总量，因此，是不成功的。

A、E 项不能削弱;B、C 项也能起到削弱作用,但削弱力度不如 D 项。故,正确答案为 D。

案例 11-13:

莫大伟到吉安公司上班的第一天,就被公司职工自由散漫的表现所震惊,莫大伟由此得出结论:吉安公司是一个管理失效的公司,吉安公司的员工都缺乏工作积极性和责任心。

以下哪项为真,最能削弱上述结论?

A. 当领导不在时,公司的员工会表现出自由散漫

B. 吉安公司的员工超过 2 万,遍布该省十多个城市

C. 莫大伟大学刚毕业就到吉安公司,对校门外的生活不适应

D. 吉安公司的员工和领导的表现完全不一样

E. 莫大伟上班这一天刚好是节假日后的第一个工作日

【解题分析】

题干结论:吉安公司是一个管理失效的公司,其员工都缺乏工作积极性和责任心。

依据理由:莫大伟到吉安公司上班的第一天,发现该公司职工自由散漫。

考察选项:B 项能削弱题干,说明莫大伟犯了"以偏概全"的逻辑错误。

A、C、D、E 为无关项。故本题正确答案是 B。

案例 11-14:

周清打算请一个钟点工,于是上周末她来到惠明家政公司,但公司工作人员粗鲁的接待方式使她得出结论:这家公司的员工缺乏教养,不适合家政服务。

以下哪项如果为真,最能削弱上述论证?

A. 惠明家政公司员工通过有个性的服务展现其与众不同之处

B. 惠明家政公司员工有近千人,绝大多数为外勤人员

C. 周清是一个爱挑剔的人,她习惯于否定他人

D. 教养对家政公司而言并不是最主要的

E. 周清对家政公司员工的态度既傲慢又无礼

【解题分析】

周清根据公司的接待人员粗鲁,得出这家公司的员工缺乏教养,不适合家政服务的结论。显然她的推理是特例归纳,容易犯"以偏概全"的逻辑错误。

考察选项,B 项表明,公司员工有近千人,绝大多数为外勤人员。这意味着,不能根据个别的内勤人员缺乏教养就推出所有外勤员工都缺乏教养。B 项有力地削弱了题干论证,为正确答案。

D 项易误选,教养对家政公司而言不是最主要的,那也有可能是重要的,难以削弱题干,而且该项不能削弱题干从前提到结论的论证过程。因此,本题正确答案是 B。

案例 11-15:

目前,北京市规定在公共场所禁止吸烟。京华大学国际工商学院将自己的教学楼整个划定为禁烟区。结果发现有不少人在教学楼的厕所中偷偷吸烟,这一情况使得法规和校纪受到触犯。有管理人员建议说,应当把教学楼的厕所定为吸烟区,这样,将使得烟民

们有一个抽烟的地方而又不会使人们违反规定。

下列哪项如果为真,最能削弱上述建议的可行性?

A. 新的规定会把厕所的卫生和环境搞得非常糟糕,对不吸烟的人是不公平的

B. 抽烟的人会使厕所变成一个"烟囱",而且不利于烟民们戒烟

C. 当新规定实施后,那些烟民中的有些人又会逐渐在教学楼内厕所以外其他的禁烟区吸烟

D. 在厕所吸烟多了,在其他禁烟区发现违法者的可能性就小多了

E. 这个新规定对于解决因为吸烟造成的学生宿舍的失火问题不起作用

【解题分析】

这是反对方法削弱题。有一类削弱题的题干推理为"为达到一个目的而提出一个方法",要削弱题干,就要找出使这个方法不可行的选项。反对方法包括方法不可行和方法不可取。所谓不可行是指,计划、建议或方法达不到目标、目的或要解决的问题,计划、建议或方法本身不完善或不能执行,也就是无法那样做,或即使那样做也解决不了问题。所谓不可取,是指计划、建议或方法可能能达到目的,但有副作用,并且缺点往往大于优点,也就是不能那样做,那样做就有害。(以下5题均属这种类型)

题干:学院规定教学楼禁烟,有人在厕所偷吸。

管理人员建议:教学楼厕所定为吸烟区,以便于执行禁烟规定。

要解决"不少人在教学楼的厕所中偷偷吸烟"的问题,不能靠增加吸烟区的范围,而关键在于保证法规和校纪的遵守。"把教学楼的厕所定为吸烟区",并不能使这些违规的烟民意识到自己的过失,他们中的有些人完全有可能"会逐渐在教学楼内厕所以外其他的禁烟区吸烟",这样上述建议就不可行了。

考察选项,说明上述方法不可行的选项是C。因此,本题正确答案为C。

案例11-16:

目前,港南市主要干道上自行车道的标准宽度为单侧3米。很长一段时期以来,很多骑自行车的人经常在机动车道上抢道骑行。在对自行车违章执法还比较困难的现阶段,这种情况的存在严重地影响了交通,助长了人们对交通法规的漠视。有人向市政府提出,应当将自行车道拓宽为3.5米,这样,给骑自行车的人一个更宽松的车道而能够消除自行车抢道的违章现象。

下列哪项如果为真,最能削弱上述论点?

A. 拓宽自行车道的费用较高,此项建议可行性较差

B. 自行车道宽了,机动车走起来不方便,许多乘坐公共交通的人会很有意见

C. 拓宽自行车道的办法对于机动车的违章问题没有什么作用

D. 当自行车道拓宽到3.5米以后,人们仍会在缩小后的机动车道上抢道违章

E. 自行车车道拓宽,自行车车速加快,交通事故可能增多

【解题分析】

题干论点是,如果拓宽自行车道,自行车就不会再抢道,隐含着说自行车抢道的原因是因为自行车道窄。

考察选项,选项D正面削弱了这一论点,说明即使拓宽自行车道,人们仍会在机动车

道上抢道违章,说明这个建议不可行。选项 A、B、C、E 都是在谈论与该论点无关的一些其他推测,均应排除。正确答案为 D。

案例 11－17:

为了挽救濒临灭绝的大熊猫,一种有效的方法是把它们都捕获到动物园进行人工饲养和繁殖。

以下哪项如果为真,最能对上述结论提出质疑?

A. 在北京动物园出生的小熊猫京京,在出生 24 小时后,意外地被它的母亲咬断颈动脉而不幸夭折

B. 近五年在全世界各动物园中出生的熊猫总数是 9 只,而在野生自然环境中出生的熊猫的数字,不可能准确地获得

C. 只有在熊猫生活的自然环境中,才有它们足够吃的嫩竹,而嫩竹几乎是熊猫的唯一食物

D. 动物学家警告,对野生动物的人工饲养将会改变它们的某些遗传特性

E. 提出上述观点的是一个动物园主,他的提议带有明显的商业动机

【解题分析】

题干结论:人工饲养挽救大熊猫。

而对上述结论提出质疑就是指出此方法不可行。

考察选项,如果 C 项的断定为真,则动物园不可能为所有的大熊猫提供足够的嫩竹,因此,如果把大熊猫都捕获到动物园进行人工饲养和繁殖,它们几乎唯一的食物来源就会发生问题。这就对题干的结论提出了严重的质疑。D 是或然性削弱,E 是个外部削弱,质疑力度显然不如 C 项。A 和 B 项不能构成质疑。正确答案为 C。

案例 11－18:

新的法律规定,由政府资助的高校研究成果的专利将归学校所有。京华大学的管理者计划卖掉他们所有的专利给企业,以此来获得奖金,改善该校本科生的教育条件。

以下哪项如果为真,将对学校管理者的计划的可行性构成严重质疑?

A. 对学校专利产品感兴趣的盈利企业有可能对高校的研究计划提供赞助

B. 在新的税法中,对高校研究提供赞助的可以减免一部分税收

C. 在京华大学从事研究的科学家几乎完全不涉足本科生教育

D. 由政府资助的设在京华大学的研究机构的研究成果已经被一些企业自行研制出来

E. 京华大学不能吸引企业对其研究进行投资

【解题分析】

题干断定:京华大学为获得收益,决定卖掉他们所有的专利给企业。

质疑题干就是指出上述办法行不通。

考察选项,如果 D 项为真,表明京华大学的研究成果已经被一些企业自行研制出来,那么,京华大学在出卖其专利时将缺少市场,这对学校管理者的计划的可行性构成了严重质疑。因此,正确答案为 D。

案例 11－19：

纯种的蒙古奶牛一般每年产奶400升。如果蒙古奶牛与欧洲奶牛杂交，其后代一般每年可产2700升牛奶。为此，一个国际组织计划通过杂交的方式，帮助蒙古牧民提高其牛奶产量。

以下哪项，如果为真，对该国际组织的计划提出了最严重的质疑？

A. 并不是欧洲所有奶牛品种都可以成功地同蒙古奶牛杂交

B. 许多年轻的蒙古人认为饲养奶牛是一种很低贱的职业，因为它不如其他许多职业有利可图

C. 蒙古地区的放牧条件只适合饲养当地品种的奶牛，不适合杂交奶牛生长

D. 蒙古牧民出口到欧洲的主要产品是牛皮和牛角，而不是牛奶

E. 许多欧洲奶牛品种每年产奶超过2700升

【解题分析】

题干的计划是以蒙古牛与欧洲牛杂交来提高利润，理由是杂交牛产奶多。

作为削弱计划可行性的题目，一般是反对为实施计划而采用的方法。

考察选项，如果C项为真，则由于蒙古地区的放牧条件只适合饲养当地品种的奶牛，意味着杂交奶牛在蒙古不适合养殖，这就对上述国际组织的计划的可行性提出了最严重的质疑。因此，C为正确答案。

题干推理并未说到“所有的”，因此A不可能起到反对作用。虽然牛奶不是蒙古向欧洲出口的产品，但多产牛奶可以供应国内或向其他国家出口，D还是起不到削弱作用。E项易误选，但段落里面并未说出杂交牛最好，即使欧洲奶牛好，也不一定适应蒙古，而本题是让我们质疑计划的可行性，所以E不正确。因此，正确答案为C。

案例 11－20：

某乡间公路附近经常有鸡群聚集。这些鸡群对这条公路上高速行驶的汽车的安全造成了威胁。为了解决这个问题，当地交通部门计划购入一群猎狗来驱赶鸡群。

以下哪项如果为真，最能对上述计划构成质疑？

A. 出没于公路边的成群猎狗会对交通安全构成威胁

B. 猎狗在驱赶鸡群时可能伤害鸡群

C. 猎狗需要经过特殊训练才能够驱赶鸡群

D. 猎狗可能会有疫病，有必要进行定期检疫

E. 猎狗的使用会增加交通管理的成本

【解题分析】

反对方法的削弱就是指出“方法不可取”，即说明解决问题的办法本身就是个问题，有负面作用。

题干办法：用猎狗驱赶鸡群。

考察选项：A暗示用猎狗来驱赶鸡群，虽然可能减少鸡群对交通安全的威胁，但因此带来了猎狗对交通安全的威胁，这就有力地质疑了题干，为正确答案。

其余各项不能有力地削弱题干。B项认为伤害鸡群虽然会带来损失，但是跟交通安全无关；C项指出使用猎狗的计划有一定难度，但是并不意味着一定不可行；D项指出猎

狗计划需要其他手段支持.也不意味着不可行;E 项指出猎狗计划有不利的影响,但是不意味着猎狗计划不能解决交通安全问题。

正确答案为 A。

案例 11－21:

从国外引进的波儿山羊具有生长速度快、耐粗饲、肉质鲜嫩等特点,养羊效益高。我国北方某地计划鼓励当地农民把波儿山羊与当地的山羊进行杂交,以提高农民养羊的经济效益,满足发展高效优质羊肉的生产需要。

以下哪项如果为真,最能对上述计划的可行性提出质疑?

A. 波儿山羊耐高温不耐低温,杂交羊不能适应当地的气候条件

B. 并非所有的波儿山羊都可以与当地的山羊成功杂交

C. 当地许多年轻人认为饲养羊是低等的工作,因为养羊的利润比其他的工作的利润低

D. 当地许多人不喜欢波儿山羊

E. 当地一些山羊也具有生长快、耐粗饲、屠宰率高、肉质鲜嫩的优点

【解题分析】

题干计划通过杂交羊提高效益。提出质疑就是指出计划不可行。

考察选项,A 项指出杂交羊不能适应当地的气候条件,这样就对"把波儿山羊与当地的山羊进行杂交以提高农民养羊的经济效益"的计划的可行性提出了强烈的质疑。

B 项"并非所有"说明,有些甚至多数波儿山羊可以与当地的山羊成功杂交,这说明计划还是可行的。E 项当地一些山羊也具有这样的优点,虽然有些削弱作用,但最多质疑的是"波儿山羊与当地的山羊进行杂交"是否需要,并不能质疑这个计划本身的可行性。

故,本题正确答案是 A。

案例 11－22:

一位社会学家对两组青少年作了研究。第一组成员每周看暴力内容的影视的时间平均不少于 10 小时;第二组则不多于 2 小时。结果发现第一组成员中举止粗鲁者所占的比例要远高于第二组。因此,此项研究认为,多看暴力内容的影视容易导致青少年举止粗鲁。

以下哪项,如果为真,将对上述研究的结论提出质疑?

A. 第一组中有的成员的行为并不粗鲁

B. 第二组中有的成员的行为比第一组中有的成员粗鲁

C. 第二组中很多成员的行为很文明

D. 第一组中有的成员的文明行为是父母从小教育的结果,这使得他们能抵制暴力影视的不良影响

E. 第一组中很多成员的粗鲁举止是从小养成的,这使得他们特别爱看暴力影视

【解题分析】

这是因果倒置的削弱题型。因果关系一方面具有相对性,即一个现象对于某现象来说是结果,但对于另一现象来说是原因;因果关系另一方面又具有绝对性,即因果链条的

每个环节来说,原因和结果不可颠倒,在因果解释中,如果错把原因当结果,或者错把结果当原因,就犯了“因果倒置”的错误。如果题干根据某两类因素 p 和 q 紧密相关的事实,得出“p 是造成 q 的原因”这样的结论,那么削弱这一论证的一种有效方式,就是寻找一个选项来说明 p 不是造成 q 的原因,q 才是造成 p 的原因。以下两题都是这种类型。

题干根据:“看暴力内容的影视”与“青少年举止粗鲁”存在统计关联。

得出结论:前者是后者的原因。

质疑结论就是说后者才是前者的原因。

考察选项,E 项指出了题干犯了“因果倒置”的错误,即并非因为看暴力影视才造成举止粗鲁,而是因为举止粗鲁,所以爱看暴力影视。这有力地削弱了题干的结论。故,本题正确答案为 E。

案例 11 - 23:

一项关于婚姻的调查显示,那些起居时间明显不同的夫妻之间,虽然每天相处的时间相对要少,但每月爆发激烈争吵的次数,比起那些起居时间基本相同的夫妻明显要多。因此,为了维护良好的夫妻关系,夫妻之间应当注意尽量保持基本相同的起居规律。

以下哪项如果为真,最能削弱上述论证?

A. 夫妻间不发生激烈争吵不一定关系就好

B. 夫妻闹矛盾时,一方往往用不同起居的方式表示不满

C. 个人的起居时间一般随季节变化

D. 起居时间的明显变化会影响人的情绪和健康

E. 起居时间的不同很少是夫妻间争吵的直接原因

【解题分析】

题干根据“起居时间不同”与“夫妻不和”这两个现象存在统计相关,得出结论:起居时间影响夫妻关系。质疑结论就是说夫妻关系影响起居时间。

考察选项,B 项恰恰指出了,并非起居时间影响夫妻关系,而是夫妻关系影响起居时间。这就有力地削弱了题干的论证。故,正确答案为 B。

案例 11 - 24:

一项研究将一组有严重失眠的人与另一组未曾失眠的人进行比较,结果发现,有严重失眠的人出现了感觉障碍和肌肉痉挛,例如,皮肤过敏或不停的“眼跳”症状。研究人员的这一结果有力地支持了这样一个假设:失眠会导致周围神经系统功能障碍。

以下哪项如果为真,最能质疑上述假设?

A. 感觉障碍或肌肉痉挛是一般人常有的周围神经系统功能障碍

B. 常人偶尔也会严重失眠

C. 该项研究并非由权威人士组织实施

D. 周围神经系统功能障碍的人常患有严重的失眠

E. 参与研究的两组人员的性别与年龄构成并不完全相同

【解题分析】

题干结论:失眠会导致周围神经系统功能障碍。

质疑结论:神经功能障碍导致失眠。

考察选项如果 D 项为真,则有利于说明不是失眠会导致周围神经系统功能障碍,而是周围神经系统功能障碍的人常患有严重的失眠。这就有力地削弱了题干的论证。故,正确答案为 D。

案例 11-25:

一种新型飞机发动机的广告称:实验表明,其安全性能明显高于旧型发动机,只是燃料消耗略高。去年,两种型号的发动机同时销售,结果旧型发动机的销售量明显高于新型发动机。

这说明,飞机发动机的购买者并不把安全性作为首要考虑的因素。

依据以下哪项原则,最有助于反驳上述论证?

A. 所陈述的是事实,并不等于这个陈述广为人知

B. 所陈述的是事实,并不等于所陈述的事实被广泛认同

C. 所陈述的是事实,并不等于该事实最重要

D. 所陈述的是事实,并不等于其他陈述就不符合事实

E. 所陈述的是事实,并不等于未经陈述的就不是事实

【解题分析】

这是反对原因的削弱题型。反对原因型的基本特点是针对论证前提、原因、理由或论据进行反对而达到推翻结论的效果。解题时应当找出原因和结果,而选择答案时目标放在原因上,这也是这类削弱题的典型思路。虽然最终目的还是使结论不成立,但反对了原因,结论也就不攻自破了。反对原因型的解题特点是抓住原因,寻找原因中的关键词,一般是其主语或强调的对象,根据关键词来迅速定位选项。

题干前提:①新型飞机发动机的广告称,新型号比旧型号安全;

②事实上,新型号不如旧型号销量好。

题干结论:安全性并非客户的首要考虑。

题干论证的漏洞可能在于,也许实际情况是客户认为旧型号比新型号更安全,也就是说,该广告所陈述的即使是事实,也不等于该事实被广泛认同(事实不被广泛认同的情况并不鲜见)。因此,B 项所陈述的原则,最有利于反驳题干的论证。

A 项对题干的反驳力度不如 B 项,因为即使广为人知但只要不被广泛认同,还是得不出"安全性并非客户的首要考虑"这一结论。因此,本题正确答案是 B。

案例 11-26:

李教授:目前的专利事务所工作人员很少有科技专业背景,但专利审理往往要涉及专业科技知识。由于本市现有的专利律师没有一位具有生物学的学历和工作经验,因此难以处理有关生物方面的专利。

以下哪项如果为真,最能削弱李教授的结论?

A. 大部分科技专利事务仅涉及专利政策和一般科技知识,不需要太多的专门技术知识

B. 生物学专家对专利工作不感兴趣,因此专利事务所很少与生物学专家打交道

C. 既熟悉生物知识,又熟悉专利法规的人才十分缺乏

D. 技术专家很难有机会成为本专业以外的行家

E. 专利律师的收入和声望不及高科技领域的专家，因此难以吸引他们加入

【解题分析】

李教授结论：专利审理人员难以处理有关生物方面的专利。

李教授依据：专利审理往往要涉及专业科技知识。

质疑结论：从质疑根据开始，指出专利审理不涉及专业科技就可以了。

考察选项，A 项如果为真，就弱化了这一根据，因而也削弱了相关的结论。

因此，本题正确答案是 A。

案例 11－27：

张珊一直是甲班学习成绩最差的学生，但此次期末考试各科成绩均及格。因此，甲班在此次期末考试中将不会有学生不及格。

以下哪项如果为真，最能削弱上述论证？

A. 张珊此次期末考试各科的平均成绩不是甲班最差的

B. 张珊不是甲班学习成绩最差的学生

C. 考试成绩不能成为评价学生的唯一标准

D. 甲班学生李思由于迷恋网络，学习成绩急剧下降

E. 甲班学生王武在此次期末考试中有一门课程不及格

【解题分析】

这是反例削弱的题。所谓反例，就是与题干结论相矛盾的例子。反例削弱是指寻找一个题干论证的反例，从而削弱题干结论。

题干结论：甲班在此次期末考试中将不会有学生不及格。

质疑结论只要找出一个反例就可以了。

考察选项，E 项是题干结论的一个反例，有力地削弱了题干论证。正确答案为 E。

案例 11－28：

“常在河边走，哪有不湿鞋”。搞财会工作的，都免不了有或多或少的经济问题，特别是在当前商品经济大潮下，更是如此。

以下哪项，如果是真的，最有力地否定了上述断定？

A. 某投资信托公司的会计，经管财务三十年，拒受贿赂，一尘不染，多次受到表彰

B. 随着法制的健全，经济犯罪必将受到严厉的打击

C. 由于加强了两个文明建设，广大财会人员的思想觉悟有了明显的提高

D. 以上断定，宣扬的是一种“人不为己，天诛地灭”的剥削阶级世界观

E. “慎独”是中国的传统美德。这种传统美德必将发扬光大

【解题分析】

题干断定：搞财会工作就会有经济问题。

一般形式：如果 p 那么 q。

质疑题干只要举出搞财会工作但是没有经济问题的事例即可。

一般形式：p，但不 q。

考察选项，A 项是某投资信托公司的会计，搞财会工作但是没有经济问题，具有很强的削弱力度。

选项B、C、D、E并没有与题干论证直接相关。因此，正确答案为A。

案例11－29：

东进咨询公司的广告词如下："东进咨询团体的实力出众，可以使新创办的公司开业成功！请看我们的这六位客户：他们每个公司在开业的两年内都获得了可观的利润。不要再犹豫了，马上联系东进咨询公司，我们可以给你们提供金点子，保证开业成功！"

以下哪项如果为真，最能质疑上述广告词？

A. 东进咨询公司的客户开业后也有失败的记录

B. 除了东进咨询公司，上述六个公司还向其他咨询公司进行了咨询

C. 东进咨询公司的工作人员并非都是博士或拥有高级管理学位

D. 即使没有东进咨询公司的帮助，上述六个公司开业也会获得成功

E. 上述六个公司都是家具行业，东进咨询公司对其他行业的咨询效果一般

【解题分析】

这是无因有果的削弱题。无因有果的事实是反例的一种。无因有果的削弱题的特点是，如果题干逻辑推理"因为A，才B，所以A导致B"，则选项中存在"无A也有B"的事实，就是削弱性选项。实际上是提出一个反例，来达到反对结论的效果。（以下3道题都是这种类型）

题干结论：东进咨询公司能保证新创办的公司开业成功。

题干理由：东进咨询公司的六位客户在开业的两年内都获得了可观的利润。

质疑题干就是指出无东进公司也会获得利润。

考察选项，如果D项为真，上述六个公司的开业成功，与东进公司的咨询没有实质性的因果联系。

A项对结论有所削弱，B项是个另有他因的或然性削弱，C项不能削弱，D项直接针对题干论证进行了削弱，E项削弱力度很小。综合比较，D项的削弱力度最大。正确答案为D。

案例11－30：

在我国北方严寒冬季的夜晚，车辆前挡风玻璃会因低温而结冰霜。第二天对车辆发动预热后，玻璃上的冰霜会很快融化。何宁对此不解，李军解释道：因为车辆仅有的除霜孔位于前挡风玻璃，而车辆预热后除霜孔完全开启，因此，是开启除霜孔使车辆玻璃冰霜融化。

以下哪项如果为真，最能质疑李军对车辆玻璃冰霜迅速融化的解释？

A. 车辆一侧玻璃窗没有出现冰霜现象

B. 尽管车尾玻璃窗没有除霜孔，其玻璃上的冰霜融化速度与前挡风玻璃没有差别

C. 当吹在车辆玻璃上的空气气温增加，其冰霜的融化速度也会增加

D. 车辆前挡风玻璃除霜孔排出的暖气流排出后可能很快冷却

E. 即使启用车内空调暖风功能，除霜孔的功用也不能被取代

【解题分析】

李军解释：开启除霜孔导致车辆玻璃冰霜迅速融化。

质疑解释：举出一没有除霜孔冰霜也融化的反例就可以了。

考察选项，选项B指出，车尾玻璃窗没有除霜孔，后窗的冰同前挡风玻璃上的冰融化得一样快。因此，B项无因有果地削弱了该解释，因此，本题正确答案是B。

案例11-31：

去年经纬汽车专卖店调高了营销人员的营销业绩奖励比例，专卖店李经理打算新的一年继续执行该奖励比例，因为去年该店的汽车销售数量较前年增加了16%。陈副经理对此持怀疑态度。她指出，他们的竞争对手并没有调整营销人员的奖励比例，但在过去的一年也出现了类似的增长。

以下哪项最为恰当地概括了陈副经理的质疑方法？

A. 运用一个反例，否定李经理的一般性结论

B. 运用一个反例，说明李经理的论据不符合事实

C. 运用一个反例，说明李经理的论据虽然成立，但不足以推出结论

D. 指出李经理的论证对一个关键概念的理解和运用有误

E. 指出李经理的论证中包含自相矛盾的假设

【解题分析】

李经理结论：打算新的一年继续执行该奖励比例。

李经理依据：去年调高了营销人员的奖励比例，销售量较前年增加了16%。

陈副经理怀疑：竞争对手并没有调整营销人员的奖励比例，但去年也出现了类似的增长

陈副经理的质疑方法是运用一个反例，说明李经理的论据虽然成立但不足以推出结论。

考察选项，选项C项概括了陈副经理的质疑方法。因此，本题正确答案是C。

案例11-32：

美国的一个动物保护组织试图改变蝙蝠在人们心目中一直存在的恐怖形象。这个组织认为，蝙蝠之所以让人觉得可怕和遭到捕杀，仅仅是因为这些羞怯的动物在夜间表现出特别的活跃。

以下哪项如果为真，将对上述动物保护组织的观点构成最严重的质疑？

A. 蝙蝠之所以能在夜间特别活跃，是由于它们具有在夜间感知各种射线和声波的特殊能力

B. 蝙蝠是夜间飞行昆虫的主要捕食者。在这样的夜间飞行昆虫中，有很多是危害人类健康的

C. 蝙蝠在中国及其他许多国家同样被认为是一种恐怖的飞禽

D. 美国人熟知的浣熊和中国人熟知的食蚊雀，都是些在夜间特别活跃的羞怯动物，但一般并没有恐怖的印象

E. 许多视觉艺术品，特别是动画片丑化了蝙蝠的形象

【解题分析】

这是有因无果的削弱题型。有因无果的事实也是反例的一种。有因无果的削弱题的特点是，如果题干逻辑推理为："因为A~B，所以A导致B"，则选项中存在"有A也无B"的事实，就是削弱性选项。实际上也是提出一个反例，来达到反对结论的效果。下一

道也是此种类型。

题干动物保护组织的观点：蝙蝠之所以让人觉得可怕和遭到捕杀，是因为这些羞怯的动物在夜间表现出特别的活跃。

质疑就是指出有与其一样活跃的动物但没有被捕杀。

考察选项，D 项如果为真，则对上述观点提出了一个有力的反例：浣熊和食蚊雀，都是在夜间特别活跃的羞怯动物，但并没有给人造成恐怖的印象，因而是题干的观点的有力质疑。因此，正确答案为 D。

案例 11 - 33：

一个部落或种族在历史的发展中灭绝了，但它的文字会留传下来。“亚里洛”就是这样一种文字。考古学家是在内陆发现这种文字的。经研究，“亚里洛”中没有表示“海”的文字，但有表示“冬天”、“雪”和“狼”等的文字。因此，专家们推测，使用“亚里洛”文字的部落或种族在历史上生活在远离海洋的寒冷地带。

以下哪项如果为真，最能削弱上述专家的推测？

A. 蒙古语中有表示“海”的文字，尽管古代蒙古人从没见过海

B. “亚里洛”中有表示“鱼”的文字

C. “亚里洛”中有表示“热”的文字

D. “亚里洛”中没有表示“山”的文字

E. “亚里洛”中没有表示“云”的文字

【解题分析】

题干根据“亚里洛”文字中没有“海”，从而推测使用该文字的部落远离海洋。

质疑题干就是要说明经常见到事物，也没有留下文字。

考察选项，如果 E 项为真，则说明不能根据“亚里洛”中没有表示“海”的文字，就推测使用“亚里洛”文字的部落或种族在历史上生活在远离海洋的地带。因为“亚里洛”中没有表示“云”的文字，但使用“亚里洛”文字的部落或种族生活的地带不可能没有云。这就有力地削弱了专家的推测。A 项如果为真，也能起一定的削弱作用，但是有可能表示“海”的文字只出现于近现代蒙古语中，因此削弱力度不如 E。鱼还可以生活在河、湖中，未必在海里，B 排除。到处都可能有热或者山，C、D 排除。因此，正确答案为 E。

案例 11 - 34：

在目前财政拮据的情况下，在本市增加警力的动议不可取。在计算增加警力所需的经费开支时，光考虑到支付新增警员的工资是不够的，同时还要考虑到支付法庭和监狱新雇员的工资。由于警力的增加带来的逮捕、宣判和监管任务的增加，势必需要相关部门同时增员。

以下哪项如果为真，将最有力地削弱上述论证？

A. 增加警力所需的费用，将由中央和地方财政共同负担

B. 目前的财政状况，决不至于拮据到连维护社会治安的费用都难以支付的地步

C. 湖州市与本市毗邻，去年警力增加 19%，逮捕个案增加 40%，判决个案增加 13%

D. 并非所有侦察都导致逮捕，并非所有逮捕都导致宣判，并非所有宣判都导致监禁

E. 当警力增加与市民的数量达到一个恰当的比例时，将减少犯罪

【解题分析】

这是相反论据削弱的题型。这类削弱是指增加一个新的反对题干论证的论据，从而削弱题干结论。这是削弱题中比较普遍的一类削弱方式。下一题也是这种类型。

题干推理：因为警力增加会导致相关部门增员，所以，增加警力的动议不可取。

削弱题干：增加警力不会导致有关增员。

考察选项，E 项断定，当警力增加与市民的数量达到一个恰当的比例时，将减少犯罪，这就意味着在这样的条件下，相应的逮捕、宣判和监管任务不但没有增加，反而减少，因此并不需要相关部门同时增员。这就有力地削弱了题干的论证。

其中，A 项并没有断定增加财政是否能够负担警力所需的费用，不能削弱题干；B、C 项实际上对题干论证有所加强；D 所述"并非所有"即使成立，也说明警力增加会导致相关部门增员，也将加强题干论证。故，正确答案为 E。

案例 11－35：

关节尿酸炎是一种罕见的严重关节疾病，一种传统的观点认为，这种疾病曾于 2500 年前在古埃及流行，其根据是在所发现的那个时代的古埃及木乃伊中，有相当高的比例可以发现患有这种疾病的痕迹。但是，最近对于上述木乃伊骨骼的化学分析使科学家们推测，木乃伊所显示的关节损害实际上是对尸体进行防腐处理时使用的化学物质引起的。

以下哪项如果为真，最能进一步加强对题干中所提及的传统观点的质疑？

A. 在我国西部所发现的木乃伊中，同样可以发现患有关节尿酸炎的痕迹

B. 关节尿酸炎是一种遗传性疾病，但在古埃及人的后代中这种病的发病率并不比一般人的高

C. 对尸体进行成功的防腐处理，是古埃及人一项密不宣人的技术，科学家至今很难确定他们所使用物质的化学性质

D. 在古代中东文物艺术品的人物造型中，可以发现当时的人患有关节尿酸炎的参考证据

E. 一些古埃及的木乃伊并没有显示患有关节尿酸炎的痕迹

【解题分析】

传统观点是：关节尿酸炎曾于 2500 年前在古埃及流行。

质疑这一观点就是指出这种病没有被遗传。

考察选项，如果 B 项的断定为真，则由于这种疾病是遗传病，所以，如果题干中的传统观点成立，则这种病在古埃及人的后代中的发病率应该高于一般人。但事实上在古埃及人的后代中这种病的发病率不比一般人的高，因此，传统观点不能成立。正确答案为 B。

案例 11－36：

20 世纪 90 年代初，小普村镇建立了洗涤剂厂，当地村民虽然因此提高了收入，但工厂每天排出的大量污水使村民忧心忡忡：如果工厂继续排放污水，他们的饮用水将被污染，健康将受到影响。然而，这种担心是多余的。因为 1994 年对小普镇的村民健康检查发现，几乎没有人因为饮水污染而患病。

以下哪项为真.最能质疑上述论证?

A. 1994 年,上述洗涤剂厂排放的污水量是历年中较少的

B. 1994 年,小普镇的村民并非全体参加健康检查

C. 在 1994 年,上述洗涤剂厂的生产力量减少了

D. 合成洗涤剂污染饮用水导致的疾病需要多年后才会显现出来

E. 合成洗涤剂污染饮用水导致的疾病与一般疾病相比更难检测

【解题分析】

题干结论:担心饮用污染水导致疾病是多余的。

题干依据:1994 年健康检查没发现问题。

质疑结论只要指出"污染导致疾病若干年后才能发现"即可。也就是说,如果事实上合成洗涤剂污染饮用水导致的疾病需要多年后才会显现出来,那么就能说明,不能因为近年来该镇村民没有因水污染而得病,而得出被污染的饮用水不会影响健康的结论。

考察选项,D 项对题干的论证提出了有力的质疑。B 项和 E 项也能对题干有所质疑,但力度显然不如 D 项。其余选项不能对题干提出质疑。因此,本题正确答案是 D。

案例 11 - 37:

在某国的总统竞选中,争取连任的现任总统声言:"本届政府执政期间,失业率降低了两个百分点,可见本届政府的施政纲领是正确的。"

如果下列哪项为真,则能有力地削弱以上的申辩?

A. 政府用调低利率的办法来刺激工商业的发展,使通货膨胀率上升了 40%

B. 由于减轻了失业压力,从而减少了犯罪率

C. 就业人数增加,减轻了政府福利开支

D. 就业人数增加,刺激了人们学习职业技能的积极性

E. 失业率下降,新毕业的大学生就业容易了

【解题分析】

这是另有他因的削弱题。另有他因的削弱方式是相反论据的一种特例,就是指出还存在有别的因素影响推理。具体说如果题干是以一个事实、研究、发现或一系列数据为前提推出一个解释上述事实或数据的结论,要削弱这个结论,就可以通过指出有其他可能来解释原文事实,即存在别的因素影响推论。案例 38 至案例 59 都是这类题型,这类题型在管理类考试中几乎年年考。

总统的结论:施政纲领正确。

理由是:失业率降低。

要削弱结论就是要说明存在别的原因影响这个推理,即要想表明"本届政府的施政纲领是正确的",不能仅仅只看"失业率"的情况。

考察选项,A 项表明,通货膨胀率上升了,这就意味着政府的施政纲领不见得是正确的,从而有力地削弱了题干。选项 B、C、D、E 都是加强题干论证的,不能削弱现任总统的申辩。因此,本题正确答案是 A。

案例 11 - 38:

经过对最近十年的统计资料的分析,我们发现,某省因肺结核死亡的人数比例比起

全国的平均值要高两倍。而在历史上该省并不是肺结核的高发地区。看来,该省最近这十年的肺结核防治水平降低了。

如果以下哪项为真,则最能削弱上述论断?

A. 该省十年前的人口数量只是现在的五分之一

B. 该省的气候适合肺结核病疗养,很多肺结核患者在此地走过最后一段人生之路

C. 该省最近几年建设的步子迈得很大,到处都在修路盖楼

D. 该省的人均病床数量仅达到了全国的平均水平

E. 该省盛产椰子,椰子的产量比起十年前翻了一番

【解题分析】

题干断定:该省最近这十年的肺结核防治水平降低了。

依据原因:①肺结核死亡的人数比例比起全国的平均值要高两倍;

②历史上该省并不是肺结核的高发地区。

质疑断定只要指出另有其他原因就可以了。

考察选项,由 B 项可知,该省因患肺结核死亡的人数中,很大的数量是到该省来疗养的外来肺结核患者。因此,不能由近十年来该省患肺结核死亡人数比例较高,得出该省对患肺结核的防治水平降低的结论。因此,B 项削弱了题干的论断。

其余各项均不能削弱题干的论断。A 项讲的是该省现在人口多了,但题干讲的是因肺结核死亡的人数比例,是个相对比例,所以A项对题干起不到作用。故,正确答案为 B。

案例 11 - 39:

广告:世界上最好的咖啡豆产自哥伦比亚。在咖啡的配方中,哥伦比亚咖啡豆的含量越多,则配制的咖啡越好。克力莫公司购买的哥伦比亚咖啡豆最多,因此,有理由相信,如果你购买了一罐克力莫公司的咖啡,那么,你就买了世界上配制最好的咖啡。

以下哪项,如果为真,最能削弱上述广告中的论证?

A. 克力莫公司配制及包装咖啡所使用的设备和其他别的咖啡制造商的不一样

B. 不是所有克力莫公司的竞争者,在他们销售的咖啡中,都使用哥伦比亚咖啡豆

C. 克力莫公司销售的咖啡比任何别的公司销售的咖啡多得多

D. 克力莫公司的咖啡的价格是现在配制的咖啡中最高的

E. 大部分没有配制过的咖啡比最好配制的咖啡好

【解题分析】

题干根据:克力莫公司购买的优质咖啡豆最多。

得出结论:克力莫公司的咖啡最好。

要削弱这个论证,就是要说明存在别的因素影响推理。克力莫公司购买的哥伦比亚咖啡豆最多,只是其咖啡豆原料总量多。如果“克力莫公司销售的咖啡比任何别的公司销售的咖啡多得多”,表明其咖啡产量与咖啡豆原料总量之比,比别的公司要大,也就是说哥伦比亚咖啡豆单位含量要低。那么,克力莫公司的咖啡不见得就好。这就有力地削弱了题干的论证,因此,本题正确答案是 C。

案例 11-40:

春江市师范大学的同学们普遍抱怨各个食堂的伙食太差。然而唯独一年前反映最差的风味食堂,这一次同学抱怨的人数比较少。学校后勤部门号召其他各个食堂向风味食堂学习,共同改善学校学生关心的伙食问题。

下列哪项如果为真,则表明学校后勤部门的这个决定是错误的?

A. 各个食堂的问题不同,不能一刀切,要因地制宜,采取不同的措施

B. 风味食堂的进步是与其他各个食堂的支持分不开的

C. 粮食价格一天天上涨,食堂再努力,也"难为无米之炊"啊

D. 因为差,风味食堂就餐的人数比起其他食堂要少得多

E. 风味食堂的花样多,但是价格高,困难同学可吃不起

【解题分析】

后勤部门认为:风味食堂同学抱怨的人数比较少。

后勤部门隐含断定:风味食堂饭菜质量高。

质疑题干只要指出有其他的原因导致抱怨人数少即可。

这里,"抱怨的人数比较少"而不是抱怨的比例比较低,是题目的关键。为什么抱怨的人数比较少呢?不是因为伙食特别好,而是因为太差了,同学们都不去吃了,当然抱怨的绝对人数就少了。故,正确答案为 D。

案例 11-41:

在人口最稠密的城市中,警察人数占总人口的比例也最大。这些城市中的"无目云证人犯罪"的犯罪率也最低。看来,维持高比例的警察至少可达到有效地阻止此类犯罪的效果。

下列哪项如果为真,最能有效地削弱上述推论?

A. 警察的工作态度和巡逻频率在各个城市是有很大差别的

B. 高人口密度本身使得犯罪现场无目击证人的可能性减少

C. 许多发生在大城市的非暴力犯罪都与毒品有关

D. 人口稠密的城市中,大多数罪犯并不是被警察抓获的

E. 无目击证人犯罪在所有犯罪中本来就只占很小的比例

【解题分析】

题干推论是:高比例的警察至少可有效地阻止"无目击证人犯罪"。

由于目击证人可以是警察,也可以是市民,所以,高人口密度本身可以使得犯罪现场无目击证人的可能性减少。可见,B 项如果为真,就说明没必要维持高比例的警察。

选项 A、C 均为无关项。选项 D 说的是"抓获",题干说的是发生。选项 E 说无目击证人犯罪在所有犯罪中所占比例很小,但题干中比较的是各城市的相对水平,不是与其他类型的犯罪率比较。故,正确答案为 B。

案例 11-42:

在驾驶资格考试中,桩考(俗称考杆儿)是对学员要求很高的一项测试。在南崖市各驾驶学校以往的考试中,有一些考官违反工作纪律,也有些考官责任心不强,随意性较大,这些都是学员意见比较集中的问题。今年 1 月 1 日起,各驾驶学校考场均在场地的

桩上安装了桩考器,由目测为主变成机器测量,使场地驾驶考试完全实现了电脑操作,提高了科学性。

以下哪项如果为真,将最有力地怀疑了这种仪器的作用?

A. 机器都是人发明的,并且最终还是由人来操纵,所以,在执法中防止考官徇私仍有很大的必要

B. 场地驾驶考试也要包括考察学员在驾驶室中的操作是否规范

C. 机器测量的结果直接通过计算机打印,随意性的问题能完全消除

D. 桩考器严格了考试纪律,但是,也会引起部分学员的反对,因为,这样一来,就很难托关系走后门了

E. 桩考器如果只在南崖市安装,许多学员会到外地去参加驾驶考试

【解题分析】

题干断定:安装了桩考器,由目测变成机器测量,使场地驾驶考试完全实现了电脑操作,提高了科学性。

由题干知,安装在场地桩上的桩考器,显然只能从外部监测汽车在场地上的驾驶是否符合要求,而不能从内部考察学员在驾驶室中的操作是否规范,因此,如果B项的断定为真,即场地驾驶考试也要包括考察学员在驾驶室中的操作是否规范,这是桩考器无法完成的,这就有力地质疑了这种仪器的作用。

这道题的关键是对问题方向的把握。问题是对这种桩考器的作用的怀疑,那么,选项只有有力地削弱桩考器本身的作用才是正确的。A项也有一定的质疑作用,通过对考官素质的怀疑间接削弱桩考器,但其质疑的力度不如直接削弱了桩考器作用的B项。E项所述虽然许多学员会到外地去参加驾驶考试,但并不能削弱桩考器提高了科学性这个事实。C、D项也均不能构成对仪器作用的质疑。故,正确答案是B。

案例 11-43:

赵青一定是一位出类拔萃的教练。她调到我们大学执教女排才一年,球队的成绩突飞猛进。

以下哪项如果为真,最有可能削弱上述论证?

A. 赵青以前曾经入选过国家青年女排,后来因为伤病提前退役

B. 赵青之前的教练一直是男性,对于女运动员的运动生理和心理了解不够

C. 调到大学担任女排教练后赵青在学校领导哪里立下了军令状,一定要拿全国大学生联赛的冠军,结果只得了一个铜牌

D. 女排队员尽管是学生,但是对于赵青教练的指导都非常佩服,并自觉地加强训练

E. 大学准备建设高水平的体育代表队,因此,从去年开始,就陆续招收一些职业队的退役队员。女排只招到了一个二传手

【解题分析】

题干结论:赵青是一位出色的教练。

依据理由:执教一年,球队成绩突飞猛进。

质疑只要指出球队成绩好是另有原因即可。

考察选项,如果E项为真,则球队的成绩突飞猛进,可能是因为得益于作为职业球队

退役的二传手。这就有力削弱了题干论证。其余选项均不能削弱。因此,正确答案是 E。

案例 11-44:

由于工业废水的污染,淮河中下游水质恶化,有害物质的含量大幅度提高,这引起了多种鱼类的死亡。但由于蟹有适应污染水质的生存能力,因此,上述沿岸的捕蟹业和蟹类加工业将不会像渔业同行那样受到严重影响。

以下哪项如果是真的,将严重削弱上述论证?

A. 许多鱼类已向淮河上游及其他水域迁移

B. 上述地区渔业的资金向蟹业转移,激化了蟹业的竞争

C. 作为幼蟹主要食物来源的水生物蓝藻无法在污染水质中继续存活

D. 蟹类适应污染水质的生理机制尚未得到科学的揭示

E. 在鱼群分布稀少的水域中蟹类繁殖较快

【解题分析】

题干断定:沿岸的捕蟹业和蟹类加工业将不受严重影响。

依据理由:蟹不像鱼有适应污染水质的生存能力。

质疑只要指出蟹能适应污染也不行即可。由于"作为幼蟹主要食物来源的水生物蓝藻无法在污染水质中继续存活",幼蟹的生存受到威胁,上述沿岸的捕蟹业和蟹类加工业就一定会像渔业同行那样受到严重影响。

考察选项,选项 C 严重削弱了题干论证。其他选项都不合适。因此,正确答案为 C。

案例 11-45:

"净菜进万家"是目前"巧媳妇综合服务公司"正在大力开展的一项促销活动。他们在市场分析人员的建议下,选择了格物和致知这两所本城最著名的大学作为主攻方向。市场分析人员提交给他们的报告认为,格物和致知这两所大学,汇聚了众多国家宝贵的高级知识分子。提供洗净包好的"净菜"能够为他们节省大量的家务时间,更好地做好教学科研工作,因此会受到他们的欢迎。

以下哪项如果为真,能最为有力地对上述推论构成质疑?

A. 净菜的价格只比一般市场上卖的蔬菜略高

B. 格物和致知这两所大学的大部分家庭都雇佣了钟点工做各种家务,付给钟点工的报酬比买净菜所增加的开支还少一些

C. 对于净菜的卫生标准教师们还是信得过的,而且"巧媳妇"净菜还能提供上门送货服务。

D. 净菜的花样品种比一般市场卖的蔬菜要少一些,恐怕不能满足格物和致知两所大学这么多老师的口味

E. 买净菜对很多格物和致知大学的老师来说还是一件新鲜事,恐怕要有一个适应过程

【解题分析】

题干的结论为:针对格物和致知大学的净菜促销服务会受到欢迎。

理由是:净菜服务能够为这两所大学的高级知识分子节省大量的家务时间。

选项 A,净菜的价格不算太贵,是倾向于支持题干的;选项 C,净菜的卫生教师们信得

过,是支持性的。D 项,净菜的品种少些,对题干有所削弱,但削弱力度不大,因为品种少和节省时间其实是可权衡的;E 项,买净菜还是一件新鲜事,要有一个适应过程,这对题干有所削弱,但力度不大,因为适应后照样可以受欢迎。

选项 B,大部分家庭都雇佣了钟点工做各种家务,付给钟点工的报酬比买净菜所增加的开支还少一些。这样,既有成本比较的因素,又对于题干中“节省大量的家务时间”有很强的质疑,故 B 项削弱力度大。因此,正确答案为 B。

案例 11 -46:

鸡油菌这种野生蘑菇生长在宿主树下,如在道氏杉树的底部生长。道氏杉树为它提供生长所需的糖分。鸡油菌在地下用来汲取糖分的纤维部分为它的宿主提供养料和水。由于它们之间这种互利关系,过量采摘道氏杉树根部的鸡油菌会对道氏杉树的生长不利。

以下哪项如果为真,将对题干的论述构成质疑?

A. 在最近的几年中,野生蘑菇的产量有所上升

B. 鸡油菌不只在道氏杉树底部生长,也在其他树木的底部生长

C. 很多在森林中生长的野生蘑菇在其他地方无法生长

D. 对某些野生蘑菇的采摘会促进其他有利于道氏杉树的蘑菇的生长

E. 如果没有鸡油菌的滋养,道氏杉树的种子不能成活

【解题分析】

题干根据:鸡油菌为道氏杉树提供养料和水。

得出结论:过量采摘鸡油菌会对道氏杉树的生长不利。

如果 D 项的断定为真,则说明虽然过量采摘鸡油菌会直接割断和道氏杉树的互利关系,但“对某些野生蘑菇的采摘”就可能包括对鸡油菌的采摘,这样有可能促进其他有利于道氏杉树的蘑菇的生长,最终仍有可能对道氏杉树有利。这就构成了对题干的质疑。

其余各项均不能构成质疑。因此,正确答案为 D。

案例 11 -47:

1985 年,W 国国会降低了单身公民的收入税收比率,这对有两份收入的已婚夫妇十分不利,因为他们必须支付比分别保持单身更多的税。从 1985 年到 1995 年,未婚同居者的数量上升了 205%,因此,国会通过修改单身公民的收入税收比率,可使更多的未婚同居者结婚。

以下哪项如果为真,将最有力地削弱上述论证?

A. 从 1985 年至 1995 年,W 国的离婚率上升 185%,高离婚率对当事者特别是单亲子女造成的伤害,成为受到普遍关注特别是受到婚龄段青年人关注的社会问题

B. 在 H 国,国会并未降低单身公民的收入税收比率,但在 1985 年至 1995 年其间,未婚同居者的数量也有上升

C. W 国的税收率在相同发展水平的国家中并不算高

D. 从 1985 年至 1995 年,w 国的未婚同居者的数量并不呈直线上升,而是在 1990 年有所回落

E. W 国的未婚同居的现象,并不像在有些国家中那样受到道义上的指责

【解题分析】

题干结论:通过修改相应税率,可使更多的未婚同居者结婚。

依据理由:单身比结婚纳较少的税是未婚同居者的数量大幅上升的重要原因。

考察选项,如果A项的断定为真,则有理由认为,从1985年到1995年间,未婚同居者的数量大幅度上升的另外一个原因,是高离婚率所造成的伤害使得人们对结婚更为保守和谨慎。因此,光通过修改相应税率,未必能使更多的未婚同居者结婚。这就有力地削弱了题干的论证。故,正确答案为A。

案例11-48:

最近十年,地震、火山爆发和异常天气对人类造成的灾害比数十年前明显增多,这说明,地球正变得对人类愈来愈充满敌意和危险。这是人类在追求经济高速发展中因破坏生态环境而付出的代价。

以下哪项如果为真,最能削弱上述论证?

A. 经济发展使人类有可能运用高科技手段来减轻自然灾害的危害

B. 经济发展并不必然导致全球生态环境的恶化

C. W国和H国是两个毗邻的小国,W国经济发达,H国经济落后,地震、火山爆发和异常天气所造成的灾害,在H国显然比W国严重

D. 自然灾害对人类造成的危害,远低于战争、恐怖主义等人为灾害

E. 全球经济发展的不平衡所造成的人口膨胀和相对贫困,使得越来越多的人不得不居住在生态环境恶劣甚至危险的地区

【解题分析】

题干的结论是:人类破坏生态环境而付出代价。

根据是:最近十年,地震、火山爆发和异常天气对人类造成的灾害比数十年前明显增多。

如果E项为真,则有助于说明最近十年,地震、火山爆发和异常天气对人类造成的灾害比数十年前明显增多的原因,不在于生态环境本身的恶化,而在于越来越多的人不得不居住在生态环境恶劣甚至危险的地区,这不属于因破坏生态环境而付出的代价。这就有力地削弱了题干的论证。

其余各项均不能削弱题干的论证。其中,选项C所提及的W国和H国是两个毗邻的小国,而地震、火山爆发和异常天气所涉及的是大生态环境,因此,对二者的经济发展和受灾状况进行比较,对于揭示经济发展和生态环境的关系几乎没有意义。因此,本题正确答案是E。

案例11-49:

据统计,西式快餐业在我国主要大城市中的年利润,近年来稳定在2亿元左右。扣除物价浮动因素,估计这个数字在未来数年中不会因为新的西式快餐网点的增加而有大的改变。因此,随着美国快餐之父艾德熊的大踏步迈进中国市场,一向生意火爆的麦当劳的利润肯定会有所下降。

以下哪项如果为真,最能动摇上述论证?

A. 中国消费者对艾德熊的熟悉和接受要有一个过程

B. 艾德熊的消费价格一般稍高于麦当劳

C. 随着艾德熊的进入中国市场,中国消费者用于肯德基的消费将有明显下降

D. 艾德熊在中国的经营规模,在近年不会超过麦当劳的四分之一

E. 麦当劳一直注意改进服务,开拓品牌,使之在保持传统的基础上更适合中国消费者的口味

【解题分析】

题干论述:由于西式快餐在我国总的年利润已稳定不变,因此随着艾德熊进入中国市场,麦当劳的利润肯定会下降。

如果C项为真,则完全可能中国消费者原来用于肯德基的消费,转而用于艾德熊,这样,麦当劳的利润就不会下降,这就有力地动摇了题干的论证。

其余各项如果为真,比如A项,消费者对艾德熊的接受有个过程,还有E项,麦当劳一直在改进以适应消费者,这些最多只能说明麦当劳利润下降幅度不至于太大,难以说明这种利润不会下降,因此,难以动摇题干的论证。因此,本题正确答案为C。

案例 11－50:

据交通部去年对全国十个大城市的统计,S市的汽车交通事故率最低。S市在前年实施了汽车特殊安检制度,提高了安检的标准和力度。为了有效降低汽车交通事故率,其他大城市也应当像S市那样,对本市的汽车实施特殊安检。

以下哪项如果为真,最能削弱题干的论证?

A. 在上述十个大城市中,在S市行驶的汽车中外地汽车所占的比例最低

B. 在上述十个大城市中,去年S市的汽车交通事故中外地汽车肇事所占的比例最低

C. 在上述十个大城市中,在S市行驶的汽车的总量最少

D. S市去年的汽车交通事故的数量要少于前年

E. 在上述十个大城市中,H市也实行了和S市同样的特殊安检制度,但去年其汽车交通事故率要高于S市

【解题分析】

题干的观点为:S市的汽车交通事故率最低的原因是该市实施了汽车特殊安检制度。

B项为真,意味着虽然S市的汽车交通事故率最低,但由于S市的汽车交通事故中外地汽车肇事所占的比例最低,因此,完全可能S市实施特殊安检的本市汽车交通事故率并不低,削弱了题干的论证。

A指出S市的交通事故率受外来车辆的影响较小,意味着的确是由于本市汽车的某些变化导致了交通事故率的下降,支持题干。题目讨论的是"事故率",不受绝对数量影响,C排除。D为明显无关比较,排除。即使安检制度是有效的,而且各个城市都实施了同样有效的安检制度,那么还是会有事故率的高低之分,H的事故率高于S市不能说明安检制度无效,E不能削弱题干论述,排除。正确答案是B。

案例 11－51:

一项对30名年龄在3岁的独生孩子与30名同龄非独生的第一胎孩子的研究发现,这两组孩子日常行为能力非常相似,这种日常行为能力包括语言能力、对外界的反应能力以及和同龄人、他们的家长及其他大人相处的能力等等。因此,独生孩子与非独生孩

子的社会能力发展几乎一致。

以下哪项如果为真,最能削弱上述结论?

A. 进行对比的两组孩子是不同地区的孩子

B. 独生孩子与母亲的接触时间多于非独生孩子与母亲接触的时间

C. 家长通常在第一胎孩子接近3岁时怀有他们的第二胎孩子

D. 大部分参与此项目的研究者没有兄弟姐妹

E. 独生孩子与非独生孩子与母亲的接触时间和与父亲接触的时间是各不相同的

【解题分析】

题干依据:通过对3岁第一胎孩子的研究,发现独生孩子与非独生孩子的能力一致,由此得出结论:独生孩子与非独生孩子的社会能力发展几乎一致。

质疑只要指出另有他因即可。

考察选项,C项指出,实际上参与调查的头胎非独生孩子在3岁以前没有弟弟或妹妹,也即无法区分独生孩子和非独生孩子,影响行为能力的生活环境,对于他们来说是一样的。所以,调查的结果不能反映独生孩子与非独生孩子之间的差异(如果再过几年研究,就有明显差异了),因此,该项有力地削弱了题干结论,为正确答案。

两组孩子的地区不同而社会能力发展一致,并不一定表示如果两组孩子地区相同能力就会不一致,题干没有讨论地区问题,A排除;无论与母亲的接触时间如何,都不影响研究的结果B排除;D、E为无关项。因此,本题正确答案是C。

案例11-52:

小丽在情人节那天收到了专递公司送来的一束鲜花。如果这束花是熟人送的,那么送花人定知道小丽不喜欢玫瑰而喜欢紫罗兰。但小丽收到的是玫瑰。如果这束花不是熟人送的,那花中一定附有签字名片。但小丽收到的花中没有名片。因此,专递公司肯定犯了以下的某种错误:或者该送紫罗兰却误送了玫瑰;或者失落了花中的名片;或者这束花应该是送给别人的。

以下哪项如果为真,最能削弱上述论证?

A. 女士在情人节收到的鲜花一般都是玫瑰

B. 有些人送花,除了取悦对方外,还有其他目的

C. 有些人送花是出于取悦对方以外的其他目的

D. 不是熟人不大可能给小丽送花

E. 上述专递公司在以往的业务中从未有过失误记录

【解题分析】

题干论述:因为熟人不会送小丽不喜欢的玫瑰花,不是熟人一定会在花中放名片,而小丽收到的是玫瑰花并且没有名片,所以此专递公司或者送错了花,或者丢了名片,或者送错了人。

如果不是出于取悦对方的目的,熟人就可能送小丽不喜欢的花,并且符合熟人不放名片的条件,因此,如果C项为真,说明专递公司没有送错花或者丢了名片,严重削弱了题干论证。

E项对题干结论有所削弱,但没有削弱题干论证,因此不是答案;A为无关项;小丽不

喜欢玫瑰，送玫瑰达不到取悦的目的，B 排除；题干里已经讨论了不是熟人送花的情况，因此，D 与题干结论无关。因此，本题正确答案是 C。

案例 11 – 53：

在期货市场上，粮食可以在收获前就“出售”。如果预测歉收，粮价就上升，如果预测丰收，粮价就下跌，目前粮食作物正面临严重干旱，今晨气象学家预测，一场足以解除旱情的大面积降雨将在傍晚开始。因此，近期期货市场上的粮价会大幅度下跌。

以下哪项如果为真，最能削弱上述论证？

A. 气象学家气候预测的准确性并不稳定

B. 气象学家同时提醒做好防涝准备，防备这场大面积降雨延续过长

C. 农业学家预测，一种严重的虫害将在本季粮食作物的成熟期出现

D. 和期货市场上的某些商品相比，粮食价格的波动幅度较小

E. 干旱不是对粮食作物生长的最严重威胁

【解题分析】

题干推理：降雨导致粮食收成好，会进一步导致粮食价格下降。

C 项指出存在一种严重的虫害，所以粮食收成会受到影响，削弱了上面的论断。因此，本题正确答案是 C。

案例 11 – 54：

番茄红素、谷胱甘肽、谷氨酰胺是有效的抗氧化剂，这些抗氧化剂可以中和体内新陈代谢所产生的自由基。体内自由基过量会加速细胞的损伤从而加速人的衰老。因此为了延缓衰老，人们必须在每天饮食中添加这些抗氧化剂。

以下哪项如果为真，最能削弱上述论证？

A. 体内自由基不是造成人衰老的唯一原因

B. 每天参加运动可有效中和甚至清除体内的自由基

C. 抗氧化剂的价格普遍偏高，大部分消费者难以承受

D. 缺乏锻炼的超重者在体内极易出现自由基过量

E. 吸烟是导致体内细胞损伤的主要原因之一

【解题分析】

题干论述：抗氧化剂可中和体内的自由基，而体内自由基过量会加速衰老。因此为了延缓衰老，人们必须每天食用抗氧化剂。

考察选项，如果 B 项为真，说明可以通过运动来延缓衰老，而不必在每日的饮食中添加抗氧化剂。这就有力地削弱了题干的论证。

其余各项都不能削弱题干。A 项认为体内自由基不是造成人衰老的唯一原因，那意味着至少也是一个原因，食用抗氧化剂来消除自由基也是一个延缓衰老的办法。C 项只能说明，大部分消费者不具备条件采用题干的方式延缓衰老，而并不能说明他们可以不必采用题干的方式延缓衰老。因此，本题正确答案是 B。

案例 11 – 55：

研究发现，市面上 X 牌香烟的 Y 成分可以抑制 EB 病毒。实验证实，EB 病毒是很强的致鼻咽癌的病原体，可以导致正常的鼻咽部细胞转化为癌细胞。因此，经常吸 X 牌香

烟的人将减少鼻咽癌的风险。

以下哪项如果为真,最能削弱上述论证?

A. 不同条件下的实验,可以得出类似的结论

B. 已经患鼻咽癌的患者吸 X 牌香烟后并未发现病情好转

C. Y 成分可以抑制 EB 病毒,也可以对人的免疫系统产生负面作用

D. 经常吸 X 牌香烟会加强 Y 成分对 EB 病毒的抑制作用

E. Y 成分的作用可以被 X 牌香烟的 Z 成分中和

【解题分析】

题干断定:经常吸 X 牌香烟的人将减少鼻咽癌的风险。

断定依据:X 牌香烟的 Y 成分可以抑制 EB 病毒。

质疑就要指出,如果 Y 成分的作用可以被 X 牌香烟的 Z 成分中和,Y 成分就不能抑制 EB 病毒了,那么,经常吸 X 牌香烟的人将减少鼻咽癌的风险的结论就不成立了。

考察选项,E 项有力地削弱了题干论证。

B 项不能削弱题干。因为题干只断定 Y 成分有利于阻止正常的鼻咽部细胞转化为癌细胞,并没有断定 Y 成分有利于抑制或消除已经形成的癌细胞。C 项说明 Y 成分是有用的,前半句有支持作用,后半句说对免疫系统有负面作用,有削弱作用,但影响哪方面的免疫作用没说,因此,削弱力度不大。因此,本题正确答案 E。

案例 11 -56:

手球比赛的目标是将更多的球攻入对方球门,从而比对方得更多的分。球队的一名防守型选手专门防守对方的一名进攻型选手。旋风队的陈教练预言在下周手球赛中本队将战胜海洋队。他的根据是:海洋队最好的防守型选手将防不住旋风队最好的进攻型选手曾志强。

以下哪项如果为真,最能削弱陈教练的上述预言?

A. 近年来,旋风队输的场次比海洋队多

B. 海洋队防守型选手比旋风队的防守型选手多

C. 旋风队最好的防守型选手防不住海洋队最好的进攻型选手

D. 曾志强不是旋风队最好的防守型选手

E. 海洋队最好的进攻型选手防不住旋风队最好的防守型选手

【解题分析】

陈教练预言:旋风队在下周手球赛中将战胜海洋队。

预言根据:海洋队最好的防守型选手将防不住旋风队最好的进攻型选手。

考察选项,C 项如果为真,说明可以用与陈教练类似的论证方式得出与陈教练相反的预言,有力地削弱了题干。因此,本题正确答案 C。

案例 11 -57:

某单位检验科需大量使用玻璃烧杯。一般情况下,普通烧杯和精密刻度烧杯都易于破损。前者的破损率稍微高些,但价格便宜得多。如果检验科把下年度计划采购烧杯的资金全部用于购买普通烧杯,就会使烧杯数量增加,从而满足检验需求。

以下哪项如果为真,最能削弱上述论证?

A. 如果把资金全部用于购买普通烧杯，可能会将其中部分烧杯挪为他用

B. 下年度计划采购烧杯的数量不能用现在的使用量来衡量

C. 某些检验人员喜欢使用精密刻度烧杯而不喜欢使用普通烧杯

D. 某些检验需要精密刻度烧杯才能完成

E. 精密刻度烧杯使用更加方便，易于冲洗与保存

【解题分析】

题干的结论：资金应全部购买普通烧杯。

依据理由：普通烧杯和精密刻度烧杯都易于破损，但前者价格便宜得多。

考察选项，D 项如果为真，说明如果把资金全部用于购买普通烧杯，虽然会使烧杯数量增加，但不能有效满足检验需求。这最为有力地削弱了题干。因此，正确答案为 D。

案例 11－58：

和平基金会决定中止对 S 研究所的资助，理由是这种资助可能被部分地用于武器研究。对此，S 研究所承诺：和平基金会的全部资助，都不会用于任何与武器相关的研究。和平基金会因此撤销了上述决定，并得出结论：只要 S 研究所遵守承诺，和平基金会的上述资助就不再会有利于武器研究。

以下哪项最为恰当地概括了和平基金会上述结论中的漏洞？

A. 忽视了这种可能性：S 研究所并不遵守承诺

B. 忽视了这种可能性：S 研究所可以用其他来源的资金进行武器研究

C. 忽视了这种可能性：和平基金会的资助使 S 研究所有能力把其他资金改用武器研究

D. 忽视了这种可能性：武器研究不一定危害和平

E. 忽视了这种可能性：和平基金会的上述资助额度有限，对武器研究没有实质性意义

【解题分析】

题干结论：研究所遵守承诺，是和平基金会的资助不再会有利于武器研究的充分条件。

质疑就要指出还有其他原因。

考察选项，C 项是另有他因的削弱，事实上，如果和平基金会的资助使 S 研究所有能力把其他资金改用武器研究，那么，即使 S 研究所遵守"和平基金会的全部资助都不会用于任何与武器相关的研究"的承诺，和平基金会的上述资助还是会有利于武器研究。

其余选项均不能说明题干结论的条件关系不成立。比如 A 项，即使研究所并不遵守承诺，题干的结论的条件关系仍然可以成立。因此，本题正确答案是 C。

案例 11－59：

越来越多的有说服力的统计数据表明，具有某种性格特征的人易患高血压，而另一种性格特征的人易患心脏病，如此等等。因此，随着对性格特征的进一步分类研究，通过主动修正行为和调整性格特征以达到防治疾病的可能性将大大提高。

以下哪项，最能反驳上述观点？

A. 一个人可能会患有与各种不同性格特征均有关系的多种疾病

B. 某种性格与其相关的疾病可能由相同的生理因素导致

C. 某一种性格特征与某一种疾病的联系可能只是数据上的巧合,并不具有一般性意义

D. 人们往往是在病情已难以扭转的情况下,才愿意修正自己的行为,但已为时太晚

E. 用心理手段医治与性格特征相关的疾病的研究,导致心理疗法遭到淘汰

【解题分析】

案例59至案例64题都是间接因果的削弱型题。逻辑案例很大程度上是考查评价事物间的因果联系,找出题干推理的间接因果也是一种重要的削弱方式。在正常的情况下,结论一般都是:什么就是什么的证据,什么就能够导致什么。是一个肯定的语气。但是有些案例如果问的是某现象不是什么的证据,在结论里面带有一个否定语气。通常这样的案例往往是考查间接原因。在逻辑案例中,结论的说法是比较特殊的,一般的说法是一种肯定形式,而这里是以否定形式出现,这往往就属于考察间接原因。这种什么不是什么的原因,往往考察的是间接原因。下面列出几种常见的间接因果的削弱思路:

类别	题干论述	削弱思路	操作方法
思路一	A是B的原因,所以,A就不是C的原因	说明A是C的间接原因	只要说B和C是相关的,是B导致了C,就完成了削弱
思路二	A是C的原因,所以B就不是C的原因	说明B是A的间接原因	只要说B和A是相关的,正是B导致了A(A还是受B的影响)即可削弱
思路三	A没有导致B	可以说明A导致了C,C导致了B	
思路四	A现象总是伴随着B现象,所以,A是B的原因	说明A和B都是C的共同结果,C才是A和B发生的共同原因,这就有力地反驳了题干中A和B存在因果关系的观点	

题干统计发现甲现象(某性格特征)总伴随着乙现象(某疾病)出现,因此推断甲是乙的原因。

削弱思路:采用思路四。

考察选项:B项指出甲和乙可能是丙(某种生理因素)的共同结果。既然在性格特征和疾病之间没有确定的因果关联,通过主动修正行为和调整性格特征以防治疾病的设想就不具有可行性,从而反驳了题干中甲和乙存在因果关系(可通过调整性格来治病)的观点。

选项A表面上看好像能够削弱统计结论,其实它对该结论提供支持:某种性格导致某种疾病,他具有多种不同的性格,所以他患有多种不同的疾病。选项C是干扰项,也能起到削弱作用,但其本身的观点就不十分肯定,只对题干中的设想构成轻度质疑,没有B的削弱程度大。选项D、E与题干所问不相干。因此,本题正确答案为B。

案例11-60:

母亲:这学期冬冬的体重明显下降,我看这是因为他的学习负担太重了。

父亲:冬冬体重下降和学习负担没有关系。医生说冬冬营养不良,我看这是冬冬体

重下降的原因。

以下哪项，如果是真的，则最能对父亲的意见提出质疑？

A. 学习负担过重，会引起消化紊乱，妨碍对营养的正常吸收

B. 隔壁松松和冬冬一个班，但松松是个小胖墩，正在减肥

C. 由于学校的重视和努力，这学期冬冬和同学们的学习负担比上学期有所减轻

D. 现在学生的普遍问题是过于肥胖，而不是体重过轻

E. 冬冬所在的学校承认学生的负担偏重，并正在采取措施解决

【解题分析】

题干中的父亲认为体重下降的原因是营养不良，而非学习负担。其一般形式是：A是C的原因，所以B不是C的原因。

对此削弱：采取思路二。

考察选项，A项指出学习负担是营养不良的原因，这就说明学习负担还是体重下降的原因。这有力地削弱了父亲的观点。故，本题正确答案是A。

案例11-61：

近10年来，移居清河界森林周边地区生活的居民越来越多。环保组织的调查统计表明，清河界森林中的百灵鸟的数量近10年呈明显下降的趋势。但是恐怕不能把这归咎于森林周边地区居民的增多，因为森林的面积并没有因为周边居民人口的增多而减少。

以下哪项如果为真，最能削弱题干的论证？

A. 警方每年都接到报案，来自全国各地的不法分子无视禁令，深入清河界森林捕猎

B. 清河界森林的面积虽然没减少，但主要由于几个大木材集团公司的滥砍滥伐，森林中树木的数量锐减

C. 清河界森林周边居民丢弃的生活垃圾吸引了越来越多的乌鹃，这是一种专门觅食百灵鸟卵的鸟类

D. 清河界森林周边的居民大都经营农业，只有少数经营商业

E. 清河界森林中除百灵鸟的数量最近10年来呈明显下降趋势外，其余的野生动物生长态势良好

【解题分析】

题干断定百灵鸟的数量下降不能归咎于居民的增多。其一般形式是：A没有导致B。

削弱思路：思路三。

考察选项，如果C项的断定为真，则说明清河界森林周边居民的增多，造成了丢弃的生活垃圾的增多；丢弃垃圾的增多，造成了森林中乌鹃的增多；森林中乌鹃的增多，造成了对百灵鸟繁衍的破坏，因而造成了清河界森林中百灵鸟数量的减少。因此，虽然森林的面积没有减少，但清河界周边居民的增多，确实是百灵鸟减少的一个原因。这就有力地削弱了题干的论证。

其余各项均不能削弱题干的论证。因此，本题正确答案是C。

案例 11－62：

由风险资本家融资的初创公司比通过其他渠道融资的公司的失败率要低。所以，与诸如企业家个人素质、战略规划质量或公司管理结构等因素相比，融资渠道对于初创公司的成功更为重要。

以下哪项如果为真，最能削弱上述论证？

A. 风险资本家在决定是否为初创公司提供资金时，把该公司的企业家个人素质、战略规划质量和管理结构等作为主要的考虑因素

B. 作为取得成功的要素，初创公司的企业家个人素质比它的战略规划更为重要

C. 初创公司的倒闭率近年逐步下降

D. 一般来讲，初创公司的管理结构不如发展中的公司完整

E. 风险资本家对初创公司的财务背景比其他融资渠道更为敏感

【解题分析】

题干根据与其他渠道融资相比，由风险资本家融资的初创公司成功的可能性高，得出结论：融资渠道比企业家个人素质等其他因素更重要。

A 项指出企业家个人素质等是影响风险资本家的关键因素，有力地削弱了题干结论，为正确答案。

B 项引入一个新的比较，与融资渠道没有直接联系，排除；C 项明显为无关选项，排除；D 项讨论初创公司的结构，与题干论证无关，排除；E 项指出风险资本家对初创公司的财务背景更为敏感，题干没有涉及财务背景，排除。正确答案为 A。

案例 11－63：

北大西洋海域的鳕鱼数量锐减，但几乎同时海豹的数量却明显增加。有人说是海豹导致了鳕鱼的减少。这种说法难以成立，因为海豹很少以鳕鱼为食。

以下哪项如果为真，最能削弱上述论证？

A. 海水污染对鳕鱼造成的伤害比对海豹造成的伤害严重

B. 尽管鳕鱼数量锐减，海豹数量明显增加，但在北大西洋海域，海豹的数量仍少于鳕鱼

C. 在海豹的数量增加以前，北大西洋海域的鳕鱼数量就已经减少了

D. 海豹生活在鳕鱼无法生存的冰冷海域

E. 鳕鱼只吃毛鳞鱼，而毛鳞鱼也是海豹的主要食物

【解题分析】

题干论证：因为海豹很少以鳕鱼为食，所以，不可能是海豹数量的大量增加导致了鳕鱼数量的显著下降。一般形式：A 没有导致 B。

削弱论证：采用思路三。

考察选项，E 项如果为真，鳕鱼和海豹的主要食物都是毛鳞鱼，这就说明了海豹数量的大量增加会导致毛鳞鱼数量的显著下降，从而使鳕鱼的食物短缺，影响了鳕鱼的生存，这就有力地削弱了上面的论证。

A、B 为明显无关选项；C 暗示鳕鱼减少不是海豹的影响，支持题干；D 意味着海豹生活的地方没有鳕鱼，那么海豹的数量当然不影响鳕鱼，有支持题干论述的意思。因此，本题正确答案是 E。

案例 11－64：

学生家长：这学期学生的视力普遍下降，这是由于学生的书面作业的负担太重。

校长：学生视力下降和书面作业的负担没有关系。经我们调查，学生视力下降的原因，是由于他们做作业时的姿势不正确。

以下哪项如果为真，最能削弱校长的解释？

A. 学生书面作业的负担过重容易使学生感到疲劳，同时，感到疲劳，学生又不容易保持正确的书写姿势

B. 该校学生的书面作业的负担和其他学校相比确实较重

C. 校方在纠正学生姿势以保护视力方面做了一些工作，但力度不够

D. 学生视力下降是个普遍的社会问题，不唯该校然

E. 该校学生的书面作业负担比上学年有所减轻

【解题分析】

家长认为作业负担太重是学生视力下降原因。

校长认为做作业的姿势不正确（A）是视力下降（C）的原因，作业负担（B）不是视力下降（C）的原因。一般形式：A 是 C 的原因，所以，B 就不是 C 的原因。

对校长意见进行削弱，就要采用思路二。

根据思路二，考察选项，选项 A，作业负担重易使学生疲劳，而疲劳会使书写姿势不正确。这使得学生家长所指出的原因成为校长所指出的原因的深层次的原因，说明了学生视力下降还是由作业负担太重所导致，这对校长的解释而言是很大的一个质疑。

选项 B 是支持学生家长的，但还不能有力地削弱校长；C 项是无关项；选项 D、E 是支持校长的。因此，本题正确答案是 A。

案例 11－65：

某公司多年来实行一套别出心裁的人事制度，即每隔半年就要让各层次的干部、职工实行一次内部调动，并将此称做“人才盘点”。

以下哪项对这种做法的必要性提出质疑？

A. 这种办法破除了职位高低的传统观念，强调每一工作都重要

B. 人才盘点使技术人员全面了解生产流程，利于技术创新

C. 以此方式培养提拔的管理干部对公司的情况了如指掌

D. 干部、职工相互体会各自工作的困难，有利于团结互助

E. 工作交换时，由于情况生疏会出现不必要的失误

【解题分析】

这是反对结论的削弱题型。不管是反对前提还是反对结论，都是针对结论来削弱的，只不过反对前提属于间接的削弱，反对结论是更直接的削弱。首先明确题干的结论

或观点是什么,如果我们找到一个选项与其刚好相违背,即为正确答案。这类题的题干往往只是一段叙述,有结论但没有论证关系,正确选项就直接针对结论,因此,这类题(案例 66 和 67 案例)一般比较容易。

"不必要的失误"即指出"人才盘点"的负面作用,也就是对其必要性提出质疑。

考察选项 A、B、C、D 讲的都是"人才盘点"的正面作用,并没有对题干提出质疑。因此,本题正确答案是 E。

案例 11 - 66:

一种虾常游弋于高温的深海间歇泉附近,在那里生长有它爱吃的细菌类生物。由于间歇泉发射一种暗淡的光线。因此,科学家们认为这种虾背部的感光器官是用来寻找间歇泉,从而找到食物的。

下列哪项对科学家的结论提出质疑?

A. 实验表明,这种虾的感光器官对间歇泉发出的光并不敏感

B. 间歇泉光线十分暗淡,人类肉眼难以觉察

C. 间歇泉的高温足以杀死它附近的细菌

D. 大多数其他品种的虾的眼睛都位于眼柄的末端

E. 其他虾身上的感热器官同样能起到发现间歇泉的作用

【解题分析】

科学家断定这种虾背部的感光器官是用来寻找间歇泉,从而找到食物的。

考察选项,如果感光器官对间歇泉发出的光并不敏感,那么此感光器官是用来寻找间歇泉的说法就值得怀疑了,所以 A 项为正确答案。人无法感觉不意味着虾也无法感觉,B 为无关选项,排除(但是如果 B 修改为"喷泉发出的光太微弱了,以至于虾对光敏感的背部斑块无法感应",那么就可以为反对);选项 C、D 均为无关项;E 举出其他虾的感热器官也有此功能,但并未对题干中所讲的虾的感光器官有此功能有所怀疑。

因此,本题正确答案是 A。

案例 11 - 67:

美国法律规定,不论是驾驶员还是乘客,坐在行驶的小汽车中必须系好安全带。有人对此持反对意见。他们的理由是,每个人都有权冒自己愿意承担的风险,只要这种风险不会给别人带来损害。因此,坐在汽车里系不系安全带,纯粹是个人的私事,正如有人愿意承担风险去炒股,有人愿意承担风险去攀岩纯属他个人的私事一样。

以下哪项,如果为真,最能对上述反对意见提出质疑?

A. 尽管确实为了保护每个乘客自己,而并非为了防备伤害他人,但所有航空公司仍然要求每个乘客在飞机起飞和降落时系好安全带

B. 汽车保险费近年来连续上涨,原因之一,是由于不系安全带造成的伤亡使得汽车保险赔偿费连年上涨

C. 在实施了强制要求系安全带的法律以后,美国的汽车交通事故死亡率明显下降

D. 法律的实施带有强制性,不管它的反对意见看来多么有理

E. 炒股或攀岩之类的风险是有价值的风险,不系安全带的风险是无谓的风险

【解题分析】

反对意见:系不系安全带是个人私事,不会给别人带来损害。

要质疑它,就要说明系不系安全带不是个人私事,会给别人带来损害。

考察选项,如果B项为真,则说明不系安全带会影响别人,它引起的汽车保险费的上涨损害了全体汽车主的利益。这就对题干中的反对意见提出了有力的质疑。

其余各项均不能构成有力的质疑。比如C项,强制系安全带后交通事故死亡率下降,也只能说明安全带保护了本人,或者不系安全带给本人带来风险,并不能表明不系安全带给别人带来风险。正确答案为B。

注意:以上是个削弱变形题。以下案例69至案例74题也是这种类型。我们知道,加强和削弱是密切相关的,解题思路基本一致,只是答案对题干推理的作用刚好相反。再加上提问方式的不同和解题时运用排除法等,加强题型也可转化为削弱题型来考虑,削弱题型也可转化为加强题型来考虑。近年来,加强与削弱类案例改变提问方式增加难度,比如:"下列选项都能支持(或削弱)以上反对者的结论,除了",因此,分析此类案例头脑必须十分清醒。

削弱否定的结论就等于加强肯定的结论。比如原文认为A不是导致B的原因,要对其进行削弱,就可以指出A是B的间接原因,即指出A通过C而间接地导致了B。实际上也就支持了A是B的原因。

案例11-68:

为了祛除脸上的黄褐斑,李小姐在今年夏秋之交开始严格按使用说明使用艾利雅祛斑霜。但经过整个秋季三个月的疗程,她脸上的黄褐斑毫不见少。由此可见,艾利雅祛斑霜是完全无效的。

以下哪项如果是真的,最能削弱上述结论?

A. 艾利雅祛斑霜价格昂贵

B. 艾利雅祛斑霜获得了国家专利

C. 艾利雅祛斑霜有技术合格证书

D. 艾利雅祛斑霜是中外合资生产的,生产质量是信得过的

E. 如果不使用艾利雅祛斑霜,李小姐脸上的黄褐斑会更多

【解题分析】

要削弱结论,就要说明艾利雅祛斑霜是有效的。

事实上,如果不使用艾利雅祛斑霜,李小姐脸上的黄褐斑会更多。而且,经过三个月的使用,李小姐脸上的黄褐斑并没有变得更多(尽管没减少),这就说明艾利雅祛斑霜还是有效的。因此,E项有力地削弱了题干结论。正确答案为E。

案例11-69:

经过许多科学技术人员的攻关,目前DVD这种最新型的播放器的成本已经大大下降,单台的售价已经基本上与即将被淘汰的上一代播放设备TCD持平。有的市场分析人

员认为,即将会出现一次 DVD 的“热销狂潮”。而对于这种预测,明讯管理学院的周教授表示不能同意,认为热销之说过于乐观。

以下哪项不能支持周教授的观点?

A. 目前市场中录制在 DVD 播放所使用的激光盘的电影节目尚不多见

B. TCD 的技术虽然已经不很先进,但是 10 年以来已经占领了很大一部分市场,恐怕不会很快退出竞争

C. DVD 在美国的销量已经连续 2 年紧追彩电和冰箱,成为美国电器市场销售榜的第三名

D. 供 DVD 播放所使用的激光盘片的制作工艺非常特殊,经技术鉴定表明基本很难盗版

E. 比 DVD 要更先进的播放器 SVD 的研制工作已经结束,据晚报报道,大约半年时间就能够推出普通中国百姓能够买得起的 SVD 产品

【解题分析】

周教授的观点是“即将出现一次 DVD 热销狂潮”之说不成立。

其实本题就可转化为:下列哪项不能够质疑“即将出现一次 DVD 热销狂潮”之说?

考察选项,选项 A、B、D、E 都比较好地质疑“即将出现一次 DVD 热销狂潮”,只有选项 C 比较明显地支持“即将出现一次 DVD 热销”。因此,本题正确答案是 C。

案例 11-70:

调查表明,最近几年来,成年人中患肺结核的病例逐年减少。但是,以此还不能得出肺结核发病率逐年下降的结论。

以下哪项如果为真则最能加强上述推论?

A. 上述调查的重点是在城市,农村中肺结核的发病情况缺乏准确的统计

B. 肺结核早就不是不治之症

C. 和心血管病、肿瘤等比较,近年来对肺结核的防治缺乏足够的重视

D. 防治肺结核病的医疗条件近年来有较大的改善

E. 近年来未成年的人中的肺结核病例明显地增多

【解题分析】

题干中讲,不能从成年人中患肺结核的病例逐年减少得出肺结核发病率逐年下降的结论,为什么,最直接的可能性是成年人只是肺结核发病者的一部分。那么,另一部分是什么呢?未成年人。选项 E 将肺结核发病率分为两类,成年人和非成年人,那么,成年人病例的减少加上未成年人病例的明显增多,当然不能得出肺结核发病率逐年下降的结论。所以,正确答案为 E。

案例 11-71:

是否公开学生的学习成绩,已成为明讯管理学院的一个热点话题。很多学生认为学习成绩是个人隐私,需要得到保护,呼吁学院不要再公开发布学生的学习成绩。学院的管理部门经过慎重的考虑,决定今后所有的学习成绩统一通过电子函件的方式发送,每

个学生将只能收到自己的学习成绩。

以下各项为得知学院的这个决定后大家的一些反馈意见，其中哪项最能让学院的管理部门重新思考或修正他们的决定？

A. 学习成绩在奖学金的评定、研究生录取、毕业分配等方面是重要的指标，公开发布学生的学习成绩，能够让学生都来参与和监督这方面的工作。

B. 通过电子函件发送学生的学习成绩，会增加管理部门的工作量，恐怕工作人员还需要一段时间的适应

C. 部分学生尚不熟悉电子函件的收发，如果弄丢了自己的学习成绩，会给工作带来不必要的麻烦

D. 公开发布学生的学习成绩，虽然能起到一定的激励作用，但也会损伤一部分同学的自尊心

E. 电子函件的保密性并不绝对可靠，如果发生泄密，个人隐私的保护也同样会出现问题

【解题分析】

题干断定：学院考虑到成绩是隐私，决定不公布成绩而以电子邮件发给本人。

问题是要求找出削弱学院决定的选项，即要找出一个能表达“公开成绩还是有必要的”选项。

考察选项，A 项，公布成绩能让学生参与和监督，这就表明了公开成绩的必要性，为正确答案。其余选项都能支持学院的决定。因此，正确答案是 A。

案例 11 - 72：

一个已经公认的结论是，北美洲人的祖先来自亚洲。至于亚洲人是如何到达北美的呢，科学家们一直假设，亚洲人是跨越在 14000 年以前还连结着北美和亚洲，后来沉人海底的陆地进入北美的，在艰难的迁徙途中，他们靠捕猎沿途陆地上的动物为食。最近的新发现导致了一个新的假设，亚洲人是驾船沿着上述陆地的南部海岸，沿途以鱼和海洋生物为食而进入北美的。

以下哪项如果为真，最能使人有理由在两个假设中更相信后者？

A. 当北美和亚洲还连在一起的时候，亚洲人主要以捕猎陆地上的动物为生。

B. 上述连结北美和亚洲的陆地气候极为寒冷，植物品种和数量都极为稀少，无法维持动物的生存

C. 存在于 8000 年以前的亚洲和北美文化，显示出极大的类似性

D. 在欧洲，靠海洋生物为人的食物来源的海洋文化，最早发端于 10000 年以前

E. 在亚洲南部，靠海洋生物为人的食物来源的海洋文化，最早发端于 14000 年以前

【解题分析】

题干第一个假设断定，迁徙者是以沿途的动物为食，如果 B 项的断定为真，可知这样的动物当时难以存在，则题干中的第一个假设就难以成立。

A 项是支持第一个假设的理由。E 项能支持第二个假设，但力度不大。其余各项与

问题无关。正确答案为B。

案例11－73：

澳大利亚是个地广人稀的国家，不仅劳动力价格昂贵，而且很难雇到工人，许多牧场主均为此发愁。有个叫德尔的牧场主采用了一种办法，他用电网把自己的牧场圈起来，既安全可靠，又不需要多少牧牛工人。但是反对者认为这样会造成大量的电力浪费，对牧场主来说增加了开支，对国家的资源也不够节约。

以下哪项，如果为真，能够削弱批评者对德尔的指责？

A. 电网在通电10天后就不再耗电，牛群因为有了惩罚性的经验，不会再靠近和触碰电网

B. 节省人力资源对于国家来说也是一笔很大的财富

C. 使用电网对于牛群来说是暴力式的放牧，不符合保护动物的基本理念

D. 德尔的这种做法，既可以防止牛走失，也可以防范居心不良的人偷牛

E. 德尔的这种做法思路新颖，可以考虑用在别的领域以节省宝贵的人力资源

【解题分析】

批评者对德尔的指责：用电网把牧场圈起来的做法会造成大量的电力浪费。

考察选项，如果A项的断定为真，则题干中反对者所指责的电力浪费，即使存在，也至多只会持续10天，这就有力地削弱了题干中对德尔的指责。因此，正确答案是A。

案例11－74：

据《计算机》杂志评论员分析，新一代的巨星微机比目前市场上的其他品牌质量更高、速度更快、价格更低。因此，它会很快在市场上建立起自己的销售优势。

以下哪项，如果是真的，将最不能削弱上述论证？

A. 许多微机零售商店已经经销一种或数种低价位微机，他们并不想改变推出的品牌

B. 除了巨星微机，又将有几种优质、快速、低价位的微机新品牌推出

C. 巨星微机可以与其他厂家生产的高价位微机联网

D. 巨星微机所瞄准的个人或公司客户对微机的需求已基本饱和

E.《计算机》杂志评论员对巨星微机的高度评价并未被微机客户广泛接受

【解题分析】

题干根据：巨星微机比其他品牌在质量、速度、价格上更有优势。

得出结论：它会很快建立起销售优势。

考察选项，A、B、D、E项都以另有他因的方式，削弱了题干论证。选项C指出了巨星微机的兼容性，对题干结论是个支持，不能削弱题干论证。正确答案为C。

注意：此例为不能削弱型题。不能削弱型题的典型问法有："以下都是对题干结论的削弱，除了"，"除……之外，都削弱"，"以下哪项如果为真，则最不能削弱……的结论"，等等。不能削弱型考题的解题方法是可采取排除法，应先将能与题干唱反调的选项排除掉，最后剩下的选项不管是与题干不相干还是加强题干的都是不能削弱的。也即，不能削弱型题的正确答案必为加强或无关项。这种类型案例有案例74至案例83题。

案例 11－75：

最近的一项研究指出："适量饮酒对妇女的心脏有益。"研究人员对 1000 名女护士进行调查，发现那些每星期饮酒 3～15 次的人，其患心脏病的可能性较每星期饮酒少于 3 次的人为低。因此，研究人员发现了饮酒量与妇女心脏病之间的联系。

以下哪项如果为真，最不可能削弱上述论证的结论？

A. 许多妇女因为感觉自己的身体状况良好，从而使得她们的饮酒量增加

B. 调查显示：性格独立的妇女更愿意适量饮酒并同时加强自己的身体锻炼

C. 护士因为职业习惯的原因，饮酒次数比普通妇女要多一些。再者，她们的年龄也偏年轻

D. 对男性饮酒的研究发现，每星期饮酒 3～15 次的人中，有一半人患心脏病的可能性比少于 3 次的人还要高

E. 这项研究得到了某家酒精饮料企业的经费资助，有人检举研究人员在调查对象的选择上有不公正的行为

【解题分析】

题干的观点是适量饮酒对妇女的心脏有益，后面的调查是对这个观点的论证。

注意题干结论是有关饮酒量与妇女心脏病之间的关系，而不是与饮酒量与所有人心脏病的关系。

题干根据适量饮酒的比饮酒过少的女护士患心脏病的可能性低，得出饮酒量与妇女心脏病之间有因果关系的结论（即适量多饮酒是少得心脏病的原因）。

考察选项，A 项说明，饮酒较多者患心脏病的可能性较低，完全可能是由于她们的身体素质本来相对较好，也就是说不是多饮酒会减少心脏病，而是身体本来好（没心脏病）才多饮酒。这是对题干的一个因果倒置的削弱。

B 项说明，适量饮酒与心脏病无因果关系，这两者可能有个共同的原因，就是这些妇女性格独立，更愿意在适量饮酒的同时加强锻炼（而锻炼会减少心脏病的发生）。这是对题干的一个另有共同原因的削弱。

C 项说明，即使题干的调查属实，但由于女护士职业习惯多饮酒并且年龄也偏年轻，也就对整体的妇女不具有代表性，由女护士的情况推出妇女的情况就不可靠了。这是一个指出以偏概全的削弱。

D 项说明，男性饮酒多的反而比饮酒少的得心脏病的可能性高，这作为一个旁证，对题干结论是一个有因无果的削弱。

E 项说明，由于调查操作上的不公正与不规范，当然可以有力地质疑其结论的可信性。

既然各选项对题干都能削弱，本题就存在争议，问题是要比较哪个削弱力度最小。考虑到 D 项统计数据是基于对男性饮酒者的研究之上的，这种削弱没有直接针对题干论证，属于外部的旁证削弱，因此，削弱力度不如其余各项。因此，本题正确答案是 D。

案例 11－76:

老钟在度过一个月的戒烟生活后,又开始抽烟。奇怪的是,这得到了钟夫人的支持。钟夫人说:"我们处办公室有两位处长,年龄差不多,看起来身体状况也差不多,只是一位烟瘾很重,一位绝对不吸,可最近体检却查出这位绝不吸烟的处长得了肺癌。看来不吸烟未必就好。"

以下各项如果为真,除哪项外均能反驳钟夫人的这个推论?

A. 癌症和其他一些疑难病症的起因是许多医学科研工作者研究的课题,目前还没有一个确定的结论

B. 来自世界妇女大会的报告表明,妇女由于经常在厨房劳作,因为油烟的原因,患肺癌的比例相对较高

C. 癌症的病因大多跟患者的性格和心情有关。许多并不吸烟的人因为长期心情抑郁,也容易患癌症

D. 烟瘾很重的处长检查身体的结果还未出来,可能他的体检表会暴露更多的问题

E. 根据统计资料,肺癌患者中有长期吸烟史的比例高达 75%,而在成人中有长期吸烟史的只占 30%

【解题分析】

钟夫人的结论是:不吸烟未必就好。

理由是:两位处长中不吸烟的那位却得了肺癌。

反驳钟夫人的推论的办法之一是说明她举的案例有偏差或有失误,其中另有原因。

考察选项,选项 B 隐含了可能其中绝对不吸烟的处长是女性;选项 C 隐含了可能其中绝对不抽烟的处长长期心情抑郁;选项 D 说明了烟瘾很重的处长的体检结果可能更糟糕,吸烟比不吸烟还是糟糕。

反驳钟夫人的推论的办法之二是说明不吸烟就是好,吸烟就是不好。选项 E 用数据表明了有长期吸烟史的得肺癌的可能性高就说明了这一点。

只有选项 A,与题干并无太大关联,观点无定论,无法反驳钟夫人的推论。故,本题正确答案是 A。

案例 11－77:

据 S 市的卫生检疫部门统计,和去年相比,今年该市肠炎患者的数量有明显的下降。权威人士认为.这是由于该市的饮用水净化工程正式投入了使用。

以下哪项,最不能削弱上述权威人士的结论?

A. 和天然饮用水相比,S 市经过净化的饮用水中缺少了几种重要的微量元素

B. S 市的饮用水净化工程在五年前动工,于前年正式投入了使用

C. 去年 S 市对餐饮业特别是卫生条件较差的大排档进行了严格的卫生检查和整顿

D. 由于引进了新的诊断技术,许多以前被诊断为肠炎的病案,今年被确诊为肠溃疡

E. 全国范围的统计数字显示,我国肠炎患者的数量呈逐年明显下降的趋势

【解题分析】

题干中权威人士的结论是:S 市今年肠炎患者的数量比去年明显下降的原因,是由于

该市的饮用水净化工程正式投入了使用。

考察选项，如果 B 项的断定为真，则由于 S 市的饮用水净化工程于前年就投入了使用，因此，这一工程的使用，显然不能成为 S 市今年肠炎患者的数量比去年明显下降的原因。这削弱了题干的结论。

如果 C 项的断定为真，则存在这种可能性：S 市对餐饮业严格的卫生检查和整顿是在接近去年年底进行的。作为这种检查的结果，今年该市餐饮业的卫生状况比去年有明显改善，这又可能是今年肠炎患者的数量比去年明显下降的主要原因。这削弱了题干的结论。

如果 D 项的断定为真，则今年肠炎患者的数量比去年明显下降的主要原因，可能是在去年会被诊断为肠炎的病例，今年被确诊为肠溃疡。这削弱了题干的结论。

如果 E 项的断定为真，则说明可能是某种在全国范围内一般性的原因造成了 S 市肠炎患者的逐年减少。这削弱了题干的结论。

如果 A 项为真，则只有满足下述条件，题干的结论才可能被削弱：缺少所提及的微量元素会降低人对肠炎的抵抗力。但题干并没有断定这一点，相比较而言，A 项最不能削弱题干的结论。因此，本题正确答案是 A。

案例 11－78：

一个医生在进行健康检查时，如果检查得足够彻底，就会使那些本没有疾病的被检查者无谓地饱经折腾，并白白地支付了昂贵的检查费用；如果检查得不够彻底，又可能错过一些严重的疾病，给病人一种虚假的安全感而延误治疗。问题在于，一个医生往往很难确定该把一个检查进行到何种程度。因此，对普通人来说，没有感觉不适就去接受医疗检查是不明智的。

以下各项如果为真，都能削弱上述论证，除了：

A. 有些严重疾病早期就有病人自己能察觉的明显症状。

B. 有些严重疾病早期虽无病人能察觉的明显症状，但这些症状并不难被医生发现。

C. 有些严重疾病只有经过彻底检查才能发现。

D. 有些经验丰富的医生可以恰如其分地把握检查的彻底程度。

E. 有些严重疾病发展到病人有明显不适已错过了治疗的最佳时机。

【解题分析】

题干的结论是：对普通人来说，没有感觉不适就去接受医疗检查是不明智的。

考察选项，A 项断定，有些严重疾病早期就会出现病人自己能察觉的明显症状，其中显然最可能包括某种程度的感觉不适，因此，这和题干的结论及其论证无关，既不加强也不削弱题干。其余各项均能削弱题干论证。B 项断定，有些严重疾病早期虽无明显症状，但容易被医生发现，说明没有感觉不适的情况去接受医疗检查是明智的。C 项断定，有些严重疾病只有经过彻底检查才能发现，这指出了彻底健康检查的一种重要的正面作用，因而能削弱题干的论证。D 项断定，有些经验丰富的医生可以恰如其分地把握检查的彻底程度，说明彻底的健康检查有正面作用。E 项断定，有些严重疾病发展到病人有明显不适已错过了治疗的最佳时机，说明应该早点接受彻底的检查。因此，本题正确答案是 A。

案例 11-79：

因为青少年缺乏基本的驾驶技巧，特别是缺乏紧急情况的应对能力，所以必须给青少年的驾驶执照附加限制。在这点上，应当吸取 H 国的教训。在 H 国，法律规定 16 岁以上就可申请驾驶执照。尽管在该国注册的司机中 19 岁以下的只占 7%，但他们却是 20% 的造成死亡的交通事故的肇事者。

以下各项有关 H 国的判定如果为真，都能削弱上述议论，除了：

A. 和其他人相比，青少年开的车较旧，性能也较差

B. 青少年开车时载客的人数比其他司机要多

C. 青少年开车的年均公里（即每年平均行驶的公里数）要高于其他司机

D. 和其他司机相比，青少年较不习惯系安全带

E. 据统计，被查出酒后开车的司机中，青少年所占的比例，远高于他们占整个司机总数的比例

【解题分析】

题干论述：青少年缺乏基本的驾驶技巧和紧急情况的应对能力，因此，必须给青少年的驾驶执照附加限制。

题干以 H 国的实例来加强其论据：在该国注册的司机中 19 岁以下的只占 7%，但他们却是 20% 的造成死亡的交通事故的肇事者。

考察选项，A、D 和 E 项如果为真，则说明造成青少年驾车事故的另外一些原因，并非是他们缺乏基本的驾驶技巧，也并非是他们缺乏紧急情况的应对能力。这就削弱了题干的议论。

C 项如果为真，则说明青少年驾车事故率较高的原因之一，是因为他们有较高的年均驾驶公里数。因为显然年均驾驶公里数较高，则发生交通事故的可能性也较高。这以另有他因的方式对题干有所削弱。

B 项不能削弱题干或削弱力度不足。因为：第一，这是个概念陷阱，题干的论据涉及的是造成死亡的交通事故率，即造成死亡的交通事故中，有多大的比例是青少年驾车所致，而不是交通事故的死亡率，即交通事故造成的死亡人数中，有多大的比例是青少年驾车所致。第二，即使认为人多，可能事故多，这对题干有所削弱，但题干没讲超载，在正常载客范围内，也不至于人多事故就多，不能递进推理。

即使你坚持认为 B 能削弱题干，那也得看其他选项是否有明显不能削弱的选项，而我们发现本题其他选项都能明显削弱题干，那么，相比较而言，不能削弱项就得选 B 了。因此，本题正确答案是 B。

案例 11-80：

据医学资料记载，全球癌症的发病率 20 世纪下半叶比上半叶增长了近十倍，成为威胁人类生命的第一杀手。这说明，20 世纪下半叶以高科技为标志的经济迅猛发展所造成的全球性生态失衡是诱发癌症的重要原因。

以下哪项，如果为真，最不能削弱上述论证？

A. 人类的平均寿命，20 世纪初约为 30 岁，20 世纪中叶约为 40 岁，目前约为 65 岁，癌症高发病率的发达国家的人均寿命普遍超过 70 岁

B. 20世纪上半叶，人类经历了两次世界大战，大量的青壮年人口死于战争；而20世纪下半叶，世界基本处于和平发展时期

C. 高科技极大地提高了医疗诊断的准确率和这种准确的医疗诊断在世界范围的覆盖率

D. 高科技极大地提高了人类预防、早期发现和诊治癌症的能力，有效地延长着癌症病人的生命

E. 从世界范围来看，医学资料的覆盖面和保存完好率，20世纪上半叶大约分别只有20世纪下半叶的50%和70%

【解题分析】

根据题干：20世纪下半叶癌症发病率增长的重要原因是高科技为标志的经济迅猛发展所造成的生态失衡。

考察选项：D项只能说明高科技提高了人类战胜癌症的能力，延长了寿命，但这与癌症发病率的关系不大，无助于说明，以高科技为标志的经济迅猛发展所造成的生态失衡，不是癌症发病率增长的重要原因。因此，不能削弱题干论证。

其余各项均能削弱题干。比如，B项说明，全球癌症的发病率20世纪上半叶比下半叶低，是由于那时相当多的人，还不到癌症的发病年龄就已死于战争了，这意味着20世纪下半叶癌症发病率高可能是正常现象，而非生态失衡所导致。这就削弱了题干论证。故，正确答案是D。

案例11-81：

越来越多的计算机软件被开发应用于机械工程，这使得该领域操作流程中原来需要通过复杂数学计算得到的结果，现在只要通过简单操作电脑就能得到。因此，对于操作型的机械工程师来说，理解和掌握数学知识变得越来越没有必要。在培养机械工程师的院校中，应大大缩减数学课程，以腾出时间，加强其他课程的教学。

以下各项如果为真，哪项最不能削弱上述论证？

A. 用于机械工程的计算机软件，其功能不仅是数学计算

B. 机械工程学院的培养目标，不仅是纯操作型人才，而且是具有操作能力的理论型人才

C. 数学知识是学习和掌握机械工程一系列基础课程的重要工具

D. 数学教学的目的，不仅是传授数学知识，而且是训练锐利、敏捷、清晰和准确的思维能力，这对于提高操作型人员的素质，同样具有重要的作用

E. 用于机械工程的计算机软件的开发研究，不仅需要机械工程专业知识，而且需要数学专业知识

【解题分析】

题干的结论：对于操作型的机械工程师来说，数学知识变得没有必要。在培养机械工程师的院校中，应大大缩减数学课程。

论据是：电脑操作代替了数学计算。

考察选项，B、C、D、E如果为真，都有利于说明除了计算之外，数学知识和数学课程还

有别的功能。因此,都能削弱题干的论证。

A 项断定的是除了数学计算之外,计算机软件还有其他功能,这不能削弱题干的论证。因此,本题正确答案是 A。

案例 11 - 82:

某报评论:H 市的空气质量本来应该已经得到改善。五年来,市政府在环境保护方面花了力气,包括耗资 600 多亿元将一些污染最严重的工厂迁走,但是,H 市仍难摆脱空气污染的困扰,因为解决空气污染问题面临着许多不利条件,其中,一个是机动车辆的增加,另一个是全球石油价格的上升。

以下各项如果为真,都能削弱上述论断,除了:

A. 近年来 H 市加强了对废气的排放的限制,加大了对污染治理费征收的力度

B. 近年来 H 市启用了大量电车和使用燃气的公交车,地铁的运行路线也有明显增加

C. 由于石油涨价,许多计划购买豪华车的人转为购买低耗油的小型车

D. 由于石油涨价,在国际市场上一些价位偏低的劣质含硫石油进入 H 市

E. 由于汽油涨价和公车改革,拥有汽车的人缩减了驾车旅游的计划

【解题分析】

题干论点:“H 市仍难摆脱空气污染的困扰”。

考察选项,D 项如果为真,有利于说明全球石油价格的上升,导致了劣质含硫石油的进入,将使污染加重,支持了题干论断。

A、B、C、E 都说明可以摆脱空气污染的困扰,起到了削弱作用。因此,本题正确答案是 D。

案例 11 - 83:

S 市持有驾驶证的人员数量较五年前增加了数十万,但交通死亡事故却较五年前有明显的减少。由此可以得出结论:目前 S 市驾驶员的驾驶技术熟练程度较五年前有明显的提高。

以下各项如果为真,最能削弱上述论证,除了:

A. 交通事故的主要原因是驾驶员违反交通规则

B. 目前 S 市的交通管理力度较五年前有明显加强

C. S 市加强对驾校的管理,提高了对新驾驶员的培训标准

D. 由于油价上涨,许多车主改乘公交车或地铁上下班

E. S 市目前的道路状况及安全设施较五年前有明显改善

【解题分析】

题干根据:“持有驾驶证的人数增加了而交通死亡事故明显减少了”。

得出结论:驾驶员的驾驶技术提高了。

考察选项,C 项,S 市加强对驾校的管理,提高了对新驾驶员的培训标准,这意味着驾驶员的驾驶技术通过强制措施得到了提高,支持了题干论证,为正确答案。

其余选项均说明交通死亡事故明显减少很可能是驾驶员更加遵守交通规则了,交通

管理力度较五年前有明显加强，车主开车少了，或者道路状况及安全设施较五年前有明显改善等原因造成的，而不是驾驶员提高了驾驶技术。A、B、D、E 项都以另有他因的方式削弱了题干论证。因此，本题正确答案是 C。

案例 11－84：

一位海关检查员认为，他在特殊工作经历中培养了一种特殊的技能，即能够准确地判定一个人是否在欺骗他。他的根据是，在海关通道执行公务时，短短的几句对话就能使他确定对方是否可疑；而在他认为可疑的人身上，无一例外地都查出了违禁物品。

以下哪项如果为真，能削弱上述海关检查员的论证？

Ⅰ. 在他认为不可疑而未经检查的入关人员中，有人无意地携带了违禁物品。

Ⅱ. 在他认为不可疑而未经检查的入关人员中，有人有意地携带了违禁物品。

Ⅲ. 在他认为可疑并查出违禁物品的入关人员中，有人是无意地携带了违禁物品。

A. 只有Ⅰ　B. 只有Ⅱ　C. 只有Ⅲ　D. 只有Ⅱ和Ⅲ　E. Ⅰ、Ⅱ和Ⅲ

【解题分析】

本题及下一题是削弱复选题型。削弱复选是削弱题型的复选题，这类题的选项可从多个角度对题干论证进行削弱，是各类削弱方向的综合运用，实际上增加了解题难度，需要对每个选项都有正确的把握。分析题干得出：

海关检查员认为：他能够准确地判定一个人是否在欺骗他。

海关检查员依据：在他认为可疑的人身上，无一例外地都查出了违禁物品。

考察给定选项，Ⅰ不能削弱海关检查员的论证。因为判定一个无意地携带了违禁物品的入关人员为不可疑，不能说明检查员受了欺骗，同样不能说明检查员在判定一个人是否在欺骗他时不够准确。

Ⅱ能削弱海关检查员的论证。因为判定一个有意地携带了违禁物品的入关人员为不可疑，说明检查员受了欺骗，因而能说明检查员在判定一个人是否欺骗他时不够准确。也就是检查员只考虑了他所怀疑的，而没有考虑他没有怀疑的。

Ⅲ能削弱海关检查员的论证。因为判定无意地携带了违禁物品的入关人员为可疑，虽然不能说明检查员受了欺骗，但是能说明检查员在判断一个人是否欺骗他时不够准确。因此，本题正确答案是 D。

案例 11－85：

一个美国议员提出，必须对本州不断上升的监狱费用采取措施。他的理由是，现在一个关在单人牢房的犯人所需的费用，平均每天高达 132 美元，即使在世界上开销最昂贵的城市里，也不难在最好的饭店找到每晚租金低于 125 美元的房间。

以下哪项如果为真，能构成对上述美国议员的观点及其论证的恰当驳斥？

Ⅰ. 据州司法部公布的数字，一个关在单人牢房的犯人所需的费用，平均每天 125 美元。

Ⅱ. 在世界上开销最昂贵的城市里，很难在最好的饭店里找到每晚租金低于 125 美元的房间。

Ⅲ.监狱用于犯人的费用和饭店用于客人的费用,几乎用于完全不同的开支项目。

A.只有Ⅰ　B.只有Ⅱ　C.只有Ⅲ　D.只有Ⅰ和Ⅱ　E.Ⅰ、Ⅱ和Ⅲ

【解题分析】

题干中议员的观点及其论证的实质性缺陷,在于把两个具有不同内容的数字进行了不恰当的比较。Ⅲ指出题干中的两个数字具有不同的内容,这就点出了题干的症结,从而构成了对题干的恰当驳斥。

Ⅰ和Ⅱ实际上确认了这样的比较是成立的,问题只在于如何使进行比较的数字更为精确,这显然不得要领。Ⅰ和Ⅱ并不能构成对题干的恰当驳斥。因此,本题正确答案是C。

案例11-86:

我国共有5万多公里的铁路,承担着53%的客运量和70%的货运量。铁路运力紧张的矛盾十分突出。改造既有铁路线路,提高列车的运行速度,就成了现实的选择。

如果下列哪项为真,则上述的论证就要大大削弱?

A.国家已经计划并且正逐步兴建大量的新铁路

B.我国铁路线路及车辆的维修和更新刻不容缓

C.随着经济的发展,铁路货运量还将增加

D.随着航空事业和高速公路的发展,铁路客运量会下降

E.正在试运行时速达140~160公里的快速列车,比一般列车快50%

【解题分析】

题干结论:应改造既有铁路线路,提高列车的运行速度。

依据理由:铁路运力紧张。

考察选项,A中讲的是正"兴建大量的新铁路",意味着铁路运输问题会逐步缓解,因此,题干中关于"改造既有铁路"和"提高列车的运行速度",就不显得那么必要,即削弱了题干的论证。B、C、E项基本符合题干的观点。

D是干扰项,对题干有所削弱,对铁路运力的矛盾提出质疑,说明矛盾会缓解。但该项只是说铁路"客运量"会下降,而题干中的论述说明铁路承担的货运量的比例大大超过承担的客运量的比例,只将客运的矛盾缓解,并未对题干的论证"大大"地削弱。因此,正确答案A。

注意:上题是最能削弱题型,本章案例86至案例97都是这种题型。解最能削弱型题,首先将与题干一致的选项排除掉,同时寻找与题干相矛盾或不一致的选项,从中进一步比较削弱的程度。

评价削弱力度可参照以下方法:(1)削弱结论的力度大于削弱原因(论据)和削弱论证形式的力度。(2)内部削弱的力度大于外部削弱。由于逻辑推理必须紧扣题干,并且要从题干本身所蕴含的内部意思出发。因此,从内部对原有论证的削弱的力度一般要比外部论据的削弱力度强。针对题干推理隐含假设的削弱力度大于既非充分也非必要条件的削弱。由于假设是题干推理成立的必要条件,因此,否定假设的削弱力度当然要大

于即非充分也非必要条件的削弱。(3)必然的削弱力度大于或然。对于削弱力度而言，必然性的削弱要强于或然性的削弱。凡是“需要进一步调查”、“不一定”、“尚待进一步证实”之类的选项都是或然性削弱，往往都不是最能削弱型题的正确答案。(4)量大的削弱力度大于量小。其实这个原则更广泛的用处在于，如果某个选项当中有“有些”、“部分”、“有时候”、“某些情况下”、“略”等这种量少的用词和具体的某个特例，这类选项的削弱力度是比较弱的，出现这些词的选项往往不是最能削弱型题的正确答案。(5)含有确定性数字的削弱大于模糊概念。有数字和百分比的选项的削弱力度往往大于“有些”、“某些”等模糊概念的选项。(6)逻辑削弱的力度大于非逻辑削弱。题干的负命题最能削弱题干论证。(7)直接削弱的力度大于间接削弱。前面讲的因果差异、以偏概全、因不达果、存在他因等否定假设的削弱力度要大于无因有果、有因无果等间接削弱。(8)综合因素的削弱力度要大于单一因素的削弱力度。即整体的削弱大于部分的削弱。(9)质的削弱强于量的削弱。(10)直接的削弱力度要大于间接的削弱力度。读者注意在做题中认真掌握以上削弱力度评价方法。

案例 11－87：

甲省的省报发行量是乙省的省报发行量的十倍，可见，甲省的群众比乙省的群众更关心时事新闻。

以下哪项属实，最能减弱上述论证？

A. 甲省的人口是乙省人口的五倍　　　　B. 甲省的面积是乙省面积的十倍

C. 甲省的省报在全国发行　　　　　　　D. 甲省的省报主要在乙省销售

E. 乙省的报纸在全国发行

【解题分析】

(1)根据论证，找出削弱项。A、C、D 项都是另有他因的削弱。B、E 项不能削弱。

(2)比较削弱力度，确定答案。削弱力度最大的是 D，因为如果甲省的省报主要在乙省销售，那么，按照题干的论证思路，甲省的省报发行量相对更大，得出的结论应该是乙省的群众更关心时事，而不是相反。因此，本题正确答案是 D。

案例 11－88：

许多消费者在超级市场挑选食品时，往往喜欢挑选那些用透明材料包装的食品，其理由是透明包装可以直接看到包装内的食品，这样心里有一种安全感。

以下哪项如果为真，最能对上述心理感觉构成质疑？

A. 光线对食品营养所造成的破坏，引起了科学家和营养专家的高度重视

B. 食品的包装与食品内部的卫生程度并没有直接的关系

C. 美国宾州州立大学的研究结果表明：牛奶暴露于光线之下，无论是何种光线，都会引起风味上的变化

D. 有些透明材料包装的食品，有时候让人看了会倒胃口，特别是不新鲜的蔬菜和水果

E. 世界上许多国家在食品包装上大量采用阻光包装

【解题分析】

(1)根据题干论证,考察选项。如果A项为真,说明透明包装食品的营养容易受到破坏,这就对题干中顾客的心理感觉构成了质疑。

C项也能构成质疑,但它涉及的只是牛奶这一种食品,其质疑力度显然不如A项。B项断定食品的包装与食品内部的卫生程度并没有直接的关系,但完全可能有间接关系,因此是一种或然性的质疑(没有直接关系,也不一定不好)。D项偏离了比较的对象,而且透明包装能看到里面不新鲜的食品,消费者就不买了,某种意义上支持了透明包装有安全感。E项显然不能构成质疑。

(2)比较削弱力度,确定答案。由前述比较可知,构成削弱的有A、B、C项,削弱力度最大的是A。因此,本题正确答案是A。

案例11-89:

第二次世界大战期间,海洋上航行的商船常常遭到德国轰炸机的袭击,许多商船都先后在船上架设了高射炮。但是,商船在海上摇晃得比较厉害,用高射炮射击天上的飞机是很难命中的。战争结束后,研究人员发现,从整个战争期间架设过高射炮的商船的统计资料看,击落敌机的命中率只有4%。因此,研究人员认为,商船上架设高射炮是得不偿失的。

以下哪项如果为真,最能削弱上述研究人员的结论?

A. 在战争期间,未架设高射炮的商船,被击沉的比例高达25%;而架设了高射炮的商船,被击沉的比例只有不到10%

B. 架设了高射炮的商船,即使不能将敌机击中,在某些情况下也可能将敌机吓跑

C. 架设高射炮的费用是一笔不小的投入,而且在战争结束后,为了运行的效率,还要再花费资金将高射炮拆除

D. 一般地说,上述商船用于高射炮的费用,只占整个商船的总价值的极小部分

E. 架设高射炮的商船速度会受到很大的影响,不利于逃避德国轰炸机的袭击

【解题分析】

(1)分析题干,由题干论证知:

题干根据商船架高射炮后击落敌机的命中率,得出结论:商船架高射炮没用(得不偿失)。

要质疑题干结论,只要找到"有用"的事例即可。

(2)考察选项,确定答案。A项说明没架高射炮的商船被击沉的比例高,从另一个方面说明商船架高射炮是有用的。B项架高射炮的商船,可能将敌机吓跑,也说明商船架高射炮有用。但B的削弱力度不如A,因为B项所断定的"某些情况",到底带有多大的普遍性,并没有得到断定。另外,考虑到题干所断定的击落敌机的命中率较低,因此,从A可推出B,但显然从B不能推出A。因此,答案是A。各选项中,C和E项讲的是架高射炮的坏处,实际上支持题干。D项讲的架高射炮费用不多,说明经济上可行,但题干讲的是军事上要有用,为无关项。

故,本题正确答案是 A。

案例 11-90:

一种外表类似苹果的水果被培育出来,我们称它为皮果。皮果皮里面会包含少量杀虫剂的残余物。然而,专家建议我们吃皮果之前不应该剥皮,因为这种皮果的果皮里面含有一种特殊的维生素,这种维生素在其他水果里面含量很少,对人体健康很有益处,弃之可惜。

以下哪项,如果为真,最能对专家的上述建议构成质疑?

A. 皮果皮上的杀虫剂残余物不能被洗掉

B. 皮果皮中的那种维生素不能被人体充分消化吸收

C. 吸收皮果皮上的杀虫剂残余物对人体的危害超过了吸收皮果皮中的维生素对人体的益处

D. 皮果皮上杀虫剂残余物的数量太少,不会对人体带来危害

E. 皮果皮上的这种维生素未来也可能用人工的方式合成,有关研究成果已经公布

【解题分析】

根据题干论证考察选项,如果 C 项为真,则由于吸收皮果皮上的杀虫剂残余物对人体的危害超过了吸收皮果皮中的维生素对人体的益处,因此,没有理由因为皮果皮中的维生素对人体有益而食用它,这有力地质疑了专家的建议。

A 和 B 项也能对专家的建议构成质疑,是单一因素的削弱,但力度不如 C 项。A 项说的是坏处存在。B 说的是维生素不能被人体充分消化吸收,但也可以部分吸收,削弱力度不足。D 和 E 项不能构成质疑,其中,D 项对专家的建议有所支持。

因此,本题正确答案是 C。

案例 11-91:

我国科研人员经过对动物和临床的多次试验,发现中药山茱萸具有抗移植免疫排斥反应和治疗自身免疫疾病的作用,是新的高效低毒免疫抑制剂。某医学杂志首次发表了关于这一成果的论文。多少有些遗憾的是,从杂志收到该论文到它的发表,间隔了 6 周。如果这一论文能尽早发表的话,这 6 周内许多这类患者可以避免患病。

以下哪项如果为真,最能削弱上述论证?

A. 上述医学杂志在发表此论文前,未送有关专家审查

B. 只有口服山茱萸超过两个月,药物才具有免疫抑制作用

C. 山茱萸具有抗移植免疫排斥反应和治疗自身免疫性疾病的作用仍有待进一步证实

D. 上述杂志不是国内最权威的医学杂志

E. 口服山茱萸可能会引起消化系统不适

【解题分析】

如果 B 项断定为真,则由于山茱萸的疗效在服用 2 个月后才能见效,因此,即使揭示山茱萸疗效的论文能提前 6 周发表,即使这类患者读到论文后立即服药,在这 6 周内也难以避免患病。这就严重地削弱了题干的论证。

C 和 D 项对题干有所削弱,但力度不如 B 项。“有待进一步证实”是个或然性的说法。A、E 都是明显无关选项。

因此,本题正确答案是 B。

案例 11 - 92:

现在市面上电子版图书越来越多,其中包括电子版的文学名著,而且价格都很低。另外,人们只要打开电脑,在网上几乎可以读到任何一本名著。这种文学名著的普及,会大大改变大众的阅读品味,有利于造就高素质的读者群。

以下哪项如果为真,最能削弱上述论证?

A. 文学名著的普及率一直不如大众读物,特别是不如健身、美容和智力开发等大众读物

B. 许多读者认为电脑阅读不方便,宁可选择印刷版读物

C. 一个高素质的读者不仅仅需要具备文学素养

D. 真正对文学有兴趣的人不会因文学名著的价钱高或不方便而放弃获得和阅读文学名著的机会,而对文学没有兴趣的人则相反

E. 在互联网上阅读名著仍然需要收费

【解题分析】

题干观点:因为电子版的文学读物价格低廉并且易于获得,所以电子版的名著能够改变大众的阅读品味,有利于造就高素质的读者群。

D 意味着原来读文学名著的人即使文学名著的价钱高或不方便还是读,而现在电子读物即使价格便宜了、方便了,原来不读的人还是不读,那么电子读物就不能改变大众的阅读品味,这削弱题干论证,为正确答案。

A 为明显无关选项,排除。B 指出有人认为电子读物不方便,有一定的削弱作用,但是没有排除另外一些人愿意选用电子读物的可能,削弱力度不足,排除。C 项似乎对题干结论有所削弱,但力度不足,而且该项不能削弱题干论证。E 说电子读物也需要收费,有削弱的意思,但是没有排除题干所说的收费低廉的可能性,削弱力度不足,排除。

因此,本题正确答案是 D。

案例 11 - 93:

在一项社会调查中,调查者通过电话向大约一万名随机选择的被调查者问及有关他们的收入和储蓄方面的问题。结果显示,被调查者的年龄越大,越不愿意回答这样的问题。这说明,年龄较轻的人比年龄较大的人更愿意告诉别人有关自己的收入状况。

以下哪项如果为真,最能削弱上述论证?

A. 小张不是被调查者,在其他场合表示,不愿意告诉别人自己的收入状况

B. 老李是被调查者,愿意告诉别人自己的收入状况

C. 老陈是被调查者,不愿意告诉别人自己的收入状况,并在其他场合表示,自己年轻时因收入高,很愿意告诉别人自己的收入状况

D. 小刘是被调查者,愿意告诉别人自己的收入状况,并在其他场合表示,自己的这种意愿不会随着年龄而改变

E. 被调查者中，年龄大的收入状况一般比年龄小的要好

【解题分析】

题干根据调查发现，年龄越大的被调查者越不愿意回答收入的问题，

得出结论：年轻的人比年龄较大的人更愿意告诉别人有关自己的收入状况。

考察选项，D 项为真，有利于说明是否愿意告知别人自己收入的意愿，可能与年龄没有必然联系，题干所断定的二者的相关，可能是一种偶然的统计相关，而不是事实相关。这就削弱了题干的论证。

A 项讨论被调查者之外的一个反例，没有统计意义。B 项作为题干结论的反例，在得出调查结论时已被采用，所以，不能削弱题干。C 项指出有人年轻时候愿意告诉别人自己的收入，支持了题干结论。E 项收入情况如何与题干讨论无关，故排除。

因此，本题正确答案是 D。

案例 11－94：

据国际卫生与保健组织 1999 年年会“通讯与健康”公布的调查报告显示，68% 的脑癌患者都有经常使用移动电话的历史。这充分说明，经常使用移动电话将会极大地增加一个人患脑癌的可能性。

以下哪项如果为真，将最严重地削弱上述结论？

A. 进入 20 世纪 80 年代以来，使用移动电话者的比例有惊人的增长

B. 有经常使用移动电话的历史的人在 1990 年到 1999 年超过世界总人口的 65%

C. 在 1999 年全世界经常使用移动电话的人数比 1998 年增加了 68%

D. 使用普通电话与移动电话通话者同样有导致脑癌的危险

E. 没有使用过移动电话的人数在 90 年代超过世界总人口的 50%

【解题分析】

题干论证说，由于脑癌患者中有 68% 的人都使用移动电话，所以，使用移动电话是导致脑癌的原因。要削弱题干，关键是要看一般人的情况。如果一般人中也有差不多 68% 甚至更多的人使用移动电话，就削弱了题干。如果一般人中远没有 68% 的人使用移动电话，那就加强了题干。

考察选项，选项 B 削弱了题干。选项 E 意味着，使用移动电话的人数在 90 年代不到 50%，加强了题干。

如果感觉以上不好理解，看一下这个范例：如果一份对中国人的调查显示，脑癌患者中 90% 以上都是汉族人，由此显然不能得出汉族人更容易患脑癌的结论，因为汉族人本身就占了中国人口的 90% 以上。那么同样的道理，如果 B 项的断定为真，说明在世界总人口中，有经常使用电话历史的人所占的比例已接近在脑癌患者中有经常使用移动电话历史的人所占的比例，这就严重削弱了题干的结论。其他选项均为无关选项，均不能削弱题干中的结论。

案例 11－95：

某大公司的会计部经理要求总经理批准一项改革计划。

会计部经理:我打算把本公司会计核算所使用的良友财务软件更换为智达财务软件。

总经理:良友软件不是一直用得很好吗,为什么要换?

会计部经理:主要是想降低员工成本。我拿到了一个会计公会的统计,在新雇员的财会软件培训成本上,智达软件要比良友低28%。

总经理:我认为你这个理由并不够充分,你们完全可以聘请原本就会使用良友财务软件的雇员嘛。

以下哪项如果为真,最能削弱总经理的反驳?

A. 现在公司的所有雇员都曾经被要求参加良友财务软件的培训

B. 当一个雇员掌握了财务会计软件的使用技能后,他们就开始不断地更换雇主

C. 有会计软件使用经验的雇员通常比没有太多经验的雇员要求更高的工资

D. 该公司雇员的平均工作效率比其竞争对手的雇员要低

E. 智达财务软件的升级换代费用可能会比良友财务软件升级的费用高

【解题分析】

如果C项的断定为真,则聘请原本就会使用良友财务软件的雇员,虽然不会如同会计部经理担心的那样会增加新雇员的财会软件培训成本,但是会增加公司的员工工资成本。这就有力地削弱了总经理的反驳。

其余各项均不能削弱总经理的反驳。本题的正确答案是C。

案例11-96:

一项全球范围的调查显示,近10年来:吸烟者的总数基本保持不变;每年只有10%的吸烟者改变自己的品牌,即放弃原有的品牌而改吸其他品牌;烟草制造商用在广告上的支出占其毛收入的10%。

在Z烟草公司的年终董事会上,董事A认为,上述统计表明,烟草业在广告上的收益正好等于其支出,因此,此类广告完全可以不做。董事B认为,由于上述10%的吸烟者所改吸的香烟品牌中几乎不包括本公司的品牌,因此,本公司的广告开支实际上是笔亏损性开支。

(1)以下哪项,构成对董事A的结论的最有力质疑?

A. 董事A的结论忽视了:对广告开支的有说服力的计算方法,应该计算其占整个开支的百分比,而不应该计算其占毛收入的百分比

B. 董事A的结论忽视了:近年来各种品牌的香烟的价格有了很大的变动

C. 董事A的结论基于一个错误的假设:每个吸烟者在某个时候只喜欢一种品牌

D. 董事A的结论基于一个错误的假设:每个烟草制造商只生产一种品牌

E. 董事A的结论忽视了:世界烟草业是一个由处于竞争状态的众多经济实体组成的

【解题分析】

题干中统计的烟草业的广告收益,是世界各烟草企业收益的合计。同样,这样的广告支出,也是世界各烟草企业支出的合计。因此,虽然从合计上看收支相当,但对单个的

烟草企业来说,其在广告上的支出和收益可以表现出很大的差别。因此显然不能因为题干的数据显示烟草业在广告上的收益等于其支出,而得出此类广告完全可以不做的结论。董事 A 的观点正是忽视了这样一个事实,即世界烟草业是一个由处于竞争状态的众多经济实体组成的。E 项指明了这一点,因而构成对董事 A 的结论的有力质疑。其余各项均不能质疑。故,本题正确答案是 E。

(2)以下哪项,如果为真,能构成对董事 B 的结论的质疑?

Ⅰ. 如果没有 Z 公司的烟草广告,许多消费 Z 公司品牌的吸烟者将改吸其他品牌。

Ⅱ. 上述改变品牌的 10% 的吸烟者所放弃的品牌中,几乎没有 Z 公司的品牌。

Ⅲ. 烟草广告的效果之一,是吸引新吸烟者取代停止吸烟者(死亡的吸烟者或戒烟者)而消费自己的品牌。

A. 只有Ⅰ　　D. 只有Ⅰ和Ⅱ　　B. 只有Ⅱ　　C. 只有Ⅲ　　E. Ⅰ、Ⅱ和Ⅲ

【解题分析】

根据题干,烟草广告效果:①吸引消费其他品牌的吸烟者改吸自己的品牌;
②说服消费自己品牌的吸烟者继续消费本品牌;
③吸引新吸烟者消费自己的品牌。

考察选项,Ⅰ、Ⅱ体现了上述第二个效果,Ⅲ体现了第三个效果。即Ⅰ、Ⅱ和Ⅲ的断定如果为真,都能说明,不能因为 Z 公司的烟草广告在上述第一方面的效果不明显,就认为该公司的广告是笔亏损性开支。因此,Ⅰ、Ⅱ和Ⅲ都能构成对董事 B 的质疑。故,本题正确答案是 E。

第十二章 | CHAPTER 12

假　设

假设的特点

假设的一般表现形式

假设的求解方法

案例与解题技巧

第十二章 假 设

一、假设的特点

假设是推理成立的前提条件。根据假设在推理中与原前提条件相互作用的结果不同,可将假设分为充分假设和必要假设。

充分假设就是加进推理的前提中,与原有的前提条件共同作用,结论必然出现的条件。其基本推理形式是:前提 + 假设 = 结论。像案例中的 1 - 10 题就是这种题型。

必要型假设就是加进推理的前提中,结论不一定出现,但缺少它,结论一定不出现的条件。基本形式是:非假设 = 非结论。像案例中的 11 - 27 就是这种题型。

(1)假设是推理成立的隐含前提。隐含前提是推理成立应当具备的条件,只是没有在推理的前提中显现出来而已。这个隐含的前提就是假设。

(2)假设是推理成立的必要条件。一个推理,加进这个条件,结论不一定推出;但是,如果没有这个条件,就肯定推不出结论。这个需要加进去的条件就是假设。

(3)假设是默认原推理成立,需要进一步补充的条件。不论原推理存在什么问题,我们都应当认为这个推理是正确的。假设就是为了让这个推理更有说服力,需要增加的支持条件。

二、假设的一般表现形式

假设题型在题干中一般会给出结论和部分前提条件,要求从备选项中找到另一部分前提来将推理补充完整的试题。此类试题就是找出联系已有前提和结论的另一部分前提,将题干中的已有前提和结论联结起来,这也就是人们通常说的"搭桥"。此类题的提问方式一般表现为:

"上述陈述隐含着下列哪项前提?"

"需要补充什么样的前提,才能使题干中推理成为有效的推理?"

"上述论断是建立在以下哪项假设的基础上?"

"需要补充什么样的事实可加强(或削弱)上述结论?"

"上面的逻辑前提是什么?"

"再加上什么条件能够得出结论?"

"上述推论基于以下哪项假设?"

"以下各项都可能是上述论证所假设的,除了"。

三、假设的求解方法

1. 假设题型的解题思路。解析假设类案例，要站在论证者的立场上，假定已表述的前提为真，然后查看这些前提若能使其结论成立，至少还需要得到什么样前提的支持，这样的前提就是该论证的假设。不要把文中已经陈述的难以成立的理由当做假设。

2. 假设的求解步骤。这类题型的求解步骤大致分为以下四步：

第一步，阅读题干，弄清理由与结论。阅读题问，确定是否假设题型。根据题干论证，分清哪些是推理的前提（理由），哪些是结论。

第二步，正确思维，找出推理缺口。根据题干提供的前提和结论，运用语感或三段论思维，找出题干的推理缺陷或漏洞，从而明确前提联系结论的“桥梁”。

第三步，依据推理缺口，排除无关选项。根据联系前提与结论的“桥梁”，排除无关选项，剩下的就应当是联系前提与结论的“桥梁”。

第四步，加非验证，确定答案。有时通过排除法对选项进行甄别后，往往会剩下两个相近的选项，无法确定。此时，就要进行“加非验证”，也叫否定代入。具体方法是：把你认为有可能正确的选项首先进行否定，然后再把这个经过否定的选项代入到题干之中去，如果代入以后严重削弱了题干或题干推理不成立，那么，这个选项就是我们所要寻找的假设性选项；如果代入以后没有严重削弱题干或题干推理仍然可以成立，那么，这个选项就不是我们所要寻找的假设性选项。

四、案例与解题技巧

本部分的解题技巧，结合具体案例讲解如下：

案例 12－1：

最近，在 100 万年前的河姆渡氏族公社遗址发现了烧焦的羚羊骨残片，这证明人类在很早的时候就掌握了取火煮食肉类的技术。

上述推论中隐含着下列哪项假设？

A. 从河姆渡公社以来的所有人种都掌握了取火的技术

B. 河姆渡人不生食羚羊肉

C. 只要发现烧焦的羚羊骨就能证明早期人类曾聚居于此

D. 河姆渡人以羚羊肉为主食

E. 羚羊骨是被人类取火烧焦的

【解题分析】

(1)弄清题干前提和结论。得出结论：人类很早就掌握了取火技术。

依据理由：在遗址发现了烧焦的羚羊骨。

(2)找出依据的假设。题干推理成立的假设就是要说明“人类”与“烧焦的羚羊骨”之间有本质联系，即“羚羊骨是人类烧焦的”。如果羚羊骨不是被人类取火烧焦的，那么在遗址发现了烧焦的羚羊骨残片，也说明不了人类在很早的时候就掌握了取火煮食肉类的技术，有可能是自然之火烧焦的。

(3)考察选项,确定答案。选项A、B、C、D均为无关项。只有E项是题干推理必须假设的,因此,本题正确答案是E。

案例12－2:

在产品竞争激烈时,许多企业大做广告。一家电视台在同一个广告时段内,曾同时播放了四种白酒的广告。渲染过分的广告适得其反。大多数消费者在选购产品时,更重视自己的判断,而不轻信广告宣传。

上述陈述隐含着下列哪项前提?

A. 真正的名牌产品不做广告

B. 广告越多,商品的销售量越大

C. 许多广告言过其实,缺乏真实性

D. 消费者都是鉴别商品的行家里手

E. 企业都把做广告当做例行公事

【解题分析】

(1)分析题干,弄清前提和结论。得出结论:大多数消费者不轻信广告宣传,宁愿根据自己的判断选购产品。

原因:在产品竞争激烈时,许多企业大做渲染过分的广告。

(2)题干依据的假设是:广告与产品的真实情况不符。

(3)考察选项,确定答案。选A不妥,因为题干中批准的是“大做广告”,并不是像A中主张的“不做广告”。B与E显然与题干陈述不符。D与题干的区别在于:D中说“消费者都是鉴别商品的内行里手”,是一种客观的评判或假定,而题干中说的是在广告不能提供正确信息时,消费者自己不得不“更重视自己的判断”,并不是说消费者都是“内行里手”。选项C说的许多广告言过其实,缺乏真实性。正是题干所假设的。故,本题正确答案是C。

案例12－3:

人类学家发现早在旧石器时代,人类就有了死后复生的信念。在发掘出的那个时代的古墓中,死者的身边有衣服、饰物和武器等陪葬物,这是最早的关于人类具有死后复生信念的证据。

以下哪项是上述议论所假定的?

A. 死者身边的陪葬物是死者生前所使用过的

B. 死后复生是大多数宗教信仰的核心信念

C. 宗教信仰是大多数古代文明社会的特征

D. 放置陪葬物是后人表示对死者的怀念与崇敬

E. 陪葬物是为了死者在复生后使用而准备的

【解题分析】

(1)弄清题干前提和结论。题干根据旧石器时代的古墓中有陪葬物,推出结论:那时人类就有了死后复生的信念。

(2)找出题干依据的假设。其推理成立的假设就是要说明这两者之间有本质联系,即“陪葬物是为了死者在复生后使用而准备的”。

(3)考察选项,确定答案。E项是题干必须假设的;否则,如果陪葬物的安放是出于其他目的,那么就不能把死者身边的这些陪葬物作为人类具有死后复生信念的证据。其余各项均不是必须假设的。因此,本题正确答案是 E。

案例 12－4:

某年,国内某电视台在综合报道了当年的诺贝尔各项奖金的获得者的消息后,做了以下评论:今年又有一位华裔科学家获得了诺贝尔物理学奖,这是中国人的骄傲。但是到目前为止,还没有中国人获得诺贝尔经济学奖和诺贝尔文学奖,看来中国在人文社会科学方面的研究与世界先进水平相比还有比较大的差距。

以上评论中所得出的结论最可能把以下哪项断定作为隐含的前提?

A. 中国在物理学等理科研究方面与世界先进水平的差距在逐步缩小

B. 中国的人文科学有先进的理论基础和雄厚的历史基础,目前和世界先进水平的差距是不正常的

C. 诺贝尔奖是衡量一个国家某个学科发展水平的重要标志

D. 诺贝尔奖的评比在原则上对各人种是公平的,但实际上很难做到

E. 包括经济学在内的人文社会科学研究与各国的文化传统有非常密切的联系

【解题分析】

题干前提:没有中国人获得人文社会科学方面的诺贝尔奖。

得出结论:中国在人文社会科学方面的研究与世界先进水平相比有较大差距。

依据假设:诺贝尔奖是衡量人文社科发展水平的重要标志。

考察选项,C 是题干推理成立的隐含假设。其余选项均不是题干推论所必须假设的,其中选项 D 还对题干推论有质疑。故,本题正确答案为 C。

案例 12－5:

生活成本与一个地区的主导行业支付的工资的平均水平呈正相关,例如,某省雁南地区的主导行业是农业,而龙山地区的主导行业是汽车制造业。由此,我们可以得出结论,龙山地区的生活成本一定比雁南地区高。

以下哪项是上述论证的假设?

A. 龙山地区的生活质量比雁南地区高

B. 雁南地区参与汽车制造业的人比龙山地区人少

C. 汽车制造业支付的工资平均水平比农业高

D. 龙山地区的生活成本比其他地区都高

E. 龙山地区的居民希望离开龙山地区,到生活成本较低的地区生活

【解题分析】

题干断定:第一,生活成本与一个地区的主导行业支付的工资的平均水平呈正相关。第二,龙山地区的主导行业是汽车制造业,雁南地区的主导行业是农业。

题干结论:龙山地区的生活成本一定比雁南地区高。

依据假设:汽车制造业支付成本比农业高。

考察选项,为使题干论证成立,C 项显然是必须假设的,否则,如果汽车制造业支付的工资平均水平不比农业高,那么,就得不出题干推理的结论:龙山地区的生活成本一定比雁南地区高。故,正确答案 C。

案例 12-6:

为了提高管理效率,跃进公司打算更新公司的办公网络系统。如果在白天安装此网络系统,将会中断员工的日常工作;如果在夜晚安装此网络系统,则要承担高得多的安装费用。跃进公司的陈经理认为:为了省钱,跃进公司应该在白天安装此网络系统。

以下哪项最可能是陈经理所作的假设?

A. 安装新的网络系统需要的费用白天和夜晚是一样的

B. 在白天安装网络系统导致误工损失的费用,低于夜晚与白天安装费用的差价

C. 白天安装网络系统所需要的人数比夜晚安装网络系统的人要少

D. 白天安装网络系统后公司员工可以立即投入使用,提高工作效率

E. 当白天安装网络系统时,公司员工的工作积极性和效率更高

【解题分析】

题干断定:虽然白天安装会中断员工工作,但如果夜晚安装则要承担高得多的安装费用。

陈经理结论:为了省钱,应在白天安装。

依据假设:白天安装费用低于夜晚安装费用。

考察选项,B 项说明白天安装的费用低于夜晚,因此,最可能是陈经理所假设的。故,本题正确答案为 B。

案例 12-7:

张华是甲班学生,对围棋感兴趣。该班学生或者对国际象棋感兴趣,或者对军棋感兴趣;如果对围棋感兴趣,则对军棋不感兴趣。因此张华对中国象棋感兴趣。

以下哪项最可能是上述论证的假设?

A. 如果对国际象棋感兴趣,则对中国象棋感兴趣

B. 甲班对国际象棋感兴趣的学生都对中国象棋感兴趣

C. 围棋和中国象棋比军棋更具挑战性

D. 甲班同学感兴趣的棋类只限于围棋、国际象棋、军棋和中国象棋

E. 甲班所有学生都对中国象棋感兴趣

【解题分析】

题干断定:①张华是甲班学生,对围棋感兴趣。

②该班学生或者对国际象棋感兴趣,或者对军棋感兴趣。

③如果对围棋感兴趣,则对军棋不感兴趣。

由条件①③知,张华对军棋不感兴趣。

由条件②④知,张华对国际象棋感兴趣。

而题干的结论是"张华对中国象棋感兴趣"。这样我们可以把题干推理简化为:因为张华是甲班学生而且对国际象棋感兴趣,所以,张华对中国象棋感兴趣。

我们发现 A、B、E 项代入题干,都能使题干论证成立。但相比较而言,A、E 项断定过强,即断定范围过于宽泛,而 B 项针对题干论证的推理链条,因此,是题干论证最可能的假设。故,正确答案为 B。

案例 12-8：

以一般读者为对象的评价建筑作品的著作，应当包括对建筑作品两方面的评价：一是实用价值，二是审美价值。否则，这种评价就是有缺陷的。摩顿评价意大利巴洛克宫殿的专著，详细地分析评价了这些宫殿的实用功能，但是没能指出这些宫殿特别是它们的极具特色的拱顶，是西方艺术的杰作。

假设以下哪项，能从上述断定得出结论：摩顿的上述专著是有缺陷的？

A. 摩顿对巴洛克宫殿实用功能的评价比较客观

B. 除了实用价值和审美价值以外，摩顿的上述专著没有从其他方面对巴洛克宫殿做出评价

C. 摩顿的上述专著以一般读者为对象

D. 摩顿的上述专著是他的主要代表作

E. 有些读者只关心建筑作品的审美价值，不关心其实用价值

【解题分析】

题干断定：(1)对以一般读者为对象的评价建筑作品的著作来说，如果没有同时评价实用价值与审美价值，就是有缺陷的。

(2)摩顿的专著评价了意大利巴洛克宫殿的实用价值，但没有评价其审美价值。

得出结论：摩顿的上述专著是有缺陷的。

依据假设：如果摩顿的上述专著以一般读者为对象。

考察选项，可见 C 项是题干论证的假设。正确答案为 C。

案例 12-9：

某些精神失常患者可以通过心理疗法而痊愈，例如，癔病和心因性反应等。然而，某些精神失常是因为大脑神经递质化学物质不平衡，例如精神分裂症和重症抑郁，这类患者只能通过药物进行治疗。

上述论述是基于以下哪项假设？

A. 心理疗法对大脑神经递质化学物质的不平衡所导致的精神失常无效

B. 对精神失常患者，药物治疗往往比心理疗法见效快

C. 大多数精神失常都不是由大脑神经递质化学物质的不平衡导致的

D. 对精神失常患者，心理疗法比药物治疗疗效差些

E. 心理疗法仅仅是减轻精神失常患者的病情，根治还是需要药物治疗

【解题分析】

题干断定：某些精神失常可用心理疗法，而由大脑神经递质化学物质不平衡引起的精神失常只能用药物治疗(即不能用心理疗法)。

这显然需要假设 A 项，否则如果心理疗法对大脑神经递质化学物质的不平衡所导致的精神失常有效，那么这类患者就不一定只通过药物进行治疗了。故，正确答案为 A。

案例 12-10：

肖群一周工作五天，除非这周内有法定休假日。除了周五在志愿者协会，其余四天肖群都在大平保险公司上班。上周没有法定休假日。因此，上周的周一、周二、周三和周四肖群一定在大平保险公司上班。

以下哪项是上述论证所假设的？

A. 一周内不可能出现两天以上的法定休假日

B. 大平保险公司实行每周四天工作日制度

C. 上周的周六和周日肖群没有上班

D. 肖群在志愿者协会的工作与保险业有关

E. 肖群是个称职的雇员

【解题分析】

题干前提：①只要没有法定休假日，肖群一周工作五天。

②除周五在志愿者协会外，其余四天都在大平保险公司上班。

③上周没有法定休假日。

由③知，上周肖群工作五天。由②知，周五在志愿者协会。因此，其余四天都在大平公司上班。又由“上周的周一、周二、周三和周四肖群一定在大平保险公司上班”可推出，上周的周六、周日肖群没有在大平保险公司上班。这也就是题干的假设。

考察选项：只有C项是必须假设的，否则，如果上周的周六或周日肖群上班的话，那么，根据题干条件，就得不出结论：上周的周一、周二、周三和周四肖群一定在大平保险公司上班。

因此，本题正确答案是C。

案例12－11：

近来，信用卡公司遭到了很多顾客的指责，他们认为公司向他们的透支部分所收取的利息率太高了。事实上，公司收取的利率只比普通的银行给个人贷款的利率高两个百分点。但是，顾客忽视了信用卡给他们带来的便利，比如，他们可以在货物削价时及时购物。

上文是以下列哪个选项为前提的？

A. 购物折扣省下来的钱至少可以弥补以信用卡付款超出普通银行个人贷款利率的那部分花费

B. 信用卡的申请人除非有长期的拖欠历史或其他信用问题，否则申请很容易被批准

C. 消费者在削价时购买的货物价格并不很低，无法使消费者抵消高利率成本，并有适当盈利

D. 那些用信用卡付款买削价货物的消费者可能不具有在银行以低息获得贷款的资格

E. 信用卡使用者所能透支的总量是有限制的，因此，其支付的利息也是有限的

【解题分析】

面对顾客对信用卡公司的指责，题干作者的辩解是：信用卡公司对其顾客的透支所收的利率并不能算高，只是略比银行高，但却给顾客带来了可在货物削价时及时购物等便利。

选项A是题干论述的隐含前提，否则，如果购物折扣省下来的钱不足以弥补以信用卡付款超出普通银行个人贷款利率的那部分花费，那么，信用卡公司对其顾客的透支所收的利率就算高了，题干作者为信用卡公司所做的辩解就不能成立了。

其余各项均不是题干论述所必须假设的。正确答案为 A。

案例 12－12：

一词当然可以多义，但一词的多义应当是相近的。例如，“帅”可以解释为“元帅”，也可以解释为“杰出”，这两个含义是相近的。由此看来，把“酷(cool)”解释为“帅”实在是英语中的一种误用，应当加以纠正，因为“酷”在英语中的初始含义是“凉爽”，和“帅”丝毫不相及。

以下哪项是题干的论证所必须假设的？

A. 一个词的初始含义是该词唯一确切的含义

B. 除了“cool”以外，在英语中不存在其他的词具有不相关的多种含义

C. 词语的多义将造成思想交流的困难

D. 英语比汉语更容易产生语词歧义

E. 语言的发展方向是一词一义，用人工语言取代自然语言

【解题分析】

A 项是题干的论证必须假设的。否则，如果一个词的初始含义并不是该词唯一确切的含义，那么，“帅”完全可能是“酷”(cool)的另一个确切含义，因此，就不能因为“帅”与“酷”(cool)的初始含义“凉爽”在含义上丝毫不相干，就断定把“酷”(cool)解释为“帅”是英语中的一种误用。其余各项均不是题干的论证必须假设的。正确答案为 A。

案例 12－13：

交通部科研所最近研制了一种自动照相机，凭借其对速度的敏锐反应，当且仅当违规超速的汽车经过镜头时，它会自动按下快门。在某条单向行驶的公路上，在一个小时中，这样的一架照相机共摄下了 50 辆超速的汽车的照片。从这架照相机出发，在这条公路前方的 1 公里处，一批交通警察于隐蔽处在进行目测超速汽车能力的测试。在上述同一个小时中，某个警察测定，共有 25 辆汽车超速通过。由于经过自动照相机的汽车一定经过目测处，因此，可以推定，这个警察的目测超速汽车的准确率不高于 50%。

要使题干的推断成立，以下哪项是必须假设的？

A. 在该警察测定为超速汽车中，包括在照相机处不超速而到目测处超速的汽车

B. 在该警察测定为超速汽车中，包括在照相机处超速而到目测处不超速的汽车

C. 在上述一个小时中，在照相机前不超速的汽车，到目测处不会超速

D. 在上述一个小时中，在照相机前超速的汽车，都一定超速通过目测处

E. 在上述一个小时中，通过目测处的非超速汽车一定超过 25 辆

【解题分析】

题干结论：警察的目测超速汽车的准确率不高于 50%。

题干理由：照相机前 50 辆汽车超速而目测处目测出 25 辆汽车超速。

D 项是题干的推断所必须假设的。否则，如果在照相机前超速的汽车，到目测处不再保持超速，意味着很有可能路过警察身边的超速车较少导致警察目测到的较少，而不是警察漏目测了超速车，则上述警察的目测准确率就可能高于 50%，这样题干论证就不成立了。其余各项均不是必须假设的。正确答案为 D。

案例 12 – 14：

江口市急救中心向市政府申请购置一辆新的救护车，以进一步增强该中心的急救能力。市政府否决了这项申请，理由是：急救中心所需的救护车的数量，必须和中心的规模和综合能力相配套。根据该急救中心现有的医护人员和医疗设施的规模和综合能力，现有的救护车足够了。

以下哪项是市政府关于此项决定的论证所必须假设的？

A. 江口市的急救对象的数量不会有大的增长

B. 市政府的财政面临困难，无力购置新的救护车

C. 急救中心现有的救护车中，至少有一辆近期内不会退役

D. 江口市的其他大中医院有足够的能力配合急救中心抢救全市的危重病人

E. 市政府至少在五年内不会拨款以扩大急救中心的规模和综合能力

【解题分析】

为使题干论证成立，C 项是必须假设的。否则，如果急救中心现有的救护车近期内全部退役，那么，市政府否决上述申请的理由就不能成立。正确答案为 C。

案例 12 – 15：

有的地质学家认为，如果地球的未勘探地区中单位面积的平均石油储藏量能和已勘探地区一样的话，那么，目前关于地下未开采的能源含量的正确估计因此要乘上一万倍，由此可得出结论，全球的石油需求，至少可以在未来五个世纪中得到满足，即便此种需求每年呈加速上升的趋势。

为使上述论证成立，以下哪项是必须假设的？

A. 地球上未勘探地区的总面积是已勘探地区的一万倍

B. 地球上未勘探地区中储藏的石油可以被勘探和开采出来

C. 新技术将使未来对石油的勘探和开采比现在更为可行

D. 在未来至少五个世纪中，石油仍然是全球主要的能源

E. 在未来至少五个世纪中，世界人口的增长率不会超过对石油需求的增长率

【解题分析】

题干的结论是：全球的石油需求可以在未来得到满足。

根据是：目前包括未勘探地区在内的地下未开采的能源含量比原来估计的要多一万倍。

要使这一论证成立，有一个条件必须满足，即地球上未勘探地区中储藏的石油事实上可以被勘探和开采出来。因此，B 项是题干的论证必须假设的。本题正确答案 B。

案例 12 – 16：

面对预算困难，W 国政府不得不削减对于科研项目的资助，一大批这样的研究项目转而由私人基金资助。这样，可能产生争议结果的研究项目在整个受资助研究项目中的比例肯定会因此降低，因为私人基金资助者非常关心其公众形象，他们不希望自己资助的项目会导致争议。

以下哪项是上述论证所必须假设的？

A. W 国政府比私人基金资助者较为愿意资助可能产生争议的科研项目

B. W 国政府只注意所资助的研究项目的效果,而不注意它是否会导致争议

C. W 国政府没有必要像私人基金资助者那样关心自己的公众形象

D. 可能引起争议的科研项目并不一定会有损资助者的公众形象

E. 可能引起争议的科研项目比一般的项目更有价值

【解题分析】

题干结论:有争议项目在整个受资助项目中的比例会降低。

题干理由:第一,一大批原来由政府资助的项目转由私人基金资助;

第二,私人基金资助者较不愿意资助有争议项目。

依据假设:政府比私人更愿意资助有争议的科研项目。

A 项是题干的论证必须假设的。否则,如果事实上 W 国政府和私人基金资助者同样较不愿意资助争议项目,那么,这最多能得出有争议项目在整个受资助项目中的比例原来就很低的结论。而不能得出结论:有争议项目在整个受资助项目中的比例,会因为大批政府资助的项目转由私人基金资助而降低。

B 项不是题干的论证必须假设的。因为,即使 W 国政府不光注意所资助的项目的效果,而且在意它是否会导致争议,作为政府,出于全局的考虑,它仍然很可能愿意资助有争议的项目。这样,题干的论证仍然能够成立。正确答案为 A。

案例 12-17:

尽管有关法律越来越严厉,盗猎现象却没有得到有效抑制,反而有愈演愈烈的趋势,特别是对犀牛的捕杀。一只没有角的犀牛对盗猎者是没有价值的,野生动物保护委员会为了有效地保护犀牛,计划将所有的犀牛角都切掉,以使它们免遭杀害厄运。

野生动物保护委员会的计划假设了以下哪项?

A. 盗猎者不会杀害对他们没有价值的犀牛

B. 犀牛是盗猎者为获得其角而猎杀的唯一动物

C. 无角的犀牛比有角的对包括盗猎者在内的人的威胁要小

D. 无角的犀牛仍可成功地对人类以外的敌人进行防卫

E. 对盗猎者进行更严格的惩罚并不会降低盗猎者猎杀犀牛的数量

【解题分析】

为使野生动物保护委员会的计划可行,A 项是必须假设的。否则,如果盗猎者照样杀害对他们没有价值的犀牛,那么,即使将所有的犀牛角都切掉,即使没有角的犀牛对盗猎者没有价值,也难使它们免遭被杀害的厄运。

其余各项不是题干的计划必须假设的。例如,E 项如果不成立,题干的计划仍然可以是合理的。因此,E 项不是题干的计划必须假设的。正确答案为 A。

案例 12-18:

从技术上讲,一种保险单如果其索赔额及管理费用超过保金收入,这种保险单就属于折价发行。但是,保金收入可以用来投资并产生回报,因而折价发行的保单并不一定总是亏本的。

上述论断建立在以下哪项假设基础之上?

A. 保险公司不会为吸引顾客而故意折价发行保单

B. 并不是每一种亏本的保单都是折价发行的

C. 在索赔发生前,保单每年的索赔额都是可以精确估计的

D. 投资与保金收入的所得,是保险公司利润的最重要来源

E. 至少部分折价发行的保单,并不要求保险公司在得到保金后立即支付全部赔偿

【解题分析】

这是一道推理可行的假设题。E 项是题干的论证必须假设的。否则,如果所有折价发行的保单都要求保险公司在得到保金后立即支付全部赔偿,那么,这些保金就不可能用来投资并产生回报。这样的保单注定要亏本,即题干的论断不能成立。正确答案为 E。

案例 12 - 19:

W 公司制作的正版音乐光盘每张售价 25 元,赢利 10 元。而这样的光盘的盗版制品每张仅售价 5 元。因此,这样的盗版光盘如果销售 10 万张,就会给 W 公司造成 100 万元的利润损失。

为使上述论证成立,以下哪项是必须假设的?

A. 每个已购买各种盗版制品的人,若没有盗版制品可买,都仍会购买相应的正版制品

B. 如果没有盗版光盘,W 公司的上述正版音乐光盘的销售量不会少于 10 万张

C. 上述盗版光盘的单价不可能低于 5 元

D. 与上述正版光盘相比,盗版光盘的质量无实质性的缺陷

E. W 公司制作的上述正版光盘价格偏高是造成盗版光盘充斥市场的原因

【解题分析】

题干论证:因为盗版光盘已经卖了 10 万,而正版光盘每张赢利 10 元,所以公司损失了 100 万元的利润。

为使题干的论证成立,B 项是必须假设的,否则,如果没有盗版光盘,W 公司的上述正版音乐光盘的销售量少于 10 万张,那么它的总利润本来就到不了 100 万,不可能存在 100 万元利润损失的问题。也就是说,只有当一张本来可以销售的正版光盘,因为盗版的存在而卖不出去的时候,对正版业主才存在利润损失的问题。

本题的争议之处在于 A 项似乎也是题干的假设。但 A 项的断定过于宽泛了,题干只涉及盗版光盘,而 A 项断定的是各种盗版制品。特别是,A 项没有断定,已买盗版品的人若没有盗版品,会购买相同数量的正版品,比如,有人买了 3 份盗版品,若没有盗版品,他可能只会买 1 份正版品。因此,A 项不是假设。

其余各项都不是题干的论证必须假设的。无论盗版的质量如何、价格如何,不影响已经销售 100 万张的事实,也不影响题干推理,C、D 排除。E 为无关项。正确答案为 B。

案例 12 - 20:

没有一个植物学家的寿命长到足以研究一棵长白山红松的完整生命过程。但是,通过观察处于不同生长阶段的许多棵树,植物学家就能拼凑出一棵树的生长过程。这一原则完全适用于目前天文学对星团发展过程的研究。这些由几十万个恒星聚集在一起的星团,大都有 100 亿年以上的历史。

以上哪项最可能是上文所做的假设?

A. 在科学研究中，适用于某个领域的研究方法，原则上都适用于其他领域，即使这些领域的对象完全不同

B. 天文学的发展已具备对恒星聚集体的不同发展阶段进行研究的条件

C. 在科学研究中，完整地研究某一个体的发展过程是没有价值的，有时也是不可能的

D. 目前有尚未被天文学家发现的星团

E. 对星团的发展过程的研究，是目前天文学研究的紧迫课题

【解题分析】

为使题干的议论成立，B 项是必须假设的，否则，如果事实上天文学的发展并不具备对恒星聚集体的不同发展阶段进行研究的条件，那么，就不可能基于对星团不同发展阶段的研究，对其总体的发展过程进行有效的研究，题干的议论就难以成立。

其余各项不是必须假设的。例如，题干假设，植物学的研究方法可用于天文学研究，但题干的议论不必假设：适用于某个领域的研究方法，原则上都适用于其他领域。A 项的断定过强了，不是题干的议论必须假设的。因此，本题正确答案为 B。

案例 12－21：

通常的高山反应是由高海拔地区空气中缺氧造成的，当缺氧条件改变时，症状可以很快消失。急性脑血管梗阻也具有脑缺氧的病征，如不及时恰当处理会危及生命。由于急性脑血管梗阻的症状和普通高山反应相似，因此，在高海拔地区，急性脑血管梗阻这种病特别危险。

以下哪项最可能是上述论证所假设的？

A. 普通高山反应和急性脑血管梗阻的医疗处理是不同的

B. 高山反应不会诱发急性脑血管梗阻

C. 急性脑血管梗阻如及时恰当处理不会危及生命

D. 高海拔地区缺少抢救和医治急性脑血管梗阻的条件

E. 高海拔地区的缺氧可能会影响医生的工作，降低其诊断的准确性

【解题分析】

题干论证：急性脑血管梗阻与高山反应都是具有脑缺氧的相似病征，前者如不及时恰当处理会危及生命。因此，在高海拔地区，急性脑血管梗阻特别危险。

为使题干论证成立，A 项是必须假设的，否则，如果“普通高山反应和脑血管梗阻的治疗方法相同”那么即使二者混淆而造成误诊，也不会产生危险。

C 重复了题干论述，没有新的信息。D、E 项只是支持题干结论，但不是题干论证的假设。因为，不管有没有抢救和医治的条件，也不管诊断的准确性如何，只要“不及时恰当处理”都很危险。因此，本题正确答案为 A。

案例 12－22：

西方航空公司由北京至西安的全额票价一年多来保持不变，但是，目前西方航空公司由北京至西安的机票 90% 打折出售，只有 10% 全额出售；而在一年前则是一半打折出售，一半全额出售。因此，目前西方航空公司由北京至西安的平均票价比一年前要低。

以下哪项最可能是上述论证所假设的？

A. 目前和一年前一样，西方航空公司由北京至西安的机票，打折的和全额的，有基本相同的售出率

B. 目前和一年前一样，西方航空公司由北京至西安的打折机票售出率，不低于全额机票

C. 目前西方航空公司由北京至西安的打折机票的票价和一年前基本相同

D. 目前西方航空公司由北京至西安航线的服务水平比一年前下降

E. 西方航空公司所有航线的全额票价一年多来保持不变

【解题分析】

为使题干论证成立，C 项是必须假设的，否则，如果目前西方航空公司由北京至西安的打折机票的票价和一年前不同，那么题干推理就不成立了。举一个极端些的例子，如果目前虽然 90% 的机票打折，但是都是打 99 折，而一年前 50% 的机票打折且都是打 1 折，那么目前的平均票价远高于一年前。

由于只有确定了打折票和全额票的价格才能由售出率推出题干结论，因此 A、B 不是假设；D 为明显无关选项；E 没有讨论打折幅度，均排除。故，正确答案为 C。

案例 12 - 23：

小红装病逃学一天，大明答应为她保密。事后，知道事情底细的老师对大明说。我和你一样，都认为违背承诺是一件不好的事；但是，人和人交往，事实上都默认一个承诺，这就是说真话，任何谎言都违背这一承诺。因此，如果小红确实装病逃学，那么，你即使已经承诺为她保密，也应该对我说实话。

要使老师的话成立，以下哪项是必须假设的？

A. 说谎比违背其他承诺更有害

B. 有时，违背承诺并不是一件坏事

C. 任何默认的承诺都比表达的承诺重要

D. 每个人都不应该违背任何承诺

E. 违背默认的承诺有时要比违背表达的承诺更不好

【解题分析】

面对老师的言论，大明处于二难的困境：若遵守对小红明确做出的承诺，就得对老师说谎；若遵守对老师讲话时默认的承诺，就会违背对小红明确做出的承诺（即表达的承诺）。

老师论述：当两个承诺冲突时，大明应当选择说真话。可见，老师的话显然假设 E 项，否则，违背默认的承诺比违背表达的承诺更好，那么，大明就可以不对老师说实话，这样，老师的论述就不成立。

学生无论是否说谎都会违背承诺，A 排除；B、C 无关项；无论学生怎么做都是违背承诺，D 排除。正确答案为 E。

案例 12 - 24：

香蕉叶斑病是一种严重影响香蕉树生长的传染病，它的危害范围遍及全球。这种疾病可由一种专门的杀菌剂有效控制，但喷洒这种杀菌剂会对周边人群的健康造成危害。因此，在人口集中的地区对小块香蕉林喷洒这种杀菌剂是不妥当的。幸亏规模香蕉种植园大都远离人口集中的地区，可以安全地使用这种杀菌剂。因此，全世界的香蕉产量，大部分不会受到香蕉叶斑病的影响。

以下哪项可能是上述论证所假设的?

A. 人类最终可以培育出抗叶斑病的香蕉品种

B. 全世界生产的香蕉,大部分产自规模香蕉园

C. 和在小块香蕉林中相比,香蕉叶斑病在规模香蕉种植园中传播得较慢

D. 香蕉叶斑病是全球范围内唯一危害香蕉生长的传染病

E. 香蕉叶斑病不危害植物

【解题分析】

为使题干论证成立,B 项是必须假设的,否则,如果全世界生产的香蕉并非大部分产自规模香蕉园,那么,虽然规模香蕉种植园可以安全地使用这种杀菌剂,也推不出"全世界的香蕉产量大部分不会受到香蕉叶斑病的影响"这个结论。故,本题正确答案为 B。

案例 12-25:

某纺织厂从国外引进了一套自动质量检验设备。开始使用该设备的 10 月份和 11 月份产品的质量不合格率由 9 月份的 0.04% 分别提高到 0.07% 和 0.06%。因此,使用该设备对减少该厂的不合格产品进入市场起到了重要的作用。

以下哪项是上述论证最可能假设的?

A. 上述设备检测为不合格的产品中,没有一件事实是合格的

B. 上述设备检测为合格的产品中,没有一件事实是合格的

C. 9 月份检测为合格的产品中,至少有一些是不合格的

D. 9 月份检测为不合格的产品中,至少有一些是合格的

E. 上述设备是国内目前同类设备中最先进的

【解题分析】

为使题干论证成立,C 项是必须假设的,否则,如果 9 月份检测为合格的产品都是合格的,意味着 9 月份就没有不合格的产品漏检,那么,题干的论证就不成立。

其余各项均不是必须假设的。正确答案为 C。

案例 12-26:

一些国家为了保护储户免受银行故障造成的损失,由政府给所有个人储户提供相应的保险。有的经济学家认为,这种保险政策应对这些国家的银行高故障率承担部分责任。因为有了这种保险,储户在选择银行时就不关心其故障率的高低,这极大地影响了银行通过降低故障率来吸引储户的积极性。

为使上述经济学家的论证成立,以下哪个选项是必须假设的?

A. 银行故障是可以避免的

B. 储户有能力判断不同银行的故障率高低

C. 故障率是储户选择银行的主要依据

D. 储户存入的钱越多,选择银行就越谨慎

E. 银行故障的主要原因是计算机病毒

【解题分析】

选项 B 是必须假设的,否则,如果储户没有能力判断不同银行的故障率高低,银行就不可能通过降低故障率来吸引储户,这样,一些国家的银行高故障率就和储户对银行的选择无关。这样,上述经济学家的论证就不可能成立。正确答案为 B。

案例 12-27：

研究显示，大多数有创造性的工程师，都有在纸上乱涂乱画，并记下一些看来稀奇古怪想法的习惯。他们的大多数最有价值的设计，都直接与这种习惯有关。而现在的许多工程师都用电脑工作，在纸上乱涂乱画不再是一种普遍的习惯。一些专家担心，这会影响工程师的创造性思维，建议在用于工程设计的计算机程序中匹配模拟的便条纸，能让使用者在上面涂鸦。

以下哪项最可能是上述建议所假设的？

A. 在纸上乱涂乱画，只可能产生工程设计方面的灵感

B. 计算机程序中匹配的模拟便条纸，只能用于乱涂乱画，或记录看来稀奇古怪的想法

C. 所有用计算机工作的工程师都不会备有纸笔以随时记下有意思的想法

D. 工程师在纸上乱涂乱画所记下的看来稀奇古怪的想法，大多数都有应用价值

E. 乱涂乱画所产生的灵感，并不一定通过在纸上的操作获得

【解题分析】

E 项是题干推理所必须假设的，否则，如果乱涂乱画所产生的灵感一定要通过在纸上的操作获得，那么，在计算机程序中匹配模拟的便条纸上面涂鸦也产生不了灵感，也就是说在用于工程设计的计算机程序中匹配模拟的便条纸这个建议就没有意义了。

C 是干扰项，断定过强了，可用否定代入法来验证，如果有的用计算机工作的工程师会备有纸笔以随时记下有意思的想法，那么也不会使得上述建议没意义，因为至少还会有一些用计算机工作的工程师没有备纸笔，因此，上述建议还是有必要的。正确答案为 E。

案例 12-28：

国家教育主管部门的有关负责人说："总的说来，现在的大学生的家庭困难情况比起以前有了大幅度的改观。这种情况十分明显，因为现在课余要求学校安排勤工俭学的人越来越少了"。

上面的结论是由下列哪个假设得出的？

A. 现在大学生父母亲的收入随着改革开放的深入发展而增加，使得大学生不再需要勤工俭学来自己养活自己了

B. 尽管家境有了改善，也应当参加勤工俭学来锻炼自己的全面能力

C. 课余要求学校安排勤工俭学是学生家庭是否困难的一个重要标志

D. 大学生把更多的时间用在学业上，勤工俭学的人就少起来了

E. 学校安排的勤工俭学报酬相对越来越低，不能满足学生的要求

【解题分析】

题干根据勤工俭学的同学少，得出结论：家庭困难的同学少了。

要使题干推理成立，必须说明这两者之间有本质联系，显然是选项 C 可作为假设。

因此，本题正确答案是 C。

案例 12-29：

去年引进国外大片《马语者》，仅仅在白山市放映了一周，各影剧院的总票房收入就达到八百万元。这一次白山市又引进了《空军一号》，准备连续放映 9 天，一千万的票房收入应该能够突破。

根据上文包括的信息分析,以上推断最可能隐含了以下哪项假设?

A. 白山市很多人因为映期时间短都没有看上《马语者》,这一次可以补偿一下了

B. 有《马语者》做铺垫,《空军一号》的票房应当会更火爆

C. 这两部片子的上座率、票价等将非常类似

D. 连续放映9天是以往比较少见的映期安排,可以吸引更多的观众

E. 总统题材的影片的影响力和票房号召力是巨大的

【解题分析】

要在两样东西或是两种方法间类推,很重要的一点就是这两者实质性相关,即两者之间具有可类比类推性。对于本题来说,映期上可以类比,剩下的就是票价和上座率了,这些指标的综合就是一部影片的票房。因此,C项是必须假设的,否则,如果《空军一号》的上座率、票价不如《马语者》,那么《空军一号》的票房收入的预计就显然缺乏说服力了。

其余选项作为答案均不恰当。本题正确答案为C。

案例12-30:

对基础研究投入大量经费似乎作用不大,因为直接对生产起作用的是应用型技术。但是,应用型技术发展需要基础理论研究作后盾。今天,纯理论研究可能暂时看不出有什么用处,但不能肯定它将来也不会带来巨大效益。

上述论证的前提假设是:

A. 发展应用型新技术比搞纯理论研究见效快、效益高

B. 纯理论研究耗时耗资,看不出有什么用处

C. 纯理论研究会造福后代,而不会利于当代

D. 发现一种新的现象与开发出它的实际用途之间存在时滞

E. 发展应用型新技术容易,搞纯理论研究难

【解题分析】

题干作者的论证意图是:对基础研究投入是有作用的。

其解释性的理由是:纯理论研究不能直接对生产起作用,但即使暂时无用将来却可能会有大用。

如果D项为真,意味着理论发现和它的实际应用之间存在时滞,这就说明了题干理由是可行的,因此,是题干论证的前提假设。

A项不能加强题干作者的论证意图。没有理由认为这种时滞一定会长到跨过时代,因此,C项并不是题干的论证所必须假设的。其余各选项显然都不是。故,本题正确答案为D。

案例12-31:

在美国,比较复杂的民事审判往往超过陪审团的理解力,结果,陪审团对此作出的决定经常是错误的。因此,有人建议,涉及较复杂的民事审判由法官而不是陪审团来决定,将提高司法部门的服务质量。

上述建议依据下列哪项假设?

A. 大多数民事审判的复杂性超过了陪审团的理解力

B. 法官在决定复杂民事审判的时候,对那些审判的复杂性,比陪审团的人员有更好

的理解

C. 在美国以外一些具有相同法系的国家，也早就有类似的提议，并有付诸实施的记录

D. 即使涉及不复杂的民事审判，陪审团的决定也常常出现差错

E. 赞成由法官决定民事审判的唯一理由是想象法官的决定几乎总是正确的

【解题分析】

只有选项B“法官在决定复杂民事审判的时候，对那些审判的复杂性，比陪审团的人员有更好的理解”这一点成立，“改由法官决定审判”这个建议才可行。故，本题正确答案B。

案例 12－32：

在西方几个核大国中，当核试验得到了有效的限制，老百姓就会倾向于省更多的钱，出现所谓的商品负超常消费；当核试验的次数增多的时候，老百姓就会倾向于花更多的钱，出现所谓的商品正超常消费。因此，当核战争成为能普遍觉察到的现实威胁时，老百姓为存钱而限制消费的愿望大大降低，商品正超常消费的可能性大大增加。

上述论证基于以下哪项假设？

A. 当核试验次数增多时，有足够的商品支持正超常消费

B. 在西方几个核大国中，核试验受到了老百姓普遍的反对

C. 老百姓只能通过本国的核试验的次数来觉察核战争的现实威胁

D. 商界对核试验乃至核战争的现实威胁持欢迎态度，因为这将带来经济利益

E. 在冷战年代，上述核战争的现实威胁出现过数次

【解题分析】

结论：当核战争成为能普遍觉察到的现实威胁时，商品正超常消费的可能性大大增加。

理由：当核试验的次数增多的时候，老百姓会倾向花更多的钱，出现商品正超常消费。

题干的论证必须基于这样一个假设，即当核试验次数增多时，有足够的商品支持正超常消费。否则，即使老百姓倾向于花更多的钱，也不会出现商品正超常消费。因此，A项是必须假设的。

题干说明，老百姓能通过本国的核试验的次数来觉察核战争的现实威胁，但显然并不说明，老百姓只能通过本国的核试验的次数来觉察核战争的现实威胁。因此，C项并非是必须假设的。D项是对题干论证的一个可能的推论，并非是题干的论证本身必须假设的。E项是对过去的一个陈述，不是必须假设的。正确答案为A。

案例 12－33：

一种对偏头痛有明显疗效的新药正在推广，不过服用这种药可能加剧心脏病。但是只要心脏病患者在服用该药物时严格遵从医嘱，它的有害副作用完全可以避免。因此，关于这种药物副作用的担心是不必要的。

上述论证基于以下哪项假设？

A. 药物有害副作用的产生都是因为患者在服用时没有严格遵从医嘱

B. 有心脏病的偏头痛患者在服用上述新药时不会违背医嘱

C. 大多数服用上述新药的偏头痛患者都有心脏病

D. 上述新药有多种副作用. 但其中最严重的是会加剧心脏病

E. 上述新药将替代目前其他治疗偏头痛的药物

【解题分析】

题干结论:不必担心药物的副作用。

理由是:服药时严格遵从医嘱就完全可以避免副作用。

为使题干论证成立,显然必须假设 B 项(不会违背医嘱就是能够遵从医嘱),否则,如果有心脏病的偏头痛患者在服用上述新药时会违背医嘱,那么就应该担心药物的副作用了。因此,本题正确答案是 B。

案例 12-34:

公寓住户设法减少住宅小区物业管理费的努力是不明智的。因为,对于住户来说,物业管理费少交 1 元,但为了应付因物业管理质量下降而付出的费用很可能是 3 元、4 元甚至更多。

以下哪项最可能是上述论证所假设的?

A. 目前许多住宅小区的物业管理费的标准偏高

B. 目前许多住宅小区的物业管理费的标准是合理的

C. 目前许多住宅小区的物业管理质量是合格的

D. 物业管理费的减少必然导致管理质量的下降

E. 物业管理部门很可能以降低服务质量来应对管理费的减少

【解题分析】

题干结论:减少住宅小区物业管理费的努力是不明智的。

题干理由:减少物业管理费后,为了应付因物业管理质量下降而付出的费用很可能会更多。

E 项如果为真,即物业管理部门很可能以降低服务质量来应对管理费的减少,那么,减少物业管理费,很可能导致物业管理质量的下降。也就是 E 项成立,使得题干的理由可行,因此,E 项为假设。D 项易误选,但其断定过强了。因为题干没有断定,管理费的减少,必然导致物业管理质量的下降。正确答案为 E。

案例 12-35:

面试在求职过程中非常重要。经过面试,如果应聘者的个性不适合待聘工作的要求,则不可能被录用。

以上论断是建立在哪项假设基础上?

A. 必须经过面试才能取得工作,这是工商界的规矩

B. 只在与面试主持人关系好,就能被聘用

C. 面试主持者能够准确地分辨出哪些个性是工作所需要的

D. 面试的唯一目的就是测试应聘者的个性

E. 若一个人的个性适合工作的要求,他就一定被录用

【解题分析】

题干断定:面试的作用是使个性不适合待聘工作的要求的面试者不被录用。

其隐含假设应该是面试主持人能够分辨出参加面试者“哪些个性是工作所需要的”,哪些是不适合工作要求的,这正是C中所讲的。

其余选项均不是必须隐含的前提。其中,A不是有关面试的作用和结果的。B正好和题干唱反调;D把“测试应聘者的个性”作为目的,而题干中的目的很清楚,是“适合待聘工作的要求”;E说“个性适合工作”是录用的充分条件,而题干中说的却是必要条件。正确答案为C。

案例12-36:

新一年的电影节的影片评比,准备打破过去的只有一部最佳影片的限制,而按照历史片、爱情片等几种专门的类型分别评选最佳影片,这样可以使电影工作者的工作得到更为公平的对待,也可以使观众和电影爱好者对电影的优劣有更多的发言权。

以下哪项假设最可能是上述评比制度改革隐含的前提?

A. 划分影片类型,对于规范影片拍摄有重要的引导作用

B. 每一部影片都可以按照这几种专门的类型来进行分类

C. 观众和电影爱好者在进行电影评论时喜欢进行类型的划分

D. 按照类型来进行影片的划分,不会使有些冷门题材的影片被忽视

E. 过去因为只有一部最佳影片,影响了电影工作者参加电影节评比的积极性

【解题分析】

题干制度改革方法:分类评选最佳影片。

选项B显然是上述评比制度改革所必须的,否则,如果有的影片无法按照这几种专门的类型来进行分类,那么对这样的影片的评选就无法操作,这就不可避免地会影响评选的公正和观众的参与。可见B项的存在才使得影片评比的改革可行。

至于选项A、C、E,都正面支持了这种制度改革,但是否一定是先决条件呢,理由似乎都不充分。D项也有假设意义,但没有B的力度大,B是更需要假设的。故,本题正确答案是B。

案例12-37:

学校董事会决定减少员工中教师的数量。学校董事会计划首先解雇效率较低的教师,而不是简单地按照年龄的长幼决定解雇哪些教师。

校董事会的这个决定假定了:

A. 有能比较准确地判定教师效率的方法　B. 一个人的效率不会与另一个人的相同

C. 最有教学经验的教师就是最好的教师　D. 报酬最高的教师通常是最称职的

E. 每个教师都有某些教学工作是自己的强项

【解题分析】

要解雇效率较低的教师,首先必须能依据一定的方法来准确地判定一个教师是否有效率。因此,A项是校董事会的决定必须假设的。本题正确答案是A。

案例12-38:

以前有几项研究表明,食用巧克力会增加食用者患心脏病的可能性。而一项最新

的、更为可靠的研究得出的结论为：食用巧克力与心脏病发病率无关。估计这项研究成果公布之后，巧克力的消费量将会大大增加。

上述推论基于以下哪项假设？

A. 大量食用巧克力的人中，并不是有很高的比例患心脏病

B. 尽管有些人知道食用巧克力会增加患心脏病的可能性，却照样大吃特吃

C. 人们从来也不相信进食巧克力会更容易患心脏病的说法

D. 现在许多人吃巧克力是因为他们没听过巧克力会导致心脏病的说法

E. 现在许多人不吃巧克力完全是因为他们相信巧克力会诱发心脏病

【解题分析】

题干结论：巧克力的消费量将会大大增加。

题干理由：研究表明，食用巧克力与心脏病发病率无关。

E 项是题干的推论必须假设的。否则，如果许多人不吃巧克力并不是因为他们相信巧克力会诱发心脏病（比如他们觉得巧克力不好吃），那么，即使他们知道了食用巧克力与心脏病无关，也不会因此转而购买巧克力。这就使题干的推理无法成立。

其余各项不是题干推理必须假设的。正确答案为 E。

案例 12－39：

自从 20 世纪中叶化学工业在世界范围成为一个产业以来，人们一直担心，它所造成的污染将严重影响人类的健康。但统计数据表明，这半个世纪以来，化学工业发达的工业化国家的人均寿命增长率，大大高于化学工业不发达的发展中国家。因此，人们关于化学工业危害人类健康的担心是多余的。

以下哪项是上述论证必须假设的？

A. 20 世纪中叶，发展中国家的人均寿命，低于发达国家

B. 如果出现发达的化学工业，发展中国家的人均寿命增长率会因此更低

C. 如果不出现发达的化学工业，发达国家的人均寿命增长率不会因此更高

D. 化学工业带来的污染与它带给人类的巨大效益相比是微不足道的

E. 发达国家在治理化学工业污染方面投入巨大，效果明显

【解题分析】

题干根据化学工业发达的国家人均寿命增长率高，得出结论：化学工业不会危害人类健康。

C 项是题干的论证必须假设的，否则，如果没有发达的化学工业，发达国家的人均寿命增长率会因此更高，那么，就不能根据化学工业发达的工业化国家的人均寿命增长率，大大高于化学工业不发达的发展中国家，就得出化学工业并不危害人类健康的结论。

其余各项都不是必须假设的，其中 B 项削弱题干。正确答案为 C。

案例 12－40：

尽管计算机可以帮助人们进行沟通，计算机游戏却妨碍了青少年沟通能力的发展。他们把课余时间都花费在玩游戏上，而不是与人交流上。所以说，把课余时间花费在玩游戏上的青少年比其他孩子有较少的沟通能力。

以下哪项是上述议论最可能假设的？

A. 一些被动的活动，如看电视和听音乐，并不会阻碍孩子们的交流能力的发展

B. 大多数孩子在玩电子游戏之外还有其他事情可做

C. 在课余时间不玩电子游戏的孩子至少有一些时候是在与人交流

D. 传统的教育体制对增强孩子们与人交流的能力没有帮助

E. 由玩电子游戏带来的思维能力的增强对孩子们的智力开发并没有实质性的益处

【解题分析】

题干的断定：把课余时间花费在玩游戏上的青少年比其他孩子有较少的沟通能力。

C 项是题干的议论必须假设的，否则，如果事实上在课余时间不玩电子游戏的孩子在任何时候都不与人交流，那么，就不能根据青少年在课余时间玩游戏而不是与人交流，就得出结论，把课余时间花费在玩游戏上的青少年比其他孩子缺少沟通能力。

其余各项均不是需要假设的。正确答案为 C。

案例 12－41：

如今的音像市场上，正版的激光唱盘和影视盘销售不佳，而盗版的激光唱盘和影视盘却屡禁不绝，销售非常火爆。有的分析人员认为，这主要是因为价格上盗版盘更有优势，所以在市场上更有活力。

以下哪项是这位分析人员在分析中隐含的假定？

A. 正版的激光唱盘和影视盘往往内容呆板，不适应市场的需要

B. 与价格的差别相比，正版盗版质量差别不大

C. 盗版的激光唱盘和影视盘比正版的盘进货渠道畅通

D. 正版的激光唱盘和影视盘不如盗版的盘销售网络完善

E. 知识产权保护对盗版盘的打击使得盗版盘的价格上涨

【解题分析】

盗版盘价格上有优势，所以就畅销，这中间暗含着一个假设，就是盗版盘与正版盘的质量差别不大。否则，如果盗版比正版的质量要差很多，那么，即使盗版便宜，也不见得好销。正确答案为 B。

案例 12－42：

政府应该不允许烟草公司在其营业收入中扣除广告费用。这样的话，烟草公司将会缴纳更多的税金。它们只好提高自己的产品价格，而产品价格的提高正好可以起到减少烟草购买的作用。

以下哪个选项是上述论点的前提？

A. 烟草公司不可能降低其他方面的成本来抵消多缴的税金

B. 如果它们需要付高额的税金，烟草公司将不再继续做广告

C. 如果烟草公司不做广告，香烟的销售量将受到很大影响

D. 政府从烟草公司的应税收入增加所得的收入将用于宣传吸烟的害处

E. 烟草公司由此所增加的税金应该等于价格上涨所增加的盈利

【解题分析】

题干根据烟草公司将缴纳更多的税金，得出结论：只好提高产品价格而减少烟草的销售。

要使上述推理成立,必须保证没有别的因素影响这个推论。A 项是题干的论证所必须假设的。否则,如果事实上烟草公司可以通过降低其他方面的成本,来抵消因为不扣除广告费用而多缴的税金,那么,烟草公司就不会因此被迫提高价格而减少烟草的销售。

C 项只是说广告的重要性,只说明了应该做广告,但并没有针对题干推理,因此,C 为无关项。E 项不是题干必须假设的。题干确实必须假设,因扣除广告费用所增加的税金,会对烟草公司产生压力而迫使它提高产品价格,但是不必过强地假设,烟草公司由此所增加的税金应该等于价格上涨所增加的盈利。正确答案为 A。

案例 12-43:

心脏的搏动引起血液循环。对同一个人,心率越快,单位时间进入循环的血液量越多。血液中的红血球运输氧气。一般地说,一个人单位时间通过血液循环获得的氧气越多,他的体能及其发挥就越佳。因此,为了提高运动员在体育比赛中的竞技水平,应该加强他们在高海拔地区的训练,因为在高海拔地区,人体内每单位体积血液中含有的红血球数量,要高于在低海拔地区。

以下哪项是题干的论证必须假设的?

A. 海拔的高低对运动员的心率不发生影响

B. 不同运动员的心率基本相同

C. 运动员的心率比普通人慢

D. 在高海拔地区训练能使运动员的心率加快

E. 运动员在高海拔地区的心率不低于在低海拔地区

【解题分析】

题干结论:提高运动员竞技水平,就应提高每单位体积血液中含有的红血球数量。

其理由是:竞技水平取决于体能,体能与输氧量有关,而输氧量与“每单位体积血液中含有的红血球数量”和“血液量”有关,而“血液量”与“心率”有关。

要使题干论证成立,就必须排除另一个因素“心率”的影响。E 项是题干的论证必须假设的,否则,如果事实上运动员在高海拔地区的心率低于在低海拔地区,那么即使在高海拔地区,人体内每单位体积血液中含有的红血球数量,要高于在低海拔地区,但由于心率较慢,单位时间进入循环的血液量较少,因而单位时间里血液中运输氧气的白血球并不见得就多,通过血液循环获得的氧气并不见得就多,因而在高海拔地区训练的运动员的体能及其发挥并不能较佳。

A 项的断定过强,不是题干的论证必须假设的。否定 A 项,假如,如果事实上海拔越高,运动员的心率越快,题干的论证还是可以成立的。D 项能加强题干的论证,但同样不是题干的论证必须假设的。其余各项均不是题干的论证必须假设的。正确答案为 E。

案例 12-44:

在西西里的一处墓穴里,发现了一只陶瓷花瓶。考古学家证实这只花瓶原产自希腊。墓穴主人生活在 2700 年前,是当时的一个统治者。因此,这说明在 2700 年前,西西里和希腊间已有贸易。

以下哪项是上述论证必须假设的?

A. 当时西西里的陶瓷匠人的水平不及希腊陶瓷匠人

B. 在当时用来制造陶瓷的黏土，西西里产的和希腊产的很不一样

C. 墓穴主人活着的时候，已经有大批船队能够往来于西西里和希腊

D. 在西西里墓穴里发现的这只花瓶不是墓穴主人的后裔在后来放进去的

E. 墓穴主人不是西西里皇族的成员

【解题分析】

为使题干的论证成立，D 项是必须假设的。否则，如果事实上在西西里墓穴里发现的这只花瓶是墓穴主人的后裔在后来放进去的，那么，由题干的条件，显然不能得出 2700 年前西西里和希腊间已有贸易的结论。其余各项均不是必须假设的。

西西里工人的技术如何与题干无关，A 排除。题干已经说明了是希腊花瓶，跟陶器原料是否相似无关，B 排除。E 为明显无关选项。C 是易误选的答案，但 C 是支持而非假设，因为贸易不一定是水上，也可以是陆地，即否定 C，也不能使题干推理不成立，因此，C 不是假设。若把 C 改为“在 2700 年前，西西里岛与希腊之间能够进行贸易往来”，那么就可以作为一个假设。正确答案为 D。

案例 12－45：

这个国家在 1987 年控制非法药物进入的计划失败了。尽管对非法药物的需求呈下降趋势，但是，如果这个计划没有失败，多数非法药物在 1987 年的批发价格不会急剧下降。

以上结论依赖于以下哪一个假设？

A. 1987 年，非法药物的供给大幅下降

B. 1987 年，平均每个消费者支付的非法药物的价格并未显著下降

C. 本国非法药物产量，比非法进入该国的非法药物增加更多

D. 1987 年，少数几种非法药物的批发价格大幅上升了

E. 1987 年，非法药物需求的下降不是其批发价格下降的唯一原因

【解题分析】

题干根据违法药物批发价的下降，得出结论：控制违法药物进入的计划失败了。

E 项是题干论述必须的假设，否则，如果违法药物的需求下降是其批发价下降的唯一原因，即价格下降只是由需求下降引起的，那么，就没有理由怀疑由进入该国的非法药物增加而引起的供给增加导致了其价格下降，这样就得不出该计划失败了的结论。

其他选项不是该论述必须的假设。正确答案为 E。

案例 12－46：

一项实验显示，那些免疫系统功能较差的人，比起那些免疫系统功能一般或较强的人，在进行心理健康的测试时记录明显较差。因此，这项实验的设计和实施者得出结论，人的免疫系统，不仅保护人类抵御生理疾病，而且保护人类抵御心理疾病。

上述结论是基于以下哪项假设？

A. 免疫系统功能较强的人比功能一般的人更能抵御心理疾病

B. 患有某种心理疾病的人，一定患有某种相关的生理疾病

C. 具有较强的免疫系统功能的人不会患心理疾病

D. 心理疾病不会引起免疫系统功能的降低

E. 心理疾病不能依靠药物治疗,而只能依靠心理治疗

【解题分析】

实验发现免疫系统功能差的人心理健康也差,得出结论:免疫系统可以抵御心理疾病。

要使题干的结论有说服力。D 项是必须假设的。否则,如果心理疾病会引起免疫系统功能的降低,那么,免疫系统功能差很可能是心理疾病的结果,而不是其原因。这就会大大削弱题干结论的说服力。A 项是题干结论的重复,不是题干结论的假设。正确答案为 D。

案例 12－47:

在汉语和英语中,"塔"的发音是一样的,这是英语借用了汉语;"幽默"的发音也是一样的,这是汉语借用了英语。而在英语和姆巴拉拉语中,"狗"的发音也是一样的,但可以肯定,使用这两种语言的人交往只是将近两个世纪的事,而姆巴拉拉语(包括"狗"的发音)的历史,几乎和英语一样古老。另外,这两种语言,属于完全不同的语系,没有任何亲缘关系。因此,这说明,不同的语言中出现意义和发音相同的词,并不一定是由于语言的相互借用,或是由于语言的亲缘关系所致。

以上论述必须假设以下哪项?

A. 汉语和英语中,意义和发音相同的词都是相互借用的结果

B. 除了英语和姆巴拉拉语以外,还有多种语言对"狗"有相同的发音

C. 没有第三种语言从英语或姆巴拉拉语中借用"狗"一词

D. 如果两种不同语系的语言中有的词发音相同,则使用这两种语言的人一定在某个时期彼此接触过

E. 使用不同语言的人相互接触,一定会导致语言的相互借用

【解题分析】

(1)抓住结论。结论是:两种语言中共有的词,既不是由一语言的亲缘关系,也不是由于互相借用造成的。

(2)揭示论证的假设。根据文中所提供的信息,它并没有排除这两种语言通过第三种语言间接借用的可能。所以,若使论证的结论成立,就必须假设:没有第三种语言从英语或姆巴拉拉语中借用"狗"一词。

(3)根据推理规则检验推理是否有效。如果将上述假设作为前提之一加入原论证后这个论证是有效的,那么说明所揭示的假设是正确的。

C 项是题干的论证所必须假设的。否则,存在第三种语言从英语或姆巴拉拉语中借用"狗"一词,这样,虽然"狗"在英语和姆巴拉拉语中的同音同义不是这两种语言间的直接借用,但却是通过第三种语言的间接借用(比如第三种语言借用英语中的"狗",姆巴拉拉语借用第三种语言中的"狗"),这说明不同的语言中出现意义和发音相同的词还是相互借用了,这样,题干的论证就难以成立。

E 项所述"一定会导致语言的相互借用"与题干结论相反,削弱了题干,当然不可能是假设。正确答案为 C。

案例 12－48:

急性视网膜坏死综合症是由疱疹病毒引起的眼部炎症综合症。急性视网膜坏死综

合症患者的大多临床表现反复出现，相关的症状体征时有时无，药物治疗效果不佳。这说明，此病是无法治愈的。

上述论证假设反复出现急性视网膜坏死综合症症状体征的患者：

A. 没有重新感染过疱疹病毒

B. 没有采取防止疱疹病毒感染的措施

C. 对疱疹病毒的药物治疗特别抗药

D. 可能患有其他相关疾病

E. 先天体质较差

【解题分析】

题干由"由疱疹病毒引起的急性视网膜坏死综合症患者的大多临床表现反复出现"，推出"此病无法治愈"的结论。

A 项是题干论证所必须假设的，否则，如果反复出现急性视网膜坏死综合症症状体征的患者"重新"感染过疱疹病毒，那么，意味着反复出现症状很有可能并非没有治愈，而是治愈之后又重复感染了。

B 意味着可能治愈后重新感染了，说明还是可以治愈的，削弱题干论述；无论是否特别抗药都不能改变治疗效果不佳的事实，C 排除；D、E 为明显无关选项，排除。正确答案为 A。

案例 12－49：

莱布尼兹是 17 世纪伟大的哲学家。他先于牛顿发表了他的微积分研究成果。但是当时牛顿公布了他的私人笔记，说明他至少在莱布尼兹发表其成果的 10 年前已经运用了微积分的原理。牛顿还说，在莱布尼兹发表其成果的不久前，他在给莱布尼兹的信中谈起过自己关于微积分的思想。但是事后的研究说明，牛顿的这封信中，有关微积分的几行字几乎没有涉及这一理论的任何重要之处。因此，可以得出结论，莱布尼兹和牛顿各自独立地发现了微积分。

以下哪项是上述论证必须假设的？

A. 莱布尼兹在数学方面的才能不亚于牛顿

B. 莱布尼兹是个诚实的人

C. 没有第三个人不迟于莱布尼兹和牛顿独立地发现了微积分

D. 莱布尼兹在发表微积分研究成果前从没有把其中的关键性内容告诉任何人

E. 莱布尼兹和牛顿都没有从第三渠道获得关于微积分的关键性细节

【解题分析】

题干论证：因为莱布尼兹和牛顿事先都不知道对方的研究成果，所以，他们是各自独立地发现了微积分。

为使题干论证成立，E 项是必须假设的，否则，如果莱布尼兹和牛顿中有人从第三渠道获得关于微积分的关键性细节，那么即使他们两人之间没有过实质性的沟通，也得不出"他们是各自独立地发现了微积分"这一结论。

A、B、C 均为无关项。即使莱布尼兹在发表微积分研究成果前"曾经"把其中的关键性内容告诉过别人，但是并不意味着牛顿能够获得莱布尼兹的成果，因此 D 项也不是题干论证的假设。正确答案为 E。

案例 12－50：

面试是招聘的一个不可以取代的环节，因为通过面试，可以了解应聘者的个性。那些个性不合适的应聘者将被淘汰。

以下哪项是上述论证最可能假设的？

A. 应聘者的个性很难通过招聘的其他环节展示

B. 个性是确定录用应聘者的最主要因素

C. 只有经验丰富的招聘者才能通过面试准确把握应聘者的个性

D. 在招聘环节中，面试比其他环节更重要

E. 面试的唯一目的是为了解应聘者的个性

【解题分析】

题干断定：面试可了解个性，因此，面试不可取代。

A 项是题干论证必须假设的，否则，应聘者的个性可以通过招聘的其他环节展示的话，面试在招聘中就是可以取代的环节了。正确答案为 A。

案例 12－51：

类人猿和其后的史前人类所使用的工具很相似。最近在东部非洲考古所发现的古代工具，就属于史前人类和类人猿都使用过的类型。但是，发现这些工具的地方是热带大草原，热带大草原有史前人类居住过，而类人猿只生活在森林中。因此，这些被发现的古代工具是史前人类而不是类人猿使用过的。

为使上述论证有说服力，以下哪些项是必须假设的？

A. 即使在相当长的环境生态变化过程中，森林也不会演变成为草原

B. 史前人类从未在森林中生活过

C. 史前人类比类人猿更能熟练地使用工具

D. 史前人类在迁移时并不携带工具

E. 类人猿只能使用工具，并不能制造工具

【解题分析】

A 项是题干推理所必须的假设，否则，如果在相当长的环境生态变化过程中森林会演变成为草原的话，那么，虽然上述古代工具是在热带大草原上发现的，这些工具还是有可能是类人猿使用过的。正确答案为 A。

案例 12－52：

在 H 国前年出版的 50000 部书中，有 5000 部都是小说。H 国去年发行的电影中，恰有 25 部都是由这些小说改编的。因为去年 H 国共发行了 100 部电影，因此，由前年该国出版的书改编的电影，在这 100 部电影中所占的比例不会超过四分之一。

基于以下那项假设能使上述推理成立？

A. H 国去年发行电影的剧本，都不是由专业小说作家编写的

B. 由小说改编的电影的制作周期不短于一年

C. H 国去年发行的电影中，至少 25 部是国产片

D. H 国去年出版的小说中，适合于改编成电影的不超过 0.5%

E. H 国去年发行的电影，没有一部是基于小说以外的书改编的

【解题分析】

题干结论:由前年出版的书改编的电影,在去年100部电影中所占的比例不超过四分之一。

题干理由:去年100部电影中,恰有25部是由该国前年出版的小说改编的。为使题干论证成立,E项是必须假设的。否则,如果去年发行的电影中有些是基于小说以外的书改编的,那么即使由前年出版的小说改编的电影在去年所有电影中所占的比例为四分之一,那么由前年出版的书改编的电影在去年所有电影中所占的比例有可能会超过四分之一,可见E项确实为假设。因此,本题正确答案是E。

案例12-53:

一项调查显示,某班参加挑战杯比赛的同学,与那些未参加此项比赛的同学相比,学习成绩一直保持较高的水平。此项调查得出结论:挑战杯比赛通过开拓学生的视野,增加学生的学习兴趣,激发学生的创造潜力,有效地提高了学生的学习成绩。

以下哪项如果为真,最能加强上述调查结论的说服力?

A. 没有参加挑战杯比赛的同学如果通过其他活动开拓视野,也能获得好成绩

B. 整天在课室内读书而不参加课外科技活动的学生,他们的视野、学习兴趣和创造力都会受到影响

C. 没有参加挑战杯比赛的同学大都学习很努力

D. 参加挑战杯比赛并不以学习成绩好为条件

E. 参加挑战杯比赛的同学约占全班的半数

【解题分析】

题干是由A和B这两个因素相关,就断定A是B的原因。这一论证要有说服力,就必须假设B不是A的原因。

题干根据参加挑战杯比赛的同学的学习成绩优于未参加此项比赛的同学,得出挑战杯比赛有效地提高了学生的学习成绩这一结论。要使这一结论有说服力,显然必须假设参加挑战杯比赛并不以学习成绩好为条件。否则,如果只允许成绩好的同学参加挑战杯比赛,题干的结论就不成立了。

因此,本题正确答案是D。

案例12-54:

某家私人公交公司通过增加班次、降低票价、开辟新线路等方式,吸引了顾客,增加了利润。为了使公司的利润指标再上一个台阶,该公司决定更换旧型汽车,换上新型大客车,包括双层客车。

该公司的上述计划假设了以下各项,除了:

A. 在该公司经营的区域内,客流量将有增加

B. 更换汽车的投入费用将在预期的利润中得到补偿

C. 新汽车在质量、效能等方面足以保证公司获得预期的利润

D. 驾驶新汽车将不比驾驶旧汽车更复杂、更困难

E. 新换的双层大客车在该公司经营的区域内将不会受到诸如高度、载重等方面的限制

【解题分析】

根据题干论证，选项 A、B、C 和 E 都是公司实行新计划所必须假设，否则新计划就不会获得预期的收益。选项 D 讨论驾驶新旧汽车复杂性的不同，这与利润指标的实现没多大关系。因此，本题正确答案为 D。

案例 12－55：

东坡市有关部门策划了一项“全市理想生活小区排列名次”的评选活动。方法是，选择十项指标，内容涉及小区硬件设施（住房质量、配套设施等）、环境卫生、绿化程度、治安状况、交通方便程度等。每项指标按实际质量或数量的高低，评以 1～10 分之间某一分值，然后求得这十个分值的平均数，并根据其高低排出名次。

以下各项都是上述策划具有可行性所必须假设的，除了：

A. 各项指标的重要性基本是均等的

B. 各项指标的测定，是可以较为准确地量化的

C. 各项指标测定数据所反映的状况，具有较长时间的稳定性

D. 若把指标内容作相应修改，则这种评选方法具有一般性，例如，可用于评“全市重点中学排列名次”

E. 评选活动的实施者具有公平的精神和准确操作的能力

【解题分析】

根据题干论证，选项 A、B、C、E 显然是评选活动可行性所必须假设的。D 项显然不是需要预先假设的。因此，本题正确答案为 D。

案例 12－56：

培养能适应新时代要求的学生的关键因素不是灌输知识，而是培养能力。因此，提高我国的中小学教育质量的关键措施是尽快地把目前的应试教育改变为素质教育。

以下哪项都可能是上述论证所假设的，除了：

A. 提高我国的中小学教育质量的主要目标是培养能适应新时代要求的学生

B. 目前我国的中小学教育中的应试教育不利于培养学生的能力

C. 素质教育的着重点不是灌输知识

D. 较多地掌握了知识的学生不一定有较强的能力

E. 有较强能力的学生一定能掌握较多的知识

【解题分析】

根据题干论证，选项 A、B、C、D 都是题干推理所必须的假设，否则，题干论证就不成立了。选项 E 把能力和知识统一了起来，但这不是题干的意思。因此，本题正确答案为 E。

案例 12－57：

小郭和小万在讨论这次学校“艺翔助学金”发放的一些情况。

小郭：这次没有女生获得“艺翔助学金”的资助。

小万：那就是说这次全校的“艺翔助学金”的名额都空缺了。

小郭：不，事实上这次咱们学校有几位男生获得了“艺翔助学金”。

以下各项断定如果为真，都能使小万的推断成立，除了：

A.“艺翔助学金”的申请者中，大部分的女生比大部分的男生更够条件

B. 只有女生才有资格申请“艺翔助学金”

C.“艺翔助学金”的申请者中，所有的女生都比男生更够条件

D. 按规定，男生和女生必须获得相等数量的“艺翔助学金”名额

E.“艺翔助学金”只发给女生

【解题分析】

根据题干论证，小万以小郭“这次没有女生获得‘艺翔助学金’的资助”为前提，得出“这次全校的‘艺翔助学金’的名额都空缺了”的结论。

如果选项 B、C、D、E 作为假设成立，那么小万的结论是必定正确的。比如 D 项，男生女生都必须获得相等数量的助学金名额，既然没有女生获得助学金，那么，也就没有男生获得助学金，因此，可得出“这次全校的‘艺翔助学金’的名额都空缺了”的结论。

而选项 A，“艺翔助学金”的申请者中，大部分的女生比大部分的男生更够条件，那完全有可能有些男生比所有女生都够条件，这样，小万的结论就得不到了。因此，A 为正确答案。

案例 12 - 58：

北京市是个水资源严重缺乏的城市，但长期以来水价格一直偏低。最近北京市政府根据价值规律调高水价，这一举措将对节约使用该市的水资源产生重大的推动作用。

为使上述议论成立，以下哪项必须是真的？

Ⅰ. 有相当数量的浪费用水是因为水价格偏低而造成的。

Ⅱ. 水价格的上调幅度一般地足以对浪费用水的用户产生经济压力。

Ⅲ. 水价格的上调不会引起用户的不满。

A. Ⅰ、Ⅱ和Ⅲ　　B. 仅Ⅰ和Ⅱ　　C. 仅Ⅰ和Ⅲ　　D. 仅Ⅱ和Ⅲ　　E. 仅Ⅲ

【解题分析】

这是假设复选题型。假设复选题指的是要使题干推理成立，需要多个假设的题型，这种题型难度大，要认真对待。为帮助读者把握这种题的解题方法，以下精选了 16 个案例。

题干议论：调高水价将有效节约用水。

显然Ⅰ和Ⅱ是题干议论所必须的假设，否则，如果相当数量的浪费用水不是因为水价格偏低而造成的，或者，水价格的上调幅度不足以对浪费用水的用户产生经济压力，那么，调高水价也不能达到有效节约用水的目的。Ⅲ，水价格的上调是否会引起用户的不满，这显然不是题干的议论所必须的假设。因此，本题正确答案是 B。

案例 12 - 59：

在世界市场上，日本生产的冰箱比其他国家生产的冰箱耗电量要少。因此，其他国家的冰箱工业将失去相当部分的冰箱市场，而这些市场将被日本冰箱占据。

以下哪项是上述论证所要假设的？

Ⅰ. 日本的冰箱比其他国家的冰箱更为耐用。

Ⅱ. 电费是冰箱购买者考虑的重要因素。

Ⅲ. 日本冰箱与其他国家冰箱的价格基本相同。

A. Ⅰ、Ⅱ和Ⅲ　B. 仅Ⅰ和Ⅱ　C 仅Ⅱ　D. 仅Ⅱ和Ⅲ　E. 仅Ⅲ

【解题分析】

根据题干论证：日本冰箱比其他国家冰箱耗电量要少。因此，市场将被日本冰箱占据。

Ⅱ是题干论证所必须假设的，否则，如果电费不是冰箱购买者考虑的重要因素，那么题干论证就受到了削弱。

Ⅲ是题干论证所必须假设的，否则，如果日本冰箱比其他国家冰箱的价格高，那么，即使日本冰箱省电，也不一定就销得好，题干论证就受到了削弱。

至于是否日本的冰箱比其他国家的冰箱更为耐用，不必更耐用，只要同等耐用即可。I不是题干论证所要假设的。因此，正确答案是D。

案例12－60：

林工程师不但专业功底扎实，而且非常有企业管理能力。他上任宏达电机厂厂长的三年来，该厂上缴的产值利润连年上升，这在当前国有企业普遍不景气的情况下是非常不易的。

上述议论一定假设了以下哪项前提？

Ⅰ. 该厂上缴的产值利润连年上升很大程度上要归结于林工程师的努力。

Ⅱ. 宏达电机厂是国有企业。

Ⅲ. 产值利润的上缴情况是衡量厂长管理能力的一个重要尺度。

Ⅳ. 林工程师企业管理上的成功得益于他扎实的专业功底。

A. Ⅰ、Ⅱ、Ⅲ和Ⅳ　B. 仅Ⅰ、Ⅱ和Ⅲ　C. 仅Ⅰ和Ⅱ

D. 仅Ⅱ和Ⅲ　E. 仅Ⅱ、Ⅲ和Ⅳ

【解题分析】

题干结论：林工程师非常有企业管理能力。

题干理由：他上任宏达电机厂厂长的三年来，该厂上缴的产值利润连年上升，这在当前国有企业普遍不景气的情况下是非常不易。

显然，Ⅰ、Ⅱ和Ⅲ对题干议论都是必不可少的，否则，缺少这任何一项，题干议论都不能保证成立。至于林工程师企业管理上的成功是否得益于他扎实的专业功底，从题干看不出来。因此，本题正确答案是B。

案例12－61：

无论是工业用电还是民用电，现行的电费价格一直偏低。某区推出一项举措，对超出月额定数的用电量，无论是工业用电还是民用电，一律按上调高价收费。这一举措将对该区的节约用电产生重大的促进作用。

上述举措要达到预期的目的，以下哪项必须是真的？

Ⅰ. 有相当数量的浪费用电是因为电价格偏低而造成的。

Ⅱ. 有相当数量的用户是因为电价格偏低而浪费用电的。

Ⅲ. 超额用电价格的上调幅度一般地足以对浪费用电的用户产生经济压力。

A. Ⅰ、Ⅱ和Ⅲ　B. 仅Ⅰ和Ⅱ　C. 仅Ⅰ和Ⅲ　D. 仅Ⅱ和Ⅲ

E. Ⅰ、Ⅱ和Ⅲ都不必须是真的。

【解题分析】

题干结论:调高电费,促进节约用电。

其依据的假设:电价低造成浪费用电;电价调高造成经济压力。

选项Ⅰ正是题干所必须假设的,否则,如果相当数量的浪费用电不是因为电价格偏低而造成的,那么,提高电价电无助于节电。

选项Ⅱ容易误选,其实不妥。比如尽管相当数量的用户因为电价低而浪费用电,但浪费的总量很有限,在浪费用电的总量中有相当数量的浪费用电是因为公费支出的(所以大家浪费不在乎)或是缺乏节电意识造成的。那么你提高电价就不一定达到目的,而不如采取别的措施(比如限制公费缴纳电费的总额或是加强宣传节电的力度等等)了。

选项Ⅲ,也是题干所必须假设的,否则将无助于节电。因此,本题正确答案是C。

案例12-62:

许多影视放映场所为了增加其票房收入,把一些并不包含有关限制内容的影视片也标以"少儿不宜"。他们这样做是因为确信以下哪项断定?

Ⅰ.成年观众在数量上要大大超过少儿观众。

Ⅱ."少儿不宜"的影视对成年人无害。

Ⅲ.成年人普遍对标明"少儿不宜"的影视片感兴趣。

A.仅Ⅰ　B.仅Ⅱ　C.仅Ⅰ、Ⅲ　D.仅Ⅱ、Ⅲ　E.Ⅰ、Ⅱ、Ⅲ

【解题分析】

要看到把本不属于需要限制的影片标为"少儿不宜"是一种欺骗行为,其目的是为吸引观众,增加盈利。若注意到影片标上"少儿不宜"会减少从少儿观众那里得到的收入,影院一定是希望吸引更多的成人观众。因此,影视放映场所确信Ⅰ和Ⅲ的叙述是合乎情理的。至于Ⅱ,"少儿不宜"的影响片是否对成年人无害,不会是搞歪门邪道的影视放映场所的负责人所关心的。显而易见,其他选项不妥。正确答案为C。

案例12-63:

有的地质学家认为,如果地球的未勘探地区中单位面积的平均石油储藏量能和已勘探地区样的话,那么,目前关于地下未开采的能源含量的正确估计因此要乘上一万倍,如果地质学家这一观点成立,那么,我们可以得出结论:地球上未勘探地区的总面积是已勘探地区的一万倍。为使上述论证成立,以下哪些是必须假设的?

Ⅰ.目前关于地下未开采的能源含量的估计,只限于对已勘探地区。

Ⅱ.目前关于地下未开采的能源含量的估计,只限于对石油含量。

Ⅲ.未勘探地区中的石油储藏能和已勘探地区一样得到有效的勘探和开采。

A.只有Ⅰ　B.只有Ⅱ　C.只有Ⅲ　D.只有Ⅰ和Ⅱ　E.Ⅰ、Ⅱ和Ⅲ

【解题分析】

题干论证:未勘探地区中单位面积的平均石油储藏量和已勘探地区一样,所以,目前关于地下未开采的能源含量的正确估计因此要乘上一万倍。

要使题干从"平均石油储藏量"跳跃到"地下未开采的能源含量"的论证成立,必须假设:

①未勘探地区的总面积是已勘探地区的一万倍;

②目前关于地下未开采的能源含量的估计,只限于对已勘探地区;

③目前关于地下未开采的能源含量的估计,只限于对石油含量。

其中第一个假设即为题干的结论,第二个假设和第三个假设即为Ⅰ和Ⅱ。

如果第二个假设不成立,即如果事实上目前关于地下未开采的能源含量的估计,也包括未勘探地区,那么,就不能根据"目前关于地下未开采的能源含量的正确估计要乘上一万倍"和第一个假设,来推出题干"地球上未勘探地区的总面积是已勘探地区的一万倍"的结论。

如果第三个假设不成立,即如果事实上目前关于地下未开采的能源含量的估计,不限于对石油含量,那么,就不能根据第一个假设得出"地球的未勘探地区中单位面积的平均能源含量的正确估计要乘上一万倍"的结论和第二个假设,推出题干"地球上未勘探地区的总面积是已勘探地区的一万倍"的结论。

Ⅲ显然不是题干的论证所必须假设的。因为题干中说的只是地下未开采的能源储量,而不是能够有效利用的能源储量。因此,本题正确答案是D。

案例12-64:

最近五年来,共有五架W-160客机失事。面对W-160设计有误的指控,W-160的生产厂商明确加以否定,其理由是,每次W-160空难的调查都表明,失事的原因是飞行员的操作失误。

为使厂商的上述反驳成立,以下哪项是必须假设的?

Ⅰ.如果飞行员不操作失误,W-160就不会失事。

Ⅱ.飞行员的操作失误,和W-160任一部分的设计都没有关系。

Ⅲ.每次对W-160空难的调查结论都可信。

A.只有Ⅰ　B.只有Ⅱ　C.只有Ⅲ　D.只有Ⅱ和Ⅲ　E.Ⅰ、Ⅱ和Ⅲ。

【解题分析】

厂商认为,W-160失事原因不是设计有误,理由是每次空难的原因都是飞行员的操作失误。

Ⅰ不是必须假设的。厂商的反驳需要假设的是:如果飞行员不操作失误,W-160也可能会失事,但这种失事和W-160的设计无关。

Ⅱ是必须假设的。否则,如果飞行员的操作失误和W-160的设计有关,那么,就不能否定对W-160设计有误的指控。

Ⅲ是必须假设的。否则,如果对W-160空难的调查结论有的不可信,那题干中厂商的反驳的根据也就不可信。因此,本题正确答案是D。

案例12-65:

天文学家一直假设,宇宙中的一些物质是看不见的。研究显示:许多星云如果都是由能看见的星球构成的话,它们的移动速度要比任何条件下能观测到的快得多。专家们由此推测:这样的星云中包含着看不见的巨大物质,其重力影响着星云的运动。

以下哪项是题干的议论所假设的?

Ⅰ.题干说的看不见,是指不可能被看见,而不是指离地球太远,不能被人的肉眼或借助天文望远镜看见。

Ⅱ.上述星云中能被看见的星球总体质量可以得到较为准确的估计。

Ⅲ.宇宙中看不见的物质,除了不能被看见这点以外,具有看得见的物质的所有属性,例如具有重力。

A.只有Ⅰ　B.只有Ⅱ　C.只有Ⅲ　D.只有Ⅰ和Ⅱ　E.Ⅰ、Ⅱ和Ⅲ

【解题分析】

题干断定:许多星云如果都是由能看见的星球构成的话,它们的移动速度要比在任何条件下能观测到的快得多。这里强调的能看见的星球的移动,是在任何条件下能观测到的移动,因此,题干所说的看不见,是指不可能被看见,而不是指离地球太远,不能被人的肉眼或借助天文望远镜看见,即Ⅰ是题干的议论所假设的。

天文学家是由星云的移动速度计算出星云的实际质量;由星云的实际质量和星云中能被看见星球的总体质量的差别,推测星云中包含着看不见的巨大质量的物质。如果上述星云中能被看见的星球的总体质量无法得到较为准确的估计,则就无从推测上述看不见的巨大质量的物质存在,因此,Ⅱ是题干的议论所假设的。

题干的议论假设宇宙中看不见的物质具有看得见的物质的某些属性,例如具有重力,但并不假设具有除了不能被看见这点以外的所有属性。Ⅲ具有"所有"这样的绝对化词,断定过强了,不是题干的议论必须假设的。因此,本题正确答案是D。

案例12-66:

西式快餐已被广大的中国消费者接受。随着美国快餐之父艾德熊的大踏步迈进并立足中国市场,一向生意火爆的麦当劳在中国的利润在今后几年肯定会有较明显的下降。

要使上述推测成立,以下哪项是必须假设的?

Ⅰ.今后几年中,中国消费者用于西式快餐的消费总额不会有大的变化。

Ⅱ.今后几年中,中国消费者用于除麦当劳、艾德熊以外的西式快餐(例如肯德基)上的消费总额不会有大的变化。

Ⅲ.今后几年中,艾德熊的经营规模要达到和麦当劳相当。

A.只有Ⅰ　B.只有Ⅱ　C.只有Ⅲ　D.只有Ⅰ和Ⅱ　E.Ⅰ、Ⅱ和Ⅲ

【解题分析】

题干观点:艾德熊进入中国市场,将导致麦当劳在中国的利润下降。

题干论证必须假设Ⅰ,否则,如果今后几年中,中国消费者用于西式快餐的消费总额会有大的变化,比如用于西式快餐的消费总额有大幅度的增长,那么,虽然艾德熊占据了原来属于麦当劳的一部分西式快餐的中国市场,但麦当劳在中国的利润在今后几年仍可能不但不会有明显的下降,甚至会有上升。

题干论证必须假设Ⅱ,否则,如果今后几年中,中国消费者用于除麦当劳、艾德熊以外的西式快餐(例如肯德基)上的消费总额会有大的变化,比如会大幅度减少,那么,就很可能是艾德熊占据了原来属于其他西式快餐(例如肯德基)的中国市场,而对麦当劳在中国的利润不产生不利影响。

Ⅲ明显是不需要假设的。因此,正确答案为D。

案例12-67:

张教授的身体状况恐怕不宜继续担任校长助理的职务。因为近一年来,只要张教授给校长写信，内容只有一个，不是这里不舒服，就是那里有毛病。

为使上述论证成立，以下哪项是必须假设的？

Ⅰ. 胜任校长助理的职务，需要有良好的身体条件。

Ⅱ. 张教授给校长的信的内容基本上都是真实的。

Ⅲ. 近一年来，张教授经常给校长写信。

A. 只有Ⅰ　B. 只有Ⅱ　C. 只有Ⅲ　D. 只有Ⅰ和Ⅱ　E. Ⅰ、Ⅱ和Ⅲ

【解题分析】

题干论证包含两个推断：

①根据近一年来，只要张教授给校长写信，内容只有一个，不是这里不舒服，就是那里有毛病，推断出张教授身体确实不好；

②根据张教授身体确实不好，推断出不宜继续担任校长助理的职务。

为使题干的论证成立，Ⅰ、Ⅱ和Ⅲ都是必须假设的。

Ⅰ是必须假设的，否则，第二个推断就不成立了。

Ⅱ是必须假设的，否则，第一个推断就不成立了。

Ⅲ是必须假设的，否则的话，如果近一年来，张教授并没有经常给校长写信的话，那么即使信件的上述内容是真实的，也难以推出张教授的身体确实不好。因此，正确答案是E。

案例 12－68：

国产影片《英雄》显然是前两年最好的古装武打片。这部电影是由著名导演、演员、摄影师、武打设计师和服装设计师参与的一部国际化大制作的电影。票房收入的明显领先说明观看该部影片的人数远多于进口的美国大片《卧虎藏龙》的人数，尽管《卧虎藏龙》也是精心制作的中国古装武打片。

为使上述论证成立，以下哪项是必须假设的？

Ⅰ. 国产影片《英雄》和美国影片《卧虎藏龙》的票价基本相同。

Ⅱ. 观众数量是评价电影质量的标准。

Ⅲ. 导演、演员、摄影师、武打设计师和服装设计师的阵容是评价电影质量的标准。

A. 只有Ⅰ　B. 只有Ⅱ　C. 只有Ⅲ　D. 只有Ⅰ和Ⅱ　E. Ⅰ、Ⅱ和Ⅲ

【解题分析】

题干论述：《英雄》票房收入领先，说明观看该部影片的人数多于《卧虎藏龙》；观看《英雄》的人数多于《卧虎藏龙》，说明前者优于后者。

为使题干论证成立，Ⅰ是必须假设的，否则，如果《英雄》和《卧虎藏龙》的票价不同，意味着有可能《英雄》的票价远高于《卧虎藏龙》，那么很可能虽然《英雄》的票房收入高但是实际上观众人数少，这样题干论述就不成立了。

Ⅱ是必须假设的，否则，如果观众数量不是评价电影质量的标准，那么由观看《英雄》的人数多于《卧虎藏龙》，也不能说明前者优于后者。

Ⅲ不是必须假设的，题干只是指出由著名导演、演员、摄影师、武打设计师和服装设计师参与是《英雄》的一个特点，但并没有断定这是评价《英雄》的质量的标准。故，本题正确答案是D。

案例 12－69：

实业钢铁厂将竞选厂长。如果董来春参加竞选，则极具竞选实力的郝建生和曾思敏不参加竞选。所以，如果董来春参加竞选，他将肯定当选。

为使上述论证成立，以下哪项是必须假设的？

Ⅰ. 当选者一定是竞选实力最强的竞选者。

Ⅱ. 如果董来春参加竞选，那么，他将是唯一的候选人。

Ⅲ. 在实业钢铁厂，除了郝建生和曾思敏，没有其他人的竞选实力比董来春强。

A. 只有Ⅰ　　B. 只有Ⅱ　　C. 只有Ⅲ　　D. 只有Ⅰ和Ⅲ　　E. Ⅰ、Ⅱ和Ⅲ

【解题分析】

题干的结论是：如果董来春参加竞选，他将肯定当选。

论据是：如果董来春参加竞选，则极具竞选实力的郝建生和曾思敏不参加竞选。

为使题干论证成立，Ⅰ是必须假设的，否则，如果当选者不一定是竞选实力最强的竞选者，那么，就不能根据极具竞选实力的郝建生和曾思敏不参加竞选而得出结论：如果董来春参加竞选，他将肯定当选。

Ⅲ也是必须假设的，否则，如果除了郝建生和曾思敏，还有其他人的竞选实力比董来春强，那么，同样不能根据极具竞选实力的郝建生和曾思敏不参加竞选而得出结论：如果董来春参加竞选，他将肯定当选。

Ⅱ不是必须假设的。即使董来春还有其他竞选对手，只要他们的竞争实力不强于董来春，题干的论证仍然可以成立。因此，本题正确答案是 D。

案例 12－70：

张勇认为他父亲生于 1934 年，而张勇的妹妹则认为父亲生于 1935 年。张勇的父亲出生的医院没有 1934 年的产科记录，但有 1935 年的记录。据记载，该医院没有张勇父亲的出生记录。因此可以得出结论，张勇的父亲生于 1934 年。

为使上述论证成立，以下哪项是必须假设的？

Ⅰ. 上述医院 1935 年的产科记录是完整的。

Ⅱ. 张勇和他妹妹关于父亲的出生年份的断定，至少有一个是真实的。

Ⅲ. 张勇的父亲已经过世。

A. 只有Ⅰ　　B. 只有Ⅱ　　C. 只有Ⅲ　　D. 只有Ⅰ和Ⅱ　　E. Ⅰ、Ⅱ和Ⅲ

【解题分析】

Ⅰ是必须假设的。否则如果上述医院 1935 年的产科记录不是完整的，那么完全可能遗漏了张勇的父亲在该年的出生记录，因而，题干的结论就不能成立。

Ⅱ是必须假设的。否则，如果张勇和他的妹妹关于父亲的出生年份的断定都是不真实的，那么，就不能由张勇的父亲不是生于 1935 年，就推出他生于 1934 年，即题干的论证就不能成立。Ⅲ不是必须假设的。正确答案为 D。

案例 12－71：

一般而言，科学家总是把创新性研究当做自己的目标，并且只把同样具有此种目标的人作为自己的同行。因此，如果有的科学家因为向大众普及科学知识而赢得赞誉，虽然大多数科学家会认同这种赞誉，但不会把这样的科学家作为自己的同行。

为使上述论证成立,以下哪项是必须假设的?

Ⅰ.创新性科学研究比普及科学知识更重要。

Ⅱ.大多数科学家以为普及科学知识不需要创新性研究。

Ⅲ.大多数科学家认为,从事普及科学知识不可能同时进行创新性研究。

A.只有Ⅰ　　B.只有Ⅱ　　C.只有Ⅲ　　D.只有Ⅱ和Ⅲ　　E.Ⅰ、Ⅱ和Ⅲ

【解题分析】

题干断定:

①科学家只把同样具有创新性研究目标的人作为自己的同行;

②大多数科学家虽然会认同普及科学知识而赢得的赞誉,但不会把这样的科学家作为自己的同行。

为使题干的论证成立,Ⅱ和Ⅲ是必须假设的,否则,如果在大多数科学家看来,普及科学知识同样需要或者可以同时进行创新性研究,那么他们就没有理由不把从事科普的科学家看做自己的同行。

题干的论证涉及科学家的观点。有理由认为,题干的论证需要假设:大多数科学家认为,创新性科学研究比普及科学知识更重要;但我们不能知道,大多数科学家的观点一定成立。即题干不需要假设(事实上)创新性科学研究比普及科学知识更重要。因此,Ⅰ不是必须假设的。因此,正确答案是D。

案例12－72:

在近现代科技的发展中,技术革新从发明、应用到推广的循环过程不断加快。世界经济的繁荣是建立在导致新产业诞生的连续不断的技术革新之上的。因此,产业界需要增加科研投入以促使经济进一步持续发展。

上述论证基于以下哪项假设?

Ⅰ.科研成果能够产生一系列新技术、新发明。

Ⅱ.电讯、生物制药、环保是目前技术革新循环最快的产业,将会在未来几年中产生大量的新技术、新发明。

Ⅲ.目前产业界投入科研的资金量还不足以确保一系列新技术、新发明的产生。

A.仅Ⅰ　　B.仅Ⅲ　　C.仅Ⅰ和Ⅱ　　D.仅Ⅰ和Ⅲ　　E.Ⅰ、Ⅱ和Ⅲ

【解题分析】

题干断定技术革新是经济持续发展的必要条件,并由此得出"产业界需要增加科研投入,以促进经济进一步持续发展"的结论。

Ⅰ是需要假设的,如果科研成果不能够产生一系列新技术、新发明,那就没必要增加科研投入。Ⅱ是不需要假设的,与题干推理无关。Ⅲ是需要假设的,否则,如果目前产业界投入科研的资金足以确保一系列新技术、新发明的产生,那也就没必要增加科研投入。

因此,本题正确答案是D。

案例12－73:

为了提高运作效率,H公司应当实行灵活工作日制度,也就是充分考虑雇员的个人意愿,来决定他们每周的工作日与休息日。研究表明,这种灵活工作日制度能使企业员工保持良好的情绪和饱满的精神。上述论证依赖以下哪项假设?

Ⅰ.那些希望实行灵活工作日的员工,大都是H公司的业务骨干。

Ⅱ.员工良好的情绪和饱满的精神能有效提高企业的运作效率。

Ⅲ.H公司不实行周末休息制度。

A.只有Ⅰ　B.只有Ⅱ　C.只有Ⅲ　D.只有Ⅱ和Ⅲ　E.Ⅰ、Ⅱ和Ⅲ

【解题分析】

题干的结论是为了提高运作效率,H公司应当实行灵活工作日制度,理由是灵活工作日制度能使企业员工保持良好的情绪和饱满的精神。

希望实行灵活工作日的员工是否是业务骨干,题干没有涉及,Ⅰ显然不是需要假设的。

Ⅱ是需要假设的,否则,如果员工良好的情绪和饱满的精神并不能有效提高企业的运作效率,H公司就没必要实行灵活工作日制度了。

当年的试题标准答案是D,也就是Ⅲ是需要假设的,其实,该项应与题干论证没有明确的关系,即使有关系,也并不是必须假设的。因此,本题的正确答案应当是B。

案例12-74:

在高速公路上行驶时,许多司机都会超速。因此,如果规定所有汽车都必须安装一种装置,这种装置在汽车超速时会发出声音提醒司机减速,那么,高速公路上的交通事故将会明显减少。

上述论证依赖于以下哪项假设?

Ⅰ.在高速公路上超速行驶的司机,大都没有意识到自己超速。

Ⅱ.高速公路上发生交通事故的重要原因,是司机超速行驶。

Ⅲ.上述装置的价格十分昂贵。

A.只有Ⅰ　B.只有Ⅱ　C.只有Ⅲ　D.只有Ⅰ和Ⅱ　E.Ⅰ、Ⅱ和Ⅲ

【解题分析】

题干论述:许多司机在高速公路上行驶都会超速,如果安装一种在汽车超速时会发出声音提醒司机减速的装置,高速公路上的交通事故将会明显减少。

Ⅰ是需要假设的,否则,如果在高速公路上超速行驶的司机,大都意识到了自己超速,那么,就没必要安装这种提醒装置了。

Ⅱ是需要假设的,否则,如果高速公路上发生交通事故的重要原因不是司机超速行驶,那么,即使安装了这种提醒装置,也不会减少高速公路上的交通事故。

Ⅲ显然是不需要假设的。因此,本题正确答案是D。

案例12-75:

据最近统计,在需要同等学历的十个不同职业中,教师的平均工资五年前排名第九,而目前上升到第六;另外,目前教师的平均工资是其他上述职业的平均工资的86%,而五年前只占55%。因此,教师工资偏低的状况有了很大的改善,教师的相对生活水平有了很大的提高。

上述论证基于以下哪项假设?

Ⅰ.近五年来的通货膨胀率基本保持不变。

Ⅱ.和其他职业一样,教师中的最高工资与最低工资的差别并不悬殊。

Ⅲ.学历是确定工资标准的主要依据。

Ⅳ.工资是实际收入的主要部分。

A.仅Ⅰ和Ⅲ　B.仅Ⅱ和Ⅳ　C.仅Ⅲ　D.仅Ⅳ　E.仅Ⅲ和Ⅳ

【解题分析】

题干结论:教师工资相对偏低的状况有改善,教师的相对生活水平很大的提高。

依据假设:①学历是确定工资标准的主要依据;

②工资是实际收入的主要部分。

考察选项,选项Ⅰ不必假设,通货膨胀率对大家都一样。选项Ⅱ不必假设,因为题干是把教师作为一个整体和非教师进行比较,而不是在教师内部进行比较。

因此,本题正确答案是E。

案例12-76:

张教授:在我国,因偷盗、抢劫或流氓罪入狱的刑满释放人员的重新犯罪率,要远远高于因索贿受贿等职务犯罪入狱的刑满释放人员。这说明,在狱中对上述前一类罪犯教育改造的效果远不如对后一类罪犯。

李研究员:你的论证忽视了这样一个事实:流氓犯罪等除了犯罪的直接主客体之外,几乎不需要什么外部条件;而职务犯罪是以犯罪嫌疑人取得某种官职为条件的。事实上,刑满释放人员很难再得到官职,因此,因职务犯罪入狱的刑满释放人员不具备重新犯罪的条件。

以下哪项最可能是李研究员的反驳所假设的?

A.因职务犯罪入狱的刑满释放人员如果具备条件仍然会重新犯罪

B.职务犯罪比流氓罪等具有更大的危害

C.我国监狱对罪犯的教育改造是普遍有效的

D.流氓犯罪等比职务犯罪更容易得手

E.惯犯基本上犯的是同一类罪行

【解题分析】

根据题干知,李研究员反驳的根据是,因职务犯罪入狱的刑满释放人员不具备重新犯罪的条件,因为刑满释放人员很难再得到官职;而因流氓犯罪入狱的刑满释放人员如果重新犯罪,几乎不需要什么外部条件。这里显然假设刑满释放人员如果重新犯罪,犯的还是同一类罪行。

考察选项,E项最可能是李研究员的反驳所假设的。A项假设过强了。李研究员反驳的根据是"因职务犯罪入狱的刑满释放人员不具备条件无法重新犯罪"。为使该根据成立,不必假设"因职务犯罪入狱的刑满释放人员如果具备条件会重新犯罪"。

因此,本题正确答案是E。

案例12-77:

李工程师:在日本,肺癌病人的平均生存年限(即从确诊至死亡的年限)是9年,而在亚洲的其他国家,肺癌病人的平均生存年限只有4年。因此,日本在延长肺癌病人生命方面的医疗水平要高于亚洲的其他国家。

张研究员:你的论证缺乏充分的说服力。因为日本人的自我保健意识总体上高于其他的亚洲人，因此，日本肺癌患者的早期确诊率要高于亚洲其他国家。

[1]张研究员的反驳，基于以下哪项假设？

Ⅰ.肺癌患者的自我保健意识对于其疾病的早期确诊起到重要作用。

Ⅱ.肺癌的早期确诊对延长患者的生存年限起到重要作用。

Ⅲ.对肺癌的早期确诊技术是衡量防治肺癌医疗水平的一个重要方面。

A.只有Ⅰ　B.只有Ⅱ　C.只有Ⅲ　D.只有Ⅰ和Ⅱ　E.Ⅰ、Ⅱ和Ⅲ

【解题分析】

根据题干得知：

①李工程师认为，日本肺癌病人平均生存年限较长的原因，是日本的医疗水平较高。

②张研究员认为，日本肺癌病人平均生存年限较长的原因，是日本肺癌患者的早期确诊率较高；而日本肺癌患者的早期确诊率较高的原因，是日本人的自我保健意识较高。

显然，为使张研究员的反驳成立，Ⅰ和Ⅱ是必须假设的，否则，张研究员断定的两个因果关系就不能成立。Ⅲ不是张研究员必须假设的。因此，本题正确答案是D。

[2]以下哪项如果为真，能最为有力地指出李工程师论证中的漏洞？

A.亚洲一些发展中国家的肺癌患者是死于由肺癌引起的并发症

B.日本人的平均寿命不仅居亚洲之首，而且居世界之首

C.日本的胰腺癌病人的平均生存年限是5年，接近于亚洲的平均水平

D.日本医疗技术的发展，很大程度上得益于对中医的研究和引进

E.一个数大大高于某些数的平均数，不意味着这个数高于这些数中的每个数

【解题分析】

根据题干可知，李工程师的论证包含的两个推理：

①根据肺癌病人在日本的平均生存年限高于在亚洲其他国家的平均生存年限，推出肺癌病人在日本的平均生存年限高于在亚洲其他(任一)国家的平均生存年限。

②根据肺癌病人在日本的平均生存年限高于在亚洲其他(任一)国家的平均生存年限，推出日本在延长肺癌病人生命方面的医疗水平要高于亚洲的其他(任一)国家。

E项指出了第一个推理中存在的漏洞。事实上，正如E项所指出的，虽然肺癌病人在日本的平均生存年限高于在亚洲其他国家的平均生存年限，但完全可能有某个或某些亚洲国家，它的肺癌病人的平均生存年限高于日本。因此，李工程师的第一个推理是不成立的，因而他的结论是不可靠的。其余各项均不能说明李工程师的论证中存在的漏洞。因此，本题正确答案是E。

案例12－78：

市政府计划对全市的地铁进行全面改造，通过较大幅度地提高客运量，缓解沿线包括高速公路上机动车的拥堵，市政府同时又计划增收沿线两条主要高速公路的机动车过路费，用以弥补上述改造的费用。这样的理由是，机动车主是上述改造的直接受益者，应当承担部分开支。

[1]以下哪项相关断定如果为真，最能质疑上述计划？

A.市政府无权支配全部高速公路机动车过路费收入

B.地铁乘客同样是上述改造的直接受益者，但并不承担开支

C. 机动车有不同的档次,但收取的过路费区别不大

D. 为躲避多交过路费,机动车会绕开收费站,增加普通公路的流量

E. 高速公路上机动车拥堵现象不如普通公路严重

【解题分析】

根据题干知,对地铁改造的目的是缓解沿线机动车的拥堵。

考察选项,D 项说为躲避多交过路费,机动车会绕开收费站,增加普通公路的流量。这样就造成,第一,由于机动车绕道了,所以这个费用收不到。第二,这个改造达不到缓解沿线道路拥堵的目的。所以 D 最能质疑上述计划,是正确答案。A 项,市政府无权支配全部高速公路机动车过路费收入。"全部"是关键词,也就是这个关键词反映了这个选项不能作为正确答案,因为不能支配全部,不是一点不能支配。所以 A 项的削弱作用不强。B 项,地铁乘客同样是上述改造的直接受益者,但并不承担开支。虽然题干说,机动车车主是直接受益者,要承担费用,但并没有说明,所有的直接受益者都应该承担费用。所以 B 项应当排除。故,正确答案是 D。

[2]以下哪项相关断定为真,最有助于论证上述计划的合理性?

A. 上述计划通过了市民听证会的审议

B. 在相邻的大、中城市中,该市的交通拥堵状况最为严重

C. 增收过路费的数额,经过专家的严格论证

D. 市政府有足够的财力完成上述改造

E. 改造后的地铁中,相当数量的乘客都有私人机动车

【解题分析】

根据题干知,题干的推理是通过改造地铁来减少车流量,这里的潜在假设是说"过去开车的人现在乘坐地铁了"。

考察选项,E 项加强了上述计划的合理性。其他选项均为无关项。故,本题正确答案是 E。

第十三章 | CHAPTER 13

评　价

评价的特点

评价的一般表现形式

评价的求解方法

案例与解题技巧

第十三章　评　价

一、评价的特点

评价就是通过对某个问题或者某个信息正(肯定)、反(否定)两个方面的回答,分别对原推理论证所起到的加强或削弱两个方面的作用,就是这个问题或信息对原推理论证具有的评价作用。具体地说,评价就是对一个完整的论证或对话的论证效果、论证方式、论证方法、论证意图、论证目的、论证中所可能出现的逻辑错误等进行的评述与判定。

二、评价的一般表现形式

评价型题就是要找到一个最能影响题干结论的变量,这个变量在肯定或否定状态下相应地对题干结论有加强或削弱作用。其提问方式一般表现为:

"以下哪项如果为真,最能对题干论证的有效性进行评价?"

"以下哪项是对上述论证方法的最为恰当的概括?"

"下面哪项论证在方式上与上述论证最类似?"

"为了评价上述论证的正确性,回答以下哪个问题最为重要?"等等。

三、评价的求解方法

评价型题的答案方向一般是针对题干论证的隐含前提。从三个方向进行努力:一是,直接说,结果和原因之间有没有关系;二是,原因是否可行或者有意义;三是,除这个原因之外是否还有别的因素影响结论,或者有没有其他的原因来解释原文中存在的事实或者现象这样的间接性答案。体现答案的选项可以是一般疑问句、特殊疑问句、陈述句三种。针对不同句型,运用以下方法进行评判确定答案。具体方法如下:

一是当选项为一般疑问句时,对这个问句有"是"和"否"两方面的回答。如果对这个问句回答"是"对题干起到了支持或加强作用,如果回答"否"对题干起到了反驳或削弱作用,这个问句就对题干推理有评价作用,这个疑问句所对应的选项就是我们所要寻找的评价型选项。

二是当选项为特殊疑问句时,可以尝试着对这个选项所对应的问题做出精确的回答。得到回答的精确信息之后,再对这个精确信息取非。这样我们就得到了两方面的信息。如果一种信息能够支持和加强题干,而另一种信息能够削弱或反驳上述题干,那么这个疑问句所对应的选项就是我们所要寻找的评价型选项。

三是当选项为陈述句时,一般地我们都可以把它们转换成一般疑问句或特殊疑问句来处理。

四是务必记住,正确的选项一定是对这个问句的肯定与否定两个方面的回答都起到作用,如果仅仅对一方面回答起作用,则不是评价。

四、案例与解题技巧

本章案例难度比较大,大家要结合具体解析过程进行认真领会。

案例 13-1:

人们对于搭乘航班的恐惧其实是毫无道理的。据统计,光 1995 年,全世界死于地面交通事故的人数超出 80 万,而在自 1990 年至 1999 年的 10 年间,全世界平均每年死于空难的还不到 500 人,而在这 10 年间,我国平均每年罹于空难的还不到 25 人。

为了评价上述论证的正确性,回答以下哪个问题最为重要?

A. 在上述 10 年间,我国平均每年有多少人死于地面交通事故?

B. 在上述 10 年间,我国平均每年有多少人加入地面交通,有多少人加入航运?

C. 在上述 10 年间,全世界平均每年有多少人加入地面交通,有多少人加入航运?

D. 在上述 10 年间,1995 年全世界死于地面交通事故的人数是否是最高的?

E. 在上述 10 年间,哪一年死于空难的人数最多?人数是多少?

【解题分析】

题干根据统计数据,地面交通比搭乘航班的死亡人数要大得多,得出“对搭乘航班感到恐惧是没有道理的”这一结论。

为了评价上述论证的正确性,必须要知道每年加入地面交通和搭乘航班的人数。因为在对航运和地面交通的安全性进行比较时,在事故罹难者的绝对数量之间进行比较是没有意义的,正确的方法应是在事故率和事故死亡率之间进行比较。为了进行这种比较,不光要知道统计年限内航运和地面交通事故罹难者的绝对数字,而且要知道有多少人加入地面交通,有多少人加入航运。选项 C 提出的正是这个问题,因此,为正确答案。

选项 B 提出的是类似的问题,但它仅涉及我国,不符合题干。因此,本题正确答案是 C。

本题连同下面的 13-2 题是一个是否假设的评价型题。由于评价型题大多针对题干推理的隐含假设,因此,评价的一个思路就是针对隐含假设提出“推理是否可行”的选项。其解题过程为:首先找出推理关系,针对隐含假设找出一个问题或一个信息进行评价,该问题的回答或信息的取向,能够对上面推理起到正反两方面的作用。其中有一类评价题,当题目是由数据得出结论时,结论是对上面数据的解释,评价一般从比例或单位方面的角度来进行比较。

案例 13-2:

在北欧一个称为古堡的城镇的郊外,有一个不乏凶禽猛兽的天然猎场。每年秋季,吸引了来自世界各地富于冒险精神的狩猎者。一个秋季下来,古堡镇的居民发现,他们之中此期间在马路边散步时被汽车撞伤的人的数量,比在狩猎时受到野兽意外伤害的人数多出了两倍!因此,对于古堡镇的居民来说,在狩猎季节,呆在猎场中比马路边散步更安全。

为了要评价上述结论的可信程度,最可能提出以下哪个问题?

A. 在这个秋季,古堡镇有多少数量的居民去猎场狩猎?

B. 在这个秋季,古堡镇有多少比例的居民去猎场狩猎?

C. 古堡镇的交通安全纪录在周边几个城镇中是否是最差的?

D. 来自世界各地的狩猎者在这个季节中有多少比例的人在狩猎时意外受伤?

E. 古堡镇的居民中有多少好猎手?

【解题分析】

题干根据在马路边散步时被汽车撞伤的人数比在狩猎时受到野兽意外伤害的人数多出了两倍,得出"在猎场比马路边散步更安全"的结论。

为了评价上述论证的正确性,必须要知道马路边散步的人数和去猎场的人数量。因为在对猎场与马路边散步的安全性进行比较时,在受伤的绝对数量之间进行比较是没有意义的,正确的方法应是在受伤率之间进行比较。因此,只有在知道了古堡镇居民的人数(也就是在马路边散步的人数)和去猎场狩猎的人数,对这两个场合中的受到意外伤害的人数进行比较才有意义。B 项提出的正是这个问题,它对评价题干的结论最为重要。

如果题干中给出了在两个场合下受到意外伤害的具体人数以及古堡镇的居民人数、去猎场狩猎的人数,那么就可以准确地对两个场合下的事故率进行比较。但即使回答了 A 项提出的问题,题干中并没有给出古堡镇的居民人数,因此,A 项提出的问题无助于对题干的结论进行评价。D 项提供的是一个外部信息,无助于评价题干的结论。

因此,本题正确答案是 B。

案例 13-3:

大学图书馆员说:"直到三年前,校外人员还能免费使用图书馆,后来因经费减少,校外人员每年须付 100 元才能使用我馆。但是,仍然有 150 个校外人员没有付钱,因此,如果我们雇用一名保安去辨别校外人员,并保障所有校外人员均按要求缴费,图书馆的收益将增加。"

要判断图书馆员的话是否正确必须首先知道下列哪一项?

A. 每年使用图书馆的校内人员数　　B. 今年图书馆的费用预算是多少

C. 图书馆是否安装了电脑查询系统　　D. 三年前图书馆经费低了多少

E. 雇用一名保安一年的开支是多少

【解题分析】

如果我们促使这 150 个校外人员每年缴费,那么图书馆多收入 15000 元。雇用一名保安后图书馆的收益将增加的前提是雇佣一名保安一年的开支起码应该比 15000 元少。因此,本题正确答案是 E。

这是一个有无他因的评价型题。一般地,由一个调查事实得到一个结论,结论对这个调查事实做出了一个解释,假设应为"没有其他原因解释该现象了",反对应为"有其他的原因解释此现象"。由于评价多针对题干推理的隐含假设,那么是否存在他因,即是否存在别的因素影响论证,是不是有别的原因解释上面的事实,也是一种有效的评价。下题也是这种类型。

案例 13-4:

毫无疑问,未成年人吸烟应该加以禁止。但是,我们不能为了防止给未成年人吸烟以可乘之机,就明令禁止自动售烟机的使用。这种禁令就如同为了禁止无证驾车在道路上设立路障,这道路障自然禁止了无证驾车,但同时也阻挡了 99% 以上的有证驾驶者。

为了对上述论证做出评价,回答以下哪个问题最为重要?

A. 未成年吸烟者在整个吸烟者中所占的比例是否超过 1%?

B. 禁止使用自动售烟机带给成年购烟者的不便究竟有多大?

C. 无证驾车者在整个驾车者中所占的比例是否真的不超过 1%?

D. 从自动售烟机中是否能买到任何一种品牌的香烟?

E. 未成年人吸烟的危害,是否真如公众认为的那样严重?

【解题分析】

(1)阅读题干,弄清论点和论据。

题干论点:我们不能为了防止给未成年人吸烟以可乘之机,就明令禁止自动售烟机的使用

题干论据:为了禁止无证驾车在道路上设立路障,这道路障自然禁止了无证驾车,但同时也阻挡了99%以上的有证驾驶者。

显然,这里题干是进行了类比。从设立路障类比到自动售烟机,可列表表示如下:

目的	不可行的做法	做法不可行的理由
为防止未成年人吸烟	禁止自动售烟机	在防止未成年人吸烟的同时,也影响了成年吸烟者
为禁止无证车	在道路上设立路障	这道路障在禁止驾车的同时也阻挡了有证驾驶者

采取的措施有:为防止未成年人吸烟而禁止自动售烟机如同为禁止无证驾车而在道路上设立路障。这道路障在禁止无证驾车的同时也阻挡了有证驾驶者,因此,为防止未成年人吸烟而禁止自动售烟机这种做法不可行的理由应该是,禁止自动售烟机在防止未成年人吸烟的同时,是否也影响了成年吸烟者。

(2)考察选项,确定答案。B 项说出了是否要禁止自动售烟机的参考依据。如果对 B 的回答为"肯定",即如果自动售烟机也是成年吸烟者主要的甚至是唯一的购烟渠道的话,那么禁令使大多数购买香烟的成年人感到不方便,所以支持了"该禁令不合适"的结论;如果对 B 的回答为"否定",即禁令没有给大多数购买香烟的成年人造成不便,则反对了"该禁令不合适"的结论。所以 B 做了最好的评价。因此,本题正确答案是 B。

案例 13 -5:

林教授是河北人,考试时,他总是把满分给河北籍的学生。例如,上学期他教的班上只有张贝贝和李元元得了满分,她们都是河北籍的学生。

为了检验上述论证的有效性,最有可能提出以下哪个问题?

A. 林教授和张贝贝、李元元之间到底有没有特殊的亲戚关系?

B. 林教授为什么更愿意把满分给河北籍的学生?

C. 林教授所给满分的学生中是否曾有非河北籍的学生?

D. 张贝贝和李元元的实际考试水平是否与她们的得分相符?

E. 林教授平日的一贯工作表现如何?

【解题分析】

这是一个对比评价型题。对某个事物的评价,要有个评价的基准,也就是可比较的标准。比如,对比实验的关键是让实验对象的其他方面的条件相同。因此,重点考虑隐含比较的另一方往往是一个有效的评价,或者考虑一下有无反例存在。

题干的论据是个案,而论证的是一般性的结论。检验这样的论证最关键的问题是:有没有反例? C 项提出的正是这样的问题。

D 即使相符,也不能说总把满分给河北籍的学生。D 仅仅针对的是论据,C 针对的是结论,和其余各项比较,C 项是最好的选项。因此,本题的正确答案是 C。

案例 13－6：

许多孕妇都出现了维生素缺乏的症状，但这通常不是由于孕妇的饮食中缺乏维生素，而是由于腹内婴儿的生长使她们比其他人对维生素有更高的需求。

为了评价上述结论的确切程度，以下哪项操作最为重要？

A. 对某个缺乏维生素的孕妇的日常饮食进行检测，确定其中维生素的含量

B. 对某个不缺乏维生素的孕妇的日常饮食进行检测，确定其中维生素的含量

C. 对孕妇的科学食谱进行研究，以确定有利于孕妇摄入足量维生素的最佳食谱

D. 对日常饮食中维生素足量的一个孕妇和一个非孕妇进行检测，并分别确定她们是否缺乏维生素

E. 对日常饮食中维生素不足量的一个孕妇和另一个非孕妇进行检测，并分别确定她们是否缺乏维生素

【解题分析】

D 项操作可能出现的结果是：非孕妇不缺乏维生素而孕妇缺乏维生素，则腹内婴儿就可被认为是孕妇维生素缺乏的原因；反之，如果非孕妇也缺乏维生素，则不能认为腹内婴儿是孕妇维生素缺乏的原因，可能是所有妇女都缺乏维生素了。因此，D 项操作对于评价题干的结论具有重要性。

A 项无意义，因为题干已说到孕妇的饮食中通常不缺乏维生素。其余各项对评价题干的结论都不具有重要性。

因此，本题正确答案是 D。

案例 13－7：

随着年龄的增长，人体对卡路里的日需求量逐渐减少，而对维生素的需求却日趋增多。因此，为了摄取足够的维生素，老年人应当服用一些补充维生素的保健品，或者应当注意比年轻时食用更多的含有维生素的食物。

为了对上述断定做出评价，回答以下哪个问题最为重要？

A. 对老年人来说，人体对卡路里需求量的减少幅度，是否小于对维生素需求量的增加幅度？

B. 保健品中的维生素，是否比日常食品中的维生素更易被人体吸收？

C. 缺乏维生素所造成的后果，对老年人是否比对年轻人更严重？

D. 一般地说，年轻人的日常食物中的维生素含量，是否较多地超过人体的实际需要？

E. 保健品是否会产生危害健康的副作用？

【解题分析】

题干观点：由于老年人所需的维生素较多，所以老年人应该食用保健品或者比年轻人更多的含有维生素的食物。

题干的议论要成立，需要满足一个条件，即年轻人的日常食物中的维生素含量，并没有较多地超过人体的实际需要。D 项正是针对这个假设，对于评判题干至关重要。对 D 进行肯定回答，即如果年轻人的日常食物中的维生素含量，实际上较多地超过人体的实际需要，那么，老年人只要维持年轻时的日常食物就可以了，无需补充维生素了，这样题干的议论就不能成立。对 D 进行否定回答，意味着老年人很可能的确需要摄入更多的食物来满足需要，支持题干论述，因此，D 正确。

题干主要讨论维生素的问题，A 为明显无关比较，排除；题干提供了保健品和食物两

种选择，任选其一即可，B 起不到评价作用，排除；无论后果如何只要有不利后果就应该避免，C 为明显无关选项，排除；题干提供了保健品和食物两种选择，即使保健品有副作用，也可以通过选择食物来满足维生素的需要，E 排除。

故，本题正确答案是 D。

案例 13－8：

任何一篇译文都带有译者的行文风格。有时，为了及时地翻译出一篇公文，需要几个笔译同时工作，每人负责翻译其中一部分。在这种情况下，译文的风格往往显得不协调。与此相比，用于语言翻译的计算机程序显示出优势：准确率不低于人工笔译，但速度比人工笔译快得多，并且能保持译文风格的统一。所以，为及时译出那些长的公文，最好使用机译而不是人工笔译。

为对上述论证做出评价，回答以下哪个问题最不重要？

A. 是否可以通过对行文风格的统一要求，来避免或至少减少合作译文在风格上的不协调？

B. 根据何种标准可以准确地判定一篇译文的准确率？

C. 机译的准确率是否同样不低于翻译家的笔译？

D. 日常语言表达中是否有由特殊语境决定的含义，这些含义只有靠人的头脑，而不能靠计算机程序把握？

E. 不同的计算机翻译程序，是否也和不同的人工译者一样，会具有不同的行文风格？

【解题分析】

这是不能评价型题。这种题的解题方法是采取排除法，把能评价题干推理的选项排除掉，剩下的就是正确答案。这类考题的正确答案往往是题干论证的无关项。

题干结论：为保持译文风格的统一，对于长的公文最好使用机译而不是人工笔译。

理由：多人翻译公文，译文的风格往往不协调。

考察选项：A、B、C、D 项都与题干论证有关。只有 E 项涉及的问题和评判题干的论证无关，因为每篇公文的机译在正常情况下是由同一计算机翻译程序完成的，因此，即使不同的计算机翻译程序有不同的风格，也不会影响同一篇译文在行文风格上的统一。

因此，本题正确答案是 E。

案例 13－9：

语言不能生产物质财富，如果语言能够生产物质财富，那么夸夸其谈的人就会成为世界上的富翁了。

下面哪项论证在方式上与上述论证最类似？

A. 人在自己的生活中不能不尊重规律，如果违背规律，就会受到规律的无情惩罚

B. 加强税法宣传十分重要，这样做可以普及税法知识，增强人们的纳税意识，增加国家财政收入

C. 有些近体诗是要求对仗的，因为有些近体诗是律诗，而所有律诗都要求对仗的

D. 风水先生惯说空，指南指北指西东，倘若真有龙虎地，何不当年葬乃翁

E. 金属都具有导电的性质，因为，我们研究了金、银、铜、铁、铅这些金属，发现它们都能导电

【解题分析】

这是一个对论证方式的评价型题，题干的论证方式是归谬法。

考察选项,选项 A 的论证是反证法。选项 B 的论证方式是直接论证法。选项 C 的论证方式是三段论。选项 D 的论证方式是归谬法。选项 E 的是不完全归纳法。显然,只有选项 D 的论证方式与题干一致,其余选项都不是。因此,本题的正确答案是 D。

案例 13－10:

小李:如果在视觉上不能辨别艺术复制品和真品之间的差异,那么复制品就应该和真品的价值一样。因为如果两件艺术品在视觉上无差异,那么它们就有相同的品质。要是它们有相同的品质,它们的价格就应该相等。

小王:你对艺术了解得太少啦!即使某人做了一件精致的复制品,并且在视觉上难以把这件复制品与真品区别开来,由于这件复制品和真品产生于不同的年代,不能算有同样的品质。现代人重塑的兵马俑再逼真,也不能与秦陵的兵马俑相提并论。

[1]以下哪项是小李和小王的分歧之所在?

A. 到底能不能用视觉来区分复制品和真品。

B. 一件复制品是不是比真品的价值高

C. 是不是把一件复制品误认为真品

D. 一件复制品是不是和真品有同样的时代背景

E. 首创性是否是一件艺术品所体现的宝贵品质

【解题分析】

本题要求辨析争议的焦点。

小李认为:两件艺术品在视觉上无差异,那就有相同的品质。

小王认为:即使复制品与真品视觉上无差异,但由于产生年代不同,不能算有同样的品质。

李王分歧:首创性是否是一件艺术品所体现的宝贵品质。故选 E。

视觉难以区分复制品和真品,是他们两人的共识,因此,A 项不是他们的分歧。因此,本题正确答案是 E。

[2]小王用下列哪项方法驳斥小李的论证?

A. 攻击小李的一个假设,这个假设认为:一件艺术品的价格表明它的价值

B. 提出一个观点,这个观点削弱对方的一个断言,它是对方得出结论的基础

C. 对小李的一个断言提出质疑,这个断言是:在视觉上难以把一件精致的复制品和真品区别开来

D. 给出确认小李不能判断一件艺术品品质的理由,这个理由是小李对艺术品的鉴赏还缺乏经验

E. 提出一个标准,依据这个标准,可判定两件艺术品是否可从视觉上加以区别

【解题分析】

小王断言,由于这件复制品和真品产生于不同的年代,不能算有同样的品质。

小李断言,如果两件艺术品在视觉上无差异,那么它们就有相同的品质;要是它们有相同的品质,它们的价格就应该相等。

小王的断言削弱了小李断言结论的基础。

可见,小王驳斥小李的方法是:提出一个观点,这个观点削弱对方的一个断言,它是对方得出结论的基础。因此,本题正确答案是 B。

案例 13－11:

吴大成教授:各国的国情和传统不同,但是对于谋杀和其他严重刑事犯罪实施死刑,

至少是大多数人可以接受的。公开宣判和执行死刑可以有效地阻止恶性刑事案件的发生，它所带来的正面影响比可能存在的负面影响肯定要大得多，这是社会自我保护的一种必要机制。

史密斯教授：我不能接受您的见解。因为在我看来，对于十恶不赦的罪犯来说，终身监禁是比死刑更严厉的惩罚，而一般的民众往往以为只有死刑才是最严厉的。

以下哪项是对上述对话的最恰当评价？

A. 两人对各国的国情和传统有不同的理解

B. 两人对什么是最严厉的刑事惩罚有不同的理解

C. 两人对执行死刑的目的有不同的理解

D. 两人对产生恶性刑事案件的原因有不同的理解

E. 两人对是否大多数人都接受死刑有不同的理解

【解题分析】

根据题干，吴认为执行死刑的目的是有效地阻止恶性刑事案件的发生，史认为执行死刑的目的是给十恶不赦的罪犯以最严厉的惩罚，两人对执行死刑的目的有不同的理解。

考察选项，C 项的评价最为恰当；B 项易误选，因为史密斯教授认为对罪犯最严厉的刑事惩罚和民众所认为的最严厉的刑事惩罚是不同的，而吴大成教授并没表露出对什么是最严厉的刑事惩罚的理解。因此，本题的正确答案是 C。

案例 13 - 12：

关于是否应当废除死刑，在一些国家中一直存在争议。下面是相关的一段对话：

史密斯：一个健全的社会应当允许甚至提倡对罪大恶极者执行死刑。公开执行死刑通过其震慑作用显然可以减少恶性犯罪，这是社会自我保护的必要机制。

苏珊：您忽视了讨论这个议题的一个前提，这就是一个国家或者社会是否有权利剥夺一个人的生命。如果事实上这样的权利不存在，那么，讨论执行死刑是否可以减少恶性犯罪这样的问题是没有意义的。

如果事实上执行死刑可以减少恶性犯罪，则以下哪项最为恰当地评价了这一事实对两人所持观点的影响？

A. 两人的观点都得到加强

B. 两人的观点都未受到影响

C. 史密斯的观点得到加强，苏珊的观点未受影响

D. 史密斯的观点未受影响，苏珊的观点得到加强

E. 史密斯的观点得到加强，苏珊的观点受到削弱

【解题分析】

根据题干，史密斯观点是，执行死刑可取，因为它能减少恶性犯罪；苏珊的观点是，执行死刑是否可取，首先不取决于它是否能减少恶性犯罪，而是取决于一个国家或者社会是否有权利剥夺一个人的生命。

可见，执行死刑可以减少恶性犯罪的事实，使史密斯观点得到加强，而苏珊观点未受影响。考察选项，上述评述恰好是选项 C 所评价的，其余项都不行。因此，本题正确答案是 C。

第十四章 | CHAPTER 14

解 释

解释的特点

解释的一般表现形式

解释的求解方法

案例与解题技巧

第十四章 解 释

一、解释的特点

所谓解释就是对原推理论证的一种加强，指用一般道理说明某一事件之所以如此发生的原因，旨在更进一步地说明原推理论证的正确性，或者说明推理论证中矛盾的不矛盾性，或说明一种现象，或者说明差异事件的合理性。

二、解释的一般表现形式

解释型题的特征是，给出一段关于某些事实或现象的客观描述，要求你对这些事实、现象、结果或矛盾做出合理的解释。按解释的程度不同，分为最能解释和最不能解释。

1. 最能解释。

解释型试题是题干中给出一个似乎矛盾实际上并不矛盾的现象，要求从备选项中寻找到能够解释的选项。此类试题的提问方式一般是：

"以下哪项如果为真，能最好地解释上面的矛盾？"

能够解释题干的选项显然是能够将题干中的矛盾解释清楚，即其实并不矛盾，那么题干中为何又显得很矛盾呢？原因可能是还有某方面的细节没有考虑到。

2. 最不能解释。

"以下各项如果是真的，都有助于解释上述看来矛盾的断定，除了"，针对这种提问，应该首先使用排除法，即先将能够解释题干的选项排除掉，最后剩余的选项就是不能解释题干的。

三、解释的求解方法

1. 理解题干，明确解释的对象。通过阅读题干，弄清结论或基本论点、基本概念；明确问题要求，是要求解释结果的，还是要求解释现象的，还是要求解释矛盾的，以便于抓住解释的关键概念，并用来定位选项。

2. 区别对象，正确解释。(1)对于解释结果或现象的，要弄明白解释什么，现象是什么，抓住要解释的对象，看具体发生了什么变化。

(2)对于解释矛盾的，要抓住区别点，要说明为什么会存在这种矛盾。具体来说是：①找出原文的矛盾现象。②用"相关/无关"排除和具体矛盾的事"有关/无关"的选项。③选项验证。将选项植入题干中，看能否使原文相矛盾的事物不再矛盾、或者都成立、或者都为真。

3. 程度比较，确定答案。对最能解释的，要比较解释程度：必然性解释的力度大于或然性解释。综合运用读者的理性思维与常识性思维,确定答案。

注意:解释的答案不需要充分性。

四、案例与解题技巧

结合以下案例具体讲述解题方法与技巧。

案例 14-1:

某公司为了扩大其网上商店的销售收入,采取了各种各样的广告宣传和促销手段,但是效果并不明显。该公司重金聘请了专业人士进行市场分析,专业人士认为开通了网上银行的人群才是真正潜在的网上商店的顾客群。于是该公司决定与商业银行合作,在新开通网上银行业务的人群中开展宣传和促销活动。但是三个月后,效果并不理想。

以下哪项为真,最能解释上述结果?

A. 开通网上银行在中国还是一件新鲜事,一般来说,消费者对此的态度比较谨慎

B. 最近网上银行用户被盗的案件频发,开通网上银行的人因此有所减少

C. 一般来说,刚刚开通网上银行的人需要经过一段时间后才有可能进行网上消费

D. 网上金融服务在知识分子中已经比较普及,他们更希望网上商店能够提供一些特色服务

E. 目前网上商店数量增长很快,广告宣传和推广促销要想有成效,必须有鲜明的特色,才能够打动消费者的心

【解题分析】

(1)阅读题干,明确解释的对象。题干中出现的看似矛盾的现象是:专业人士认为开通了网上银行的人群是真正潜在的顾客群,但公司在这类人群中开展促销活动的三个月后销售效果仍旧不理想。对于这个矛盾现象的解释无非有两种原因:或者是促销效果在短期内不能体现,或者是促销没有打动消费者。

(2)考察选项,正确解释。根据上述分析,本题解释的关键概念是“网银人群是潜在顾客群”和“广告促销不见效”,由此可知,选项 C 或者选项 E,都有解释作用。但选项 E 是一种或然性的解释,若该公司评选宣传促销有特色,则不能起到解释作用,若该公司广告促销没有特色,则能起到一定的解释作用。又题干中已经强调了促销手段足以打动消费者,排除了选项 E。选项 A 也能起到解释作用,但这种作用很不明显。B 是无关项。D 项起不到解释作用。

因此,本题正确答案是 C。

这是一个解释现象或原因的案例,给出一段关于某些事实或现象的客观描述,让我们从选项中寻求一个选项来解释事实、结果、现象发生的原因或现象为什么发生,找到一个能直接说明结论成立或现象为什么发生的选项即可。因此在解题时,应抓住要解释的对象,一般首先要明确解释的关键概念,并用之来定位选项。下面的案例 14-2、14-3、14-4 题也是这种类型。为减少篇幅,解题步骤从简。

案例 14-2:

甲市的劳动力人口是乙市的十倍。但奇怪的是,乙市各行业的就业竞争程度反而比甲市更为激烈。

以下哪项断定如果为真,最有助于解释上述现象?

A. 甲市的人口是乙市人口的十倍

B. 甲市的面积是乙市面积的五倍

C. 甲市的劳动力主要在外省市寻求再就业

D. 乙市的劳动力主要在本市寻求再就业

E. 甲市的劳动力主要在乙市寻求再就业

【解题分析】

一般来说,劳动力人口与就业竞争是相关联的,但题干描述了一个矛盾现象:甲市的劳动力人口是乙市的十倍,但乙市的就业竞争程度反而比甲市更激烈。

怎么来解释这个矛盾呢?就要指出劳动力人口与就业竞争程度之间的非关联性,具体可以用另有他因的办法来解释这个矛盾。

选项C和E符合这一点,而E的解释程度比C更强,因此E为正确答案。

选项A有助于说明甲市的劳动力人口比乙市多,但不能解释题干矛盾;选项B为无关项;选项D的解释方向正好相反,加剧了题干矛盾。正确答案为E。

案例14-3:

当一只鱼鹰捕捉到一条白链、一条草鱼或一条鲤鱼而飞离水面时,往往会有许多鱼鹰几乎同时跟着飞聚到这一水面捕食。但是,当一只鱼鹰捕捉到的是一条鲶鱼时,这种情况却很少出现。

以下哪项如果为真,最能合理地解释上述现象?

A. 草鱼或鲤鱼比鲶鱼更符合鱼鹰的口味

B. 在鱼鹰捕食的水域中,白鲢、草鱼和鲤鱼比较多见,而鲶鱼比较少见

C. 在鱼鹰捕食的水域中,白鲢、草鱼和鲤鱼比较少见,而鲶鱼比较多见

D. 白鲢、草鱼或鲤鱼经常成群出现,而鲶鱼则没有这种习性

E. 白鲢、草鱼和鲤鱼比鲶鱼更易被鱼鹰捕食

【解题分析】

选项D暗示鱼鹰捉到一条草鱼或一条鲤鱼的地方可能有很多草鱼或鲤鱼,导致鱼鹰聚集,而捉到鲶鱼的地方可能不再有其他的鲶鱼,所以鱼鹰不聚集,很好地解释了题干描述的现象。因此,D为正确答案。

A有一定的解释题干的作用,但是我们从题干知道,鱼鹰也是吃鲶鱼的,既然有一只选择吃鲶鱼,其他的也很有可能选择。因此,A的解释力度不够;哪个多见哪个少见不影响题干论述,B、C排除。E有解释题干的作用,但是我们从题干知道鱼鹰也是能捉到鲶鱼的,既然有一只能够捉到鲶鱼,其他的也很有可能捉到,E的解释力度不足,排除。正确答案为D。

案例14-4:

新疆的哈萨克人用经过训练的金雕在草原上长途追击野狼。某研究小组为研究金雕的飞行方向和判断野狼群的活动范围,将无线电传导器放置在一只金雕身上进行追踪。野狼为了觅食,其活动范围通常很广,因此,金雕追击野狼的飞行范围通常也很大。然而两周以来,无线电传导器不断传回的信号显示,金雕仅在放飞地3公里范围内飞行。

以下哪项如果为真,最有助于解释上述金雕的行为?

A. 金雕的放飞地周边山峦叠嶂、险峻异常

B. 金雕的放飞地 2 公里范围内有一牧羊草场,成为狼群袭击的目标

C. 由于受训金雕的捕杀,放飞地广阔草原的野狼几乎灭绝了

D. 无线电传导器信号仅能在有限的范围内传导

E. 无线电传导器的安放并未削弱金雕的飞行能力

【解题分析】

由于金雕是跟随野狼的,选项 B 断定,金雕的放飞地 2 公里范围内有一牧羊草场,说明狼群为了生存要获取食物,当然会围绕羊群的周围活动,伺机攻击羊群。很好地解释了狼群在放飞地 3 公里内活动,从而很好地解释了金雕只在放飞地 3 公里范围内飞行这一行为。

其他的选项或者是无关,或者是起不到解释作用的。正确答案为 B。

案例 14－5:

经济学家与考古学家就货币的问题展开了争论。

经济学家:在所有使用货币的文明中,无论货币以何种形式存在,它都是因为其稀缺性而产生其价值的。

考古学家:在索罗斯岛上,人们用贝壳作货币,可是该岛上贝壳遍布海滩,随手就能拾到呵。

下面哪项能对二位专家论述之间的矛盾做出解释?

A. 索罗斯岛上居民节日期间在亲密的朋友之间互换货币,以示庆祝

B. 索罗斯岛上的居民认为鲸牙很珍贵,他们把鲸牙串起来当做首饰

C. 索罗斯岛上的男女居民使用不同种类的贝壳作货币,交换各自喜爱的商品

D. 索罗斯岛上的居民只使用由专门工匠加工的有美丽花纹的贝壳作货币

E. 即使在西方人将贵金属货币带上索罗斯岛之后,贝壳仍然是商品交换的媒介物

【解题分析】

这是一个解释矛盾的案例。题干争论:经济学家认为货币是因稀缺而产生价值的;而考古学家提出了索罗斯岛上用并不稀缺的贝壳作货币这一反例。

D 项断定,索罗斯岛上的居民只使用由专门工匠加工的有美丽花纹的贝壳作货币,这说明,虽然作为货币原料的贝壳遍布海滩,但由专门工匠加工的有美丽花纹的贝壳就有可能因其稀缺性而产生价值。这样,经济学家和考古家的观点并不存在矛盾。

其余各项均不能对题干做出解释。因此,本题正确答案是 D。

解释矛盾,关键是找到矛盾的事件、差异点,直接明确破解一方或者双方,或者破解推理过程,案例 14－5、14－6、14－7、14－8 题都是这一类型。

案例 14－6:

日本脱口秀表演家金语楼曾获多项专利。他有一种在打火机上装一个小抽屉代替烟灰缸的创意,在某次创意比赛中获得了大奖,备受推崇。比赛结束后,东京的一家打火机制造厂家将此创意进一步开发成产品推向市场,结果销路并不理想。

以下哪项如果为真,能最好地解释上面的矛盾?

A. 某家烟灰缸制造厂商在同期推出了一种新型的烟灰缸,吸引了很多消费者

B. 这种新型打火机的价格比普通的打火机贵 20 日元,有的消费者觉得并不值得

C. 许多抽烟的人觉得随地弹烟灰既不雅观,也不卫生,还容易烫坏衣服

D. 参加创意比赛后,很多厂家都选择了这项创意来开发生产,几乎同时推向市场

E. 作为一个脱口秀表演家,金语楼曾经在他主持的电视节目上介绍过这种新型打火机的奇妙构思

【解题分析】

题干矛盾:一方面,在打火机上装一个小抽屉代替烟灰缸的创意获得了大奖;另一方面,一厂家将此创意开发成产品后销路并不理想。

如果D项断定为真,说明很多厂家推出了这个产品,那么,题干中所提及的那家打火机厂家在将产品推向市场时就遇到了激烈的竞争,因而销路不理想。这对题干是一种有说服力的解释。

选项A也能解释题干,但该项断定的产品是烟灰缸,题干中断定的产品是装有烟灰缸的打火机,这是两种主要功能不同的产品。这两种产品即使存在竞争,其竞争程度肯定不如D项中断定的同类产品的竞争。选项B只是说有的消费者觉得不值,也就是这样的消费者的数量可能不多,不足以影响该产品的销售。因此,A和B项解释的力度显然不如D项。

其余各项均不能解释题干。因此,正确答案为D。

案例14－7:

胡萝卜、西红柿和其他一些蔬菜含有较丰富的β-胡萝卜素,β-胡萝卜素具有防止细胞癌变的作用。近年来提炼出的β-胡萝卜素被制成片剂并建议吸烟者服用,以防止吸烟引起的癌症。然而,意大利博洛尼亚大学和美国德克萨斯大学的科学家发现,经常服用β-胡萝卜素片剂的吸烟者反而比不常服用β-胡萝卜素片剂的吸烟者更易于患癌症。

以下哪项如果为真,最能够解释上述矛盾?

A. 有些β-胡萝卜素片剂含有不洁物质,其中有致癌物质

B. 意大利博洛尼亚大学和美国德克萨斯大学地区的居民吸烟者中癌症患者的比例都较其他地区高

C. 经常服用β-胡萝卜素片剂的吸烟者有其他许多易于患癌症的不良习惯

D. β-胡萝卜素片剂不稳定,易于分解变性,从而与身体发生不良反应,易于致癌。而自然β-胡萝卜素性质稳定,不会致癌

E. 吸烟者吸入体内烟雾中的尼古丁与β-胡萝卜素发生作用,生成一种比尼古丁致癌作用更强的有害物质

【解题分析】

题干的矛盾在于,一方面,β-胡萝卜素具有防止细胞癌变的作用;另一方面,经常服用β-胡萝卜素片剂的吸烟者反而比不常服用β-胡萝卜素片剂的吸烟者更易于患癌症。

矛盾的产生一定另有原因。选项E表明,吸烟者吸入体内烟雾中的尼古丁与β-胡萝卜素发生作用,生成一种比尼古丁致癌作用更强的有害物质,这就造成经常服用β-胡萝卜素片剂的吸烟者反而比不常服用β-胡萝卜素片剂的吸烟者更易于患癌症。因此很好地解释了题干的矛盾。

选项A,对题干矛盾能有所解释,但仅是“有些”,解释力度不足。选项B,起不到解

释作用,因为题干没讲实验组和对照组是哪个地区的。选项C,能有效解释题干矛盾,但没有明确指出不常服用β-胡萝卜素片剂的吸烟者是否有易于患癌症的不良习惯,因此,解释力度不如E。选项D,指出β-胡萝卜素片剂易于分解变性从而致癌,对题干中的表面矛盾能有效地解释;但如果在其片剂的稳定期内服用,还是能防癌。

综合比较,E项解释题干矛盾的程度要高,因此,本题正确答案为E。

案例14-8:

汽车保险公司的统计数据显示:在所处理的汽车被盗索赔案中,安装自动防盗系统汽车的比例明显低于未安装此种系统的汽车。这说明,安装自动防盗系统能明显减少汽车被盗的风险。但警察局的统计数据却显示:在报案的被盗汽车中,安装自动防盗系统的比例高于未安装此种系统的汽车。这说明,安装自动防盗系统不能减少汽车被盗的风险。

以下哪项如果为真,最有利于解释上述看来矛盾的统计结果?

A. 许多安装了自动防盗系统的汽车车主不再购买汽车被盗保险

B. 有些未安装自动防盗系统的汽车被盗后,车主报案但未索赔

C. 安装自动防盗系统的汽车大都档次较高;汽车的档次越高,越易成为盗窃的对象

D. 汽车失盗后,车主一般先到警察局报案,再去保险公司索赔

E. 有些安装了自动防盗系统的汽车被盗后,车主索赔但未报案

【解题分析】

题干的矛盾是:一方面,在保险公司的被盗汽车索赔案中,安装防盗系统的比例明显低于未安装防盗系统的汽车;另一方面,在报案的被盗汽车中,安装防盗系统的比例高于未安装防盗系统的汽车。

A项所述许多安装了自动防盗系统的被盗汽车车主并未购买汽车被盗保险,他们会去警察局报案,但不会去保险公司索赔。这样就有力地解释了题干看来矛盾的统计结果。

题干讲的是处理的汽车被盗索赔案,与实际上是否索赔无关,B排除;C项只能解释在报案的被盗汽车中安装防盗系统的比例高于未安装防盗系统的汽车,而不能解释在保险公司的被盗汽车索赔案中安装防盗系统的比例明显低于未安装防盗系统的汽车;报案和索赔的先后关系,不影响题干的统计结果,因此,D项起不到解释题干矛盾的作用。正确答案为A。

案例14-9:

某国有一个非常受欢迎的冰淇淋店,最近将一种冰淇淋的单价从过去的1.80元提到2元,销售仍然不错。然而,在提价一周之内,几个服务员陆续辞职不干了。

下列哪一项最能解释上述现象?

A. 提价后顾客不再像过去那样能将剩下的零钱作为小费

B. 提高价格使该店不能继续保持其冰淇淋良好的市场占有率

C. 尽管冰淇淋涨价了,老主顾们依然经常光顾该店

D. 尽管提了价,该店的冰淇淋仍然比其他商店卖得便宜

E. 冰淇淋的提价对店员们的工资水平并没有影响

【解题分析】

国外时兴给小费,服务人员的重要收入之一也是小费。而最简捷、方便的给小费的

方式,即不找零。由于冰淇淋的价格从1.8元提高到了2元,售价是整数,顾客可能没有零钱给小费了,服务员的收入便可能比以前大大减少,因而只得辞职。选项A引入额外资料,揭示服务员辞职之迷,有力地解释了题干所述的现象。

其余选项解释力度不足或不能解释题干现象。因此,本题正确答案是A。

这是另有他因的案例。这类案例就是要解释题干现象为什么反常发生,或者解释题干分歧。解决这类问题,一个有效的办法就是寻找差异原因,通过找其他原因的办法解决了上述分歧,这就是属于另有他因的解释。案例14-8至案例14-15都是这种类型。

案例14-9:

用甘蔗提炼乙醇比用玉米需要更多的能量,但奇怪的是,多数酿酒者却偏爱用甘蔗做原料。

以下哪项最能解释上述矛盾现象?

A. 任何提炼乙醇的原料的价格都随季节波动,而提炼的费用则相对稳定

B. 用玉米提炼乙醇比用甘蔗节省时间

C. 玉米质量对乙醇产出品的影响较甘蔗小

D. 用甘蔗制糖或其他食品的生产时间比提炼乙醇的时间长

E. 燃烧甘蔗废料可提供向乙醇转化所需的能量,而用玉米提炼乙醇则完全需额外提供能源

【解题分析】

用甘蔗提炼乙醇比用玉米需要更多的能量,但酿酒者却偏爱用甘蔗做原料。为什么呢?一定是用甘蔗另有好处,选项E则明确提出了用甘蔗的好处,所以选E。

选项A为无关项;选项B、C和D都赞成用玉米。故,正确答案为E。

案例14-10:

由于近期的干旱和高温,导致海湾盐度增加,引起了许多鱼的死亡。虾虽然可以适应高盐度,但盐度高也给养虾场带来了不幸。

以下哪个选项如果为真,能够提供解释以上现象的原因?

A. 一些鱼会到低盐度的海域去,来逃脱死亡的厄运

B. 持续的干旱会使海湾的水位下降,这已经引起了有关机构的注意

C. 幼虾吃的有机物在盐度高的环境下几乎难以存活

D. 水温升高会使虾更快速地繁殖

E. 鱼多的海湾往往虾也多,虾少的海湾鱼也不多

【解题分析】

如果C项为真,说明虽然虾能适应高盐度,但是由于幼虾吃的有机物在高盐度下难以存活,因此,海湾盐度增高,同样威胁到虾的生存特别是繁衍,给养虾场带来不幸。其余各项均不能解释题干。故,本题正确答案是C。

案例14-11:

一项关于世纪初我国就业情况的报告预测,在2002年至2007年之间,首次就业人员数量增加最多的是低收入的行业。但是,在整个就业人口中,低收入行业所占的比例并不会增加,有所增加的是高收入的行业所占的比例。

从以上预测所作的断定中,最可能得出以下哪项结论?

A. 在2002年,低收入行业的就业人员要多于高收入行业

B. 到2007年,高收入行业的就业人员要多于低收入行业

C. 到2007年,中等收入行业的就业人员在整个就业人员中所占的比例将有所减少

D. 相当数量的2002年在低收入行业就业的人员,到2007年将进入高收入行业

E. 在2002年至2007年之间,低收入行业的经营实体的增长率,将大于此期间整个就业人员的增长率

【解题分析】

题干断定一:在2002年至2007年之间,首次就业人员数量增加最多的是低收入的行业;

题干断定二:此期间,在整个就业人口中,低收入行业所占的比例并不会增加,有所增加的是高收入的行业所占的比例。

根据题干断定一,如果原就业人员的就业状况基本不变,那么在整个就业人口中,低收入行业所占的比例应有明显增加。这与题干断定二相矛盾。对此一个合理的推论是:相当数量的2002年在低收入行业就业的人员,到2007年将进入高收入行业。这正是D项所断定的。

因此,本题正确答案是D。

案例14-12:

棕榈树在亚洲是一种外来树种,长期以来,它一直靠手工授粉,因此棕榈果的生产率极低。1994年,一种能有效地对棕榈花进行授粉的象鼻虫引进了亚洲,使得当年的棕榈果生产率显著提高,在有的地方甚至提高了50%以上。但是,到了1998年,棕榈果的生产率却大幅度降低。

以下哪项如果为真,最有助于解释上述现象?

A. 在1994~1998年期间,随着棕榈果产量的增加,棕榈果的价格在不断下降

B. 1998年秋季,亚洲的棕榈树林区开始出现象鼻虫的天敌赤蜂

C. 在亚洲,象鼻虫的数量在1998年比1994年增加了一倍

D. 果实产量连年不断上升会导致孕育果实的雌花无法从树木中汲取必要的营养

E. 在1998年,同样是外来树种的椰果的产量在亚洲也大幅度低于往年的水平

【解题分析】

题干矛盾在于,在某一个地区,棕榈树的产量于1994年迅速增长(50%),而在1998年又迅速下降。题目并没有向你提供这种变化的任何线索。我们必须在选项中寻找能说明这个矛盾的理由或者事实。

选项D说,产量的快速增长夺去了树的营养,而这些营养正是生产果实的雌性花所需要的。换句话说就是,1994年左右产量的增加夺去了太多的营养,以至1998年生产果实所需养分不足,从而产量下降。这个选项很好地解释了生产率急剧下降的原因,有助于解释题干的现象。这是个另有他因的解释。

B项断定亚洲的棕榈树林区开始出现象鼻虫的天敌赤蜂,这显然也能解释棕榈果的生产率为什么大幅度降低,但由于B项同时断定这种赤蜂出现在1998年秋季,因此无法对题干做出解释。

选项A说，在棕榈果产量迅速上升之后，于1994—1998年价格不断下降，但没有解释随后该树产量的下降（注意：逻辑不能递进推理，不能认为“价格下降了，种树的积极性就低了，产量就下降了”。即使有这种可能性，解释力度也不大）。因此，本题正确答案是D。

案例14－13：

以优价出售日常家用小商品的零售商通常有上千雇员，其中大多数只能领取最低工资，随着国家法定的最低工资额的提高，零售商的人力成本也随之大幅度提高。但是，零售商的利润非但没有降低，反而提高了。

以下哪项如果为真，最有助于解释上述看来矛盾的现象？

A. 上述零售商的基本顾客，是领取最低工资的人

B. 人力成本只占零售商经营成本的一半

C. 在国家提高最低工资额的法令实施后，除了人力成本以外，零售商其他经营成本也有所提高

D. 零售商的雇员有一部分来自农村，他们都拿最低工资

E. 在国家提高最低工资额的法令实施后，零售商降低了某些高薪雇员的工资

【解题分析】

题干中有一个矛盾，这个矛盾一方面是工人的人力成本升高，另一方面是零售商的利润没有下降，反而提高了。

A项说明，国家法定的最低工资额的提高，虽然增加了零售商的工资成本，但同时也增加了基本顾客的购买力，导致了零售商的商品销售量增加，从而解释了零售商利润的增加。

至于E项，尽管零售商提高了最低工资，但降低了高薪雇员的工资。这个选项与题干已知的人力成本升高是不一致的，不能作为正确答案。因此，正确答案是A。

案例14－14：

1970年，U国汽车保险业的赔付总额中，只有10%用于赔付汽车事故造成的人身伤害。而2000年，这部分赔付金所占的比例上升到50%，尽管这30年来U国的汽车事故率呈逐年下降的趋势。

以下哪项为真，最有助于解释上述看来矛盾的现象？

A. 这30年来，U国汽车的总量呈逐年上升的趋势

B. 这30年来，U国的医疗费用显著上升

C. 2000年U国的交通事故数量明显多于1970年

D. 2000年U国实施的交通法规比1970年的更为严格

E. 这30年来U国汽车保险金的上涨率明显高于此期间的通货膨胀率

【解题分析】

题干矛盾在于，一方面，人身伤害的赔付金在保险金赔付总额中所占的比例上升；另一方面，汽车事故率却逐年下降。

其实，人身伤害的赔付金在保险金赔付总额中所占的比例，和汽车事故率没有必然的联系。因此，题干陈述的并不是矛盾现象。

考察选项，如果B项为真，则有助于说明30年来，因为汽车事故造成的人身伤害的

医疗费用显著上升，因此，人身伤害的赔付金在保险金赔付总额中所占的比例明显上升。因此，本题正确答案是B。

案例 14－15：

马晓敏是眼科医院眼底手术的一把刀，也是湖城市最好的眼底手术医生。但是，令人费解的是，经马晓敏手术患者视力获得明显提高的比例较低。

以下哪项如果为真，最有助于解释以上陈述？

A. 眼底手术大概是棘手的手术，需要较长的时间才能完成

B. 除了马晓敏以外，湖城市眼科医院缺乏能干的眼底手术医生

C. 除了眼底手术，马晓敏同时精通其他眼科手术

D. 目前经马晓敏手术后患者视力获得明显提高的比例比过去有所提高

E. 湖城市眼科医院难治的眼底疾病患者的手术大多数都是由马晓敏医生完成的

【解题分析】

题干需要解释的是，马晓敏医术最高，但其手术效果并不好。

如果E项为真，则事实上由于湖城市眼科医院难治的眼底疾病患者的手术大多数都是由马晓敏医生完成的，这样就很好地解释了题干的陈述。因此，本题正确答案是E。

案例 14－16：

事实1：电视广告已经变得不是那么有效：在电视上推广的品牌中，观看者能够回忆起来的比重在慢慢下降。

事实2：电视的收看者对由一系列连续播出的广告组成的广告段中第一个和最后一个商业广告的回忆效果，远远比对中间的广告的回忆效果好。

以下哪项如果为真，事实2最有可能解释事实1？

A. 由于因特网的迅速发展，人们每天用来看电视的平均时间减少了

B. 为了吸引更多的观众，每个广告的总时间长度减少了

C. 一般电视观众目前能够记住的电视广告的品牌名称，还不到他看过的一半

D. 在每一小时的电视节目中，广告段的数目增加了

E. 一个广告段中所包含的电视广告的平均数目增加了

【解题分析】

这是需要增加论据的解释案例。题干的事实2断定，在一段连续插播的电视广告中，观众印象较深的是第一个和最后一个，其余的则印象较浅。如果E项断定，一个广告段中所包含的电视广告的平均数目增加了。那么，由此可推知，近年来，在观众所看到的电视广告中，印象较深的所占的比例逐渐减少，这就从一个角度合理地解释了，为什么在电视广告所推出的各种商品中，观众能够记住其品牌名称的商品的比重在下降。所以，E项为正确答案。

其余各项都不能起到上述作用。其中，A项可能有利于说明，随着因特网的迅速发展，人们所看到的电视广告的数量减少，但不能说明，在人们所看过的电视广告中，为什么能记住的比重降低。因此，本题正确答案是E。

增加论据的解释非常接近于支持题，一种有效的解释就是增加一个新的论据，从而达到解释题干的作用。案例14－16、14－17、14－18、14－19都是这类案例。

案例 14－17：

为了奖励那些经常乘坐本公司航班的乘客，大北亚航空公司每年都向这部分乘客赠送礼券，凭一张礼券可兑换大北亚航空公司机票一张。这样的机票自然不办理退票。一家商贸公司计划组织人力，专门收购这样的礼券，再以低于相应的机票标准价出售从中牟利。

为了避免上述商贸公司在实施其计划后可能给大北亚公司带来的经济损失，以下哪项最可能是大北亚公司所采取的措施？

A. 提高赠送礼券的标准，从而减少所要赠送的礼券的数量

B. 缩短由礼券所兑换的机票的期限

C. 缩短由礼券所兑换的机票的有效期限

D. 限制由礼券所兑换的机票之使用者的身份

E. 限制由礼券所兑换的机票的有效航线

【解题分析】

如果限制由礼券所兑换的机票之使用者的身份，那么题干中倒卖礼券，从中牟利的计划就无法实施。因此，D 项最可能是大北亚公司所采取的措施。

选项 A 不是最好的办法；选项 B 时限的缩短，同样也给乘客带来不方便，不应采纳；选项 C 对机票时限的限制未必会起到作用，因为出售这样的机票未必要很长时间；选项 E 也不是有效的方式，这家商贸公司照样可出售相应的航线牟利。正确答案为 D。

案例 14－18：

由于邮费上涨，广州《周末画报》杂志为减少成本，增加利润，准备将每年发行 52 期改为每年发行 26 期，但每期文章的质量、每年的文章总数和每年的订价都不变。市场研究表明，杂志的订户和在杂志上刊登广告的客户的数量均不会下降。

以下哪项，如果为真，最能说明该杂志社的利润将会因上述变动而降低？

A. 在新的邮资政策下，每期的发行费用将比原来高 1/3

B. 杂志的大部分订户较多地关心文章的质量，而较少地关心文章的数量

C. 即使邮资上涨，许多杂志的长期订户仍将继续订阅

D. 在该杂志上购买广告页的多数广告商将继续在每一期上购买同过去一样多的页数

E. 杂志的设计、制作成本预期将保持不变

【解题分析】

本题要求解释，杂志社的利润将会因发行期数减少一半后而降低。

如果 D 项真，则由于该杂志全年的发行期数只是变动前的一半，因此多数广告商每年在该杂志上所购买的广告页数将比变动前减少一半，这说明该杂志社的利润将会因上述变动而降低。

其余各项均不能说明该杂志社的利润将会因上述变动而降低。其中，A 项断定，在新的邮资政策下，每期的发行费用将比原来高 1/3，但由于每年的发行量将减少一半，因此，发行成本并未提高。正确答案为 D。

案例 14－19：

R 国的工业界存在着一种看来矛盾的现象：一方面，根据该国的法律，工人终生不得

被解雇,工资标准只能升不能降;但另一方面,这并没有阻止工厂主引进先进的生产设备,这些设备提高了劳动生产率,使得一部分工人事实上被变相闲置(例如让 3 个人干 2 人可以胜任的活)。

以下哪项相关断定如果为真,最能合理地解释上述现象?

A. 每个工人在被雇用之前,都经过严格的技术考核和培训

B. 先进设备提高劳动生产率所创造的利润,高于重新培训工人从事其他工作的费用

C. 先进设备的引进,提高了产品的最终成本

D. R 国面临着修改上述法律的压力

E. R 国的产品具有很强的国际竞争力

【解题分析】

如果 B 项为真,则由于先进设备提高劳动生产率所创造的利润高于重新培训工人从事其他工作的费用,因此,工厂主宁愿让一部分工人闲置,也要引进先进生产设备。这就合理地解释了题干。其余各项均不能解释题干。

正确答案为 B。

案例 14 - 20:

刘建是乐进足球的主力左后卫,有很强的助攻能力,有时甚至能破门得分,但是,新主教练上任后,刘建却降为替补,鲜有上场机会,该教练的理由是刘建虽然助攻能力强,但他把守的左路经常在比赛中被对手突破,使本队陷入被动。

以下哪项最有助于解释教练决定的合理性?

A. 对队员的调整拥有决定权能树立新教练的权威

B. 刘建曾公开为前主教练辩护,反对更换主教练

C. 该教练崇尚进攻,主张进攻是最好的防守

D. 足球队后卫最主要的职责是防守

E. 刘建喜欢喝酒的习惯影响训练和比赛的状态

【解题分析】

如果事实上足球队后卫最主要的职责是防守,那么,就能说明刘建作为后卫不能胜任其主要职责,因此,教练的决定是合理的。因此,本题的正确答案是 D。

案例 14 - 21:

我国有 2000 万家庭靠生产蚕丝维持生计,出口量占世界市场的四分之三,然而近年来丝绸业面临出口困境:丝绸形象降格,出口数量减少,又遇到亚洲的一些竞争对手,有些国家还对丝绸进口实行了配额,这无疑对我国丝绸业是一个打击。

以下哪项不是造成上述现象的原因?

A. 丝绸行业的决策者不认真研究国际行情,缺乏长远打算,只追求短期效益

B. 几年来国内厂家一门心思提高丝绸产量,而忘记了质量

C. 中国的丝绸技术传到了外国,使丝绸市场有了竞争对手

D. 丝绸是人们非常喜欢的一种夏季面料,穿着凉爽、舒适

E. 加剧的竞争和大大增加的产量使丝绸从充满异国情调的商品成了很平常的东西

【解题分析】

这是不能解释型案例。

题干断定:我国近年来丝绸业面临出口困境。

选项 D 说的是丝绸的优点,不会是丝绸出口下降的原因。

A 讲的是出口决策者目光短浅,只顾眼前利益,造成丝绸出口的好形势维持不久;B 指出质量问题是影响出口的原因;C 讲的是竞争对手多了,客观上增加了出口的困难;E 指出随着竞争加剧和产量增加,丝绸不再具有很大的吸引力,这也会影响出口。正确答案为 D。

不能解释型案例的解题方法是采取排除法,把能解释题干推理的选项排除掉,剩下的起不到解释作用或加剧题干矛盾的选项就是正确答案。案例 14 – 21 至案例 14 – 36 都是这种类型。

案例 14 – 22:

洪罗市一项对健身爱好者的调查表明,那些称自己每周固定进行二至三次健身锻炼的人近二年来由 28% 增加到 35%,而对该市大多数健身房的调查则显示,近二年来去健身房的人数明显下降。

以下各项,如果是真的,都有助于解释上述看来矛盾的断定,除了:

A. 进行健身锻炼没什么规律的人在数量上明显减少

B. 健身房出于非正常的考虑,往往少报顾客的人数

C. 由于简易健身器的出现,家庭健身活动成为可能并逐渐流行

D. 为了吸引更多的顾客,该市健身房普遍调低了营业价格

E. 受调查的健身锻炼爱好者只占全市健身锻炼爱好者的 10%

【解题分析】

题干的矛盾是:常客(固定进行锻炼的顾客)比例增加,但总顾客人数下降。

选项 A"进行健身锻炼没什么规律的人在数量上明显减少"实际上指的是"过客减少",当然会导致常客比例增加,但总顾客人数下降。最能解释题干矛盾。选项 B、C 分别为"那些称自己每周固定进行二至三次健身锻炼的人"、"去健身房的人数"等表面性矛盾提供了一些额外信息来说明内在的合乎逻辑,也能起到解释作用。选项 E 讲的是题干的调查只是一个抽样调查(受调查的健身锻炼爱好者只占全市健身锻炼爱好者的 10%),而抽样调查结果的可靠性主要不取决于抽样的比例,关键在于抽样是否科学,如果抽样不科学,那么得出的结论就不能反映真实情况。因此,E 项是一种中性的,或者说是一种或然性作用的选项,有可能起到一定的解释作用,但解释的力度很小,也有可能起不到解释作用。

选项 D,健身房调低了营业价格,逻辑上的推论是去健身房的人数应当增加,这反而加剧了题干现存的矛盾,因此属"无助于"一类,是最不能解释的正确答案。正确答案为 D。

案例 14 – 23:

一个著名的旅游城市,每年都接待许多中外游客。在游览风景名胜的路上,导游小姐总在几个工艺品加工厂停车,劝大家去厂里参观,而且说买不买都没有关系。为此,一些游客常有怨言,但此种现象仍在继续,甚至一年胜似一年。

以下哪项最不可能是造成以上现象的原因?

A. 虽然有的人不满意,许多游客是愿意的,他们从厂里出来时的笑容就是证据

B. 有些游客来旅游的一项重要任务就是购物。若是空手回家,家里人会不高兴的

C. 厂家生产的产品直销,质量有保证,价格也便宜,何乐而不为?

D. 所有的游客经济上都是富裕的,他们只想省时间,不在意商品的价格

E. 在厂家购物,导游小姐会得到奖励。当然,奖励的钱是间接地从购物者那里来的

【解题分析】

如果游客想省时间,会尽量把时间花在欣赏旅游景点上,而不是参观工厂。他们不在意商品的价格,就不会从旅游地买东西受累带回家,而是回到离家近的商店去买。因此,D 项最不可能是造成以上现象的原因。

其余选项都能解释题干。选项 A,许多游客带着笑容从厂里出来,说明许多游客还是愿意去工艺品加工厂参观的,即使一些游客常有怨言,多数游客还是愿意的话,反对这种现象的声音还不大,这种现象就得不到有效遏止,还是会继续下去的。同样的道理,选项 B、C 是说游客希望得到旅游购物的机会,选项 E 讲导游小姐会得到实惠,当然会使题干所述的现象继续。正确答案为 D。

案例 14-24:

"试点综合症"的问题屡见不鲜。每出台一项改革措施,先进行试点,积累经验后再推广,这种以点带面的工作方法本来是人们经常采用的。但现在许多项目中出现了"一试点就成功,一推广就失败"的怪现象。

以下哪项不是造成上述现象的可能原因?

A. 在选择试点单位时,一般选择工作基础比较好的单位

B. 为保证试点成功,政府往往给予试点单位许多优惠政策

C. 在试点过程中,领导往往比较重视,各方面的问题解决得快

D. 试点尽管成功,但许多企业外部的政策、市场环境却并不相同

E. 全社会往往比较关注试点和试点的推广工作

【解题分析】

需要解释的现象:一试点就成功,一推广就失败。

A、B 和 C 项有利于说明试点为何容易成功,D 项有利于说明试点为何不容易推广,因此都可能是上述现象的原因。

如果 E 项为真,那么,既然全社会对试点和试点的推广工作都很关注,这就说明,试点的推广也应该和试点工作一样能成功,因此,不可能是上述现象的原因。正确答案为 E。

案例 14-25:

英国研究各类精神紧张症的专家们发现,越来越多的人在使用 Internet 之后都会出现不同程度的不适反应。根据一项对 10000 个经常上网的人的抽样调查,承认上网后感到烦躁和恼火的人数达到了 1/3,而 20 岁以下的网迷则有 40% 四承认上网后感到紧张和烦躁。

有关心理专家认为确实存在着某种"互联网狂躁症"。

根据上述资料,以下哪项最不可能成为导致"互联网狂躁症"的病因?

A. 由于上网者的人数剧增,通道拥挤,如果要访问比较繁忙的网址,有时需要等待很长时间

B. 上网者经常是在不知道网址的情况下搜寻所需的资料和信息,成功的概率很小,有时花费了工夫也得不到预想的结果

C. 虽然在有些国家使用互联网是免费的,但在我国实行上网交费制,这对网络用户的上网时间起到了制约作用

D. 在 Internet 上能够接触到各种各样的信息,但很多时候信息过量会使人们无所适从,失去自信,个人注意力丧失

E. 由于匿名的缘故,上网者经常会受到其他一些上网者的无礼对待或接收到一些莫名其妙的信息垃圾

【解题分析】

题干认为,"互联网狂躁症"是由于经常上网引起的。在我国实行上网交费制,会减少用户的上网时间,所以不会成为"互联网狂躁症"的病因。因此,C 项正确。

其余选项都可能成为导致"互联网狂躁症"的病因。故,正确答案为 C。

案例 14 - 26:

为降低成本,华强生公司考虑对中层管理者大幅减员。这一减员准备按如下方法完成:首先让 50 岁以上、工龄满 15 年者提前退休,然后解雇足够多的其他人使总数缩减为以前的 50%。

以下各项如果为真,都可能是公司这一计划的缺点,除了:

A. 由于人心浮动,经过该次减员后员工的忠诚度将会下降

B. 管理工作的改革将迫使商业团体适应商业环境的变化

C. 公司可以从中选拔未来高层经理人员的候选人将减少

D. 有些最好的管理人员在不知道其是否会被解雇的情况下选择提前退休

E. 剩下的管理人员的工作负担加重,使他们产生过分的压力而最终影响其表现

【解题分析】

根据题干,选项 A、C、D、E 显然都可能是公司对中层管理者大幅减员这一计划的缺点。

一项改革措施如果能使商业团体适应商业环境的变化,说明这项改革取得了成效。因此,B 项断定的结果不可能是某项改革措施的缺点。正确答案为 B。

案例 14 - 27:

几年来,我国许多餐厅使用一次性筷子。这种现象受到越来越多的批评,理由是我森林资源不足,把大好的木材用来做一次性筷子,实在是莫大的浪费。但奇怪的是,至今一次性筷子的使用还没有被禁止。

以下除哪项外,都能对上文的疑问从某一方面给以解释?

A. 有些一次性筷子不是木制的,有些一次性木制筷子并没有使用森林中的木材

B. 已经证明了,一次性筷子的使用能有效地避免一些疾病的交叉感染

C. 一次性筷子的使用与餐厅之间相互攀比有关,要禁必须大家一起禁才行

D. 一次性筷子并不如想象的那样卫生,有些病菌或病毒也会借助一次性筷子传播

E. 保护森林不能只保不用。合理地使用,适量地采伐,有利于森林的保护

【解题分析】

题干的疑问是:既然一次性筷子破坏森林,备受批评,那为什么没有被禁止呢?

选项 D,一次性筷子不卫生,那就意味着应该禁用,加剧了题干的疑问,故为正确答案。

选项 A、B 都提供了一些额外信息,说明一次性筷子的好处;选项 C 说明了一次性筷子没有被禁止的一个现实原因;E 项的意思隐含了,一次性筷子可能并不会破坏森林,反对了题干疑问的理由,也就是题干不需要有疑问了,也能对上文的疑问起到解释作用。

故,正确答案为 D。

案例 14－28:

烟草业仍然是有利可图的。在中国,尽管今年吸烟者中成人的人数减少,烟草生产商销售的烟草总量还是增加了。

以下哪项不能用来解释烟草销售量的增长和吸烟者中成人人数的减少?

A. 今年中,开始吸烟的妇女数量多于戒烟的男子数量

B. 今年中,开始吸烟的少年数量多于同期戒烟的成人数量

C. 今年,非吸烟者中咀嚼烟草及嗅鼻烟的人多于戒烟者

D. 今年和往年相比,那些有长年吸烟史的人平均消费了更多的烟草

E. 今年中国生产的香烟中用于出口的数量高于往年

【解题分析】

需要解释的是:为什么今年成人吸烟者人数减少了,但烟草的销售量却增加了。

B、C、D 和 E 项显然都能对此作出解释,都是一种另有他因的解释。例如,据 B 项,烟草销售量的增加可能是由于少年吸烟量的增加;据 E 项,烟草销售量的增加可能是由于外销量的增加。

A 项不能对此作出解释,因为虽然今年开始吸烟的妇女数量多于戒烟的男子数量,但是由于成人吸烟者(包括男子和妇女)的数量总体上减少了,因此,该项对解释题干没有提供新的信息,起不到解释作用。正确答案为 A。

案例 14－29:

在美国,每年接受治疗的精神忧郁症病人的人数超过 200 万人,是中国的接近 10 倍,而中国的人口则接近美国的 10 倍。

以下各项如果为真,都有助于解释上述现象,除了:

A. 中美两国医学界对何为精神忧郁症的解释不同

B. 考虑到实际收入,和中国相比,美国的医疗费用并不过于昂贵

C. 和中国相比,美国有较好的医疗条件

D. 和中国人相比,美国人有较高的自我保健意识

E. 和中国相比,美国的生活环境较不利于人的精神健康

【解题分析】

题干断定:一方面,美国每年接受治疗的精神忧郁症病人人数是中国的接近 10 倍;

另一方面，中国的人口则接近美国的10倍。

B项断定的“考虑到实际收入，和中国相比，美国的医疗费用并不过于昂贵”，也就意味着，美国的医疗费用负担比中国略贵些，几乎和中国差不多，这无法解释为什么美国每年接受治疗的精神忧郁症病人的数量是中国的接近10倍。（如果B项改为“考虑到实际收入，和中国相比，美国的医疗费用要便宜得多”，则自然能解释题干）

其余各项显然有助于解释题干。

A项，中美两国医学界对何为精神忧郁症的解释不同。可能美国对忧郁症的解释更为宽泛，所以，这类病人多。A项能解释题干。C项，和中国相比，美国有较好的医疗条件。这会导致美国治疗更多的忧郁症病人。D项，和中国人相比，美国人有较高的自我保健意识。这会导致更多的美国人去诊断和治疗忧郁症，会导致病人多。E项，和中国相比，美国的生活环境较不利于人的精神健康。这显然会导致美国的忧郁症病人多。

因此，本题正确答案是B。

案例14－30：

西双版纳植物园种有两种樱草，一种自花授粉，另一种非自花授粉，即须依靠昆虫授粉。近几年来，授粉昆虫的数量显著减少。另外，一株非自花授粉的樱草所结的种子比自花授粉的要少。显然，非自花授粉樱草的繁殖条件比自花授粉的要差。但是游人在植物园多见的是非自花授粉樱草而不是白花授粉樱草。

以上哪项判定最无助于解释上述现象？

A. 和自花授粉樱草相比，非白花授粉的种子发芽率较高

B. 非自花授粉樱草是本地植物，而自花授粉樱草是几年前从国外引进的

C. 前几年，上述植物园非自花授粉樱草和自花授粉樱草的数量比大约是5:1

D. 当两种樱草杂生时，土壤中的养分更易被非自花授粉樱草吸收，这又往往导致自花授粉樱草的枯萎

E. 在上述植物园中，为保护授粉昆虫免受游客伤害，非自花授粉樱草多植于园林深处

【解题分析】

题干揭示：一方面，非自花授粉樱草的繁殖条件比自花授粉的樱草要差（授粉昆虫的数量显著减少，其所结的种子比自花授粉的要少），另一方面，非自花授粉樱草比自花授粉樱草更多见。

如果E项断定为真，则由于非自花授粉樱草多植于园林深处，较不易被游人看见，因此，无助于解释为什么游人在植物园多见的是非自花授粉樱草而不是自花授粉樱草。

其余各项都从不同角度有助于对此作出解释。A项和D项断定非自花授粉樱草比自花授粉樱草有更强的生命力。B项有助于说明，非自花授粉樱草由于是本地植物而更多见，而自花授粉樱草由于是几年前从国外引进的而少见。C项能起到解释作用，如果事实上“前几年，上述植物园非自花授粉樱草和自花授粉樱草的数量比大约是5:1”，那么即使非自花授粉樱草的繁殖条件比自花授粉樱草的要差，过了几年，非自花授粉樱草还是有可能比自花授粉樱草要多见。

正确答案为E。

案例 14－31：

市餐饮经营点的数量自 1996 年的约 20000 个，逐年下降至 2001 年的约 5000 个。但是这五年来，该市餐饮业的经营资本在整个服务行业中所占的比例并没有减少。

以下各项中，哪项最无助于说明上述现象？

A. S 市 2001 年餐饮业的经营资本总额比 1996 年高

B. S 市 2001 年餐饮业经营点的平均资本额比 1996 年有显著增长

C. 作为激烈竞争的结果，近五年来，S 市的餐馆有的被迫停业，有的则努力扩大经营规模

D. 1996 年以来，S 市服务行业的经营资本总额逐年下降

E. 1996 年以来，S 市服务行业的经营资本占全市产业经营总资本的比例逐年下降

【解题分析】

根据题干知，为什么五年来 S 市餐饮业经营点的数量明显下降，但该市餐饮业的经营资本在整个服务行业中所占的比例并没有减少。以下两类数据有助于解释这一现象：

第一，S 市餐饮业尽管经营点的数量下降，但经营资本总额没有减少；

第二，S 市整个服务行业的经营资本总额下降。

考察选项，A、B、C 和 D 项分别从以上两个方面断定了有助于解释题干的数据或信息；E 项无助于说明题干，因为 S 市服务行业的经营资本占全市产业经营总资本的比例下降，并不意味着 S 市服务行业经营资本总额的下降。

因此，本题正确答案是 E。

案例 14－32：

城市污染是工业化社会的一个突出问题。城市居民因污染而患病的比例一般高于农村。但奇怪的是，城市中心的树木反而比农村的树木长得更茂盛，更高大。

以下各项如果为真，哪项最无助于解释上述现象？

A. 城里人对树木的保护意识比农村人强

B. 由于热岛效应，城市中心的年平均气温明显比农村高

C. 城市多高楼，树木因其趋光性而长得更高大

D. 城市栽种的主要树木品种与农村不同

E. 农村空气中的氧气含量高于城市

【解题分析】

根据题干，考察选项。A、B、C、D 实际上都讲到了城市中心的树木比农村的树木长得好的原因，而只有 E 是个无关项，最无助于解释上述现象。

故，本题正确答案是 E。

案例 14－33：

新华大学在北戴河设有疗养院，每年夏季接待该校的教职工。去年夏季该疗养院的入住率，即客房部床位的使用率为 87%，来此疗养的教职工占全校教职工的比例为 10%。今年夏来此疗养的教职工占全校教职工的比例下降至 8%，但入住率却上升至 92%。

以下各项如果为真，都有助于解释上述看来矛盾的数据，除了：

A. 今年该校新成立了理学院，教职工总数比去年有较大增长

B. 今年该疗养院打破了历年的惯例，第一次有限制地对外开放

C. 今年该疗养院的客房总数不变，但单人间的比例由原来的5%提高至10%，双人间由原来的40%提高到60%

D. 该疗养院去年大部分客房今年改为足疗保健室或棋牌娱乐室

E. 经过去年冬季的改建，该疗养院的各项设施的质量明显提高，大大增加了对疗养者的吸引力

【解题分析】

需要解释的是：为什么参加疗养的教职工占全校教职工的比例下降了，但疗养院的入住率反而上升了。A、B、C、D都有助于解释上述现象。例如，A项能说明，虽然参加疗养的教职工占全校教职工的比例下降，但因为教职工总数有较大增长，因此，参加疗养的教职工的绝对人数有增长，从而导致疗养院的入住率上升。E项无助于解释上述现象。

故，本题正确答案为E。

案例14－34：

为了更好地理解人类个性的特征及其发展，一些心理学家对动物的个性进行了研究。

以下各项如果为真，都能对上述行为提供解释，除了：

A. 人类和动物的行为都产生于类似的本能，但动物的本能较为明显

B. 对人的某些实验受到法律的限制，但对动物的实验一般不受限制

C. 和对动物的实验相比，对人的实验的费用较为昂贵

D. 在数年中可完成对某些动物个体从幼年至老年个性发展的全程观察

E. 对人的个性的科学理解，能为恰当理解动物的个性提供模式

【解题分析】

题干需要解释的是：为什么选择研究动物个性的方式会有助于研究人类的个性。

E项如果为真，只能说明研究人的个性，有助于研究动物的个性，无助于解释题干。

其余各项都有助于解释题干。

正确答案为E。

案例14－35：

夜晚点燃艾叶驱蚊曾是龙泉山区引起家庭火灾的重要原因。近年来，尽管使用艾叶驱蚊的人家显著减少。但是，家庭火灾所导致的死亡人数并没有呈现减少的趋势。

以下各项如果为真，能够解释上述情况，除了：

A. 与其他引起龙泉山区家庭火灾的原因比较，夜晚点燃艾叶引起的火灾所导致的损害相对较小

B. 夜晚点燃艾叶所导致的火灾一般在家庭成员睡熟后发生

C. 龙泉人对夜晚点燃艾叶导致火灾的防范意识增加了，但对其他火灾隐患的防范并没有加强

D. 随着生活水平的提高，近年来居室内木质家具和家用电器增多，一旦发生火灾，火势比过去更为猛烈

E. 现在龙泉山区家庭住宅一般都是相邻而建，因此，一户失火随即蔓延，死亡人数因而比过去增多

【解题分析】

根据题干，考察选项，A项有助于这样解释题干：近年来家庭火灾主要不是由夜晚点燃艾叶引起的。与其他引起龙泉山区家庭火灾的原因比较，夜晚点燃艾叶引起的火灾所导致的损害相对较小。这样，尽管近年来使用艾叶驱蚊的人家显著减少，但是，家庭火灾所导致的死亡人数并没有呈现减少的趋势。C、D、E项均用另有他因的方式解释了题干。

B项不能解释题干，反而加剧了题干矛盾。因此，本题正确答案是B。

案例14-36：

在H国2000年的人口普查中，婚姻状况分为四种：未婚，已婚，离婚和丧偶。其中，已婚分为正常婚姻和分居；分居分为合法分居和非法分居；非法分居指分居者与无婚姻关系的异性非法同居。普查显示，分居者中，女性比男性多100万。

以下哪项如果为真，有助于解释上述普查结果？

Ⅰ. 分居者中的男性非法同居者多于女性非法同居者。

Ⅱ. 未在上述普查中登记的分居男性多于分居女性。

Ⅲ. 离开H国移居他国的分居男性多于分居女性。

A. 只有Ⅰ　B. 只有Ⅱ　C. 只有Ⅲ　D. 只有Ⅱ和Ⅲ　E. Ⅰ、Ⅱ和Ⅲ

【解题分析】

解释复选是解释型题的多选题，这类题的选项可从多个角度对题干论证进行解释，是各类解释方向的综合运用，需要对每个选项都有正确的把握。

在一夫一妻制的通常情况下，分居者中两性的数量应当是相等的。题干中的普查显示，分居者中，女性比男性多100万，这一定是由某些非正常情况产生的。Ⅱ和Ⅲ就断定了这样的非正常情况，如果情况属实，显然有助于解释上述普查结果。Ⅰ显然无助于解释题干。因此，正确答案是D。

案例14-37：

按照餐饮业卫生管理条例，对宴席，特别是规模宴席（例如婚宴）的卫生检查程序要比普通散座餐饮更为严格。S市的绝大多数餐馆事实上都执行了上述规定，但是，近年来在S市对餐饮业的食物中毒投诉大多数是针对宴席的。

以下哪项如果为真，有助于解释上述矛盾？

Ⅰ. S市餐饮业的主要利润来自宴席，特别是规模宴席。

Ⅱ. 人们一般不会把吃一顿饭与之后出现的疾病联系起来，除非一群相关的人都出现了同样的疾病。

Ⅲ. S市的卫生执法足够严格。

A. 只有Ⅰ　B. 只有Ⅱ　C. 只有Ⅲ　D. 只有Ⅰ和Ⅱ　E. Ⅰ、Ⅱ和Ⅲ

【解题分析】

根据题干，考察选项：

Ⅰ有利于解释题干，餐饮业的主要利润来自宴席，那么，按正常情况，经营宴席的餐桌应该比经营散座的餐桌多，即使宴席比散座管理更严格，宴席受到的投诉仍可能比散座多。

Ⅱ 如果为真，说明对于食物中毒的投诉更可能与宴席联系，这有助于解释题干。

Ⅲ 显然无助于解释题干。

因此，本题正确答案是D。

第十五章 | CHAPTER 15

推出结论

推出结论的特点

推出结论的一般表现形式

推出结论的求解方法

案例与解题技巧

第十五章 推出结论

一、推出结论的特点

所谓推出结论,就是指在题干段落中给出几个前提或条件,要求从题干仅有的前提或条件中推出结论,从而定位给定选项。前面第二至第八章的案例大都是推出结论型的案例,这些案例的一个共同点是在案例解析过程中所用知识主要是形式逻辑的推理规则,如三段论、复合判断等。然而,还有一些推出结论型案例,在解析过程中不涉及具体的形式逻辑规则,所需要的主要是阅读理解能力和必要的论证结构知识。不论是硕士研究生入学考试还是国家公务员录用考试,这种类型的逻辑题题量都比较大。本章主要是研究这后一种类型的推出结论型案例。推出结论型案例与加强、削弱、假设、评价型案例的最大差别是:加强、削弱、假设、评价型案例所提供的段落是有待评价的,这些段落通常是错误的而且要求识别这些错误,并且从所列选项中选择一个选项放到段落中对题干推理起到一定作用。而推出结论型案例的题干推理是肯定成立的推理,即使这种推理不合常理,我们也要假定它是正确的,是不能质疑的。我们的任务是怎么样找到从题干中推出的结论。

二、推出结论的一般表现形式

推出结论型题的提问方式一般是:

从上文可以推出以下哪项结论?

如果上述断定为真,则以下哪项一定为真?

如果上述断定是真的,那么除了以下哪项,其余的断定也必定是真的?

下述哪项最能概括上文的主要观点?

三、推出结论的求解方法

(一)解题思路

1. 全面把握题干信息。理解题干提供的:条件,绝对化语言,数字、比例、总量,对比及变化点等。从而把握题干信息的转化。

2. 准确概括题干信息。根据题干的上下文含义做出归纳、推理,从而得出最合理的推论。

3. 正确选择结论。结论要就事论事与题干陈述直接相关,即从题干陈述中直接推出,决不能用题干之外的信息进一步推理。题目给定选项有的类似于由题干信息直接转化来的，有的类似于由题干概括出的论点。一般地按以下原则处理：

(1)如果二者同时存在，则信息转化类选项优先选定。

(2)如果题问是"以下哪项最能概括上文观点？"、"上文最强调以下哪一项？"、"以下哪项是上文最主要的含义？"时，则优先选择类似于题干推出的论点做结论。

(3)如果题目问的是"以下哪项是文中之意？"或"以下哪项符合题干中的描述？"时，则选择类似于题干信息转化的选项。

(4)如果题问是"从上文可以推出什么结论"或"以上论述最支持以下哪一项"时，则论点和信息转化类选项都可以。

4. 结论的特征。从题干中推出的结论，具有以下特征：一是与题干段落重合度高，专有名词、重要关键词出现。二是一般不能有新概念，有条件连词的选项的可能性大于其他选项的可能性。三是答案取非后与题干段落矛盾。四是原命题的逆否命题或等价命题。

(二)求解的具体方法

1. 代入法。代入法是指当错误选项不容易排除，而正确选项又难以选择时，就应该分别将各个选项代入题干，得出答案的方法。也就是说，先假设某一个备选项是成立的，然后代入题干，看是否导致矛盾，如果出现了矛盾就说明假设选项成立不对，该选项是不成立的。

2. 列表法。如果题干所涉及或所列出的事物情况至少包括两类元素，而这两类元素之间又存在某种对应关系，这时我们就可以采用列表法迅速寻找到答案。做此类题时，如果不列表而是单凭想象，往往容易混乱，难于理清头绪。

3. 计算法。有些逻辑题，需要读者首先进行必要的数字计算，尤其是当题干或备选项中出现了数据或者与数据有关的文字的时候，做这些题时，一定不要怕麻烦，如果动手计算计算，答案自然就出来了。

4. 抽象法。从已知条件引出结论，注意把握以下原则：(1)整体性原则。即题干所给出的条件，整个来说是要说什么，题干的宗旨和主题思想是什么。由于结论也就是借着题干最后一句话来进行概括。所以，结论一般不能离开题干最后一句话所表达的意思。(2)协调性原则。结论和题干的前提条件之间必须是协调的。绝对不能和题干所给出的条件相冲突，和题干矛盾，冲突的选项不可能是结论。(3)从弱原则。结论一般地说不能做的太绝对、太过分。不能违背前提所表达的思想。

此外，还有排序法、组队法等。下面结合具体案例讲述如下。

四、案例与解题技巧

案例 15－1：

在试飞新设计的超轻型飞机时，经验丰富的老飞行员似乎比新手碰到了更多的麻烦。有经验的飞行员已经习惯了驾驶重型飞机，当他们驾驶超轻型飞机时，总是会忘记驾驶要则的提示而忽视风速的影响。

以下哪项作为题干蕴含的结论最为恰当？

A. 重型飞机比超轻型飞机在风中更易于驾驶

B. 超轻型飞机的安全性不如重型飞机

C. 风速对重型飞机的飞行不会产生影响

D. 飞行员新手在驾驶重型飞机时不会忽视风速的影响

E. 新飞行员比老飞行员对超轻型飞机更熟悉

【解题分析】

(1)根据题问,分析题干。这是一个概括出论点的推论型案例,运用抽象法求解。由题干断定:有经验的飞行员习惯驾驶重型飞机,当他们驾驶超轻型飞机时,总是会忽视风速的影响。可见,风速对重型飞机的影响小于对轻型飞机的影响。因此得出题干论点:在风中的重型飞机要比轻型飞机更易于驾驶。

(2)考察题目给定选项。A 项符合题干结论;B 项超出题干范围;C 项太绝对,不能从题干中得出;D 项与题干不符,题干讨论的是驾驶轻型飞机的问题;E 项不是题干讨论的范围,因为题干没有讨论对飞机熟悉程度的比较。

因此,本题正确答案是 A。

案例 15-2:

某记者在报道中指出:速冻食品业方兴未艾。食品专家预测,未来 10 年内,世界速冻食品消费量将占全部食品消费量的 60%。进入 90 年代以来,我国的肉类、水产品、蔬菜类年产量达 1.4 亿吨,如果其中 60% 加工成速冻食品,其市场规模无疑是十分巨大的。而 1995 年全国速冻食品仅为 220 万吨,离理想规模相去甚远。

根据以上资料,可以推理出的最有可能的结论是:

A. 该记者爱吃速冻食品

B. 速冻食品大发展的良机已经过去

C. 我国速冻食品消费量还不到全部食品消费量的 5%

D. 我国速冻食品消费量已占全部食品消费量的 60%

E. 双职工家庭经常购买速冻食品

【解题分析】

(1)弄清题问并分析题干。运用计算法求解。这是一个信息转化类案例,要求推出现有速冻食品的规模。一般地说,对于含有数据的信息类案例,题干中有数据,结论中一般包含数据。现有规模可以根据题干计算如下:

220 万吨/1.4 ×10000 万吨 = 1.57%。可见,离 5% 还有很大距离。

(2)考察选项,确定答案。案例给定选项中有两个含有数据的选项,但根据计算得出的信息,选项 C 是可以从数字得到的信息。故,本题正确答案是 C。

案例 15-3:

和 10 年前相比,苏格兰人的年人均食物摄入量增加了大约 80 公斤。这部分地因为和 10 年前相比,15 ~64 岁之间年龄段的人口所占的比例有了显著的提高。

从以上叙述能得出以下哪项结论?

A. 目前苏格兰人口的半数以上处于 15 ~64 岁的年龄段

B. 10 年来苏格兰人口有了很大增长

C. 15 岁以下儿童的平均食物摄入量要多于 65 岁以上的老人

D. 10 年前苏格兰 15 岁以下儿童的数量要多于 64 岁以上的老人

E. 15 ~64 岁的年龄段的人平均摄入的食物量要多于儿童或老人

【解题分析】

(1)弄清问题并分析题干，运用抽象法求解。由题干知，“15 ~64 岁之间年龄段的人口所占的比例有了显著提高”部分地促成了“苏格兰人的年人均食物摄入量增加了大约80 公斤”。这能得出什么结论呢，显然是 15 ~64 岁的年龄段的人口的食物摄人量比人均要大。因此，E 项正确。

(2)考察选项，确定答案。本题的正确答案是 E。

案例 15 -4：

有一个盒子里有 100 只分别涂有红、黄、绿三种颜色的球。

张三说：“盒子里至少有一种颜色的球少于 33 只。”

李四说：“盒子里至少有一种颜色的球不少于 34 只。”

王五说：“盒子里任意两种颜色的球的总数不会超过 99 只。”

以下哪项论断是正确的?

A. 张三和李四的说法正确，王五的说法不正确

B. 李四和王五的说法正确，张三的说法不正确

C. 王五和张三的说法正确，李四的说法不正确

D. 张三、李四和王五的说法都不正确

E. 张三、李四和王五的说法都正确

【解题分析】

(1)弄清问题并分析题干，运用计算法求解。题干断定：盒子里有 100 只分别涂有红、黄、绿三种颜色的球。这表明，盒子里三种颜色的球一定都有，并且会有这样一种情况，三种颜色的球分别为 33，33，34。

可见张三的说法不正确，可以让三种颜色的球分别为 33，33，34。李四的说法正确，若三种颜色的球各自都少于 34 只，总数最多为 33 ×3 =99，而不是 100。王五的说法正确，因为盒子里有三种颜色的球，每种至少有 1 个，其他两种颜色的球至多为 99，不会超过 99 只。

(2)考察选项，确定答案。本题的正确答案是 B。

案例 15 -5：

以下诸项结论都是根据 1998 年度西单繁星商厦各个职能部收到的雇员报销单据综合得出的。在此项综合统计做出后，有的职能部又收到了雇员补交上来的报销单据。

以下哪项结论不可能被补交报销单据这一新的事实所推翻?

A. 超级市场部仅有 14 个雇员交了报销单据，报销了至少 8700 元

B. 公关部最多只有 3 个雇员交了报销单据，总额不多于 2600 元

C. 后勤部至少有 8 个雇员交了报销单据，报销总额为 5234 元

D. 会计部至少有 4 个雇员交了报销单据，报销了至少 2500 元

E. 总经理事务部至少有 7 个雇员交了报销单据，报销额不比后勤部多

【解题分析】

(1)弄清问题并分析题干。由题干知，不可能被补交报销单据这一新的事实所推翻的选项必定是没有上限的选项。

D 项断定会计部至少有 4 个雇员交了报销单据,报销了至少 2500 元,不管会计部有多少雇员补交了报销单据,不管补交的报销金额是多少,D 项的这个断定总是成立的。

其余各项的内容都可能被补交单据的新的事实所推翻。

(2)考察选项,确定答案。本题的正确答案是 D。

案例 15－6:

最近南方某保健医院进行为期 10 周的减肥试验,参加者平均减肥 9 公斤。男性参加者平均减肥 13 公斤,女性参加者平均减肥 7 公斤。医生将男女减肥差异归结为男性参加者减肥前体重比女性参加者重。

从上文可推出以下哪个结论?

A. 女性参加者减肥前体重都比男性参加者轻　　B. 所有参加者体重均下降

C. 女性参加者比男性参加者多　　D. 男性参加者比女性参加者多

E. 男性参加者减肥后体重都比女性参加者轻

【解题分析】

(1)弄清问题并分析题干。运用计算法,由题设列方程求解。

根据题干,设男性减肥人数为 a,女性减肥人数为 b,则由题意:

$13a+7b=9(a+b)$,从中推出 $2a=b$,即女性参加者是男性的 2 倍。

(2)考察选项,确定答案。本题的正确答案是 C。

案例 15－7:

根据韩国当地媒体 10 月 9 日的报道:用于市场主流的 PC100 规格的 64MBDRAM 的 8Mx8 内存元件,10 月 8 日在美国现货市场的交易价格已跌至 15.99～17.30 美元之间,但前一个交易日的交易价格为 16.99～18.38 美元之间,一天内跌幅近 1 美元;而与我国台湾地区地震发生后曾经达到的最高价格 21.46 美元相比,已经下跌约 4 美元。

以下哪项与题干内容有矛盾?

A. 台湾地区是生产这类元件的重要地区

B. 美国是该元件的重要交易市场

C. 若两人购买的数量相同,10 月 8 日的购买者一定比 10 月 7 日的购买者省钱

D. 韩国很可能是该元件的重要输出国或输入国,所以特关心该元件的国际市场价格

E. 该元件是计算机中的重要器件,供应商对市场的行情是很敏感的

【解题分析】

(1)弄清问题并分析题干。根据题干情况可知,选项 C 断定的情况与题干有矛盾,因为由题干,完全可能存在两个购买者,他们购买的数量相同,10 月 8 日的购买者以 17.30 美元的价格成交,10 月 7 日的购买者以 16.99 美元的价格成交,因此不可能出现 10 月 8 日的购买者一定比 10 月 7 日的购买者省钱。

其余各项均不与题干矛盾。

(2)考察选项,确定答案。本题的正确答案是 C。

案例 15－8:

在国庆 50 周年仪仗队的训练营地,某连队一百多个战士在练习不同队形的转换。如果他们排成五列人数相等的横队,只剩下连长在队伍前面喊口令;如果他们排成七列

这样的横队，只有连长仍然可以在前面领队；如果他们排成八列，就可以有两人作为领队了。在全营排练时，营长要求他们排成三列横队。

以下哪项是最可能出现的情况？

A. 该连队官兵正好排成三列横队

B. 除了连长外，正好排成三列横队

C. 排成了整齐的三列横队，另有两人作为全营的领队

D. 排成了整齐的三列横队，其中有一人是其他连队的

E. 排成了三列横队，连长在队外喊口令，但营长临时排在队中

【解题分析】

(1)弄清问题并分析题干，运用计算法求解。根据题干，设连队的人数是X。显然 $100 < X < 200$。题干给出了下列条件：

条件一：X除以5，余数是1；

条件二：X除以7，余数是1；

条件三：X除以8，余数是2。

5和7的公倍数，满足大于100且小于200的，有105、140和175。因此，同时满足条件一和条件二的X的取值，可以是106、141或176。在这三个数字中，可以满足条件三的只有X取值106。因此，同时满足三个条件的X的唯一取值是106。

这样，A项不能成立，因为106不能被3整除；B项能成立，因为106除以3，余数是1；C项不成立，因为106除以3，余数不是2；D项不成立，因为(106+1)不能被3整除；E项不成立，因为(106−1+1)不能被3整除。

(2)考察选项，确定答案。本题的正确答案是B。

案例15−9：

作为市电视台的摄像师，最近国内电池市场的突然变化让我非常头疼。进口电池缺货，我只能用国产电池来代替作为摄像的主要电源。尽管每单位的国产电池要比进口电池便宜，但我估计如果持续用国产电池替代进口电池来提供同样的电源供应的话，我在能源上的支付将会提高。

说这番话的人在上面这段话中隐含了以下哪项假设？

A. 以每单位电池提供的电能来计算，国产电池要比进口电池提供得少

B. 每单位的进口电池要比国产电池价格贵

C. 生产国产电池要比生产进口电池成本低

D. 持续使用国产电池，摄像的质量将无法得到保障

E. 国产电池的价格会超过进口电池，厂家将大大盈利

【解题分析】

(1)弄清问题并分析题干。要使题干中摄像师的断定成立，A项是必须假设的。否则，如果以每单位电池提供的电能来计算，国产电池不比进口电池提供得少，而且由于每单位的国产电池要比进口电池便宜，那么，用国产电池替代进口电池后的费用肯定会降低，这和摄像师的估计矛盾。其余各项都不是题干所要假设的。

(2)考察选项，确定答案。本题的正确答案是A。

案例 15 - 10:

以下诸项结论都是东方理工学院学生处根据各个系收到的 1997～1998 学年年度奖助学金申请表综合得出的。在此项综合统计做出后,因为落实灾区政策,有的系又收到了一些学生补交上来的申请表。

以下哪项结论最不可能被补交奖助学金申请表的新事实所推翻?

A. 汽车系仅有 14 名学生交申请表,总申请金额至少有 5700 元

B. 物理系最多有 7 名学生交申请表,总申请金额为 2800 元

C. 数学系共有 8 名学生交申请表,总申请金额等于 3000 元

D. 化学系至少有 5 名学生交申请表,总申请金额多于 2000 元

E. 生物系至少有 7 名学生交申请表,总申请金额不会多于汽车系

【解题分析】

(1)弄清问题并分析题干。首先是有上限的断言最容易被补交申请表的情况所推翻,而有上限的断言是选项 B、E。其次是数量准确的断言容易被补交申请表的情况所推翻,即选项 A、C。选项 D 是下限断言,完全不受补交申请表的影响。

(2)考察选项,确定答案。本题的正确答案是 D。

案例 15 - 11:

1998 年度的统计显示,对中国人的健康威胁最大的三种慢性病,按其在总人口中的发病率排列,依次是乙型肝炎、关节炎和高血压。其中,关节炎和高血压的发病率随着年龄的增长而增加,而乙型肝炎在各个年龄段的发病率没有明显的不同。中国人口的平均年龄,在 1998 年至 2010 年之间,将呈明显上升态势而逐步进入老人社会。

依据题干提供的信息,推出以下哪项结论最为恰当?

A. 到 2010 年,发病率最高的将是关节炎

B. 到 2010 年,发病率最高的将仍是乙型肝炎

C. 在 1998 年至 2010 年之间,乙型肝炎患者的平均年龄将增大

D. 到 2010 年,乙型肝炎患者的数量将少于 1998 年

E. 到 2010 年,乙型肝炎的老年患者将多于非老年患者

【解题分析】

(1)弄清问题并分析题干,运用抽象法求解。由题干知,乙型肝炎在各个年龄段的发病率没有明显的不同;而且中国人口的平均年龄,在 1998 年至 2010 年之间,将呈明显上升态势。因此,一个显然恰当的推论是:在 1998 年至 2010 年之间,乙型肝炎患者的平均年龄将增大。这正是 C 项所断定的。其余各项均不能从题干中恰当地推出。

(2)考察选项,确定答案。本题的正确答案是 C。

案例 15 - 12:

某研究所对该所上年度研究成果的统计显示:在该所所有的研究人员中,没有两个人发表的论文的数量完全相同;没有人恰好发表了 10 篇论文;没有人发表的论文的数量等于或超过全所研究人员的数量。

如果上述统计是真实的,则以下哪项断定也一定是真实的?

Ⅰ. 该所研究人员中,有人上年度没有发表 1 篇论文。

Ⅱ. 该所研究人员的数量，不少于3人。

Ⅲ. 该所研究人员的数量，不多于10人。

A. 只有Ⅰ和Ⅱ　　B. 只有Ⅰ和Ⅲ　　C. 只有Ⅰ

D. Ⅰ、Ⅱ和Ⅲ　　E. Ⅰ、Ⅱ和Ⅲ都不一定是真实的

【解题分析】

(1)弄清问题并分析题干。题干的统计结论有三个：

结论一：没有两个人发表的论文的数量完全相同；

结论二：没有人恰好发表了10篇论文；

结论三：没有人发表的论文的数量等于或超过全所研究人员的数量。

设全所人员的数量为n，则由结论一和结论三可推出：全所人员发表论文的数量必定分别为0,1,2,…,n-1。因此，Ⅰ成立。

又由结论二可推出：该所研究人员的数量，不多于10人。否则，如果该所研究人员的数量多于10人，则有人发表的论文多于或等于10篇。则有人恰好发表了10篇论文，和结论二矛盾。因此，Ⅲ成立。

Ⅱ不成立。例如，如果研究人员的数量是2，其中一人未发表论文，另一人发表了一篇论文，题干的三个结论可同时满足。

(2)考察选项，确定答案。本题的正确答案是B。

案例15-13：

第一个事实：电视广告的效果越来越差。一项跟踪调查显示，在电视广告所推出的各种商品中，观众能够记住其品牌名称的商品的百分比逐年降低。

第二个事实：在一段连续插播的电视广告中，观众印象较深的是第一个和最后一个，而中间播出的广告留给观众的印象，一般地说要浅得多。

以下哪项，如果为真，最能使得第二个事实成为对第一个事实的一个合理解释？

A. 在从电视广告里见过的商品中，一般电视观众能记住其品牌名称的大约还不到一半

B. 近年来，被允许在电视节目中连续插播广告的平均时间逐渐缩短

C. 近年来，人们花在看电视上的平均时间逐渐缩短

D. 近年来，一段连续播出的电视广告所占用的平均时间逐渐增加

E. 近年来，一段连续播出的电视广告中所出现的广告的平均数量逐渐增加

【解题分析】

(1)弄清问题并分析题干。题干的事实二断定，在一段连续插播的电视广告中，观众印象较深的是第一个和最后一个，其余的则印象较浅。而E项断定，一个广告段中所包含的电视广告的平均数目增加了。由这两个条件可推知，近年来，在观众所看到的电视广告中，印象较深的所占的比例逐渐减少，这就从一个角度合理地解释了为什么在电视广告所推出的各种商品中，观众能够记住其品牌名称的商品的比重在下降。

其余各项都不能起到上述作用。其中，B和C项有利于说明，近年来人们看到的电视广告的数量逐渐减少，但不能说明，在人们所看过的电视广告中，为什么能记住的百分比逐年降低。D项断定，近年来，一段连续播出的电视广告所占用的平均时间逐渐增加，

由此不能推出,一段连续播出的电视广告中所出现的广告的平均数量逐渐增加,因为完全可能少数几个广告所占的时间增加了,而人们在所看过的广告中能记住的百分比并不会降低。

(2)考察选项,确定答案。本题的正确答案是E。

案例15-14:

在2000年,世界范围的造纸业所用的鲜纸浆(即直接从植物纤维制成的纸浆)是回收纸浆(从废纸制成的纸浆)的2倍。造纸业的分析人员指出,到2010年,世界造纸业所用的回收纸浆将不少于鲜纸浆,而鲜纸浆的使用量也将比2000年有持续上升。

若上面提供的信息均为真,且分析人员的预测也是正确的,则可得出以下哪个结论?

Ⅰ.在2010年,造纸业所用的回收纸浆至少是2000年的2倍。

Ⅱ.在2010年,造纸业所用的总的纸浆至少是2000年的2倍。

Ⅲ.造纸业在2010年造的只含鲜纸浆的纸将会比2000年少。

A.仅Ⅰ　B.仅Ⅱ　C仅Ⅲ　D.仅Ⅰ和Ⅱ　E.Ⅰ、Ⅱ和Ⅲ

【解题分析】

(1)弄清问题并分析题干。根据题干,令2000年鲜纸浆、回收纸浆使用量分别为X_1、H_1,2010年鲜纸浆、回收纸浆使用量分别为X_2、H_2。本题隐含三个数学式:

①$X_1=2H_1$(2000年:回收纸浆量×2=鲜纸浆量);

②$H_2\geqslant X_2$(2010年:回收纸浆量≥鲜纸浆量);

③$X_2>X_1$(2010年的鲜纸浆量>2000年的鲜纸浆量)。

Ⅰ可表示为:$H_2\geqslant 2H_1$。由于联立以上三式可得到$H_2\geqslant X_2>X_1=2H_1$,显然可以推出:在2010年,造纸业所用的回收纸浆至少是2000年的2倍。所以I成立。

Ⅱ可表示为:$X_2+H_2\geqslant 2(X_1+H_1)$。而此式未必成立。例如,假设2000年鲜纸浆的用量X_1是2个单位,回收纸浆H_1是1个单位;到2010年,鲜纸浆的用量X_2是2.1个单位,回收纸浆H_2是2.2个单位。这一假设符合题干的所有条件,但2010年的纸浆总用量少于2000年的2倍。

Ⅲ超出了题干范围,题干只告诉我们2010年的鲜纸浆量比2000年的鲜纸浆量多,当然得不出造纸业在2010年造的只含鲜纸浆的纸将会比2000年少。

(2)考察选项,确定答案。本题的正确答案是A。

案例15-15:

在H国2000年进行的人口普查中,婚姻状况分为四种:未婚、已婚、离婚和丧偶。其中,已婚分为正常婚姻和分居;分居分为合法分居和非法分居;非法分居指分居者与人非法同居;非法同居指无婚姻关系的异性之间的同居。普查显示,非法同居的分居者中,女性比男性多100万。

如果上述断定及相应的数据为真,并且上述非法同居者都为H国本国人,则以下哪项有关H国的断定必定为真?

Ⅰ.与分居者非法同居的未婚、离婚或丧偶者中,男性多于女性。

Ⅱ.与分居者非法同居的人中,男性多于女性。

Ⅲ.与分居者非法同居的分居者中,男性多于女性。

A. 仅Ⅰ　B. 仅Ⅱ　C. 仅Ⅲ　D. 仅Ⅰ和Ⅱ　E. Ⅰ、Ⅱ和Ⅲ

【解题分析】

(1)弄清问题并分析题干。由题干知:

①"非法同居指无婚姻关系的异性之间的同居",即是指两个同居的异性无婚姻关系。因此,与分居者非法同居的分居者中,男性与女性各占一半。因此,Ⅲ的断定为假。

②非法同居的分居者中,女性比男性多100万,说明与分居者非法同居的未婚、离婚和丧偶者中,男性多于女性。所以,Ⅰ的断定为真。

③与分居者非法同居的人,包括两部分:一部分是分居者,另一部分是未婚、离婚或丧偶者。由①知,与分居者非法同居的分居者中,男性和女性各占一半。由②知,与分居者非法同居的未婚、离婚或丧偶者中,男性多于女性。因此,与分居者非法同居的人中男性多于女性。因此,Ⅱ的断定真。

(2)考察选项,确定答案。因为断定Ⅰ和Ⅱ为真,Ⅲ为假。因此,本题正确答案是D。

案例15-16:

近十年来,海达冰箱厂通过不断引进先进设备和技术,使得劳动生产率大为提高,即在单位时间里,较少的工人生产了较多的产品。

以下哪项如果为真,一定能支持上述结论?

Ⅰ. 和1991年相比,2000年海达冰箱厂的年利润增加了一倍,工人增加了10%。

Ⅱ. 和1991年相比,2000年海达冰箱厂的年产量增加了一倍,工人增加了100人。

Ⅲ. 和1991年相比,2000年海达冰箱厂的年产量增加了一倍。工人增加了10%。

A. 只有Ⅰ　B. 只有Ⅱ　C. 只有Ⅲ　D. 只有Ⅰ和Ⅲ　E. Ⅰ、Ⅱ和Ⅲ

【解题分析】

(1)弄清问题并分析题干。题干断定:海达冰箱厂在单位时间里,较少的工人生产了较多的产品。

Ⅰ不一定能支持题干,因为利润的增加并不一定意味着产品数量的增加。

Ⅱ不一定能支持题干,因为无从确定近十年来该厂工人增加的比例。

Ⅲ如果为真,则说明近十年来,该厂产量上升的比例大于工人增加的比例,即在单位时间里,较少的工人生产了较多的产品,这就支持了题干的结论。

(2)考察选项,确定答案。本题的正确答案是C。

案例15-17:

某本科专业按如下原则选拔特别奖学金的候选人:

将本专业的同学按德育情况排列名次,均分为上、中、下三个等级(即三个等级的人数相等,下同),候选人在德育方面的表现必须为上等;

将本专业的同学按学习成绩排列名次,均分为优、良、中、差四个等级,候选人的学习成绩必须为优;

将本专业的同学按身体状况排列名次,均分为好与差两个等级,候选人的身体状况必须为好。

假设该专业共有36名本科学生,则除了以下哪项外,其余都可能是这次选拔的结果?

A. 恰好有4个学生被选为候选人　　B. 只有2个学生被选为候选人

C. 没有学生被选为候选人　　　　　　D. 候选人数多于本专业学生的1/4

E. 候选人数少于本专业学生的1/3

【解题分析】

(1)弄清问题并分析题干。根据题干,选项D不可能是上述选拔的结果,因为由题干,选拔特别奖学金的候选人的标准之一是:将本专业的同学按学习成绩排列名次,均分为优、良、中、差四个等级,候选人的学习成绩必须为优。由于每个等级的人数相等,这说明,候选人数不能多于本专业学生的1/4。其余各项都可能是选拔的结果。

(2)考察选项,确定答案。本题的正确答案是D。

案例15-18:

为了增加收入,新桥机场决定调整在计时停车场的收费标准。对每一辆在此停靠的车辆,新标准规定:在第一个4小时或不到4小时期间收取4元,尔后每小时收取1元;而旧标准为:第一个2小时或不到2小时期间收取2元,尔后每小时收取1元。

以下哪项如果为真,最能说明上述调整有利于增加收入?

A. 把车停在机场停车场做短途旅游的人较前有很大的增长

B. 机场停车场经过扩充,容量较前大有增加

C. 机场停车场自投入使用以来,每年的收入都低于运营成本

D. 大多数车辆在机场的停靠时间不超过2小时

E. 把车停在机场停车场做短途旅游的人,通常把车停在按天计费而非按时计费的停车场内

【解题分析】

(1)弄清问题并分析题干。根据题干有,如果D项为真,则大多数在机场停靠的车辆,按旧标准每次只需交2元停车费,按新标准则需交4元停车费。这就有力地说明上述调整有利于增加收入。其余都是明显无关选项,可直接排除。

(2)考察选项,确定答案。本题的正确答案是D。

案例15-19:

有人养了一些兔子。别人问他有多少只雌兔,多少只雄兔,他答:在他所养的兔子中,每一只雄兔的雌性同伴比它的雄性同伴少一只;而每一只雌兔的雄性同伴比它的雌性同伴的两倍少两只。

根据上述回答,可以判断他养了多少只雌兔,多少只雄兔?

A. 8只雄兔,6只雌兔　　　　B. 10只雄兔,8只雌兔

C. 12只雄兔,10只雌兔　　　D. 14只雄兔,8只雌兔

E. 14只雄兔,12只雌兔

【解题分析】

(1)弄清问题并分析题干。根据题干,设雄兔的数量为x,雌兔的数量为y,则由条件,每一只雄兔的雌性同伴比它的雄性同伴少一只,即:$(x-1)-y=1$　　①

每一只雌兔的雄性同伴比它的雌性同伴的两倍少两只,即:$2(y-1)-x=2$　　②

由①式和②式，解得：$x=8$，$y=6$。

(2) 考察选项，确定答案。本题的正确答案是 A。

案例 15－20：

如果比较全日制学生的数量，东江大学的学生数是西海大学的 70%，如果比较学生总数量(全日制学生加上成人教育学生)，则东江大学的学生数是西海大学的 120%。

由上文最能推出以下哪项结论？

A. 东江大学比西海大学更注重质量

B. 东江大学成人教育学生数量所占总学生数的比例比西海大学的高

C. 西海大学的成人教育学生比全日制学生多

D. 东江大学的成人教育学生比全日制学生少

E. 东江大学全日制学生比成人教育学生多

【解题分析】

(1)弄清问题并分析题干。根据题干，设东江大学全日制学生数为 $X_{全}$，东江大学成人教育学生数为 $X_{成}$，西海大学全日制学生数为 $Y_{全}$，西海大学成人教育学生数为 $Y_{成}$。

由题干可得：$X_{全}/Y_{全}=70\%$

$$(X_{全}+X_{成})/(Y_{全}+Y_{成})=120\%$$

从上两式可推出：$X_{成}/(X_{全}+X_{成})>Y_{成}/(Y_{全}+Y_{成})$

即 B 项成立。

(2)考察选项，确定答案。本题的正确答案是 B。

案例 15－21：

我国博士研究生中女生的比例近年来有显著的增长。说明这一结论的一组数据是：2000 年，报考博士生的女性考生的录取比例是 30%；而 2004 年，这一比例上升为 45%。另外，这两年报考博士生的考生中男女的比例基本不变。

为了评价上述论证，对 2000 年和 2004 年的以下哪项数据进行比较最为重要？

A. 报考博士生的男性考生的录取比例

B. 报考博士生的考生的总数

C. 报考博士生的女性考生的总数

D. 报考博士生的男性考生的总数

E. 报考博士生的考生中理工科的比例

【解题分析】

(1)弄清问题并分析题干。为评价题干论证，对 2000 年和 2004 年报考博士生的男性考生的录取比例进行比较最为重要。如果这一比例持平或下降，则支持题干论证；如果这一比例同样明显上升，则削弱题干论证。可以数学方式思考，列表分析如下：

	2000 年		2004 年	
	男	女	男	女
录取人数	P_1	$30\%S_1$	P_2	$45\%S_2$
报考人数	R_1	S_1	R_2	S_2

$R_1/S_1 = R_2/S_2$，即 $S_1/S_2 = R_1/R_2$

需要评价的是 $45\%S_2/(P_2+45\%S_2) > 30\%S_1/(P_1+30\%S_1)$

即需要评价 $1.5P_1/P_2 > S_1/S_2 = R_1/R_2$

那么，如果我们知道2000年和2004年报考博士生的男性考生的录取比例，即知道 P_1/R_1 和 P_2/R_2 的数据，就可对上式的正确与否进行评价。

(2)考察选项，确定答案。本题的正确答案是A。

案例15－22：

在丈夫或妻子至少有一个是中国人的夫妻中，中国女性比中国男性多2万。

如果上述断定为真，则以下哪项一定为真？

Ⅰ. 恰有2万中国女性嫁给了外国人。

Ⅱ. 在和中国人结婚的外国人中，男性多于女性。

Ⅲ. 在和中国人结婚的人中，男性多于女性。

A. 只有Ⅰ　B. 只有Ⅱ　C. 只有Ⅲ　D. 只有Ⅱ和Ⅲ　E. Ⅰ、Ⅱ和Ⅲ

【解题分析】

(1)弄清问题并分析题干。根据题干，丈夫或妻子至少有一个是中国人的夫妻有三种情况，列表下图：

丈夫(男性)	中国人p	中国人q	外国人r
妻子(女性)	中国人p	外国人q	中国人r

题干可表示为 $(p+r)-(p+q)=2$，即 $r-q=2$。

Ⅰ可表示为 $r=2$，这从题干推不出来。

Ⅱ可表示为 $r>q$，这可以从题干必然推出。

Ⅲ可表示为 $p+r>p+q$，这可以从题干必然推出。

(2)考察选项，确定答案。本题的正确答案是D。

案例15－23：

某校以年级为单位，把学生的成绩分为优、良、中、差四等。在一学年中，各门考试分数前10%的为优，后30%的为差，其余的为良和中。在上一学年中，高二年级成绩为优的学生多于高一年级成绩为优的学生。

如果上述为真，则以下哪项一定为真？

A. 高二年级成绩为差的学生少于高一年级成绩为差的学生

B. 高二年级成绩为差的学生多于高一年级成绩为差的学生

C. 高二年级成绩为优的学生少于高一年级成绩为良的学生

D. 高二年级成绩为优的学生多于高一年级成绩为良的学生

E. 高二年级成绩为差的学生多于高一年级成绩为中的学生

【解题分析】

(1)弄清问题并分析题干。根据题干，设高一学生的总人数为x，高二学生的总人数为 y。则由 10%y > 10%x,可得 y > x。

因此,30%y > 30%x,即高二年级成绩为差的学生多于高一年级成绩为差的学生。

(2)考察选项,确定答案。本题的正确答案是 B。

案例 15-24:

A 地区与 B 地区相邻。如果基于耕种地和休耕地的总面积计算最近 12 年的平均亩产,A 地区是 B 地区的 120%;如果仅基于耕种地的面积,A 地区是 B 地区的 70%。

如果上述陈述为真,最可能推断出以下哪项?

A. A 地区生产的谷物比 B 地区多

B. A 地区休耕地比 B 地区耕种地少

C. A 地区少量休耕地是可利用的农田

D. 耕种地占总农田的比例,A 地区比 B 地区高

E. B 地区休耕地面积比 A 地区耕种地面积多

【解题分析】

(1)弄清问题并分析题干。题干断定:基于耕种地和休耕地的总面积计算的平均亩产,A 比 B 多;而仅基于耕种地的面积计算的平均亩产,A 比 B 少。从中显然可直观地看出来 A 比 B 的耕种地占总农田的比例高,即正确答案为 D。

下面用数学方法证明。设 A 地区的总产量为 a,耕种地面积为 $x_{耕}$,休耕地面积为 $x_{休}$,B 地区的总产量为 b,耕种地面积为 $y_{耕}$,休耕地面积为 $y_{休}$。

则有:$a/(x_{耕}+x_{休}) = 120\% b/(y_{耕}+y_{休})$

$a/x_{耕} = 70\% b/y_{耕}$

由以上两式可推得:$x_{耕}\ y_{休} = (5/7)x_{耕}\ y_{耕} + (12/7)x_{休}\ y_{耕}$

从而必然有:$x_{耕}\ y_{休} > x_{休}\ y_{耕}$

则可推出:$x_{耕}/(x_{耕}+x_{休}) > y_{耕}/(y_{耕}+y_{休})$

(2)考察选项,确定答案。本题的正确答案是 D。

案例 15-25:

某综合性大学只有理科与文科,理科学生多于文科学生,女生多于男生。

如果上述断定为真,则以下哪项关于该大学学生的断定也一定为真?

Ⅰ.文科的女生多于文科的男生。

Ⅱ.理科的男生多于文科的男生。

Ⅲ.理科的女生多于文科的男生。

A. 只有Ⅰ和Ⅱ　　B. 只有Ⅲ　　C. 只有Ⅱ和Ⅲ。

D. Ⅰ、Ⅱ和Ⅲ　　E. Ⅰ、Ⅱ和Ⅲ都不一定是真的

【解题分析】

(1)弄清问题并分析题干。

这是个数学思维题,根据题干,设理科男生数为 $X_{男}$,理科女生数为 $X_{女}$,文科男生数为 $Y_{男}$,文科女生数为 $Y_{女}$,

则:① $X_{男} + X_{女} > Y_{男} + Y_{女}$

② $X_{女} + X_{女} > Y_{男} + Y_{男}$

两式相加可得：$X_{女} > Y_{男}$

这意味着理科的女生多于文科的男生，即Ⅲ必然正确。

Ⅰ和Ⅱ都推不出，因此，正确答案为B。

(2)考察选项，确定答案。本题的正确答案是B。

案例15－26：

某地区过去三年日常生活必需品的平均价格增长了30%。在同一时期，购买日常生活必需品的开支占家庭平均月收入的比例并未发生变化。因此，过去三年中家庭平均收入一定也增长了30%。

以下哪项最可能是上述论证所假设的？

A. 在过去三年中，平均每个家庭购买的日常生活必需品数量和质量没有变化

B. 在过去三年中，除生活必需品外，其他商品的平均价格的增长低于30%

C. 在过去三年中，该地区家庭的数量增加了30%

D. 在过去三年中，家庭用于购买高档消费品的平均开支明显减少

E. 在过去三年中，家庭的平均生活水平下降了

【解题分析】

(1)弄清问题并分析题干。题干所隐含的数学关系为：

购买日常生活必需品的开支占家庭平均月收入的比例＝（日常生活必需品的平均价格×平均每个家庭购买的日常生活必需品数量）/家庭平均月收入

因此，要使题干论证成立，A项是必须假设的。否则，如果在过去三年中，平均每个家庭购买的日常生活必需品数量和质量发生了变化，那么，题干论证就不成立了。

(2)考察选项，确定答案。本题的正确答案是A。

案例15－27：

有甲、乙、丙三个学生，一个出生在B市，一个出生在S市，一个出生在W市。他们的专业，一个是金融，一是管理，一个是外语。已知：

乙不是学外语的。

乙不出生在W市。

丙不出生在B市。

学习金融的不出生在S市。

学习外语的出生在B市。

根据上述条件，可推出甲所学的专业是：

A. 金融　B. 管理　C. 外语　D. 金融或管理　E. 推不出来

【解题分析】

(1)弄清问题并分析题干。根据题干提供元素画出图表如下：

金融	管理	外语		B市	S市	W市
		√⑧	甲	√⑦		
	√⑤	×①	乙	×②	√④	×③
√⑨			丙			√⑥

由"乙不是学外语的"在表上标出×①，由"学习外语的出生在B市"标出×②；再由"乙不出生在W市"标出×③，从而推出"乙出生在S市"标出√④；又由"学习金融的不出生在S市"和"乙不是学外语的"可推出"乙是学管理的"标出√⑤；由"丙不出生在B市"推出"丙出生在W市"标出√⑥，进而推出"甲出生在B市"标出√⑦；又由"学习外语的出生在B市"推出"甲是学习外语的"标出√⑧；因此推出"学习金融的出生在W市"标出√⑨。

（2）考察选项，确定答案。据上图推知，甲所学专业是外语。故，本题正确答案是C。

案例15－28：

小杨、小方和小孙在一起，一位是经理，一位是教师，一位医生。小孙比医生年龄大，小杨和教师不同岁，教师比小方年龄小。

根据上述资料可以推理出的结论是：

A. 小杨是经理，小方是教师，小孙是医生

B. 小杨是教师，小方是经理，小孙是医生

C. 小杨是教师，小方是医生，小孙是经理

D. 小杨是医生，小方是经理，小孙是教师

E. 小杨是医生，小方是教师，小孙是经理

【解题分析】

（1）弄清问题并分析题干。根据题干元素画表如下：

	经理	教师	医生
杨		×①	
方		×②	
孙		√④	×③

由"小杨和教师不同岁，教师比小方年龄小，小孙比医生年龄大"推知，小杨和小方不是教师，小孙不是医生。分别标出×①、×②和×③。并据此推出：小孙是教师，标出√④。在五个选项中，只有D判断小孙是教师。

（2）考察选项，确定答案。本题的正确答案是D。

案例15－29：

妈妈要带两个女儿去参加一个晚会，女儿在选择搭配衣服。家中有蓝色短袖衫、粉色长袖衫、绿色短裙和白色长裙各一件。妈妈不喜欢女儿穿长袖衫配短裙。

以下哪种是妈妈不喜欢的方案？

A. 姐姐穿粉色衫，妹妹穿短裙

B. 姐姐穿蓝色衫，妹妹穿短裙

C. 姐姐穿长裙，妹妹穿短袖衫

D. 妹妹穿长袖衫和白色裙

E. 姐姐穿蓝色衫和绿色裙

【解题分析】

（1）弄清问题并分析题干。根据题干，家中的衣服列表如下：

	蓝色短袖衫	粉色长袖衫
绿色短裙	√② ？	×①
白色长裙	√③	√④

根据妈妈不喜欢女儿穿长袖衫配短裙，从而标出×①。剩下的搭配情况√②、√③和√④都是合理的。可见，最基本的要求是：蓝色短袖衫和绿色短裙不能分开穿，标出。选项B，

姐姐穿蓝色衫，妹妹穿短裙，意味着姐姐穿蓝色短袖衫、白色长裙，妹妹穿粉色长袖衫、绿色短裙，妹妹的穿着正是妈妈不喜欢的搭配。其他选项，都没有"长袖衫配短裙"的搭配。

(2)考察选项，确定答案。本题的正确答案是B。

案例15－30：

过儿童节，幼儿园阿姨给三个小孩分食品。现在月饼、桃酥、蛋糕各一块，苹果、香蕉、鸭梨各一个。小红不喜欢吃蛋糕和鸭梨，小华不喜欢吃桃酥和苹果、小林不喜欢吃蛋糕和苹果。阿姨想出了一个分配方案，使小朋友们分到了喜欢的点心和水果。

以下哪项不是阿姨想出的方案？

A. 小林分到月饼和香蕉，小红分到桃酥和苹果，小华分到蛋糕和鸭梨

B. 小林分到蛋糕和苹果，小红分到桃酥和香蕉，小华分到月饼和鸭梨

C. 小林分到桃酥和鸭梨，小红分到月饼和苹果，小华分到蛋糕和香蕉

D. 小林分到月饼和鸭梨，小红分到桃酥和苹果，小华分到蛋糕和香蕉

E. 小林分到桃酥和香蕉，小红分到月饼和苹果，小华分到蛋糕和鸭梨

【解题分析】

(1)弄清问题并分析题干。根据题干，依次在表中标出x①、x②，x③、x④，x⑤、x⑥。再由小红和小林都不喜欢吃蛋糕，那蛋糕一定得分给小华，在表中标出√⑦。所有选项中只有选项B没有把蛋糕分给小华，而是分给了小林，在该方案中，小林分到蛋糕和苹果，这是他不喜欢的。这不会是阿姨想出的方案。如下表所示。

	月饼	桃酥	蛋糕	苹果	香蕉	鸭梨
小红			×①			×②
小华		×③	√⑦	×④		
小林			×⑤	×⑥		

(2)考察选项，确定答案。本题的正确答案是B。

案例15－31：

某宿舍住着四个研究生，分别是四川人、安徽人、河北人和北京人。他们分别在中文、国政和法律三个系就学。其中：

Ⅰ. 北京籍研究生单独在国政系。

Ⅱ. 河北籍研究生不在中文系。

Ⅲ. 四川籍研究生和另外某个研究生同在一个系。

Ⅳ. 安徽籍研究生不和四川籍研究生同在一个系。

以上条件可以推出四川籍研究生所在的系为哪个系？

A. 中文系　　B. 国政系　　C. 法律系　　D. 中文系或法律系　　E. 无法确定

【解题分析】

(1)弄清问题并分析题干。由条件Ⅰ，在表中标出"√①"；由条件Ⅱ，在表中标出"×③"和"×②"，从而由条件Ⅰ、Ⅱ推知：河北籍研究生在法律系，在表中标出"√④"。

由条件Ⅰ、Ⅲ、Ⅳ推知：四川籍研究生和河北籍研究生同在一个系。因此，四川籍研究生在法律系。在表中标出"√⑤"安徽籍研究生不在法律系，×⑥也不在国政系，故在中文系√⑦。分析画表如右所示

	中文	国政	法律
四川研究生		×②	√⑤
安徽研究生	√⑦	×②	×⑥
河北研究生	×③	×②	√④
北京研究生	×②	√①	×②

(2)考察选项，确定答案。本题的正确答案是C。

案例15－32：

曙光机械厂、华业机械厂、祥瑞机械厂都在新宁市辖区。它们既是同一工业局下属的兄弟厂，在市场上也是竞争对手。在市场需求的五种机械产品中，曙光机械厂擅长生产产品1、产品2和产品4，华业机械厂擅长生产产品2、产品3和产品5，祥瑞机械厂擅长生产产品3和产品5。如果两个厂生产同样的产品，一方面是规模不经济，另一方面是会产生恶性内部竞争。如果一个厂生产三种产品，在人力和设备上也有问题。为了发挥好地区经济合作的优势，工业局召集三个厂的领导对各自的生产产品作了协调，作出了满意的决策。

以下哪项最可能是这几个厂的产品选择方案？

A. 曙光机械厂生产产品1和产品5，华业机械厂只生产产品2

B. 曙光机械厂生产产品1和产品2，华业机械厂生产产品3和产品5

C. 华业机械厂生产产品2和产品3，祥瑞机械厂只生产产品4

D. 华业机械厂生产产品2和产品5，祥瑞机械厂生产产品3和产品4

E. 祥瑞机械厂生产产品3和产品5，华业机械厂只生产产品2

【解题分析】

(1)弄清问题并分析题干。根据题干，曙光擅长生产产品1、2、4，华业擅长生产产品2、3、5，祥瑞擅长生产产品3、5。由于1、4只有曙光擅长生产，故应安排曙光生产；又因为一个厂生产三种产品有问题，故产品2曙光不应生产，则只能由华业生产。这样用排除法可排除选项A、B、C、D，只有E符合。

(2)考察选项，确定答案。本题的正确答案是E。

案例15－33：

方宁、王宜和余涌，一个是江西人，一个是安徽人，一个是上海人，余涌的年龄比上海人大，方宁和安徽人不同岁，安徽人比王宜年龄小。

根据上述断定，以下结论都不可能推出，除了：

A. 方宁是江西人，王宜是安徽人，余涌是上海人

B. 方宁是安徽人，王宜是江西人，余涌是上海人

C. 方宁是安徽人，王宜是上海人，余涌是江西人

D. 方宁是上海人，王宜是江西人，余涌是安徽人

E. 方宁是江西人，王宜是上海人，余涌是安徽人

【解题分析】

(1)弄清问题并分析题干。根据题干制作图表如下:

	江西人	安徽人	上海人
方宁		×②	
王宜		×③	
余勇		√④	×①

根据题干的“余涌的年龄比上海人大”,在表上画出×①;又据“方宁和安徽人不同岁”,在表上画出×②;再据“安徽人比王宜年龄小”,在表上标出×③,从而推出余勇是安徽人,标出√④。

同时写出年龄序次表达式:王>余(安徽人)>上海人,从而推知,王宜是江西人。上海人自然就是方宁了。因此,选D。

(2)考察选项,确定答案。本题的正确答案是D。

案例15-34:

甲、乙、丙、丁四人的国籍分别为英国、俄国、法国、日本。乙比甲高,丙最矮;英国人比俄国人高,法国人最高;日本人比丁高。

这四个人的国籍是:

A. 甲是英国人,乙是法国人,丙是俄国人,丁是日本人

B. 甲是法国人,乙是日本人,丙是俄国人,丁是英国人

C. 甲是日本人,乙是法国人,丙是英国人,丁是俄国人

D. 甲是俄国人,乙是法国人,丙是日本人,丁是英国人

E. 甲是日本人,乙是法国人,丙是俄国人,丁是英国人

【解题分析】

(1)弄清问题并分析题干。运用代入排除法,将五个选项逐个代入题干,选项A中的“丁是日本人”、B“甲是法国人”、C“丙是英国人”、D“丙是日本人”都有与题干矛盾的项,都不行。将E项代入,没有矛盾。因此,只有E正确。

(2)考察选项,确定答案。本题正确答案是E。

案例15-35:

以下四个小题基于题干:

某一伸缩自适应型控制系统能够根据组成系统组件的型号、数量和顺序的不同来执行相应的不同的控制功能。这个控制系统只能是由a、b、c、d、e这五个组件中的几个按从左到右的顺序组合而成,而且组件组合成控制系统必须符合以下规律:

(1)两个或两个以上的组件才能组成控制系统,组成系统的组件可以相同也可以不同;

(2)组件a不能出现在控制系统的最左边;

(3)如果系统中存在组件b,那么它出现次数就不止一次;

(4)在控制系统中c既不能是最后一个组件也不能是倒数第二个组件;

(5)只要组件a出现,组件d就一定出现;

(6)e如果是最后一个组件,则组件b一定出现。

[1]下列哪一个组件可以放在be中的e后,组成一个三组件的控制系统?

A. a　　B. b　　C. c　　D. d　　E. e

【解题分析】

如果把 a 放在其中,组成 bea,违反题干(3)的要求;如果把 c 放在其中,组成 bec,同样违反题干条件(3)的要求;如果把 d 放在其中,组成 bed,同样违反题干条件(3)的要求;如果把 e 放在其中,组成 bee,同样违反题干条件(3)的要求;如果把 b 放在其中,组成 beb,符合题干所有条件的要求。因此应该选 B。

[2]下列哪一个是可能的控制系统的组成情况?

A. a b b d　　B. b e c d　　C. c b b e　　D. d c a e　　E. e d a c

【解题分析】

根据题干条件知,选项 A. a b b d 违反了题干条件(2);选项 B. b e c d 违反了题干条件(4);选项 C. c b b e 符合题干所有条件的要求;选项 D. d c a e 违反了题干条件(6);选项 E. e d a c 违反了题干条件(4)。所以应该选 C。

[3]如果控制系统由三个相同的组件组成,那么可以执行多少种功能?

A. 1　　B. 2　　C. 3　　D. 4　　E. 5

【解题分析】

根据题干知,三个相同的组件只能有五种功能:aaa、bbb、ccc、ddd、eee。aaa 违反了题干条件(2)和(5),bbb 符合题干所有条件,ccc 违反了题干条件(4),ddd 符合题干所有条件,eee 违反题干条件(6)。可见只有两种功能,因此应该选 B。

[4]控制系统 c c b b e a d 可以通过下列变化变成执行另外功能的控制系统,除了:

A. 用 d 代替每个 b　　B. 用 e 代替第一个 c　　C. 用 e 代替 d

D. 把 e 移到 d 的左边　　E. 把第二个 b 移到 a 的左边

【解题分析】

根据题干如果用 d 代替每个 b,c c b b e a d 就成了 c c d d e a d,符合题干所有要求;如果用 e 代替第一个 c,c c b b e a d 就变成了 ecbbead 符合题干所有要求;如果用 e 代替 d,c c b b e a d 就变成了 ccbbeae,违反题干条件(5);如果把 e 放到 d 的左边,c c b b e a d 就变成了 ccbbaed,符合题干所有要求;如果把第二个 b 移到 a 的左边,c c b b e a d 就变成了 ccbebad,符合题干所有要求。所以应选 C。

案例 15 - 36:

针对威胁人类健康的甲型 H1N1 流感,研究人员研制出了相应的疫苗。尽管这些疫苗是有效的,但某大学研究人员发现,阿司匹林、羟苯基乙酰胺等抑制某些酶的药物会影响疫苗的效果。一位研究人员指出:“如果你服用了阿司匹林或者对乙酰氨基酚,那么你注射疫苗后就必然不会产生良好的抗体反应。”

如果小张注射疫苗后产生了良好的抗体反应,那么根据上述研究结果可以得出以下哪项结论?

A. 小张服用了阿司匹林,但没有服用对乙酰氨基酚

B. 小张没有服用阿司匹林,但感染了 H1N1 流感病毒

C. 小张服用了阿司匹林,但没有感染 H1N1 流感病毒

D. 小张没有服用阿司匹林,也没有服用对乙酰氨基酚

E. 小张服用了对乙酰氨基酚，但没有服用羟苯基乙酰胺

【解题分析】

(1)弄清题问，分析题干。题干断定如下：

①“如果你服用了阿司匹林或者对乙酰氨基酚，那么你注射疫苗后就必然不会产生良好的抗体反应”，即如果 p 或 q，那么 r。

②小张注射疫苗后产生了良好的抗体反应，即非 r。

根据充分条件假言命题推理的否定后件式，得并非(p 或 q)。又根据负相容选言命题的推得，并非(p 或 q) = 非 p 并且非 q。即没有服用了阿司匹林并且没有服用对乙酰氨基酚。

(2)考察选项，确定答案。本题正确答案是 D。

案例 15 – 37：

有六位学者老柯、老李、老米、老倪、老欧和老平，他们每个人都要做一场报告。3 个在午饭前，3 个在午饭后。报告的顺序必须遵守以下条件：

老李的报告必须紧接在老米之后，他们的报告不能被午饭时间隔断；

老倪必须第一个或最后一个做报告。

老李可以被安排到以下位置做报告，除了：

A. 第二个　　B. 第三个　　C. 第四个　　D. 第五个　　E. 第六个

【解题分析】

(1)分析题干。这是一个排序的题型。这里首先需要按照题干提供的条件：

①老倪须第一个或最后一个；

②老李紧接老米后，不被午饭隔断。

根据①确定老倪的位置，根据②老米前、老李后的位置总共有五种，列表如下：

1	2	3	4	5	6
老倪①	米②	李	米③	李	
				米④	李
米⑤	李	米⑥	李		老倪②′

可见，第⑥种情况是题干所不允许的。因为这个位置，老米、老李被午饭隔断。

(2)考察选项，确定答案。选项 C 是题干所不允许的。故，本题的正确答案是 C。

案例 15 – 38：

南口镇仅有一中和二中两所中学，一中学生的成绩一般比二中的学生好，由于来自南口镇的李明乐在大学一年级的学习成绩是全班最好的，因此，他一定是南口镇一中毕业的。

以下哪项与题干的论述方式最为类似？

A. 如果父母对孩子的教育得当，则孩子在学校的表现一般都较好，由于王征在学校的表现不好，因此他的家长一定教育失当

B. 如果小孩每天背诵诗歌 1 小时，则会出口成章，郭娜每天背诵诗歌不足 1 小时，因此，她不可能出口成章

C. 如果人们懂得较多的方法，则一般都能积累更多的财富，因此，彭总的财富是来源于他的足智多谋

D. 儿童的心理教育比成年人更重要，张青是某公司心理素质最好的人，因此，他一定在儿童时获得了良好的心理教育

E. 北方人个子通常比南方人高，马林在班上最高，因此，他一定是北方人

【解题分析】

题干论证的漏洞：根据可能性的前提，只能得出可能性的结论，但题干却得出了必然性的结论。选项 E 的论证方式存在类似的漏洞。因此，本题正确答案是 E。

案例 15－39：

在某次思维训练课上，张老师提出“尚左数”这一概念的定义：在连续排列的一组数字中，如果一个数字左边的数字都比其大（或无数字），且其右边的数字都比其小（或无数字），则称这个数字为尚左数。根据张老师的定义，在 8、9、7、6、4、5、3、2 这列数字中，以下哪项包含了该列数字中所有的尚左数？

A. 4、5、7 和 9　　B. 2、3、6 和 7　　C. 3、6、7 和 8

D. 5、6、7 和 8　　E. 2、3、6 和 8

【解题分析】

（1）分析题干，根据题干规定的尚左数的定义，在 8、9、7、6、4、5、3、2 这列数字中，显然可看出：8 不是尚左数，因为其右边的 9 比其大；9 不是尚左数，因为其左边的 8 比其小；7 是尚左数，因为其左边的数字都比其大，且其右边的数字都比其小；6 是尚左数，因为其左边的数字都比其大，且其右边的数字都比其小；4 不是尚左数，因为其右边的 5 比其大；5 不是尚左数，因为其左边的 4 比其小；3 是尚左数，因为其左边的数字都比其大，且其右边的数字都比其小；2 是尚左数，因为其左边的数字都比其大，且其右边无数字。

（2）考察选项，确定答案。从上述分析可知，只有选项 2、3、6 和 7 符合尚左数的定义要求，因此本题正确答案是 B。

案例 15－40：

参加某国际学术研讨会的 60 名学者中，亚裔学者 31 人，博士 33 人，非亚裔学者中无博士学位的 4 人。根据上述陈述，参加此次国际研讨会的亚裔博士有几人？

A. 1 人　　B. 2 人　　C. 4 人　　D. 7 人　　E. 8 人

【解题分析】

（1）分析题干。根据题干条件，设亚裔学者人数为 a，非亚裔学者人数为 b；亚裔博士人数为 c，非亚裔博士人数为 d。画出下图，列联立方程如下：

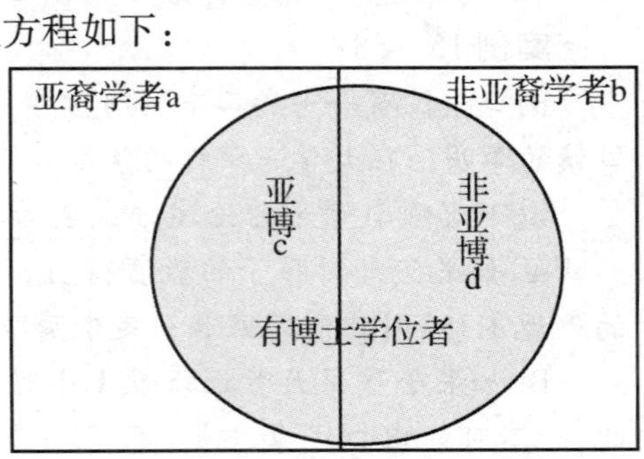

$a+b=60$

$c+d=33$

$b-d=4$

已知 $a=31$。所以，$b=29$，$d=25$，$c=8$

（2）考察选项，确定答案。正确答案是 E。

案例 15－41：

域控制器储存了域内的账户、密码和属于

这个域的计算机三项信息。当计算机接入网络时,域控制器首先要鉴别这台计算机是否属于这个域,用户使用的登录账号是否存在,密码是否正确。如果三项信息均正确,则允许登录;如果以上信息有一项不正确,那么域控制器就会拒绝这个用户从这台计算机登录。小张的登录账号是正确的,但是域控制器拒绝小张的计算机登录。

基于以上陈述能得出以下哪项结论?

A. 小张输入的密码是错误的

B. 小张的计算机不属于这个域

C. 如果小张的计算机属于这个域,那么他输入的密码是错误的

D. 只有小张输入的密码是正确的,他的计算机才属于这个域

E. 如果小张输入的密码是正确的,那么他的计算机属于这个域

【解题分析】

(1)弄清题问,分析题干。由题干断定:

①如果账户、密码、域均正确,则允许登录,即如果 p 且 q 且 r,则 s。

②如果有一项不正确,那么拒绝登录,即如果非 p 或非 q 或非 r,则非 s。

③账号正确,但是拒绝登录,即 p 但非 s。

根据断定②、断定③,由相容选言推理,否定一部分选言支肯定另一部分选言支得:

∵ 非 p 或非 q 或非 r,p。∴ 非 q 或非 r。又因为:

"非 q 或非 r"等值于"如果 q 那么非 r"等值于"如果 r 那么非 q"。可见,C 项正确。

(2)考察选项,确定答案。选项 C 符合题干要求,因此,本题正确答案是 C。

案例 15-42:

太阳风中的一部分带电粒子可以到达 M 星表面,将足够的能量传递给 M 星表面粒子,使后者脱离 M 星表面,逃逸到 M 星大气中。

为了判定这些逃逸的粒子,科学家们通过三个实验获得了如下信息:

实验一:或者是 x 粒子,或者是 y 粒子。

实验二:或者不是 y 粒子,或者不是 z 粒子。

实验三:如果不是 z 粒子,就不是 y 粒子。

根据上述三个实验,以下哪项一定为真?

A. 这种粒子是 x 粒子　　B. 这种粒子是 y 粒子　　C. 这种粒子是 z 粒子

D. 这种粒子不是 x 粒子　　E. 这种粒子不是 z 粒子

【解题分析】

(1)弄清题问,分析题干。由题干知:

①x 或者 y;

②非 y 或者非 z;

③如果非 z 则非 y。

由②得:非 y 或者非 z = 如果 y 那么非 z = 如果 z 那么非 y④

联立③④得:如果非 z 则非 y

如果 z 那么非 y

非 z 或者 z

―――――――――

∴ 非 y　⑤

联立①⑤得：x 或者 y，非 y，∴ x。（根据相容选言推理的否定肯定式）因此，A 项正确。

（2）考察选项，确定答案。选项 A 由题干实验直接推出。因此，本题正确答案是 A。

案例 15－43：

奥尔特星云浮游在太阳系边缘，极易受附近星体引力的影响。据研究人员计算，有时这些力量会将彗星从奥尔特星云拖出。这样，它们更有可能靠近太阳。两位研究人员据此分别作出了以下两种有所不同的断定：一、木星的引力要么将它们推至更小的轨道，要么将它们逐出太阳系；二、木星的引力或者将它们推至更小的轨道，或者将它们逐出太阳系。

如果上述两种断定只有一种为真，可以推出以下哪项结论？

A. 木星的引力将它们推至更小的轨道，并且将它们逐出太阳系

B. 木星的引力没有将它们推至更小的轨道，但是将它们逐出太阳系

C. 木星的引力将它们推至更小的轨道，但是没有将它们逐出太阳系

D. 木星的引力既没有将它们推至更小的轨道，也没有将它们逐出太阳系

E. 木星的引力如果将它们推至更小的轨道，就不会将它们逐出太阳系

【解题分析】

（1）弄清题问，分析题干。由题干断定：

①要么推至更小的轨道，要么逐出太阳系，即要么 p 要么 q。 ①

②或者推至更小的轨道，或者逐出太阳系，即或者 p 或者 q。 ②

上式①是不相容选言推理，②是相容选言推理。二者的真假逻辑特征列表如下：

p	q	要么 p 要么 q	或者 p 或者 q	两者真假特征
真	真	假	真	一真
真	假	真	真	二真
假	真	真	真	二真
假	假	假	假	二假

从上述真值表看出，当 p、q 都为真时，“或者 p 或者 q”为真，即断定②真，这恰是选项 A 的情况。因此，选项 A 正确。

（2）考察选项，确定答案。本题正确答案是 A。

案例 15－44：

相互尊重是相互理解的基础，相互理解是相互信任的前提；在人与人的相互交往中，自重、自信也是非常重要的，没有一个人尊重不自重的人，没有一个人信任他所不尊重的人。

以上陈述可以推出以下哪项结论？

A. 不自重的人也不被任何人信任

B. 相互信任才能相互尊重

C. 不自信的人也不自重

D. 不自信的人也不被任何人信任

E. 不自信的人也不受任何人尊重

【解题分析】

(1)弄清题问,分析题干。根据题干,只有相互尊重才能相互理解,只有相互理解才能相互信任,推出"只有相互尊重才能相互信任"(必要条件假言连锁推理)。①

由题干"没有一个人尊重不自重的人",推出"所有人不尊重不自重的人"。②

由题干"没有一个人信任他所不尊重的人",推出"所有人不信任他所不尊重的人"。③

由②③得"所有人不信任不自重的人"等值于"不自重的人不被所有人信任"。可见,A 项正确。

(2)考察选项,确定答案。因此,本题正确答案是 A。

案例 15 -45:

李赫、张岚、林宏、何柏、邱辉五位是同事,近日他们各自买了一辆不同品牌的小轿车,分别为雪铁龙、奥迪、宝马、奔驰、桑塔纳。

这五辆车的颜色分别与五人名字的最后一个字谐音:黑、蓝、红、白、灰,但他们各自所买车的颜色都与其名字的最后一个字谐音的颜色不同。已知李赫买的是蓝色的雪铁龙。

以下哪项排列可能依次对应张岚、林宏、何柏、邱辉所买的车?

A. 灰色的奥迪、白色的宝马、黑色的奔驰、红色的桑塔纳

B. 黑色的奥迪、红色的宝马、灰色的奔驰、白色的桑塔纳

C. 红色的奥迪、灰色的宝马、白色的奔驰、黑色的桑塔纳

D. 白色的奥迪、黑色的宝马、红色的奔驰、灰色的桑塔纳

E. 黑色的奥迪、灰色的宝马、白色的奔驰、红色的桑塔纳

【解题分析】

(1)弄清题问,分析题干。由题干知,五辆车的颜色分别与五人名字的最后一个字谐音,但他们各自所买车的颜色都与其名字的最后一个字谐音的颜色不同。将给定选项逐项代入知,A 项与张岚、林宏、何柏、邱辉四人最后一个字谐音的颜色不同,故 A 项正确;B 项红色的宝马与宏的谐音红相同,所以不是;C 项白色的奔驰与柏的谐音白相同,所以不是;D 项灰色的桑塔纳与辉的谐音相同,所以不是;E 项白色的奔驰与柏的谐音白相同,所以不是。

(2)考察选项,确定答案。B、C、D、E 四项都有与相应的名字的谐音颜色一致的,不符合题干条件。只有 A 项符合题干要求。因此,本题正确答案是 A。

案例 15 -46:

小明、小红、小丽、小强、小梅五人去听音乐会。他们五人在同一排且座位相连,其中只有一个座位最靠近走廊。如果小强想坐在最靠近走廊的座位上,小丽想跟小明紧挨着,小红不想跟小丽紧挨着,小梅想跟小丽紧挨着,但不想跟小强或小明紧挨着。

以下哪项排序符合上述五人的意愿?

A. 小明、小梅、小丽、小红、小强

B. 小强、小红、小明、小丽、小梅

C. 小强、小梅、小红、小丽、小明

D. 小明、小红、小梅、小丽、小强

E. 小强、小丽、小梅、小明、小红

【解题分析】

(1)弄清题问,分析题干。由题干知:①小强最靠近走廊;②小丽跟小明紧挨着;③小红不跟小丽紧挨着;④小梅跟小丽紧挨着;⑤小梅不跟小强或小明紧挨着。按此五项规则,与给定选项对照,列表如下:

	规则①	规则②	规则③	规则④	规则⑤	全真情况
A	真	假	假	真	真	四真二假
B	真	真	真	真	真	全真
C	真	真	假	假	假	三真三假
D	真	假	真	真	真	五真一假
E	真	假	真	真	假	四真二假

可见,A 不符合②的要求,B 全部符合题干规则,C 项不符合③的要求,D 项不符合②的要求,E 项不符合②的要求。

(2)考察选项,确定答案。选项 B 与题干规定的规则一致,故本题正确答案是 B。

案例 15-47:

有三户人家,每家有一孩子,他们的名字是:小萍(女)、小红(女)、小虎,孩子的爸爸是老王、老张和老陈;妈妈是刘蓉、李玲和方丽。对于这三家人,已知:

(1)老王家和李玲家的孩子都参加了少年女子舞蹈队。

(2)老张的女儿不是小红。

(3)老陈和方丽不是一家人。

根据以上条件,确定以下哪项是正确的?

A. 老王、刘蓉和小萍是一家　　B. 老张、李玲和小红是一家

C. 老陈、方丽和小虎是一家　　D. 老王、方丽和小红是一家

E. 老陈、刘蓉和小红是一家

【解题分析】

(1)弄清问题并分析题干。根据题干有:

由"①老王家和李玲家的孩子都参加了少年女子舞蹈队"知老王和李玲不一家,(据此可在表中标注①)且两家都是女孩。由"②老张的女儿不是小红(作出标注②)",那么肯定是小萍(作出标注③),可排除选项 B,由此断定老王的女儿是小红(作出标注④),所以 A 不真,E 也不真。可见,老陈与小虎是一家(作出标注⑤)。由"③老陈和方丽不是一家人"作出标注⑥。再由题干"①老王家和李玲家的孩子都参加了少年女子舞蹈队"得李玲的女儿是小萍,因此李玲与老张、小萍是一家,作出标注⑦。再由"③老陈和方丽不是一家人"得出老陈、小虎和刘蓉是一家,作出标注⑧。剩下的自然是老王、小红和方丽是一家,作出标注⑨。具体推理过程画表如下:

刘蓉	李玲	方丽		小萍	小红	小虎
	-①	+	老王		+④	
	+⑦		老张	+③	-②	
+		-⑥	老陈			+⑤

(2)考察选项,确定答案。正确答案是 D。

附　录

一、全国硕士研究生入学统一考试管理类综合能力考试大纲逻辑样题解析

逻辑推理:第 26－55 小题,每小题 2 分,共 60 分。下列每题给出的 A、B、C、D、E 五个选项中,只有一个选项符合试题要求。

1. 据目前所知,最硬的矿石是钻石,其次是刚玉,而一种矿石只能用与其本身一样硬或更硬的矿石来刻痕。

如果以上陈述为真,以下哪项所指的矿石一定是可被刚玉刻痕的矿石?

Ⅰ. 这种矿石不是钻石　Ⅱ. 这种矿石不是刚玉　Ⅲ. 这种矿石不是像刚玉一样硬

A. 仅Ⅰ　B. 仅Ⅲ　C. 仅Ⅰ、Ⅱ　D. 仅Ⅰ、Ⅲ　E. Ⅰ、Ⅱ、Ⅲ

答案是 A。由题干知,Ⅰ说"这种矿石不是钻石",这种矿石就是"刚玉或非刚玉非钻石的其他矿石",显然,无论是刚玉还是非刚玉非钻石的其他矿石,都可以被刚玉刻痕。Ⅱ说"这种矿石不是刚玉",这种矿石就有可能是钻石,当然也就可以不被刚玉刻痕。Ⅲ说"这种矿石不是像刚玉一样硬",钻石当然也不会像刚玉一样硬,显然,钻石不能被刚玉刻痕。所以,正确答案是 A。解答此题的误区是,人们往往把"不像刚玉一样硬"理解为"不比刚玉硬",其实这是一种错误的理解。

2. 为了减肥,张女士在今年夏秋之交开始严格按规定服用减肥药物。但经过整个秋季三个月的疗程,她的体重反而又增加了 5 公斤。由此可见,减肥药物是完全无效的。

以下哪项如果为真,最能削弱上述结论?

A. 她服用的减肥药物价格昂贵　B. 她服用的减肥药曾经申请国家专利

C. 他服用的减肥药有合格证书　D. 她服用的减肥药是中外合资生产的

E. 如果不服用药物,她的体重在秋季会增加 10 公斤

答案是 E。题干以张女士服用了减肥药物但体重在三个月内反而增加 5 公斤为依据,得出结论"减肥药物是完全无效的",选项 E 表明张女士如果不服用减肥药物,那么她的体重在三个月内就不是增加 5 公斤,而是 10 公斤,这也就是说,张女士由于服用了减肥药物,使她的体重少增加了 5 公斤,由此可见,减肥药物的效用还是非常明显的,这就大大地削弱了题干中的结论。选项 B、C 对题干均有所削弱,但力度显然不如 E 项。选项 A、D 不削弱题干。

3. 甲:什么是战争? 乙:战争是和平的中断。甲:什么是和平? 乙:和平是战争的中断。

上述对话中的逻辑谬误也类似地存在于以下哪项对话中?

A. 甲:什么是人? 乙:人是有思想的动物。甲:什么是动物?
乙:动物是生物的一部分。

B. 甲:什么是生命? 乙:生命是有机体的新陈代谢。甲:什么是有机体?
乙:有机体是有生命的个体。

C. 甲:什么是家庭? 乙:家庭是以婚姻、血缘或收养关系为基础的一种社会群体。
甲:什么是社会群体? 乙:社会群体是在一定社会关系基础上建立起来的社会单位

D. 甲:什么是命题? 乙:命题就是用语句表达的判断。甲:什么是判断?
乙:判断是对事物有所断定的思维形式。

E. 甲:什么是文学最有感染力的主题? 乙:文学最有感染力的主题是爱情

甲:什么是爱情? 乙:爱情是人类的一种排他性感情。

答案是B。题干中乙的回答犯了"循环定义"的逻辑错误。即为了定义"战争"用到"和平",而定义"和平"时又用到"战争"的概念。B在"生命"和"有机体"这两个概念的定义上也犯了类似的逻辑错误。A、C、D、E四个选项没有循环定义,不是合适的选择。

4. 针对当时建筑施工中工伤事故频发的严峻形势,国家有关部门颁布了《建筑业安全生产实施纽则》。但是,在《细则》颁布实施两年间,覆盖全国的统计显示,在建筑施工中伤亡职工的数量每年仍有增加。这说明,《细则》并没有得到有效地实施。以下哪项如果为真,最能削弱上述论证?

A. 在《细则》颁布后的两年里,施工中的建筑项目的数量有了大的增长

B. 严格实施《细则》,将不可避免地提高建筑业的生产成本

C. 在题干所提及的统计结果中,在事故中死亡职工的数量较《细则》颁布前有所下降

D. 工伤事故最严重的是煤矿业

E. 在《细则》颁布后的两年中,在建筑业施工的职工数量有了很大的增长

答案是E。参见:案例8-60。

5. 在美国,实行死刑的州,其犯罪率要比不实行死刑的州低。因此死刑能够减少犯罪。

以下哪项如果为真,最能质疑上述推断?

A. 犯罪的少年,较之守法的少年更多出自无父亲的家庭。因此,失去了父亲能够引发少年犯罪

B. 美国的法律规定了在犯罪地起诉并按其法律裁决,许多罪犯因此经常流窜犯罪

C. 在最近几年,美国民间呼吁废除死刑的力量在不断减弱,一些政治任务也已经不再像过去那样在竞选中承诺废除死刑了

D. 经过长期的跟踪研究发现,监禁在某种程度上成为酝酿进一步犯罪的温室

E. 在美国,实行死刑的州占多数

答案是B。参见案例8-35。

6. 有个叫艾克思的瑞典人最近发明了永动机。

如果上述断定为真,则以下哪项一定为真?

A. 由于永动机违反科学原理,上述断定不可能为真

B. 所有的瑞典人都没有发明永动机

C. 有的瑞典人没有发明永动机

D. 有的瑞典人发明了永动机

E. 不存在姓名是艾克思的瑞典人

答案是D。上题题干的断定违反科学常识,因而不可能是真的。但如果假设题干为真,只能推出D项一定为真,不能推出其他项一定为真。例如,A项显然事实上是真的,但不能从题干推出。

7. 所有的人都有思想。狗不是人。所以,狗没有思想。

以下哪个推理最能说明上述推理不成立?

A. 所有商品都是劳动产品。太阳光不是商品。因此,太阳光不是劳动产品

B. 所有的金属都是导电的。水是导电的。所以,水是金属。

C. 金子都是闪光的。闪光的东西都引人注目。所以,引人注目的东西都是金子。

D. 所有的书都是开卷有益。迷信读物是书。所以,迷信读物开卷有益

E. 所有的商品都是使用价值。雨水不是商品。所以,雨水没有使用价值。

答案是E。题干是个错误的推理。但该推理的前提和结论都是真的,无法直接说明自身的无效。此题是要求找出该推理的一个反例,来证明该推理无效。这个反例必须具有两个特征:第一,和题干的推理具有相同的推理形式;第二,明显地前提真并且结论假。在诸选项中,A、E项和题干具有共同的推理形式:所有M都是P,S不是M,所以,S不是P。显然,这是第一格的AEE式。A项虽然和题干的推理形式相同,但前提和结论都是真的,因而不能作为反例说明题干的推理不成立;E项前提真而结论假,因此,说明题干的推理不成立(事实上也说明A项的推理不成立)。

8. 过去的20年里,科幻类小说占全部小说的销售比例从1%提高到了10%。其间,对这种小说的

评论也有明显的增加。一些书商认为,科幻小说销售量的上升主要得益于有促销作用的评论。

以下哪项如果为真,最能削弱题干中书商的看法?

A. 科幻小说的评论,几乎没有读者

B. 科幻小说的读者中,几乎没有人读科幻小说的评论

C. 科幻小说评论文章不乏读者,但他们几乎都不购买科幻小说

D. 科幻小说评论文章的作者中,包括著名的科学家

E. 科幻小说的评论文章的作者中,包括因鼓吹伪科学而臭了名声的作家

答案是C。选项A、B、C都是可以削弱的,D和E和试题无关,那么A、B、C哪个削弱的力度最大呢?对于选项B来说,科幻小说的读者中,几乎没有人读科幻小说的评论,我们可以把它分析为谈的是促销问题,科幻小说的读者中,它已经有了科幻小说,所以可以看做与促销问题无关,至多说明了这个评论写得不够精彩,对于选项A来说,科幻小说的评论几乎没有读者,但可以反过来问这么一个问题,如果他读了评论他就会去买科幻小说,所以A不排除这种可能"如果它读了评论,它就会去买科幻小说"。而选项C告诉我们,读了你的评论仍然不去买科幻小说,那就说明了,你这个评论对促销没有任何的作用,没有任何促销的可能。

选项A相当于这个药很难吃,这个药可能不好。而选项C说明了,这个药吃了治不好病它肯定不好,就这么一点微妙的差别,而这种差别需要读者的批判性思维能力,也就是我们通常说的悟性。

9. 鱼和熊掌不可兼得。

以下哪项断定符合题干的断定?

Ⅰ. 鱼和熊掌皆不可得。 Ⅱ. 鱼不可得或熊掌不可得。 Ⅲ. 如果鱼可得则熊掌不可得。

A. 仅Ⅰ B. 仅Ⅱ C. 仅Ⅲ D. 仅Ⅱ、Ⅲ E. Ⅰ、Ⅱ和Ⅲ

答案是D。题干:并非(鱼并且熊掌)=非鱼或者非熊掌(Ⅱ)=如果鱼,则非熊掌(Ⅲ)=如果熊掌,则非鱼。

10. 法制的健全或者执政者强有力的社会控制能力,是维持一个国家社会稳定的必不可少的条件。Y国社会稳定但法制尚不健全。因此Y国的执政者具有强有力的社会控制能力。

A. 一个影视做品,要想有高的收视率或票房价值,作品本身的质量和必要的包装宣传缺一不可。电影《青楼月》上映以来票房价值不佳但实际上质量堪称上乘。因此,看来它缺少必要的广告宣传和媒介炒作

B. 必须有超常业绩或者30年以上服务于本公司的工龄的雇员,才有资格获得X公司本年度的特殊津贴。黄先生获得了本年度的特殊津贴但在本公司仅供职5年,因此他一定有超常业绩

C. 如果既经营无方又铺张浪费,则一个企业将严重亏损,Z公司虽经营无方但并没有严重亏损,这说明它至少没有铺张浪费

D. 一个罪犯要实施犯罪,必须既有作案动机,又有作案时间。在某案中,W先生有作案动机但无作案时间。因此,W先生不是该案的作案者

E. 一个论证不能成立,当且仅当,或者它的论据虚假,或者它的推理错误。J女士在科学年会上关于她的发现之科学价值的论证尽管逻辑严密,推理无误,但还是被认定不能成立。因此,她的论证中至少有部分论据虚假

答案是B。题干的论证结构是:只有P或者Q,才R。R并且非P。因此,Q。

A项的结构是:只有P并且Q,才R。非R并且P。因此,非Q。

B项的结构是:只有P或者Q,才R。R并且非Q。因此,P。

C项的结构是:如果P并且Q,则R。P并且非R。因此,非Q。

D项的结构是:只有P并且Q,才R。P并且非Q。因此,非R。

E项的结构是:R,当且仅当P或者Q。非Q并且R。因此,P。

显然,在各选项中,B项和题干的结构最为类似。

11. 学生家长:这学期学生的视力普遍下降,这是由于学生书面作业的负担太重。

校长：学生视力下降和书面作业负担没有关系，经我们调查，学生视力下降的原因，是由于他们做作业时的姿势不正确。

以下哪项如果为真，最能削弱校长的辩解？

A. 学生书面作业负担过重容易使学生感到疲劳，同时，感到疲劳，学生又不容易保持正确的书写姿势

B. 该校学生的书面作业负担和其他学校相比确实较重

C. 校方在纠正学生姿势以保护视力方面作了一些工作，但力度不够

D. 学生视力下降是个普遍的社会问题，不唯该校然

E. 该校学生的书面作业负担比上学年有所减轻

答案是A。家长认为：学生视力下降是书面作业的负担太重。校长认为：学生视力下降是由于他们做作业时的姿势不正确。选项A，使得学生家长所指出的原因成为校长所指出的原因的深层次原因，说明了学生视力下降还是由作业负担太重所导致，这对校长的解释而言是很大的质疑。选项B是支持家长的，但还不能有力地削弱校长。C项是无关项。选项D、E是支持校长的。

12. 甲说："我班所有同学都已申请了贷款。"

乙说："如果班长申请了贷款，那么学习委员就没申请。"

丙说："班长申请了贷款。"

丁说："我班有人没有申请贷款。"

已知四人中只有一人说假话，则可推出以下哪项结论？

A. 甲说假话，班长没有申请　　B. 乙说假话，学习委员没申请　　C. 丙说假话，班长没申请

D. 甲说假话，学习委员没申请　　E. 题干的条件不足以推出确定结论

答案是D：参见案例2－4。

13. 世界卫生组织在全球范围内进行了一项有关献血对健康影响的跟踪调查。调查对象分为三组。第一组对象均有二次以上的献血记录，其中最多的达数十次；第二组对象均仅有一次献血记录；第三组对象均从未献过血。调查结果显示，被调查对象中癌症和心脏病的发病率，第一组分别为0.3%和0.5%，第二组分别为0.7%和0.9%，第三组分别为1.2%和2.7%。一些专家依次得出结论，献血有利于减少患癌症和心脏病的风险。这两种病已经不仅在发达国家而且也在发展中国家成为威胁中老年人生命的主要杀手。因此献血利已利人，一举两得。

以下哪项如果为真，能削弱以上结论？

Ⅰ. 60岁以上的调查对象，在第一组中占60%，在第二组中占70%，在第三组中占80%。

Ⅱ. 献血者在献血前要经过严格的体检，一般具有较好的体质。

Ⅲ. 调查对象的人数，第一组为1700人，第二组为3000人，第三组为7000人。

A. 仅Ⅰ　　B. 仅Ⅱ　　C. 仅Ⅲ　　D. 仅Ⅰ、Ⅱ　　E. Ⅰ、Ⅱ和Ⅲ

答案是D。参见：案例8－38。

14. 一本小说要畅销，必须有可读性；一本小说，只有深刻触及社会的敏感点，才能有可读性；而一个作者如果不深入生活，他的作品就不可能深刻触及社会的敏感点。

以下哪项结论可以从题干的断定中推出？

Ⅰ. 一个畅销小说作者，不可能不深入生活。

Ⅱ. 一本不触及社会敏感点的小说，不可能畅销

Ⅲ. 一本不具有可读性的小说的读者，一定没有深入生活。

A. 仅Ⅰ　　B. 仅Ⅰ、Ⅱ　　C. 仅Ⅱ、Ⅲ　　D. 仅Ⅰ、Ⅲ　　E. Ⅰ、Ⅱ和Ⅲ

答案是B。题干断定：①如果畅销，则有可读性；②只有触及敏感点，才有可读性；③如果不深入生活，则不触及敏感点；由此得逻辑主线④如果畅销，则有可读性，则触及敏感点，则深入生活。即：如果一本小说畅销，那么其作者一定深入生活。因此，Ⅰ能从题干推出。由①②作逆否命题可得：如果不触及敏感点，则不有可读性，则不畅销。即：如果一本小说不不触及社会敏感点，那么它不可能畅销。因此Ⅱ

能从题干推出。Ⅲ不能由题干推出。

15. 在桂林漓江一些有地下河流的岩洞中，有许多露出河流水面的石笋。这些石笋是由水滴长年滴落在岩石表面而逐渐积累的矿物质形成的。

如果上述断定为真，最能支持以下哪项结论？

A. 过去漓江的江面比现在高　　B. 只有漓江的岩洞中才有地下河流

C. 漓江的岩洞中才有地下河流　　D. 上述岩洞内地下河流是在石笋形成前出现的

E. 上述岩洞内地下河流的水比过去深

答案是E。题干断定一，石笋露出河流水面。断定二，石笋是由水滴长年滴落在岩石表面而逐渐积累的矿物质形成的。如果E项不成立，题干所述的露出河流的石笋，就不可能是由水滴常年滴落在岩石表面而逐渐积累的矿物质形成的，因为这样的岩石表面会在水面以下，含有矿物质的水滴无法滴落到这样的岩石表面。因此，E项是干所能推出的结论。其余选项推不出来，比如A项讲的是江面，超出了题干的范围（河流）排除。从刚才的分析看出D不是，应该是先有石笋后有河流。

16. 地球在其形成的早期是一个熔岩状态的快速旋转体，绝大部分的铁元素处于其核心部分。有一些熔岩从这个旋转体的表面甩出，后来冷凝形成了月球。

如果以上这种关于月球起源的理论正确，则最能支持以下哪项结论？

A. 月球是唯一围绕地球运行的星球

B. 月球将早于地球解体

C. 月球表面的凝固时在地球表面凝固之后

D. 月球像地球一样具有固体的表层结构和熔岩状态的核心

E. 月球的含铁比例小于地球核心部分的含铁比例

答案是E。由题干断定：①早期的地球绝大部分的铁元素处于其核心；②月球地球表面早期甩出的熔岩。可以推出③月球的含铁比例小于地球核心部分的含铁比例。因此，E项正确。A、B为明显无关选项，排除；表面何时凝固题干没有提及，C排除；D讨论的情况题干都没有涉及，排除。

17. 除了余涌，甲班所有的文艺爱好者都参加了大学生影评协会。

上述结论可从以下哪项前提中推出？

A. 除了余涌，如果有人是参加了大学生影评协会的文艺爱好者，他一定是甲班的学生

B. 余涌是唯一参加了大学生影评协会的文艺爱好者

C. 如果一个甲班的学生参加了大学生影评协会，只要他不是余涌，他就是文艺爱好者

D. 余涌不是甲班参加大学生影评协会的文艺爱好者

E. 除了爱好文艺的余涌，如果有人是甲班的学生，他一定参加了大学生影评协会

答案是E。题干断定：甲班同学中，除余涌以外，所有的文艺爱好者都参加了大学生影评协会。找出这一断定的前提就是要找出在甲班中比“所有的文艺爱好者”这个概念的外延更大的概念，这个概念就是“甲班所有同学”，因为结论是余涌除外。因此前提也应当是“除余涌外的甲班所有同学”。选项E意味着“如果是甲班的学生，那么他就参加了影评协会，这里面不包括余涌”，因此，这是答案。

18. 20世纪90年代初，小普村镇建立了洗涤剂厂，当地村民虽然因此提高了收入，但工厂每天排出的大量污水，使村民们忧心忡忡：如果工厂继续排放污水，她们的饮用水将被污染，健康将受到影响。然而，这种担心是多余的。因为1994年对小普村镇的村民健康检查发现，几乎没有人因水污染而患病。

以下哪项如果为真，最能质疑上述论证？

A. 1994年，上述洗涤剂厂排放的污水量是历年中较少的

B. 1994年，小普村镇的村民并非全体参加健康检查

C. 在1994年上述洗涤剂厂的生产量减少了

D. 合成洗涤剂污染饮用水导致的疾病需要多年后才会显现出来

E. 合成洗涤剂污染饮用水导致的疾病与一般疾病相比更难检测

答案是D。参见案例11－36。

19. 一位编辑正在考虑报纸理论版稿件的取舍问题。有①、②、③、④、⑤、⑥六篇论文可供选择。考虑到文章的内容,报纸的版面等因素,

(1)如果采用论文①,那么不能用论文②,但要用论文⑥。

(2)只有不用论文⑤,才能用论文③或论文④。

(3)如果不用论文③,那么也不用论文⑥。

(4)论文①是向名人约得稿件,不能不用。

以上各项如果为真,下面哪项一定是真的?

A. 采用论文①,但不用论文④　　B. ③和④两篇论文都用　　C. 不用论文⑤,但用论文⑥

D. ③和⑤两篇论文都不用　　E. 除了论文①,其他论文都不用

答案是 C。由题干知:(1)可记为:"如果①,则非②且⑥" = "如果②或非⑥,则非①";

(2)可记为:"只有非⑤,才③或④" = "如果③或④,则非⑤" = "只有非⑤,才③"或"只有非⑤,才④";(3)可记为:"如果非③,则非⑥" = "如果⑥,则③" = "只有③,才⑥";

由(3)、(2)两式得:只有非⑤才⑥。可见,只有选项 C 可从题干条件中推出来,其余选项都不能从题干中直接推出来,因此,本题正确答案是 C。

20. 某校规定:除非是来自西部地区的贫困生,否则不能获得特别助学金。

以下哪项如果为真,说明此项规定未能严格执行?

Ⅰ. 张珊来自西部地区,虽然不是贫困生,但获得了特别助学金。

Ⅱ. 李思是来自西部地区的贫困生,但未能获得特别助学金。

Ⅲ. 王武来自东部地区,但却是贫困生,获得了特别助学金

A. 仅Ⅰ　　B. 仅Ⅱ　　C. 仅Ⅰ、Ⅲ　　D. 仅Ⅰ、Ⅱ　　E. Ⅰ、Ⅱ和Ⅲ

答案是 C。题干意味着:西部贫困生是获得特别助学金的的必要条件。

简记为:只有西困生,才得特助金 = 如果得特助金,则西困生。

选项中"Ⅰ张珊来自西部地区,虽然不是贫困生;但获得了特别助学金"不符合题意要求。"Ⅱ. 李思是来自西部地区的贫困生,但未能获得特别助学金"符合题意要求。"Ⅲ. 王武来自东部地区,但却是贫困生,获得了特别助学金"不符合题干要求。可见,Ⅰ、Ⅲ不符合题干要求,因此,本题正确答案是 C。

21. 张教授:各国的国情和传统不同,但是对于谋杀和其他严重刑事犯罪实施死刑,至少是大多数人可以接受的。公开宣判和执行死刑可以有效地阻止恶性刑事案件的发生,它所带来的正面影响比可能存在的负面影响勘定要大得多,这是社会自我保护的一种必要机制。

李研究员:我不能接受您的见解。因为在我看来,对于十恶不赦的罪犯来说,终身监禁是比死刑更严厉的惩罚,而一般的民众往往以为只有死刑才是最严厉的。

以下哪项是对上述对话的最恰当评价?

A. 两人对各国的国情和传统又不同的理解　　B. 两人对什么是最严厉的刑事惩罚有不同的理解

C. 两人对执行死刑的目的有不同的理解　　D. 两人对产生恶性刑事案件的原因有不同的理解

E. 两人对是否大多数人都接受死刑有不同的理解

答案是 C。参见案例 13 – 11。

22. 我国博士研究生中女生的比例近年来有显著地增长。说明这一结论的一组数据是:2000 年,报考博士生的女性考生的录取比例是 30%;而 2004 年这一比例上升为 45%。另外,这两年报考博士生的考生中男女的比例基本不变。

为了评价上述论证,对 2000 年和 2004 年的以下哪项数据进行比较最为重要?

A. 报考博士生的男性考生的录取比例

B. 报考博士生的考生的总数

C. 报考博士生的女性考生的总数

D. 报考博士生的男性考生的总数

E. 报考博士生的考生中理工科的比例

答案是A。题干从“报考博士生的女性考生的录取比例上升”得出结论“博士研究生中女生的比例近年来有显著地增长”。这个论证是否恰当，首先要看报考博士生的男性录取比例情况，如果报考博士生的男性录取比例近几年的情况是持平或走低，则题干论证就是有说服力的，否则题干论证就难有说服力。选项A的数据进行比较最为重要。

23. 任何一篇译文都带有译者的行文风格。有时，为了能及时地翻译出一篇公文，需要几个译者同时工作，每人负责翻译其中的一部分。在这种情况下，译文的风格往往显得不协调。与此相比，用于语言翻译的计算机程序显示出优势：准确率不低于人工笔译，但速度比人工笔译快得多，并且能保持译文风格的统一。所以，为及时译出那些较长的公文，最好使用机译而不是人译。

为了对上述论证做出评价，回答一下哪个问题最不重要？

A. 是否可以通过对行文风格的统一要求，来避免或减少合作译文在风格上的不协调？

B. 根据何种标准可以准确地判定一篇译文的准确率？

C. 机译的准确率是否同样不低于翻译专家的笔译？

D. 日常语言表达中是否存在由特殊语境决定的含义只有靠人的头脑来把握？

E. 不同的计算机翻译程序，是否也会具有不同的行文风格？

答案是E。参见案例13－8。

24. 上周在对红星食品厂进行质量检查时发现，在夜班烤制的点心中，有6%的点心被发现有问题，但是在白天烤制的点心中，未被检查出有问题。质量检查是对同一烤制条件但不同时间烤制的点心进行的，所以很明显，夜班的质检员尽管是在夜间工作，他们比白天的检查者更警觉。

以上论据所依赖的假设是：

A. 上周红星食品厂至少有一些白天烤制的点心有问题

B. 并不是所有的被夜班质检员评判为有问题的点心实际上是有问题的

C. 夜班质检员在质量控制程序上比白天班质量检查者接受了更多的训练

D. 在正常的日子，红星食品厂夜班烤制的点心被发现有缺陷的少于6%

E. 红星食品厂仅有两个班次：白天班和夜间班

答案是A。题干的结论：夜班的质检员比白班的更警觉。依据的前提：夜班点心查出问题，白班的点心未发现问题。这样题干所依据的假设应当是：白天的点心有问题，但没有被发现。选项A恰好说明了这一点，因此，题干所依据的假设是A。

25. 据一项在几个大城市所做的统计显示，餐饮业的发展和瘦身健身业的发展呈密切正相关。从1985年到1990年，餐饮业的网点增加了18%，同期在健身房正式注册参加瘦身健身的人数增加了17.5%；从1990年到1995年，餐饮业的网点增加了25%，同期参加瘦身健身的人数增加了25.6%；从1995年到2000年，餐饮业的网点增加了20%，同期参加瘦身健身的人数也正好增加了20%

上述统计如果真是无误，则对上述统计事实的解释最可能成立的是：

A. 餐饮业的发展，扩大了肥胖人群体，从而刺激了瘦身健身业的发展

B. 瘦身健身运动，刺激了参加者的食欲，从而刺激了餐饮业的发展

C. 在上述几个大城市中，最近15年来，主要从事低收入重体力工作的外来人口的逐年上升，刺激了各消费行业的发展

D. 在上述几个大城市中，最近15年来，城市人口的收入的逐年提高，刺激了包括餐饮业和健身业在内的各消费行业的发展

E. 高收入阶层中，相当一批人既是餐桌上的常客，又是健身房内的常客

答案是D。参见案例8－26。

26. 为了预测大学生毕业后的就业意向，《就业指南》杂志在大学生中进行了一次问卷调查，结果显示，超过半数的答卷都把教师作为首选的职业。这说明，随着我国教师社会地位和经济收入的提高，大学生毕业后普遍不愿意当教师的现象已经成为过去。

以下哪项如果为真，最能削弱上述结论？

A. 目前我国教师的平均收入和各行业相比仍然是中等偏下

B. 被调查者虽然遍布全国100多所大学,但总人数不过1000多人

C. 被调查者的半数是师范院校的学生

D.《就业指南》并不是一份很有影响的杂志

E. 上述调查的问卷回收率只有70%

答案是C。题干通过问卷调查得出结论:大学生毕业后普遍不愿意当教师的现象已经成为过去。要削弱这一调查结论,只要说明偏向样本,或者另有他因即可,选项C可以很好地说明调查存在的问题。

27. 某新闻机构策划了一项"全国重点院校排列名次"的评选活动。方法是,选择十项指标,包括对学生的思想政治教育、学校的硬件设施(校舍、图书馆等)、博士硕士点的数量、在国外发表论文的数量、在国内出版发表的论著论文的数量等。每项指标按实际质量或数量的高低,评以从1－10分之间某一分值,然后求得这十个分值的平均数,并根据其高低排出全国重点院校的名次。

以下除哪项外,均是对上述策划的可行性的一种质疑?

A. 各项指标的重要性不一定都是均等的

B. 有些指标的测定,例如学生的思想政治工作,是难以准确量化的

C. 有些专业和学科之间存在不可比因素,例如:我国马克思主义哲学的论文,由于众所周知的原因,是很难在西方世界发表的

D. 学校之间在硬件设施上的差异,有些事历史造成的,有些国家投入的多寡造成的,不是该校自己的当前行为所造成的

E. 出版或发表的论著论文数量较多,不一定质量就较高;反之,数量较少,不一定质量就较低

答案是D。参见案例12－55。

28. 据目前刚结束的一项对甲乙两市初中学生身高增长情况的检测调查显示,在初中的三年中,甲乙两市的学生的身高平均增长10公分,其中,甲市的学生平均增长12公分,乙市的学生平均增长9公分。

上述断定如果为真,则以下哪项有关被调查学生的断定也一定为真?

A. 目前甲市学生的平均身高,要高于乙市学生

B. 三年前甲市学生的平均身高,要高于乙学生

C. 甲市受调查的学生要比乙市的多

D. 乙市受调查的学生要比甲市的多

E. 两市受调查的学生的数量一样多

答案是D。如果甲乙两市受调查的学生数量相等,则甲乙两市的学生的身高平均增长应当是(12＋9)/2＝10.5公分,而题干平均增长值是10公分,这说明甲乙两市受调查的学生的数量不相等。由于甲市学生的身高平均增长值大于乙市,因此,如果甲市受调查的学生比乙的多,那么,甲乙两市的学生的平均身高应当大于10.5公分,这是符合题干断定的,因此一定是乙市受调查的学生的数量比甲市的多。不难计算出在题干条件下,只有当乙市受调查的学生的数量正好是甲市的两倍时,甲乙两市学生的身高平均增长值才等于10公分。因此,选项D一定为真。

29. 威尼斯面临的问题具有典型意义。一方面,为了解决市民的就业,增加城市的经济实力,必须保留和发展它的传统工业,这是旅游业所不能替代的经济发展的基础;另一方面,为了保护其独特的生态环境,必须杜绝工业污染,但,发展工业将不可避免地导致工业污染。

上述断定可以推出以下哪项结论?

A. 威尼斯将不可避免地面临经济发展的停滞或生态环境的破坏

B. 威尼斯市政府的正确决策应是停止发展工业以保护生态环境

C. 威尼斯市民的生活质量只依赖于经济和生态环境

D. 旅游业是威尼斯经济收入的主要来源

E. 如果有一天威尼斯的生态环境受了破坏,这一定是它为发展经济所付出的代价

答案是A。参见案例4－87。

30. 某出版社近年来出版物的错字率较前几年有明显的增加,引起了读者的不满和有关部门的批

评,这主要是由于该出版社大量引进非专业编辑所致。当然,近年来该社出版物的大量增加也是一个重要原因。

在以下各项中,哪项存在与上述议论类似的漏洞?

Ⅰ.美国航空公司近两年来的投诉比率比前些年有明显下降。这主要是由于该航空公司的裁员整顿的基础上,有效地提高了服务质量。当然,9·11事件后航班乘客数量的锐减也是一个重要原因

Ⅱ.统计数字表明:近年来我国心血管病的死亡率,即由心血管病导致的死亡在整个死亡人数中的比例,较前有明显增加,这主要是由于随着经济的发展,我国民众的饮食结构和生活方式发生了容易诱发心血管病的不良变化。当然,由于心血管病主要是老年病,因此,我国人口的老龄人比例的增大也是一个重要原因。

Ⅲ.S市今天的高考录取率比去年增加了15%,这主要是由于各中学狠抓了教学质量。当然,另一个重要原因是,该市今年参加高考的人数比去年增加了20%

A.仅Ⅰ　B.仅Ⅱ　C.仅Ⅲ　D.仅Ⅰ、Ⅲ　E.Ⅰ、Ⅱ和Ⅲ

答案是D。参见案例9-1。

二、在职攻读硕士专业学位全国联考综合能力考试大纲逻辑样题解析

逻辑部分　选择题(共30分,每题1分,共30分)

1.某实验室一共有3种类型的机器人,A型能识别颜色,B型能识别形状,C型既不能识别颜色也不能识别形状。实验室用红球、蓝球、红方块和蓝方块对机器人1号和2号进行实验,命令它们拿起红球,但1号拿起了红方块,2号拿起了蓝球。

根据上述实验,以下哪项断定一定为真?(　　)

A.1号和2号都一定是C型　B.1号和2号都一定不是C型

C.1号是A型且2号是B型　D.1号不是B型且2号不是A型

E.1号可能不是A、B、C三种类型的任何一种

答案是D。当命令机器人拿起红球时,1号拿起了红方块,说明1号不能识别形状;2号拿起了蓝球,说明2号不能识别颜色。因此,正确答案是D。

2.学生上完体育课后回到教室,有15人喝了饮水机里的纯净水,其中5人很快产生了腹泻。饮水机里的纯净水马上被送去检验,检验的结果不能肯定其中有造成腹泻的有害物质。因此,喝了饮水机里的纯净水不是造成腹泻的原因。

如果上述检验结果是正确的,则以下哪项对上述论证的评价最为恰当?(　　)

A.题干的论证是成立的

B.题干的论证有漏洞,因为它没有考虑到另一个事实:那些没有喝饮水机里的纯净水的人没有造成腹泻

C.题干的论证有漏洞,因为它把缺少证据证明某种情况存在,当做有充分证据证明某种情况不存在

D.题干的论证有漏洞,因为它没有利用一个有力的论据:为什么有更多人喝了饮水机里的纯净水没有造成腹泻

E.题干的论证有漏洞,因为它没有指出造成腹泻的真正原因

答案是C。这是查找题干中逻辑错误的试题。这类题解答的关键是运用逻辑知识,分析题干与选项分别所犯的逻辑错误。本题的题干中把"检验结果不能肯定其中有造成腹泻的有害物质"断定为"不是造成腹泻的原因",这种论证方式就是以无知为论据,因此,题干犯了"诉诸无知"的逻辑错误。

3.丹丹、小颖、淑珍去参加奥林匹克竞赛。奥林匹克竞赛有数学、物理和化学三种,每人只参加一种。建国、小杰、大牛作了以下猜测:

建国:丹丹参加了数学竞赛,小颖参加了物理竞赛。

小杰:淑珍没参加物理竞赛,小颖参加了数学竞赛。

大牛：丹丹没参加数学竞赛，小颖参加了化学竞赛。

如果他们的猜测都对了一半，则以下哪项为真？（　　）

A. 丹丹、小颖、淑珍分别参加数学、物理和化学竞赛

B. 丹丹、小颖、淑珍分别参加物理、数学和化学竞赛

C. 丹丹、小颖、淑珍分别参加数学、化学和物理竞赛

D. 丹丹、小颖、淑珍分别参加化学、数学和物理竞赛

E. 丹丹、小颖、淑珍分别参加化学、物理和数学竞赛

答案是E。这类题用代入法求解比较方便。具体的是：根据三个人的猜测各对了一半，可以得到三个人所作的猜测都构成了一个不相容的选言命题，其中，都是有并且只有一个部分是对的。设丹丹参加了数学竞赛，则小颖没有参加物理竞赛，小颖也没有参加数学竞赛，小颖只能参加化学竞赛。但是，这样会导致淑珍没参加物理竞赛，但淑珍也不能参加数学竞赛和化学竞赛，于是，出现了矛盾。所以，丹丹没有参加数学竞赛。于是，小颖参加了物理竞赛，没有参加数学竞赛和化学竞赛。根据丹丹和小颖都没有参加数学竞赛，可以推出淑珍参加数学竞赛。所以，丹丹参加化学竞赛。

4. 学校田径运动会有4个竞赛项目：100米、200米、400米和800米。二班有三位男生建国、小杰、大牛和三位女生丹丹、小颖、淑珍参加。

运动会有两个规定：

(1) 每个项目必须男女同时参加或同时不参加。

(2) 每人只能参加一个项目。

如果建国参加的是100米或200米，大牛参加的是400米，丹丹参加的是800米，则以下哪项一定为真？（　　）

A. 小杰参加的是800米　　B. 建国参加的是100米　　C. 小颖参加的是200米

D. 淑珍参加的是400米　　E. 建国参加的是200米

答案是A。根据题干要求，既然800米有了丹丹参加，所以还需要有男的参加。这个男的不能是建国，因为建国参加的是100米或200米；也不能是大牛，因为大牛参加的是400米。所以，只能是小杰了。这类题连同前面的第3题，用列表法加以辅助会更快找出答案。

5. 学校组织教师旅游，4个老教师老赵、老钱、老孙、老李和4个年轻教师小赵、小钱、小孙、小李一起参加。在旅馆里，他们8人住4个房间，满足以下条件：

(1) 每个房间住一老一少。　(2) 同姓人不住同一个房间。

(3) 如果老孙不和小李住一个房间，则老钱也不和小孙住一个房间。

(4) 老李不和小赵住一个房间。

那么以下哪种安排是不合条件的？（　　）

A. 老钱和小孙住一个房间　　B. 老赵和小钱住一个房间　　C. 老孙和小李住一个房间

D. 老孙和小钱住一个房间　　E. 老赵不和小李住一个房间

答案是A。这道题最佳的解题方法是归谬法（列表说明）。先假设A是合乎条件的，则“老钱和小孙住一个房间”，根据题干条件(3)，通过否定充分条件假言命题的后件，可以得到前件的负命题，即可以推出“老孙和小李住一个房间”，那么，只有老李和老赵、小钱和小赵两对的组合了，因为题干条件(4)的要求，“老李不和小赵住一个房间”，只能是老赵和小赵住一个房间了，这又不满足题干条件(2)的要求，综上所述，如果A符合条件，就会产生矛盾，所以A的安排是不合条件的。

6. 一个篮球队里，史密斯比丹尼尔高，皮尔斯比哈里矮，所以史密斯比皮尔斯高。以下各项作为新的前提分别加入到题干的前提中，除了一项外，都能使题干的推理成立。

以下不能使推理成立的是哪一项？（　　）

A. 史密斯与哈里同样高　　B. 丹尼尔与哈里同样高　　C. 丹尼尔比哈里高

D. 哈里比丹尼尔高　　E. 皮尔斯比丹尼尔矮

答案是D。题干中的已知条件可以表示为：“史密斯 > 丹尼尔，哈里 > 皮尔斯”是大前提。要推出

的结论是:史密斯 > 皮尔斯。显然,选项 A、B、C、E 都能成为使推理成立的小前提。只有当 D 做小前提时,不能使推理成立。故正确答案应为 D。

7. 如果你在 2002 年购买联想电脑,则一定安装了 Windows XP 操作系统。

这一断定可由以下哪个选项得出?(　　)

A. 只有 2002 年购买的联想电脑才安装 Windows XP 操作系统

B. 2002 年市场上的联想电脑都是 2001 年生产的

C. 2002 年以前市场上的联想电脑不安装 Windows XP 操作系统

D. 2002 年市场上的所有电脑都安装 Windows XP 操作系统

E. Windows XP 操作系统在 2001 年已经开发出来了

答案是 D。若选 A,则 A 是必要条件的假言命题,这与题干中"如果……,则……"的充分条件的假言命题不符,肯定前件不能肯定后件。即"只有 2002 年购买的联想电脑才安装 Windows XP 操作系统"意为:"并非 2002 年的都安装了"。也就是说"2002 年购买的不一定安装",故不是 A。而 B、C、E 都不是题干结论成立的理由,所以也不是。而 D 选项是一个全称命题,可以看成是一个充分条件的假言命题。以此为前提,就可以通过肯定前件从而肯定后件,得出结论。故正确答案为 D。

8. 统计表明,美国亚利桑那州死于肺病的人的比例大于其他的州死于肺病的人的比例,因为亚利桑那州的气候更容易引起肺病。

以下哪项最能反驳上述论证?(　　)

A. 气候只是引起肺病的一个因素

B. 亚利桑那州的气候对肺病有利,有肺病的人纷纷来到此州

C. 美国人通常不会一生住在一个地方

D. 没有证据证明气候对肺病有影响

E. 亚利桑那州的气候不是一成不变的

答案是 B。题干中给出结论,要求从备选项中选出最能反驳或削弱题干论题的选项。而 B 项指出了亚利桑那州的气候本身并不是引起死于肺病的人的比例高的原因,真正原因是来此治疗肺病的人非常多。选 B 项。

9. 某一城市有两大支柱产业,传统手工业和旅游业。发展传统手工业将不可避免地导致污染,从而破坏生态环境。但良好的生态环境又是发展旅游业的必要条件。以下哪项作为结论从上述断定中推出?(　　)

A. 市政府应大力加强对生态环境的保护

B. 这城市无法同时发展传统手工业和旅游业

C. 应该用其他产业代替传统手工业和旅游业

D. 这城市的经济收入主要靠传统手工业

E. 如果生态环境破坏了,传统手工业也不能发展

答案是 B。题干断定发展传统手工业就不能发展旅游业。即:或者发展传统手工业,或者发展旅游业,二者必居其一。选项 B 正是题干推出的结论。

10. S 城的人非常喜欢喝酒,经常出现酗酒闹事的现象,影响了 S 城的治安环境。为了改善城市的治安环境,市政府决定:减少 S 城烈酒生产的产量。

以下哪项最能对市政府的决定进行质疑?(　　)

A. 影响了 S 城治安环境的不仅仅是酗酒闹事　　B. 有些喝低度酒的人也酗酒闹事

C. S 城市场上的烈酒大多数来自其他城市　　D. S 城的经济收入主要来源于烈酒生产

E. 喜欢喝酒是 S 城的人的传统习惯

答案是 C。题目要求我们找出削弱政府据此做出结论的论据。而 C 项意味着,即使减少 S 城烈酒生产的产量,也不能改善城市的治安环境。最能质疑题干隐含论据"S 城人喝的烈酒都是 S 城生产的",故正确答案为 C。

11. 李强说："我认识了100个人，在我所认识的人中没有一个是失业的，所以中国的失业率一定是很低的。"

以下哪项最能反驳李强的推理？（　　）

A. 李强所认识的人中有小孩　　B. 李强所在城市失业率和其他城市不一样

C. 由于流动人口的存在，很难计算失业率　　D. 李强认识的绝大多数是单位的同事

E. 李强本人不是失业者

答案是D。要反驳李强的推理，就要质疑李强据以做出的论据。而D项意味着李强所认识的100个人，对于分析中国的失业率来说不具有代表性。所以D项最能反驳李强推理推理的。

12. 学校为了提高学生的素质，开设文理两类选修课。统计表明，有学生选修了全部文科类选修课，也有学生选修了全部理科类选修课，那么以下哪项一定是真的？（　　）

A. 有学生选修了全部选修课　　B. 每门选修课都有学生选修

C. 有一门选修课，选修它的学生不止一个　　D. 有人只选修理科类选修课

E. 不可能有人只选一门选修课

答案是B。题干中给出前提条件，要求从选择项中选出结论。题干告诉我们：全部文科类选修课都有学生选修，全部理科类选修课也都有学生选修。由此可以断定"该校每门选修课都有学生选修"。故答案B是正确的。

13. 有人作了这样一个推理：鲁迅的著作不是一天能读完的，《龙须沟》是鲁迅的著作，所以《龙须沟》不是一天能读完的。

对于这个推理，以下哪项为真？（　　）

A. 这个推理是正确的

B. 这个推理是错误的，因为它的前提中有一个是错误的

C. 这个推理是错误的，因为它的结论是错误的

D. 这个推理是错误的，因为它犯了"四概念错误"

E. 这根本不是一个推理

答案是D。题干中出现两次的"鲁迅的著作"不是同一个概念，违反同一律。第一次出现时所表达的是集合概念，第二次出现时所表达的是类概念。所以，题干中的三段论推理犯了"四词项错误"。

14. 转基因食品可能带来副作用，但一种转基因大豆含有有益于人体健康的微量元素，专家建议人们食用这种大豆加工成的产品。

以下哪项最能支持专家的建议？（　　）

A. 加工后的转基因食品副作用会减少

B. 从其他食品中不能得到此种微量元素

C. 没有证据表明转基因食品会带来副作用

D. 这种微量元素对人体健康的益处大于转基因食品副作用带来的危害

E. 人们正在寻找含这种微量元素的天然食品，估计5年内就能成功

答案是D。如果这种微量元素对人体健康的益处并不大于转基因食品副作用带来的危害，那么题干中专家建议食用这种大豆加工成的产品就不能成立了。"这种微量元素对人体健康的益处大于转基因食品副作用带来的危害"。最能支持题干中专家的建议。所以正确答案是D。

15. 在关于公务员要不要实行末位淘汰制的争论中，张宏的论点是：实行末位淘汰制，能促使人们积极工作，从而提高机关的工作效率。金晶的观点是：问题在于当一个公务员已经完成了自己的本职工作后，是否还应该被淘汰。

在一些机关试行了末位淘汰制后，确实提高了工作效率。

以下哪项最为恰当地评价了这一事实对两人所持观点的影响？（　　）

A. 两人的观点都未受到影响　　B. 只有张宏的观点得到加强

C. 两人的观点都得到加强　　D. 只有金晶的观点得到加强

E. 张宏的观点得到加强，金晶的观点受到削弱

答案是B。解答这类题要注意考虑到题干推理的隐含假设。既然一些机关试行了末位淘汰制后，确实提高了工作效率，所以，这与张宏的观点是一致的，张宏的观点得到了加强。由于提高工作效率与金晶的观点没有关系，所以，金晶的观点没有得到加强也没有得到削弱。

16. 卡车只在晚上8点以后才上路行驶。

酒后开车的司机都不开车灯。

面包车晚上8点以后都不上路行驶。

晚上8点以后路上行驶的车都开着车灯。

有的军车晚上8点以后上路行驶。

如果以上命题都是真的，那么以下哪种情况是不可能出现的？（ ）

A. 面包车司机酒后开车　　B. 面包车在行驶中开着车灯　　C. 司机酒后开车撞上了卡车

D. 军车司机酒后开车　　E. 军车在行驶中没开车灯

答案是C。根据题干中的第二个命题"酒后开车的司机都不开灯"和第四个命题"晚上8点以后路上行驶的车都开着车灯"，可以推出结论：晚上8点以后在路上行驶的车辆不会不开灯，所以，不会有司机酒后开车驾驶。再考虑题干中的第一个命题"卡车只在晚上8点以后才上路行驶"，可见"司机酒后开车"与"卡车只在晚上8点以后才上路行驶"不会在同一时间段出现。所以可以得出结论：司机酒后开车不可能撞上卡车。

17. 只要前提正确且逻辑推理结构有效，则结论必然正确。

根据以上判断，以下哪几种情况是可能出现的？（ ）

Ⅰ. 结论正确且前提正确，但逻辑结构是无效的。

Ⅱ. 逻辑推理结构有效且结论正确，但前提是错误的。

Ⅲ. 前提错误且逻辑结构无效，但结论正确。

Ⅳ. 前提错误且逻辑结构无效，结论也是错误的。

A. Ⅰ、Ⅱ、Ⅲ和Ⅳ　　B. 仅Ⅰ和Ⅳ　　C. 仅Ⅰ、Ⅱ和Ⅳ　　D. 仅Ⅰ、Ⅲ和Ⅳ　　E. 仅Ⅳ

答案是A。题干是一个充分条件的假言命题，其前件又是一个联言命题。在Ⅰ、Ⅱ、Ⅲ和Ⅳ中的任何一种情况下，都是充分条件假言命题结论真的一种情况，因此题干都不会是假的，所以都能出现。

18. 甲："我最近经常看到他带着孩子散步。"

乙："这么说，他已经做父亲了。"

乙谈话的逻辑前提是（ ）

A. 所有已经做了父亲的人，一定经常带孩子散步

B. 有些经常带孩子散步的人已经做了父亲

C. 只有经常带着孩子散步的人，才是已做了父亲的人

D. 经常带着孩子散步的人，可能是已经做了父亲的人

E. 不是已做父亲的人，不可能经常带孩子散步

答案是E。与前面的第7题有相同之处，读者要认真领会。如果不是已做父亲的人也可能经常带孩子散步，那题干中的乙从"他经常带孩子散步"推出"他已经做了父亲"，就不具有必然性。

19. 出席学术讨论会的有3个人是足球爱好者，4个是亚洲人，2个是日本人，5个是商人。以上叙述涉及了所有术晚会参加者，其中日本人不经商。那么，参加晚会的人数是（ ）

A. 最多14人，最少5人　　B. 最多14人，最少7人

C. 最多12人，最少7人　　D. 最多12人，最少5人

E. 最多12人，最少8人

答案是C。由于题干中所说的两个日本人都是亚洲人，不可能存在不是亚洲人的日本人，所以，从来源上看，一定有4个亚洲人。当3个足球爱好者、5个商人和这4个亚洲人都是排斥性的关系时，参加晚会的人数为最多，即12个人。由于两个日本人不经商，即这两个日本人和5个商人之间具有排斥

性的关系，所以至少得有7个人。

20. 公司规定，将全体职工按工资数额从大到小排序。排在最后5%的人提高工资，排在最前5%的人降低工资。小王的工资数额高于全体职工的平均工资，小李的工资数额低于全体职工的平均工资。

如果严格执行公司决定，以下哪几种情况是不可能的？（　　）

Ⅰ. 小王和小李都提高了工资。

Ⅱ. 小王和小李都降低了工资。

Ⅲ. 小王提高了工资；小李降低了工资。

Ⅳ. 小王降低了工资；小李提高了工资。

A. Ⅰ、Ⅱ、Ⅲ和Ⅳ　B. 仅Ⅰ、Ⅱ、Ⅲ　C. 仅Ⅰ、Ⅱ、Ⅳ　D. 仅Ⅲ　E. 仅Ⅳ

答案是D。根据题干的已知条件，只有Ⅳ是可能的。其他情况均不可能。大纲的答案是E，这是不对的，因为，根据题干的意思，选项"Ⅳ. 小王降低了工资；小李提高了工资。"是有可能的。

21. 我不在犯罪现场。如果我在，那么，我没有犯罪。如果我犯了罪，那么，一定是我神志不清。以下哪项与上述论证最相似？（　　）

A. 我只吃鸡或鱼或鸭。如果我没吃鸡，那么，一定吃鱼或鸭。如果我没吃鸭，那么，一定吃鱼

B. 我从不说谎，如果我说了谎，那么，一定是被迫的，如果我被迫说了谎，那么，责任不在我

C. 我没借你的书。如果我借了，我不会把书弄破。如果我把书弄破了，那是我不小心

D. 她每天按时完成作业。如果她没完成作业，那么，她不会睡觉。如果她睡觉了，那一定是她完成了作业

E. 他不可能高兴。如果他高兴，那一定是装的。装着高兴比不高兴还难受

答案是C。该选项的论证结构和题干的论证结构都是归谬法。选项A为选言证明。选项B的论点与题干不一样。选项D的结构为反证法。选项E的结构和题干也不一致。

22. 班主任老师对一个学习优秀的学生说，你之所以取得这样好的成绩，主要是因为我教学有方。以下哪项如果为真，将最有力地反驳老师的说法？

A. 内因是变化的根据，外因是变化的条件

B. 班里其他大部分同学学习都不好

C. 另一个班里也有学习很优秀的学生，而他并不是班主任

D. 这个优秀学生的家长为该学生请了一个著名的学者当家教

E. 这个班主任经常单独教育这个学生

答案是B。该项意味着，这个优秀的学生取得好成绩的原因不是老师教学有方，而是该学生基础好或者别的原因。选项E是加强题干的。

23. 10年前，癌症病人在发现疾病后平均生存5.4年，现在已经达到6.7年。说明，医疗水平的提高使癌症病人存活的时间延长了。

上述结论依赖于下述哪一假设？（　　）

A. 10年前接受治疗病人数目与现在相近　B. 10年前购买医疗保险的人不如现在多

C. 10年前癌症诊断技术水平与现在相近　D. 10年来癌症病人的职业类型没有什么变化

E. 不同类型的癌症病人存活时间差别不大

答案是C。如果10年前癌症诊断技术水平远远不如现在高，那么将说明不是医疗水平的提高，而是诊断技术水平的提高使得癌症病人的存活时间延长。

24. 第二次世界大战结束时，某国育龄妇女达到最低点。第二次世界大战结束10年后的20世纪50年代中期，平均每个家庭4.5个孩子。该国10年前育龄妇女数量达到历史最高点，目前平均每个家庭只有1.82个孩子。

从上文中可以得出什么结论？（　　）

A. 战争与生育率有关　B. 战争与生育率无关

C. 育龄妇女数量与生育率无关　D. 育龄妇女数量与生育率有关

E. 生育率不与育龄妇女数量成正比

答案是E。这是推出结论型试题。题干中不是讲战争和生育率之间的关系问题，所以，选项A和B都不是结论。题干并没有否定育龄妇女与生育率之间的关系，所以，选项C不是结论。选项D也不是题干所要表达的意思。

25. 在过去的30年中，某国大学生的数量持续增加，但是低于总人口的增长速度。

下列哪项与上述信息相矛盾？（　　）

A. 在过去的30年中，该国中学生上大学的比例有所增加

B. 在过去的30年中，该国大学生在总人口中的比例没有什么变化

C. 在过去的30年中，该国大学教师占总人口的比例增加比较快

D. 在过去的30年中，该国大学生占全部同龄青年总数从23%下降到21%

E. 在过去的30年中，该国高等教育的经费投入增加了将近1倍

答案是B。如果在过去的30年中，某国大学生在总人口中的比例没有什么变化，那么该国大学生的数量的增加就不会低于总人口的增长速度。其他选项均为无关选项。

26. 老张、老王、老李、老赵四人的职业分别是司机、教授、医生、工人。老张比教授个子高。老李比老王个子矮。工人比司机个子高。医生比教授个子矮。工人不是老赵就是老李。

根据以上条件可以得出以下哪项？（　　）

A. 四个人的职业都已经确定　　B. 四个人的职业都不能确定

C. 老李可能是教授　　D. 四个人的职业只能确定一个

E. 四个人的职业只能确定两个

答案是A。这是推出结论型试题。根据题干中的已知条件，可以得到：老张 > 教授 > 医生，老王 > 老李，工人 > 司机，老张不是工人。由此画出右表。

	司机	教授	医生	工人
老张	√	×	×	×
老王	×	√	×	×
老李	×	×	√	×
老赵	×	×	×	√

根据右表可知，老张是司机。再考虑工人 > 司机，可知：工人 > 老张。

现在令工人是老李，则老王是教授或者是医生，则老王比老李矮，这样就与已知条件老王 > 老李发生矛盾。所以，老李不是工人。那么，老赵是工人。再考虑老王 > 老李，教授 > 医生，所以，老王是教授，老李是医生。所以，四个人的职业都已确定。

27. 甲：那座拱形桥是什么时候被什么人炸毁的？

乙：是被日本人炸的，我记得那是抗日战争快结束的时候。

以上对话中的预设是（　　）

Ⅰ. 曾经有一座拱形桥。

Ⅱ. 拱形桥被人炸毁了。

Ⅲ. 有一段历史时期被称做抗日战争时期。

Ⅳ. 拱形桥是被日本人炸毁的。

A. 仅Ⅰ和Ⅱ　　B. 仅Ⅰ、Ⅱ和Ⅲ　　C. 仅Ⅱ、Ⅲ和Ⅳ　　D. 仅Ⅰ、Ⅱ和Ⅳ　　E. Ⅰ、Ⅱ、Ⅲ和Ⅳ。

答案是B。Ⅰ、Ⅱ和Ⅲ都是题干对话中所必须假定的。Ⅳ不必假定，因为“拱形桥是被日本人炸毁的”这样一个事实是题干中已经表达出来的。

28. 父亲对儿子说：“你只有努力学习，才能考上重点大学。”

后来可能发生的情况是：

Ⅰ. 儿子努力了，没有考上重点大学

Ⅱ. 儿子没努力，考上了重点大学。

Ⅲ. 儿子没努力，没有考上重点大学

Ⅳ. 儿子努力了，考上了重点大学。

发生哪几种情况时,父亲说的话没有错误?(　　)

A. 仅Ⅳ　B. 仅Ⅲ、Ⅳ　C. 仅Ⅱ、Ⅳ　D. 仅Ⅱ、Ⅲ、Ⅳ　E. 仅Ⅰ、Ⅲ、Ⅳ

答案是E。题干中父亲说的话是一个必要条件的假言命题,该命题在Ⅰ、Ⅲ、Ⅳ三种情况下都是真的,在Ⅱ情况下是假的。

29. 足协官员:"与广大球迷一样,我们也迫切希望惩办那些收受贿赂的黑哨。但打击黑哨要靠真凭实据,不能靠猜测,否则很可能出现冤假错案。所以,有的人在没有证据的情况下,仅根据某些现象猜测某些裁判是黑哨还是很不应该的。"

以下哪项如果为真,会有力地削弱足协官员的论证?(　　)

A. 被猜测为黑哨的裁判通常在足球场上表现了某种不公正

B. 被猜测为黑哨的裁判有可能真的是黑哨

C. 被猜测为黑哨的裁判不一定真的是黑哨

D. 受贿案件一般侦破过程是:先根据现象进行猜测,再根据猜测查找证据

E. 裁判被球迷指责为黑哨后,即使没有受贿,也应该首先检查自己是否公正

答案是D。因为如果该项为真,则即使在没有证据的情况下,仅根据某些现象猜测某些裁判是黑哨也是非常需要的。

30. 不可能所有的证人都说实话。

如果以上命题是真的,那么,以下哪个命题必然是真的?(　　)

A. 所有证人一定都不说实话　B. 有的证人说实话　C. 有的证人不说实话

D. 刑事案件的证人都说实话　E. 刑事案件的某些证人都不说实话

答案是C。必然真,就是能从题干直接推理出来的命题。根据模态命题的逻辑关系知,不可能══必然非。因此,题干"不可能所有让人都说实话"══必然非"所有的让人都说实话"══必然有些让人不说实话。对照选项得,本题正确答案为C。

参考文献

1. 王路:《逻辑基础》,人民出版社 2004 年版。

2. 邵强进:《逻辑与思维方式》,复旦大学出版社 2009 年 8 月版。

3. 贺善侃:《逻辑思维训练》,东华大学出版社 2009 年 5 月版。

4. 潘天群:《博弈思维——逻辑使你决策致胜》,北京大学出版社 2005 年 11 月版。

5. 傅殿英、张峰:《经济与逻辑的对话》,北京大学出版社 2006 年 12 月版。

6. D. Q. 麦克伦尼(D. Q. McInery):《简单的逻辑学》,赵明燕译,中国人民大学出版社 2000 年 1 月版。